苏州市吴文化地名保护名录

【 市区卷续二 】

《苏州市吴文化地名保护名录（市区卷续二）》编委会 编

陈　璇　主编

南京大学出版社

吴文化地名，见证苏州城市千年芳华

在党的二十大上，习近平总书记在报告中提出了"推进文化自信自强，铸就社会主义文化新辉煌"的新要求。党的二十届三中全会发布的《中共中央关于进一步全面深化改革 推进中国式现代化的决定》（以下简称《决定》）提出要继续深化改革。《决定》指出："坚持马克思主义在意识形态领域指导地位的根本制度，健全文化事业、文化产业发展体制机制，推动文化繁荣，丰富人民精神文化生活，提升国家文化软实力和中华文化影响力。"

作为历史文化的"活化石"，地名是重大历史事件的遗存，是各个历史时期的政治、经济、军事、文化等方面人类活动的结果，也是自然环境变迁的见证。其不仅传达着重要的地理信息，也承载着历史人文的形象记忆，常见于各种诗词歌赋、成语典故之中。《中国地名大会》曾对"地名"做过生动的解释，说它们"是刻在大地上的文化基因，是打开大好河山的钥匙"。地名不仅是一个地方的称谓，更兼具了这个地名所在的这座城当地的风土人情、历史变迁和情感记忆。可以说，地名是中华五千年文明的重要见证和文化传承的载体。

文化是发展的深层动力，苏州之所以有今天的成就，其重要动力是苏州生生不息的文化品格、文化韧性。苏州是中国著名的历史古城，是吴文化的发源地。《史记·吴泰伯世家》："太伯之奔荆蛮，自号句吴。"约三千多年前，周王朝始祖周太王的长子泰伯、次子仲雍为禅让王位而奔吴，在长江下游建立文明古国吴国，古称"勾吴"国。公元前 514 年，吴王阖闾即位，为称雄东南"安君治民"，命伍子胥"象天法地、相土尝水"在吴地建造新的都城，史称"阖闾大城"。苏州历史悠久，别名亦多。因城西南有姑苏山，别称"姑苏"。除此之外，还有"吴都""吴会""吴趋""吴苑"，以及"吴门""吴中""中吴""吴下""吴闾""东吴"等别名。

"吴"文化，作为江南土著文化与中原文化交融后产生的一种新的文化样式，在几千年的中华文明史中熠熠生辉。苏州是吴文化最重要的核心地区之一。作为历史见证的苏州地名，从山川、河流、街巷、里弄，到桥梁、寺庙、衙府、书院，种种古老的地名，无不饱蘸着浓烈的吴文化气息，散发着独具魅力的吴地气质。吴文化地名，是具有吴地区域特征和历史、人文价值的地名。因此，在挑选的时候，也同样具有一定的标准和规范：

一是具有吴地区域地理特征、语言特征、物产特征、行政区划特征的地名；

二是史志典章中有记载、表述的地名；

三是能反映区域经济社会发展、历史文化变迁的地名；

四是具有一定历史文化底蕴和人文内涵的地名；

五是民间广为流传、脍炙人口的地名。

凡符合上述条件之一、具有保护价值的地名，都属吴文化地名保护名录申报范围。

2013年，苏州建立起苏州市吴文化地名保护制度，组建苏州市地名咨询专家组，组织编制苏州市吴文化地名保护名录。经苏州市人民政府批准，先后于2014年1月、2019年1月公布了第一批、第二批"苏州市吴文化地名保护名录"。全市纳入保护名录的吴文化地名达3 417条。2019年，首批161个"苏州市吴文化地名保护名录"地名标志设置完成，宣传展示吴文化地名，促进苏州地名文化的保护、传承、弘扬和发展。

根据省、市《地名管理条例》和省政府办公厅《关于加强地名管理服务和地名文化建设的实施意见》（苏政办发〔2016〕68号）以及《苏州市"十四五"民政事业发展规划》《苏州市吴文化地名保护制度》要求，要继续做好"苏州市第三批吴文化地名保护名录"编撰工作，持续研究、挖掘、保护、利用好吴文化地名，传承文脉、存史育人，让吴文化地名成为弘扬吴地文化、建设先进文化，提升地名管理水平、彰显城市特色的重要抓手，成为打造苏州地名文化品牌，培育苏州"江南文化"品牌的"金色招牌"的重要举措。

2022年，苏州市民政局与苏州市职业大学石湖智库（以下简称"石湖智库"）签订了战略合作协议，采取政府购买服务的形式，由石湖智库组织专家进行《苏州市吴文化地名保护名录（市区卷续二）》（以下简称《名录》）编撰集成任务。

"苏州市第三批吴文化地名保护名录"编制工作全面启动后，根据《苏州市地名管理条例》规定，经资料收集、名录初选、专家审核、社会公示、市地名委员会全体成员单位审核，于2023年8月，由苏州市人民政府发文公布《苏州市区第三批吴文化地名保护名录》共计810条。该名录共分四个部分：第一部分自然地理实体地名，包括了陆地地形地名、河流名、湖泊（湖湾荡漾等）名、池塘泉井名、扇洲沙口名共计285条，记载了苏州的山峰湖岛、江河湖湾实体地名，展现了江南水乡背景下的旖旎风光以及山水清嘉的自然风貌。这些实体地名要素，是苏州钟灵毓秀、文脉鼎盛的地理背景和文化涵养所在；第二部分行政区域及居民点地名，包括了地片名，行政区域（村、社区）名，自然集镇、自然村名共计87条，记述了苏州城乡行政区划变迁的历史，与前两批《名录》相比，这是此次编纂的一大特色，通过这些行政区域以及居民点地名的梳理，可以勾稽出苏州城市发展变迁的历史脉络；第三部分是道路与桥梁地名，包括了街巷里弄路名、桥梁名共计201条，通过苏州水文化的环境再现了苏州两千五百三十多年来"河街相邻、水路并行"的城市建设理念与风貌，同时展现的是在这些街巷、桥梁背后蕴藏的历史文化、民风民俗、百园百业等城市人文经济风貌；第四部分为纪念地和旅游地地名，包括古典园林、公园、景点名，亭、台、碑、塔名，寺、庙、宫、观名，古建筑名，名人故居名，古墓名，牌坊名，遗址名共计120条，这些纪念地和旅游地地名，是大家认知清代文人沈朝初笔下"城里半园亭"的最好注解，也是阅读苏州、以及未来到苏州旅游的最佳指南，更是认识苏州名人名贤文化的最美窗口；第五部分，也是本《名录》区别于前两部的一个特色，增设了历史地名类，共计117条。另外，按照《江苏省苏州市标准地名录》的著录方式，本《名录》在编纂的过程中还给每一条地名标注了汉语拼音。

吴文化，作为江南地区的重要文化组成部分，承载着丰富的历史信息和深厚的文化底蕴。对吴文化地名进行系统的编纂，有助于保护和传承这一宝贵的文化遗产，且在促进地方文化认同、推动文化旅游融合发展以及增强民族自豪感等方面都具有不可替代的重要作用。从历史文化的角度看，吴文化地名是连接过去与现在的桥梁。通过对这些地名背后故事的记录，可以加深了解古代吴地先民的生活方式、思想观念及其变迁过程。其次，现代社会，随着城市化进程加快及全球化进程加深，许多传统地名面临着被遗忘甚至消失的风险。因此，在前辈学者第一批、第二批《苏州市吴文化地名保护名录》整理的基础上，继续开展本《名录》的编纂工作，不仅能够及时保存那些即将失传的文化符号，未来也可以通过数字化手段使其得以广泛传播，让更多人认识到保护本土文化遗产的重要性。同时，这也为后代留下了一份珍贵的历史资料，使他们能够在快速变化的时代中寻根问祖，增强身份认同感。再者，良好的地名管理还能有效提升城市形象，吸引更多游客前来参观游览。以苏州为例，这里拥有众多闻名遐迩的旅游景点和名胜古迹，而本《名录》更是收录了一批鲜为人知的小街巷、名人故居、古建等地名，围绕这些景点、故居、古建周边开发出一系列相关联的旅游项目和研学产品，并配以详尽准确的解说词介绍其背后的历史文化背景，则无疑会大大丰富游客体验，提高整个苏州地区的知名度与美誉度。

最后，但同样重要的是，加强吴文化地名保护名录的编纂工作，还有利于增进不同地区间文化交流互鉴。在中国这样一个幅员辽阔、民族众多的国家里，各地都有着自己独特的地域文化特色。通过对比分析不同区域间地名形成的原因及其演变规律，可以发现许多有趣的现象：有的可能是由于地理环境相似而导致命名习惯相近；有的则是因为历史上曾经发生过重大事件而留下深刻印记……这些研究成果不仅可以为学术界提供新的视角和思路，也能促进普通民众之间相互理解和尊重彼此的文化差异，共同构建和谐社会。

地名，是人类活动的产物，也随着人类活动而演变。因此，地名记录了中华五千年文明的历史进程，蕴含着中华民族特有的精神价值和思维方式，是中华文化的重要组成部分，是宝贵的具有重要传承价值的文化资源，是历史留给我们的巨大的精神财富。2012年，民政部先后印发《关于加强地名文化建设的意见》和《全国地名文化遗产保护工作实施方案》，由此拉开了地名文化建设和地名文化遗产保护工作的序幕。2022年5月1日，国务院《地名管理条例》修订施行，首次以行政法规的形式对地名文化遗产保护传承工作提出了全面、系统的要求和规定。这些也是本《名录》编纂的依据所在。

"走在地名里，就是走在文化里"，文化，是城市的灵魂。两千五百年钟灵毓秀的苏州，俯仰皆是洋溢着吴地文化气息、江南文化气息的地名。这些地名，像这座优雅的历史文化名城里璀璨的明珠，它们点缀在"三横四直"的水巷老街里，点缀在庭院深深的园林建筑群中，点缀在苏州古城为核心、四角山水为布局的城市版图内。岁月流淌，它们安静地向来到这里的人们诉说着苏州这座城市的千年芳华。

《苏州市吴文化地名保护名录（市区卷续二）》编写组

2024年11月

凡 例

一、指导思想。根据《苏州市地名管理条例》，做好别具特色的吴文化地名保护，特将具有吴地区域特征和历史、人文价值的地名进行采编，列入本名录。

二、条目要素：即地名保护推荐表格中的各栏要素。第一层次，记述名称、所处位置、区域；第二层次，地名含义；第三层次，历史沿革；第四层次，实体现状；第五层次，实体的人文属性。

三、条目编写。按推荐表层次展开。除第一层次作基本交代外，其他层次均按吴文化地名评定标准进行编写。在"注意把握整体，做到结构严谨，布局合理，归属得当，层次分明，叙述有据，详略得当，突出特色"的前提下，根据不同条目类别和名称，注意丰富多彩、简练精彩，具有文学性与可读性。

四、地名图形。将确定入选保护名录的地名标示在苏州市域分区地图中，并按不同类别以不同色彩、符号分别标示。自然地理实体地名以该实体最高点或中心点位置标注，行政区划类地名以其治所所在地标注，其他地名按其所在地标注。

五、时限。地名来历上限尽量溯源，来由无法查找的，以最早历史记载为源；下限记到2023年12月31日止。

六、地名位置。以全称写在何区及何具体位置。先大方位，后具体走向。

七、交叉分工。由于有的地名在本《名录》四大类地名中会有重复交叉出现或表述，如陆地地形地名的山体与山峰名会有重叠的情况，则按条目类别分别撰写，但各有侧重记载。

八、资料采编。编写时尽量采用第一手资料入条目，体现权威性。全文后统一附设参考文献资料。

九、资料出处。一律随文注引，一为前置，一为后置，一为选略，不另作脚注。

十、其他规则。纪年、数字、称谓等用语按国家规定执行。

目　录

第一部分　自然地理实体地名

第二部分　行政区域及居民点地名

第三部分　道路与桥梁地名

第四部分　纪念地和旅游地地名

第五部分　历史地名

附　录

第一部分

自然地理实体地名

一、陆地地形地名

001. 猫山 Māo Shān

位于今虎丘区枫桥街道龙池社区（原建林村境内，今该村已撤销）。因形状如猫，故名。因谐音也称茅山。其山体较小，岩体为花岗石。猫山本为荒山，原海拔57.7米。1951年始，当地在此采石，现基本已夷为平地。1999年建华山路，路北部分现为山岚璟庭，路南部分为绿化。南坡原有觉海寺，又名觉海庵，明正德《姑苏志》载："觉海庵，在长洲县一都，元至元间僧志仁建。"明徐有贞有诗："游兴殊未尽，强君还共行。登山身特健，看竹眼偏明。醉觉人寰小，闲知世事轻。芳时莫辜负，难得是升平。"明沈周《吴门十二景图册》中有《觉海寺》一幅，并有题诗："觉海清幽甚，僧居不可寻。虚堂秋月白，曾此卧云深。"明皇甫汸有《觉海寺晚登石壁绝顶》诗："荒台布金处，残宇在云峰。径以檀栾入，丘因窈窕逢。桃花春涧酒，萝月慧门钟。归路无愁失，樵人许客从。"清同治二年

觉海寺（明·沈周《吴门十二景图册》）

饭庐谷夜分钟起尘月当午推牎见碧峰
觉海寺

游兴殊未尽孤君还夫行登山身特健看竹眼偏明醉觉人寰
徐有贞

径入青霞窅门闿碧树低兰楷依绝巘桂栋挂晴宽梵语惊飀
嘯禅心把月棲廊宣诗兴好无日不堪题
张本

下连峰寻山登觉海
莲峰攀涉罢独下虎溪湄钟动闿云外春浓落照时去携泉竹
净行歷石苔滋更践无人境埋霞与兴随
皇甫涥

觉海寺（明《吴都法乘》）

（1863）重建，1954年拆毁。

猫山附近曾出土两枚楚币"郢爰"，分别重17克、23克，含金量99.8％。郢爰，是楚国的金币。它是一种扁平钤印有"郢爰"两字阴文的方形或椭圆形的小金块，被称为"金饼""饼金""印子金"或"金钣"等。郢爰的"郢"字，是指楚国都城的名字；"爰"字，原是楚国的重量单位。因金币上钤印着"郢爰"两字，成为楚币的代称。我国古代文献很早就有用秤量黄金作为等价交换物的记载，而郢爰是中国发现的最早的具有固定形态、钤有名称的黄金秤量货币。楚国地域辽阔，今南至湘、沅，北至河南中部，西至湖北西部，东至海滨，东北至山东南部，都曾是"郢爰"流行的区域。

002. 伏龙山 Fúlóng Shān

位于吴中区木渎镇五峰村。因山势起伏蜿蜒如龙而得名，今名五峰山。又因北望阳山而名小白阳山，亦称羊山、小白羊山。明王鏊正德《姑苏志》卷八有"小白阳山"条："小白阳山，一名伏龙山，在金井坞南，横耸众山之外。山址旧有寄心庵，今废。其东南为博士坞、弥陀岭、竺峰岭；又东南则狮子岩，在嶂村之上；又南则野芝坞，皆连属灵岩山。"清沈德潜有《晓登小白阳山》诗："山岚晓濛濛，踏云仰层顶。林深光未显，峰折路疑引。陟冈轻嵝巇，纵目得深迥。遥峦势环抱，隐隐作藩屏。参错互烟水，横纵间畦町。是山客少过，地阻名未炳。仿佛高蹈流，韬声晦箕颍。人嫌洞壑寒，我爱松石静。攀条惊鹊栖，漱涧分猿饮。握兰缅道侣，卧云逢真境。晞发岩之幽，初阳照孤影。"山麓原有寄山庵（明王鏊正德《姑苏志》作"寄心庵"），清道光《浒墅关志》载："寄心庵，在阳山南，宋创，元末圮。明万历间僧启南重建。崇祯间，僧静居增修。庵有图，释闻性笔。长洲令李实题其端云'真阿练若'，吴令吴梦白、进士陈震生跋其后，藏之庵，为世守焉。释智旭记。文从简书。"今不存。东北山脚有伏龙浜，东南流至龙池，东北流至白马涧。清顾震涛《吴门表隐》载："小石壁，在善人桥东伏龙山，峭壁千仞，下有小池，甚

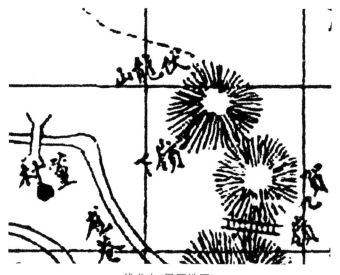

伏龙山（民国地图）

深，多种荷花。"

003. 马舍山 Mǎshě Shān

位于虎丘区东渚街道马舍村东南，山因村而得名，一称西山。马舍山为镇湖地区南部最大山体，南临太湖，西至油松山，南北长800米，东西宽500米。主峰马舍山海拔34米，俗称"凤凰岭"；次峰后北山，一称后博山，位于主峰东北0.5千米，东西走向，海拔20.5米；次峰虎谷山位于主峰北0.5千米，海拔20.1米。山体起伏，丛嶂叠翠，深屿幽谷，山上林木苍郁，山坡上建有太湖花园疗养院和上海交警培训基地。

004. 虎谷山 Hǔgǔ Shān

位于虎丘区东渚街道西马村西南，寺塘湾北，为马舍山次峰，因山形似虎头而得名。在马舍山主峰北0.5千米处，海拔20.1米，山体岩石呈红色。

005. 福寿山 Fúshòu Shān

位于虎丘区横塘街道南部，七子山之东北2.7千米处原梅湾村，因山多墓葬而有此名。海拔130米。福寿山为横山山系中的一个山岭，章钰生前将祖坟迁葬于东麓，民国十六年（1927），章钰病逝，后安葬于祖坟旁。章钰墓地四角有4块界石，石上刻有"永思堂章"，两侧有扁界石2块，前面4根矮方莲花柱，中夹2块云栏石，四侧有石栏凳。墓占地面积1亩多，东向有一条甬道。1966年前后，墓上石条、云栏相继被毁，甬道尚存，墓穴无损，九十年代初期，有其亲属加以整修。

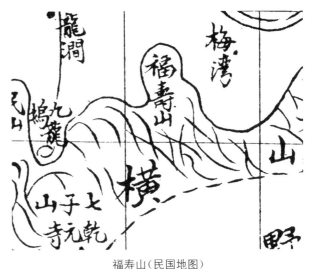

福寿山（民国地图）

章钰（1865—1927），字式之，江苏长洲人，幼年好学，光绪二十九年（1903）中进士，先后在苏州紫阳书院、正谊书院、学古堂和江苏高等学堂任教，光绪三十一年（1905），奉命创办苏州初等小学堂40所，为苏州新式学堂创办人，后侨居天津、北平。长期从事古籍校勘工作，临终时遗言将藏书7万余卷交燕京大学保存（1952年，章钰长子章元善代表章氏家属将这批书分赠于北京图书馆和北京大学图书馆）。章钰于民国十六年（1927）逝世于北京，葬在北京。1947年冬，由其长子主持迁柩安葬于梅湾福寿山。

另浒墅关镇原亦有福寿山，又名象山，位于阳山东南、鹿山东北，由花岗岩构成，现已经被开采夷平。

章钰像

006. 龙山顶 Lóngshāndǐng

位于虎丘区东渚街道龙山社区，因位于乌龙山顶，故名，海拔105米。乌龙山又名五龙山，山体由石英砂岩和石英斑岩构成，南北走向，长1.9千米，宽0.9千米。主峰五龙山海拔119.1米，有高岭土矿矿点和铅锌矿矿点，八九十年代，东坡曾开山采石。西部为林场，杉木成林。山麓为花果、茶树等经济林木。

龙山顶

据民国《光福志》载,乌龙山原有明代福建右布政使吴福墓,现无存。吴福,字好德,浙江鄞县人,建文二年(1400)进士,擢礼科给事中,出使琉球,遇飓风,中贵人以下,皆谋祷于海神,而只有吴福戒舟师,谨樯柁而已。参与编修《永乐大典》。不久奉使四川。还朝后,出任江西按察司佥事。有以亲党被逮者三十余家,吴福辨析无辜,即日上奏出之。入为礼部员外郎,参与编修《五经四书性理大全》。书成,升陕西布政司右参政。起初,宁夏盐池听民采取,至是禁之。吴福奏许其纳课,盐则官量给之,民甚便焉。逃民藏匿汉中牛山,时常出寇劫掠,吴福遣人谕降,复业者三千余人。九年后,升福建右布政使。时科铜铸钱,颇扰民,奏以库贮废铜代之。以年至乞致仕。吴福爱吴中山水之秀,于是占籍吴县。卒,年七十岁,葬乌龙山。

又有惠氏先祖明末清初贡生惠有声墓在乌龙山扇子坞。惠有声(1608—1677),明末清初吴县(今江苏苏州)东渚人。原名尔节,字律和,号朴庵。惠周惕父。明末岁贡。入清隐居教授,足不入城市。与徐枋友。博通经学,尤明《左氏春秋》。汉学独辟蹊径,子孙承继,开吴派之先声。著有《左氏春秋补注》。山西北过今太湖大道有砚溪,为原彭山湖汇入浒光运河处。

007. 莲花峰 Liánhuā Fēng

位于虎丘区枫桥街道花山山顶,海拔169米,峰体由细粒花岗岩构成,岩石经风化侵蚀,大小岩石滚落坡面,形成上宽下窄的倒石地貌,远看形同莲花而得名,有"吴中第一峰"之誉。峰旁有金蟾石、比丘石、寿星礼佛、老僧读经等大型花岗岩体。花山,又名华山,和天池山是同一座山的两侧,天池山在莲花峰西,花山在莲花峰东,为虎丘、吴中两区交界处。《吴郡图经续记》载:"或登其巅者,见有石如莲华状,盖亦以此得名。或云晋太康中,曾生千叶莲花也。"

南宋《吴郡志》引《枕中记》有"吴西界有花山,可以度难"的记载,可见道家在这里也有过遗存。东晋高僧支遁本为河南陈留人,幼年时即流寓江南,25岁时正式出家,居支硎山,并先后在花山、天池一带开

莲花峰

辟道场。晋康帝元年（公元343年）十月二十二日，支遁邀约扬州刺史何充以及其他有关人士共二十四人，集于吴县土山墓下，为八关斋事。斋戒自二十三日清晨始，至次日黎明终。支遁《八关斋诗》序载："间与何骠骑期，当为合八关斋。以十月二十二日，集同意者在吴县土山墓下。三日清晨为斋始。道士白衣凡二十四人，清和肃穆，莫不静畅。至四日朝，众贤各去。余既乐野室之寂，又有掘药之怀，遂便独住。"至今花山仍有"支公洞"古迹，相传为当年支遁修行之地。

明姚广孝《游天池记》云："中吴山水之秀而奇，惟天池为最。天池在花山之右，其广无十亩。山高下而池分为三，肤断连，其实则一水也。澄湛淳泞，上涵虚空，下沉无底，龟鱼泳焉，蛟龙潜焉，清风欻兴，与波相接击，其声始浏浏然而来，终折而下石涧，则若鸣万鼓，人耳语犹隔重屋不

莲花峰（明·沈周《吴门十二景图册》）

闻。众山回环，既邃且与，惟西北独缺，以通往来。花山之上，有峰耸然，峻影俯波，秀色可采，宛若菡萏初出水，名曰莲花峰。"明沈周《吴门十二景图册》中有《莲花峰》一幅，并有题诗："莲花发奇秀，突兀插

天表。披襟凌太清,一览众山小。"明袁宏道《天池》云:"天池在山半,方可数十余丈,其泉玉色,横浸山腹。山巅有石如莲花瓣,翠蕊摇空,鲜芳可爱。"明清之际徐枋《吴山十二图记》云:"当池之中,复有石壁涌起峻嶒层,视如莲华。"明人常将天池与莲花峰视为对景。明文嘉有《天池》诗:"天池之山今始到,仰首忽见莲花峰。池水潺湲泻琴筑,石壁截嶪开芙蓉。"明郭谏臣《春日游天池山和天水胡公韵》云:"天半孤峰削出奇,莲花倒影入天池。"明申时行《游天池山寺》云:"孤峰石吐莲千叶,半岭池开玉一泓。"清康熙和乾隆两位皇帝,都驾临过花山。登山的"五十三参",是在整块崖石上凿出来的五十三级台阶,据说这是康熙南巡欲御驾幸临花山登临莲花峰的时候,寺内的僧人连夜开凿的。五十三参,取自佛经善财童子"五十三参,参参见佛"的说法。石梯下有天洞,旁边有石刻称是"莲花洞",不是洞似莲花,概因其洞位于莲花峰下而已。在天池山到莲花峰的半坡,有一座御览亭,相传是乾隆皇帝歇脚的地方。下山不远处有云屏亭。相传是乾隆登眺花山莲花峰的地方,因为位居云屏之前,可能也是为了与御览亭区别,所以取名云屏亭。亭边,有明朝赵凡夫所书的古篆"云屏"两字。

来鹤峰

008. 来鹤峰 Láihè Fēng

位于虎丘区浒墅关镇观山。观山系阳山的东北支脉。相传,秦时有管霄霞在此修道炼丹,成仙后驾鹤而去,故名管山、管峰,也称獾山。山体是北西走向,长0.7千米。西南峰称观山,海拔73米。北峰凤凰山,海拔97米。由火山岩构成,怪石嶙峋,巉岩壁立。清代《浒墅关志》载:"为阳山之门户,而众山之或起或伏若由此而收束者,然名之曰管。"炼丹井古迹在今观山公墓,为一天然岩池。观山唐家浜段原有义冢,明万历二十六年(1598),榷关主事高第置"劝葬地",民国初在义冢原址建公墓。观山有吴塔巡检司汪志仁等墓,凤凰山有三国吴左丞相陆凯墓、明代河南道御史练则成墓、明代征士授文林郎冠带盛环墓、明代承事郎张慎墓、明代翰林院侍讲王璲与弟王班并墓、清代吴一蜚墓葬等。

山麓有东岳庙,庙后有清嘉庆年间重建的三官殿。相传丁令威曾在此取水炼丹,得道成仙后,化鹤渡海,故称为白鹤道人,称管山为白鹤峰。峰下有澄照寺,又名白鹤寺,有仙泉、白莲二院。观山摩崖石刻为市级文物保护单位。清代张祥河有诗《季虎集同人饮饯于浒关管山》:"浒关新得管山名,担榼移舟客有情。略似西溪溪屈曲,石桥可可压篷行。到门不识凌霄树,拾级多为雁齿阶。累石难分真与假,却留藓壁要磨厓。""来鹤峰"三字为明嘉靖壬寅五月沈弘彝书。沈弘彝,字允叙。明嘉靖十一年(1532),第三甲160名进士。嘉靖二十年(1540),任浒墅关关榷。

清道光延隆有《重修管山药王殿吕祖阁碑文》:"阳山为长洲之望,自长云峰东北一支过金芝岭,曰大罐峰,即管山也。相传昔日有管霄霞隐此成仙,来鹤峰、仙人洞,皆其遗迹,因以其姓名山。形家者言此山为浒墅关署之来龙，故向来榷使者每以修举山之神祠为己任。山之麓有东岳殿，为里人祈报所。山之半有道院，曰来鹤，供奉玉帝斗尊香火。嘉庆二十四年，董事等于院旁拓地，重建吕祖宝阁，阁下即为药王殿，以募捐经费不敷，工未竣而中止。余于道光三年春，奉命司榷是邦，公暇诣山展谒，见吕祖阁尚未完工，而各殿宇糅漆亦皆剥落，因首捐廉俸，命家人王肯堂经理其事，今已一律葳事矣！浒之士民请于余曰：'吕祖于嘉庆五年奉仁宗睿皇帝旨，特加"爕元赞运"封号，又于嘉庆十年奉旨春秋崇祀。今管山庙貌岿然，而春秋祀典阙如，非所以奉王章昭诚敬也。'余重违其请，因于道光六年秋仲，遵例举行祀典。浒之士民又相与谋曰：'吕祖阁虽已竣工，而无一常产，将来春秋两祀与常年香火、修葺之赀无从支给，日久必致颓废，何以永圣天子尊崇祀典之意与大宪捐廉竣事之忱乎？'因即吁请定给经费。余惟慎厥始者当谨厥终，信于今者斯传于后。今于是阁但谋厥始而不图其终，必致祀事举而复辍，祠宇兴而复废，将若何？爰为筹款，酌定每期给祭品银三两，月给经费银二两，资春秋崇祀、香火、修葺之用，庶足仰副我国家主圣臣良，同此为民祈福之心于万一云。经画既定，爰书颠末，以寿之石并以告后之官斯土者。"清道光《浒墅关志》载："自东北一支过金芝岭曰管山，即罐峰，望如狻猊，人以岑嵝为雌，罐为雄，相传始皇时有管霄霞隐此成仙，改今名，有仙人洞、来鹤峰皆其遗迹，下有东岳庙、来鹤院。"

009. 卧牛峰 Wòniú Fēng

位于虎丘区东渚街道玉屏山。因峰形似卧牛而得名。玉屏山，又名玉遮山，明《姑苏志》："玉遮山，在阳山之南，横列如屏，今但呼为遮山。旧志为查山。"有宋代连州知州虞展墓和清代长宁（今广东新丰）知县彭珑墓，今均无存。山东南为凤现岭，过岭为凤凰山。二十世纪九十年代，光福绞里村曾在东坡采石。玉屏山有卧牛峰，与读书台、钵盂泉、仙人洞、千步街、洗砚池、积绿园、卧花坡、千年松、百丈崖共为玉遮十景。清彭定求曾于此筑玉遮山房，有《玉遮十景诗》："《卧牛峰》：劫来雪山种，非缘蓦鼻回。一声横笛静，安隐白云堆。《读书台》：慧业生天早，荒台迹可扪。松风来谡谡，名与选楼存。《钵盂泉》：石甃何年凿，泓然

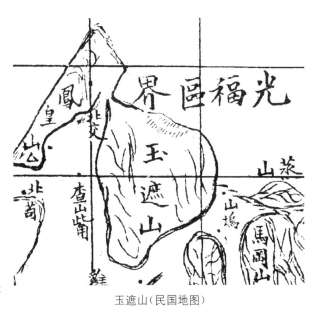

玉遮山（民国地图）

潴玉泉。蜿蜒收钵底，法雨遍诸天。《仙人洞》：云木隐寒岩，仙子丹成去。玉液涓涓流，苔花斑驳处。《千步街》：径开修竹里，涧绕冷泉旁。芒属经行惯，清阴护石霜。《卧花坡》：一片花飞处，恰受幽人卧。翠羽月明来，鬌髿罗浮过。《洗砚池》：暗水逼青崖，潆洄当砚北。刚风忽腾腾，瞥眼沉云黑。《千年松》：试问虬枝在，凌霜老翠微。参天还拔地，化作卧龙飞。《百丈崖》：峭壁嵌青空，攀援杳不及。猿啼虎啸绝，搔首通呼吸。"

彭定求（1645—1719），清长洲（今江苏苏州）人。字勤止，一字访镰，号南畇、复初学人、咏真山人、守纲道人、南畇老人等，学者称南畇先生。彭珑子。康熙十五年（1676）状元。授翰林院修撰。十九年丁艰归。三十二年补官，历国子监司业，进侍讲，充日讲起居注官，次年辞归。四十四年召赴扬州书局任《全唐诗》总裁。经学得父传，又师从施道渊学道。曾师事汤斌，理学宗陆王，兼采程朱，尤重良知之说。为学以不欺为本，以践行为要，以朴学自守。文辞和厚，诗慕范成大、陆游，多与尤珍倡和。编辑有《汤潜庵先生

文集节要》《道藏辑要》《明贤蒙正录》等。著有《学易纂录》《阳明释毁录》《儒门法语》《密证录》《南畇诗稿》《南畇文集》《南畇老人自订年谱》等。

今玉屏山通往卧牛峰等山峰建有登山步道,全长4.17千米,全程走下来需要40分钟左右,是周边居民和徒步爱好者锻炼健身的理想之地,闻名遐迩。

010. 金盆坞 Jīnpén Wù

位于虎丘区枫桥街道高景山西麓崖谷盘拱处。因为坞呈盆状地形而得名。民国《吴县志》称高景山"此山实钟城西诸山之秀","西麓崖谷盘拱处曰金盆坞,其南为斜堰岭,亦曰谢宴岭"。南宋礼部尚书、理学家魏了翁(1178—1237)葬于金盆坞。

金盆坞

魏了翁,宋蒲江(今属四川)人。本姓高,字华父,号鹤山,学者称鹤山先生。高定子胞弟。庆元五年(1199)进士。签书剑南西川节度判官厅公事,召为国子正、武学博士,以校书郎知嘉定府。嘉定二年(1209)丁生父忧,于蒲江创鹤山书院授徒。起知汉州,历知眉州,潼川府提刑兼提举常平、转运判官,直秘阁知泸州主管潼川路安抚公事。复知潼川府,进兵部郎中、司封郎中兼国史院编修官、太常少卿兼侍立修注官、秘书监、起居舍人、起居郎。宝庆元年(1225)谪居靖州,亦创鹤山书院。绍定四年(1231年)复职。五年任宝章阁待制、潼川路安抚使知泸州。端平元年(1234)权礼部尚书兼直学士院。二年兼同修国史兼侍读,再兼吏部尚书,以端明殿学士同签书枢密院事督视京湖军马,进封临邛郡开国侯。三年为资政殿学士知绍兴府、浙东安抚使。就医苏州。卒赠太师,谥文靖,累赠秦国公。仍赐第宅于苏州南宫坊,甫里别业罗隐庵及庄田数顷,名魏家库,子孙家居。究经学古,自为一家,与真德秀齐名称大儒。葬于苏州高景山西金盆坞。著有《鹤山全集》《周易要义》《周易集义》《九经要义》《古今考》《易举隅》《周礼井田图说》《经史杂录》《师友雅言》等。元至顺元年(1330),虞集奉敕题"鹤山书院"额于其第宅。高景山金盆坞魏了翁墓规模宏大,有神道、神道碑、石碑坊,后屡经毁修。清咸丰元年(1851),江苏布政使倪用良曾为魏墓补立七尺墓碑，上刻"先儒宋资政殿大学士参知政事赠太师秦国公谥文靖魏公了翁墓"。后被毁。辛亥革命后，吴中保墓会吴荫培重立"宋魏文靖公了翁墓"石碣。

011. 龙池坞 Lóngchí Wù

位于虎丘区浒墅关镇观山，因旧有"丹井"池潭而得名。晋时有白鹤道人管霄霞在这里修道炼丹，炼就成仙后乘鹤而去留下"丹井"，此处即有管山、鹤峰、丹井之名。其中丹井为一洼水潭，今存。清邵源有《春晚游管山杂兴》诗云："陌上共与往复还，踏青女士斗风鬟，暖溪好景唯三月，一路莺啼到管山。""迤逦行来来鹤峰，峰前怪石与乔松。仙人化鹤留丹井，一片闲云洞口封。""石壁高高耸翠微，云岩塔影看依稀。道人指点烟深处，半是山晖半夕晖。""路近何妨竟日游，柴门归去不须舟。中途随意沽村酒，杖有青钱在杖头。"坞内又有观山摩崖石刻，现为苏州市文物保护单位。明嘉靖二十二年（1543）胡善书"仙人洞"，沈弘彝书"来鹤峰""积翠峰"等的题字，笔力苍道，还有华亭（今上海松江）张祥河于清道光二十七年（1847）刻有大楷"管山"两字，直径1米余。

观山摩崖石刻

012. 支公洞 Zhīgōng Dòng

位于虎丘区枫桥街道花山，因传为晋代高僧支遁隐居修行之所而得名。北宋钱俨有言："天下之名郡言姑苏，古来之名僧言支遁。以名郡之地，有名僧之踪，复表伽蓝，绰为胜概。"花山有支遁卓锡故事，支公洞即相传其习禅处，四围松竹茸茂，人迹罕至。

支遁（314—366），晋陈留（今河南开封东北）人，一说河东林虑（今河南林县）人。俗姓关，从法姓支，字道林，世称支公，亦称林公，别号支硎。家世崇佛，初隐余杭山（今浒关阳山），深思道行慧印之经，年二十五出家。居苏州支硎山，建支山寺。后于剡县石城山立栖光寺，倡般若学，创即色宗。东晋哀帝即位（361），应诏进京居东安林寺，后圆寂于剡。善草隶，文翰冠世。善清谈，精老庄之说，注庄子《逍遥篇》，为名士王羲之等赏叹。佛学造诣尤深。注《安般四禅》诸经，著有《即色游玄论》《学道诫》《支遁集》等。

支公洞

013. 桃姑洞 Táogū Dòng

　　位于虎丘区通安镇大石山（阳山北余脉），滴水岩上方。清道光《浒墅关志》载："滴水岩，一名水帘，一名瀑布，一名珍珠帘，水从岩间下滴，如喷雪跳珠，淙淙作琴筑声，虽大旱不涸，冬月看冰柱尤胜。上有桃姑洞，昔有仙姑餐桃求道于此。"今山麓有桃姑洞路以此命名，东起东阳山路，西至山神湾路，宽11米，长240米。

桃姑洞（清道光《浒墅关志》）

014. 五石浮 Wǔshí Fú

位于虎丘区东渚街道西、太湖（贡湖）中，即今乌龟山，位于大、小贡山西北。昔贡湖有"五石浮"奇观，志书形容"有如五星聚者"，有潮涨潮落之间，礁山若隐若现的景象。"长风、扁雨、叠乱（两头圆）晴"，是当地村民观测五石浮不同山形推测天气变化的谚语。明王鏊《太湖七十二山记》载："西洞庭之北贡湖中有两山相近曰大贡、小贡。（明）正统十四年正月六日，二贡山斗开而复合，又同沉于水，已而复起斗，逾时乃止。景泰中，复然。"明葛一龙有《五石浮》诗。清金友理《太湖备考》载："五石浮，在贡湖中，一名五浮山。旧志：'有若五星聚者，故名。'"又载："东沉矶，在五石浮侧。"清王维德《林屋民风》载："五石浮山，一名五浮山，在洞庭山北贡湖中。"民国《吴县志》载："（贡湖）五石浮山，一名五浮山，旧志：'有若五星聚者，故名。'"又因形似乌龟浮在湖面，故名乌龟山，也称五子山、五石浮山、五浮山，海拔25米，南北长0.4千米，东西最宽处0.8千米，面积0.03平方千米，距镇湖上山村西南端约7

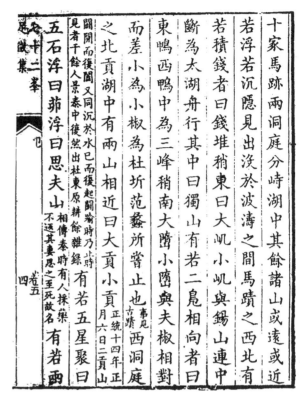

五石浮（清《太湖备考》）

千米。吴县与无锡为乌龟山归属，历史上曾多次争执。相传清代时苏州府派员实地察看，靠吴县滩浅，靠无锡一侧湖水深，又因吴县三洋人上岛开发较早，判给吴县。1953年，镇湖镇新盛村在岛上开垦8亩地；1956年后，因交通不便，新盛村民弃耕回村。1966年，无锡农民在岛上种植油菜、桃树，有两名无锡老农住岛上，常和到岛上砍柴割草的镇湖新盛、石帆两村农民发生纠纷。1980年后，又成为荒岛。1989年夏天，吴县行政人员赴岛上踏勘，并种树立碑。2000年，完成苏州无锡两市行政区域界线勘定工作，乌龟山以山脊线一分为二，东属苏州，西属无锡，成为苏州无锡两市共管之岛。

015. 庙塘山 Miàotáng Shān

位于虎丘区东渚街道原淹马和姚市两村交界处。庙塘山西南坡曾有南水平庙，祀太湖水神水平王。明王鏊正德《姑苏志》载："旧传后稷庶子佐禹平水至会稽，诲人浚导，因祀之。"二十世纪五十年代毁，或山因此而得名。海拔40米，东与馒头山、屯山相连，北与庄里山相接，山体由砂页岩和粘土构成，东西走向，长588米，中间山体和南坡已开采，现存东西两端。

016. 庄里山 Zhuānglǐ Shān

位于虎丘区东渚街道西北部原淹马和姚市两村交界处，延伸至太湖之滨的诸山之一，南北走向，长519米，海拔104米，为东渚西面最高的山头，东西向的太湖大道在庙塘山和庄里山之间穿过。西坡原为石料采矿区，曾盛产假山黄石，今因生态保护，已禁止采石。明清以来，苏州的名园大都以叠石胜，治山之石，首推湖石，其次为黄石。黄石假山以浑厚峻峭、参差嶙峋、如临真山的气势，给人以美感。用来堆叠假山的黄

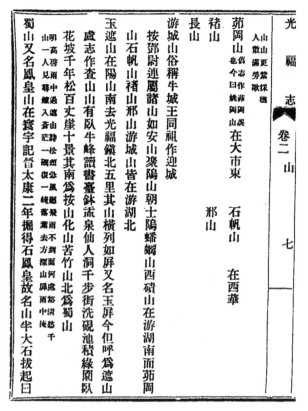

姚冈山(民国《光福志》)

石，在地质岩石学上属于含砾石英砂岩，形成于远古的泥盆系时期。含长石石英质的岩石受地质作用风化成砂，一层层沉积后，经地心高温胶结、地壳变动的极力挤压构成黄石，由于它含有长石和铁质，风化后表面便呈黄褐色或紫色，所以俗称黄石。其质地紧密，块面分明，色泽凝重，线条劲直，棱角如削，产生的刀凿斧劈的效果，具有阳刚之美的独特韵味。苏州耦园为黄石假山叠筑艺术的佳构杰作，被誉"吴中之冠"。近年来虎丘区加大生态保护力度，这些开山采石的宕口已全面修复，林木覆盖，郁郁葱葱。

今在庄里山东、西两侧建有南京大学苏州校区。

017. 姚冈山 Yáogāng Shān

位于虎丘区东渚街道西北部原姚江、大寺和新庄三村交界处，山体东西走向，长968米，海拔45米。因音近又称姚江山，为延伸至太湖之滨的诸山之一，曾盛产苏州园林中堆叠假山用的黄石，今因生态保护，已禁止采石、宕口已全面修复。

018. 青峰山 Qīngfēng Shān

位于虎丘区东渚街道中部原姚江村，与姚冈山相连，海拔45米，山体由砂页岩和粘土构成，南北走向，长318米。

019. 董家山 Dǒngjiā Shān

位于虎丘区东渚街道北部原长巷村，属庄里山余脉，与姚冈山相连，海拔18米，山体由砂页岩和粘土构成，南北走向，长173米。1983年建太湖大堤时于此采石。其石也适用于堆叠黄石假山。

020. 渚头山 Zhǔtóu Shān

位于虎丘区东渚街道原淹马村，与馒头山相连，为延伸至太湖之滨的诸山之一。因位于湖渚末端而得名。山体由砂页岩和黏土构成，南北走向，长311米，海拔30米。也曾盛产假山黄石，在苏州园林中用于堆叠假山，今因生态保护，已禁止采石。

021. 小禹山 Xiǎoyǔ Shān

位于虎丘区枫桥街道天平山东北1.6千米处，因临近的支硎山中峰北岭有大禹山之称而较之略小而得名。海拔44.8米，俗称肚皮山，为高景山支脉，山体为花岗石，有萤石矿点。亦有地图标为大别山，大别山和肚皮山是地方语音和普通话的误

渚头山(民国地图)

记。山在支硎山北峰的正东。其北原为开山村，东南原为支英村。现山坡的北面、东面原是一片大竹园，现为虎丘区景山果园，主要种植葡萄。南坡为支英村经营的苗木。山坡以上是支英公墓，归支英社区管理。小禹山山麓有道路以山名命名，北起何山路，至南折西至观音山路止。

022. 南爪山 Nánzhuǎ Shān

位于虎丘区枫桥街道白鹤山南，因形如龙爪而得名，海拔57.6米。清道光《浒墅关志》载："南爪北爪，如龙奋爪。"南爪山山体较小，为花岗岩构成。其东面为枫桥街道的原朝红村和俞宅村，西为浒墅关镇原石羊村。山坡上原有旱地，为解放后开垦，当地村民曾在旱地上种一些杂粮、蔬菜和苗木等。南爪山曾被采石，起于20世纪60年代，70年代停止，80年代复采，90年代中期禁采。

023. 北爪山 Běizhuǎ Shān

位于虎丘区浒墅关镇白鹤山北，因形如龙爪而得名，海拔32.5米。清道光《浒墅关志》载："南爪北爪，如龙奋爪。"北爪山山体较小，为花岗岩构成。其东面为枫桥街道的原朝红村和俞宅村，西为浒墅关镇原石羊村。山坡上原有旱地，为解放后开垦，当地村民曾在旱地上种一些杂粮、蔬菜和苗木等。北爪山曾被采石，起于20世纪60年代，70年代停止，80年代复采，90年代中期禁采。今有爪山路，南起凤凰峰路，北至嵩山路，因临近北爪山而命名，宽16米，长393米。

南爪山（清道光《浒墅关志》）

024. 西洋山 Xīyáng Shān

位于虎丘区东渚街道西洋村北、邢旺村西南，疑因位于古地名"三洋洲"西而得名。海拔18.2米，地面土质淡黄色，山上树木成林，有果园苗圃。虎丘区有轨电车1号线始末站建于山的西南麓，站以山名。

025. 中峰 Zhōng Fēng

位于虎丘区枫桥街道支硎山，支硎山有中峰、南峰、北峰，因山峰所处地理位置而得名。杨荣《支硎山十二咏序》载："盖支硎去吴县西南几一舍许，一名报恩山，昔沙门支遁道林憩息于此，故因以得名。山之左曰东峰，下有楞伽院，即古报恩寺，白乐天、刘梦得皆尝见于赋咏。院之前有石平广，泉流其上，曰寒泉，泓淳莹澈，可鉴毛发，曰南池，有水阁临之，皮日休、陆龟蒙之所尝游也。稍南，支遁飞步马处，有石纹如马足者四，曰马迹石，又有道林石室，世称曰支遁庵。自庵前西向登山，由一径入中峰院，其下有八隅泉池，惠敏律师塔当池上，古碑穹然，立于其前。又径前南升，踞高望远，可数百步至天峰院，即唐支山院也，旁有宋人读书房，又有西庵院，其前曰放鹤亭，云即支遁故鹤处。山之中苍崖耸立，两石对峙，曰石门，从此而登，即南峰矣。南峰之西，卓然有山秀出，曰待月岭，岭之下有水，澄清如玉，味甚甘美，大旱不竭，曰碧琳泉。峰之南有山，嶙峋挺拔，势若牛首，曰牛头峰，峰之背为北峰院。"

中峰寺

　　又有中峰寺，在寒泉上，相传为支遁所创。寒泉即支遁《八斋关诗》所写"泠风解烦怀，寒泉濯温手"者。石涧长流，雨后轰雷喷雪，久已湮塞。明末，读彻来中峰从事土木，重新发现此泉，一泓莹然，深丈许。旁有卧石，镌"寒泉"两大字，字径丈余，为宋紫岩居士虞宗臣书。又有马迹石，在中峰院稍西，杨循吉《游吴郡诸山志》云："马迹石，支公好蓄骏马，今有马足迹四存，及石上有马溺黄色一带。"范成大《马迹石》诗云："跨马凌空亦快哉，龙腰鹤背谩徘徊。游人欲识仙踪处，但觅苍崖白塔来。"自注："传云道林骑白马升天遗迹，今石上双迹俨然，类蹄涔者，后人为小塔识其处。"又据李根源《吴郡西山访古记》卷一记载，石门摩崖有"无量寿佛"四大字，"紫岩虞宗臣敬书，高约丈五，下刻莲花"。徐冲《保宁寺钟楼记》记有"吴越钟四百勋，开宝九年诸葛氏为报恩山中峰寺作"。张适有《送坦云轩住中峰寺》诗："中峰香刹翠云边，支遁昔日曾栖禅。白马千年不复返，青山万顷只依然。师行冰雪岁云暮，舟渡吴淞江可怜。名地犹来在人胜，好勤修业继前贤。"可知中峰寺至元末仍香火鼎盛。明王鏊正德《姑苏志》载："中峰在寒泉上，又名楞伽院。"明弘治间废，其地归王鏊。明文震孟《重复中峰禅院记》说："我明弘正间，佛法凌夷，珠宫绀宇，往往入豪贵之家。南峰既废为墟墓，而中峰亦归于先正王文恪公，公有之而弗以为苑囿，弗以为松楸，若有待焉。四传至太学君永思，且死，遗言仍还净域。是时讲师一雨润公卓锡花山，通晓禅理，缁素归心，王因以付之。佛光再朗，宝地重新。吴山之灵，咸为明证；人天赞叹，尽谓希有。斯诚胜果，良称盛事矣。"中峰还梵宇后，僧一雨肇开讲席，读彻继之，法化大行，以后僧啸云、隐山相继主席，隐山以起衰兴废为己任，铢积寸累垂二十年，乃克庀材鸠工，修葺大殿、韦驮殿、山门、钟楼、客堂、僧寮，佛菩萨诸像一一重装，继而又建大悲殿、准提阁、南来堂、喝狮窝以及廊庑墙垣，又复常住饭僧田三十余亩，供器毕备，所费无虑数千金。清雍正十年（1732），李果来游，《游支硎中峰记》载："峰在山之半，望之隐然，由山麓循路而上，细涧有声汩汩，与落叶相乱。寺初名楞伽院，入门有石幢一，清鬘道人所建也。面东有南来堂，前明万历中苍雪彻师从滇南万里而来，因以名之。苍公博涉内外典，尝于中峰建殿买田，其诗笔妙天下，文文肃震孟、姚宫詹希孟、王太常时敏、隐君周茂兰、徐波诸公皆与之游，虞山钱尚书谦益至愿居弟子之列，可谓贤矣。稍北为宝月堂，有泉曰寒泉，在南来堂之前，饮之而甘。寺僧云，苍公从事土木时，有杜白雨者指庭前中地曰：'此当有泉。'凿之，不三四尺见石板，仆碑卧其上，启视一泓莹然，深丈许，紫岩居士虞宗臣书'寒泉'二字于山麓，其以是欤。殿毁于火，其庭传有双松苍秀，殿成而松势难容，伐之，今殿基为菜圃矣。南曰覃思室，古梅一株，老干槎枒，二百年物也。又西曰冬青轩，树高一丈余，杂以修竹，苍公畏寒，冬则居之。面东有楼，曰水明楼，凡东南远近之山，可以送目，于月夕尤宜，曰水明者，取杜诗'残夜水明楼'句也。楼下有方池，多碧螺，无尾。出中峰院稍西，有鹤饮泉、喝狮窝、马迹石，迹大于虎，印石如泥，支公养神骏遗迹也。"清张岗有《雨中中峰晓望》诗云："一夜中峰宿，风泉万壑音。晓钟云外断，春树雨中深。华发催迟暮，禅林阅古今。浮生多感慨，不独为登临。"清沙维枸有《宿中峰寺》诗云："丈室层霄外，明灯坐夜分。星河澄霁壑，铃铎语寒云。问法依支遁，论交愧领军。境空心更寂，花露滴俱闻。"清过春山有《中峰水明楼》诗云："积雨岩壑静，古木吹幽香。山楼坐翠微，云气生衣裳。佛火耿幽龛，经声杂风篁。萧然万籁寂，水石空青苍。凤怀方外游，何为疲津梁？誓将持半偈，掩关卧绳床。"清张紫琳《红兰逸乘》载："中峰寺，在支硎山，韩补瓢《笔记》云：'中峰岩壑深秀处为冬青轩，何义门先生幼从三近丘师读书其间，壁脚东涂西抹，皆其手迹，寺僧以其名重，不忍拭去。其髫年题壁云："清溪十里泻奔淙，寻到源头出梵钟。山雨欲昏林外塔，轻云不掩阁前峰。读书人去巢余鹤，人定僧归钵有龙。闲扫落花扶瘦竹，深山无事不从容。"又有《十九日拉伴山峰观览小雨急归》云："越山吾所爱，一雨罢登临。小得蓬窗韵，全乖蜡屐心。无声宵涨阔，有影曙峰深。好订重来约，情于到未寻。"又一首云："牢落中峰寺，无僧竹树清。矮窗看山色，高枕听溪声。"又二句云："清坐北窗无一事，闲看小鸟捉飞花。"诗后咸书"焯"字。尔时八法未工，笔姿端正雅秀，颇似闺秀簪花体格。'"咸丰十年（1860），中峰寺毁。民国张郁文《木渎小志》载："中峰在寒泉上，稍西有鹤饮泉、唱狮窝、马迹石，又西南为放鹤亭，在中南二峰间。"民国李根源《吴郡西山访古记》载中峰寺："中蓄大池，水清洌。按方位索旧基，南来堂、冬青轩、覃思室历历可辨。全寺基广约百亩，七子、黄山、岞崿诸峰罗列阶下。余评曰：'华山以幽深胜，灵岩以轩豁胜，中峰则以雄伟胜，将来必有复兴之一日。'惟寺基旁丛葬不少，因诘下院僧曰：'前日何不以中峰寺基见告？'僧曰：'寺基百余亩，光绪十九年前寺僧渊泉以金百余元，卖与观音街人朱、范、吉三姓，今僧集赀取赎，朱、范不允，既非寺产，告公何为？'余为之叹憾，如此名山，如此胜迹，岂容私人占有耶，余当力任清赎之。"又载："东登支硎中峰，再访苍雪法师塔，攀援而上至巅顶，中峰寺废基在焉。余前至中峰下院，误为中峰寺，继读李果《游支硎中峰记》《晦庐中峰经游记》，始疑中峰寺当别有在，今获寺址，益信古人下笔之翔实。自巅东下二三十丈，为苍公塔，距寺后墙址恰二百步，塔镌'中峰寺上□□□首正宗南来彻大师之塔'，后方大石如砥，右立石类驯象。顶礼之余，欣慨久之。吾滇名僧首推苍雪，次担当。担公葬大理班山，余昔驻军榆城，吾师樾村先生屡约往访，未果。今得苍公塔，樾师闻之，当谓小子寓苏为不虚也。"钱谦益《中峰苍雪法师塔铭》载："（苍公）塔在中峰寺后二百步。"

026. 南峰 Nán Fēng

位于虎丘区枫桥街道支硎山，因山峰位于支硎山南侧而得名。旧有南峰寺，相传为支遁别庵，即唐支山院，裴休书额。北宋大中祥符五年（1012），刺史秦羲奏赐天峰院。朱长文《吴郡图经续记》载："所谓南峰者，乃古之报恩之属院耳，院枕岩腹，跻攀幽峻，自报恩寝衰，而南峰乃兴。大中五年号为支山，天福五年改曰南峰。圣朝赐以今额，禅老相承，殿阁堂庑奂然一新矣。"元丰六年（1083），曾肆《天峰院记》载：

"近岁，僧德兴者始传禅法于天峰，继住持者十来人矣。德兴之始来，茅屋土阶仅御风雨，后有文启、慧汀、赞元、维广者，大增葺之，基士架木，上瓦下甃，堂殿庖库，廊庑寮阁，门庭祀街，次第完洁。东有浴室，西有憩庵，佛貌经藏，无不严具。以其治之非一人，积之非一日，而能终始如一，故赖以成就。其财费则取之州人，非一家也。"寺中有铁锡杖，相传为支遁故物，范成大《铁锡》诗云："八环流韵宝枝鸣，古铁无花紫翠明。莫遣闲人容易振，泉飞石落鬼寰惊。"明王鏊正德《姑苏志》载："南峰一名天峰，即唐支山院也。"清李果《游支硎中峰记》说："旧有碧琳泉、待月岭、新泉、马坡，坡南有石门，在峰之右腋，三石巨立，一径斜通如门。放鹤亭在中、南两峰间，支公好鹤，翅欲飞，乃铩其翮，后更养，令翅长，纵使飞去，此其处也。山之石根，绝壁巉削，类李唐画。"民国张郁文《木渎小志》载："南峰以池名，寺内有铁杖、铁灯笼之属，旁有碧琳泉、待月岭、马坡、硎石。"石室在南峰院，即支遁庵，剡山为龛，很是宽敞，支遁《咏怀诗》云："苕苕重岫深，寥寥石室朗。"又云："修林畅轻迹，石宇蔽微身。"南峰有石室，南宋周必大《乾道壬辰南归录》载："度石门，有马蹄双迹，其傍即石室，尝为孕妇所触，雷震其顶。相传云，道林夏居别峰，冬居石室。别峰即南峰，石室即此室也。"放鹤亭在南峰院外百余步，久废。南宋范成大《放鹤亭》诗云："石门关外古亭基，树老藤枯野径微。放鹤道人今不见，故应人与鹤俱飞。"清初重建。黄中坚《游放鹤亭记》云："戊子中秋，与客登支硎山，迤逦而东，有小庵焉，其前一亭若新堞者。客曰，此支公放鹤故处也，亭盖以存其遗迹云。"至晚清时已毁。民国李根源《吴郡西山访古记》卷一载："由此经放鹤亭，存柱础四，镌莲花石柱三，碑仆无字。"

章涣墓

明郡人杨循吉，因别业在支硎山南峰，故取南峰为号，称南峰先生，有南峰隐居。杨循吉，字君谦，吴县人，成化二十年（1484）进士，授礼部主事，弘治元年（1488）奏乞改教不许，遂请致仕归。循吉自撰《礼曹郎杨君生圹碑》云："庚辰岁，武宗在南都，蒙呼试乐府，三次扈驾，凡九易冀莱，告归。是冬复取如京，莫辞趋命，岁斋不废。明年夏南归，别筑室支硎山下。"是在正德十六年（1521）。杨循吉著述有《松筹堂集》《南峰逸稿》《吴中往哲记》《吴中故语》《吴邑志》等。嘉靖二十五年（1546）卒，年八十九。乾隆《吴县志》卷六十二称其"结庐天峰院，构野兴堂，读书其中"。沈周《题杨君谦南峰行窝》诗云："远结游窝怕近城，云峰窈窕阻人行。草堂一力资谁送，桤木三年树自成。地吉不妨分佛界，山空亦好发书声。无心富贵知杨素，还恐骅骝入谷鸣。"王鏊《南峰》诗云："石罅中间度板舆，南峰来叩故人居（君谦尝居此）。高斋阒闭松云外，绝栈危分鸟道余。岂谓山僧成泄柳，却疑野老是长沮。明朝地主如相问，但看芭蕉叶上书。"

原有北宋章惇、朱长文、明章涣等墓，现均不存。章涣葬于南峰西坡，占地一亩，当地人称章家山。

027. 长云峰 Chángyún Fēng

位于虎丘区浒墅关镇西部，为阳山十五峰之一，与箭阙峰相邻，因刻有明末清初韩馨题"长云"二字而得名，也作常云峰。明清之际徐枋《西山胜景图记》载："阳山为一郡之镇，亦称四飞山，山之半有支公道场古文殊寺，寺前有台，上即长云峰也。拔地数丈，雄伟磅礴，石罅中多杂树，丹黄紫翠，四时不凋，以掩映于苍崖碧巘间，亦奇矣。"清徐崧、张大纯《百城烟水》载："自高余桥或自射渎桥进为白墙、长云东与南之径。鸟道有三：大而南过草头；白龙而东经香炉；屏风而西抵长云，皆达箭阙。东则弥望平畴，西则具区滉漾，至孟冬日月合朔尤为奇观。"清道光《浒墅关志》卷一记载："长云峰，峰有韩馨题字，一作'常云'，其下有龙井。"卷十八又载："阳山'长云峰'三字为韩馨书，笔力瘦硬，极有古意，岁久苔深，字画依希矣。申文定咏作'常云'，尤为有致。"又载："龙井泉，在长云峰之根，深三丈，贴水有门如梁斜入，莫测底止，当朝暾初升，光射门内，日华与水色相荡，最为奇胜。以水瀹茗，色白味香。"

常云峰摩崖石刻

韩馨（1621—1680），明末清初长洲（今江苏苏州）人。字幼明，号清谐、少微真人。韩逢隆孙，韩治长子，刘曙弟子。明庠生。入南京国子监。复社成员。崇祯十七年（1644）拒阮大铖召。入清隐居习禅，儒衣僧帽，与郑敷教、顾其蕴并称"平江三逸"。清顺治四年（1647）义葬刘曙于虎丘。六年（1649）移居临顿里洽隐园，号小林屋，与郑敷教、金俊明合称三友，结社于广生禅院。卒后私谥贞文先生。康熙三十一年（1692）宋荦建祠崇祀，祀吴郡名贤。韩馨工书法，能作擘窠大字，八岁书虎丘五人墓碣，董其昌、陈元素曾赠诗称赏。有文兼韩、柳，书擅羲、献之誉。著有《绀雪堂稿》《洽隐园遗墨》等。

028. 白莲峰 Báilián Fēng

位于虎丘区浒墅关镇西部，为阳山十五峰之一，因旧有白莲院而得名。在箭阙峰、长云峰北，昔时下有白莲院，即澄照寺（已毁）。清道光《浒墅关志》载："白莲峰，下有白莲院，即澄照寺。"又载："澄照教寺，在阳山东白鹤峰下。先是唐会昌中，丁氏施白马涧宅建白鹤寺。后龙兴寺僧智义募曹元祚祠堂基重建于傍有巨人跡長五尺許長雲峰有韓蘄題字一作常雲下有龍井罐峰東北之最高者大石峰湧出山腰如蓮花上有雲泉庵佛廬精舍皆架巖壁白蓮院即澄照寺松化峰石狀如松上有洞及一壺泉草頭峰一石一態如豐草紛披香爐峰在白龍塢一巨石疑從天落復一石作坫粘著處不能以寸雞峰在長雲峰下鯉魚峰在白墖嶺北華出天牛有仙人洞白鶴峰以丁令威宅名鯉魚峰下墨峰大小如魚成隊象鼻峰大石中一峰倒垂下開谺似銜啟龍峰山之來龍至是而發又名慈龍以白龍歸省慈息於此也有巖洞常光怪烱天鳳凰峰下有鳳凰臺酉峰介於西以位名又有韋馱峰

白莲峰（清道光《浒墅关志》）

此。吴越钱氏时，有泉出于寺，因改名仙泉。宋祥符初赐今额。有别院曰白莲禅院，以池生千叶白莲故名。宋端拱初，谢涛尝讲学于院之西庑，明年登第。其子绛刻石为记。"北宋王禹偁有《游白鹤峰宿仙泉寺》诗："祭庙回来略问禅，薜墙莎径碧山前。风疏远磬秋开讲，水响盘车夜救田。蓝绶有香花菡萏，竹窗无寐月婵娟。自惭政拙贻枯旱，忍卧松荫漱石泉。"南宋范成大有《白莲堂》诗："古木参天护碧池，青钱弱叶战涟漪。匆匆游子匆匆去，不见风清月冷时。"谢涛（960—1034），宋富阳（今属浙江）人，祖籍缑氏（今河南偃师）。父谢崇礼自阳夏徙家苏州。本姓姜，字济之。梅尧臣岳父。淳化三年（992）进士。以梓州榷盐院判官迁观察推官，权知华阳。还拜著作佐郎，通判寿州，移高安郡，改知兴国军，除太常博士。真宗即位以治行召对长春殿命试学士院。改屯田员外郎，出知曹州，斩恶人赵谏。为两川安抚，举能吏三十余人。还除三司度支判官，出守海陵、新安。以度支司封员外郎通判河南府。召除兵部员外郎直史馆，出为两浙转运使。进礼部郎中，判司农寺、兼侍御史知杂事。乾兴元年（1022）进户部郎中，除吏部郎中直昭文馆，知越州，还拜太常少卿、判登闻检院。又权西京留守司御史台，拜秘书监，分司西京，迁太子宾客，故称谢宾客。封陈留伯。葬于富阳，赠礼部尚书。雅远不阿，治称循良。少学《左氏春秋》，曾讲学于苏州阳山澄照寺，耽嗜笔砚歌诗，文才为王禹偁、罗处约称赏。谢绛（994—1038），宋富阳（今属浙江）人，徙居吴县（今江苏苏州）。字希深。谢涛长子。大中祥符八年（1015）进士。授太常寺奉礼郎，知颖州汝阴，迁光禄寺丞，充秘阁校理，再迁太常丞、通判常州，拜太常博士。迁祠部员外郎，直集贤院、通判河南府，权开封府判官，再迁兵部员外郎，为三司度支判官，请罢内作诸器。景祐三年（1036）召试馆阁校勘，疏请省役息民，迁知制诰、判吏部流内铨。宝元元年（1038）出知河南邓州，卒于任，葬于穰县五陇山，祠祀名宦。诗屏浮艳，皆传经据古，文章尤得西汉体。著有文集。

029. 望湖峰 Wànghú Fēng

位于虎丘区通安镇东南部树山村、阳山北麓余脉大石山，因登此峰可远眺太湖而得名。为大石山十八景之一，有石刻。大石山，高80多米，世传清代叠石名家戈裕良堆造环秀山庄中假山以此为蓝本。旧有大石八景，即：拜石轩、招隐桥、宜晚屏、毛竹磴、玉尘涧、青松宅、杨梅岗、款云亭。后衍为十八景。现存有"大块文章""夕照岩""仙桥"和"仙坪"等摩崖石刻。

望湖峰

030. 文殊岩 Wénshū Yán

位于虎丘区浒墅关镇西部，与虎头岩（又称狮子岩）、滴水岩、夕照岩并称阳山四岩，在箭阙峰下，下有文殊寺（旧寺已毁，今重建），亦名观音岩。清道光《浒墅关志》载："文殊岩，下有文殊寺，亦名观音岩。"清姚承绪《吴趋访古录》有"文殊岩"条："下有文殊寺，又名观音寺，相传晋支道林创，其上即长云韦驮。"元黄溍有《湘竹诗为文殊昱上人赋》诗："道人来自阳山麓，手携旧种千竿竹。小裁方斛不盈咫，中有潇湘江一曲。未信天工能尔奇，不知地脉从谁缩。晴空翛翛散烟雾，眼底森森立群玉。岂期我乃累此君，蒙犯风埃走尘俗。故山方远重愁绝，新句未成惭迫促。黄冈之产大中橼，正用才美刻其腹。愿言保此终天年，岁暮山中伴幽独。"明严澂有《文殊寺赠介公明》诗："值君飞锡处，一语便成欢。云水诸根净，冰霜五戒寒。雕龙技亦得，驱虎法何难。喜与常云社，双眉敢自攒。"明陈仁锡有《观音岩看月介公至》诗："风前忽自笑，云外若为期。忽报山僧至，山深知未知。"

文殊岩

031. 白墡岭 Báishàn Lǐng

位于虎丘区浒墅关镇西部，为阳山六岭之一，以产白墡土而得名。南宋范成大有《白善坑》诗："银须玉璞紫金精，犯难穷探亦有名。白垩区区土同价，吴侬无事亦轻生。"并有诗题注曰："凿山成井，深数十丈，复转为隧道以取之，危险不可逼视。"

中国高岭土有限公司

明岳岱《阳山志》载:"山之岭,南曰耙石,西曰青山、曰寒山,北曰金芝,东曰白墡,岭上悉有路以通山行。"又载:"白墡坑,在白墡岭上。土人取白墡于此,故坑中甚深,四起石壁,是处绝奇胜。"清道光《浒墅关志》载:"白墡岭,以产白墡名。《吴地记》云:'山有白土如玉光润,吴人取以充贡,号曰石脂,亦曰白垩。'"白墡岭是阳山宝泥(高岭土)最丰盛矿藏的腹地,如今中国高岭土有限公司阳东矿已采撷埋于山腹地下数十米地带的白泥,供现代工业原料所需。"金芝白墡两相系,金在山北白在南。江婆石沟西北连,马王耙石均山南。"白墡岭与金芝岭南有路相连,江婆岭在金芝岭的西面,石沟岭在金芝岭的东北面,即浒墅关镇原中心村上青涧,有山岭通道(现为汽车驾驶培训中心地段)。耙石岭在阳山东南端(鹿山村),马王岭在西南(东渚乡境)。当地有阳山六岭的分布就如一个"关"字的说法:二点是江婆、石沟,二横是金芝、白墡,下面一撇是马王岭,最后一捺为耙石岭。

032. 马王岭 Mǎwáng Lǐng

位于虎丘区东渚街道东北部、阳山西南部,为阳山六岭之一,或说因山岭蜿蜒如"蚂蟥"而得名。岭下有石名真假山,前即相传建于梁代的净明寺(已毁)。明岳岱有《净明寺》诗:"石磴盘回绕上方,傍岩台殿倚苍苍。阶前银杏充僧供,炉底松花当佛香。高岭星河常信宿,下山花竹又斜阳。却缘婚嫁皈依晚,未得辞家礼法王。"清道光《浒墅关志》载:"马王岭,下有石名真假山,前即净明寺。"又载:"净明寺,相传建于梁,在阳山马王岭下。后有真假山,最为奇胜。"又载:"蜜蜂道院,在阳山马王岭北。"

033. 耙石岭 Páshí Lǐng

位于虎丘区浒墅关镇西部,为阳山六岭之一,位于阳山东南端鹿山村,因石平如塍,有犁耙痕,传为仙人种玉处而得名,又称爬石岭。右有景福庵(已毁),始建于元大德年间(1297—1307)。明岳岱《阳山志》载:"山之岭,南曰耙石,西曰青山、曰寒山,北曰金芝,东曰白墡,岭上悉有路以通山行。"又

与长云并道士峰在北山状如真官步虚南爪北北爪如龙奮爪岭有六白墡岭以产白墡名吴地记山有白土如玉光润吴人取以充贡号曰石脂亦曰白垩金芝岭石皆偃蓋作金色或曰曾産金芝上有公輸子亭劉誠意井及集慶庵江婆岭路爲江婆所開石山势有如蹲如走如跼如臥者亦名石潘馬王岭下有石名真假山前即凈明寺耙石岭上有犁耙跡上平如塍相傳仙人種玉處右有景福庵龍井又名有文殊岩亦名觀音微虎頭巖下敝龍井四文殊巖下有文殊寺一名瀑布一名珍珠簾水從巖間獅子巖滴滴如噴雪跳珠淙淙作琴筑聲雖大旱不涸冬月看冰柱下滴如噴雪跳珠淙淙作琴筑聲雖大旱不涸冬月看冰柱

耙石岭(清道光《浒墅关志》)

载："耙石岭，相传有异人于此耙山，故今岭东西石上皆有齿痕，非人所为。"又载："景福庵，在耙石岭，有竹林清池，颇亦幽胜。"清道光《浒墅关志》载："耙石岭，石上有犁耙迹，上平如塍，相传仙人种玉处。右有景福庵。"又载："景福庵，在阳山耙石岭下，元大德间僧道宏建。今为兰风塔院。"

034. 斜堰岭 Xiéyàn Lǐng

位于虎丘区枫桥街道西部、金盆坞南，支硎山北与高景山相连处，因音近又称谢宴岭。民国《吴县志》称高景山"此山实钟城西诸山之秀"，"西麓崖谷盘拱处曰金盆坞，其南为斜堰岭，亦曰谢宴岭"。山顶原有始建于清乾隆年间的城隍庙，1970年前后被毁，20世纪80年代重建。

斜堰岭

035. 白龙岭 Báilóng Lǐng

位于虎丘区浒墅关镇西部。因岭下有白龙坞而闻名。白龙坞，为阳山六坞之一。清道光《浒墅关志》载："白龙坞，东晋时缪氏女产白龙于此，有龙母冢、龙湫、晋柏、白龙庙在焉。"清姚承绪《吴趋访古录》有"白龙坞"条："中有龙母冢，冢前有龙湫、晋柏，白龙庙在焉。"

白龙庙，又名白龙禅寺，位于阳山西白龙坞龙母冢前，东晋隆安间建。上有龙湫晋柏（1958年遭砍伐）。宋淳祐元年（1241）重建，宋李起有《重建阳山西白龙庙记》。至明万历三十三年（1605）关榷王之都祷雨到此，因应求得雨，在寺旁建龙柏亭（一名"甘澍亭"、一名"灵雨亭"）。明王穉登《龙柏亭记》载："阳山缪氏产龙事甚异，然载之山经，列之郡乘，传闻于故老之口，实赋咏于名流之笔端，皆凿凿乎非稽神志怪之言也。今其冢隆然、柏郁然。自隆安迄今，有祷辄应，俎豆钟簴，千秋不废矣！往者，郡邑大夫惮千旌之远涉也，移其祀于澄照，名东白龙，而此云西白龙。在东者衣冠之祭，岁尝不乏；西则村翁伏腊而已。"明周南有《老白龙庙》诗："阳山第三峰，云深神所栖。下有白龙冢，上有灵母祠。昔传民家女，育龙此山陲。龙化母惊绝，雷雨相交驰。于今祷必应，雨旸无愆期。繄灵神变化，犹知有母思。"明岳岱有《龙

白龙寺

母祠》诗:"石濑溅溅山木苍,五湖祠庙接潇湘。灵衣珠佩无消息,桂栋兰潦有夕阳。白酒土人来祷旱,绛帏玉女对焚香。季春岁岁龙归异,千古风云近草堂。"明王穉登有《龙母祠》诗:"松坞石森森,秋风万壑阴。泉清尘客耳,花照定僧心。龙去野祠破,鸟啼山竹深。苍生饥渴甚,朝夕望为霖。"清吴铠有《白龙寺听松堂》诗:"古冢巍然峙,峦光失远村;劈空开箭阙,直上刘云根。绿印寻山屐,香霏过客樽;来归逢薄暮,月影下柴门。"清凌寿祺有《龙母冢》诗:"阳山山西白龙坞,四山环拱如安堵。中有一冢自东晋,云是龙母安堂斧。龙母产龙龙母死,乡民厚葬择原膴。起冢立庙申报赛,赐额加封赵宋古。秩之祀典直至今,冢前莫敢为场圃。岁岁山中春夏交,阴森黯黯晦将雨。白龙归来展觐省,小如蜥蜴大弥宇。自昔台前有老柏,龙缘木泽不可拊。下有龙湫清且美,作雨兴云四海普。中吴万顷上上田,岁获有秋奉天庚。天教神物偶显奇,南徐舟上昭英武。惟母产龙是真龙,养得元珠妙吞吐。际会风雷念母慈,恩顾山头效采舞。人间葬亲古今几,万亿孰如白龙坞,常保慈恩一片土。"清缪日芑《重修阳山西白龙寺记》载:"出郡城北郭门外折西道三十里,为万安山,以背阴而面阳故名阳山。山之东西麓并有寺,俗皆以白龙名。……本朝僧智仙又为殿宇增仪像,规模未极,惜焉而逝。……乾隆庚辰,僧耀乾具词有司,俟久未行,适于辛巳炎夏,亢旱无滴,田禾枯槁,民共惶惶,其时抚宪陈同本城州县祷于此寺,日滂沱,秋后丰登,可谓山之灵也,神之应也,蒙宪抚陈感神之应,即捐俸重修殿堂廊庑,金容仪像,焕然一新,时僧耀乾谒余,求记以为永祀。"白龙禅寺遗址1958年圮。寺前曾有藏军洞,亦毁于开山采石。坞内原有岳园,为明代阳山草堂山人岳岱结隐处,因其笋香如兰花,"香味甲吴下",又名"兰花园"。清道光《浒墅关志》载:"兰花笋产阳山岳园,山下皆赤土,惟岳园栽竹处半亩许泥黑白垩,产笋肥大,香似幽兰。大石龙坞二处笋亦作兰花气,而岳园为最。"岳岱有《新笋歌》诗:"满林黄鸟不胜啼,林下新笋与人齐。春风闭门走山兔,白昼露滴惊竹鸡。雨中三日春已过,又近石床添几个。竞将头角向青云,不管阶前绿苔破。"明吴林有《岳园兰花笋》诗:"人羡斯园土最良,产将玉笋作兰香。诗翁蔬食无佳味，斫供厨珍对客尝。"清马荟有《岳园烹笋》诗："兰花笋出乌灰土，掘煮山泉坐岳园。手握斋钱偿犊角，心知珍供过熊蹯。野僧卖不投穷户，畸客尝多自贵门。城市名喧那到口，远携香味已无存。"清凌寿祺有《岳园兰花笋》："阳山土赤似丹沙，黑坟惟传隐士家。修竹万竿苗新笋，错疑空谷有兰花。来参玉版共招延，真个旃檀悟后禅。谁识自从头角露，流芳早已满山传。闻说当年惊蛰后，筼筜深谷守香苞。而今任作山僧馔，也共樱桃启墅庖。山僧相赠竹园开，仿佛红尘一骑催。解箨莫教吹气淡，山林风味带将来。"岳岱，字东伯，自号秦余山人，又号漳余子。先世以军功隶苏州卫，其父好读书，辟草堂于阳山。游历天台、雁荡、武夷、庐山后，潜心结隐阳山，有《阳山志》《漳余子集》《雨瑶集》等传世。明王穉登有《访岳山人》诗："石涧敲兰桡，松堂坐寂寥。山余龙母庙，地隐鹿门樵。开径踏黄叶，题诗分绿蕉。采芝空谷里，日暮不能招。凤慕丘中隐，言寻谷口贤。芝生沙圃里，竹暗石楼前。压屋青山色，惊人白雪篇。归来问奇字，今夜不能眠。"张元凯有《过岳园》诗："溪上柴门昼不开，白云深处有高台。山家细雨啼黄鸟，竹屿流泉散紫苔。绮里不曾归汉去，桃源犹是避秦来。乾坤丘壑能容我，何日菟裘共草莱。"袁昭旸有《咏阳山草堂竹赠岳山人》诗："草堂正倚阳山曲，袅袅琅玕涧水浔。风坞篁辞同鲜碧，云林梢长接空阴。雨晴帘卷秋如许，日午尊开暑不侵。过客留连盘石坐，羊求应许更攀寻。"又有《同陆明府过阳山访岳山人》诗："泛舟入西山，炎景照南陆，梅霖歇崇冈，积润含林麓。挈徒过修坂，访友过空谷，川薄阳已微，烟霖忽丛竹。石窦注清冷，云萝覆岩屋，庖人馈鲜鲤，童子进鼎𫗧。翰墨情所投，令人发深穆，兹会难再洽，良趾兰台宿。"陆俸有《阳山访岳山人》诗："访尔阳山曲，迢迢丘壑重。青冥恣遐瞩，麋鹿伴孤踪。高枕低云峤，疏林度远钟。径余重九鞠，门倚两三松。避地雾中隐，鸣琴竹下逢。夜长思共醉，老去愿相从。魏阙今无想，仙风自可宗。因思沉湎者，役役尔何庸。"徐伯虬有《访岳山人》诗："多君栖郑圃，元室白云阴。此日逢迎处，高天倚树吟。竹香明幌静，山色暮帘深；相送情无限，余音碧水琴。"顾闻有《同徐子过岳山人》诗："爱尔林中静，莺啼下碧除。风清徐稚榻，花映邳侯书。帘际凉露切，城阴夏木虚。论文竟西日，片片落橘璩。"清汪琬有《游岳园》诗："数易荒园主，泉枯竹已花。居人谈旧事，犹指隐君家。"徐昂发题诗云："朝从远公出，著屐恣幽寻。一径向花雾，众溪藏竹阴。茶香瓯发乳，笋细玉抽簪。风勒奔泉响，璆然讯雅琴。"朱天成有《岳园》诗："杖策寻山坞，疏篱曲径通。水流晴树里，鸟语暮云中。香点岩梅雪，阴摇岸柳风。此时尘虑静，清磬出龙宫。"

036. 唐家坞 Tángjiā Wù

位于虎丘区通安镇树山村，因旧时有唐姓于此而得名。坞内唐家坞自然村入选首批苏州市古镇古村老街名录。唐家坞村位于树山村中部，约有村民36户、130人。村落沿大石山路呈带状分布，种植有茶树、杨梅和杂木林等，山环田绕，风景秀丽。潺潺山泉汇聚成村口两口方塘，水边坐落一尊青石质地"树山守"石像。村内农家乐众多，茶咖小店也是别具特色，有民宿曾被评为"苏州旅游十大精品民宿"。

037. 戈家坞 Gējiā Wù

位于虎丘区通安镇树山村，因明代有戈姓落葬于此而得名。当地有"先有戈家坟，后有通安桥"的俗语。明岳岱《阳山志》载："山之坞，西曰白龙、曰青山，东曰紫藤，北曰戈家、曰瓜藤、曰大石，南曰菖蒲，皆深静。"又载："白铁道人隐居在戈家坞，是处峦壑咸奇，泉石交美，尤多松果，杨梅独饶。白铁，吴兴王济也，因游于苏，买山卜筑之。"坞内有自然村落戈家坞村，入选首批苏州市古镇古村老街名录。村落东至唐家坞，南至阳山，西至大石坞，北至树山路。村聚落呈笆箩形分布，地形地势曲折幽深，最长的延伸达200多米，约有65户、239人，主要农业以果蔬、茶树种植为主。

戈家坞廉石

明代，戈家坞有顾元庆宅及其藏书处，现仅存遗址。曾有"元庆自为记"，顾元庆，字大有，号大树先生。明童佩有《过顾征士阳山别业》诗："绣壁盘空下，春游花气寒。琼瑶学岛屿，灵秀走冈峦。赋向青山课，心随流水弹。还因畏尘染，自斸莙为冠。"丰坊有《阳山草堂为顾大有赋》："新晖送山青，点点入茅屋。平原秀芳草，流泉带乔木。篱篁堕凉影，庭兰动徐郁。主人侵朝兴，鹤衣巾一幅。净几发炉燎，就床取书读。坐中无俗宾，砌下有驯鹿。短扉竟日掩，香醪四时漉。闲情寄峰桐，佳词喷湘竹。翘企孤山隐，想像柴桑筑。延睇摇云峰，满听溅霜瀑。久与尘市遥，已共山灵熟。后名谅非求，潜德思厚蓄。落梅正宿雨，予来破幽独。"清凌寿祺有《赋大有》："黄埭名人迹，青山隐士家。一生耽啸咏，八景闭烟霞。刚笋春删竹，疏泉夜煮茶。已荒夷白迹，传砚记相夸。"

038. 三洋嘴 Sānyáng Zuǐ

位于虎丘区东渚街道西部，为一狭长山嘴伸入太湖，因地名三洋，古称三洋嘴，又称峃嘴。三洋嘴，临碧波万顷的太湖，历来为观夕阳西下太湖瑰丽景致的佳处。该地有三洋村，属上山行政村。昔时上山村船匠较多，在浙江湖州，江苏无锡、宜兴等地和太湖渔民中，统称"峃嘴匠人"。1953年3月，三洋敞滩私人合股兴办造船厂，地址在三洋大王庙内。船厂规模较大，工匠40多人，由姚才岳、姚凤伯、姚桂林等牵头，打造的船只有小划船、舢板、三桅（风帆柱）船、五桅船、七桅船。七桅船造价为米90担。因峃嘴船匠打造的船只行驶速度快、质量好，常有浙江长兴、车坊、郭巷、浒关、苏州葑门等地来人请去指导。1955年春实行合作化，并入吴县光福造船厂。80年代后，三洋的丁家、敞滩办2家小型船厂，自产自销。峃嘴三洋村北曾有广福寺，久废，残迹湮灭。解放后，村民挖石，见湖中广福桥残迹，去信给县、省有关单位，后江苏省文史馆派员两次来峃嘴考察。又曾有福林寺，元代陆友仁《吴中旧事》载："秀峰寺西二十里至三洋，有福林寺，寺门石幢刻唐咸通年。又云上当庆忌尼寺，盖寺旧名云。字已漫灭。"现无迹。东（山昂）三洋洲，在漫山之北，上有塔庙，明初洲沦没于湖。相传原庙内禹王像漂浮至光福冲山，于是改祀于郁使君庙。当地有沉没三洋洲的民间传说，并有"沉落三洋县，浮起无锡城"的俗语，为元明之际当地湖畔陆地陷落于太湖的历史记忆。

039. 龙舌渚 Lóngshé Zhǔ

位于虎丘区横塘街道东部，明王鏊正德《姑苏志》载："越城桥北三里，木渎之水西南来会交，流中有荒地，广可二三十亩，南北修，东西短，地势最下，大水不没，名龙舌渚，俗讹范丹基。"明徐鸣时《横溪录》载："又湖水进越城桥，北行三里，木渎之水西南来会交流，中有荒地，广可二三十亩，南北修，东西短，地势最下，然大水不没，名龙舌渚，以在水中，故名。渚而形似舌，龙者水土之龙脉也。俗讹范丹基，故并及之。"明朱化成有《龙渚渔舟》诗云："龙飞乘势破中流，跃起平沙一点浮。烟雨隔西遍古渡，水云深处漾扁舟。蓑披夜月犹牵网，酒向寒汀更满瓯。醉去不知天地阔，往来只在钓滩头。"明何应科有《龙渚渔舟》诗云："芳草青青水四环，中流龙渚集渔船。数声笛弄芦花月，一曲歌飞杨柳烟。蓑笠家风红蓼岸，纶竿生计碧云天。得鱼换却前村酒，棹首欢呼棹底眠。" 明马中骥亦有《龙渚渔舟》诗云："轻烟漠漠锁苍洲，渔艇丛丛漾碧流。芦叶穿鱼儿入市，瓦盆盛酒妇操舟。随风衰柳当头落，浴水群凫夹棹浮。醉到和衣蓬底卧，阴晴明日不关愁。"清顾震涛《吴门表隐》："范丹基，在五福桥西，一抔不湮，或云是墓。"民国《吴县志稿》："五福桥，在横塘普福桥西，其南塽有范丹墓，清康熙四年僧越凡募修。"

龙舌渚与五福桥

040. 俞墩 Yú Dūn

位于虎丘区浒墅关镇西部、阳山东麓，今秦馀山庄内。俞墩原是一处相对独立的孤山，距离阳山主体尚有数百米距离。原山体底部呈椭圆形，西北—东南径约125米、东北—西南径约100米、高约10米。俞墩的基底为凝灰岩山体，以上有0.6—1米的覆土。该地有土墩墓群，2012年进行发掘，共发现7座墓葬和1处器物群，包含竖穴岩坑墓、竖穴土坑墓、石床型土墩墓等多种墓葬形制，涵盖马桥文化、西周、东周多个时期，是一处基本完全发掘的土墩墓葬群。

041. 霍山 Huò Shān

位于吴中区光福镇潭山以东、查山以南，南临太湖，长、宽均为0.4千米，海拔59.8米，山上有栗树、梅树等林木，霍山与长山、岐龙山、竺山于西侧环绕潭山，其下有潭东、天井等聚落，昔日由长岐岭山道通达光福镇。

042. 鸡山 Jī Shān

位于吴中区东山镇。在武山主峰西泾山南，与武山似连而断，海拔仅11.62米。因为春秋时期吴王养鸡之地而得名。明《震泽编》列"故国之墟

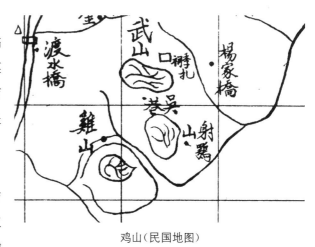

鸡山（民国地图）

十",其中:"九日射鹗山,旁有鸡山,《洞庭记》云:'昔吴王于此山筑城养鸡,有鹗下山驱鸡,王令人射之,血滴石,今尚赤。'"明葛一龙有《鸡山》诗:"吴王养鸡如养士,绛帻峨峨金以距。一时斗气盖邻敌,筑城半入蛟龙窟。至今湖上立空名,但见残山不见城。驱鸡入云乃谁氏,结庐犹傍山中树。"山中曾开采石英砂。

043. 竹山 Zhú Shān

位于吴中区光福镇。因山上遍布青竹而有此名。在青芝山往南过长岐岭,为潭山次峰,亦称竺山,海拔101.2米。明《吴邑志》作"竺山"。民国《光福志》"村巷"镇西南列目下有"竺山";民国《吴县志》"光福区图"标作"竹山"。

另金庭镇衙里西北有大竹山、小竹山亦合称竹山。其中,大竹山因岛上生长野竹,故名,面积0.02平方千米,海拔7.7米。植被为杂草、芦苇。小竹山在大竹山旁,两岛相距0.4千米,面积0.01平方千米,海拔4.4米。

044. 行山 Háng Shān

位于吴中区东山镇三山岛,为三山岛三峰之一。相传为胜玉娘娘行宫于此而得名。又相传昔时三山岛人养蚕,每天早晨鸣钟报桑叶行情,故名行山。南坡有始建于唐代的供奉吴王阖闾女胜玉的吴妃祠,俗称"娘娘庙"。明嘉靖二十七年(1548)重修。后毁于1972年。1990年重建,已修复正殿3间,内悬"姑皇圣母"匾额。据传,八月中秋之夜,胜玉娘娘在庙前一处绿洲的大杨树畔,显灵操琴,此处即称"姑亭"。明谢晋有《吴妃祠》诗。娘娘庙向右步山有石阶称"一线天",再上有石门称"天门",有一石桥称人山桥。行山顶一巨石突兀于半空,其状如虎蹲、似狮卧,人呼叠石,伏卧悬崖峭壁,雄视万顷太湖。经过叠石,仅百步之遥,建有一座三层六角塔亭,内有茶室,可供游人小坐品茗。

吴妃祠

045. 宝华山 Bǎohuá Shān

位于吴中区越溪街道、七子山之南旺山村内，因有宝华寺而得名。山麓有宝华坞。山下曾有宋枢密院使林希宅。元陆友仁《吴中旧事》载："林德祖虑云：'余家自伯考皇考泊诸父奉王大母来居于苏，著籍此州者五十年矣。今带城桥儒学坊为吾家榜也；横山之宝华、华山之博士坞，吾家三世之所葬也。'华山有智显寺，宋绍圣四年，知枢密院事林虑请为功德寺，遂加慈严之额。林氏墓在寺后。"

林希（1035—1101），宋吴县（今江苏苏州）人。字德祖，一字子中，号醒老。林槩长子。嘉祐二年（1057）进士，省试第一人。调杭州於潜县尉，为福州怀安县主。治平二年（1065）以宣州泾县主簿编校集贤院书籍，后编校昭文馆书籍。熙宁三年（1070）为馆阁校勘、集贤校理。同知太常礼院。遣使高丽，惧行，责监杭州楼店务。通判秀州，复知太常礼院，迁著作佐郎。元丰五年（1082）为礼部郎中。与修《两朝宝训》。元祐元年（1086）历秘书少监、起居舍人，充集贤殿修撰知平江府，徙知宣州，三年知湖州，四年以天章阁待制知润州，奏复吕城堰。六年转知杭州，名苏轼所筑西湖堤为苏公堤。七年除礼部侍郎。八年出知亳州。绍圣元年（1094）进宝文阁直学士知成都府，留任试中书舍人，劾元祐党人，修《神宗实录》兼侍读。二年权礼部尚书权发遣开封府，三年以权吏部尚书为翰林学士、知制诰。绍圣四年（1097）除同知枢密院事。元符元年（1098）出知亳州，改知杭州，以端明殿学士知太原府。徽宗立（1100），以资政殿学士知大名府，降端明殿学士知扬州。建中靖国元年（1101）降知舒州。卒赠资政殿学士，谥文节。与米芾交厚。好古博雅，尤工书，有《定力帖》。著有《两朝宝训》《林氏野史》《林子中集》《林子中奏议集》等。南宋初年，王安石曾孙王珏也曾居于山中。王珏字德全，绍兴二年（1132）起家盐官县丞，历官提举淮南东路常平茶盐公事等，擢户部员外郎，总领湖广江西京西财赋，迁太府少卿，因患目疾，遂以右中奉大夫直敷文阁提举台州崇德观。晁公遡《王少卿墓志铭》记其"隆兴二年闰十一月一日卒于苏州宝华山之私第，年五十三，乾道元年五月十二日葬于湖州乌程县雪水乡丘墓村屏风山之下"。南宋洪迈《夷坚志》载："王德全少卿珏，绍兴十四年待行在粮料院阙，寓居平江横金市。市之西南曰鲁都湾，有田数百亩，欲卜筑于彼，未果也。相去又半里宝华山，有禅刹曰慈严智显，殿宇宏敞，近村寺舍皆莫及，土人呼为小灵隐。主僧来谒王，言：'昨夜梦神人告云："横金王判院，乃旧檀越，与兹一方有善缘，盍勉之使居此地？"其意殊不可晓。'于是王决策谋徙，而未能遽办集。会其妹婿李籽通判以所居求售，即买之，而拆毁其材植以供用。甫两岁，第宅雄成。他日，同姻朋诣彼刹，登钟楼，读其镌志曰：'重和元年，将仕郎前昆山县主簿王珏施净财一力铸造。'正与己姓名同。主僧相顾叹异，始悟神人有缘之语。"王珏园墅，以花木茂盛著名，称为环谷。南宋乾道八年（1172）三月，周必大《乾道壬辰南归录》载："饭罢登车，行二里，至环谷，乃王珏总领之居，园亭池沼，花竹奇石，环绕其屋。珏字德全，介甫之后，乾道元年年五十三，失明罢归，相者告以其亭某所而已，珏不见也。"宝华山下还有明代董其昌晚年栖居的宝华山庄。明天启三年（1623）十月，董其昌作《宝华山庄纪兴六景册》，吴升《大观录》卷十九著录："董玄宰六帧画册，白丽笺，计六帧。每帧或萧疏平淡，天真烂漫；或仿北苑，沉厚雄浑；或烟云缭绕，树带暝色；或垂柳鸥沙，钓竿横艇。尺幅间理趣咸生。丘壑兼到，奏纸草书对题诗词，尤联珠也。"第五开题云："癸亥十月，山庄纪兴，共得六景。玄宰识。"同月又作《宝华山庄图轴》，陆时化《吴越所见书画录》卷五著录："'积铁千寻届紫虚，云端鸡犬见村墟。秋光何处堪消日，流涧声中把道书。'癸亥十月有先墓焚黄之行，先墓在屿洋，小憩宝华山庄多暇，见此侧理，写此图并识。董玄宰。"天启五年（1625）九月，其昌又为王时敏画《宝华山庄八景册》，第八帧题曰："乙丑九月，自宝华山庄还，舟中写小景八幅，似逊之老亲家请正。玄宰。"庞元济《虚斋名画录》卷十三著录：

宝华寺

"右董玄宰太史画宝华山庄小景八叶真迹，无上逸品。道光己丑秋七月中浣购于长安琉璃厂之师古斋中，吾家青毡顿还旧观，亦奇缘也，茂卿父书之，以庆佳遇。是日甲辰，镫下志。"此册今藏上海博物馆。明天启年间，姚希孟有《宝华避雨记》云："呼篙工整蓑笠，亟谋归棹，橹声仅两三，祈见岸上双扉半启，拟为村中旧家，仰窥有颜其楣曰'太史宗伯'，走奚奴讯之，知玄宰先生别业也。虽主人不在，苍头衣被襜而应门，乃颇解事，肃客甚谨。引余至厅中，寻转一廊，登其楼，楼外多嘉树，树杪出垣甍上，稠阴如幄。楼上复筑一小阁，骤跻之，觌面皆浓云，黝黑沉沉，矗峙半空中，窃意云物善腾翥，何卓立移时，且下与水潦相接？谛视之，山也。"

砚瓦山石材

046. 万禄山 Wànlù Shān

位于吴中区木渎镇东南部。为七子山次峰之一，在七子山主峰北1.8千米处花园山东，高62.8米，亦称岷山。下临池涧，旧称小赤壁。万禄山旧有全州巡抚马光墓；西麓旧有清山东粮储道宋思仁墓，石韫玉为作墓志；万禄山麓栲栳湾旧有清户部郎中王颂蔚墓，叶昌炽为作墓志。

047. 砚瓦山 Yànwǎ Shān

位于吴中区木渎镇五峰村。山体由砂页岩构成，其石可制砚台，吴语中称砚台为砚瓦而得名，又称砚台山。海拔

28.9米。山坡有多处开采后遗留洞穴。

048. 银顶山 Yíndǐng Shān

位于吴中区木渎镇五峰村。天池山以西，为五峰山次峰，位于主峰西北0.7公里，海拔113.5米。山体由砂页岩及花岗岩构成，为苏州花岗岩西界。银顶山和金井岭山谷间（今称白象湾）有1958年建造的白象湾水库，今建有白象湾生态旅游区。

049. 鸡爪山 Jīzhuǎ Shān

位于吴中区木渎镇天平山南0.9千米处，为天平山次峰，海拔53.6米。与鸡笼山相邻，山形奇异，有著名怪石景观"五人撑伞"（又名"仙人撑伞"），为天平山一带典型花岗岩节理、风化的景观。花岗岩节理，为岩石中的裂隙，断裂构造的一类，这是由于花岗岩岩石受力而出现的裂隙，但裂开面的两侧没有发生明显的位移，地质学上将这类裂缝称为节理，在鸡爪山出露的岩石上随处可见。

050. 教场山 Jiàochǎng Shān

位于吴中区香山街道。因传为春秋吴国时孙武于此登坛拜将和操练军马而得名。在渔洋山东侧蒋墩山主峰东南，为蒋墩山次峰，海拔29.2米，南北向长千余米，南临烟波浩渺的太湖，西和渔洋山相望，东有村名教场里。从教场山远望穹窿山及其支脉香山自北向东南方向延伸，直达胥口，地势开阔，相传吴国在此集练兵卒，包括太湖中的水军，里人称"大教场"。校场山顶有块一千多平方米的"小教场"，相传即孙武教宫女习战、斩吴王两宠姬之处，事见《史记·孙子吴起列传》。吴王请孙武在此教习吴宫美女，以观其能。孙武选吴王宠妃两人为队长，宫女视操练为儿戏，喧闹不止。孙武下令将两妃斩首示众，以明军纪。相传两妃葬于教场山东南的小横山，俗称二妃墓。墓旁旧有二妃庙。清吴县香山人徐芝峰有《教场山二妃墓》诗："兜牟脂粉笑逡巡，却叹将军戏作真。一剑骈诛君侧宠，沼吴偏有浣纱人。"民国徐翥先《香山小志》载：

教场山

"教场山，即吴宫教美人战处。山无定名，曰唐墓，曰蒋墩，盖以山跨两村，各就其村名之，都不足据。惟名教场为最古。或称小娘山者，教场之讹音也。"屈复《苏州古迹三十九首》有《吴王庙》，题注："庙在香山南址，貌二妃侍侧。相传即孙武所诛二队长也，又曰爱姬祠。"诗云："吴苑花飞万里春，吴王破庙貌如新。有灵应抱兴亡恨，枉杀当前二美人。"1997年，在小教场上勒石立碑："孙武演兵场遗址。"

051. 仰天山 Yǎngtiān Shān

位于吴中区木渎镇羊肠岭南。地近天平，山南与赤山相接，西与焦山毗连，山体为花岗岩，山左有仰天坞，坞内为范成大墓。旧名马鞍山，为范文正公先垄所在，地近范文正公忠烈庙，其行营寿藏于先陇之侧，因慕仲淹为人，遂改马鞍为仰天。范成大《重九日行营寿藏之地》诗云："家山随处可行楸，荷锸携壶似醉刘。纵有千年铁门限，终须一个土馒头。三轮世界犹灰劫，四大形骸强首丘。蝼蚁乌鸢何厚薄，临风拊掌菊花秋。"山旁原有觉严寺，为范成大奉祠之所，今无存。又有无隐庵遗址。清葛芝有《游仰天坞记》："既游灵岩归，同行者皆去，余亦息游事。越三日，兴未已，复就徐山人、张居士谋之，二君曰：'去兹数里仰天坞绝胜，子能游乎？'余曰诺，则曳杖往。将至，行沙石中，不辨径路，疑境已穷，转入逾邃，忽然中开，奇石罗立，古木蒙络，临一坎，洼然以深，竹树参差，绿缛蔚荟，令人惊愕失视，山鸟松鼯，飞鸣上下，若在异境，叹曰：'吾今日疑堕化人之域。'徐山人云：'游之乐二，昔人所称奥如也、旷如也，兹地之奥既寓目焉，有旷焉者，盍与子同登。'则振策而上，从右级约数百步，心目顿开，豁然舒朗，百里内外，草树村坞，棋置星布，落落可爱。因选地共坐，前踞大石，其半下坠，如云之欲崩。徐山人指示旧城之基，始知吴王建国，连山跨谷，俯瞰太湖，故相传响屧、玩花、采香诸迹不越数里内。今去郡城约三十里，迁筑之日未知何代，吾安知数百年之后不更改卜于是耶？人世推迁，何常之有。石旁有钵盂峰，高一寻，广倍之，状类钵盂，故名。下临一石，亦作欲坠状，两石连缀不盈尺，摇之能动，而不崩落，可异也，造物者岂亦有童心与？"

仰天山无隐庵

052. 葛舍山 Gěshě Shān

位于吴中区光福镇北、游湖南侧，坳里山东，因附近有葛舍村得名，东西长750米，南北宽500米，海拔58.3米。形似蟹，又似油盏，故又名蟹形山、油盏山。山体均由石英砂岩构成，原为游湖中岛屿，后由于湖面淤塞，成为陆地山丘，山上植有松树、桃树、毛竹等。

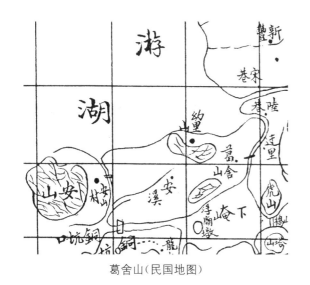

葛舍山（民国地图）

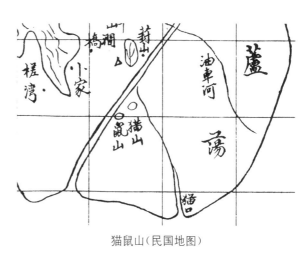

猫鼠山（民国地图）

053. 猫鼠山 Māoshǔ Shān

位于吴中区东山镇，因形似猫鼠相逐而得名。原在葑山之外太湖水中，今与葑山一并涨连陆地。中有港可出太湖，名猫山港，俗称猫口港。清同治《苏州府志》载旧志云："有逸于前，若追而及之者，故名。近西洞庭之小龙山。"《太湖备考》载当时"四围皆成芦洲"。20世纪60年代因开采石头而已成平地。

054. 樯子山 Qiángzǐ Shān

位于吴中区东山镇武山主峰西泾山北。又名翔翅山，或因旧为船樯停泊之处而得名。清翁澍《具区志》载："樯子山，一名凤凰山，在（武）山东麓。"山麓有吟坛，为明代里人葛佩筑，其嗣葛一龙、葛弥光兄弟啸咏之地。园有吟坛、篆园、古桂堂、艳雪斋、晚香亭、明月轩、尺木居诸构。后裔葛国荣《登吟坛序》云："吟坛在翔翅山之麓，我高叔祖震甫公、謇甫公啸咏处也。其间有彦会堂、尺木斋，四方宾客趾至者无虚日，云间陈眉公，金陵顾与治，楚中钟伯敬、谭友夏，皆造庐结欢，登坛倡和，一时之盛，乃阅世未几而鞠为茂草，暇日过之，不胜凄感，因诗以志慨云。"

又有永福寺在翔翅山麓，梁天监二年（503）建，初名永宁院，北宋崇宁元年（1102）更名荐福院，元至正间重建，奏赐今额。明景泰间僧慧理重

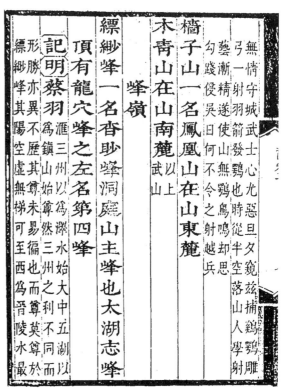

樯子山（清《具区志》）

建，弘治四年（1491）重修，大殿废基曾发现《玉庭禅师永福寺记》，方某撰，贺元忠书，蔡时中篆。寺西有洗马池，相传为驸马都尉郑钧所凿，久已成灌畦池。葛弥光《月夜同震甫九兄湖上看梅因过永福寺》诗云："春来湖上今宵始，梅花千树半临水。山月初生僧未眠，残灯一点梅花里。枝头如雪雪生香，日日携尊醉树傍。莫待春残花落尽，满林风雨坐僧房。"

十二生肖石

055. 小姑山 Xiǎogū Shān

位于吴中区东山镇三山岛，为三山岛三峰之一。因有阖闾小女胜玉（称小姑）传说而得名。三山岛面积1.8平方千米，北高南低，有大山、行山、小姑山三个峰头，绵延连缀，起伏蜿蜒，下有小姑湾、下黄湾等。大山又称北山、北峰，海拔83.5米，为三山最高峰，有金鸡石、补天石、马蹄石等石景。行山（参见044.行山条）又称中峰，山上遍植橘树，处处陡壁悬崖、奇岩怪石，有板壁峰、叠石、一线天、天门等石景，

其余脉断山，最宜观落日景象。小姑山在岛西南端，又称南峰，海拔43.4米，有十二生肖石、白猫石、牛背石等石景。小姑山北麓石壁下有"观石听涛"胜景，有依山傍水绵延数十丈的石群，造型各异，如龙盘虎踞，牛嬉马饮，鸡鸣狗吠，猴耍兔跃，人称"十二生肖石"。游人乘游艇，环岛一周，变换看点，十二生肖惟妙惟肖。夜宿农舍，可闻惊涛击石，故称"观石听涛"。近侧另有一巨石像象鼻饮水。山下有村，多为吴姓。

056. 双顶山 Shuāngdǐng Shān

位于吴中区香山街道渔洋山主峰北0.8千米处，为渔洋山次峰，因山顶部有两个峰顶而得名，又名双墩头。海拔150.6米，是眺望太湖的风景佳处。渔洋山整体为伸向太湖湖心的半岛，总面积11平方千米，现辟为渔洋山公园。主峰高171米，上建渔洋阁，登高可北望穹窿山，南眺东、西洞庭山，太湖山水美景尽收眼底。

057. 岳峙山 Yuèzhì Shān

位于吴中区木渎镇穹窿山东南。以"岳峙渊渟"之意而有此名。山麓有民国朱梁任墓，原有墓亭及章太炎题写墓碣，1988年整修墓地并立碑。朱锡梁（1873—1932），晚清民国吴县（今江苏苏州）人。字梁任，一字夬颐，号纬军、君仇、夬膏。朱永璜子，吴子深师。清光绪二十九年（1903）义务任教于吴中公学社，与苏曼殊、包天笑等在狮子山招国魂，署名"黄帝之曾曾小子"，投身反清革命。后于日本加入中国同盟会，获孙中山所赠宝刀。宣统元年（1909）参加南社。支持辛亥革命，1912年曾参谋北伐军事，次年当选苏州自治协会评议员。曾任上海《商务报》《民国新闻》报主任编辑。1917年与叶德辉督工深刻宋碑《平江图》，为吴县修志局聘为采访员，后任《苏报》主笔，1920年因保护古迹古墓曾被捕入狱。后曾主《正大日报》笔政，1924年被聘为上海南方大学教授，次年被聘为东南大学、爱国女学苏州分校教授，后于苏州美专教授国文及国学。1928年参与发起南社成立二十周年纪念会，任编辑委员，提议将李鸿章祠改祀李秀成，后改南社先烈祠。被聘为江苏省及吴县古物保管委员会委员。1932年参加甪直保圣寺唐塑陈列馆开幕典礼后，

岳峙山摩崖石刻

返时舟覆溺卒。朱锡梁好古绩学，喜藏书集帖，善鉴别。工诗词，娴音律，精天算。学日本假名，通古文字，研究甲骨文有心得。与张一麐、冯守之有"痴子"之名，为"苏州五奇人"之一。著有《历算超辰》《甲骨文释》《草书探原》《词律补体》等。

058. 凉帽山 Liángmào Shān

位于吴中区金庭镇天王茶果场附近西山国家地质公园内，因山形似凉帽而得名。在笠帽顶北，海拔268.1米。江苏太湖西山国家地质公园于2004年批准成立，位于太湖的东南隅，包括西山本岛及桃花岛、三山岛、横山群岛等20多个小岛。公园陆地面积约83平方公里，其中60%为低山丘陵，且大部分为基岩组成，余则大部分为第四系湖相、河湖相沉积，岛屿四周溶蚀地貌发育。主要地质遗迹包括六大类66个遗迹景点，主要有：二叠—三叠系界线剖面、晚石炭世地层剖面、缥缈峰推覆构造、断裂形成的峰崖壁、蜓和四射珊瑚及古人类活动遗迹、林屋山岩溶地貌与林屋洞、石公山构造与湖蚀地貌、幽谷中的泉水与瀑布、煤矿与紫泥矿出露地、具有瘦漏透皱的太湖石及各类造型石，并有秀美的湖岛风光等。

059. 癞头浮 Làitóu Fú

位于吴中区光福镇冲山南，海拔14.2米，又称懒头浮，乱头山。冲山，原为光福镇西部太湖中小岛，清《具区志》作"穿山"。主峰大南山，次峰北山，周边有长浮、癞头浮、箬帽浮、小浮、北敞五座小岛。经长年围湖造田，各岛今已连成一片，成为半岛。抗日战争时期，1944年著名的"冲山突

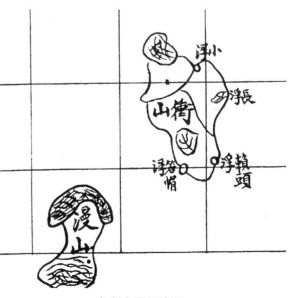

癞头浮（民国地图）

围"即发生于此。1972年围湖造田后,在山麓建房,形成渔村。2000年,属湖东村。今属冲山村。

060. 白鹤顶 Báihèdǐng

位于吴中区木渎镇,为焦山主峰,海拔200米,因顶似白鹤伫立而得名。民国张郁文《木渎小志》:"焦山在灵岩西北,上为白鹤顶。"民国《吴县志》载:"自明嘉靖后采石迄今数百年,划凿越甚,其下有狮子口及巀村。"民间有"山上白鹤顶,山下狮子口,轰坍白鹤顶,火烧苏州城"的俗谣。1967年,白鹤顶毁。

焦山(民国)

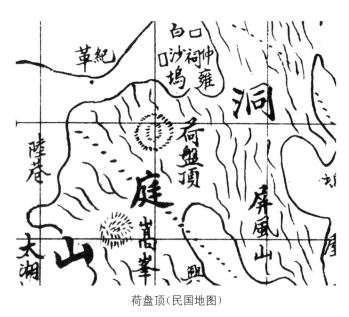

荷盘顶(民国地图)

061. 荷盘顶 Hépándǐng

位于吴中区东山镇。因旧有荷盘寺而得名。为东洞庭山主脉自北东延绵至西南的余脉,自平岭稍西而高者为荷盘顶。旧有荷盘寺,在白沙岭西,相传荷盘顶即其寺基。其历史较早,建始无考,为东山古代九寺之一。寺圮后,有亭3间,移入俞坞高峰寺内。陆巷王氏祖茔旁的化龙池,即源于白沙岭南荷盘顶西侧山涧。化龙池近有松雨泉、化龙桥,下有清溪奔流,状如蛟龙下海,直入太湖,故得其名。每至春秋雨季,山泉飞下,状似瀑布,上有树木,下为橘园,至平阳大路边。清陆燕喆有《化龙池》诗:"瀑泉惟嵩岭,胜甲五湖峰。乱石穿云线,清池堕玉龙。流侵浣女石,润入挂衣松。桥上何时坐,须迟雨后踪。"山顶处今建有亭,有联语云:"四面云山,神仙世界;百年阀阅,将相人家。"

062. 涵峰 Hán Fēng

位于吴中区金庭镇。在缥缈峰西北，海拔114.2米。明蔡升、王鏊《震泽编》载："缥缈之北，其高者曰涵峰。涵峰之东为东湖山，西为西小湖山，又西为水月坞，水月寺在焉。"清王廷瑚《西洞庭志》载："缥缈之北，其高者涵峰，从此转东，起东湖山、西湖山。"明谢晋有《涵村》诗："涵峰湖水水涵村，屋宇参差次若鳞。樵子息肩忘谷暝，渔郎鼓枻爱山春。人烟集外虽成市，巷陌行来却断尘。四海欣逢尧舜理，此中应有葛天民。"

063. 吟风冈 Yínfēng Gāng

位于吴中区东山镇翁巷西侧，因明代乡人张本所题而得名。吟风冈有明清摩崖石刻靠近山冈之巅，数方大石面南似石壁。摩崖均竖题，一为明嘉靖年间乡人张本题"吟风冈"，"吟"字左侧有大片风化剥落，缺失部分题款；一为张本题诗"青天半入石嶙峋，云里风和三月春。满径桃花自天地，狂吟时有谪仙人"；一为清乾隆十三年（1748）沈永舒题。清代《太湖备考续编》载："吟风冈三字，文徵明书，在翠峰之南巨石上。""吟风冈"题写的苍劲有力，但是落款

界矣

为湖漫嶺西山之境於是始窮也其北为宜興無錫

为堂里山为瞳里山为蛇头山查山与砂子嶺相直

东为十里山踰新安墩头二嶺为金峯又踰沙子嶺

西为西小湖山又西为水月坞水月寺在焉东为东湖山之

寿山缥缈之北其高者曰涵峰涵峰之东为东湖山

为大步山小步山大步之旁为张公嶺小步之旁为

为雷头山为龟背山龙舌山角渚在焉与王家相直

涵峰（明《震泽编》）

吟风冈

并非文徵明，而是与其相交甚密的张本。据清《具区志》载："吟风冈，在翠峰南麓，张山人本题。"年款"大明嘉靖三十三年甲寅三月"，即1554年，此年文徵明84岁。落款"张本五湖题"和"张本题"，之所以有两个落款，是因为其七世孙沈永舒重刻过。

张本，字斯植，号忘机野老，又称五湖漫士，东山人。屡试不中，乃弃举子业，学古文辞于王鏊。时王鏊以少傅家居，主据文柄，但不轻于许可。独对张之文，颇甚当意。张本曾读书于福济观，为道士赋《九月梅花诗》。太仆都穆见后，叹赏不已。遂至造问定交，赋诗投赠。以后如内翰文徵明，黄门陆粲，徵君彭年、黄姬水等共相推重，从此名重吴中。著有《五湖漫稿》《五湖漫闻》等书。

清乾隆三十三年（1768），"吟风冈"摩崖或已风化受损，由沈永舒重刻，并留题："大清乾隆三十三年戊子九月，七世孙沈永舒又董重刊。"沈永舒自称张本的七世孙，是因为张本原姓沈。清《太湖备考》载："东山张本，字斯植，本姓沈，嘉靖间举是年复姓。"明吴时德有《吟风冈》诗："纵目凌千仞，山寒落日西。诗亡怀雅颂，薇老慨夷齐。古渡波涛迴，荒村草木迷。莫云衣未振，高卧白云低。"

064. 妙高峰 Miàogāo Fēng

位于吴中区光福镇。因旧有佛寺，遂用"妙高"佛教语而得名。为邓尉山北峰，明夏锡祚有《邓尉妙高峰》诗："兹峰昔言峻，岂意乃平坦。倚竹为幽深，遍植万竿满。苍蔚四面来，不使浓翠散。春时此天地，未属莺花管。相去丛林遥，所喜游踪罕。法侣罢逢迎，经遇便疏懒。勿言坐箕踞，我佛亦偏袒。第损赵州茶，一吃至七碗。岂惟小住佳，直可适予馆。"东麓有七宝泉，元延祐年间僧人性颐于此建七宝泉庵。泉"甘而冽，迥异诸泉"，为邓尉一绝。元倪云林曾寓居光福，游历到此，唯饮此泉。明蔡羽有《七宝泉》诗：

七宝泉

"玉音丁丁竹外闻，璿渊青空出树根。脂光栗栗寒辟尘，冰壶越宿长无痕。碧山无鸡犬，车马不到村。支公三昧火，自闭桑下门。枣花细落岩畔花，煎声忽转羊肠车。建州紫磁金叵罗，钱塘新拣龙井茶，琼液津津流齿牙。相如有文渴，陆羽无宦情。相逢开士家，七碗同日倾。茶炉若过铜坑去，石上长罂仔细陈。"明卢熊、王鏊、王宠均有题咏。明王锜《寓圃杂记》有条记此泉："光福之西五里有西崦，周遭皆山，中有一水，其景绝类杭之西湖。然地僻，而游者甚少。山有泉曰七宝，莹洁甘饴，素不经浚凿，纯朴未散其味，迥过于惠山、虎丘也。自倪云林饮后，其名稍著。窃意陆鸿渐遍尝天下之水，而独遗此泉，岂因其近而忽之耶！"清许玉琢有《七宝泉》诗："中泠与惠山，品题列上选。要知在山清，异彼下流贱。如坐帝后车，非此谁能殿。"西南有寿岩泉。峰下有凤鸣岗，俗称百步顶，海拔65.8米。西麓有大石，广约二三亩，旧名西林翠竹，又称小玄墓，为明顾天叙晚香林遗址。

另，木渎灵岩山、横泾尧峰山均有妙高峰。明钱允治有《登尧峰》诗："罡风吹置妙高峰，身健何须仗短筇。万顷忽看青嶂出，诸天唯见白云封。颓垣岭外疑天地，夕照林间已下春。自笑凡夫饶俗累，暂将灵雪洗尘踪。"明王宠有《尧峰十二咏·妙高峰》诗："独立峰之巅，群山伏在下。遨游青天中，云螭为我驾。"

065. 锦鸠峰 Jǐnjiū Fēng

位于吴中区东山镇武山主峰西泾山东，也称濮公墩，因春秋时期季子孙濮婪避居于此而得名。清顾超有《锦鸠峰》诗："尺土存姬姓，荒邱半鬼邻。可怜松下骨，犹说汴梁人。鹡雨鸠晴候，莺花燕麦春。不堪寒食近，野哭动经旬。"自南宋以来，向为吴氏世居。元至正三年（1343），吴寿宁建季札祠于锦鸠峰。姚元灿《洞庭东山竹枝词》云："古贤三让到荆蛮，绳武龙孙去入山。宗祀千秋吴季子，延陵家乘尚班班。"自注："延陵季子庙在武山，其地吴姓最多，皆季子之后，宗谱自泰伯以下，世次皆可考。"祠西南则为吴氏先世祖茔。峰下有吴巷，清乾隆时，有居民六百余家。至民国时，街市尚有百米之长，有店铺数十家。元至正三年（1343）吴寿宁于季子祠建精舍曰寿宁庵，令僧道源守之，故以寿宁名庵。凿泉于道旁，以饮路人之渴，称寿宁泉。清《七十二峰足徵集》卷一吴寿宁小传称其"于先垄之右建祠堂，像设季子合族人，岁时祭祀。旁构精舍曰寿宁庵；凿泉于道，以饮渴者，曰寿宁泉。

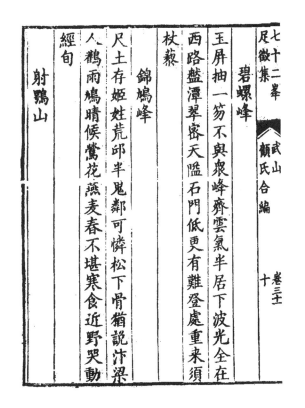

锦鸠峰（清《七十二峰足徵集》）

范敬之为记，称其世有积庆云，卒年九十有七"。清康熙二十九年（1690）吴时雅重建，徐乾学《吴延陵季子祠碑记》载："至吴寿宁，而易茅茨为榱桷，改土阶为陛级，以丹为垩，斯革斯飞，乃肖季子像，而合族人岁时以祀之，招僧看守，别名为庵，见季子祠之改观也。自元迄明，以至国朝，几四百年，空山风雨，祠日颓败，不可复理。南村吴君追念祖泽，慨然愿起而新之，撤材架屋，其制恢宏，视昔逾倍，左昭右穆，分立有序，鼎俎笾豆，奇偶有数，春露秋霜，祭必告虔，而无后时，是季子祠振兴之日也。"清有郡人陆燕喆，字大生,隐居于东山吴巷锦鸠峰下,笔耕自给,并终老东山,学者称为鸠峰先生。博通古今,才调富有,熊芝冈督学南畿,首拔于童子场中,试辄前茅,食饩当贡。隐居后,吴定璋祖父延主家塾3年,后迁席家湖而终老。1929年,李根源来游,《吴郡西山访古记》卷五载:"北为吴季子祠(又名寿宁庵),中奉吴公子季札,左右配享濮婪、孟初、承荣、惠等十二人,恢宏严整,南村老人吴时雅重建,巡抚汤斌亲临致祭,徐乾学有祠记。堂悬状元榜,款署正统四年己未科六十二世孙槃立。吴族人云,槃祖本吴氏,入赘施姓,从姓施云。祠旁让泉,味极甘美,岁旱不枯。"今有李根源摩崖石刻题"锦鸠峰"。

卓笔峰

066. 卓笔峰 Zhuóbǐ Fēng

位于吴中区木渎镇天平山卧龙峰旁,为三足灵座盘石,峰石高数丈,截然立于双石之上,下粗上尖,酷似一支竖立的毛笔,望之巍然,景色奇丽,是天平山最为奇特的一块岩石,也是山上主景之一。南宋范成大有诗:"卓笔峰前树作团,天平岭上石城关。绿荫匝地无人过,落日秋蝉满四山。"元周南老有《卓笔峰》诗:"东岩立孤峰,上锐如卓笔。林表露青岑,伟然脱颖出。苍烟润生花,墨光洒淳漆。应知定远投,飞来风雨疾。遥指研山石,云锦灿缅帙。笔下魏公祠,忠勋纪劳述。"明高启有《卓笔峰》诗:"云来初似墨,雁过还成字,千载只书空,山灵恨何事"。明杨基有《天平山十四题》,其一为《卓笔峰》:"露藓凝斑管,烟萝束紫毫。山灵罢挥洒,卓立万山高。"明刘溥有《赋得卓笔峰送别》诗:"天平山色翠重重,一笔凌虚独此峰。沧海砚池晴影碧,昆仑墨剂御香浓。西风雁过初成字,东岭云销半露锋。今日赠行无有意,好书良策献飞龙。"

067. 仙掌峰 Xiānzhǎng Fēng

位于吴中区木渎镇天池村竺坞,因峰石形如手掌而得名。明末清初徐枋《吴山十二图记》载:"吴中诸山多名胜,然苦乏幽胜之致,惟竺坞则连峰列岫以引其前,重冈复岭以障其后。自伏龙凤村越溪渡涧,一入坞中,迥然绝尘。山鸟山花,幽蹊绝径,若与世隔。昔文文肃公筑竺坞草庐于此,亭馆泉石标奇领异。中则有钓矶石,屋外则有湘云渡、仙掌峰,此又招提之胜概矣。"清顾震涛《吴门表隐》载:"仙掌峰在华山东,上有石观音像,祈子颇应,下有巨石,中虚锐,覆底有掌痕,伶仃弗坠,名大石屋。"清陈祖范有《经仙掌峰至石屋》诗云:"寻山得灵阃,险磴缘云上。峰裂十指形,云是仙人掌。造化弄技巧,留此意外想。蹑危少安步,石仄容孤往。回瞩途屡变,遥睎景难象。古洞势含研,深入转开朗。境寂返听真,无风动虚响。石扇疑启闭,仙踪乍惚恍。哲人耽诵读,于此得幽赏。出山婴华簪,罹祸几钩党。抚躬审行藏,怀贤缅畴曩。何如此冥心,元珠探象罔。"

仙掌峰

068. 玉笋峰 Yùsǔn Fēng

位于吴中区东山镇莫厘峰南5千米槎湾处，因山顶巨石林立如玉笋破土而得名。海拔103.7米。玉笋峰下曾有唐代武威将军席温、宋代户部尚书叶梦得、明代宰相王鏊等名士题刻。明唐寅曾留有题刻云："一丘谅自足，陆处仍无家。洞庭有奇士，构室栖云霞。"民国李根源《吴郡西山访古记》载："民国十八年五月二十二日，出杨湾，至槎湾，出村后半里，登玉笋峰，奇石喷土而出，群立如玉笋，有王惕夫、钮匪石题名。"并题刻"玉笋峰"于半山一伏地大石，有题识云："奇石参天，怪石峥嵘，兵圣借以演阵习法乃成，旷代巨典，令人仰止。腾冲李根源识。"

玉笋峰摩崖石刻

069. 黄茅峰 Huángmáo Fēng

位于吴中区香山街道渔洋山主峰西1.4千米处。为渔洋山次峰，海拔72米，又称黄毛山、黄茅山。有郑旦墓。民国徐嵩先《香山小志·坟墓》载："周吴王阖闾妃墓，在黄茅山。道光间先大父芝峰公清明游法华山，得断碣两块，一'郑'字缺其半，一'旦'字完好，笔致古朴，类古篆。《太湖备考》'黄茅山有吴王爱姬墓'，即此。"并引徐芝峰诗云："青山何处葬夷光，一舸五湖去渺茫。莫怨当年恩宠短，千秋残石姓名芳。"先秦典籍无郑旦其人，始见于《越绝书》，记越有美人宫，"勾践所习教美女西施、郑旦宫台也。女出于苎萝山，欲献于吴，自谓东垂僻陋，恐女朴鄙，故近大道居"。《内经九术》云："越乃饰美女西施、郑旦，使大夫种献之于吴王，曰：'昔者，越王勾践窃有天之遗西施、郑旦，越邦涝下贫穷，不敢当，使下臣种再拜献之大王。'吴王大悦。"

二茅峰（清《穹窿山志》）

070. 二茅峰 Èrmáo Fēng

位于吴中区木渎镇穹窿山，因为穹窿山次峰而得名。清李标有《二茅峰记》云："山灵之有怪石，犹丈夫之有异骨也。丈夫无异骨者，不可与人道；山灵无怪石者，不可以栖真。吾尝见黄山石骨，天下异绝，一指一臂，俱可插云，峰峰逼天，十里无附，此犹龙之骨，非人世所常有。下数黄龙洞、莲花顶之骨，容貌姣好，绘成文章，此文士之骨，而不足与近仙真。乃吾见中峰之骨，其奔放谲诡者，怪不一状，若怒猊，若攫狮，若嗥象之逸岭，若渴马之饮溪，跬步险侧，怪不可履杖策，未敢翼而乃趋。世间骨性异人，固与行人格格不相亲若此。由大茅峰而上视，苍空积翠，似可尺计，由大茅峰而下视，百寻失足，毛惨肌栗，似乎上者之近，而下者之远也。未几，策杖而下，药花分红，古茅破绿，鸟道侧足者，顷刻而至，而卒不闻上有寸风片云，可随白鹄翱翔去者，又何上达之难而下达之易也。中峰平壤数丈，断碑绿苔，有延祐纪年，岂昔日固祠于此耶？抑以穹碑纪真君显化处也。夫当日明光宫里，捧出芝封，六辔驰花，香飘龙篆，以致敬名山大泽，能兴云雨益百姓者，百里聚观，何等胜事，而此日残碑断霭中，曾不得有樵夫牧竖，牵衣碎记当年事者。况吾侪策杖山头，若飘埃之点寥廓，欲持蜗角纤毫记仙家胜地，吾恐深深翠里，咄咄风前，有嗤下士蜉蝣之顾者，又安敢冀定篆峰头，烟霞之有喜色哉？中峰再起再伏，其第三起，则为三茅峰。"又《穹窿山形胜》记"二茅峰"："峰形高下，如巨浪之起伏，而怪石棱噌呀呷，舞重波最高处，又若鱼牛酵马，水兕虎蛟，腾飞喷薄，在长风得意中者。眩目倾足，询可知也。两岭相趋，谓之同岭，乃中峰乱石实产自然铜，有缘者往往遇之，故亦谓之铜岭。岭势险侧，行者不得交躔，纵思益以寸橼片瓦，如顽石未肯点头何。

方枰数处，可供烂柯，惜上无长松荫人，袖无龙脯献客，纵有仙真至止，顾难为仓卒主人。荒碑断绿，依稀识延祐纪年，吾稽延祐正民丰物阜时也，作者不言劳，受者不言德，故极此悬崖乱石之场，鸟迹狐踪之地，犹能百废俱兴若此，不独人歌乐岁，亦将神颂丰年。今者斜阳影里，户有愁逋；明月檐中，人多泣馁。畴能引手名山，以代老秃翁加髦帽乎？自二峰西北下，为宁邦坞，产石茶处，西南下为朱买臣读书台，东南下为皇戒庵僧伽地，蔚然茂林修竹焉。"峰顶两山头并列，称同岭，又因山中曾产铜，又名铜岭。北面山体有一宽70厘米裂隙，称石门。半山双膝泉上首原有土地庙，1958年倒塌。

071. 三茅峰 Sānmáo Fēng

位于吴中区木渎镇穹窿山，因为穹窿山次峰而得名。又因有汉初平中所建上真观，祀三茅真君，峰得名也由此。清李标《穹窿山形胜》记"三茅峰"："大峰刚直，二峰峻急，开帐出峡，顿断再起星峰，体秀身圆，石和美者是名三茅峰。右臂石骨东行，转身作白虎案，是名□□岗，上真观三楹旧基，在三峰之下，压于当胸之白虎。向为庚申，堂局倾泻，香火几绝。施师苦行开山，即就峰前高处立基，而以尧山最高峰为对眉之案。明堂开旷，白虎伏降，万山齐下，水净沙明，询非玉皇至尊之福，不足以胜此。下有石骨两翼，似圆箕，当山门尽处，如缺月。右臂就本山势，回拱如抱，故从山口入者，不见殿场，从殿场出者，不见水口，盖地灵蕴蓄，以待今日之缔构者也。然则师之规画，虽曰人谋，岂非天定哉。前以尧峰、皋峰、九龙诸山为列屏，而上方一山固捍门锁钥也。左以灵岩、天平、贺九诸山为扈从，而阳山又其左辅也。右以白马、罗汉诸岭为右仙宫护峡，而香山、胥口则巽水

三茅峰

从入之路也。采莲风景横亘于前，笠泽军声奔流于外，哀此吴宫花草，历代英雄皆一瞬，繁华如梦，至今曾不得有片月钩月肯话当年，而回首瑶台，仅止寸香销烬。哀哉！千古英雄费此精力也，徒使后才人凭吊之。哀哉！千古才人费此文章也，吾方凭吊前人，而后之人忽以吾诗文名姓共山川俯仰为唏吁，岂非梦耶？林屋龙威去兹不远，苟回头觉悟，三峰便是蓬莱。"

另，东山镇亦有三茅峰，位于莫厘峰东南0.3千米处，海拔240米。

072. 板壁峰 Bǎnbì Fēng

位于吴中区东山镇三山岛行山，因峭壁板立而得名。为三山岛著名石峰，相传为南宋时采石留下的夹石，削壁陡立，纹理斑驳，状如刀砍斧斫，峰冠如五指并连。明韩洽《三山石壁》诗云："扁舟泛晴湖，遥望前山颠。奇峰矗五指，突兀穿云烟。登崖审所望，沙路相连延。屹然如堵墙，欲堕仍顽坚。壁边小桃花，当春正芳妍。人家隐山坞，竹树森芊绵。苍茫云涛中，何异蓬莱仙。"明秦嘉铨《庚午季秋同家云碧九功游三山泽山厥山儿永祐孙秉睿从》诗云："三山石巃嵷，其最为石壁。芙蓉五朵鲜，青云一片立。岂伊女娲补，

板壁峰

或者巨灵劈。当年花石纲，搜采穷荒僻。睨视但朵颐，斧凿不能及。湖湄石一丛，生肖类铸埴。一牛疑鼻饮，涉波露尻脊。有鸡逐其尾，奔趋欲奋翼。其余水摩荡，指点未尽悉。"明谭道原《人日同蔡万里由龙山过访三山石壁》云："湖上三山胜十洲，崔嵬石壁砥中流。几人能植青藜杖，何处飞来白玉楼。正喜春风迎鹦首，还看落日照龙头。故人新岁逢新赏，留取新题纪旧游。"蔡云程有和诗《人日由龙山过访三山石壁，同谭伯求》云："蒲帆一幅过三山，万仞岩崖此共扳。碧玉削成岚作障，白云飞堕水为环。诗题人日夸新赏，酒醉春风壮暮颜。此去龙头原咫尺，几声箫鼓夕阳还。"当代亚明有题诗："吴越干戈史，此峰可作证。中华今一统，江南享太平。"板壁峰西南麓有0.67公顷范围的假山石群，均为剔透玲珑的太湖石，人称"奇石坡"。北宋花石纲，其"花石"即为太湖石，三山岛是主要产地之一。三山民间相传："宋朝采石，地平三尺""清宫采石，石低人荒"。

073. 琴台 Qín Tái

位于吴中区木渎镇灵岩山西绝顶，相传吴王常令西施焚香鼓琴于此而得名。石上刻"琴台"二字。明王鏊题"吴中胜迹"。清乾隆十五年（1750）建亭其上。梁简文帝有《琴台》诗："芜阶践昔径，复想鸣琴游。音容万春罢，高名千载留。弱枝生古树，旧石染新流。由来递相叹，逝川终不收。"琴台在灵岩绝顶，远眺湖山，令人心旷神怡，北宋朱长文有《琴台志》，《吴郡图经续记》称："登灵岩之巅，俯具区，瞰洞庭，烟涛浩渺一目千里，而碧岩翠坞，点缀于沧波之间，诚绝景也。"元钱子义有《琴台》诗："吴苑春深花乱开，游人携酒上空台。金徽玉轸无消息，野鹿山禽自往来。"并有注："姑苏灵岩山下，有吴王馆娃宫遗址，西子琴台在焉。"元陈基有《灵岩山琴台》诗："峰顶鼓丝桐，韵杂松风泻。至今千载余，犹有乌啼夜。"元顾瑛有《琴台》诗："日落吴王避暑归，西施扶醉下天梯。多情只有琴台月，曾照栖乌夜夜啼。"元于立有《琴台》诗："快览层台上，苍崖倚半空。谁将山水意，日日写松风。"明姚广孝有《琴台》诗："崇台起云岑，夫差日游宴。七弦石上弹，闲花落余片。风清松答响，烟茸草成荐。至今想余音，泠泠散秋院。"明张羽有

琴台（民国）

《琴台》诗：“坐鼓朱弦日，玉人方入吴。于今山月下，惟听夜啼乌。”并有注：“在灵岩山，夫差鸣琴处。”明王伯稠有《琴台》诗：“纤指曲未终，铁骑声相戛。片石落飞泉，长作哀弦咽。”明申时行有《登琴台》：“娃馆遗踪遍草莱，孤云犹自拥琴台。高山恍借弦中调，落木虚疑爨下材。指点群峰聊倚杖，盘桓片石且衔杯。临风莫遣频吹帽，短发逢秋思转哀。”明皇甫涍有《晚登灵岩琴台》：“秋澄夕阳后，风籁何飘飘。望泽势欲尽，凌梯心屡摇。松岑带暝色，隐霭下归樵。胜事来幽独，虚怀寄沉寥。中天白云气，去尔定非遥。”明文徵明有《游灵岩登琴台》：“参差莲宇逐飞埃，断础荒基夕照开。青草欲埋山下路，白头曾及劫前来。五湖对酒真如掌，千载鸣琴尚有台。乔木蔽空回首尽，老僧犹自护松栽。”原有金沙塔，北宋太平兴国二年（977），平江军节度使孙承祐为姊钱王妃修冥福而建。孙承祐《灵岩山寺砖塔记》称塔：“山耸地以千仞，塔拔山而九层。”又云：“基其岩，所以远骞崩之患；黜其材，所以绝朽蠹之虞。不挥郢匠之斤，止运陶公之甓。自于经始，追尔贺成，凡九旬有六日。仍以古佛舍利二颗，亲书《金刚般若》一编，置彼珍函，藏诸峻级。”明人冯翼在《灵岩塔辨》中对时人将金沙塔与灵岩塔相混涌作过辨正：“按宋塔，《记》云九级，今七级，一误也；‘不挥郢匠之斤，止运陶公之甓’，则无木矣，兹于万历间雷火自级中炽焰三日夜而铁缸始坠，则自下至上皆木也，与‘不挥郢斤’不合，二误也；《记》云藏古佛舍利二颗、《金刚经》一卷，而佛牙不载入记，岂佛牙不足镇塔，何灰烬中木筺得存，偏著灵异，三误也；梁天监二年铸塔缸，已有明证，则宋记宜云某年某人建，某年某人重修，而不曰修而曰建，四误也；《记》云贺成，凡九旬有六日，若如许巍巍之工定需经岁，岂不百日而竣耶，五误也。”乾道三年（1167），周必大来游，《泛舟游山录》载：“周行寺宇，惟倦于登塔，乃吴越平江节度使孙承祐为光国妃所造，成于太平兴国二年丁丑岁，犹未纳土，今一百九十矣。”八年（1172）又来游，《乾道壬辰南归录》载：“现金沙塔，其地有金屑杂沙中。”今已毁。琴台附近又有披云台、望月台、佛日岩、献花岩等景，其中披云台面向太湖，曾刻有苏轼题词。清姚承绪《吴趋访古录》：“在（灵岩）山顶，东为走马街，旧有偃松卧其下，骨干甚奇。”清康熙四十三年（1704），王恪《游灵岩记》载："其最高耸者曰琴台，旁石林立，有若席者横居中，可置徽桐，盖琴所也。踞山之顶，下俯众岩，松如草，石如块，蒙茸错落，呈露万状。有草名虎刺桂，叶有棱，筋内络外周，坚于石，刺附棱，长分许，锐于针。南下有砖砌浅级，行软沙如绵，数十步即响屧廊址也。西折南下，得寺颇幽寂，有方池，东西广梁焉。西偏北上，有石坡广数丈，泉积为池，上架空成楼，额曰'镜清'。更北上西折，有二井，大盈丈，八角者以形名，圆者为琉璃井，今双目之为曰月井，井通龙穴。越殿而东，曰垂云轩，有阁，未登。"

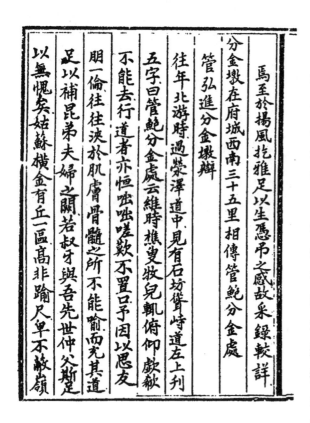

分金台（民国《横金志》）

074. 分金台 Fēnjīn Tái

位于吴中区横泾街道尧峰山西南侧山间，为一巨石，又名分金墩，因春秋时期管仲、鲍叔牙分金故事而得名。柳商贤《横金志》载："横金在县西南三十里，相传横金于地，有管鲍分金墩，故名。"又载："分金墩，在府城西南三十五里，相传管鲍分金处。"明姚广孝有诗咏及："独遗一抔土，尚寄千载石。"又有义金庵，创于明初，天顺三年（1459）重建，嘉靖五年（1526）改城隍庙，日久倾圮，清康熙十一年（1672）里人钱舜臣重修，尤侗《义金庵碑记》云："距吴城四十里有横金镇，镇有义金庵，俗传管鲍分金处也。予考管鲍分金处在济南之鲍山，叔牙、夷吾未尝至吴，此必误矣。或者后之人有闻其风而起者，因附会其说与。"管弘进《分金墩辨》云："夫吴与大梁相距数千里，仲父徘徊失意时，未尝一履吴地，金何从分？分金墩何由名？嗟夫，世人之耳食者众矣，以耳食斯以目论，袭讹承讹，贻误千载，如分金墩者，可胜叹者，故不可不辩。"清钱思元《吴门补乘》卷一云："吴郡有婚姻墩，昔有女子送葬，道逢书生，于此各以目相挑，后成婚姻，故以为名。后人误'婚姻'为'分金'，且以为管鲍事，更谬。"

075. 擂鼓台 Léigǔ Tái

位于吴中区木渎镇灵岩山东南。又名擂鼓山、由姑岭、擂鼓岭、娄姑岭，为原苏福公路灵岩山下一段高坡，在公路未建以前，是一个山隘，形势很是险峻，是吴王由姑苏台登灵岩山的必经之路，吴王在此擂鼓登山，因此得名。当地人读作娄姑岭。民国李根源《吴郡西山访古记》载："沿山东行，经迎笑亭，访明徐文敏缙墓，墓在灵岩东南麓擂鼓山下。"

076. 万峰台 Wànfēng Tái

位于吴中区光福镇石嵝庵西南侧山顶，因元明之际僧时蔚（称万峰禅师）于此修行而得名。台高近丈，由十余块巨石垒叠而成，台侧有石，皮皱而中空。清许兆熊有《登弹山石楼》诗。清彭定求《万峰台晚眺》诗云："西岭穿云度冥蒙，重寻修径是潭东。花须细泡溶溶水，山胁深藏槭槭风。未惮扪萝千仞上，依然纵目五湖中。石头路滑容参得，物外何人结契同。"后有诗注："台上累石为文森宋翁所置，曾订同来而不果。"

民国徐傅《光福志》记万峰台在石嵝"庵之前崖，尤据极胜，望太湖诸峰，历历可数。当仲春之际，登此台者，览桃李之皆尊，闻鸟声之迭和，漱泉枕石，翠竹四围，物外之景，顿忘身世"。时蔚禅师，婺州千岩元长禅师之法嗣，俗姓金，温州乐清人。时蔚禅师刚出生时，红光满室，其母亲以其异，欲弃之，遂由其姑母收养。时蔚禅师在襁褓中时，每见僧人，辄合掌微笑。十一岁时，从演庆昇法师受业，因诵《法华经》有省，遂入杭州受具足戒。后投杭州虎跑止庵德祥禅师座下参学。止庵禅师曾令他参究南泉禅师"不是心，不是佛，不是物"之话头。时蔚禅师迷闷无所入，于是便前往明州达蓬山，于佛趾寺侧，卓庵隐修，奋志参究"三不是"公案，以至于废寝忘食，目不交睫。元至正九年（1349）入吴，凡三筑精蓝，卒之玄墓东麓卓锡结庵。王一宁《天寿圣恩禅寺事迹记》说："元季寺毁存，而后神僧万峰蔚禅师出，谓是庵气脉复异，乃于此开山说法，十方禅衲，争驰参礼于座下者，星拱云合。师日勤于封植培艺，垦田于川，凿井于谷，佳木修篁，葱茏环绕山麓间。师叱石，预知觉慧，神通不可具述。由是居民向化，施财资助者甚众。殿宇廊庑，轮奂一新，像设严整，安禅有室，延僧有寮，伊蒲有供，为接众丛林净境。"陈元宗《圣恩禅庵开山记》载："初，公以元末壬申提其师千岩之学，自浙东游历至是，睹厥殊胜，丐迪功之玄孙华一，得弃隙数尺，缚茆居之，久之人渐信向。皇明开天，表章真乘，而公道价并隆，缁素奔凑，洪武九年始辟地为观音宝阁诸室，号曰圣恩焉。寻与其徒普寿等构演法之堂，落成而公示寂。"时蔚有《邓尉山偈》曰："玄高向午而朝湖，三凤三龙天下无。左右环盘前后阔，此山真好立禅徒。"后人因纪念时蔚，遂称山为万峰山，称寺为万峰寺。时蔚禅师圆寂于洪武十四年（1381）正月，春秋七十九岁。临终有辞世偈云："七十九年，一味杜田。悬崖撒手，杲日当天。"清末民初沈景修有《万峰台》诗："石嵝高处倚吟筇，开溪人间芥蒂胸。一白无边三万顷，青浮七十二芙蓉。"清末民初凌泗有《登万峰台放歌》诗："梅花尽处松杉碧，反碍陶舆携阮屐。一重一掩蛇径行，再盘再上螺梯陟。梯穷境忽开，石嵝何崖巍。却恨山僧不解事，遮墙不许远景来。到此欲穷千里目，直须更上万峰之高台。登台一览快绝倒，南枝北枝无迟早。东风知我为看梅，一齐着力开恰好。初疑麻姑重降蔡经家，剪夂镂雪狡狯浪弹爪。又疑姑射老仙化身万玉妃，羽衣合队粲然顾我笑。犹恐料峭春寒禁不得，群山护暖叠作画屏绕。画屏亚处玻璃平，五湖荡漾开镜明。烟鬟雾鬓七十有二峰，晓起凌乱各各对镜梳理新妆成。妆成绝世妒西子，西子采香未采此。吴王爱花亦复爱剪彩，不然姑苏台何不移建香雪海？平生游癖图经披，正坐一懒失百奇。向平愿了翻不了，湖山大好我衰迟。邓尉重来此初到，行年六十鬓丝丝。从今相约一年一度早春时，与君共到花前卮，否则移家避世记取弹山佳处茅庵支。生前息壤死埋骨，刘伶荷锸原非痴。太湖有神山有灵，我言不食梅花知。更有一言还向思廉请，脚力独软腕力偏瘦硬，少我三岁脱后死，乞书墓碣便算挂剑赠。所惜今朝若携刻工来，磨崖纪游隶古出横奇。百年以后有游者，犹知某年月六客探梅到此名与姓。呜呼！人生能着屐几纲，身后留名要一障。归舆花海冲潮涨，斜阳回首万峰红紫屹相向。"

077. 多景岩 Duōjǐng Yán

位于吴中区越溪街道尧峰山，为历史上尧峰十景之一。南宋乾道八年（1172），周必大在《乾道壬辰南归录》中载："饭罢，命车登尧峰，中道有半峰亭，蒋堂赋诗，今废。雍熙二年己酉，大理评事知县事罗处约记云：'昔在帝唐，以洪水肆暴，吴人族遁于此，俗呼免水顶，苏帅钱传琼易名尧峰。'唐天复以后有僧惠齐，姓朱氏，郡人也，结精舍于此。山下名鲁坞山，蒋堂所居，既死，葬焉，此寺乃奉其香火，蒋之奇壬子岁留题数百字，尚可辨。寺有清辉轩、碧玉沼，寺左观音岩（石像佳，甚可观）、白龙洞（俗云通洞庭）、多景岩、宝云井（皇祐四年长老颛暹凿，在山顶，人以为难，蒋堂有诗），寺右偃盖松（伐）、二铁塔、妙高峰（下视空旷）、东斋（敞甚）、西隐（倒）。同长老了愈遍览毕，由龙洞、观音岩而下，盖寺后路也。"明嘉

白龍洞

白龍卧巖洞霧而長冥：或化白衣老空山來聽經

多景巖

羣峯翔龍鳳效奇多景巖道人勞應接長日倚風衫

寶雲井

月照前山寒夜半吸深井鉎然古銅瓶授畫千尋綆

偃蓋松

蒼松偃巖苦屈曲蟠龍有時風雨來天上聞笙鏞

鐵塔

鐵塔翔雲表龍從海上來瓊瓏上寶碎面：毫光開

多景岩（明《吴都法乘》)

靖十四年（1535），华钥游《吴中胜记》载："过岭三，皆窄峻，不暇指问，及抵尧峰，回顾不知所从来矣。尧峰有寺，寺有吴文定公匏庵之像、王文恪公守溪碑、徐中丞仲山墓藏记、杨仪部南峰所作僧疏。予读之，始知有所谓横山十景，今多废灭。景有龙潭曰碧玉沼，多产异龟；有宝云井，圆径丈许，记云大旱不竭，旬雨则云雾溟濛数里，其中白光一渺，盖龙嘘气也。至是则吴兴、云间诸山隐隐四出，南望湖中，洞庭东西两山如带，而近转顾，则狮山入抱而两阜如毯。此外予所欲游者，一览具得其概。北登妙高峰，直一突耳，并北一墩如之。横山之岭凡十数，岭各有墩，墩如之僧云中空，相传古藏军处，岂所谓越城荒垒者欤。下指多景岩，葱然别坞，薄暮不可去，乃东向白龙洞，山西云气微墨，僧云龙作雨矣。风逆不吾及也，寻雨数点而止，洞口巨石如屏，步底有声，僧云其深莫测，近塞之。洞左攀磴抵观音岩，又一景矣。凡此诸峰，尧峰独胜，望独远。尧峰者，文恪云或传尧时有人避水，洪荒之世欲免怀襄之害，理或然也。南峰云此峰最高，故名尧也。按尧字从幸，在兀上，南峰近之。"明沈周有《多景岩》诗："聊向苍藤挂玉环，浦沙嘉致伴幽闻。双眸净洗看不厌，欲结遮头草一间。"明王宠有《多景岩》诗："群峰翔龙凤，效奇多景岩。道人劳应接，长日倚风杉。"

078. 月光滩 Yuèguāng Tān

位于吴中区越溪街道七子山顶，因山顶平整如滩承受月光而得名。五代吴越时，吴越王钱镠第六子钱元璙与其子文奉治苏三十年，促使当地社会得到一定发展。钱文奉在七子山顶月光滩建祀墓之所，称广福禅寺，后改名乾元寺。清嘉庆年间重修。民国李根源《吴郡西山访古记》载乾元寺"殿宇恢宏，七月香期人山人海，今之胜刹也"。后被毁，2001年后部分修复，2015年启动重建。钱元璙（887—942），五代吴越余杭（今浙江杭州）人。初名传璙，字德辉，武肃王钱镠第六子，"仪态瑰杰，风神俊迈，性俭约恭靖，便弓马"。初授沂王府咨议参军、宣武节度判官，累迁散骑常侍，改授马军厅事指挥使。以军功授邵州、睦州刺史。乾化三年（913）末权苏州刺史。同光二年（924）升苏州为中吴军，以镇东军节度、检校太保兼中书令、大彭郡侯任节度使。后任建武军节度使，苏、常、润等州团练使，加检校太师、守太傅、同中书门下平章事、侍中、中书令，晋封广陵郡王。卒谥宣义。祀为吴郡名贤。钱文奉（909—969），五代吴越余杭（今浙江杭州）人。字廉卿，号知常子。钱元璙次子。精骑射槊击。初为苏州都指挥使，迁节度副使。天福七年（942）代父为中吴军节度使，累加检校太尉、中书令。礼贤才士。所筑南园、东墅为吴中名胜，聚藏书画珍玩号称好事。涉猎经史，精音律、图纬、医药、鞠弈诸艺。卒谥威显。祀为吴郡名贤。著有《资谈》。

月光滩

079. 羊肠岭 Yángcháng Lǐng

位于吴中区木渎镇西、秦台山南，因山道蜿蜒曲折似羊肠而得名，岭右为白阳山，岭之南为赤山，长可数里，土石多赭色。当地有"白爬羊肠岭"的俗谚，喻指徒劳无功。元朱德润《游灵岩天平山记》云："转过野桥村店，山回涧曲，樵歌牧唱，相与应答以翠微空旷之间。里人所谓鸡经山、虎子谷者，突然乎其左；琴

羊肠岭

董其昌墓

台巇、羊肠岭者,兀然乎其右。"清韦光黻《闻见阐幽录》载:"无隐庵在鸡笼山麓,由天平不一里,依山建阁,石磴高下,古峭冷旷,联云:'山静是太古,日长如小年。'山门外羊肠岭,瀑流淙淙有声,有石立如人,俗呼'七仙张伞'。澄谷之徒涵虚居之。"

080. 谢家岭 Xièjiā Lǐng

位于吴中区香山街道渔洋山。因原有谢姓于此聚居而得名。谢家岭与渔洋、法华、钵盂、黄茅诸峰以及姚家岭、谢家岭、马公山、野猫涧、昙花坞、法华坞、清华坞等组成面积约11平方千米的渔洋山系。谢家岭西侧山坡有明人董其昌墓,墓前有翁仲、石龟、石狮、石马、石碑等,现为苏州市文物保护单位。

081. 瑷嵘岭 Àidài Lǐng

位于吴中区越溪街道、横泾街道与木渎镇交界处。以山岭常有云雾缭绕而得名。相传如果阴雨弥月,尧峰一带山岭烟雾弥漫,望之如青峰浮露于白浪之中。瑷嵘岭俗称鸭踏岭,位于尧峰山之方家山北侧,原是尧峰山东坡通往西坡的一处山岭捷径,南北略高,中间低平。每年冬季,太湖野鸭往来于东西太湖之间,都在晨昏时分于此飞越而过,足见其山岭低平。岭下石坞中有文石,可作园林叠山之用。明《尧峰山志》载:"鸭踏岭在龙洞北,道通宝华坞,岭上即浮青庵,兴福僧于此施茶,以济山行者。"清尤嵩镇有《登尧峰瑷嵘岭》诗:"蓝舆岁岁过尧峰,此日才来瑷嵘中。暂狎白云成漫客,敢疑黄石是仙翁。岭头烟润非关雨,春尽花飞岂为风。时序推迁今昔感,汪伦已共水流东。"

瑷嵘岭

082. 划船坞 Huáchuán Wù

位于吴中区木渎镇灵岩山。以相传为吴王戏水龙舟之处而得名。民国俞友清《灵岩山志》载："划船坞，一名画船崿，在西施洞之两旁。昔吴王掘地潴水，与西子戏龙舟之所。今其遗迹湮没无存矣。滕家祥《划船坞》诗：水嬉千载说吴王，妙舞清歌乐未央。霸业销沉宫已废，争教船崿不沧桑。"

083. 俞坞 Yú Wù

位于吴中区东山镇碧螺村，坞深2千米，有8个支坞，为东山大坞，因俞姓家族居此而得名。坞内有俞坞上村，又名墙里；俞坞下村，又名蒋家底。明李维桢《太湖两洞庭游记》载："乘风渡湖而东，顷刻舣寒山镇，步入灵源寺，寺故天竺道场也。候舆人久之，度岭，宿兴福寺，松杉郁郁，极宜暑。僧引游莳山，山头石龙长丈许，张吻湖中，为亭覆之。隔岸为金家湾，湖水入其中，如张弓，僧以拟西销夏云。明日，僧言俞坞甚盛，起啜一瓯粥，游坞。坞内有小坞者九，大约可三四十里，余所行可六里，树夹道，苍翠扑襟，流泉涓涓绕足下，幽靓若隔人世，西山所未有也。坞将穷，得高峰寺，殊卑隘不称。复取故道归，至法海寺宿。明日，入翠峰寺，天衣怀请雪窦讲法处，门左有雪窦像，大彗为赞。有井，龙尝出听经。右折而至山足，复一井，名悟道，亦雪窦故物，小酌解渴，遂登莫厘峰。峰视缥缈差雁行，惟后眺松陵，湖稍隘，而北阳羡诸大观为西山障耳。僧为言，峰傍支有二海眼，一塞一通，大不盈尺，以石投之，不知底止，其塞者，为游人所厌云。又言，西有鼋山，东有锦鸠，可相当；西甪里，东西金，皆与主山不相属，以桥渡。信然，归墟五山，根无连着，倘此类乎。是夜宿翠峰。明日下，观柳毅井，谈龙女事，问舟而归。"坞内有眠佛寺、三官堂、兴福寺等古迹。兴福寺为梁天监二年（503）干将军舍宅建，元时废而复兴，至明初又废，景泰至成化间僧恩复、智勤等重建。王鏊《兴福寺重修记》载："景泰间有恩复者，始居山之法海，能以道伏其众，俞坞之人相与迎居之，其徒智勤，从之者数人。坞有九峰，左右环合而中空，自上望之，深如井底，前有小路，

俞坞

入其中，乃更宽衍平饶。复日课其人，以时莳艺，暇则归而求其所谓清净者，久之成俗。长成杨梅、卢橘，罗列交荫，长松千尺，仰不见日。复戒其徒，无敢食肉饮酒者，客至焚香煮茗。而每岁所入益饶，乃市材傩工，蒐废基，葺颓垣，起旧材，为佛殿三间，次为山门，为斋堂，寺以复完。"嘉靖二十二年（1543），僧永贤重建慧云堂，文徵明为作《兴福寺重建慧云堂记》。至天启间又修。坞内又曾有金茎寺，清金友理《太湖备考》卷六载："今基地尚名金茎寺，遗迹有石柱、桥、井，距寺基里许，地名石柱头。又有二石柱，极高大，云是外山门华表。"俞坞北有高峰寺，梁大同元年（535）建，隋废，北宋大中祥符间重建。寺后有楼，塑如来涅槃像，俗名卧佛寺。杨文骢《高峰寺观卧佛》诗云："古佛何年卧，危楼万绿支。宁关生死事，可识去来师。废井流丹叶，荒苔隐白槌。古今谁独醒，高枕笑鸥皮。"寺前有碧雪泉，吴时德《夜同孤公坐碧雪泉上》诗云："一泓澄寺门，竹色同水光。到来必信宿，涤我尘土肠。爱兹不能寐，与僧吟短章。月落山磬微，清露滴荷裳。"至清同光年间重修。许明煦《莫厘游志》载："今楼废，像由泥身为木身，长一丈六尺，迁卧于大殿龛中，故寺名卧佛。清嘉庆丙子重修大殿，同治戊辰重建门楼。今寺额题'眠佛禅寺'。大殿除卧佛外，尚塑有千手观音、白衣观音及弥勒诸像。金碧辉煌。旧铸铁钟，明万历十年造，已废。现存光绪三十年许瑞记冶坊所铸铁钟。"在俞坞北、高峰坞眠佛寺之上的三官堂还曾有百子庙，内有100个彩塑小孩，嬉戏玩耍，形象逼真。二十世纪六七十年代时毁。清金友理《太湖备考》载："枇杷，出东山者佳，有黄白二种。其实差小而独核者，名'金蜜罐'、'银蜜罐'。旧志云：'出东山之白沙、纪革。'今盛于查湾、俞坞矣。"清张紫琳《红兰逸乘》载："洞庭在太湖中，自古无虎。嘉靖二十年五月，一虎自湖中北来，投东山俞坞。一人入林摘卢橘，被食殆尽，乡人殷思情，长兴虞人，捕之，七月八日，射死于法海坞，重二百四十余斤。"

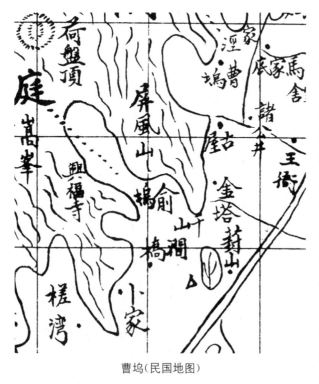

曹坞（民国地图）

084. 曹坞 Cáo Wù

位于吴中区东山镇碧螺村，属深坞，因明朝中期曹氏兄弟居此而得名。曹坞上有虾啜岭，又称廿四弯。清许章光有《曹坞李花》诗："午烟十里春蒙蒙，芳姿斜照青溪中。双横石板莹如玉，伊人却限西与东。梅花有香桃有色，岂若李根具仙骨。墓门屋角翻素波，青山红寺非畴昔。穿林不认粉蝶飞，出笼不见驯鹤归。愿尔结实百千斛，普救山中廉士饥。"廿四弯在环山公路开通以前，是东山前后山之间往来的主要通道，在莫厘峰之西，海拔160米，起于前山曹坞，终于后山陆巷。因山势陡立，不能直上，于是取"之"字形，反复曲折，蜿蜒而上，经24个弯道始达岭上。廿四弯路面宽1.5米，全长约180米左右，全由小石块铺设。这里原先是一条山涧，峰峦杂沓，怪石嶙峋，崖岩交错，山势险峻，步行艰难。每逢大雨，山洪暴发，山水骤盛，

道边山涧，深达数丈，一旦坠跌，轻则受伤，重则丧命，严重阻挠东山前后山人的交往。清嘉庆二十四年（1819），乡人徐学巽（春帆）等人发起捐资修葺山道，曹坞民众支援石块，只算抬工，不计石钱，为工程

节省费用。同时在道中筑歇凉亭，方便过往行人歇息避雨。虾蟆岭从此畏途变坦道。走完廿四弯，岭上有黄墙三官殿一座，这里正当前后山中间，还有小径可通俞坞深处眠佛寺。旧时东山每年三月有城隍会。其时乡民云集，观者如潮，盛况空前。演出的传统民间文艺节目有龙舞、蚌舞、秧歌舞、莲湘、江南丝竹、台阁、荡湖船等，其中尤以台阁最具特色。每一台阁一般均由两个八九岁的孩童扮演。演者分为上下两层，分别立于三尺见方的特制木质座子上，按剧情需要手持各种道具。上边的演员离地高达丈余，为保持台阁的稳定，不至于倾倒，座子中要压上相当重量的石块或铁块。旧时东山有上百只台阁，形式各不相同，其中来自曹坞村的《十字坡》，下边的武松一脚踏在酒甏上，左手叉腰，右手举着带链手枷，上边的孙二娘脚踏在手枷上，背插钢刀，两手叉腰，生动别致。志载，1936年苏州开展"六·三禁烟（鸦片）节文艺宣传大游行"时，东山选派《十字坡》《借茶》《水漫金山》等四只台阁参加，引发当时市民的普遍关注。坞中曾开采锡矿。

085. 樟坞　Zhāng Wù

位于吴中区金庭镇石公村。原名张坞，因坞口村中有棵百年大樟树，故更名为樟坞。樟坞东邻石公路、田下村，东南背靠旸坞大山、明月湾潜龙岭，西南背靠南湾之潜龙山。樟坞四周丘陵起伏，走向错杂，坞深近1 000米，由主坞、数个次主坞与数个支坞逐次组成，平面呈对枝状，号称有"十八只山坞"。樟坞左边次主坞有黄公荡，支坞有亳坞、火烧坞、大黄山荡、小黄山荡、台照坞、四公坞等；右边次主坞有扇子山，支坞有中谷山坞、王军山坞、牛角山坞等。

樟坞石亭

这些山坞两侧与外侧坡麓地形水土条件优越,利于枇杷、柑橘,尤其是杨梅等常绿果树生长,因而樟坞一带是洞庭山浪荡子杨梅的主要产区。浪荡子杨梅因果实果柄特别长,被风一吹,像人荡秋千那样摇摆而得名。浪荡子杨梅,成熟较乌梅种杨梅晚,也比其他品种杨梅更耐储存,其果形圆大,大者似乒乓球,齿尖肉多,酸甜多汁,风味浓郁,营养价值高。

坞内有樟坞村。2014年,樟坞村成为"一村一品"浪荡子杨梅基地。基地占地1 100亩,其中570亩为种质资源保护区,开辟乌梅种、浪荡子核心保护区和自由采摘区,开展优良品种的保护、种植、新技术推广和游客采摘体验活动,并专设旅游登山线路发展农业观光旅游项目。清光绪二十六年(1900)乡人刘荣远撰《林屋村歌》,遍及西山村落、名胜,唯独遗漏了樟坞。坞内原有明长沙府同知凤翕如墓,今已无存。

086. 屠坞 Tú Wù

位于吴中区金庭镇东村,因南宋屠氏家族移居此处而得名。清刘荣远《林屋村歌》有"夹墩罅望屠周坞,宿鸟飞飞月吐光"之句。坞内三面山叠怀抱,分外屠坞和里屠坞,原属坞里村,盛产碧螺春茶、枇杷、杨梅、柑橘、板栗等。屠坞内植有大片毛竹,里屠坞为苏州市第6批特色田园乡村建设项目,重点打造竹海景观。

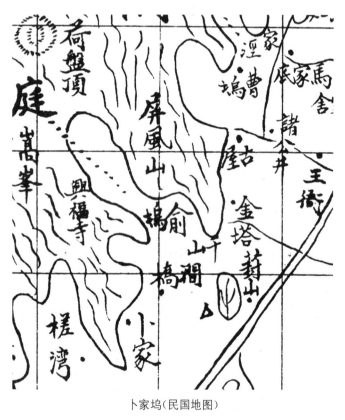

卜家坞(民国地图)

087. 卜家坞 Bojiā Wù

位于吴中区东山镇双湾村金湾,因卜姓居此而得名。卜家坞塘子岭东南麓有隐梅庵,为顾春福筑于道光二十六年(1846),历四年而成。顾春福,字梦香,一作梦苎,昆山人,移家东山,遂占籍吴县。春福以能画称,《墨林今话》卷十八称其"山水极工,初师赵千里,近日究心于耕烟散人,用笔用墨浑厚秀润,然不多作,乞者率以水仙兰石应之,着墨不多,别饶风趣"。其妻赵慧君,"能绣人物山水,色丝鲜丽,一如画绘,可与卢静香夫人并传也。"顾春福在《隐梅庵记》云:"计地十亩,屋四十楹,咸茅檐,树梅三百本,共靡钱三千缗焉。总名之曰隐梅庵,与梅有素期,偕以终隐也。"园中有卧雪草堂、玩月廊、听涛观海阁、看到子孙堂、梦苎仙馆、天雨曼陀罗华之室、不可无竹居、可眺亭、春雨流花涧、石壁、梅岩、兰坂、桂壑、穿珠岭等。同治初,隐梅庵归屠氏,再归谢瀛士,改名隐梅山庄。袁学澜《隐梅山庄记》云:"入门为巡笑籈,其中有堂曰卧雪,堂后为紫霄轩。轩之右为鶂巢径,为蔷薇院,有曲院曰悬雷精舍,则其寝食之所也。堂之西,过枕流彴,南折而上,为玩月廊,至碧云香雨山房,可以临眺,群山在望。其西为竹深留客处,其上为穿珠岭,梅花夹道,最上为益清亭,乃园之绝高处也,湖光山色,尽在目中。下至半壁,有敞屋两椽,循达禅香坡。缘石垣,启后扉出,由流花涧渡短彴,穿小径,即前门入草堂之路也。园之地,不过十亩,其中佳果林立,而梅尤多，药栏花径，四时芬芳不绝。谢君能诗，精绘事，晨夕欣赏，乐而忘归，固其宜也。"

088. 九龙坞 Jiǔlóng Wù

位于吴中区木渎镇七子山北，岷山、福寿山之间。其名出自堪舆家言，称其为九龙汇聚之地而得名。九龙坞三面环山，有九处山湾，谷间地形平坦，树木植被幽深。民国李根源《吴郡西山访古记》卷二载："入九龙坞，坞中山脉九支，自乾元寺派分而下，聚于坞中，坞之得名以此。九坞之名，一曰荐慈坞，二曰茶湾坞，三曰分金坞，四曰直头坞，五曰白塔坞，六曰潜龙坞，七曰笋马坞，八曰大坞，九曰清水塔。志载之芳桂、飞泉、修竹、丹霞、白云诸坞之名，乡人不之知也。"九龙坞为吴越时广陵王钱元璙及其子中吴军节度使钱文奉墓所在地。明崇祯《吴县志》载："广陵王钱元璙及其子中吴军节度使文奉墓，并在横山，即踞湖山。"钱元璙，字德辉，为五代时吴越王钱镠六子，驻守苏州凡30余年，死后葬于九龙坞中。其墓室位于谷间平地中央，原有"广陵郡王之墓"巨碑及石人、石马、牌坊等。钱文奉为钱元璙第二子，镇苏州亦30余年，死后也葬于九龙坞钱氏墓区内。南宋范成大《吴郡志》称其治苏："俭约镇靖，郡政循理。"明王宾《广陵钱王墓》诗云："一镇中吴三十年，农桑处处是人烟。于今人到坟山下，未见碑亭已泫然。"

钱元璙墓

清初叶燮隐居于横山北麓兰舟渡附近，其幼女夭折，亦葬于九龙坞。坞内的祝家山坞有五代砖室墓，1979年曾出土文物百余件，为市级文保单位。

089. 麝香坞 Shèxiāng Wù

位于吴中区木渎镇穹窿山。据胡寅《朝请郎谢君墓志铭》，北宋谢孚葬于"平江府吴县穹窿山麝香坞之原"。坞内有百丈泉，元陈汝言所绘《百丈泉图》上有"麝香坞口秋如海"的题诗。麝香坞因坞内建有宁邦寺，后多称宁邦坞。

百丈泉

090. 资庆坞 Zīqìng Wù

位于吴中区金庭镇涵村，因坞内有资庆寺而得名。资庆寺于五代后唐清泰年间建，《百城烟水》称为晋代支道林建，明洪武年间归并上方寺。文徵明有纪游诗。后被毁，今重建。

资庆坞

091. 天王坞 Tiānwáng Wù

位于吴中区金庭镇东河社区，因坞内有天王寺而得名。唐大中初有僧惠信庵居，渐建廊庑殿堂，凿井得铜天王像，宣宗赐额"护国天王禅院"。北宋政和、宣和间改称天王寺，南宋绍兴初更为十方禅院。淳熙间拓地重建，释了然《护国天王禅院古记》云："因开基展拓，重建三门，于瓦砾之内有断碑，不全，略有其字。古诗云：'桃花满坞谁与栽，春至夭红锦障开。刘阮昔年尝邂逅，葛仙游此久徘徊。创成院宇方才办，凿井天王涌出来。想是劫前今有分，流传千古作其魁。'""葛仙"句下注："山前见有葛洪炼丹井，其水甘甜，四时不涸，远近居民，皆饮其水也。""凿井"句下注："其天王，当下开井凿断手指头，今见存，香火供养。"至明初归并上方寺，历兹以往，日见凋敝，栋欹梁朽，阶圮序圮，终成荆榛瓦砾之墟。宣德六年（1431），僧桂庭来住此山，重建寺宇，张用轸《重开天王禅寺记》载："重建殿堂、山门、廊庑以及庐舍庖湢之属，作诸佛菩萨像，飞甍雕桷，涂丹垩青，一新仓卒，于是四众缁白莫不瞻仰赞叹，谓足以光前而振后也。"正统三年（1438），僧德昕增筑，金问《重建天王禅寺之记》载："首建大雄宝殿，次及僧寮之室、庖湢库庾之所，与凡法所宜有者，莫不具备，像三世佛、十八罗汉，緈彤金碧，辉映林谷，与层峦叠嶂相焕发，蔚然成一丛林矣。"清中叶后衰败，民国李根源《吴郡西山访古记》载："大殿宏伟，在兴福、水月之上，两山中当推第一。今殿塌其半，佛像露坐，天王殿亦破败，无从为之奉香火者。僧分四房，约八九人，人各顾本房之产，置主殿于不问。分房流弊一至于此，敷应僧该堕阿鼻地狱矣。"至20世纪50年代，寺全毁。天王寺四围有松数百亩，景致幽深。明英承科《湖光山色记》云："晚霁，步天王寺，松萝夹道，初疑为鬼宫。"明王思任《泛太湖游洞庭两山记》云："逾岭而得天王寺，寺前松差逊花山，然枇杷花香风数里氤氲，山椒树祖藤孙，万果汇集，色味纠缠，僧寮碧窈。"清潘耒《游西洞庭记》云："可三里许至天王寺，寺前有曲涧，临涧一庵甚幽雅，试款扉小憩，则余旧游地也，不到十五年矣。入门，顿忆往境，主僧名字面目，房中某幅某联，不假思惟，一时涌现，'藏识含摄，多生不忘'，此其验矣。主僧为含士璞公，一见喜甚，开箧出余书扇，宛然如新。遂同入寺，访葛洪井，观梁时古柏，柏枝折于风，干挺立，铁色严毅可畏。往时，绕寺长松千株，皆不存，新栽者短而茂密，风夏之婴婴然。"寺亦以古松闻名，姚希孟《游洞庭诸刹记》载："复从包山至天王寺，松林亡际，横被数亩，其大小类水月，而近寺数十株鳞叠羽缀，殆华山雁行。正殿亦就颓，然制度古雅，前朝遗式也。坐华藏阁，独一面见山，而东西不穴窗，以为恨。"又《山中嘉树记》云："天王寺古本一株，百余年物矣，枝枝向佛，若合十皈依者。玄裳归而松枝转，孰谓无情不说法也？爰告主林神，当为摩顶授记。"寺北有石版泉，为西山十泉之一。明袁宏道称"天王寺橙"为西山花果之胜。今坞内集中植有大片阔叶树。民国时期有利民矿业公司在此开矿作业。坞内有天王荡，是洞庭西山的岛中之湖。1970年至1973年，于此兴建天王坞水库，库容20万立方米，受益面积2 500亩。

092. 罗汉坞 Luóhàn Wù

位于吴中区金庭镇秉常村，因坞内有罗汉寺而得名。罗汉坞山坳若袋，峰峦叠翠，果木森森，蔚然成海。白天黄鹂巧啭，夜晚鸥鹣啼鸣，昼夜鸟声不绝于耳。坞内有两株古香樟并列依溪，上参天际。一株苍劲挺拔，浓荫翳日，姿态古拙；一株盘根错节，屹立长青，茂如翠盖。两棵古樟被一径达60余厘米的古紫藤环绕，呈"藤樟交柯"奇景。罗汉寺始建于五代十国后晋天福二年（937），妙道建，屡有兴废，元末复造，毁于红巾。明永乐间僧悟修重建，不久又废，天启二年（1622）僧觉空又兴之。清顺治七年（1650），僧雪山来住，奉养其母，其徒众陆续添置寺田，凡杨梅、枇杷、松竹、茶园、花果、柴山约70余亩，释蒿庵有《重兴罗汉寺花果山场碑记》。葛芝《包山游记》载："次日游罗汉寺，长松瘦竹，参错可爱。主人雪山，余旧

罗汉坞

识，出茗饮余，引上层岩，下临芙蓉数枝，俯仰娟秀。"民国李根源《吴郡西山访古记》云："至罗汉寺，修篁满山，林木亏蔽。寺门紫藤一柯，夭矫拏空，较拙政园文藤尤奇古可爱。罗汉松一株，亦逾千年之物。"今寺已重修，现存前殿为明朝建筑，后殿为清朝建筑，新构山门、可乐堂等。寺内供有释迦牟尼、弥陀佛、十六罗汉等石雕像，尤其是1985年由穹窿山宁邦寺移至的十六尊清代童子面罗汉，线条简练，造型古朴，颇有观赏价值。坞内还有宋黄潜善墓、军坑泉、春秋古城墙遗迹等。

093. 包山坞 Bāoshān Wù

位于吴中区金庭镇秉常村，因坞内有包山寺而得名。据《吴郡志》卷三十四载："院有旧钟，云梁大同二年置，为福愿寺，天监中再葺。"唐初改名包山寺，高宗赐名显庆寺。北宋靖康间，慈受大师怀深居之，仍赐包山旧额，复为禅院。宋王铚《包山禅院记》云："院在西山之巅，巨浸回环，四绝无地，天水相际，一碧万顷，风涛豪汹，旁接沧溟，下则鱼龙之所窟宅，上则虎豹之所伏藏，藤萝胶葛，橘柚蔽亏，深林森木，横生倒植，纳天风海日于穷崖绝壑之间，所谓烟云生于步武，阴晴变于几席，猿鸟悲啸，昼夜清寂，而水作限断，远与世隔。盖江海之外，无际之山，孤耸于不测之渊，无逾此者。"建炎间赐额"包山显庆禅寺"，至元末明初，骚圮又尽，荆榛芜秽。至永乐初，有呆庵道人法住者住此，逐渐修复，陈继《重建包山显庆禅寺碑记》称其"慨然而来，诛茅斫地，以苇席为一室居之，力勤苦行，宴坐之余，礼诵不辍，遇人必以慈爱劝之，由是敬爱之者日附，委财为其用者接迹而至。遂建屋数十楹，供佛有所，栖禅有所，延宾有所，庖庥有所，又成造三石佛像，复新二石塔，其费亦不少也"。又据陈作梅《重建包山显庆禅寺碑记》载，入清以后，先后建大云堂、大殿、大悲阁、凝香塔院、天王殿、钟楼、藏经楼、香花桥、药师楼、阿閦门、嫩桂楼、香证阁、闻经山房等，并增筑护山墙垣。相传全盛时有僧房一千零四十八间，僧众千余人，为江南一大丛林。民国时尚存规模，分静善堂、空翠阁、满月阁、拈花堂等六房，以大云堂为总。在大休、闻达、云谷住持时，已不做佛事。及至二十世纪六七十年代，终于废圮。今已重修，改原山门面南为面东，背山临湖，

包山坞

占地近百亩，建筑依次有香花桥、山门殿、天王殿、大雄宝殿、藏经楼等，香火鼎盛。寺西北二里，有毛公坛。

　　明清时游西山至此者，记述甚多。明汪道昆《游洞庭山记》云："寺故有神僧衣钵，精舍往往可居，山中十八招提无如包山者。"李维桢《太湖两洞庭游记》载："行数折，棹楔立道傍，谓且至，复折而西，度小桥，乃入寺。寺故鲍靓宅，或曰以四山包寺故。门左右幢陀罗尼尊胜经，以为智永书，非是，亦佳笔也。一石当门阈，吴人许初临《圣教序》，书宋时建寺碑题名及额，复具三体。殿左楹后有宋慈受禅师像，骨棱秘不群。"许绳武《游洞庭记》载："福源之左，曰包山寺，叠嶂四围，寺居山腹，湖上飞涛迥隔天外矣，名以包山，信然信然。寺东有空翠阁，箨龙万个，尝闻敲金戛玉声。殿逼于山峦，势欲压，疑见山不见天也。转而东南，有旧殿址焉，背重岭，面林屋，旷如豁如，唐时之所筑也，今人不及古人远矣。"清葛芝《包山游记》云："薄暮抵包山之麓，负行李入包山寺。疏林月色中捷步从之，约三里乃达。访固如禅师，留宿楼上。累日郁蒸，同于盛夏，疑风雨且至，夜半梦中闻大雨声，呼归子曰：雨至矣，曰得渡湖，幸甚。徐察窗牖间，清光映入，不类重云蔽之者，启户视之，月色澄鲜，疏星历历，始知风入松林，崩涛怒急，乍大乍小，如雨声疏密耳。复呼归子告之，相与一笑。归子随起援琴，而奏《洞庭秋思》，琴声与松声相间也，萧统诗云：何必丝与竹，山水有清音。是夕也，殆兼之。"嘉庆三年（1798），贾朝琮《重游西洞庭记》云："遂循山麓而北，入包山显庆寺，寺额为戴高士南枝所书八分体，苍古秀劲。寺前立石幢二，其一为唐僧契元书，赵文敏书碑版，全学此体，以僻在湖中，世罕拓本，遂不知所从出耳。后有双桂堂，其额为王太常烟客所书。寺前古松四本，大可合抱，清泉一道，从桥下流出，水声若琴筑。国初，晓山禅师曾驻锡于此，世祖章皇帝御书'敬佛'二字，尚宝藏寺中。"大殿后有宋少保高公定子墓及宋朝议大夫高公斯道墓，今碑为民国吴中保墓会立，吴荫培题书。据《洞庭山金石》，两墓于民国初年遭盗掘，高定子墓出土有金鱼、玉人、晶印等物，现为苏州市文物保护单位。

094. 西卯坞 Xīmǎo Wù

位于吴中区东山镇碧螺村，又称西坞，属深坞，自西南自东北依此有南山、西山、北山连抱。在南山与北山之间为一开阔地带，中间大，自西山脚下平缓地向西南方伸展，坞口像张开的瓶口，出此口依次为果林、鱼池和太湖。周围山峰起伏，层峦叠翠。山坞里桃李争艳，松竹争辉，环境幽雅。西坞是有名的花果坞，各种果树漫山遍野，自坞底至坞顶有枇杷、杨梅、橘子、茶叶等。清金友理《太湖备考》载："杨梅，出东西两山及马迹山，有一种脱核者，出东山西坞，味最佳。马迹有一种，色白如玉，名曰'雪桃'；又一种形方有楞，土人呼为'八角杨梅'，出桃花湾陈氏山垅，他处则无。""西坞闲行"在清乾隆五十年（1785）被列为"东山古八景"之一。坞内有西卯坞村，又因位于俞坞以西，又名西坞村。坞内有全国重点文物保护单位紫金庵，旧称金庵，相传唐时有胡僧来建，贞元间废，后复建。明洪武中重建，清康熙间重修，乾隆十一年（1746）增建净因堂。此后修建不辍，直至近年。现存的净因堂为清朝乾隆十一年（1746）的建筑物，俗呼"楠木殿"。听松堂、白云居、晴川轩均为清末建筑。有《唐示寂本庵开山和尚诸位觉灵之墓》碑，为唐代旧物，迄今已有一千三百余年。世传庵中十八罗汉像为南宋雷潮所塑，又有丘弥陀增塑之说。明释大灯《金庵十八罗汉歌》咏道："金庵罗汉形貌雄，慈威嬉笑惊神工。当年制塑出奇巧，支那国中鲜雷同。擎拳降猛虎，举钵伏狞龙。神通各逞无暇日，我来一喝俱敛容。修眉大士嗒然笑，手持藤杖称最老。与彼群公前致辞，山中结屋愿须早。潺潺深涧可忘饥，不待安期赠丹枣。他时游戏返天台，共尔崖头拾瑶草。"后有自注："丘弥陀增塑。"又顾超《紫金庵》诗云："山中幽绝处，当以此居先。绿竹深无暑，清池小有天。笑啼罗汉像，文字道人禅。最好梅花候，高窗借过年。"后有自注："庵中十八罗汉像，乃邱弥陀手增塑。"清《江南通志》卷四十四载："内大士及罗汉像系雷潮装塑，潮夫妇俱称善手，一生止塑三处，此庵为最。"清金友理《太湖备考》卷六亦载："内有十八罗汉像，极工，系雷潮装塑。"清乾隆二十六年（1761），里人邱庚熙撰《紫金庵净因堂碑记》载："吾山招提兰若不下十处，其最幽折而寂静者，莫如紫金庵，今相沿称金

西卯坞

庵。庵创自梁陈时，其殿制古朴可爱。殿中有十八应真像，怪伟陆离，塑出名手，余游于苏杭名山诸大刹，见应真像特高以大，未有精神超忽，呼之欲活如金庵者也。"1929年，李根源来游，《吴郡西山访古记》载："游西坞紫金庵（俗名金庵），雷潮塑十八尊者像已无存。"20世纪40年代后期，许明煦《莫厘游志》载："两庑应真，或假寐，或凝视，或狰笑，或沉思，或仰或俯，或喜或怒，形态不一，动作各异。其中降龙一尊，尤为上乘，双目炯炯，仰视盘柱之龙，惜龙已重塑，未能似牡丹绿叶相衬益彰耳。惟各塑像，衣褶自然，为南中诸刹所罕见。"20世纪50年代初，顾颉刚《洞庭山游记》云："随一乡人到西坞紫金庵，俗称金庵寺，看彩塑罗汉像。此像当为清末所塑，以设色鲜艳，讹传为杨惠之所塑，可知甪直传说已浸淫达于洞庭。然所塑有其形式而无其精神，一见知出俗手，当是惠山塑泥人者为之耳。罗汉东壁八，西壁十二，又溢出二数。殿中三世佛及二胁侍，颇佳，似旧像未毁，踵而修之者。"

1979年初夏，沈从文来访，据张志新《陪同沈从文先生参观紫金庵》记载，沈从文对庵中罗汉作如下评价："紫金庵罗汉的装銮艺术，保留了苏南民间彩塑的独特风格……明清苏南彩塑在民间习惯上，有上、中、下五彩之分。上五彩也就是沥粉泥金，花纹以沥粉堆线勾勒轮廓，并在线上用泥金或真金箔补金线，然后剔地填彩，紫金庵罗汉采用的是上五彩的做法。""我国佛教雕塑，在宋代便盛行沥粉泥金上五彩的做法，风格趋于写实。手法工整、精细。这种传统一直延续到明清。紫金庵罗汉装銮有这种特点，但明显有后代重绘的迹象。""紫金庵罗汉虽然经过清代重绘，但在风格上与原作仍有承继的痕迹。服饰多用宋锦纹样，采用八卦、六角、扇面、方胜、海棠等几何形，填上多样的变形纹饰，其中包括工笔的人物画，写意的山水，变形的牡丹等等，突破了袈裟单纯的形式，布局丰满，达到了远看色彩近看花的装饰效果。但是，这里的彩绘不如宋代的精细、统一和调和，显得有些杂乱，这可能是明清画工由于师承和前代彩绘遗迹等多方面因素造成的。其中还有不少装饰纹样，如千佛衣、耕读、八仙和富有东山地方特色的花果，折枝花卉，都是比较有特色的。"庵内尚有金桂和玉兰两株古树，相传树龄都已有八百余年，每当花期，花绽枝头，芬芳扑鼻。

博士坞

095. 博士坞 Bóshì Wù

位于吴中区木渎镇五峰村藏书花木市场西北，其得名甚早，元陆友仁《吴中旧事》中即载林虑言及"华山之博士坞，吾家三世之所葬也"。明王鏊正德《姑苏志》亦言小白阳山"东南为博士坞"。后因坞内有明末清初金圣叹墓而愈为知名。金圣叹（1608—1661），明末清初吴县（今江苏苏州）人。本姓张，名采，字若采，又名喟，明亡改名人瑞，法号圣叹，号鲲鹏散士、大易学人、涅槃学人等。钱谦益甥，金雍父。明诸生。少有吴县第一神童之誉。明亡居家讲学。称与王学伊交最契。清顺治十八年（1661）以抗粮哭庙案被杀于江宁。善行草书，大字有气势。喜藏书。博学多识。通释典，喜治《易》。工诗词，善属对，古文、制艺称高手。精诗文笺注，评才子书能领异标新，批改《水浒》本最为通行。有《唱经堂遗书目录》。所著《唱经堂外书》《唱经堂内书》《唱经堂杂评》

等被辑入《唱经堂才子书汇稿》，另著有《沉吟楼诗选》《鱼庭贯闻》等。今人编有《金圣叹全集》。

096. 茅蓬坞 Máopéng Wù

位于吴中区木渎镇穹窿山笠帽峰东南、三茅峰下，也称皇驾坞、旺家坞。茅蓬坞两侧山峰屹立，林木葱郁，坞长约4千米。坞内原有穹窿禅寺，俗称茅蓬寺，清盛锦有《游积翠茅蓬诸精舍》诗："招提空翠合，长日鸟喝啾。深竹不知路，乱峰多在楼。旧题尘掩壁，老宿雪盈头。一别东陵社，惊心又五秋。闻钟投饭罢，振策上茅蓬。花气通深院，泉声注碧筒。读书寻往迹，采药问仙翁。翘首钟吾顶，骖鸾好御风。"

坞内现建有孙武文化园，相传孙武曾隐于苏州西南山中。孙武（前535—？）春秋齐国乐安（今属山东）人。字长卿。精研兵法。吴王阖闾三年（前512）奔吴，因伍子胥荐举，以《兵法》十三篇进献，试以教战宫女，吴王宠姬二人各为队长，以不听令被斩，遂任为将。攻拔楚国舒鸠、养邑等，杀奔楚之吴王僚弟公子掩余、烛庸。四年（前511）与伍子胥、伯嚭伐楚，拔六、潜二邑。六年（前509）与伍子胥于豫章大败楚军，攻占巢，俘楚公子繁。九年（前506）从阖闾与伍子胥率吴军攻楚，五战皆捷，攻克楚国郢都。又北威齐、晋，南服越人，威名显于诸侯。葬于苏州平门外。著有《孙子兵法》，后世尊为兵圣。

相传，茅蓬坞有朱买臣故宅。班固《汉书》载："朱买臣，字翁子，吴人也。家贫，好读书，不治产业，常艾薪樵，卖以给食，担束薪，行且诵书。其妻亦负戴相随，数止买臣毋歌呕道中。买臣愈益疾歌，妻羞之，求去。买臣笑曰：'我年五十当富贵，今已四十余矣。女苦日久，待我富贵报女功。妻恚怒曰：'如公等，终饿死沟中耳，何能富贵？'买臣不能留，即听去。"后又有朱买臣显贵后"马前泼水"以羞前妻的故事。今附近有捞桥村，传为朱买臣前妻溺水而亡处。坞内有藏书庙，明王鏊正德《姑苏志》卷二十七载："汉会稽太守庙在吴县木渎北、穹窿山南，祀汉朱买臣也。世传买臣负薪往来木渎，尝藏书于此，故传此为藏书庙。今肖像衣冠，犹存汉制。"清乾隆《吴县志》卷八十六载："古藏书庙在穹窿山，世传汉会稽太守朱买臣未仕时尝樵采于山中，藏所读之书于庙，故名。庙肇创甚久，不详何代，并兴废不一，亦莫可稽考。庙

茅蓬坞

中所供之神，亦不知何姓何名，但灵异素著，威严赫赫，凡遇岁时水旱，民间疾疫，有祷辄应，祈福必降。历岁既深，殿堂圮，里人顾宗善谋于守祠者顾士能，即倾囊以倡众，鸠工聚材，谋增规画。乃首创正殿，以妥东岳泰山之神，后作寝堂，以居其配，旁殿改创者凡四，曰真武，曰三官，曰总管，前作三门，内翼两庑，设十王冥司，其龙王殿、观音堂、土谷祠则仍其旧。天顺庚辰十月起，至壬午春三月工竣。文震孟有记。"藏书庙自天顺间顾氏重修后，以东岳为主祀，清彭定求《重修东岳庙记》略曰："穹窿山下，旧传汉时朱翁子采樵于此，读书寄迹，因有藏书庙之名，而庙所崇祀，则实以东岳之神为主。""庙自前明天顺时始建，迄今二百余年，颓垣腐栋，湮没于荒榛蔓草之余，水旱无所营禳，疾疫无所吁祷，一方之民怒乎忧之。山南范、柳二氏，世习师殷业，捐赀倡募工，始于康熙四十八年冬，越五十一年春而告竣。其整复旧观，则东岳之前殿后宫，金碧绚烂，几与穹窿上清观宇低昂相望，旁及真武、三元并土谷、虎神、冥司、总管诸处，靡不废者兴、敝者葺，而翁子之遗像仍在焉。又增创大士、文昌二阁，茅君、关君二殿，更置斋田数亩。范、柳二氏之经营，拮据其劳甚矣。"嘉庆十六年（1811）重修，韩是升撰《重修藏书庙记》。道光间又修，立汤文正公祠于庙中，祀礼部尚书、前江苏巡抚汤斌，以巡抚都御史、钦差大臣林则徐附。今庙已重建。距庙二里东岭下，有大盘石，高广丈余，自明代中期起，即称为朱买臣读书台。明杨循吉《游吴郡诸山志》载穹窿山："古迹朱买臣读书台，一盘石，平坦，犹存。"明王鏊《游穹窿山》诗云："买臣驳落读书台，曾是樵夫终佐汉。丈夫出处会有时，不记当年愚妇讪。"都穆题楷书"汉会稽太守朱公读书处"十字，刻于石上，署"正德己巳都穆题"。

097. 松毛坞 Sōngmáo Wù

位于吴中区越溪街道七子山山南、吴山岭西藏军洞下，有清顺治年间所建松木庵，坞或由此得名。清乾隆年间名医徐大椿居此。坞内有画眉泉，徐大椿有《画眉泉记》云："访得吴山七子墩之下，有画眉泉者。策杖远寻，披荆负棘，得破屋数椽，墙摧瓦落，泉在屋旁。屋内有碑，剥苔审视，知为国初高僧子山所辟。嗣僧不能整饬，售于土人，土人以其无生息，荒圮益甚。于是酬其价直，稍为修葺，仍以老僧一二人守之，以供洒扫。更筑斗室于泉旁，以为坐卧之所，而后其地可得而游览矣。其泉发源于山半石穴中，山腹窈然中空，泉从穴中涌出，作瀑三折，此为正流。其右有石壁一带，壁高二丈，长则四倍。壁上有隙数处，水从隙出。壁下有石池，水俱汇而归焉。池形如箕，方广三丈，深不满尺，满则泻入涧中。涧水东流，或伏或显，三里而至平地，可溉田十顷。若夫大雨骤注，或连阴数日，则山泉迸发，声若轰雷，近如白龙夭矫，远如皓鹤回翔。壁上细流纷落，恍若珠帘不卷，玉屑腾霏。即或天日久晴，亦复涓涓不绝，药草长滋，点滴清池，声同编磬。其水则芳甘清冽，不染纤尘。缘此泉离姑苏台只二里，吴王游览于此，尝取水应宫中之用，此泉之所以得名画眉也。其山势则两峰如抱，菁葱相映；面临太湖，水光可揽，客艇渔舟，风帆如织。隔湖远浦，树影参差。一塔中悬，为吴江之境，我室庐在焉，举目可观也。"徐大椿自号洄溪道人，撰有《洄溪道情》，在吴江城内有洄溪草堂，故友人亦称其画眉泉别业为洄溪。袁枚《徐灵胎先生传》云："先生隐于洄溪，矮屋百椽，有画眉泉，小桥流水，松竹铺纷。登楼则太湖奇峰，鳞罗布列，如儿孙拱侍状。先生啸傲其间，人望之，疑真人之在天际也。"民国《横金志》卷二孔陟岵续补曰："泉在山半，距绿□山房甚近，为吴江徐榆村高隐地，三松老人题'涤烦'二字于石。庭有银红山茶一株，高出檐外。相传有画眉鸟时浴其中，故名。"徐大椿卒后，其子徐爔仍居山中，不屑为举子业，他虽继承父业，以医名世，却工于词曲，有《镜光缘传奇》《写心杂剧》传世，后者题名《蝶梦庵词曲》，今存乾隆五十四年（1789）梦生堂刻本。画眉泉周边摩崖甚多，大都出自乾嘉名家手笔，除徐大椿父子外，有袁枚、果亲王、钱大昕、王昶、潘奕隽、阿桂

松毛坞

等，至今尚存三十多处。清咸丰年间，画眉泉别业毁。现坞内建有清泉公墓。

徐大椿（1693—1771），清吴江松陵人。原名大业，字灵胎，号洄溪道人、洄溪老人等。徐釚孙，彭启丰重表兄，徐爔父。贡生。喜豪辩，精通技击及枪棍之术。博通诸子百家及星经、地志、水利、九宫、音律、词曲、道情，工诗文辞，嗜《易经》与黄老之学，尤精于医。临证洞晓病源，用药精审，擅治危重之疾。乾隆二十五年（1760年）被召入京医治蒋溥，三十六年（1771）帝再召入京，至三日卒。与纂《江震新志》，分修水利。所著《难经经释》《神农本草经百种录》《医贯砭》《医学源流论》《伤寒类方》《慎疾刍言》《六经病解》等，辑为《徐氏医学全书十六种》。另著有《乐府传声》《道德经注》《阴符经注》《洄溪道情》《水利策稿》《画眉泉杂咏》《管见集》等。

098. 北竹坞 Běizhú Wù

位于吴中区木渎镇天池山西麓，也作竺坞、竹坞。因与南面穹窿山侧竹坞相区别，故称北竹坞。1932年《善人桥区政录》载："北竺坞中有钓矶石，外有湘云渡、石屋、石幢，徐枋题吴山名胜图，谓吴中诸山，惟竺坞幽胜，盖纪实也。"坞内有文震孟的竺坞山房。明清之际徐枋《西山胜景图记》云："吴中诸山，惟竺坞多幽深之致。一入坞中，迥然绝尘，山鸟山花，若与世隔。昔文文肃公筑庐于此，亭馆泉石，标奇领异，中则有钓矶石屋，外则湘云渡、仙掌峰，而石桥跨于涧上，石幢峙于波心，此又招提之胜概矣。"

文震孟（1574—1636），明长洲（今江苏苏州）人。原名从鼎，字定之，改字文起，号湛持、湛持居士、竺坞生、湘南老人等。文元发长子，严栻岳父。天启二年（1622）状元，授翰林院修撰。因上《勤政讲学疏》忤魏忠贤，廷杖黜级。六年（1626）因诗悼惜熊廷弼案削籍为民，列名东林党，号地文星圣手书生。崇祯元年（1628）以侍读被召，纂修《熹宗实录》，校对《光宗实录》，请改定三案之误。改左中允，侍讲筵充日讲官，疏劾魏忠贤余党王永光，迁左谕德，掌司经局。五年（1632）擢右庶子，进少詹事。八年（1635）特擢礼部左侍郎兼东阁大学士，参机务。以忤温体仁罢归。以名德气节知名于世。卒赠礼部尚书，追谥文

北竹坞

肃，祀为吴郡名贤。喜藏书，精《春秋》，书法承家学，诗文有时誉。著有《竺坞藏稿》《药圃诗稿》《文文肃公诗卷》等。文震孟祔葬其父元发墓，即在竺坞之南，两百余年，樵采无犯，光绪间为浙绅沈氏侵占。民国李根源《吴郡西山访古记》卷二载："去沈墓不过数尺，当沈坟罗城圈边，立'明大学士文文肃公墓'黄石碑一块，高约三尺，宽尺余。再上二丈余，葬沈氏三家，右侧新葬一家，前后左均为人占。余尝与余杭章氏论吴中明清两代人物，武功推韩襄毅，相业推文文肃公。今其后裔陵替，丘墓摧残，无人过问，瞻礼之余，泫然泣下矣。"明亡后，震孟长子文秉、孙文点均隐居于此。文秉字孙符，《明遗民录》卷六称其"乱后，挈家庐于文肃公之墓下。墓在竹坞，与天池山相距里许，林石幽阒，号为名胜地，秉居而乐之。幅巾布袍，杂樵夫释子为侣，暇则课其子，莳蔬，采橡实以自给，与城市人绝不相闻。出其所得，著书十余种，其尤著者，《定陵注略》《先拨志始》《烈皇小识》《前星野语》《甲乙事案》，凡若干卷。遂老于此，故自号竺坞山人"。清张紫琳《红兰逸乘》载："《德门随录》云：《先拨志始》六卷，长洲文秉著，秉系明文文肃公子，沧桑后屏居竺坞，摭拾旧闻，以成是书。纪青宫三案，次纪泰昌新政，次奄党擅权，次东林斥逐，次诸奸建祠，终钦定逆案，三朝事迹略具矣。前有姜如农、徐昭法及秉自序。"文点，字与也，号南云，《明遗民录》卷八云："点承父志，肥遁不出，工诗，善书画，力耕食贫，士咸高之。"

　　徐波的落木庵也在竺坞。徐波，字元叹，号浪斋，入清后号顽庵，吴县人，诸生，工诗古文，为吴门竟陵派代表。崇祯十七年（1644）冬，马士英柄国，将以清职罗致，他拂衣竟去，归居竺坞先茔丙舍，将谭元春写的"落木庵"三字作匾悬诸于门，并自撰《落木庵记》。他在庵中，究心内外典，发《楞严》旨趣，情性如澄潭止水，交往的人不多，与徐枋则多往来。徐枋《怀旧篇长句一千四百字》诗云："避地当时亦屡迁，数椽茅屋天池边。买山空囊苦羞涩，卜邻喜得逢名贤。徐摘年老爱泉石，落叶庵中启禅窟。竺坞天池称比邻，征诗问字相络绎。"自注："诗人徐元叹波隐居天池，筑室名落木庵。余移家竺坞，与相邻。元叹老而好学，时时书方寸纸，令童子持来。有所徵考，余立答之，或有言在某卷某叶者，元叹尝夸之同人。余则时以诗政元叹,元叹亦喜为论说。"徐枋另有《题落木庵赠徐元叹》诗云:"筑室依名山,园畦开数亩。杂时花药鲜,历岁松筠久。栖迟成名胜,声闻及林薮。数椽落木庵,丘壑擅吾有。"康熙二年(1663),徐波年七十四卒,即葬落木庵外祖茔。庵中曾辟三高祠,祀钟惺、谭元春、徐波。卓尔堪《遗民诗》卷三载徐波"居落木庵,断炊绝粒,灵岩退翁分钵中餐以周之。他有所遗,不屑也"。徐波卒后,弘储捐资刻其遗诗《天池落木庵诗存》,落木庵便归灵岩所有。坞内村落亦名北竹坞,村口有奇石,因左似手掌印而右似脚掌印被称为仙掌峰。

坞内鸡窠岭有晚清冯桂芬墓。冯桂芬(1809—1874),清吴县(今江苏苏州)木渎人,祖籍常州(今属江苏)。字林一,一字景庭,一作景亭,号憬叟、惯叟、猨甫、校邠、敬亭等,晚号邓尉山人。李锐、李兆洛弟子。道光二十年(1840)榜眼。授翰林院编修。文宗即位,与林则徐同被荐举人材,以忧归。咸丰三年(1853)在籍劝捐输办团练,特旨擢右中允。十年(1860)太平军据苏州,避居上海。同治元年(1862)议设会防局,议请李鸿章淮军东下。事平参与善后,议请减苏松漕额及长洲、元和、吴三县佃租数十万。先后主讲于江宁惜阴、上海敬业及苏州紫阳、正谊诸书院。善古文辞,长于持论,不为浮词。学问广博,说经宗汉儒不废宋,精研小学,兼嗜历算,务务为经世有用之学。首倡"中体西用"之旨,主张采西学富强之术,随势变革。曾纂修《两淮盐法志》《苏州府志》等。著有《说文段注考证》《校邠庐逸笺三种》《弧矢算术细草图解》《西算新法直解》《校正李氏恒星图》《测定咸丰纪元恒星表》《校邠庐抗议》《显志堂稿》等。

099. 渔洋坞 Yúyáng Wù

位于吴中区香山街道渔洋山北麓。坞内有昙花庵,民国《香山小志》载:"庵供四面观音像,系萧梁时物。庵为姚氏所掌,或曰为姚广孝之别业。"殿额"青莲现法"为清初尤侗题,庵内现存明刻鱼篮观音像碑及《重修昙花庵记》。"殿前有径粗2米的古银杏树及树龄几百年的桂树。清沈德潜有《游渔洋山记》云:"渔洋山,王阮亭尚书取以为号者也。山在太湖滨,从玄墓山还元阁望之,如履舄在几案下,可俯而拾。予

昙花庵

爱山之名，欲往游焉。取道米堆山，经钱家硎、上阳村，一路在梅花国中，花光湖影，渺漫相接，烟云往来其间，欲动欲定。沿湖滨行，湾环回折，始疑甚近，久而愈远。过十余里，入渔洋湾，董文敏玄宰归骨于此。居人如鹿豕状，见予至以游人不到处，甚骇。绕湾而行，又三五里，渐入渐深，窅然无人。登山之巅，全见太湖，湖中群峰罗列，近而最大者为西洞庭，相望者为东洞庭，远而大者为马迹，其余若沉若浮，倏见倏隐，不可名状，三州依约在目。从巅顶别径而下，树木丛杂，侧身低首，始免絓胃。入昙花庵，庵有老僧，长眉卷发，若身毒国人，见客无酬接礼。问以王阮亭尚书曾至此间，曾留遗迹与否？僧言幼即挂瓢于此，垂七十年，不见有官人至此山，亦不知王为何人也。因思阮亭为风雅总持，语妙天下，而手版匆忙，未及亲赴林壑；而领略其胜者，又无诗笔通灵，足以发挥湖山之胜，古今来如此者可胜数耶？怅然久之。山相接为法华，为钵盂，以日晚不及更游，仍从渔洋湾觅故道归。于时村落中炊烟浮动，白云欲还，遥望梅花林如残雪满山，而夕阳一抹晃漾其际，倍觉冷艳可爱。久之，反还元阁，将昏黄矣。灯下濡笔作记，恐如东坡所云'清景一失后难摹'也。时戊子春清和月二日。"坞中有王妃郑旦墓、明董其昌墓和近代建筑大师姚承祖墓。董其昌墓有两处，一在阳家场，墓前有吴荫培书"明董文敏公墓"碑；另一在渔洋山谢家岭西侧山坡上，墓葬规模较大，墓前有翁仲、石龟、石狮、石马及石碑等。民国李根源在《吴郡西山访古记》中考定后者为明查其昌墓，现为苏州市文物保护单位。

100. 水月坞 Shuǐyuè Wù

位于吴中区金庭镇堂里村东南，因坞中有水月寺得名。水月坞人文景观遗迹众多，有水月寺、无碍泉、墨佐君坛、唐宋古蹬道、小青茶采摘处和古碑等。水月寺始建于南朝梁大同四年（538），历经兴废，2006年于原址重建。宋大理评事苏舜钦《水月禅寺中兴记》碑题诗云："水月开山大业年，朝廷敕额至今存。万株松复青云坞，千树梨开白云园。无碍泉香夸绝品，小青茶熟占魁元。"坞内有水月溪。水月坞亦为洞庭山茶

水月坞

的最早产地，初名水月茶，又称小青茶。谚云："墨君坛畔水，吃摘小青茶。"北宋朱长文《吴郡图经续记》载："洞庭山出美茶，旧入为贡。《茶经》云：'长洲县生洞庭山者，与金州、蕲州味同。'近年山僧尤善制茗，谓之'水月茶'，以院为名也。"明陈继儒《太平清话》载："洞庭小青山坞出茶，唐宋入贡，下有水月寺，即贡茶院也。"寺旁有东汉道士墨佐君坛遗址，东汉延平元年（106）墨佐君于此置坛修炼，上有池可半亩，前有石高丈余，其下水分南北，百步许有地名吃摘山茶最佳。坞中有无碍泉，苏舜钦《苏州洞庭山水月禅院记》称其"旁有澄泉，洁清甘凉，极旱不枯，不类他水"，至南宋绍兴初题名无碍泉，因李弥大自号无碍居士。李弥大《无碍泉诗并序》曰："水月寺东，入小青坞，至缥缈峰下，有泉泓澄莹澈，冬夏不涸，酌之甘冷，异于他泉而未名。绍兴二年七月九日，无碍居士李似矩、静养居士胡茂老饮而乐之。静养以无碍名泉，主泉僧愿年为煮泉烹水月芽，为赋诗云：'瓯研水月先春焙，鼎煮云林无碍泉。将谓苏州能太守，老僧还解觅诗篇。'"清邓旭有《水月寺产茶极佳萧梁时曾入贡与无碍泉称并胜今无复有过而问者》诗云："龙团曾入贡，无种但荒丘。人并萧梁逝，泉惟无碍留。菊英香绽露，枫叶艳摇秋。凭吊夕阳里，繁霜为尔愁。"今坞内集中植有大片杉木。

101. 法海坞 Fǎhǎi Wù

位于吴中区东山镇莫厘峰南1千米，谷深曲折达2千米，隋莫厘将军于此舍宅建法海寺，旧称莫厘峰下第一胜迹，坞因而得名。法海寺，《吴郡志》卷三十四载："隋将军莫厘舍宅所建寺也，后梁乾化间改祇园，皇朝祥符五年改今名。"元末悉毁于兵，明初诏为丛林寺，自永乐至天顺年间，先后建大雄殿、海云房、四天王殿、伽蓝殿、观音殿、祖师殿、弥陀殿、延明堂、清趣阁、凭云环翠楼等，凡两庑三门、僧舍庖库，无一不备。明吴惠《重建法海寺记》载："夫洞庭二山，佛宫不少。若其六殿相望，飞甍杰构，与碧螺缥缈相高，像设崇严，金碧鲜丽，与洞天林屋辉奂，尠有如法海寺之胜也。"万历间重建天王、弥陀两殿，崇祯十一年

法海寺

（1638）重修。据说，全盛时有屋五千零四十八间。清康熙间遭大火，烬余仅存偏殿、僧寮二十余楹，后遭兵燹全毁。1923年，僧通玄募建新寺于左，规制远逊旧观。寺在山坞中，汪明际《东山记》云："从山顶望之，丹崖绀殿，隐隐可数。及拾级而进，则长条垂户，浓绿拂槛，几不知有寺。古桧数本，肤理虬结如绳，枝干枯荣相半，苍古奇诡，云亦异代物。"晚明寺中珍藏《如来示寂图》，王思任《泛太湖游洞庭两山记》载："从右肩逾至法海寺，积叶封山，足音四响。饭于芝台上人之榭，万木枝窗，秋声荡瀄，意颇冷之。芝台出唐画随喜，乃《如来示寂图》也，广三十尺，修益之，宝相福严，解脱自在，而一时天女龙神悲顿皇惑、眉号口哆之态，俱无丝发遗憾，可谓其死也哀矣。此北宋以前第一手，恐阎立本、赵千里辈不能办也。"明《震泽编》卷四称寺后"有龙宫遗迹，前存华表"。寺旁有青白泉，一青一白两池相距数十米。明葛一龙有诗"两泉共一寺，青白各自好。瑬寒人汲稀，寂寂山花照"。

坞内有路振飞墓。路振飞，字见白，曲周人。明天启五年（1625）进士，崇祯十六年（1643）擢右金都御史。清朝顺治二年（1645）清兵攻破南京，唐王朱聿建于福州组织流亡政府，拜路为左都御史和太子太保吏部尚书兼文渊阁大学士。后因母丧，流寓苏州。顺治三年（1646）路赴永明王召唤，卒于南下途中。东山百姓念其抗清复明一片忠心，在龙头山建祠祀之，名曰"路文贞公祠"，祠内有清朝光绪五年（1879）立的《明路文贞公传》碑、光绪七年（1881）立的《东山龙头山路振飞后裔记事》碑、清朝道光十七年（1837）立的《重修葑山路文贞公祠记》碑、清朝同治七年（1868）立的《重修路文贞祠墓记》碑以及《修明路文贞公墓道记》碑共五块。

102. 灵源坞 Língyuán Wù

位于吴中区东山镇杨湾村、碧螺峰下。坞因灵源寺而得名。灵源寺，梁天监元年（502）僧集善建，元末毁，明永乐十二年（1414）僧智昕重建大殿，此后屡修不废，有清嘉庆二十年（1815）叶长福《重修灵源寺碑记》、道光二十七年（1847）叶承铄《重修灵源禅寺碑记》等。寺在明代最为兴盛，文人游山，往往歇

灵源坞

宿于此。文徵明有《宿灵源寺》诗云："夜随钟梵入灵源，一笑虚堂解带眠。旋接僧谈多旧识，偶依禅榻岂前缘。离离松桧摇山月，兀兀楼台宿暝烟。尘句何年传到此（壁间有余诗），篝灯试读已茫然。"葛一龙有《灵源寺雨宿可南上人房》诗云："山中有此寺，今为乍来客。入林风雨生，未夕已昏黑。佛光能照人，僧面半予识。一夜坐相看，松泉响空壁。"寺之得名，乃因有灵源泉，明潘之恒《太湖泉志》记道："世说昔有患目者，濯之辄愈，因名。"寺毁于太平军战火，光绪间重建。李根源《吴郡西山访古记》载："入灵源寺，罗汉松一本，大可数抱。又杞木一株，臃肿轮囷，蟠崛扶疏，殿庭荫满，小坐可月堂，煎灵泉，试碧螺春，别饶风味。"许明煦《莫厘游志》载："民国十九年再修，腾冲李根源书'灵源禅寺'四字门额。入门见勒弥坦腹大笑状，正是'看一般人时往时来，我笑有因真可笑；这两个字曰名曰利，你忙无甚为谁忙。'旁为哼哈二将塑像，面貌狰狞。经整洁之走道至天王殿，旁塑四大金刚像，威武之气，溢于眉宇，中祀护法神韦陀。旁悬一联云：'上持宝杵，三洲感应；下披金甲，四海游巡。'惟其貌相和善可亲，四海游巡，恐未能使恶魔感应耳。内则一片广庭，走道两旁，栽遍花木，其影扶疏，其香馥郁。左为妙音堂，有民国二十一年李根源题'妙音堂'字碑。中塑关羽，右周仓，左关平像。中为大圆通殿，民国二十年张一麐书额。中塑三世如来，旁置民国二十一年所铸大钟，击之则钟声洪洪，响振山谷。右为宿云堂，堂北为可月堂，大学士王鏊题额。壁悬名人字联，多不胜举，兹录二则于下：'夜窗灯翳联床雨，斗室香添小篆烟。'（邓邦述）'松室夜灯禅景静，芝庭春雨道心空。'（李根源）室内布置井井有条，且纤尘不染，洵为胜境。可月堂可谓一寺之胜，而灵源寺则可谓一山之胜也。"存清末民初的僧寮8间，今重建。屋前有罗汉松一株，直径1.35米，高20余米，成龙纹盘旋之状。主干上长有许多瘿瘤，姿态古拙，老当益壮，距今已有一千三百多年。

坞内石桥村是王鏊的故乡。王鏊生于正统十四年（1449），卒于嘉靖三年（1524），享年75岁。正德元年（1506）入内阁，晋户部尚书、文渊阁大学士，翌年加少傅，改武英殿大学士。有《震泽编》《姑苏志》《震泽集》《震泽长语》《震泽纪闻》《春秋词命》《性善论》《洞庭两山赋》等著作传世。鸡笼山有王氏构筑的"鏊舟园"遗址。石桥村内有宋朝绍定年间所建的底定桥。桥名取自《尚书·禹贡》"三江既入，震泽底定"之句。桥系石砌，单跨过涧，面设桥亭，造型雅观。坞内碧螺峰是碧螺春茶叶的发源地。据王应奎《柳南续笔》载："洞庭东山碧螺峰石壁产野茶数株，每岁土人持竹筐采归，以供日用。历数十年如是，未见其异也。康熙某年，按候以采，而其叶较多，筐不胜贮，因置怀间，茶得热气，异香忽发，采茶者争呼'吓杀人香。'吓杀人者，吴中方言也。因遂以名是茶云，自是以后，每值采茶，土人男女长幼，务必沐浴更衣尽室，而往贮不用筐，悉置怀间。而土人朱元正独精制法，出自其家，尤称妙品，每斤价值三两。己卯岁，车驾幸太湖，宋公购此茶以进，上以其名不雅，题之曰'碧螺春'。"又有鸡笼山，面积一公顷左右，山虽矮小，却多嶙峋怪石，为一天然石林，颇有情趣。

103. 宁邦坞 Níngbāng Wù

位于吴中区木渎镇穹窿山笠帽峰北面、二茅峰下，因坞内有宁邦寺而得名，旧名麝名坞（参见089"麝香坞"条）。宁邦寺，相传南宋绍兴十二年（1142）韩世忠部将战还，薙发隐此学禅，赐额"宁邦禅院"。以后屡毁屡建，至明万历末重修。明申时行有《登穹窿山入宁邦寺》诗云："昔闻阳山高，不敌穹窿半。而我登其颠，振衣凌汗漫。居然五岳尊，突作三吴冠。天目来蜿蜒，具区环浩汗。排云谺洞庭，出日恍秦观。邃谷吐烟霞，层峦入霄汉。盘纡磴道危，杳霭峰纹乱。石裂纷下驰，崖崩划中断。峥嵘结鹫头，逶迤出龙干。钟磬发林间，招提在天畔。古松剥生皴，丰草深没骭。藤坞既蒙茸，雨泉亦漫溅。传闻古鱼吏，白日生羽翰。仙踪不可求，目境有余玩。辟谷辞人间，愿与赤松伴。"天启元年（1621），文震孟《重修穹窿宁邦寺

宁邦坞

记》说:"余尝同赵隐君凡夫一过其地,林纤径窈,始秋而寒,古木参天,皆数百年物,其为古刹无疑,虽荒落岑寂,然僧雏楚楚,梵诵不辍,余固知佛土之将隆矣。阅十年,寺僧云川为重葺之,山有门,佛有殿,空谷穷山,虔虔翼翼,遂为穹窿最庄严处。"寺内有玩月台,潘奕隽摩崖"孤峰皓月"四字,又黄安涛题名一段。1926年,李根源来游,《吴郡西山访古记》卷二载:"住僧七八人,方丈石如,长发,掩关四载,刺血书《地藏经》全部。"又记:"寺旁百丈泉,淙淙然自石隙中流出,上真观饮汲于此。寺后小园,山茶一株,高二丈,花分深红、浅红、雪白、玛瑙四色,正开,吾滇以山茶著称,无此佳种。"百丈泉在海云庵和宁邦寺后,王行《百丈泉记》载:"山之半,有泉泓净明洁,余流下注者,曰百丈泉。泉不知发于何时,其名则浮屠梵迪所制也。"时海云庵有僧迪字允元、及字以申,张昱有《百丈泉为及以申长老赋》云:"道人手挽银河水,泻作空山百丈馀。当昼大声喧醉枕,长年倒影浸禅居。玉虹挂石看不灭,红叶乘流画却如。陆羽茶经知此味,可能日给到吾庐。"百丈泉清冽异常,最宜烹茶,明成化十四年(1478)五月,吴宽有《饮海云院百丈泉》诗云:"白云翻海涛,行人渺无踪。兰若因以名,秀倚青芙蓉。兹山非百丈,泉名与山重。问泉所发源,寺僧偶相逢。涓涓出乱石,瀫瀫循长松。山中不凿井,饮足忘深冬。始知白云多,护此蜿蜒龙。品评藉道园,遗墨无尘容。所恨生也晚,操杖何由从。步来当长夏,坐挹清心胸。纪事强追和,岂图碧纱笼。谪仙咏瀑布,莫访香炉峰。"今寺已重建,旧迹唯存石刻两方,一是文震孟撰、赵宦光篆额、吴邦域丹书的《重修穹窿宁邦寺记》,一是徐枋书"山辉川媚"四字。宁邦寺近处又有海云庵,梁天监中建,唐禅师贯休复创,赐额"万寿",北宋熙宁间僧性海重建。庵以连理山茶著名,吴宽《观海云院连理山茶》咏道:"奉慈山茶好标格,花开如杯呈玉色。海云山茶更绝奇,奇处不论红与白。两株并植东轩前,密叶如屏遮几席。枝柯一一相交加,为是同根忍分拆。初疑一人独叉手,忽作两人仍促膝。少焉掉臂才跬步,又复控拳当肘腋。碧玉磨沙成玦环,青丝绚索分徽纆。我来庭际稍摩挲,引子春蛇忧毒螫。试量旁干得三围,每扫落花凡一石。

风霜饱历三百年，未识何人手中植。寻常绕树多诗客，阶下莓苔留古迹。河中曾辱昌黎文，西蜀休夸孔明柏。世间大树尽有之，似此山茶何处得。"明蔡羽《游玄墓山记》亦提到庵中的山茶花。

翠峰坞

104. 翠峰坞 Cuìfēng Wù

位于吴中区东山镇莫厘村翁巷，因坞内旧有翠峰村而得名。翠峰坞三面环山，环坞山高50—70米，面迎太湖。唐广明元年（880），武卫将军席温因避黄巢战乱，携三子南下隐居翠峰坞，次子席常后因战功获封山地1 600余亩，三子遂建上、中、下三巷分居，为翠峰村。席温晚年舍宅建翠峰寺，即宋范成大《吴郡志》卷三十四所记之翠峰禅院"唐将军席温其所舍宅也"，明王鏊正德《姑苏志》卷二十九则称"天宝间僧智洪开山"。宋初雪窦禅师于此阐经说法，清金友理《太湖备考》载："宋初雪窦禅师住兹山说法，有神龙出井、罗汉隐树听经之异。"故有降龙井、罗汉树诸故迹。范成大有《翠峰寺》诗："来从第九天，橘社系归船。借问翠峰路，谁参雪窦禅。应真庭下木，说法井中泉。公案新翻出，诸方一任传。"自注："在东山，雪窦显老道场，山半有悟道井，庭下大罗汉木两株，虬屈蟠壮，甚奇古。"又清翁澍《具区志》卷五载："宋雪窦禅师居翠峰寺，相传建隆四年，有沉香大士及铜钟浮至湖口，每风浪作，钟声若呼翠峰云。人举之莫能动，寺僧携之即起，因建楼悬之，声闻数里，后僧示寂，钟遂不知所之。"明初为丛林寺，万历十四年（1586）里人翁氏募修，张献翼《重修广福翠峰禅院记》云："始焉哀人之施，继而捐己之力，谓功宜自大雄殿始，乃谋建于先，次以天王殿于后，高广深阔，一如旧制，凡所像设亦无不备。值席君董成其事，君岂席将军之裔耶？其扁则周吴县应鳌所题，即构堂以安清钵，筑室以严净居，东西表乎两山，前后焕乎二殿，种种庄严，咸臻嘉丽，依然白太守小憩、王学士游览之旧焉。不惟山灵川祇亦大欢喜，山为寺而秀，泉为寺而清，人之迹为寺而胜，复为一大丛林矣。"寺中有席建侯祠，祀唐吏部尚书席豫，附景福间武卫将军席温，崇祯初裔孙端樊、端攀重建。清咸丰十一年（1861）毁。光绪初席氏重建，山门悬里人朱廷选书额，至二十世纪六七十年代时被拆，今已成一片橘林。

翠峰寺西有天衣禅院，本翠峰别院，一名翠峰山居，为雪窦禅师高足天衣怀禅师悟道处。明初建普同塔，万历四十一年（1613）僧如净建药师殿、远翠阁，天启七年（1627）建大悲坛，俱废。张本《翠峰山居》诗云："金池桥带乱峰横，桂树丛高烟雾生。空翠万重山色里，佛灯常照太湖明。""一林甘露万花明，悟道泉深彻底清。花外客来寻曲径，隔林遥自候吹笙。"院中悟道泉，为洞庭名泉，潘之恒列入《太湖泉志》，董其昌题石，其甘寒清冽，最宜瀹茶。明吴宽有《谢吴承翰送悟道泉》，序曰："成化己亥春，予偕李太仆贞伯游东洞庭山，宿吴鸣翰宅，明日偕过翠峰寺，寺有悟道泉，饮之甘美，相与题诗而去。今二十年矣。

一日，鸣翰弟承翰使人异巨瓮以水见饷，予嘉其意，以诗谢之，于是太仆公与鸣翰皆物故矣。"诗云："试茶忆在廿年前，碧瓮异来味宛然。踏雪故穿东洞屐，迎风遥附太湖船。题诗寥落怜诸友，悟道分明见老禅。自愧无能为水记，遍将名品与人传。"明王宠《酌悟道泉》亦云："名泉真乳穴，滴滴渗云肤。白石支丹鼎，青山调水符。灵仙餐玉法，人世独醒徒。长啸千林竹，清风来五湖。"古雪庵即古雪禅院，在翠峰寺西，因在古雪居下，俗亦称之古雪居，清顺治间僧心净建，康熙间席氏重建。许明煦《莫厘游志》引茵鹿《重修六角亭记》："古雪居创自席氏，席氏为吾山望族，其先太仆公富而好礼，朝野敬之。是居系公之孙树屏席公读书处也，其中树木屋石，位置天然，错落有致。一泉涓涓，曰紫泉，味甘且洌，掬饮沁心脾。泉外巍然一阁，度以额曰薇香。薇香阁之外，有亭翼如，数其角六，人故呼之为六角亭。然观《太湖备考》所载饮月亭条下，注明在东山翠峰坞，席户部永勋筑。谨按永勋即树屏席公之名，则是亭当是饮月呼之。是居既有诸胜，故远近之名公巨卿暨骚人雅士，探胜而至者，辄以佳制相唱和，高积几半身。"六角亭背山面湖，壁置宣宗御书"印心石屋"四字横碣，郑言绍《太湖备考续编》卷二载："翠峰坞山腰有六角亭，道光十年，江督陶文毅公澍以勘河至东山，登翠峰，憩斯亭，赏其幽胜，奉宣宗御书所赐'印心石屋'四字镌横碣，嵌置亭壁。"朱润生《湖山诗影录》云："六角亭中容小坐，印心石屋忆当年。踏青山半行人渴，野水烹茶试紫泉。"院前有枕流阁，岩壑绝胜，雨后山溪奔泻经此，曲折而下。阁中旧有楹联三副，陶澍云："溪头细雨流花出，树外闲云载鹤回。"费公行云："古香自有梅花在，雪色时看望鹤来。"王钝根云："四座胜流添逸兴，一庭花雨助机锋。"另云石庵在翠峰坞，始建无考。吴时德《云石庵》诗云："院落多丛桂，还疑旧隐君。山厨泉自至，木食鸟平分。坞小天无象，云深石尽文。为言趺坐者，应亦妙香闻。"叶松《云石庵同吴不官》诗云："松篁阒幽径，径穷精舍出。虚阁层云根，推窗空翠逼。斫竹引山泉。曲折入香积。坐来不能去，心魂同寂寂。"

翠峰坞口曾有洞庭山馆，明清之际屈大均有《题翁子东洞庭山馆》："东西两洞庭，吾爱莫厘青。往日鸥夷子，回舟此翠屏。君今胥母住，门对太湖扃。旦夕怀仙意，长歌入杳冥。"

105. 雨花坞 Yǔhuā Wù

位于吴中区东山镇莫厘村莫厘峰下，坞内有始建于明万历年间的雨花禅院，又称雨花庵、雨花台，坞名由此而来。清《百城烟水》载："雨花庵，在叶巷北二里，万历二十七年，僧松竹建。顺治五年，僧戒生重修。"清同治六年（1867）由禅院智能和尚募修，恢复旧观。1933年再修，由叶恭绰题"雨花禅院"门额，背面"法雨香花"额。中为大雄宝殿，供普门大士塑像，金碧辉煌。雨花禅院居半山腰，四周花果成荫。每逢春夏，江南多雨季节，水流汇聚，积于坞中，遂成水潭，阵风吹来，落英缤纷，花瓣如雨，飘洒在水潭之上，引人称奇，因而称为雨花潭。潭上叠石筑

雨花坞（民国）

台，建成雨花庵。潭水流至庵后山壁下。因而将雨花潭改称为雨花台。又因庵中一直有僧人居住，故又称雨花禅院。庵后壁，有清泉自石隙中流出，终年不涸。泉水清洌甘甜，名为"萃香泉"。阳春三月，煮此泉水泡东山特产碧螺春茶，其色、香、味俱佳。品茗赏景，为游雨花台佳趣乐事，成为当地风俗。雨花禅院前后摩岩，有多处名人题刻。其前之山道畔摩岩上有隶书"梯云"，为浣香居士所书，浣香为清乾隆时东山名士

席夔之字。院后之"萃香泉",泉名原为明代锡山秦铨所题,里人朱轼篆书,惜因年久剥蚀,由近人王大隆补篆于石,并识在泉山。1920年,叶乐天在禅院左侧山岗上增添"还云亭"一座。此亭四角飞翘,石柱碧瓦,造型古朴雅逸。庵侧有楼,为1920年东山叶氏子弟为纪念其族人叶翰甫所建。张謇为题"醉墨楼"额,壁悬长联云:"湖山成千古图画,南望吴江,西延夹浦,北临惠麓,东达金阊,此处足清游,古刹被名僧所占;景物极四时佳景,春风柳岸,夏岫云峰,秋正归帆,冬留积雪,我生厌尘俗,一官为胜地而来。"又悬吴伟业旧联云:"秀夺千重翠幕,奇添一片冰壶。"民国年间里人严国芬有诗云:"当簾极目望天空,石壁嵯峨太古风。对面湖光波映绿,举头山色日蒸红。萃香泉洌流无尽,醉墨楼高景不同。一事先生输与我,此身常住白云中。"因庵地处高旷,最宜远眺,钱谦益《游东山雨花台次许起文韵》云:"拂石登台坐白云,重湖浦溆似回文。夕阳多处暮山好,秋水波时木叶闻。玄墓烟轻一点出,吴江霭重片帆分。高空却指南来雁,知是衡阳第几群。"

今自雨花路而上至雨花台,辟雨花胜境,一路布置泉石亭阁,为东山旅游景区之一。

106. 薛家湾坞 Xuējiāwān Wù

位于吴中区越溪街道七子山山南旺山村,由尧峰山、鸭踏岭、七子山、陆墓山等合围而成,域内有将军坞、盛家坞、宝华坞、钱家坞、颜家坞,合称薛家湾坞,是七子山最深的山坞。山坞以竹、梅、杏、桂、石榴、玉兰、枫香、银杏为主,结合配置经济果木柑橘、枇杷、杨梅、板栗、茶桑等,形成"山深林幽、花果茂盛"的幽雅山坞景象。山林则以马尾松、黑松、水杉、柳杉、冬青、女贞、杜鹃等为主,呈现"横山叠翠遥相望,钱嶂乔木高参天"的风景山林植物景象。

坞内有著名的旺山景区,是省内首个全国农业旅游示范点,现为国家5A级旅游景区。

107. 法华坞 Fǎhuá Wù

位于吴中区香山街道渔洋山西南法华山,因坞内有法华寺而得名,纵深1 500米,延伸入湖,为深坞。清张紫琳《红兰逸乘》载:"吴中南宫乡有小横山,袁中郎尝以勘灾一至,小有纪录,而未知桃花之盛,不

法华坞

减蟠螭。去横山不五里，又有法华山，每岁梨花盛开，一带浮绿中，灿如积雪，此亦吴中佳丽之区也。"民国张郁文《光福诸山记》载："法华山，又在渔洋西，一名乌钵山。以上有法华寺，更名二山，西南北三面皆在湖中，峰坞幽阒，游者鲜至，而自玄墓遥望，若翠屏横列于前，天然图画也。"

108. 五云洞 Wǔyún Dòng

位于吴中区光福镇米堆山东侧吕山半山腰，东距光福二三里，实为米堆山山南，因"洞凡有五，石色紫碧，而窈窕之态如云"而得名。洞为明代顾天叙所辟，中有清泉自石缝徐徐流出，虽旱不竭，泉味甘洌。相传有虎蹲伏其中，故俗称老虎洞。洞广三四间，如石室然。顾天叙有《五云洞记》载："童子前导，佝偻入洞，其中有泉，色白味洌，为吴山所仅有。余惟恐其易竭，童子曰：'此泉缫丝者，色白倍尝，山下百家所共资，随汲而随足。'余遂品为素丝。复扣童子，曰：'山半洞不一，旧曾藏虎，里人投石塞之矣。'余强之，引至其处，

五云洞摩崖石刻

乱砾中洞形宛然，余默计曰：'迹尚存，昔可湮，今不可辟乎？'又蹑级而上，巍然有台，梅花皆在足下，有花可观，有泉可饮，而又有洞可栖，较前所历远胜。于是典衣与里人，贸从其最下而显者首辟之，未二尺许，而水声汩汩，窃意为泉，而里人之生长于此者，并未知有泉也。及得泉，愈浚愈深，历竟日而不竭，老幼观者相诧为异。佣者曰：'两旁有窦，彻于上下，莫可得穷止。'余嘉夫水之甘洌胜于素丝，何忍久淴，姑舍是而辟其上第二洞，工未半，有巨石横其中，命工破之，以为础为磴，石去而第三洞之门露，稍一疏治，俨成内外二重，会有他阻未辟，而有僧寓焉。信手渐搜，忽得一窦如牖，乃与第四洞通。余子见之喜，属两浮屠连辟二洞，因忆佣人向者之言，复于水洞之上、石洞之下剔去浮石，果再得泉，脉本相属，而片石为限，莫知其所从来，复浚下流，四壁削成，无罅可泄，亦不知其所从往，乃为石梁以渡焉。初有是洞也，土人非恶之，但疑其藏虎而亟为蔽塞，余以狮吼名泉者何？假兽中王以破群疑耳。洞前有石，蹲踞若虎，题曰虎头岩，非独状其容，吾家虎头素号痴绝，今又有余矣。矶曰卧雪，述余素也。石梁而曰如神游，尝在天台也，兼取介如石之义。续开水洞，幽窈莫测，午未之间，见日光从外斜照，滉漾如浴，故名之曰浴日渊。洞凡有五，石色紫碧，而窈窕之态如云，故以五云名洞。其内则曰云半间，已许僧半间矣，第可与为侣者，难其人耳。"四周乔木翳郁弥天，洞上建有观音阁，古时士女常祷嗣于此。民国李根源《吴郡西山访古记》载："途遇僧胜空者，年六十余，五云洞住也，强余往游，至五云洞，寺虽简陋，有泉清洌，庵后石洞，刻篆书'浴凤渊'三字，胜空请题寺额，余为书之。"当年，李根源题写的字额，刻于洞口上方："五云洞，民国十五年，李根源书。"民国《光福志》有诗及之："米堆山下老虎洞，狮子窟连云半间。输与山僧永日坐，静听泉水日潺湲。"民国张郁文《光福诸山记》载："五云洞，在米堆山腰。明顾封公天叙所辟，累石为楼。

后改僧庵，俗名老虎洞。明季有虎伏于内。中卧巨石，若叠床横榻，可惊可喜，别有泉侧出通前井。"清代潘遵祁《西圃集》有《五云洞》诗："岩腰杰阁构偏精，洞复奇礌势欲倾。佛座真从狮窟现，禅栖合以鸟窠名。灵峰僧占犹嫌俗，活水天生特与清。历历米堆山下路，几人来此濯尘缨。"并有注："五云洞，一名狮子窟，在米堆山半，最幽峻处。"又有诗："才过柴庄又米堆，五云洞小寺门开。半间云在泉深处，荦确山程我独来。"并注曰："洞壁有'云半间'三字。"记载中的"云半间"摩崖石刻尚存。五云洞洞口，已被连年滑落的碎石泥沙半掩。洞中卧巨石，若叠床横榻。洞外，乡人自建庙舍一间。清许玉琢有《五云洞》诗："鸟浴渊不波，虎蹲石犹在。讶彼寺楼耸，窈然门径改。中有首阳薇，寒绿无人采。"

109. 归云洞 Guīyún Dòng

位于吴中区金庭镇石公山御墨亭后，因洞口有钟乳石垂挂，如云之方归而得名。石公山崖石耸峻，下凹为洞，洞口有明代严澂草书"归云洞"，洞外有徐纲楷书"读圣贤书，行仁义事，存忠孝心"等摩崖石刻。洞高丈余，洞内可容二三十人。洞内青石上凿送子观音像，洞壁散刻小佛数尊。后被毁，1984 年重造。洞顶有一石鸳鸯，作游息状，神情自若。昔日太湖及西山、东山一带居民到此祈子者甚多。洞顶有一石鸳鸯，作游息状，神情自若。洞中还有明月泉、石佛及石刻题字，其中洞左壁刻有清代林屋散人秦敏树的"石公八咏"。洞顶有一石鸳鸯，作游息状，神情自若。洞左壁刻有林屋散人秦敏树所作"石公八咏"："《石公》：石公偕妇隐，万古栖烟渚。不知离别愁，相对耐风雨。《归云洞》：白云识归路，依依寻洞口。洞中石佛寒，衣藉白云厚。《云梯》：山梯走苔迹，直上浮云端。青天亦可阶，独立愁高寒。《剑楼》：石灵劈剑楼，石破老蛟泣。未得斩楼兰，苍茫倚天立。《来鹤亭》：空亭上碧苔，何人招鹤来。寂寂青山里，桂花开复开。《联云幛》：山云凝旧青，湖云涨新白。云中古仙人，留云卧秋夕。《一线天》：山间别有天，一线漏秋雨。雨霁天更青，茫茫开太古。《夕光洞》：山高受朝阳，洞深含夕照。塔影倒入湖，惊起苍龙啸。"程思乐《太湖名胜

归云洞

记》记石公山胜景云："其一石公山，则高旷舒敞，兼湖山烟景之胜；次归云洞，则石室天成，俨普陀紫竹之形；次则夕光洞，一塔倒悬，有神工鬼斧之妙；次则联云嶂，峭壁千尺，具鱼鳞万叠之奇；次则明月坡，平石一片，有金波万顷之观；次则来鹤亭，野鹤闲云，动凌风高举之想；次则翠屏轩，浓阴翠嶂，具绿天碧玉之情；次则云梯，石磴千层，有青云直上之势。此尤其步步引人入胜者也。"明沈琼《归云洞》诗云："朝随白云飞，暮共白云宿。千峰回斜阳，顷刻变紫绿。松顶奏笙竽，石根喧琴筑。欲知动生静，此心即虚谷。"清吴伟业《归云洞》诗云："归云何屠颜，雕斫自太古。千松互盘结，托根无一土。呀然丹崖开，苍茫百灵斧。万载长欹危，撑挂良亦苦。古佛自为相，一身杂仰俯。依稀莓苔中，叶叶青莲吐。若以庋真诠，足号藏书府。仙翁刺船来，坐擘麒麟脯。铁笛起中流，进酒虹龙舞。晚向洞中眠，叱石开百武。床几与棋局，一一陈廊庑。翩然自兹去，黄鹄潇湘浦。恐使吾徒窥，还将白云补。"清王芑孙有《归云洞》诗："我来石公游，洞壑几遍览。奇绝数归云，破空辟崖厂。苟非灵掌擘，定用雷斧錾。巨缝豁立壁，悬梁架横居。高阁临广陌，重离照习坎。来者得其门，异彼入于窨。四围扫莓苔，一房披菡萏。檐如斩版乘，甍可拂枺撼。堂皇中布席，庭除外铺毯。抉雷以通明，启牖非投暗。方知广厦芘，不似泉扉掩。金容两足尊，倚墙示慈感。善财与龙女，高下随势嵌。其闲罅坼处，青泥溜污染。暗泉逗秋雨，涓滴飞数点。所以观世音，时时泪匀脸。旁有石木鱼，叩之声亦俨。回旋惬坦平，意匠忘惨淡。经行得未曾，欲进无不敢。可以昼携尊，可以夏纾簟。涉世久崎岖，寻山少拘检。所惮遇釜岑，何况探黤黮。林屋自奇阅，未肯以诗诮。差喜瘦皮骨，免教试阴险。"清沈钦韩《石公杂咏·归云洞》云："佛火近连渔火，石泉暗泻石矶。布帆招得云去，留伴芦花不归。"清秦松龄《归云洞》云："林光云影望中明，更向归云洞里行。古石削成金粟相，空岩敲作木鱼声。啼残野鸟还惊客，开遍山花那识名。欲卜五湖烟水宅，空教婚宦误浮生。"清秦时昌《归云洞》云："洞里阴阴滴乳泉，洞门敞豁五湖天。归云不作阳台雨，收尽濛濛见月圆。"清邓旭《石公归云洞》云："银浪排沧海，孤撑此独雄。树稠梳鸟道，水阔织蛟宫。守静天无奈，镂虚鬼欠工。每当星月夜，浩气饮长虹。"明韩洽《归云洞》云："石公多奇石，峃障互叠复。嵯峨崭岩中，一洞敞如屋。出岫无心云，归来此中宿。洞门临湖滨，万顷荡心目。不知伊谁子，嫠地过整肃。一平如堂皇，石阑又前束。殊失天然形，位置得毋俗。何当悉屏捌，无令玷岩谷。"清蔡旅平《石公记》云："截然高者为云梯，转而北则联云嶂。坦夷平旷，席布千人者为石坂；孤标特峙，待月东山者曰落照台；台傍巨石摩空，临波濯濯者名石公；舟行至此，呼之即应，两壁天开，巉岩如划者为风弄；新辟一线，环走崖腹，而洞口稍豁者为飞霞洞；亭亭一朵，覆盖如云者为归云洞。此石之丽于麓，崒崒湖滨者，若石梁石琴，蟠龙花冠，形体俱备，鳞甲宛然，皆天划神镂之巧。然而半沉潜壑，无引道罕窥灵奥。秋旻皎洁，湖水湛波，此际尤系人怀，可想而不可道。"

110. 衔云洞 Xiányún Dòng

位于吴中区木渎镇穹窿山北侧山岭半腰，又名仙人洞、德韶洞、廿五洞，以山洞为云窝之意而得名。相传洞内为五代高僧德韶坐禅处，洞口右上方石壁刻有1926年李根源"国师德韶坐禅于此"题字，洞内有支洞。李根源《吴郡西山访古记》卷二载："去岁，十方僧道坚、惟净四五人来寺，发愿兴复，新建茅屋数楹。观音殿后法雨泉，清冽可爱。寺僧大乘导余至寺右，观读书台，石上大书深刻'汉会稽太守朱公读书之处。正德乙巳都穆题。'登峰顶，观国师龛，人工堆造，不知何时物，志称张良从赤松子游处，未免附会。岭背有俗呼仙人洞，洞口容五六人，大乘曰：唐德韶国师尝参禅于此，请题名。余曰：即名德韶洞。大乘指南山半破寺告曰：古草庵福地也。导之游，无僧，寺渐废，有芝庭尚书额二，一'心静云间。鉴明禅师。辛丑夏彭启丰题'；二'岩桂轩。鉴明上人。彭启丰'。联'绿树阴浓新雨后，青山籁寂夜禅初。鉴明大师属。范来

德韶洞摩崖石刻

宗书'。遂归福臻寺,观息斋老人金之俊隶书'月驾轩'三字木榜,道坚出纸笔乞书寺额及'德韶洞'三字,下山。"

111. 白龙洞 Báilóng Dòng

位于吴中区越溪街道尧峰山,为尧峰十景之一。又称龙洞,以山洞为云龙所居的典故而得名。僧人性公于此建云阿居,石岩下平坦如席,为明代僧人湛川趺坐之处。白龙洞之巅曾有望湖亭,久废。又有大龙洞,在露禅庵后,自洞口迤逦至观音岩,奇石推为一山之胜。观音岩则在白龙洞之北,岩巅峭突两重,石梁翠壁,幽深奇绝,诸石整如行陈,峭如锋剑。明王宠有《白龙洞》诗:"白龙卧岩洞,雾雨长冥冥。或化白衣老,空山来听经。"清汪琬《重修尧峰露禅庵记》载:"由苏之府城西南行三十里,为尧峰兴福禅院。循禅院东麓折而入竹径,以升乎峰之巅,松篁交翳,泉石旁互,而其地独平衍,可广袤数十丈,则露禅庵在焉。前直具区,西接灵岩、穹窿,东瞰楞伽、茶磨诸山,层峦重壑,俯仰左右,游者以是庵为最胜。先是有昆山僧海性号湛川和尚者,来游尧峰,说其山水,择石穴以栖止,即俗所谓大龙洞是也。土人安和尚诚朴,稍馈之食。适大雨雪三日,樵采路绝,山巅无烟火,土人合噪曰:'和尚冻馁死矣。'天霁,往求之,则宴坐穴中,诵佛号如故也,父老悉敬异焉,共酿财构木龛于庵阯俾居之。"清汤宾尹《尧峰兴福庵记》载:"予从木渎易小舠抵兴福塘,陈子元禄导予步而升,刹宇靓整,僧众森然礼迎者,其名为兴福庵,庵址在尧峰西麓。缘麓至巅可数里,稍升上,有庵曰露禅,其前左偏有方池二,叠可半亩;其东为龙洞、为观音岩。龙洞者,杰石巍峙如阙,石厂之下平如席,两山环抱如左右垣,太湖尾横汇其口,烟云吐纳,如喉鼻间呼吸,予恋异之不忍去。问之,则湛川海性禅师趺坐初基也。"民国柳商贤《横金志》卷十九记载,湛川名海性,昆山潘氏子,"始居尧峰之龙洞,后游京师,又游五台,行诸苦行,皆人所弗堪。后复归尧峰,檀施云集,遂成露禅庵,又于山之西麓复古兴福庵,集众参禅,为吴中丛林最。"1926年,李根源曾游尧峰诸寺,《吴郡西山访古记》卷二载:"由萧家巷登山,对山畔有废寺旧基。达嶷碟岭,有寺半圮,无僧。南上崖石,严整若行阵,森

龙洞

峭如列戟。至观音崖，门有坊，无字。上为台，有洞，名白龙洞，刻道光乙巳嘉善黄安涛、郡人顾沅，羽士吴三逸题名。"

另，虎丘区阳山亦有白龙洞，清道光《浒墅关志》载："顶有浴日亭，亭下有白龙洞。"

112. 西施洞 Xīshī Dòng

位于吴中区木渎镇灵岩山百步阶南，洞口高9米，宽3米，深约3米，相传为春秋吴国时西施休憩处而得名。东汉袁康《越绝书》载："山仄有西施洞，洞中石貌甚粗丑，不免唐突。或云石室吴王所以囚范蠡也。僧为余言：其下洼处为东西画船湖，吴王与西施泛舟之所。"相传春秋时，西施曾与吴王在洞内休憩，故名西施洞；另一说，越王勾践与大臣范蠡被拘于此，又名范蠡洞、勾践洞。清姚承绪《吴趋访古录》有"西施洞"条："在（灵岩）山麓，洞右有眠牛石，前为出洞龙、猫儿石，东西为二划船坞，相传吴王潴水戏龙舟处。"唐宋之问诗云："越女颜如花，越王闻浣纱。国微不敢宠，献作吴宫娃。……一行霸勾践，再笑倾夫差。……一朝还旧都，艳妆惊若邪。"元周南老诗云："岩阿穴空洞，中有黄金屋。潜通苧萝山，来此长蛾绿。深藏春似海，娇贮人如玉。贪恋倾城姿，宁忘檇李辱。焉知无锁钥，乘风五湖曲。摩挲石上痕，洞口遗芳躅。"元顾瑛有《西施洞》诗："阴洞阒白日，寒云护石门。空余苧萝梦，夜夜泣花魂。"元于立有《西施洞》诗："国破青山在，鸱夷去不回。当时宫里月，时到洞前来。"元至正十七年（1357），高启《游灵岩记》载："由亭而稍上，有穴窈然，曰西施之洞；有泉泓然，曰浣花之池，皆吴王夫差宴游之遗处也。又其上则有草堂可以容栖迟，有琴台可以周眺览；有轩以直洞庭之峰，曰抱翠；有阁以瞰具区之波，曰涵空。虚明动荡，用号奇观，盖专此邦之美者山，而专此山之美者阁也。"明王伯稠有《西施洞》诗："西施不复游，山精泣幽洞。月冷卧落花，香云忽惊梦。"明黄省曾有《西施洞》诗："西子芳游处，山椒尚有名。花留看镜色，云断舞衣情。河在无星度，台空罢雨行。总言夸绝代，终是怆倾城。"明清之际顾炎武诗云："馆娃遗迹草迷离，古洞千秋尚姓施。大可功成隐岩穴，又何一舸逐鸱夷。"清滕家祥诗云："馆娃宫废已多时，登览低

西施洞(民国)

徊有所思。野草山花新雨后，先从古洞觅西施。"清代洞下有毕沅灵岩山馆。1943年，寺僧在洞前建屋，洞壁镌刻观音像，改称观音洞至今。据民国《灵岩小志》云：西施洞在半山落红亭西，有观音菩萨现像之异。原为石室，俗称西施洞。《吴越春秋》云：吴王夫差，拘勾践、范蠡于此。《观音大士现身记》："民国三十二年春，妙真约得无锡善绘事之王德超居士来山，图诸名胜。一日诣关房，参谒老和尚真达公，老人语真曰：西施洞名，虽长远，实与吾人修道之场合，不相应。更名曰观音洞，如何？真即请王君赴洞中勘察，意在设计更改。有同行至洞之上海汪慧仁居士，忽指洞中石壁曰：观音菩萨在此。同时，无锡袁德常居士，亦见大士圣像庄严，言之若绩。王亦见菩萨，现像俨然，因以粉墨，循其像之轮郭而钩画之。适时来山游览之中外人士，与远足学子，广集洞天，惊讶拜倒于地下者，不可数计。此癸未年三月十三日，午后一时事实也。除经袁居士投稿披露于申苏各报外，兹将大概写出。用供游览诸君子，选胜探奇之一助云尔。甲申端阳山寺住持妙真敬勒石，湘潭彭飞健撰文并书。"民国张一留《灵岩山志》载："石室，旧称西施洞，今改名观音洞，在百步阶南下。《吴越春秋》云：'吴王夫差拘勾践、范蠡于此。'互见梵宇门。顾炎武《西施洞》诗：'馆娃遗迹草迷离，古洞千秋尚姓施。大可功成隐岩穴，又何一舸逐鸥夷。'汪琬《西施洞》诗：'竹苇异柔韧，河济殊清浑。贞淫各有性，孰能究其根。越女既妖冶，肯顾吴宫恩。单舸逐鸥夷，此事奚足言。不见千载后，犹然魅王轩。'"西施洞洞壁内外，原有历代摩崖数方，现已全部磨毁。从旧时老照片可见洞口旁大字"户部马捐俸赎山永禁开采"，出自明万历末年，寺僧开山卖石，诗人黄习远奔走呼号，得户部官员马之骏捐俸赎山禁采，灵岩山幸获保全。二十世纪六七十年代，洞口建筑被拆除。近年，重建为石屋，恢复圆瑛法师撰书洞名及柱联："默祷现金身，不舍大悲示妙相；至心称圣号，即蒙显应慰群情。"2018年，寺院在石屋之上增筑观音殿。

113. 夕光洞 Xīguāng Dòng

位于吴中区金庭镇石公山，因洞顶西边有一条见天石缝，夕阳西下时分，阳光透过对西斜向的石缝，射入洞内而得名。洞口左侧，有清乾隆元年（1736）王樑题写的楷书石刻"夕光洞"三字。洞小且浅，高3米余，仅可容十余人。明沈璟有《夕光洞口观落日》诗："天光射水水射天，万象摇动群峰前。日车似避水伯怒，欲落不落空中悬。金波百道流血鲜，上下两镜断欲连。转瞬两镜成一镜，阳乌轩翥金雅联。云霞红紫态万千，暝色忽销苍苍烟。黯惨休嗟景不延，回头月出东山巅。"清沈钦韩《石公杂咏·夕光洞》云："过隙一丸铸橘，引年千息藏龟。山鬼呼风欲起，江妃蹋浪来窥。"明韩洽《夕光洞》云："循山复西行，壁立皆积石。

夕光洞

有洞名夕光，其中较偏窄。夕阳荡湖波，斜光正相射。其奇胜归云，怪石若斧劈。参差势倒垂，纡行避触额。洞前惜榛芜，沙土尚壅塞。安得好事者，奋锸一开斥。倘以瞥地工，移之于是役。朗然豁心胸，其功殆千百。"洞顶有两块锥形巨石，塔状倒悬，称"倒悬双塔"，仰视石塔，势欲压顶，阳光落照塔尖时，堪称奇观。清秦时昌《倒装塔》诗云："八万四千阿育塔，谁如云里倒装成。顶轮入地无深处，惟有周天落日行。"清邱璋《倒挂塔》云："始皇击石遗长鞭，飞入空岩千百年。仙人恐鞭复飞去，指鞭化石岩中悬。嘉木倒影一千尺，划破来烟一湖碧。山僧诈以浮图名，掀髯笑倒游山客。"其东有略呈倾斜的巨大石壁，高12米，远望似青云落山，从山腰直达山顶，侧看如曲梯高升，直入云端。摩崖草书"云梯"二字，为明代常熟琴师严澂所书。云梯巨石直插云霄。上有不规则的石磴，状式象梯，故名云梯。林屋散人秦敏树曾作《云梯》诗："山梯若苔迹，直上浮云端。青天亦可阶，独立愁高寒。"清秦时昌《云梯石》云："神工鬼斧擅奇能，设此飞梯按级升。多谢山灵迎客意，白云步步兴堪乘。"

严澂（1547—1625），字道澈，号天池、天池居士、㮾宁生，江苏常熟人，明大学士文靖公严讷次子，明末琴家，虞山派创始人之一。严澂早年以父荫官至邵武知府、中宪大夫。严澂从陈星源学琴，并集合当时的善琴者组成"琴川琴社"。严澂善于取人之长补己之短，在琴学中吸收了京城琴家沈音的长处，正所谓"以沈之长，辅琴川之遗，亦以琴川之长，辅沈之遗"。他集各家之精华创虞山派，形成"清、微、淡、远"的琴风，颇为琴坛所推重，归里后以琴书自娱。严澂工诗文，精鉴赏，喜收藏。工书法，尤擅行书，用笔飘逸潇洒，清韵淡远如琴声。著有《松弦馆琴谱》二卷、《云松巢集》十二卷、《云松巢谈桂编》。传世墨迹有《王宠自书诗卷题跋》《虞世南汝南公主墓志铭卷题跋》及《题画诗》轴等。

114. 花冠洞 Huāguān Dòng

位于吴中区金庭镇石公山西南崖下，洞旁石皆嵌空，多窍穴，透迤数丈，因作花冠状而得名。花冠洞濒湖临波，水退则现，水涨则没，湖水拍击时会发出有节奏的响声。

115. 元山嘴 Yuánshān Zuǐ

位于吴中区金庭镇西山岛东端，因为元山伸向湖中的山嘴而得名，后亦简写为元嘴。元山，旧称鼋山，亦称鼋头山，因山形似鼋而名，盛产太湖石。相传晋代王彪之女在此修炼得道。唐韦应物有《鼋头山神女歌》："鼋头之山，直上洞庭连青天。苍苍烟树闭古庙，中有蛾眉成水仙。水府沉沉行路绝，蛟龙出没无时节。魂同魍魉潜太阴，身与空山长不灭。东晋永和今几代，云发素颜犹盼睐。阴沉灵气静凝美，的皪龙绡杂璚珮。山精木魅不敢亲，昏明想像如有人。蕙兰琼芳积烟露，碧窗松月无冬春。舟客经过奠椒醑，巫女南音歌激楚。碧水冥空惟鸟飞，长天何处云随雨？红蕖绿蘋芳意多，玉灵荡漾凌清波。孤峰绝岛俨相向，鬼啸猿啼垂女萝。皓雪琼枝殊异色，北方绝代徒倾国。云没烟销不可期，明堂翡翠无人得。精灵变态状无方，游龙宛转惊鸿翔。湘妃独立九疑暮，汉女菱歌春日长。始知仙事无不有，可惜吴宫空白首。"元山曾有阚泽墓，在文化寺前，俗称将军坟。阚泽，字德润，三国东吴会稽山阴（今浙江绍兴）人，官至中书令、侍中、太子太傅，在赤壁之役中，积极主战。清光绪十一年（1885），甪头巡检司巡检暴式昭规复墓地，俞樾题碣。民国时期，吴中保墓会重新立碑，李根源捐资修复，碑文为吴荫培书。墓在20世纪60年代因开文化港堆置废土而被埋没。清赵允怀有《阚泽墓》诗："太傅起农家，佣书笑倥偬。发闻成显名，经术迈杨董。讽谕明治乱，纯笃见举动。嗟彼贵游子，门荫席恩宠。登朝无设施，闻风当愧悚。重渊一峰青，耕者出遗冢。志石知有无，吾将问荒陇。"并注曰："在鼋山。"1968年，当时的金庭、石公两公社联合围筑南起居山嘴、北至元山嘴的居山圩和战备圩，造田5 000亩，次年开始耕作。

116. 丰圻嘴 Fēngqí Zuǐ

位于吴中区东山镇莫厘村丰圻东北、太湖之滨，因明嘉靖时设丰圻寨以御倭寇而得名。为清翁澍所列东山十景之"丰圻探梅"所在地，是初春探梅的胜地。旧时百亩梅林连成一片，成为湖边一景。春寒料峭，梅花绽放，暗香浮动，处处吐白，景色蔚为壮观。清张士枋有诗云："一白千山失晓青，冰魂雪魄自冥冥。微风小艇清晨出，泛得寒香满洞庭。"在丰圻山之北端，顶有海眼泉（参见266"海眼泉"条），冬夏不盈不竭，王鏊题额。旧时刘氏于此筑望湖亭，已废。近处有大石若屏，称石壁，相传柳毅传书时所扣之处，故北麓有白马庙、龙女祠。又有柳毅井，在东山北麓丰圻社下里（桔社），相传为柳毅传书入洞庭龙宫处，今移至启园内。清吴伟业有《柳毅井》诗："仙井鹿卢音，原泉泻橘林。寒添玉女恨，清见柳郎心。短绠书难到，双鱼信岂沉。波澜长不起，千尺为情深。"清陈文述《洞庭揽胜画册诗·丰圻》云："此地梅花国，青山好结庐。四围香雪海，一角美人湖。咋与琴僧约，还寻古雪居。"自注："依山临湖，梅花最盛，一白数里，若香雪海。"姚元灿《洞庭东山竹枝词》云："初春香雪北山堆，石井丰圻次第开。转眼绿阴齐结子，青梅市后复杨梅。"自注："丰圻、石井乡民多种梅树，绵延数里。其余花果类盛于山之北面，杨梅尤佳。"清初时更有成片枫林，深秋时景色如画，查慎行《欲往丰圻看枫叶为雨阻》有云："颇闻人说丰圻胜，况有丹枫照秋暮。鱼虾市远风不腥，橘柚园深香作雾。"《太湖备考》载东山樱桃"佳者名樱珠，质圆小而味甘，出东山丰圻"。

117. 明月坡 Míngyuè Pō

位于吴中区金庭镇石公山东麓，据《苏州府志》等史志记载，因吴王玩月于此，故名"明月坡"，是春秋古迹。坡为青色石灰岩质翠石，平坦如砥，倾斜入湖，径数百步，可容千人，经丈量坡面有5 600平方米。又据地质学家考证，明月坡偏北倾斜，坡度为5度，平缓而光滑如磨。板基由上晚石炭世船山组灰岩组成。岩石年龄距今约三亿年左右。细看石板面上还有一层数厘米砖红色角砾岩，成分以石英质类岩石为主，粒度

明月坡

大小悬殊不等，大可八九厘米，小则毫粒之下，滚圆度中等，据此推断明月坡可能是层间滑动产物。晚唐皮日休有《石板》诗："翠石数百步，如板漂不流。空疑水妃意，浮出青玉洲。中若莹龙剑，外惟叠蛇矛。狂波忽然死，浩气清且浮。似将翠黛色，抹破太湖秋。安得三五夕，携酒棹扁舟。召取月夫人，啸歌于上头。又恐霄景阔，虚皇拜仙侯。欲建九锡碑，当立十二楼。琼文忽然下，石板谁能留。此事少知者，唯应波上鸥。"并有自注："在石公山前。"明月坡在石公山前，倾斜湖中，终年水濯，清莹如玉。每当月明之夜，波浪击石，波光闪耀，坐此清赏最佳。清黄安涛《吴下寻山记》云："明月坡潦缩则现，平迤约六七丈，旁有二石昂出水面，俗称石公、石婆。凡此诸胜，固以石妙，亦由于全湖一碧，处处空明，令人心目开朗也。"清人沈彤云："明月坡广可容数百人。月夜可箫鼓其上。"秋天，每当明月之夜，湖涛击石，月光闪烁，即西山胜景"石公秋月"。清谢元淮有《明月坡》诗："明月不照水，石板流金波。雾霁夕光洞，彩焕明月坡。斜置青玉案，倒铺秋云罗。全湖浮皓魄，光景此间多。吴王游未到，皮陆徒赓歌。待我扁舟来，溯洄重吟哦。具区古巨浸，贝阙藏龙窝。珠光耀深宵，荡漾微风和。鱼虾如可侣，载月披烟蓑。"清闵华有《明月坡饮酒歌》："青青万古石，根浸天吴宫。七十二湾月未到，独私先照光玲珑。于时春风激湖水，浪花吞吐声撞春。我来坐对姮娥浮大白，爱此一片净莹中嵌空。用手摩挲比积铁，以杖扣击如精铜。吟咏既经鹿门子，鉴赏定值奇章公。传闻兹山昔受艮岳劫，磨刀乱割青芙蓉。仙家洞府秘奇迹，水窟灵怪潜幽踪。其材反等不材寿，想因五丁开凿难为功。石兮石兮，酹汝一杯酒，知汝可与明月相长终。安得盛夏避暑造岩下，赤脚踏之生清风。更欲天寒水落石尽露，宛转穴窍行能通，直探水底寻蛟龙。"坡北有1993年新建的海灯法师灵骨塔。

118. 黄茅渚 Huángmáo Zhǔ

位于吴中区光福镇西碛山西北麓太湖岸边，石渚"长百余丈"，水滨巨岩名熨斗柄，如矶如梗，斗入太湖，因形如旧式熨斗柄而得名，为太湖沿岸奇特的天然胜景，人称太湖"绝胜处"。明唐寅绘有《黄茅小景》图，李日华《六研斋笔记》载："《黄茅小景》，唐子畏画。太湖滨幽奇处，名曰熨斗柄。昔柳子厚作《游钴鉧潭记》，钴鉧者，即熨斗义也。"又云："此卷独写老树寿藤、烟壁沙浪于荒江之滨，是以有无映

黄茅渚

带，浓淡相发，控抟吐吞，有濯足万里之概，所以为奇。客于首署一标云'天下唐卷第一'，诚第一也。"卷首张灵题"黄茅小景"四字，唐寅自题诗云："震泽东南称巨浸，吴郡繁华天下胜。衣食肉帛百万户，樵山汲水投其剩。我生何幸厕其间，短笠扁舟水共山。黄茅石壁一百丈，熨斗湖渚三十湾。北风烈烈身欲堕，十里梅花雪如磨。地炉通红瓶酒热，日日蒲团对僧坐。四月清和雨乍晴，杨梅满树火珠明。岸巾高屐携小妓，低唱并州第四声。人生谁得长如此? 此味惟君曾染指。若还说与未游人，双盲却把东西指。"款署"吴趋唐寅为丘舜咨题"。其后又有张灵、祝允明、文徵明、陆守、钱贯、蒋塘六家题诗。其中张灵诗云："黄茅渚头熨斗柄，唐子好奇曾屡游。太湖绝胜能有几，还许吾辈闲人收。"此后访游者甚多，明末诗人、书画家李流芳游此亦有诗，遂为吴中名胜。清顺治四年（1647），叶绍袁避难邓尉，亦曾游熨斗柄，《甲行日注》卷五载："登斗柄石，歃突横亘，北望晋陵、阳羡诸山，微黛胧胧，如抹天上，不能分明；湖平如镜，清光潋昱，渔艇百帆，欲远欲近，返著香十余里矣。"清彭定求《从惊鱼洞步至斗柄嘴》诗云："寻梅几度曾留题，纷纷眼缬游尘迷。不识山深更深处，铜井弥漫西碛西。我筑小丘环碧涧，行滕结束循前堤。重重篱落铺如练，帽檐争压横枝低。一望湖湑沙屿迥，回波潋沣浮花畦。是时风日方轻扬，阳春淑气呈端倪。借草盘桓弗忍去，鸣榔前度渔帆齐。护诧星临槎客路，虚疑津隔秦人溪。五湖之长吾当署，快哉毕景耽岩栖。"清潘遵祁有《二月四日探梅得诗十二首》，其一云："黄茅小景别成图，斗柄分明枕太湖。直到湖湑缘峭壁，山人指点尚模糊。"并有注："家藏唐子畏《黄茅小景》画卷，张梦晋等有题诗。"近代易顺鼎有《题唐子畏黄茅渚图即唐原韵》诗："东南天地水所浸，吴楚皆以洞庭胜。扬州震泽昨始观，明代图画今尚剩。窈窕冲融诸洲间，胸中云气画中山。谁知具区八百里，还似潇湘卅六湾。苍崖摇根石欲堕，帆影不行转如磨。精灵出没龙怒号，水天相连客孤坐。高楼推窗梅雨晴，乍看惨淡终分明。其人已死画未死，纸上万古风涛声。画者题者谁办此，唐祝文张皆可指。请从散发弄扁舟，愁思茫茫满湖水。"民国张郁文《光福诸山记》云："西碛山，在铜井西、弹山西北方，广五六里，其巅有划船石，西麓怪石巉岩，有泉注出曰夹石泉，味浓厚。吴宽有《游西碛诸山诗》。北麓为窑上村，旧有内窑、外窑。多果木，枇杷尤夥，居民百余家，有小丘曰熨斗柄，长百余丈，斗入湖中，唐寅为绘图，题曰'黄茅小景'并系以诗，文徵明、祝允明、张灵诸人皆有和作。"今熨斗柄已塌毁。据吴宽《匏翁家藏集》卷三十三《光福山游记》，明成化十四年（1478）五月，吴宽曾应光福徐用庄之邀，与好友史鉴同游光福，"是游也，历四日，舟行六十里，舆行四十里，总得诗三十首，悉录归用庄，备山中故事。"

现建有长1 300多米、宽3.5米的斗柄嘴围湖大堤。2015年，在环太湖大道建有熨斗柄大桥，长320.4米，宽12米，双向四车道。

119. 渡军渚 Dùjūn Zhǔ

位于吴中区金庭镇庭山村渡渚山、庭山间，今太湖大桥第三桥桥墩处。因传五代吴越王渡太湖至西山在此登岸而得名，当时，有僧人亦在该处渡口迎接，后于此建寺，吴越王曾赐名候王院；南宋庆元四年（1198）复建寺庙，明洪武初归并上方寺，清康熙年间毁于火灾。

120. 黄石牌 Huángshí Pái

位于吴中区光福镇西碛山西麓太湖边西碛嘴，湖岸有一道南北走向的黄石绝壁，刀削巉岩，壁立数仞，长达一二十米，遥望如黄色石牌屏风，故名；又如长江赤壁，故称为"小赤壁"。清葛芝有《游小赤壁记》："余再游青芝坞，而桂再放，近坞之桂多受伤，不足观。素庵子曰：'惊鱼涧古桂九株，剪伐所不及，盍憩诸。'则同往。古桂今年不再华，虬枝蟠干，犹足婆娑。居涧之民于桂稍护惜，譬之于刑，虽刻肌肤而无箠刖之患，故近涧之桂咸可玩。芳气袭人，不减初放时，坐桂下，客盛谭小赤壁之胜、夹石泉之美，遂往观之。夹石泉在湖之侧，两石夹之如劈，泉水出焉，湖水浊而泉之所出清。素庵子曰：'试之甘芳第一。'小赤壁亦滨湖，皆巨石卧水际，轻舟过之，略似乌犍之浴于水。当其涧，方广盈数亩，秋水既至，犹半露，上有巉岩，壁立数仞，倚崖遥望，远峰巨浸、落霞飞鸟之美毕具。笑语同游曰：'余尝受神仙之学矣，神仙之学，必求灵都异壤以为居，兹滨固日月之所经，而山川之奥区也。庀百金畀土人，以为余饮食资，诛一茅于侧，期卒业焉。如此三年，登真度世之事可必也。'日月犹逮斯言，其息壤乎。"民国李根源有记、有石刻。

黄石牌

2015年，在环太湖大道黄石牌南侧建有黄石牌大桥，长541.8米，宽12米，双向四车道。

121. 演武墩 Yǎnwǔ Dūn

位于吴中区东山镇杨湾村上湾，在灵源寺西侧，传为春秋时期吴越练兵场，因而得名。演武墩，又名烽火台，当地俗称阿五墩，山顶从东至西共有3座古代人力堆成的椭圆形大土墩。演武墩四周有石墙围，其墙厚0.5米，遗址面积780平方米，墩顶平广，西南向太湖，与饭石峰相对。直至明清，由此至长圻嘴仍为太湖水师操演、习武之地。清叶承桂有《长圻嘴演武墩》诗："演武墩边拥彩旄，敢因清晏废戎韬。炮声远过长圻嘴，知是舟师训水操。"

汪芒坟（民国《香山小志》）

122. 汪芒坟 Wāngmáng Fén

位于吴中区香山街道，当地相传渔洋山黄茅山一带为古汪芒国所在，有防风氏因集会迟来而被大禹所杀葬于此，故名。又相传上古有南蛮部落首领防风氏，在太湖中设立十二个山门以保卫百姓安全，其中最大、最险的山门在长沙山与渔洋山之间，古代为进出太湖必经之口。一说黄茅即为"汪芒"的音转。防风氏是远古防风国的创始人，又名"汪芒氏"，或曰"汪罔氏"，为天下汪姓的始祖。一般认为古防风国在今浙江湖州德清的三合乡封山和禺山之间，即下渚湖一带。《路史·国名纪》注引《吴兴记》："吴兴西有风山，古防风国也。下有风渚，今在武康东十八里。天宝改曰防风山，禺山在其东二百步。"防风氏是当时的部落领袖，和大禹同时。《国语·鲁语下》载;"昔禹致群神于会稽之山。防风氏后至，禹杀而戮之，其骨节专车。"《述异记》卷上载;"今吴越间防风庙，土木作其形，龙首牛耳，连眉一目。昔禹会涂山，执玉帛者万国。防风氏后至，禹诛之，其长三丈，其骨头专车。今南中民有姓防风氏，即其后也，皆长大。越俗，祭防风神，奏防风古乐，截竹长三尺，吹之如嗥，三人披发而舞。"江浙之间相传防风氏曾对治理太湖做出过贡献，其使洪水北泄太湖，东流大海，南至钱塘，使泽国汪洋变成可耕可居的旱地。

123. 岱心湾 Dàixīn Wān

位于吴中区东山镇莫厘村，为芙蓉峰下东向太湖的一个山湾，因地处山冈台地之上，三面环山，犹如岱之心，故名。湾内有同名自然村，村内曾有"昼锦坊"牌坊，为明代东山首位科举登第的进士吴惠而立。明文彭《洞庭山岱心湾》诗云："太湖波浪拍天浮，曾向东山烂漫游。响水洞边新濯足，莫厘峰上试舒眸。金庭玉柱开三界，碧水丹山拟十洲。输与幽人能择胜，岱心湾上筑高楼。"清薛雪《夜半至岱心湾》诗云："夜深风更便，帆疾似霜蹄。危坐和衣冷，微吟拥鼻低。烛残犹有泪，野旷忽闻鸡。遥吐山头月，争夸路不迷。"

清代建寒碧山庄（今留园）的刘恕为岱心湾人。刘恕（1759—1816），字行之，号蓉峰、寒碧主人、花步

岱心湾

散人、一十二峰啸客等。刘金省子，严福弟子。乾隆五十一年（1786）举人。累捐道员。嘉庆十五年（1810）发广西试用，历署广西右江兵备道、柳州知府，十八年（1813）署庆远知府。二十一年（1816）病归。移居城西花步里，筑寒碧山庄，意匠经营，擅胜吴下，为吴中名胜。雅爱风物，富收藏，有石癖，得玉女、箬帽、青芝、猕猴、鸡冠等十二峰太湖奇石。能文，有声誉。刻印明名人制艺文嘉惠后学。所藏法书名画仿《清河书画舫》例辑成《挂漏编》。著有《牡丹新谱》《茶花说》《石供说》等。刘恕次子刘运铃（1781—?），字燮堂，号小峰。为王学浩弟子。诸生。居寒碧山庄，传经堂、百砚斋、环翠书屋、拂石轩多藏名迹。善画，书工八分。晚攻篆印，得文彭风韵。其继室陈隽君（湘南）亦工书画。闺房唱和，播为美谈。曾辑刻《传经堂印谱》。传世作品有道光九年（1829）仿元人作《山水图》。

岱心湾今为环岛公路太湖观景胜地。

124. 杨柳墩 Yángliǔ Dūn

位于相城区望亭镇望虞河和大运河交汇处，因墩上曾遍植杨柳而得名。墩原高4米，约有400多亩，后因受太湖之水冲刷、运河水浸蚀，至20世纪80年代，仅剩70来亩。其四面环水，仅墩北一小径通向外界。小径口设有铁门，铁门关闭时只有坐船才能入墩。墩上曾有房屋3间，门前立一石碑。有高出水面8到9米的大小2个土丘，还有墓碑、石牌坊等遗物。1992年因建望虞河闸工程，杨柳墩大部分被占用，其余没入河中，已失原貌。

古代，因杨柳墩地处大运河、蠡河（今望虞河）交汇口，西朝太湖，地势险要，历为军事要地。相传南宋岳飞降伏杨虎时曾驻扎于此；明将常遇春在此与罗木争夺半月之久；太平军曾于此筑炮坛防守，李秀成也率军驻扎过。关于杨柳墩名称的由来，当地有不同的传说。一说，秦始皇率子二世胡亥南巡途中经过蠡河，见此地一个大墩，四面环水，山清水秀，就择定为二世墓地。二世死后即安葬于此。墓穴占地20余亩，下面全由木排垫起，故杨柳墩又称木排坟。又一说，隋炀帝开凿大运河时，相中这块风水宝地，为其叔父靠山王杨林筑墓。杨林死后便安葬于此，取名杨林墩，后人误称为杨柳墩。还有一说，据村民濮阿林等口述，杨柳

杨柳墩遗址

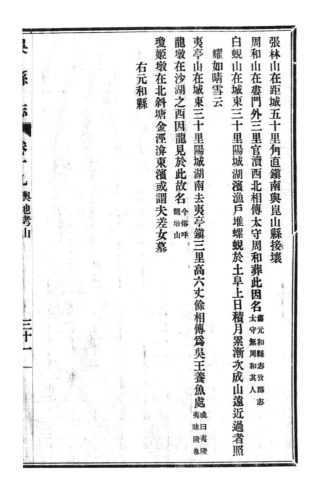

蚬山嘴（民国《吴县志》）

墩地名与乾隆皇帝南巡有关。当时乾隆下江南，地方上非常重视无锡到苏州一路，便在石塘湾北建了北营盘，在望亭彭华乡五都一图建了南营盘。从此，这里就被叫作"营盘咚"。为了流水便利，要将原来的月城从中间一劈两爿，当工程到城北处时，挖到一个地下泉眼，大水涌出，用块石和泥土放在麻袋中堵也堵不住。地方官员听从治水专家建议，调集苏州、常州两府的木材运到这里，让铁匠专门打造一个个大爪勾住木材做成木排，木排四周用石块砌起，中间用泥土填充，堵在地下泉眼处，泉水终于被止住，泉眼上面就形成了一个土墩。而为了防止泉水冲走泥土，墩上全部扦插杨柳，于是大家就把这个墩叫作杨柳墩。杨柳长大成材，一到春天柳条随风飘动，成为大运河上的一道风景，从北而来去苏杭烧香的人们，有时也会停靠在这里，上岸驻足观赏、休息一下。

125. 蚬山嘴 Xiǎnshān Zuǐ

位于相城区澄阳街道沈桥村东南，阳澄湖西岸，以曾有蚬子山而得名。其东为阳澄湖高山湾。明隆庆《长洲县志》记载："白现（蚬）港，二十六都。"民国《吴县志》载："渔户堆螺蚬于土阜上，日积月累，渐次成山，远近过者照曜如晴雪云。蚬山嘴突出于湖中，为观日出佳处。"蚬山春日"是旧时阳澄湖十二景之一。

1958年建立人民公社后，当地人不再在阳澄湖中扒蚬子。20世纪60年代，蚬子山尚高出水面10多米，底部长30米，宽近30米。后来，当地人建房取蚬子壳铺地，还有外地人用船来装运，至70年代，蚬子山逐被夷平。现地面仍可见蚬子壳，厚度约3—4米。

蚬山嘴原设有蚬山村村民委员会，辖蚬山前湾、蚬山后湾、蚬山东塘三个自然村。2003年，蚬山村撤销并入沈桥村。

126. 车荡堰 Chēdàng Yàn

位于相城区阳澄湖镇消泾村，旧称东荡，因于此处筑堰车水而名车荡堰，后讹为车塘堰。堰上有同名自然村，在革命战争年代曾留下红色印记。1947年10月28日，太仓县委特派员周一航、冯云章两人来常熟唐市，向时任军分区司令员的包厚昌（解放后曾任江苏省委书记）汇报工作，晚上和卢毅等武工队员住在孔阿华家，包厚昌司令员则住在西湖泾斜对岸的车塘堰。

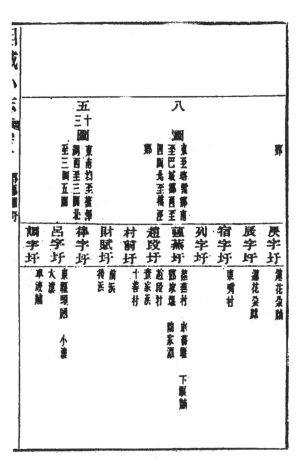

车荡堰（民国《相城小志》）

127. 孙墩 Sūn Dūn

位于相城区澄阳街道娄北社区，相传孙武墓在此而得名。历代史籍中不乏关于吴地孙武墓的记载，然说法不一，莫衷一是。如东汉袁康《越绝书》载："巫门外大冢，吴王客齐孙武冢也，去县十里。善为兵法。"东汉范晔《后汉书·郡国志》在"吴县"下引《皇览》注曰："县东门外孙武冢。"唐陆广微《吴地记》载："巫门西北二里，有吴偏将孙武坟。"宋王象之《舆地纪胜》载："平江府有孙武冢。"明卢熊《苏州府志》载："孙武冢在平门西北二里，吴俗传其地名永昌。"《大明一统志》载："孙武冢在苏州府城东一十里。"明曹学佺《天下名胜志》载："平门外水陆并出毗陵，近城有吴偏将孙武坟。"《大清一统志》："孙武冢在长洲县西北。"清代嘉庆年间，阳湖孙星衍至苏州买舟访墓，为作"巫门访墓图"，并题诗云："我家吴将高绝伦，功成不作霸国臣。春秋三传佚名姓，大冢却在吴东门。"1995年，苏州市孙武子研究会寻访到离古城东北十里左右原吴县陆墓镇虎啸村孙墩浜存有一大古冢遗址，里人俗称"孙墩"，据当地老人讲，"六十年代曾挖出过古陶器皿"；并会同陆墓镇人民政府重修孙武墓，加高封土，冢前矗立一块高175厘米、宽70厘米的花岗石墓碑，上书"吴王客齐孙武冢"，由著名书法家吴进贤先生手书，镇政府另勒石"重修孙武冢记"。记云："孙武，春秋末期齐国人，因故去齐奔吴。吴王阖闾三年（公元前512年），由伍子胥荐引，以兵法见于吴王，拜为将，辅佐吴国，争雄天下。《史记·孙子吴起列传》称：'阖闾知孙子能用兵，卒以为将。西破强楚，入郢；北威齐、晋，显名诸侯，孙子与有力焉。'后退隐于野，终老吴地。所著兵法十三篇，深邃

孙武墓(孙墩)

精博，辞如珠玉，后世奉为兵学圣典。孙武冢，最早见《越绝书》：'巫门外大冢，吴王客齐孙武冢也，去县十里。'由于岁月久远，古冢逐渐荒湮，以致淡忘。清嘉庆年间，孙氏后裔阳湖孙星衍曾买舟访墓，求其冢不得。经多次寻访，访得陆墓镇东南有一水名孙墩浜，南侧系一大古冢遗址，名'孙墩'，地望与《越绝书》所载孙武冢道里相合。为纪念先贤，供人凭吊，即此培埴封土，竖立墓碑，重修孙武冢，此举亦吴中一大盛事，故作记勒石，以志不忘。一九九五年十一月十四日立　苏州市孙武子研究会　吴县市陆慕镇人民政府。"

现孙墩为京沪高速苏州互通所覆，原址碑记不存。

128. 孟良墩 Mèngliáng Dūn

位于相城区元和街道蠡口社区。因相传有宋代孟良遗迹而得名。清顾震涛《吴门表隐》载，蠡口有吴王子庆忌庙、宋孟良墩和陈孝子庙等古迹。孟良，北宋名将，曾授朝散郎守殿中丞，致仕骑都尉，其墓在河北永清，因宋代杨家将的故事后世广为流传而成为家喻户晓的历史人物。在杨家将故事中，孟良和焦赞是两员均以勇猛著称的大将，常常一起出场，被称为"焦不离孟，孟不离焦"。今蠡口有孟良墩街即以此为名。

野芳濱古名新涇　詿理
一蟄植桃柳栽荷芰頗佳
五百三十畝潭在甫里昔築張林山起土成川中有
眾異觀之得古刀未幾失去
孟良墩在蠡口北市梢河中乾隆五十年旱夜有光
水可治疫
千佛井在柴河頭湯氏宅內井欄鐫佛像甚多相傳
西山法源寺外二池水一青一白二條皆採風類記
東山碧螺峰下靈源泉患目者掬而洗之必愈
七十二馬蹄泉在牛姑浜雖高岡掘土寸許見水

孟良墩(清道光《吴门表隐》)

129. 螺蛳墩 Luósī Dūn

位于相城区望亭镇四旺村，月城河与京杭大运河交汇处，墩体中部高四周低，整体形状近似倒扣螺蛳状，故名。又因谐音，当地俗呼鲁肃墩。现墩三面环水，疑似环壕，面积约5 400平方米。2015年4月至10

螺蛳墩遗址

月，对螺蛳墩遗址核心区域进行发掘，布探方9个，发掘总面积800多平方米，发现遗迹17处，其中墓葬16座，灰坑1个。出土遗物192件，其中墓葬遗物102件，遗物现存于望亭镇地志馆内。

130. 团圆山 Tuányuán Shān

位于吴江区同里镇秕字圩，今同里中学西北角。清王鲲《松陵见闻录》载："余乡同里镇之西偏，有古冢在野田间，相传是元太中大夫江南财赋司宁昌言墓，上为平顶。春月，游人往往登临盘辟其间，谓之团圆山。乾隆九年，土中悉生细珠，如芥子大，有光但不甚坚……或云名为草珠。"里人习称珠子山。1954年5月，仁美中学（今同里中学）在团圆山取土填没池塘，在山南、山北发现两墓坑。南边墓坑为元代墓葬，北边墓坑出土青瓷盆，还出土有半把有孔石斧。出土文物均由苏州博物馆收藏。

131. 庞山 Páng Shān

位于吴江区江陵街道。因元代义乌尹庞思宗曾在此居住而得名。相传土墩高数丈，横亘百余亩，其北即庞

山，今其宅久为民居而人尚呼为同知衙门又红塔其初一佛
憧耳浚始架屋一椽覆之至今犹存人称为红塔塿向有紫藤
极盛现绝无关
梳胧桥本踈柳桥为沈万三壻陆仲和宅中胜境明初为蓝党
株连籍没今废为民田
团圆山相传为元宝昌言墓春日游人不绝乾隆九年草根忽
生细子如珠遍地皆是今犹间有之
社仓在来龙桥即富观桥南小石桥今名旱桥明宣德中巡抚
周忱建正统中移并揽收仓因废至今人犹呼为仓场衒

团圆山（民国《垂虹识小录》）

庞山（明《吴江水考》）

山湖。明沈啓《吴江水考》云："昔人筑塘湖心之说，则无塘之前二湖合一，有塘之后风隐水漫（编者按，底本误作"漫"），上下皆淤，为荡为田，湖始分矣。如庞山块土，四面皆湖，因其土高，遂呼为山。意宋元以来，浚掘淤沙堆以成阜云。"后取土修塘，几成平地。清代其地仍略高于四周。明初有南康郡丞任仲真、承事郎任伯通居于庞山湖滨，明末清初有名儒朱鹤龄隐居于庞山湖滨江湾村。清姚承绪《吴趋访古录》有"庞山"条："在南津口石塘对岸，地形隆起，实非山也。其下即庞山湖。里人悉业蔬圃，朝出晚归。"当地有"庞山背，驼日月"的谚语。现庞山山、湖皆没，有庞山路、庞山湖社区等地名延续。

132. 旺墩山 Wàngdūn Shān

位于苏州工业园区斜塘街道北部，亦名旺墩，"旺"取"兴旺"之意，"墩"即坟墩，原为一土坟墩，逐渐惯称为旺墩，旁有自然村以此为名。旺墩村，1949年前属夏庄乡，1949年后划归斜塘乡，1956年合作化时为"金星42社"，1958年公社化时为4营，1959年9月改为11大队，1961年改为旺墩大队，1983年政社分设后改为旺墩村。2002年因苏州工业园区建设发展需要动迁拆除。今有旺墩路以此为名。

二、河流名

133. 金山浜 Jīnshān Bāng

位于虎丘区东南部,流经枫桥街道、狮山街道,因原河道源自金山山麓而得名,是区域内重要的泄洪排水通道。今河道西起支硎山东麓,东流至京杭大运河,全长约6千米。原河源地金山,是优质石材金山石的主要开采地。沿金山浜南侧有金山东路地名。

134. 沙金河 Shājīn Hé

位于虎丘区狮山街道,又名吴前港。今河道西起大轮浜,东至狮山桥南流入京杭大运河,全长约1.8千米。滨河路跨河处建有沙金桥,苏州轨道交通3号线于此设沙金桥站。

金山浜

135. 马运河 Mǎyùn Hé

位于虎丘区枫桥街道中部,因运河西有马涧村,东有马浜村,故名马运河,又名双马河。今马运河西起新鹿花园,向东流经原新村、马涧、联港、开山、合利、丁新、木桥、毛家、津桥、铜墩、东浜、新元、马浜等村,在鹿山桥南注入京杭大运河,全长6 750米。河南侧有马运路路名。

136. 渠田河 Qútián Hé

位于虎丘区狮山街道、横塘街道。渠田，水田之意，河道所在原为丰产水田，故名。今河道南起徐思河，北至金山浜，全长约2.2千米，南北贯穿狮山、横塘两街道中心区域。

137. 月盘河 Yuèpán Hé

位于虎丘区枫桥街道康佳花园西侧，又名姚家河。今河道南起枫津河，北至马运河，全长1.6千米。1949年前后到20世纪70年代初期，枫桥街道内运输以水运为主，除大运河枫桥段外，还有6条主要河运航线，即枫金河线、枫津河线、前桥港线、津马河线、马阳河线、北港河线。其中，津马河线是从西津桥集镇西梢的月盘桥向西北迤逦抵达马涧，并分支达向街镇。月盘河就在这条航线的南段，是马涧、向街等集镇连接西津桥镇及至苏州古城的重要河道。

138. 金墅港 Jīnshù Gǎng

位于虎丘区通安镇金市村。因流经金墅街集镇而得名，当地以方言谐音写作金市港。西起太湖金墅港闸，东至S17苏台高速折东南流入浒光运河，全长6.6千米，曾为吴县西北部出入太湖的主要河道。金墅街，西临太湖，明清时期曾置镇建制，属长洲县，时有千总（驻守营兵领兵官职，清代为绿营统兵官）驻防。民国时期曾为吴县金墅区、镇公所所在地。1927年遭湖匪洗劫后，趋于衰落。1949年后为金墅乡政府驻地，1957年并入通安乡。现为通安镇金市村。

金墅港

139. 前溪港 Qiánxī Gǎng

位于虎丘区通安镇西北部，中间部分河段为通安与望亭两镇的界河，也作田溪港、田鸡港。前溪港，西起太湖田鸡港闸（水利部门定名），经前张墅自然村（也作前张市，该段河道也称前张市港）折向东南（因经过杨巷自然村，该段河道也称杨巷港），至 S17 苏台高速折南流入金墅港，全长5.55千米。当代在离望亭镇西南约7千米、濒临前溪港北岸的太湖出口处，曾发现前溪港遗址，已采集到的器物有磨制不精的石凿等，所处时代和文化面貌有待进一步考证和发掘。

140. 前桥港 Qiánqiáo Gǎng

位于虎丘区枫桥街道北部，西源于北爪山，向东经过原俞宅、旺米、向街、三元等村流入京杭运河，全长约5.5千米。前桥港北为嵩山路，南为泰山路，沿线是枫桥街道的主要工业集中区，建有枫桥工业园、三力技术产业原、和枫产业园等，以及腾辉电子、华美电器、三菱化学、琳得科科技、罗技科技等大中型企业。

141. 龙塘港 Lóngtáng Gǎng

位于虎丘区东渚街道与通安镇的交界处，又名龙潭港，因流经原有龙潭而得名。龙塘港南起渚镇河，北至太湖，全长约1千米，为东渚、通安地区引泄太湖水的主要河道之一。河道北端北太湖大道

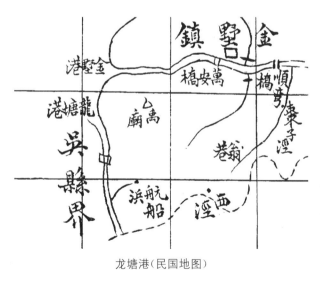

龙塘港（民国地图）

前溪港（清《太湖备考》）

上建有龙塘港桥，东侧命名有龙塘港路。港中段原有龙塘桥自然村，以港为界分属东渚、通安。据《东渚镇志》载，1940年1月12日，腾伯云部曾在此与尾追日军进行了一场激战，毙敌近百人，志称"下龙塘桥阻击战"。

142. 大轮浜 Dàlún Bāng

位于吴中区、虎丘区，南起吴中区木渎镇苏福快速路北侧虎林河，向北流经虎丘区狮山街道、枫桥街道入枫津河，全长约5.4千米。其中，虎林河至向阳河为木渎镇段，长约1千米；向阳河至金山浜为狮山街道段，长约3.2千米；金山浜至枫津河为枫桥街道段，长约1.2千米。因苏州高新区的开发建设，大轮浜狮山街道段与枫桥街道段的接口，形成了约60米距离的错位现象。2016年，枫桥街道段进行过淡水清淤。向阳路跨大轮浜上，建有大轮浜桥。

143. 菖蒲浜 Chāngpú Bāng

位于虎丘区横塘街道，原河道源自黄山（今称横山）东麓，向东流经石湖花园、石湖新村折南至菖蒲浜闸汇入胥江，全长约1.2千米。因开发建设，西段部分河道填没，现存迎宾路菖蒲桥以东一段，长约600米。

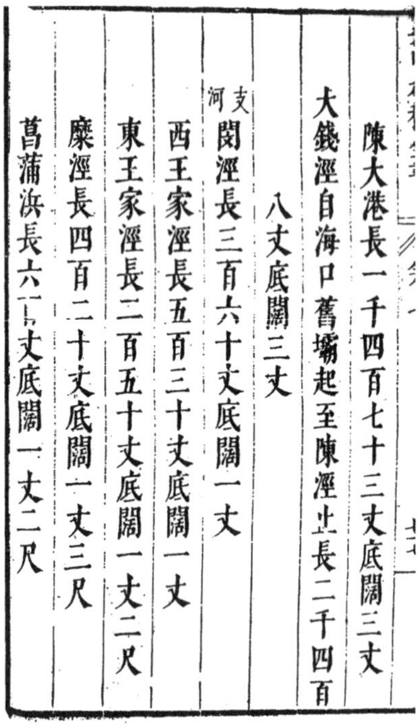

陳大港長一千四百七十三丈底闊三丈
大錢涇自海口舊壩起至陳涇止長二千四百
八丈底闊三丈
支河 閔涇長三百六十丈底闊一丈
西王家涇長五百三十丈底闊一丈
東王家涇長二百五十丈底闊一丈二尺
糜涇長四百二十丈底闊一丈三尺
菖蒲浜長六十丈底闊一丈二尺

菖蒲浜（明《吴中水利全书》）

山麓河旁原有“苍蒲桥”自然村，1956年与西窑村合并设立青春村（因村位于横山山麓，取山青永春之意）。现为青春社区。

144. 上清涧 Shàngqīng Jiàn

位于虎丘区浒墅关镇。为阳山三涧（另两涧为白马涧、大静涧）之一，为竹青塘上游处。明岳岱《阳山志》载：“上清涧，在山北，有桥，亦从涧之名。”相传，上清涧名称来历与元末张士诚有关。张士诚据吴期间，曾有老者上请谏议张或归顺朱元璋，或联合鄱阳陈友谅共同抗击朱元璋，两者必居其一，否则不但于张不利，而苏州百姓也会蒙殃。但张士诚并没理会这一谏言，最后兵败身死，苏州百姓也因之有“洪武赶散”之难。后来，人们就称老者所居住的阳山涧水上源处为“尚请谏”（曾经上请谏言之处），后据吴语谐音为“上清涧”。明太祖朱元璋征张士诚时曾于此驻军，下有屯甲弄，又下有将营，后称将巷。

145. 黄亭涧 Huángtíng Jiàn

位于虎丘区横塘街道黄山（今作横山）。清顾祖禹《读史方舆纪要》卷二十四苏州府长洲县“横山”：“黄亭涧长数里，深阔数丈。”《隋书·刘元进传》中记：大业九年（613）“王世充破刘元

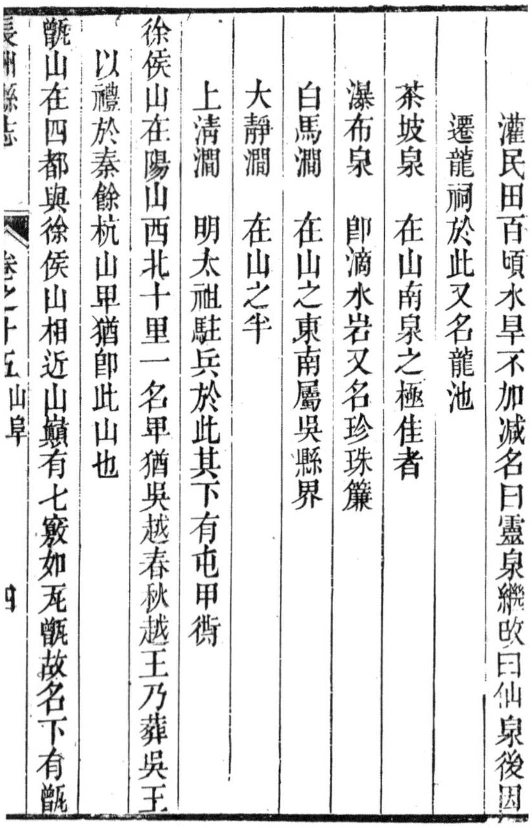

灌民田百頃水旱不加減名曰靈泉繼改曰仙泉後因
遷龍祠於此又名龍池
茶坡泉 在山南泉之極佳者
瀑布泉 即滴水岩又名珍珠簾
白馬澗 在山之東南屬吳縣界
大靜澗 在山之半
上清澗 明太祖駐兵於此其下有屯甲衖
徐侯山在陽山西北十里一名甲猶吳越春秋越王乃葬吳王
以禮於秦餘杭山甲猶即此山也
甑山在四都與徐侯山相近山巔有七竅如瓦甑故名下有甑

上清涧（清乾隆《长洲县志》）

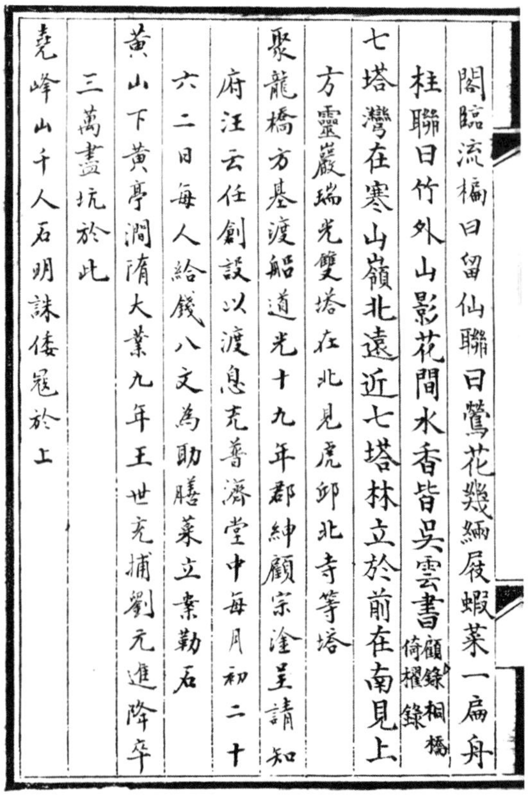

閣臨流楄曰留仙聯曰鶯花幾緉屐蝦菜一扁舟
柱聯曰竹外山影花間水香皆吳雲書（顧祿桐橋倚棹錄）
七塔灣在寒山嶺北遠近七塔林立於前在南見上
方靈巖瑞光雙塔在北見虎邱北寺等塔
聚龍橋方基渡船道光十九年郡紳顧宗滏呈請知
府汪云任創設以渡息充普濟堂中每月初二十
六二日每人給錢八文為助膳菜立案勒石
黃山下黃亭澗隋大業九年王世充捕劉元進降卒
三萬盡坑於此
堯峰山千人石明誅倭寇於上

黄亭涧（清道光《吴门表隐》）

进，坑其众于黄亭涧"。《吴郡图经续记》载：王世充"追吴人魁帅先降者数十人，于通玄寺瑞像前燃香，誓不诛杀，吴人闻之，一旬之间归者略尽。世充食言，贪其子女财货，坑降者八千人于黄山下，获资巨万"。南宋范成大《吴郡志》也有载，称"世充贪而无信，利在子女资财，并坑斩首八千余人于黄山之下，时以为负誓。杀降不祥，武德之际，果遂歼夷"，且范成大有《自横塘桥过黄山》诗："阵阵轻寒细马骄，竹林茅店小帘招。东风已绿南溪水，更染溪南万柳条。"范广宪《横塘杂咏》云："蹑屐寻幽曲折登，一拳山石发髼鬠。旧人指点黄亭涧，更有隋书足考徵。"

146. 玉尘涧 Yùchén Jiàn

位于虎丘区通安镇树山村大石山，曾为大石山八景之一。明黄姬水有《玉尘涧》诗："碧涧疏以凿，弥弥周茅宇。洗耳思枕流，不惜捐谈麈。"今玉尘涧仅存一泉水泻纳小池，在大石岩东南方山脚下。

147. 浏姑泾 Liúgū Jīng

位于虎丘区浒墅关镇南津桥路北侧，又作刘古泾、浏古泾。东起城际大道东侧旺小桥塘，西至京杭大运河，长1.5千米。明嘉靖万历年间的凌世忠曾以"凌家枪"习武传艺，保得一方平安，不受倭寇匪棍欺侮。在浏姑泾北岸、龙华寺东北，即今尤家场、浒新街地段，旧有东西渔庄，西临运河，北有嘤溪、杨安塘，三面环渚，"渔庄夕照"为"嘤地八景"之一。凌世忠后裔、清凌云升由甄山草堂迁至此，在西渔庄建"政本堂"。云升子凌封祝、孙凌奎皆居此长成。凌奎后自题《渔庄草堂图》。钱大昕有《题渔庄草堂图》："百年老屋百城书，翠岭高低步障如。尘市喧嚣全不到，未妨问答及樵渔。松竹依稀给事庄，钓游踪迹莫相忘。年来渔具多新样，笠泽丛书补几章。老树扶疏可对论，好山当户即儿孙。十洲兜率皆虚幻，谁似君家独乐园。"张诒亦有《渔庄草堂》诗："渔庄我旧游，佳境浒墅辟。孤村入庵桥，临流接广陌。好山拖遥青，远树郁深碧。中有幽人居，结构百年宅。地偏人迹稀，居安尘事隔。有田服先畴，岁岁登稻麦。有书数千卷，卷卷留先泽。有时带经锄，牛角富典籍。时或释来吟，行歌杂主伯。门无剥啄惊，巷绝车马迹。渔樵结伴侣，晴雨课朝夕。闲话只桑麻，膏肓中泉石。自号羲皇民，神话梦俱适。记昔款柴门，频蜡探春履。移情独我深，远想独我积。披呼溯游踪，带水在咫尺。我亦图中人，作诗最精核。何当重相访，高堂置片席。"

148. 北塘河 Běitáng Hé

位于虎丘区横塘街道青春社区，今青运路西侧、科锐花园东侧，因位于横塘（即胥江）北而得名。原西起横山东南麓，折南流经原杨安浜自然村通胥江，故又称杨安浜，全长约600米，今西北段已填没，剩余河道不足300米。横塘，旧时称为越来溪与胥江水交会之处河域，又称横溪。

149. 竹青塘 Zhúqīng Táng

位于虎丘区浒墅关镇西部。明万历五年（1577），浚竹青塘通太湖，遂为浒光运河，但当地仍习称浒墅关镇段为竹青塘。浒光运河，自光福西淹湖虎山桥起，经东渚、通安至浒墅关镇，在竹青桥下注入大运河，全长16余千米。浒光运河成为明清时期西太湖与大运河间的重要航运、出水通道。1971年12月，江南运河浒墅关市河段整治工程结束后，利用工程积余经费拓浚竹青塘，达到河底宽10米的标准。1985年4月至5月，对竹青塘河道再次机浚。竹青塘在与华山港、南庄河交汇处形成十字港汊，当地称为四河口，水流由四河口分成两股：一股直往东流在竹青桥下注入大运河；另一股水流与南庄河合流向南约500米后，在仪桥南首处又折向东，于张家桥下注入大运河。因这一段河道已处在浒墅关关署南首，故称南河。

旧时竹青塘有"白鱼阵"。清道光《浒墅关志》载："白鱼出太湖，吴中芒种日谓入梅。后十五日交夏至入时。于时多雨，河水骤涨，太湖白鱼随水涌出竹青塘。渔舟集南北津桥捕之，一网常至数十尾。河干居民

竹青塘(清道光《浒墅关志》)

亦往往以罾取之，名时里白。"梅雨季的"蒔里"，太湖水倒灌入竹青塘注入运河，太湖的"白鱼阵"便涌入市河在南津桥处形成水下逆流，当地在津桥附近下网起水，形成白鱼鲜市。如今随着河道拓宽、河水污染、古桥改建等因素，"白鱼阵"景象已无存。明清之际，浒墅关人周之玙在竹青塘金家场处建有"四留堂"，今已无存。周之玙，字玉凫，崇祯甲戌（1634）进士，先后授礼部、刑部主事。"工诗赋"，职司间审冤狱有"神明之誉"。明亡后怀印归隐梓里，入山不出。清徐崧有《访周玉凫》诗："偶来堤树下，四望野云青。秋到应多雨，宵来复见星。小桥依古驿，曲巷隐闲庭。此地何人在？看君有典型。"清凌寿祺有《四留堂》诗："怀印归来感故居，一时鸾鹤怅离群。幽居近水围青竹，高卧倚山看白云。往日仪曹留掌故，后来奕叶振人文。空怜宅相传佳语，徒倚回塘送夕曛。"

150. 浒东运河 Xǔdōng Yùnhé

位于虎丘区、相城区。因运河从虎丘区浒墅关镇流向相城区原东桥镇而得名。浒墅关段古称嘐溪，因河边有龙华寺，当地又称龙华塘。浒东运河自西向东，经三义阁过铁路桥，先后汇入杨安塘等河水，向东偏北过大通桥后，河道分为两股：一股折北进入东桥后再与望虞河通连，此股河道全长约9千米；一股则继续向东，至浒东运河闸注入西塘河，此段长约3千米。

151. 苏东运河 Sūdōng Yùnhé

位于吴中区西南部。因运河从苏州通往东山镇而得名，也称苏东河。运河北起越来溪，流经越溪街道、横泾街道、临湖镇，止于东山镇具区港，原全长约36千米，曾是苏州西南部太湖滨湖区唯一的内河航道，也是境西一条重要的引水排水河道。

历史上，苏东运河蜿蜒弯曲，特别是横泾、浦庄、渡村段，素有"九曲十八弯"之称，所过市镇河身浅狭，束水严重，不利航运，明清时期屡有拓浚。如明成化五年（1469）、清乾隆三十二年（1767）、道光十年（1830）、同治十三年（1874）和1935年都有撩浚之举。清道光十年（1830）疏浚雕鹗河，称新开河，通具区港，在摆渡口与大缺口交会入渡村境，与黄洋湾相接。1958年冬，时震泽县组织渡村、浦庄两个公社3 000余民工，拓浚浦庄段3.40千米，对渡村段实施改道工程，从镇东穿西新、沙埂联圩至大缺港，开新河4.25千米；1981年10月，横泾乡结合市镇建设新开河道2千米，拆北岸旧房，适当拓宽街河；1982年，东山镇结合西太湖复堤取土，沿大堤从大缺港至具区港新开一段长2.7千米左右的河道，将雕鹗河划进大包围。2004年12月至2005年6月，苏东运河横泾段（横泾塘）实施疏浚工程，清淤20余万方、修筑石驳岸7千米。经历次疏浚和改道，今苏东运河已大部取直，从越溪街道石湖起（含越来溪部分河段），至东山镇具区港止，全长约26.3千米。随着苏州至东山的道路不断建设，现在的苏东运河几无航运作用。

152. 尧太河 Yáotài Hé

位于吴中区横泾街道。因北起尧峰山南麓，南至东太湖，故名。全长约7千米。1976年12月，由时横泾公社组织民工动工开挖，1977年1月竣工，完成土方33万立方米。竣工后，使境内北部八九个大队不用再绕道四、五千米去东太湖圩田。

153. 下沙塘河 Xiàshātáng Hé

位于吴中区木渎镇区中部。因流经原下沙村地界而得名，又作下沙塘、下沙河。明张国维《吴中水利全书》载光福塘："支河下沙河长八百丈，底宽一丈。"下沙塘河南起木光运河木渎古镇段（即香溪）蔡家桥，北至南浜河折东入白塔河，长3.6千米。其中，木渎古镇蔡家桥至中山西路段，街河并行，为木渎十景之一"下沙落雁"处，1991至1992年曾组织疏浚并建修驳岸。下沙塘（街）原有里人陶筱的怡园，园约建于乾隆初年。清陶正靖《怡园记》云："园分水陆，中有舞彩堂，而爱吾庐居右，最后为环山阁，登高而望，山翠四围，烟云吐纳，近在眉睫，实有以挹灵岩之秀。折而左，则小桥流水，引人入胜。有星带草堂、蕉绿、玩月、容膝诸轩。极北为湘竹亭，竹斑环绕，亭中几榻器皿悉称焉，尤境之幽雅者。"

下沙塘河

154. 香山运河 Xiāngshān Yùnhé

位于吴中区香山街道。因东西横贯原香山乡而得名。东起胥江口，西止于蒋墩，全长约6.8千米，故又名胥蒋运河。其中，外塘河以东段，原为三防河，是1971年以九曲港部分河道为基础开挖的新河道；外塘河至白马寺段，原为南宫塘，因吴王离宫在此而得名。1975年冬，时胥口公社组织民工开挖香山运河，从外塘至蒋墩，连接三防河，是胥口至蒋墩的重要内河航道。南宫塘白马寺段以西段，又名北塘河，曲折向西至吕浦桥入太湖。香山运河上原有多座古桥，如外塘桥、炙鱼桥等，排《香山十顶桥》第一、第二位，现已恢复重建。

附：《香山十顶桥》民谣："第一顶桥外塘桥，潮音庵相对太湖梢；粗细凉枕涧廊出，上海苏州各处销。

第二顶桥炙鱼桥，倒扦杨柳根根飘；三代猛将杨爿浪出，万岁圣旨穿龙袍。第三顶桥渔帆桥，桥南桥北小河浜梢；八仙高椅青石桥出，大文旦交椅只只俏。第四顶桥后塘桥，里河航船只只到；东浜头摇到西浜头住，顺风相送万年桥。第五顶桥鸳鸯桥，姚舍村相对水平庙；袁家村原始聚赌地，后塘庵里再逍遥。第六顶桥环龙南塘桥，菱塘墩相对下将庙；山后头独出樵柴汉，上下两村定烧窑。第七顶桥舟山桥，朝南油车闹淘淘；西塘村开启桑叶行，东塘村相对龙王庙。第八顶桥吕浦桥，鲤山街道直瞄瞄；沙潭里独出捉鱼汉，西湖塘历来风水好。第九顶桥唐门桥，长沙山相对下带庙；石马山原是聚龙地，香山龙灯条条到。第十顶桥小寺桥，陈家舍相对苏公庙；实相寺原是出家地，小横山花神殿造得真取巧。"

155. 黄垆港 Huánglú Gǎng

位于吴中区临湖街道黄垆村，又名黄芦塘，因流经黄垆村而得名。北起苏东运河，南至东太湖，全长约3.3千米。旧时，渡村穗丰村大塘河向北至浦庄界、向南至石塘村的一段苏东运河称为采莲泾（据当代《浦庄镇志》载，为苏东运河浦庄至黄垆段），黄垆港为其主要支流之一。明张内蕴、周大韶《三吴水考》载："采莲泾：西承太湖，东出白洋湾。泾南支河：许家港、新泾港、詹家汇、黄洋湾、毛祁港、顾溇港，并南通太湖。泾北支河：陆家浜、张墩港、陆溇泾、花渎港、黄芦塘，并北通横泾。"但今黄垆港在苏东运河以南，不在泾北，盖因历代疏浚后，明代采莲泾与今苏东运河走向已有所不同。

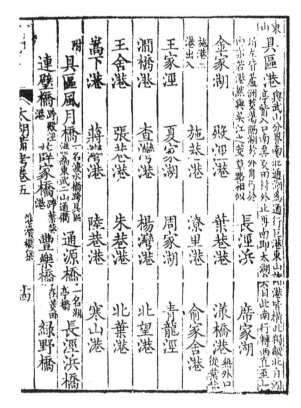

殿泾港（清《太湖备考》）

156. 殿泾港 Diànjīng Gǎng

位于吴中区东山镇。为东山顺山势溪涧流水汇成的河港之一，因起于东山神庙大殿前、流入具区港而得名。因启园路以北河道已填没，现河道北起将军街牌坊，南至具区港，全长约680米。东山神庙，俗称城隍庙，始建无考。原在邱家舍，清咸丰十一年（1861）毁后迁东万巷朱姓住宅，民国后改为医院，"文化大革命"中被拆毁。现复建东山寺于旧址，在山门殿东间禅房，竖有一块康熙十四年（1675）的总督江南部院《右谕通知》告示碑，高1.76米，宽为0.8米。出山门殿右手墙边竖有2块咸丰年间的告示碑，高达1.46米，宽0.66米。寺内还存有当年的"公所"砖雕一块。有千年古银杏树一颗，长势茂盛。

157. 孔家港 Kǒngjiā Gǎng

位于吴中区甪直镇淞南村，因旧有孔姓聚居于此而得名，又有村以港名。北起云龙港，南至金鞍浜（也作金巷浜），全长约3千米，为甪直镇北部吴淞江与西市河主要出入水道。清光绪《甫里志稿·水道》载："自西美桥至和丰桥为西市河，自和丰桥至正阳桥为东市河，皆承吴淞之水。吴淞江从吴巷嘴北折，分流入甫里塘，曲折入西美桥，循市河东流出正阳桥，从东塘绕围塔，北折经北华翔仍流入吴淞江。金鞍浜，西市河支港也，亦承吴淞之水。吴淞江从云龙港绕孔家港入金鞍浜，出景定桥汇于西市河。西涨汇亦承吴淞江水，吴淞江一从新漕港分流入洋泾，一从西村港流入，曲折至张巷南，与洋泾水汇，入马公桥东折至西涨汇，出金典桥南折，循南市河分流注吉家浜；又南分流注南天溇，出寿昌桥，从南塘南趋至阊塘分流，东折至潘酒店入界浦。西市河出和丰桥，西流入环玉桥，至万安桥折东入眠牛泾，东趋出怡翁桥汇入界浦。北港亦承吴淞之水，一从梅家库港，一从刹力港，汇流于胡家潭，迤南入北港，出交会桥，汇于东市河。界浦由东市河分流入通裕桥，透南汇眠牛泾南趋，又南汇潘酒店水，又南至双庙分流，一东折由双庙港经十四图又东经岳庙前透东入商阳潭，一南趋经林行荡前入范青湖。陈家浜亦承吴淞之水，由阊阖塘分流入龙潭港，透北折东入南通桥分流，注五百三十亩荡（俗名马家荡），东流出福民桥汇于南市河。阊阖塘自吴淞江北趋，分流入三顾里，经莲花墩，由孙墓洋至清水港，汇新漕港南趋之水入张林桥，东流至双庙，汇于界浦。"

孔家港（清乾隆《吴郡甫里志》）

158. 植里港 Zhílǐ Gǎng

位于吴中区金庭镇东村村植里，也作植里江，为西山岛主要河道之一，因流经植里古村而得名。原西起太湖，东至里屠坞，20世纪70年代向东开挖至周坞里，全长约2千米。河道上有永丰桥，为单孔拱形形式，用青石、花岗石砌筑，桥全长17.9米，北端东耳下方嵌一青石条，上镌"康熙四十一年重建"楷书字铭。桥边有一株三叉老樟树，树干粗矮，枝叶茂盛，形如巨伞，为西山著名景观之一。

植里港

159. 慈里港 Cílǐ Gǎng

位于吴中区金庭镇慈里村，因源于慈里花山坞而得名，也作慈里江，为西山岛主要河道之一，全长1.6千米。相传秦末汉初"商山四皓"之一的夏黄公隐于慈里万花谷，其地有黄公井，亦称黄公泉。又传，夏黄公为崔广之号，慈里村现有夏氏和黄氏，皆为其后裔，两姓均由其号而来。

160. 后堡港 Hòubǎo Gǎng

位于吴中区金庭镇后堡村，因流经后堡村而得名，又作后堡江，为西山岛主要河道之一。后堡港东南经谢姑山通太湖，东北经白塔湾红庙头通太湖，环贯西山岛东北角，全长约6 600米。后堡，位于金庭镇东北部，因宋末里人蒋氏建前、后二堡而得名。

161. 庆丰港 Qìngfēng Gǎng

位于吴中区金庭镇庭山村，或以"庆祝丰收"意而为名，又作庆丰江，为西山岛主要河道之一。南起后堡港，北至太湖，全长约3.6千米。为保护太湖流域水质和渔业资源，2020至2023年间，金庭镇先后在全镇各河道、水稻果茶沟渠、潭、塘等点位投放青鱼、花鲢、草鱼等共计十九万五千余条，重达9 600斤，庆丰港水域即为重点投放处之一。

162. 杨湾港 Yángwān Gǎng

位于吴中区东山镇，因紧邻杨湾村而得名。为杨湾村出入太湖的主要水道，原为天然山溪，南宋时北方移民定居后，进行拓宽延伸至太湖。今杨湾港北起环山公路（杨湾段），南通太湖，全长约2千米。历史上，太湖舟楫于此停泊，西山、后山物资借此船载出入，是西山、后山通往三山岛、吴江等地重要的交通运输水路码头。清光绪三十年（1904），里人朱鉴塘出资创办裕泰轮船公司，置办火轮，通航于杨湾、东山镇区与苏州之间。

宋元以来，杨湾古村两山、六水、一带的格局基本未变：两山，为自南至北的黄家山与从东而西的湖沙山；六水，即六条港道，为杨湾港、周家河、石桥港、张巷港、屯湾港、西巷港，或南或西流入太湖；一带，以村口的杨湾浜场为中心，朝西沿曲折湖岸线达长圻三村，往北沿蜿蜒山道衔接陆巷古村，形成一个巨大的 L 形，50多幢古建筑分布在这一条带子上。

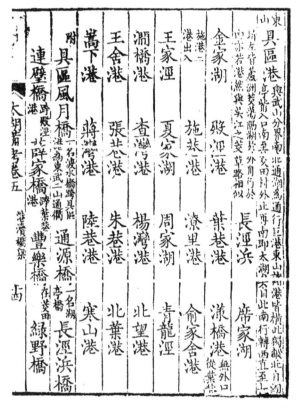

杨湾港（清《太湖备考》）

163. 居姚港 Jūyáo Gǎng

位于苏州工业园区斜塘街道独墅湖以东，据《苏州市志》记载："独墅湖出水口则在东及东南部，以三百丈、姚基港、居姚港最宽。"其中，居姚港最北，盖今独墅湖大道南侧河道，独墅湖水经居姚港在广贤街西折，再东入吴淞江，长约5.9千米。

164. 姚基港 Yáojī Gǎng

位于苏州工业园区斜塘街道独墅湖以东，据《苏州市志》记载："独墅湖出水口则在东及东南部，以三百丈、姚基港、居姚港最宽。"其中，姚基港居中，盖为今若水路南侧河道，长约3.8千米。独墅湖水经姚基港东经星塘街东侧入昕河后分流，一支北流入北横河，一支南流入吴淞江。

165. 眠牛泾 Miánniú Jīng

位于吴中区甪直古镇东部，因河形似卧牛而得名。眠牛泾西起中市河，泾口有三元桥和万安桥，自三元桥向东流经江南文化园、甪直中学至界浦港，全长约780米。在眠牛泾北，旧有乡人马勋的东园，明永乐年间建，张大猷题额。园中有一玲珑湖石，名翠云朵，经文人咏唱，名声大噪。赵文《翠云朵歌》云："崆峒氤氲山气积，天寒岁暮凝为石。巧斫浑疑鬼工擘，何年移植高轩侧。矞如奇云含古色，炯若芙蓉堕空碧。广不逾丈高寻尺，烟雾隔窗生几

眠牛泾

席。山人爱山人未识，丘壑年来饱胸臆。自言太山高有极，何如小朵盘而特。雨后翠光寒欲滴，尚有幽泉泻苍璧。户庭不出成山泽，我亦平生有山癖。恨不移家山水国，明日还携素心客，借榻看山坐忘食。"清康熙三十六年（1697），翠云朵被尼僧毁碎后填砌池岸。清胡国观《吴淞江绝句》云："梅花别墅已榛芜，竺典空传皓月孤。更问眠牛泾上客，东园还有翠云无。"1917年起叶圣陶曾任教于甪直，六十年后叶圣陶重返旧地时写有《重到甪直》诗："五十五年复此程，淞波卅六一轮轻。应真古塑重经眼，同学诸生尚记名。斗鸭池看残迹在，眠牛泾忆并肩行。再来再来沸盈耳，无限殷勤送别情。"

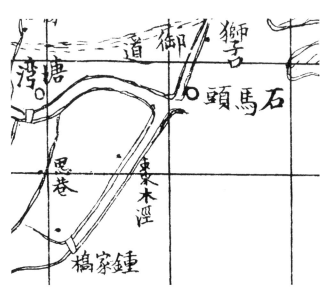

枣木泾（民国地图）

166. 枣木泾 Zǎomù Jīng

位于吴中区木渎镇五峰村、胥口镇采香泾村，藏中路东侧，西南自毘村朱家河起，东北至木光运河（香溪）止，全长约2千米。明张国维《吴中水利全书》载："枣木泾长二百五十丈，底宽一丈。"1932年《善人桥区政录》载："枣木泾与张家塘相连，北通香溪，南通太湖，长七里，宽二丈，深四尺余，慢流。"

167. 阖闾浦 Hélú Pǔ

位于吴中区甪直镇南部。相传，阖闾在甪直建造离宫为运输建材而开凿，故名。又作阖闾塘。明张内蕴、周大韶《三吴水考》载："自白洋湾而东为鲇鱼口，其水分为二大支东行：一自

甫里志
古蹟

阖闾浦　吴王阖闾离宫也，在里之西南，一名合塘，今名孙墓洋，为苏松水路之要津。

倪瓒归阖闾浦　极目烟江尽头，屈指摇城渡口。世人不理曲肱，自饷黄鸡白酒。

阖闾浦口……画船开……逐秋潮海上回。霜露花红窈窕，梵宫仙馆碧崔嵬。南飞越鸟双双过，北带吴山隐隐来。欲把一盃观浩荡，乘风樯桅苦相催。

吴宫　郡志载吴宫在元和县治东五十里吴王别宫里

阖闾浦（清乾隆《吴郡甫里志》）

瓜泾港溢出运河，经夹浦港亦入庞山湖；一自澹台湖溢出宝带桥，分入呼鲤、郭巷等泾，会于淞墅湖。淞墅之东为镜底潭，又东经阖闾浦、小龙江为陈湖，并下吴淞江、胥塘之水会于郡城。其流之或南或北，虽因风转移，然皆循城而东，不失其性。"又载："（姚澄）湖西北河道：太师湖，广十里；阖闾浦，广十三里；上箐港、十里泾、钱家港、官塘泾、伍巷港、石墩港，俱南通陈湖、北入吴淞江。"清《吴郡甫里志》载："阖闾浦，吴王阖闾离宫也，在里之西南，一名合塘，今名孙墓洋，为苏松水路之要津。"为阖闾浦为甪直镇南部西起碛砂，向东经西庄、张林，至双庙港进入昆山境内的一段水道。碛砂以西至板桥的水道称为板桥塘。1949年后，历经疏浚、整修、延伸，将板桥塘与阖闾浦连通，西起北石泾，东至双庙港，为横贯甪直东西境域的唯一一条水道，全长约8.5千米，故定名甪直浦，或称甪直塘，但是民间对碛砂以东河道仍称阖闾浦。元倪瓒有《归阖闾浦》诗云："极目烟江尽头，屈指摇城渡口。世人不理曲肱，自饷黄鸡白酒。"倪瓒又有《寄卢士行时方丧内》诗云："阖闾浦口路依微，笠泽汀边白板扉。照夜风灯人独宿，打窗江雨鹤相依。畏途岂有新知乐，老景空思故里归。拟问桃花泛春水，船头浪暖鳜鱼肥。"元虞堪有《阖闾浦》诗云："阖闾浦口画船开，兴逐秋潮海上回。霜树露花红窈窕，梵宫仙馆碧崔嵬。南飞越鸟双双过，北带吴山隐隐来。欲把一杯观浩荡，乘风樯桅苦相催。"

168. 张家塘 Zhāngjiā Táng

位于吴中区胥口镇采香泾村、合丰村。南起北塘河接箭泾河，北至朱家河通枣木泾，长约 2 千米。1932年《善人桥区政录》有《水陆交通建设计划图》中标注"张家塘"，为南北向，北通枣木泾，东西向与蒋家泾相交。蒋家泾西端有藏书道院。

169. 脂粉塘 Zhīfěn Táng

位于吴中区木渎镇灵岩山麓，一名香水溪、香溪，又称山塘河，即木光运河。明王鏊正德《姑苏志》载："在吴故宫中，俗云西施浴处，一云吴王宫人洗妆于此，故又呼为脂粉塘。"民国张郁文《木渎小志》载："香水溪，本在吴故宫中，吴王宫人洗妆于此，故又呼为脂粉塘。今通称山塘水为香溪，其源自光福善人桥来，东至木渎斜桥口入胥江，有'香溪九里十三桥'之谚。"所谓"十三桥"，有虹

脂粉塘（明正德《姑苏志》）

桥、王家桥、方家桥、胡家桥、桐桥、庙桥、长史桥、高木桥、塘湾桥、福寿桥、鸾和桥、汇源桥、卖鱼桥等。

170. 鹭飞浜 Lùfēi Bāng

位于吴中区木渎古镇。明代因该处芦菲丛生称芦菲浜，后用相近音名为鹭飞。南起鹭飞桥接香溪，北至中山西路，全长约550米。明张国维《吴中水利全书》载："芦菲浜长三百八十丈，底宽一丈。"鹭飞桥西侧有沈德潜旧宅，《沈归愚自订年谱》载雍正七年（1729）己酉，年五十七，"四月，移居木渎山塘，爱其山水之秀，人物之朴也。"当时他以教馆为生，当为赁居，一直住到乾隆三年（1738）省试中式。叶廷琯《鸥陂渔话》卷三载："沈归愚尚书未达时，曾居木渎镇。自题门帖曰：'渔艇到门春涨满，书堂归路晚山晴。'二语极肖乡村清远之景。后来居者，知为尚书手墨，即镌诸门间。余少时过之，见老屋破扉，犹存字迹，因常口诵不忘，五十年来询之渎川人，无复知者，而余亦迷其处矣。近见王韬斋集中《香溪杂咏》有一章云：'一区旧宅太萧条，耆硕惊心百岁遥。我亦寓公来过此，吟魂黯黯鹭飞桥。自注：沈归愚尚书旧宅，在山塘鹭飞桥西。'王君馆木渎久，访之必确（雷甘溪浚曰：'归愚尚书旧宅在鹭飞桥西不数武，门有绰楔四，乱后仅存其石，尚可识也。'）。又郭频伽《灵芬馆诗话》纪尚书馆于木渎，主人有纺婢，爱听其夜吟声事，当即在僦屋题门时也。"清同治四年（1865），冯桂芬移居木渎，购得鹭飞桥西一座庭院。民国张郁文《木渎小志》载："沈归愚旧宅在木渎山塘，同治间冯太史桂芬得之。"据记载，清帝康熙、乾隆南巡时，苏州建有两条御道，其中南御道从木渎镇区到灵岩山顶，其间曾有两座御道桥，一在陆家村，跨下沙塘；一在七号桥处，跨鹭飞浜，今无存。

桃花涧

171. 桃花涧 Táohuā Jiàn

位于今吴中区木渎镇天平山高义庄内范坟西侧，因涧旁桃树成林而得名。涧中接纳天平山山泉水，曲折下山，注入十景塘。古时，涧边桃树成林，暮春时节，桃花盛开，片片落英随流水漂出，故名曰"桃源"。明末张岱访天平山庄时称"山之左为桃源，峭壁回湍，桃花片片流出"。

172. 孙墓洋 Sūnmù Yáng

位于吴中区甪直镇澄北村阁间沛与孙寿浦交汇处西南、今沪常高速甪直枢纽西北。原为一个10余亩的水潭，因传吴大帝孙权葬妃于此处，墓名孙妃墓，潭名孙墓洋。1991年，曾有村民承

甫里志

阖闾浦　吴王阖闾离宫也在里之西南一名合塘今名

张墓洋为苏松水路之要津

倪瓒阖闾浦

极目烟江壹头屈指摇城波口世人

不理曲肱自酌黄鸡白酒

虞堤前题

阖闾浦口昼船开与逐狄潮海上回霸

树窘花红窈窕梵宫碧雀蒐南雁越鸟曾交过

北带吴山隐隐来欲把一盃观浩荡乘风橹艪苦相

催

吴宫

郡志载吴宫在元和县治东五十里吴王别宫里

孙墓洋（清乾隆《吴郡甫里志》）

包孙墓洋养鱼，后来在抽水清塘时，发现有墓一座，敲击有铿锵之声，坚硬异常。墓穴北面有半圆形围堤，中有甬道，规模较大，民间传说即为孙妃墓，惜无资料可考。孙墓洋边原有孙墓村，据说初为孙妃墓的坟堂屋，后来住户不断增加，聚成小村落，以近孙妃墓定名。2003年，因苏州绕城高速的建设，孙墓村整体拆迁至唐家浜以东。村内曾有孙妃庵，一名孙飞庵。元许恕有《过甫里孙飞庵访文仲明不遇》诗云："舟横曲港还呼渡，屐响空林独叩扉。临水衲僧何事立，轟鹰公子几时归。"

173. 张港 Zhāng Gǎng

位于相城区阳澄湖镇新泾村，因港西有张姓聚居而得名，又名小张家港。南起阳澄中湖，北至北清港，全长约1.6千米。港西有张家港自然村，原属张港村。后张家港自然村因澄林路建设被拆迁，张港村也已并入新泾村。随着阳澄湖度假区建设，在张港村东南建阳澄湖旅游集散中心，方便游客乘船前往莲花岛游玩。在澄消路设有"张港村东"公交站，87路、通学17号公交车等可达。

阳澄湖旅游集散中心由日本知名的隈研吾设计事务所设计，位于度假区"美人腿"半岛中部，占地36.5亩，总建筑面积7 759平方米，分为地下一层

阳澄湖旅游集散中心

地上三层，除实现售票、集散、咨询、医疗服务等多种综合性功能外，是阳澄湖畔的全新文化窗口和创新创业基地。作为交通枢纽，阳澄湖旅游集散中心面向湖面呈八字形，连接莲花岛陆路与水路。2019年9月，阳澄湖旅游集散中心项目荣获在法国巴黎联合国教科文组织总部颁布的当年凡尔赛建筑奖，被评为"全球最美客运站"。

174. 香炉浜 Xiānglú Bāng

位于相城区元和街道原南窑村（今属古巷社区）、陆墓下塘街南桥南，东出香炉浜桥入元和塘，全长约90米。昔时，香炉浜、香炉浜桥及桥头建于清光绪年间的财神庙，东隔元和塘与对岸的宋泾河、宋泾桥和白莲寺，形成陆墓镇独有的"桥对桥、浜对浜、庙对庙"人文景观。浜内有同名自然村香炉浜，旧时村内以擅制陆墓地区"四宝"（金砖、缂丝、蟋蟀盆、虾鳝笼）之一的蟋蟀盆而著称。现存的清代官制八仙图案蟋蟀盆，盖内侧有"姑苏陆墓下塘香炉浜沈窑"款，底款为"大清咸丰三年品"。今浜、村已被填、拆，兴建有商品住宅区。

175. 北桥河 Běiqiáo Hé

位于相城区北桥街道，亦称北桥市河，因贯穿北桥集镇而得名。北桥河南起南桥接冶长泾，向北经寺泾河、陆埂河、思桥浜至十字港，全长约4.05千米。跨河桥梁有南桥、成美桥。南桥，位于北桥河南端、冶长泾北，清后期于此渐成集镇，镇内有一座清建戏台，为苏州市文物保护单位。成美桥，以尤成美烈士的名字命名。尤成美（1920—1941），曾任中共无锡县东查区委书记、江阴县峭岐区委书记，1941年8月不幸被捕为日寇杀害。

北桥河

176. 聚金河 Jùjīn Hé

位于相城区太平街道聚金路西侧。因河道南段位聚金村而得名。聚金河南起北河泾，北至小庄桥河，长约1.6千米。聚金村，原名西庄村，1958年9月为太平公社第四大队，1959年2月改为第八大队，1961年3月改为十一大队；1980年12月更名为聚金大队，盖取"齐心聚力，其利断金"之意；1983年7月，改为聚金村，沿用至今。

177. 界泾河 Jièjīng Hé

位于相城区渭塘、阳澄湖两镇与常熟市辛庄镇交界处。清代称出水溇，时为长洲县与常熟县的分界河，故名界泾、界泾河。界泾河西起元和塘，向东经湘城集镇后注入阳澄湖，全长约7.85千米。2000年，疏浚湘城市镇西端150米河段，挖土0.3万立方米；2005年，阳澄湖水务站用挖泥船疏浚北天河至湘城文昌阁4.18千米河段，挖土3.4万立方米，投资24.4万元；2006年，渭塘水务站用挖泥船疏浚3千米河段，挖土3.37万立方米，投资26.96万元。

178. 徐图港 Xútú Gǎng

位于相城区元和街道与澄阳街道中部、华元路南侧，或因东西通徐庄、北三图，故名。也有以原名徐大港、"图""大"方言同音而得名一说。今西起元和街道元和塘，东至澄阳街道蠡塘河，经过原漊泾、里塘、徐庄、孙埂、毛泾和凌浜等村，全长约4.35千米。1958年冬，时陆墓公社按照河网化规划，对徐图港进行整治，拓浚西自苏虞公路桥东至徐庄村段，长度2.2千米；1978年农田基本建设时期，按照陆墓公社排水泄洪规划，将徐图港直接向东开到五㳌泾，平地开河1.9千米，在五㳌泾镇西首与蠡塘河汇合排入阳澄湖；1985年，实施上游进口元和塘至苏虞公路长0.30千米和下游出口徐庄转向南流进白塘长0.7千米二个浅窄束水段改造拓浚工程。今徐图港北侧、采莲路上设有苏州轨道交通2号线徐图港站。

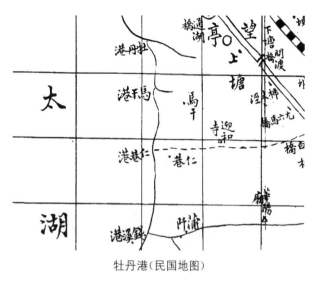

牡丹港(民国地图)

179. 牡丹港 Mǔdān Gǎng

位于相城区望亭镇西北部，古称黄渎、马安溪，因入太湖口曾建有牡丹桥而得名。由于村镇建设和航运作用的消失，原牡丹港东至游龙木桥可通京杭运河，改在马场浜路东接入仕莫泾后折北通京杭运河，全长2.7千米。港口太湖岸边建有黄渎庙，原由供奉春申君而起，但此庙后供奉岳飞像，可能与岳家军在太湖地区缉盗传说有关。每年农历正月初九和八月十五，黄渎庙都要举办春祭和秋祭，形成庙会。

180. 仁巷港 Rénxiàng Gǎng

位于相城区望亭镇迎湖村，因起自太湖边仁巷自然村而得名，蜿蜒向东至北青石桥入京杭运河，全长约5.3千米。仁巷港是望亭镇域内太湖最大的泄洪水道，也是望亭沿太湖一带农船、渔船进出太湖、运河的主要航道。

181. 孟湖港 Mènghú Gǎng

位于相城区望亭镇迎湖村西南部，又名孟河港、南河港。北起任巷港、往南折东，经南河港自然村，过长洲苑路在御亭路南汇入任巷港，合水后经张泗沟河东流入大运河，长3.2千米。孟河港西段流经孟河村。孟河村，原名田安村，1951年巨庄村孟河小学迁至田安村都城庙，1966年以校名改称孟河大队，1983年7月改为孟河村，后并入迎湖村。

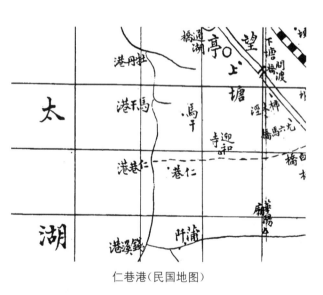

仁巷港(民国地图)

182. 清水港 Qīngshuǐ Gǎng

位于吴中区甪直镇甫港村清水港自然村。清水港原为"六泽之冲"的六泽之一。明张内蕴、周大韶《三吴水考》载："西符家港、东符家港、惟操港、清水港、云龙港、周家港、界浦俱通(吴淞)江。"现今所称的清水港南起澄湖，北至吴淞江。今清水港仅指环绕清水港自然村的河道，位于今清小港河道中段西侧。

183. 沙墩港 Shādūn Gǎng

位于相城区望亭镇与无锡市新吴区新安街道交界处，为古蠡河近太湖段、今望虞河大运河以南至太湖段，全长约2.2千米。据《太湖备考》记载："沙墩港（有汛），上流自望亭塘运河分流出北桥，西行出太湖。"古称乌角溪，唐《吴地记》："北三里有角溪，广八里，深四丈，西入太湖。"唐以后称沙溪河，清起当地习称沙墩港。

1958年，拓浚沙墩港、蠡河老河道开挖沟通太湖和长江的流域性骨干河道——望虞河，望虞河由沙墩口入太湖。此后，每逢雨季，太湖水猛涨直泻望虞河，致使无锡县望虞河沿岸的一些乡镇被淹，水患频发。于是，无锡县甘露、荡口等乡镇组织民工在沙墩港入大运河口处修筑了一道"洪山闸"石坝，使太湖水经沙墩港后改道月城河、新开河经响水桥（古名一品桥、吊桥）、通吴桥（又名通波桥、通河桥）流入大运河、再折反流入望虞河，减缓了望虞河水的流速，但又导致月城河响水桥口经常产生横流，船只事故频发。1991年夏，太湖水位高达5.44米，于7月9日炸开洪山闸石坝泄洪；11月，太湖流域综合治理十大工程之一的望虞河水利枢纽工程在洪山闸坝址动工，1993年竣工。沙墩港经望虞河立交水闸下涵洞与望虞河合流，统称望虞河。

沙墩港遗址

沙墩港地处太湖（贡湖）北端，当地俗称太湖稍，昔时水域宽广。自古以来，因受太湖风向变化，沙墩港水位涨落明显（一般约30—40厘米，最高达50—70厘米），形成独特的潮汐涨落现象，故此处又有"朝夕池"之称，为古"长洲苑"之所在。《汉书》中就有"游曲台，临上路，不如 朝夕之池"的记载。晋左思《吴都赋》云："带朝夕之浚池，佩长洲之茂源。"明卢熊《苏州府志》："朝夕池在长洲苑，谓潮水朝盈夕虚而名。"望亭一带有"朝西南，夜回东""西风夜来绝""南风看涨三分，东北风水车架底一寸""西南风大涨水，东北风太湖消（太湖见底）""西南风水涨一尺，东北风岸见一丈"等谚语，充分说明了朝盈夕虚现象是由风向变化所造成的。望亭地区其他入湖河道也有此现象，像马安溪（今牡丹港）、马干港、仁巷港等，但因沙墩港最宽，故而更为明显。宋以后兴修水利，废望亭堰，分水入运河，潮汐现象逐渐消退。

184. 十字港 Shízì Gǎng

位于相城区北桥街道灵峰村。西起灵岩荡，东至常熟市辛庄镇境，长3.5千米。明张内蕴、周大韶《三吴水考》载："濠湖、漕湖东南河道：永昌泾、冶长泾、顾思泾、上方泾、孙家桥河、顾泾河、十字港、平天泾，并上通无锡界河、下流石家浜。"

另，吴江区盛泽、桃源之间亦有十字港，起自郑产桥港，至众善桥港，长3千米。

185. 黄鳝泥港 Huángshànní Gǎng

位于相城区黄埭镇胡桥村。因河道流经黄鳝泥桥自然村，故名。北起东蠡河，南至钱埂沿阳河，长2.3千米。胡桥村，民国以前属长洲县武邱乡采云里，1912年属吴县东桥乡，1931年1月属吴县第四区湾里乡，

1949年属浒关区湾里乡胡家村和小桥村；1955年，建和平5、6、7、8和曙光16、17、19等7个初级社，1956年3月并入望东乡，建新建4和小桥2个高级社。1957年9月，划归东桥，为13社、14社。1958年9月，17社合并为东桥公社第3大队。1959年7月，分拆为5大队，1961年改称小桥大队。1980年11月，更名为胡桥大队，以辖胡家村、小桥村而得名。1983年，改为胡桥村。

河渎（民国地图）

186. 河渎 Hé Dú

位于相城区黄埭镇，因原通向漕湖（古称蠡渎）而得名，又传作"河渎河"。原为漕湖至黄埭镇区的主要水流和水路航行通道，南起黄埭市河河渎里桥口，北至原万安村马家浜入漕湖。后因受中部地形地貌的限制，水流和水路航行通道失去作用。今以太东路胜岸港桥分为南北两段，北段位于漕湖街道，今名胜岸港，长约3.9千米；南段位于黄埭镇，现名木杏桥港，长约1.3千米。

187. 太平桥港 Tàipíngqiáo Gǎng

位于相城区黄埭镇，因途经有太平桥而得名。今东起西泾港（黄埭南北市河），西至金家浜通裴家圩，全长750米，是黄埭镇区南部泄洪主干水道。

另，吴江与嘉兴交界处亦有太平桥港，原名后星港，是麻溪下游河段苏浙两省界河，南岸是嘉兴市王江泾镇，北岸属吴江区盛泽镇。西起北雁荡，东出江南运河，全长800米，河底高程在1.80米以上，最狭处河面宽仅8米左右。1972年2月，吴江成立太平桥港工程处，3月20日开工拓浚。原盛泽、坛丘、南麻、铜罗、桃源5个公社1 500名民工参加施工，6月28日竣工，7月16日开坝通水。河底拓宽至30米，边坡坡度1∶2.2，共完成土方12.20万立方米，拆迁房屋56间，挖压耕地80余亩。同时，改建公路桥1座。工程总经费22万元，其中苏州地区革命委员会补助15万元，主要用于桥梁改建，吴江县财政支出7万元，用于民工补贴。

188. 北河泾 Běihé Jīng

位于相城区中部。西起元和塘，流经元和、北河泾、太平、澄阳4个街道，东至济民塘入阳澄湖，全长7.08千米，是元和塘相城区段东泄干河之一。1971年，由吴县抽调陆墓、里口、渭塘、北桥、黄埭、黄桥、太平七个公社劳力16 560人实施北河泾工程，年内完成土方40.40万立方米。1972年转入沿河公路、桥梁、倒虹吸、防洪闸等新河配套设施建设至1973年春全部建成。工程共拓宽浚深改造老河5.53千米，裁弯取直开挖新河1.55千米，配套新建桥梁21座，倒虹吸11条，防洪闸10座，并完成湘（湘城）太（太平）公路南段、蠡太（蠡口大湾桥至太平沈店桥）公路建设。2008年，组织疏浚了苏嘉杭高速公路道口下至阳澄湖入湖口2.4千米河段；2010年，组织疏浚了苏嘉杭高速公路道口下至元和街道常楼村4.7千米河段。

189. 南雪泾 Nánxuě Jīng

位于相城区渭塘镇。宋代称薛泾，以薛氏于此聚居而得名，后因音近，"薛"改作"雪"。明张内蕴、周大韶《三吴水考》载："运河东河道：开花桥河、乌土泾、凤凰桥河、罗坝泾、何泾港俱通相城河；北薛泾、南薛泾俱通阳城湖。"南雪泾西起元和塘，东至盛泽荡，全长4.75千米，流经原麒麟、渭北、场角、秧河、李浜、洋端、中南等村，是元和塘相城区段东泄干河之一。1957年冬，时渭塘乡在苏虞公路南雪泾桥东侧和盛泽荡口筑坝干河，拓宽周家浜、罗家巷2处浅窄段；2003年，组织清淤4.4千米河段；2010年，组织清淤4.4千米河段。

190. 西钱泾 Xīqián Jīng

位于相城区漕湖街道，因泾边为吴越王后裔钱氏于此聚居且位在西而得名。南起永昌泾，北穿广济北路接东钱泾，长1.2千米。明归有光有《寓漕湖钱氏钱本吴越王裔聚族于此地名钱港》诗云："钱港湖乡杳，名家古木栽。微茫诸水汇，飘泊一船来。问遗交情厚，流连笑口开。因看吴越谱，世事使人哀。"

西钱泾自然村，位于倪家湾西北面，东邻东钱泾自然村，西接永昌杨四观音堂；南临永昌泾，北为北横头自然村。清宣统三年（1911），西钱泾属黄埭乡十二都上下十二图。1949年，属黄埭区倪汇乡。1957年9月，属黄埭乡向前第24社。1983年7月，属黄埭乡倪汇村。2006年7月，划入相城经济开发区漕湖产业园，西钱泾自然村逐被拆迁；2014年8月，属相城区漕湖街道。

东钱泾桥

西钱泾、东钱泾（明《吴中水利通志》）

1940年初冬，驻扎在西钱泾畔周家浜的新四军曾与以胡肇汉为首的日伪军展开战斗，战斗持续4个小时。村民钱阿弟是这次战斗的见证者。

191. 东钱泾 Dōngqián Jīng

位于相城区漕湖街道，因泾边有吴越王后裔钱氏于此聚居且位在东而得名。东钱泾河道较宽阔，南起永昌泾，北穿苏虞张公路接西钱泾，长1.2千米，原是当地水路交通的要道。东钱泾自然村，位于倪家湾偏西方向，因东沿东钱泾河而得名，西为北横头自然村，南达永昌泾，北抵卫星村。清宣统三年（1911），东钱泾属黄埭乡十二都上下十二图。中华人民共和国成立初，东钱泾及西边的几个村落组建联合村，属黄埭区倪汇乡。1954年，建初级农业生产合作社。1956年，建高级农业生产合作社。1957年，并入倪汇村，是年9月，属黄埭乡向前第二十四社。1983年7月，属黄埭乡倪汇村。2006年7月，划入相城经济开发区漕湖产业园，东钱泾自然村逐被拆迁；2014年8月，属相城区漕湖街道。

192. 千步泾 Qiānbù Jīng

位于相城区北桥街道，因河道原长约为千步而得名。起自潭泾千步泾村，止于钱泾河，长3千米。明张内蕴、周大韶《三吴水考》载："潭泾通千步泾。"

另，虎丘区浒墅关镇也有河名"千步泾"。清道光《浒墅关志》载："白鹰山庄在白鹰山麓千步泾上。处士吴志学，恩赐冠带，吴隆德父子耕隐处也。孙诸生铠著《白鹰山房诗稿》于此。"清吴铠有《自题白鹰山庄》诗："邻曲绝尘哗，笆篱密密遮。绿分欹岸柳，艳发过墙花。集稧缠成帙，敲诗又费茶。卷帘看不厌，山翠落窗纱。"又曰："夏至逢庚便出梅，山庄新绿积成堆。黄鱼价减鲥鱼贵，早趁洋船风信来。雨洒廉纤似织成，村边水阔岸初平。晚晴好月延窗上，一路蛙鸣断续声。"清张诒有《题白鹰山庄》诗："中岁厌尘鞅，希踪谢荣辱。每过田野间，抗怀遵高躅。铠也从吾游，性情喜敦朴。暇日述其先，数世安耕读。尊甫绍前轨，农圃以自足。晴雨课桑麻，翛然远尘俗。生子授世业，仅仅先畴服。铠也事制举，入试冀天禄。插架杂万卷，烂然娱以目。开门对云山，入室饶饘粥。久绝闻见缘，饱享太平福。人生贵适志，何苦日蜷跼。因翁侣鸥闲，笑我方猬缩。他日共归耕，春山抱黄犊。"

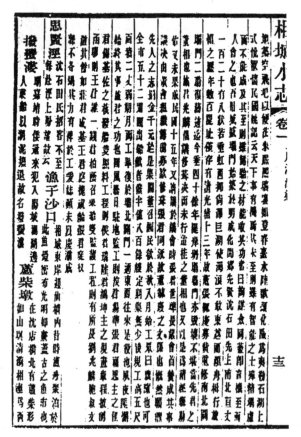

思贤泾（民国《相城小志》）

193. 思贤泾 Sīxián Jīng

位于相城区阳澄湖镇湘城集镇南，为界泾河湘城集镇段，西起和尚港接界泾河，东至济民塘入阳澄湖，长约1.2千米。泾名得于明沈周典故，寓"见贤而思齐"之意。据《相城小志》载："石田氏招客不至，每赴泾上盼望，故云。"也有传为沈周祖父沈孟渊"每日必将数宴以待客，客或不至，辄令人于溪头望焉"。

沈周（1427—1509），明长洲相城（今相城区阳澄湖镇）人，字启南，号石田、玉田生、有竹居主人、白石翁等，与唐寅、文徵明、仇英合称"明四家"，是"吴门画派"的重要成员。沈氏原籍吴兴，沈周曾祖父、沈懋卿子沈良琛入赘湘城徐氏，因家湘城，乃世居于此。在思贤泾西端北侧有沈周墓，占地约5亩，封土高3米，墓道宽2米，现为江苏省文物保护单位。2005年，以沈周墓为轴心建沈周文化公园。

194. 西沿泾 Xīyán Jīng

位于相城区望亭镇项路村西沿泾自然村。原筑有堰，位于堰西，故名。北起孟河港（河口东侧230省道上有孟河港桥），南至与虎丘区通安镇交界处的前张墅港（前溪港中段），长约1.4千米。

西沿泾自然村原属巨庄村，为村委会驻地。巨庄村，在望亭镇西南部，原名西景村，1959年与新巨村部分合并为望亭公社合作大队，后更名为向阳大队、巨庄大队，1983年7月，改为巨庄村，下辖西沿（堰）泾、东巨庄、西巨庄、后河浜、前张墅（市）、后张墅（市）、薛家浜、孟河上、东石（宅）桥、南方浜、宅基

浜、下（夏）言湾（湾里）、奚家浜、黄（王）家角、袁家角、山东渚（主）桥、戴劳（带来）桥、上泾、大
渡桥等自然村。现巨庄村已并入项路村。

195. 龙道浜 Lóngdào Bāng

位于相城区元和街道西北部。浜前旧有青龙庙，传说有青龙由别处逃至此地，建庙于此，故名"龙逃
浜"，谐音为"龙道浜"，也称"青龙浜"。有同名自然村，原属蠡口镇蠡西村。今村、浜皆没，有苏州轨道
交通4号线经此，设有"龙道浜"站。

196. 老卜浦 Lǎobo Pǔ

位于相城区北河泾街道西部、漕湖大道南侧，西起元和塘，东至环秀湖，长约1.5千米。老卜浦南岸原
有同名自然村，属原蠡口镇朱泾村。抗日战争时期，日军为报复中国军队袭扰，迁怒于当地百姓，放火烧毁
老卜浦整个村子，130多间房屋被夷为平地。

197. 上塘河 Shàngtáng Hé

位于姑苏区金阊街道、古城阊门外，因与上塘街街河并行而得名。西自大运河经枫桥镇、下津桥、永津
桥、上津桥至渡僧桥入环城河，全长4.30千米，有跨河桥梁9座。上塘河属古运河的一段，又称枫桥河，因唐
张继《枫桥夜泊》诗与古刹寒山寺而闻名于世。上塘河采用枫桥水位，最高通航水位为两年一遇洪水重现
期，常水位时，100吨级重载船舶可从西北方向经此出入苏州，绕过胥江，直接沟通了京杭运河与环城河，
担负着市区城西大部分水运任务，又是沟通环城河与枫桥景区的水上旅游航线。1985年疏浚此河时，新筑条
石驳岸及绿化工程，沿岸风光焕然一新。

民国时期有荣泰布店，初创时在上塘街，后易址石路。因原店址紧靠上塘河，其商业贸易所用数码隐语
就地取材，将当时阊门外沿上塘河至枫桥的十座桥（吊桥、普安桥、文德桥、同泾桥、白莲桥、马铺桥、凤

上塘河（民国）

来桥、汲水桥、枫桥、江村桥），取桥名首字，编作密码，即：吊（一）、普（二）、文（三）、同（四）、白（五）、马（六）、凤（七）、汲（八）、枫（九）、江（十）。

198. 沙盆潭 Shāpén Tán

位于姑苏区金阊街道、阊门吊桥北。因有五条水道于此处会合、形似沙盆而得名。明张内蕴、周大韶《三吴水考》有"沙盆潭"条："在阊门水门外，汇南北濠、上下塘及山塘，凡四流皆聚此潭。河甚深阔，流甚湍急，俗呼吊桥洪。其流之或南或北，率视风以为上下，然终不失其为东流。两傍甃石为挽路，遇陡水则力牵而渡。大舟至此，皆抛纸钱祷请云中。"《三吴水考》中"苏州府水利考"载："白洋湾东流北潴者为石湖，石湖东南为越来溪，溪水东北行，与木渎合流，出横塘分支北折者入于枫桥运河，合山塘河汇于沙盆潭。"又载："沙盆潭东行亦有二道：一自阊门水关直至娄门，一自外城河合元和塘至娄门并入至和塘。"《三吴水考》又载："城西运河，西北起枫桥，接长洲界，迤东至阊门一带，惟南岸为县境，历胥门，逾盘门吊桥，复入长洲界，阊门吊桥北为沙盆潭，吊桥南即夏驾湖，内惟渡僧桥，以西一带剥占日增，河形日狭，运船难行。于万历五年清查改正，河复故道，行者称便。"清张紫琳《红兰逸乘》载："宋相公昭侯庙，在渡僧桥西。《狯园》云：'水府之神，或云其神主杀，故为五郎部下伤官。北寺西亦有庙，以常戮人其地也。盘门新桥堍亦有庙。'今按，沙盆潭宋昭侯庙有宋文信国所撰碑云：神讳恭，即祁之裔；仕理宗时，与贾似道不合，入山学道，坐化成神也。明太祖兵至苏，见神于沙盆潭，以阴兵祐，故为立碑建祠。"又载："九娘墓，在阊门外沙盆潭，暑月无蚊，唐六如所娶婢秋香称九娘者葬此。"

沙盆潭

199. 鸭脚浜 Yājiǎo Bāng

位于姑苏区虎丘街道、山塘街彩云桥北，古称凫溪。鸭脚浜河道呈 Y 形，西起山塘河，蜿蜒向东至半塘寺街西，分南北两支分别流入十字洋河，全长约1.56千米。浜侧旧有白椎庵，明文徵明曾有题"晋生公放生处"。此处原有泉，俗称鸭脚泉，昔人以鸭脚泉煮虎丘白云茶为佳品。隔岸桥南有半塘寺。

鸭脚浜

另，吴中区木渎镇天灵村亦有鸭脚浜，长约450米。

200. 射渎 Shè Dú

位于虎丘区浒墅关南十里处的运河侧畔。因相传为吴王或秦始皇射于此而得名。清道光《浒墅关志》载阳山："大峰十有五，而箭阙最高。相传秦始皇射于此，阙为箭镞所穿，故下有射渎。"传秦始皇南巡从会稽归来尝射于此，适对阳山中峰箭阙。秦始皇矢箭堕入于峰巅，为箭镞所啮，故称。因秦始皇的箭射入至山峰顶，所以弯弓处为射渎；箭射入的地方为箭阙峰。清李奕有《拓射渎归舟》诗云："金姬冢畔雨蒙蒙，一片帆飞射渎中。水鸟沙头几点白，夭桃村里十分红。歌凭风遏高还下，塔引船行西复东。何处更教幽兴发，云岩钟晚出禅宫。"清凌寿祺《射渎》诗："一射竟穿山，泾流尚

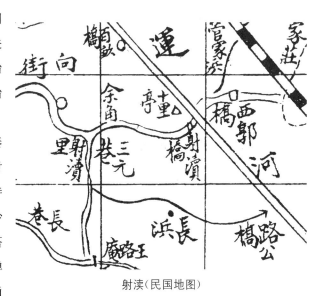

射渎（民国地图）

不弯。吴王阖闾出，秦帝会稽还。漫以夸神力，俱无济国艰。虎丘遗剑迹，恰对白洋湾。"清顾禄《桐桥倚棹录》载："自潭西流出渡僧桥，会枫桥诸水与虎丘山塘合，曰射渎，相传吴王尝射于此，故名，一曰石渎。"

射渎曾为清帝南巡由运河归程时本地士人送驾之地，康熙三十八年（1699）四月四日顾嗣立、张大受，康熙四十六年（1707）四月二十一日光福圣恩寺僧济志皆于此处候驾。

养鹤涧

201. 养鹤涧 Yǎnghè Jiàn

位于姑苏区虎丘街道虎丘景区内、虎丘山北麓。涧周石壁环绕，溪水清澈见底。清姚承绪《吴趋访古录》有"养鹤涧"条："在白莲池，相传清远道人养鹤于此。"清钱载有《清远道士养鹤涧》诗云："灵皋不抗云，幽篁乃纡涧。涧声云气中，翠与白相幻。精魂岂游遨，佳藻恐欺谩。鹤粮谁粟米，鹤柴独篱栅。天光照崖磴，苔色上衣襟。坐想殷周来，人间几忧患。山青城郭改，霜落年华晏。时下饮猿啼，空令出花瓣。"民国《吴县志》载："二姜先生祠，在虎丘养鹤涧旁，祀明礼科给事中姜埰、行人姜垓。清康熙二十四年建，咸丰十年毁。姜埰，字如农，明末山东莱阳人。崇祯四年进士，官礼科给事中。以劾柄臣忤旨，谪戍宣城。南明时得赦，与弟姜垓奉母流寓苏州。有《敬亭集》等。姜垓，字如须，崇祯十三年进士，官行人。兄埰廷杖下狱，上疏请代兄罪，不许。福王立，又遭阮大铖迫害，遁迹浙东。入清后同兄奉母寓苏。著有《笤笃集》。"清彭绍升有《谒二姜先生祠》诗云："飘零雁羽共残生，谏草空传千载名。九死流离君父痛，一生患难弟兄情。莱阳归去余荒戍，吴国淹留剩老兵。虎阜山头荐蘋藻，风流应共首阳清。"

202. 网船浜 Wǎngchuán Bāng

位于姑苏区山塘街道。原河道东起山塘河，西至丹阳码头，始称于清末民初，因渔民居住此而得名。今河已不存，留有同名巷子"网船浜"，1980年因重名更名为星桥浜。网船，当地对渔船的俗称，习称渔民为"网船上人"。

另，姑苏区华泰家园北亦曾有网船浜，今里双河东端近胥江处。相城区黄桥街道旺方路北端，也有河道名网船浜。

203. 吴家港 Wújiā Gǎng

位于吴江区松陵街道。古吴家港，西接太湖，北至垂虹桥，约长10千米，为吴淞江上源之一，曾是连接太湖与吴淞江的重要纽带。明沈启《吴江水考》载为太湖中一十八港之一，有"吴家港"条："阔四十三丈，弘治九年定。后阔二十四丈，正德十三年定。西接太湖，东流不半里，即南湖。北至长桥、吴淞江入庞山湖，今尽涨，南湖皆为荡。分为三港，一港东流十里至甘泉，阔亦如之。中分一支北折复东，至三江桥，阔亦如之。一港东北流八里，至长桥三叉口，阔亦如之。一港北流为斜路，八里至县西门，阔五丈。俱正德十三年定。内湖墓、梅里、石里八港俱四五丈，今浅隘。东行合于斜路。斜路以东俱塞。按：此关系非小，合多开河渠以泄湖势。"明张内蕴、周大韶《三吴水考》有"吴家港"条："在县治南九里。水自太湖东注，历简村而入，东行者为江漕路；以出九里石塘等桥折北者，则出松陵之长桥而入庞山湖，为吴淞江之上源。近

吴家港

以吴家港口河身浅窄，不能吞纳湖流，以致长桥之南北日淤成滩，江漕等路日亦湮没。奸民告佃，湖注不流，江之淤塞，实职于此。今于万历五年，奉敕清查，疏凿港口之两崖，东浚江漕等路及石塘诸桥之淤，水即东下运河以入江矣。"清金友理《太湖备考》载："吴家港，今称西吴家港，北流直对长桥，故名北吴家港。又即古吴淞江口，故《水考》称为'长桥吴淞江'。"清乾隆《吴江县志》卷四十二载："（太湖）东流不半里，北至长桥吴淞江，至长桥吴淞江者，尽吴淞之口与吴家港相并，今俗名西吴家港，又名北吴家港是也，北流直对长桥，故曰长桥吴淞江也。"

随着城乡建设的发展和地形水系的不断变化，今吴家港南至三船路港西通太湖，北至垂虹桥接东城河东入大运河，全长约2.9千米。现东太湖大道跨吴家港南端建有吴家港桥，与行船路河交汇处南侧的三交地带建有占地面积4万多平方米的"吴家港公园"。

204. 养鹅浜 Yǎng'é Bāng

位于吴江区七都镇陆港村陆家港老街东首，传为陆龟蒙养鹅之处，故名。南起西联圩港，北至浜底，长约400米。陆家港，位于七都镇中部，北濒太湖，原属庙港镇金明村，2003年12月随庙港镇并入七都镇。陆家港在唐代时已成村落。自明代起，陆家港形成街肆，鱼摊、肉铺、茶馆已有数家。至清代，商业逐渐兴起，后进一步发展，形成肉铺、鱼摊、茶馆、糖果茶食、酒酱、豆制品、小百货、理发等行业，其中，施家、庄家、曹家、吴家等大户开的商店近20家。1957年，陆家港为大儒乡政府驻地，老街商业进入鼎盛时期，共有50多家商店。1958年8月，大儒乡被撤并，陆家港老街逐渐萎缩。现老街上，商铺民居面街枕河，留有河埠、廊棚、水阁等建筑物，具有古朴气息。老街中段的甫里桥，以陆龟蒙别号"甫里先生"得名，初建年代无考，清宣统三年（1911）重建，为苏州市控制保护建筑。桥东西走向，梁式单孔，金刚墙基本为青石，余为花岗石，桥长9米，中宽1.8米，跨度3.4米，高2.9米。相传陆龟蒙喜养鸭鹅，今吴江仍有多个地名、胜迹与此相关，如松陵盛家库北侧垂虹桥畔的鸭漪亭、平望安德桥南有放鸭滩、震泽花山头北有养鸭滩，黎里八景之一的"鸭栏帆影"，皆传为陆龟蒙养鸭处。

养鹅浜

205. 南厍港 Nánshè Gǎng

位于吴江区松陵街道南厍村，又作"南舍港"，因流经南厍村而得名。原为"太湖中一十八港"之一的吴家港入湖段（参见203"吴家港"条）。随着城乡建设的发展和地形水系的不断变化，今南厍港仅剩海沿漕（河）至北城村河的一段，长约950米。

南厍港

南厍，原名简村，坐落于太湖之畔，村人以渔耕为生，曾为吴江出入东太湖的要津，以出产湖鲜野味而闻名。村街傍南厍港，东西走向，百十来步长。西端原是浩瀚的太湖，现已被圩堤围去。至民国时，南厍街均有过街凉棚覆盖。沿街为砖木结构的水乡民居。据史料记载，从明万历年至清末，南厍街上先后有13座庙宇、4座古石桥。

206. 黄家溪 Huángjiā Xī

位于吴江区盛泽镇黄家溪村。原名野和溪，因元代时黄氏居此而遂名黄家溪。西起北角荡，东至大龙港（大运河古道），全长约1 000米。其中黄溪市河段长370米，宽仅7.7米。相传，三国吴赤乌三年（240），吴大帝孙权命上大夫倪让、将军徐杰、司马领濠寨盛斌至青草滩筑圩、造田、屯兵，筑寨至野和溪。南宋庆元年间，黄由晚年定居于合路村，在大家浜西侧建尚书第。元代，黄氏子孙迁居于此，村以溪名。清姚承绪《吴趋访古录》有"黄家溪"条："即孙吴青草滩。宋尚书黄由筑别业于此，地仅三里，居民二千家，俱业机杼。古迹有寨湖、睡龙湾、青草滩。园第有史西村钓游处。梵刹有莲花庵、喻指庵、积庆讲寺。"因黄家溪东傍京杭大运河，至清初已为"烟火千家两岸回"的绸市，称"黄溪市"，所产绸缎有"衣被中原到九氏"。清乾隆《吴江县志》载："黄溪市，去县治东南六十里，明以前以村名，居民止数百家，国朝康熙中至二千余家，货物贸易颇盛，遂称为市云。"黄溪绸产以流向北方为主，《黄溪志》云："花样轻重必合北客意，否则上庄辄退。"史在柱《黄溪竹枝词》有"无端北客嫌轻去，贱煞吴绫等苎麻"句可为印证。

据光绪《吴江县续志·纪兵》载，咸丰十年（1860）四月二十五日，太平军攻克吴江县城，二十六、二十七两日，太平军全线南下，至平望与由安徽来援的清总兵江长桂激战，炮轰逾两小时，声远闻数十里。由此，黄家溪、新杭两市全毁。黄溪市由此不复当年风貌。

史鉴（1434—1496），明盛泽黄家溪人，因居穆和溪之西，故号"西村"，筑有西村别构，人称"西村先生"。史鉴交友广泛，与吴中名士相互往来密切，尤其与吴宽为挚友。吴宽在没有取得功名时，史鉴就邀请

黄家溪

他到家中居住，相与考证古今之事。当时，吴宽一年里有三分之一的时间在史鉴家中，两人成为好友。成化十四年（1478）十二月十六日，吴宽与史鉴、李应祯、张子静游阳山，入云泉庵，观大石，有联句诗；也就在这一年，吴宽邀请史鉴同游西山，游历4天，舟行60里，舆行40里，两人总作诗30首，吴宽录了行书《游西山记》和他自己作的15首诗，录后交史鉴保存，史鉴又请他的亲家沈周为诗卷补《游西山图》，于是就有了沈周、吴宽的诗画合卷。沈周在《游西山图》题识中写道："明古先生与吴内翰交非一日，每一接，必久馆，故游西山诸作弥卷。余不能言，特为补图卷首，意仿子久笔法为之。此亦著家景物，不在工拙论矣。"史鉴去世，吴宽至史家吊唁，并写有《登小雅堂哭故友西村史先生》诗："路绕黄家溪水长，春风洒泪复登堂。草荒求仲常来径，尘满元龙旧卧床。分手死生嗟契阔，伤心聚散觉凄凉。高邱数尺栖神地，碧树争凋不待霜。"沈周亦有《黄溪春早为史西村赋》诗："一水自西东，春流浩荡通。楼台倒明月，舟楫坐长空。芳草（案，一作草舍）渔隈合，柔桑蚕户同。作文须记胜，要自太湖翁。"清俞南史有《过黄溪》诗："碧水烟开引绿杨，千门相照列成行。卖鱼人带歌声近，响梵林传暮色凉。日日远劳行旅客，家家夜苦络丝娘。当年高士幽栖处，余亦埋名过此乡。"清张霈有《黄家溪》诗云："几曲陂塘胜，垂杨去路赊。烟云开五屿，机杼足千家。小鸟鸣深树，轻凫浴浅沙。片帆何处泊，红日又西斜。"

黄家溪，今属黄家溪村。黄家溪村，位于盛泽镇东北部，东临幸福村，北临京杭大运河，西临北角村、平望镇莺湖村，南临前跃、胜天等村。原为盛泽公社跃进大队，以大队驻黄家溪，改称黄家溪大队。1983年7月，为盛泽乡黄家溪村。1988年12月，随盛泽乡并入盛泽镇。2001年8月，大新村并入。2003年7月，与上升村合并，村委会迁至南坝。下辖自然村有黄家溪、南港、西景坊、北兜、谢人港、条字湾、陆家河、庄湾里、上升、五景、南坝。

207. 南栅港 Nánzhà Gǎng

位于吴江区黎里镇芦墟集镇南。旧时芦墟市河入口处设有水栅，因港位于南栅外而得名，又称西大港、轮船港。西起分湖，东至东栅港，长约1.3千米，是湖州至上海航线（业称长湖申线，是国家级干线航道）芦墟段的一部分。南北向的芦墟市河，从牛舌头湾穿过观音桥，一路向南，流经登云桥汇入南栅港。港北侧有南栅港路，东起南栅港，西至分湖园路，2005年8月命名。

另，同里镇中川港（东溪上游今名中川港，疑似旧南栅港），亦曾名南栅港。据明沈𪏆《吴江水考》载："同川，即同里，一名富土。去县治东十里。有市镇、有巡司、有寺、有观。其河东行者三，如川字，故名。内有会川、升平港、荷花荡、广仁桥港、大通港交织于中。其前河受钱家浜、张仙泾水为南栅港。又南受大叶港水来，皆会于东溪。即东栅港。"港内设有水栅，属同里司。

208. 莼鲈港 Chúnlú Gǎng

位于吴江区黎里镇元荡北岸东联村枫里桥，因传晋张翰于枫里桥建别业遂有此名，原名二图港（后谐音为弥陀港），今又名枫里桥港。东起吴天贞荡，向西流经枫里桥折北至华树港，长约770米。清史玄《吴江耆旧传》载："张翰，字季鹰。少有清才，善属文，而纵任不拘，时人号为'江东步兵'。会稽贺循赴命入洛，经吴阊门，于船中弹琴。翰初不相识，乃就循言谈，便大相钦悦。问循，知其入洛，翰曰：'吾亦有事北京。'便同载即去，而不告家人。齐王同辟为大司马东曹掾。同时执权，翰谓同郡顾荣曰：'天下纷纷，祸乱未已。夫有四海之名者，求退良难。吾本山林间人，无望于时。子善以明防前，以智虑后。'荣执其手，怆然曰：'吾亦与子采南山蕨，饮三江水耳。'翰因见秋风起，乃思吴中菰菜、莼羹、鲈鱼脍，曰：'人生贵得适志，何能羁宦数千里以要名爵乎？'遂命驾而归。俄而同败，人皆谓之见机。翰纵心自适，不求当世。或谓之曰：'卿乃可纵适一时，独不为身后名耶？'答曰；'使我有身后名，不如即时一杯酒。'时人贵其旷达。性至孝，遭母忧，哀毁过礼，年五十七卒。"相传，元荡湖畔原东枫小学南曾有张翰墓。

209. 大浦港 Dàpǔ Gǎng

位于吴江区城区南部，流经横扇街道、八坼街道，为京杭运河西岸支河。今大浦港西起横草路（又名江漕）与海沿漕交汇处，东过大浦桥注入大运河，长约3.5千米。古大浦港，曾是太湖主要泄水口之一，"浪打穿"为其上源。明代以后，"浪打穿"淤淀成平沙滩并陆续围垦殆尽，仅存一些河道通流。其中，北支海沿漕，太湖水由军用线港（入湖口今称大浦口，苏州湾大道上建有大浦口桥），至南厍港西口折南，沿海沿漕至八坼南至圩，与南支横草路的太湖水合流汇入大浦港，过大浦桥东泄大运河。明沈启《吴江水考》载："翁泾漾，去县治南二十三里。为桥一，为窦十九。

大浦港（清代地图）

其受太湖来水凡三：曰钱家港、曰牛尾泾、曰巴泾，与八斥大浦港水同出运河。大浦桥港西风，湖涨，极为险恶，盖下流甘泉塞也。"

210. 火烧港 Huǒshāo Gǎng

位于吴江区江陵街道瓜泾港北，为瓜泾港支流。原作"浒稍港"，后因音近，民间记为"火烧港"。港上旧有桥，清金友理《太湖备考》中《吴江县沿湖水口图》标注有"浒稍桥"，又《太湖备考》"记兵"载，嘉靖三十三年（1554）六月，倭寇侵扰苏州，"乃由石湖入太湖，趋吴江，知县杨芷率轻舸出瓜泾港，战于鲇鱼口，时湖水枯涩，芷以钩攒搏之，斩首十六级。贼惧，登浒稍桥四望。"又据乾隆《吴江县志·营汛》记载，浒稍桥设有营汛，有汛房三间、巡兵十名、战船一只。

211. 宝带河 Bǎodài Hé

位于吴江区松陵街道庙前街南侧，西起城中河（中山河），向东折南至垂虹桥入东城河，全长约800米。为原松陵镇区三条东西向市河之一（另两条河道名金带河即前河、玉带河即中河，1956年后陆续填没），也称后河。明沈启《吴江水考》载："城中河，西受南湖并东塘、西濠二港之水，入西门过永定桥，一名大仓桥。直出北门，其东泄者三。一曰前河，由西门内南分，过新桥、西寺前东折过庶宁桥。一名周桥，经县治东有看波桥，其水从中河南分过县治来会，同过仙里桥出东门。二曰中河，由利民桥东流，过六子、吴兴桥，又东通利、顺利、亨利桥出小东门。三曰后河，由治安桥东流，有中河塘水由骆驼桥南来会，过城隍庙稍南重庆桥，又有城东北一隅洗马池及二浜合而南行，过惠民桥来会，同过太平桥出小东门。与前河、后河水合。俱出东城河。"又载："市河三道，泄水入吴淞江。一自西门至县治前阔二丈三尺，县治前至东门阔二丈二尺。二自利民桥即亭桥，至小东门，阔一丈二尺。三自治安桥即小仓桥，至小水东门，阔一丈六尺。今皆淤。"宝带河上尚有保存完好的富家桥等古桥。

宝带河水关桥

212. 叶家港 Yèjiā Gǎng

位于吴江区横扇街道，为太浦河北岸支河。港东有同名自然村，因有叶姓聚居于此而得名。据明沈启《吴江水考》载，叶家港为太湖南七十二溇之一，南起太浦河，北至横草路港，长约1.5千米。流经有叶家港村，位于吴江区横扇镇西端，北临太湖，靠近230省道和太浦河，交通便利。

叶家港

213. 丁家港 Dīngjiā Gǎng

位于吴江区七都镇陆港村。港东有同名自然村，因有丁姓聚居于此而得名。丁家港北起太湖，南至西联圩港（横港），长约600米。明沈启《吴江水考》载为太湖南七十二溇之一，并载丁家港设有水栅，属因渎司。《水栅考》云："甃石筑土为坝，列木通水为栅，于水何利而置之？端为盐盗防，故皆属之巡司。建置之初，或出乡村之自卫，或出院司之求备，仓卒应命，未必皆险要之地。及县每年差属官点查，更陪其数多寡应否，不知何以复命。且迩年海寇内犯，编氓守望，邻邦设险，仓皇不暇为水谋也。其创建于四封之内者，尤多乱已，自当厘正。若彼豪右欲擅江湖之利，逋逃欲拒勾摄之人，国有法焉。"七都镇太湖塘路之北，旧时有大片高亢旱地，宽处四五里，狭处一二里。由于成年累月被太湖风浪冲刷侵蚀，旱地面积逐渐向南缩小，现在宽处仅剩74米，狭处只有4—5米。1983年12月，七都乡人民政府配合环湖公路工程，筹集资金，组织人力物力，沿塘路筑了防风大堤，东起东丁家港，西至薛埠村，全长5 317米，高7米，底宽7米，起了拒风浪、保土地的作用，有效地遏止了太湖风浪对土地的侵蚀。

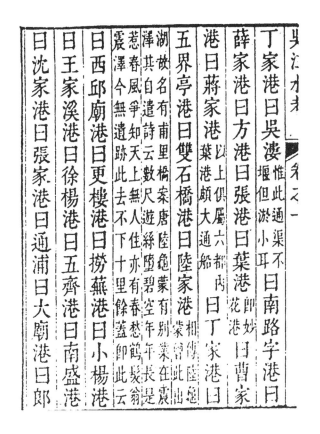

丁家港（明《吴江水考》）

214. 陆家港 Lùjiā Gǎng

位于吴江区七都镇陆港村。因相传晚唐陆龟蒙曾由此出湖而得名。长约1.9千米。明沈启《吴江水考》载为太湖南七十二溇之一，并云陆家港："相传陆龟蒙曾此出湖，故名。有甫里桥。案，唐陆龟蒙有别业在震泽，其自遣诗云：'数尺游丝堕碧空，年年长是惹春风。争知天上无人住，亦有春愁鹤发翁。'震泽今无遗迹。此去不下十里余，盖即此云。"清乾隆《震泽县志》亦有"陆家港"条，沿用《吴江水考》所说。

陆龟蒙（？一约881），唐长洲（今江苏苏州）人。字鲁望，号天随子、江湖散人、甫里先生，又自比涪翁、渔父、江上丈人。陆宾虞子。举秀才，一试进士不中，敛退授学。家临顿里，常居甫里别业。有田四百亩、屋三十楹，常亲自劳作，不畏人讥。性高洁，善谈笑。博雅稽古，通琴曲，深于酒道、茶道，于湖州长兴顾渚山下置园，岁取茶租，自判品第。闲暇乘小舟钓游江湖，自撰《江湖散人传》而歌咏之。藏书万卷，抄校精审。通六经，尤明《春秋》。好文学，善小品，赋称高手，诗歌清绝，得杜甫之赡博，自成一家，堪与温庭筠、李商隐相颉颃。与颜荛、罗隐、吴融等为益友。咸通十年（869）与苏州刺史崔璞幕宾皮日休订交，并称"皮陆"，唱和之作编为《松陵集》，其中全篇双声叠韵悉其所作，足见多能。后曾任湖州、庐州、苏州刺史张抟从事。乾符六年（879）卧病于笠泽之滨，所作歌诗赋颂铭记传序辑为《笠泽丛书》。中和初召拜左拾遗，诏下病卒，年逾四十。光化三年（900）与李贺、温庭筠等俱追赐进士及第，赠右补阙。另著有《小名录》《吴兴实录》《甫里先生文集》等。

陆家港

215. 快鸭港 Kuàiyā Gǎng

位于吴江区震泽镇石瑾社区与镇南社区交界处。原名蒯家港，本为颐塘（震泽市河段）南岸支河。因镇区建设，今快鸭港已不通颐塘，北止镇南路街心公园，南通分乡桥河，长约900多米，河道北窄南宽，宽10—50米。港边原有同名自然村，现属新乐村。港东岸有快鸭港路，北起镇南路，南至镇南二路接十字漾路。

近年来，震泽镇通过实施污水拦截、河道疏浚、畅流活水、沿河拆违、驳岸修整、绿化提升等措施，全力打造快鸭港"水清、岸绿、景美"的良好生态，增添了健身步道、水面廊桥、老年驿站、百姓戏台、景观灯光等配套设施，并开展"美丽庭院"活动，为河湖两岸增添缤纷色彩。如今的快鸭港摇身一变，成为群众喜闻乐见、休憩健身的滨水乐园。2023年11月，快鸭港获评苏州市级示范幸福河湖称号。

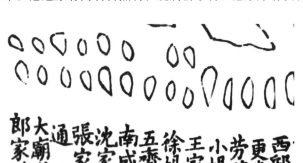

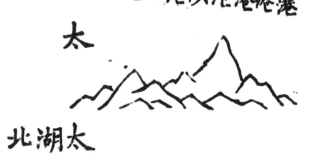

大庙港（清代地图）

216. 大庙港 Dàmiào Gǎng

位于吴江区七都镇庙港社区、庙港村。明沈启《吴江水考》载为太湖南七十二溇之一，原设有水栅，属因溪巡检司。据清乾隆《吴江县志》载：大庙港之得名，因近处诸港累年续建永定寺、诸葛亮庙、观音庙、老太庙、圣堂庙、张老太庙、伏家庙、西方庙、北盛亭、中社庙等庙宇，而以此处东岳庙为最大，因此称河为"大庙港"。今大庙港，西北起自太湖大堤顺堤河，东南至横路港，长约2.7千米，呈西—东南向，入顺堤河口南侧建有闸。

旧时，大庙港是太湖渔船停泊避风港口之一，港两侧逐渐繁荣形成市镇，自清宣统二年（1910）称镇以来，大庙港集镇一直为乡、区行政机构驻地。2003年12月，庙港镇并入七都镇，大庙港随属七都镇。

217. 乌桥港 Wūqiáo Gǎng

位于吴江区盛泽镇北部，西起烂溪（又作烂溪塘、澜溪、澜溪塘，大运河改道后又为江南运河的一部分，本名录统一作"烂溪"，下同），经白龙桥港、蚬子兜、桥北荡、大中港、余家荡、双休港，东入大运河，全长9.1千米，因河线经过乌桥而得名。明沈㶉《吴江水考》载有"乌桥港"名。乌桥港西受北麻漾东泄及烂溪分流之水，穿蚬子兜、桥北荡、余家荡、湾里荡，越大运河由斜路入浙江省梅家荡东泄红旗塘。梅家荡围垦成田后，乌桥港东泄之水与运河南来之水合，北行至大坝港、莺豆湖，然后经陆家荡、杨家荡泄入太浦河。1973年11月至1974年1月，时吴江县组织盛泽、坛丘、平望、梅堰、南麻、震泽、铜罗、青云、桃源9个公社5 683名民工实施乌桥港拓浚工程，开挖蚬子兜至大运河段，长6.5千米。其中，新开河道2千米，拓浚老河1.26千米，其余利用原有湖荡未施工。另外还改建了乌桥。

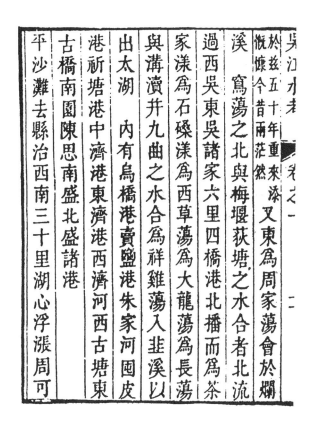

乌桥港（明《吴江水考》）

218. 水落港 Shuǐluò Gǎng

位于吴江区城区西部、横扇街道与松陵街道交界处，古"浪打穿"北部。今名军用线港（因港两侧原为部队农场而得名），西起太湖，东至南厍港西，长约2.3千米。今水落港为太湖主要出水口之一。今太湖水入水落港向东、南、北分数路而行：一路直对南厍港，一路北沿外围河入三船路河，一路北沿捕捞中心河入云龙河，一路东南沿海沿漕入大浦港，一路南沿直渎港入横草路后复东流大浦港。

219. 川桥港 Chuānqiáo Gǎng

位于吴江区盛泽、平望两镇交界处，南为盛泽镇南塘村，北为平望镇平安村、万心村。西起北麻漾，经满字圩、南万荡、塘湾港、天官荡至烂溪，长约3.5千米。港上有川桥，古称川石桥，原为坛丘与梅堰界桥，梁式三孔，桥长17.5米，宽1.8米，中孔跨度4.5米，高3.3米。1980年坍塌，改设渡口。后在建梅坛公路时，在原桥东侧建公路桥，沿称"川桥"。

220. 薛埠港 Xuēbù Gǎng

位于吴江区七都镇吴溇村。因流经薛埠村而得名。今薛埠港南起大儒河，北至薛埠村，长约700多米，已为不通太湖的断头浜，亦名戴家浜。明沈㶉《吴江水考》载为太湖南七十二溇之一。清金友理《太湖备考》中称"因渫汛设此"，又称从湖州方向来诸水"散入薛埠诸港下太湖"。

昔时，薛埠村有"古杏笼庵"胜景，相传古杏庵前有一大银杏树，参天蔽日，荫覆数亩，传为数百年物，树东有井，井上有亭，其景独异。金莱有诗云："乔木何年物，森然蔽远空。雨余烟历落，云渡翠茏葱。犹得荫禅榻，维量过社公。几声钟磬晚，月罅夕阳红。"沈裕云有诗云："矗云标远翠，清构小花宫。荫密常疑雨，丛深不满风。经声祇树里，梵语鸟窠中。来往闲相憩，多偷半日工。"

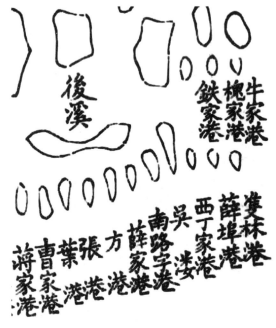

薛埠港(清代地图)

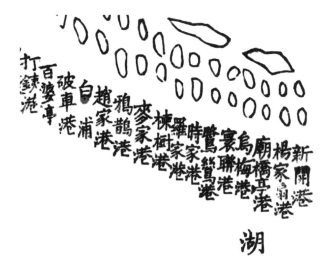

时家港(清代地图)

221. 时家港 Shíjiā Gǎng

位于吴江区七都镇联强村。港东有同名自然村，因有时姓聚居于此而得名。明沈㙉《吴江水考》载为太湖南七十二溇之一。1958年11月至1959年5月，由苏州专员公署动员吴江、震泽、江阴、吴县、青浦、松江、金山等7县12.1万人，以时家港入湖口为起点开挖太浦河，时家港成为太浦河南岸西起第一条支河。今时家港北起太浦河，南至横路港，长约2千米。时家港自然村，原属庙港乡罗港村，2001年随属庙港镇联强村，2003年12月随属七都镇。

222. 老太庙港 Lǎotàimiào Gǎng

位于吴江区七都镇庙港社区庙港村。因港南端有始建于元至正四年（1344）的老太庙而得名。今老太庙港，南起东联圩港，北至太湖大堤顺堤港，长1 147米。老太庙，又名邱老太庙（参见第二批吴文化地名保护名录131条），供奉邱氏一家三尊神像，即邱老太爷、少爷和少公子，故名。1958年庙被拆除。2012—2015年，重建于老太庙港与东联圩港交汇处西侧，占地31亩。在老太庙港北、东太湖边，还有南怀瑾在2001年创办的国学教学基地太湖大学堂。

223. 郑产桥港 Zhèngchǎnqiáo Gǎng

位于吴江区南部，流经桃源、盛泽两镇。因河道上原有郑产桥而得名（1929—1934年曾设有郑产乡）。西起大德塘，东至南麻漾，长约4.4千米。因与南麻漾以东的麻溪相对，今亦合称麻溪，其中圣塘港以东段，为桃源、盛泽两镇界河。郑产桥港为太浦河以南（水利上称浦南区）承接杭湖地区来水东泄的重要通道

老太庙港

之一。上游来水自桃源镇沈庄漾，经青云港、郑产桥港至盛泽镇南麻漾、麻溪流入江南运河（烂溪）。南岸入港河口有镇北河、石家埭、鳑鲏港、市头浜，北岸主要入港河口有匣子坝港、圣塘港、长水路、寺西漾。

224. 屯浦塘 Túnpǔ Táng

位于吴中区东南部、吴江区西北部，又名滕浦塘。北起吴中区甪直镇与郭巷街道在吴淞江的交界处，受吴淞江分流之水，向南约700米入吴江区，穿洋溢湖，至屯村东关港与上急水港相接，流入白蚬湖，全长约8千米。因屯村镇市河段狭浅，1979年12月至1981年2月，在屯村镇南新开河道600米，河道扩宽至60多米，直通上急水港。屯浦塘是苏南地区经淀山湖通往上海的水上主要通道——苏申外港航线的一段，为5级航道，可通100吨级船舶。西岸入塘水系主要有小湘港、水浦泾、雪塔港、双溇港、王家浜、同里湖、日字圩港、方港、邹水港等，东岸入塘水系有县界河、南溇里港、夏家浜、库浜、徐家溇、大南港、虹桥港、加泾港、养鸭浜等。

225. 紫荇塘 Zǐxìng Táng

位于吴江区桃源镇。紫荇，为水草名。紫荇塘南起苏浙两省交界的烂溪、乌镇市河交汇处，受烂溪分流之水，向北入大德塘，全长约9.5千米，是桃源镇境内仅次于烂溪的南北向重要航道。西岸纳桃花桥港、桃源河、花桥港西来之水；东岸有乌桥港分流入烂溪，有南塘港、冯家浜、白寺港等分流入严墓塘。在紫荇塘、烂溪和乌镇市河车溪三水交汇处，原有分水墩，是两省三府（苏州、湖州、嘉兴）的分界点，地理位置十分显要。据史料载："宋盛时，水口设有罗星。"明万历元年（1573），嘉兴同知罗斗在墩上"筑石埠，四周缭以石栏"，建亭阁，"肖文昌像于其中"。分水墩及亭阁历久渐圮，1919年重建，至1953年春被拆除。清乾隆孔继瑛有《过分水墩舟中赠外》诗："滔滔此去水无停，小艇相将溯远汀。九派合流逢砥柱，一墩分界是罗星。危桥西望渔帆集，杰阁东临鸟道经。何日孝廉船过此，我来先折柳条青。"诗中的一墩即分水墩，危桥指的是分水墩北侧1.2千米处桃乌公路上的"太师桥"。

紫荇塘亭子桥

226. 大德塘 Dàdé Táng

位于吴江区西南部，流经震泽镇、桃源镇。原为严墓塘北段，因西岸为大德村而得名。因北段位于震泽镇西，又名西塘河，而东岸为后练村，故又名后练塘。南起铜罗古镇后兴桥港接严墓塘，北至震泽集镇西入顿塘，全长约9千米。西岸有洋河桥港、紫荇塘、青云港、划船港、金家浜等纳西来之水，东岸有郑产桥港分流入南麻漾，有上南湾港、烧火坝港、众善桥港、湾家里港、分乡桥港分流入北麻漾。

227. 严墓塘 Yánmù Táng

位于吴江区桃源镇。因流经铜罗集镇（原名严墓镇，相传西汉初期辞赋家严忌逝后葬于此）而得名。今严墓塘仅指铜罗市河至烂溪的一段，长约2.8千米，河底宽30米，边坡1∶2。西北段铜罗市河，河床狭浅，东

严墓塘

南段流向不定。严墓塘西纳南塘港、白寺港之水，东由鳑鲏港分流入南麻漾。

228. 横草路 Héngcǎolù

位于吴江区西部，又名江槽、船横港。为"浪打穿"淤积围垦而形成的南部水道，西起戗港，经横扇街道、平望镇、八坼街道，东至海沿漕，纳沿湖溇港太湖之水入大浦港东泄运河，全长11千米。自新开路河（今吴江看守所西）拓浚后，新开路以西段逐渐淤塞，部分河道已不通流。北岸接入水系主要有新开路、沈家路、外长圩港、直渎港、溪港路、鱼池路、黄沙路等，均北承太湖之水；南岸接入水系主要有潘其港、后河浜、陈思港、直大港、西湖（河）港、上港（北上横港）、庙浜、茅柴（茂才）港、平溪港、西浜、东浜、练聚港、孔家桥

横草路（清代地图）

港、黑桥港、胡家湾等。其中练聚港以西诸港均南流入太浦河，练聚港以东诸港则辗转东泄大运河。

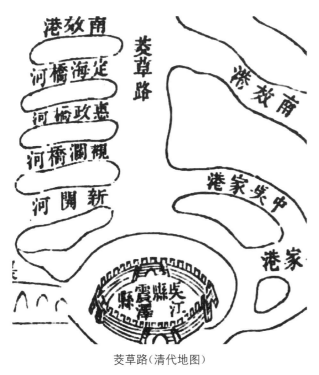

菱草路（清代地图）

229. 行船路 Hángchuánlù

位于吴江区城区中部、花园路西侧，又名航船路、菱草路。南接大浦港，向北流经八坼街道、松陵街道，至笠泽路南汇入吴家港，全长约8.6千米。

今行船路南端东建有胜地生态公园，其位于江苏省苏州市吴江区太湖新城，占地面积3 500亩。公园东至227省道，西至中山南路，北至吴江大道，于2014年建成集田园观赏、文化展示、极限运动、儿童活动、趣味野餐、生态湿地、种苗研究基地等多个功能区于一体的郊野公园。北端西建有"吴家港公园"。

230. 三船路 Sānchuánlù

位于吴江区城区中部，今又称三船路港。西起太湖，向东流经松陵街道、江陵街道入京杭大运河，长7.6千米。三船路入大运河口处，建有运河古纤道公园。

运河古纤道，又名松江堤、至正石塘、九里石塘、吴江古纤道，位于苏州市吴江区227省道东、京杭大运河西岸，始筑于唐元和五年（810）。运河古纤道除去基础高1.59米，宽3.1米。现存的1 800米巨型青石驳岸仍为元代遗存运河古纤道，为江南运河仅存的一条古纤道，是中国古代水利工程的杰出范例，具有重要的历史文化价值。1995年4月，运河古纤道被确立为第四批江苏省文物保护单位。2006年5月，运河古纤道作为京杭大运河沿线文物遗存点，被列为第六批全国重点文物保护单位。2014年6月，中国大运河申遗成功，运河古纤道被列入世界文化遗产中国大运河遗产保护点。2021年，吴江区依托运河古纤道本体、三山桥、南七

星桥等建筑,从夜景亮化、风貌协调、文化氛围、配套设施等角度对"运河古纤道"进行多维综合提升,并正式命名为运河古纤道公园。

231. 吴溇 Wú Lóu

位于吴江区七都镇西部,为太湖南七十二溇之一,起自太湖,南至金鱼漾,长2.9千米,河底高度1.4米,河底宽6米,南北向。明弘治四年(1491),巡抚都御史倪礼聘布衣史鉴,问东南水利事宜。史鉴有言曰:"吴江之地当太湖东南,其在南者,分众流以入湖,吴溇港、直渎港、宋家港、朱家港、蠡思港、黄沙港、韭溪是也。"明沈启《吴江水考》载吴溇港设有水栅,属因渎巡检司。

吴溇

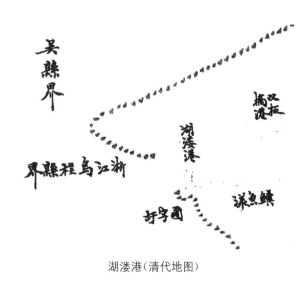

湖溇港(清代地图)

232. 胡溇 Hú Lóu

位于吴江区七都镇西部,为跨江浙两省河道,又名湖溇港。北起今浙江省湖州市吴兴区乔溇村潘家埭(原为胡溇村,2000年并入乔溇村)入太湖,南至七都镇隐读村天到桥港,吴江境内长约1.3千米。胡溇,为吴江区七都镇最西端的一条太湖溇港,也是湖州市吴兴区织里镇境内太湖溇港东起第一条。

233. 尖浦 Jiān Pǔ

位于苏州工业园区胜浦街道。为胜浦地区原"五浦"(即凤里浦、青秋浦、沽浦、尖浦、界浦)之一。原南起吴淞江、北至娄江,全长约6.5千米。后因建京沪高速园区互通,被截分为南北两段:南段南起吴淞江、北至友谊河,长约4.7千米;北段南起互通收费站西、北至娄江,长约1.4千米。尖浦西岸有尖浦路,南起吴胜路、北至强胜路,长约3.7千米,为胜浦街道东部南北向主干道之一。

234. 陆埂河 Lùgěng Hé

位于相城区漕湖街道，因流经陆埂上自然村而得名。陆埂上，位于陆严村西南侧，因村民大多姓陆而得名，东起陈家桥，西与汤家浜河南隔河相望；南邻秦埂村湾塘里，北至薛埂上。该村村民除陆姓外，还有徐姓、陈姓等。陆埂上曾是黄家埝河两岸村民去苏州、黄埭的必经之路，黄家埝河没有桥，陆埂上出资打造一种简便方舟，两岸各打一桩，方舟两头各按一个圆环，用粗绳连接桩和环，渡河者只要不断拉绳，船就能前行到彼岸。这种摆渡工具称绁渡船（又称扯渡船）。

1952年，陆埂上属黄埭区倪汇乡所辖；1983年7月，属黄埭乡陆严村村民委员会第四村民小组；1992年，实行镇管村体制，至2001年2月，撤销吴县市，属苏州市相城区黄埭镇陆严村；2003年，随陆严村并入汤浜村；2006年7月，随汤浜村划属相城经济开发区；2008年6月，随汤浜村划归北桥街道；2014年8月，属漕湖街道汤浜村。

235. 木沉港 Mùchén Gǎng

位于苏州工业园区唯亭街道。据《唯亭镇志》载，木沉港为原施家村（约今亭苑社区）与戈巷村（约今戈巷社区）的界河，在今亭苑街东侧，西南迎娄江来水，东北流入阳澄湖东湖，长约2.7千米。《唯亭镇志》又载："仁寿桥，该桥为古石拱桥，又名王店桥。位于唯亭老街西市，坐落于木沉港南端口，桥下水路与娄江相通，东西通向。明成化元年（1465）建……"明嘉靖七年（1528）桥重修，因桥东北侧有仁寿庵而更名仁寿桥，桥下河也以此又称仁寿港，并沿称至今。如是，则仁寿桥下古亦曾名木沉港，与今木沉港在青苑新村六区西北合流后注入阳澄湖，略成"人"字形，旧时或同称"木沉港"。

木沉港仁寿桥

236. 新浦河 Xīnpǔ Hé

位于苏州工业园区胜浦街道，也作新浦，为1975年12月至1976年1月新开的河道，故名。新浦河南起吴淞江，北至友谊河，长约6千米，是胜浦街道东部南北向主要河道之一。新浦河东岸为胜浦路，是改革开放后胜浦集镇区新建的南北向主干道,以胜浦乡名命名。

司马泾(清代地图)

238. 娄斜港 Lóuxié Gǎng

位于苏州工业园区金鸡湖街道东部、胜浦街道西北部。因北起娄江、南至斜塘河,故名。长约4.7千米。1976年11月,由时吴县斜塘公社组织公社劳力5 010人开挖连接斜塘河与娄江的新河,即今天的娄斜港,于1977年1月竣工。当时,原计划结合开挖娄斜港在东岸新建一条斜塘至苏昆公路(今娄江大道)的新路,后因道路改道而未建,开河筑成的公路路基改为旱地使用。2001年,娄斜港东岸建成命名星塘街,成为园区中部一条南北向主干道,原来的计划最终实现了。娄斜港原位于斜塘境内,2021年行政区划调整,娄斜港在塘北河以北段属胜浦街道,以南段属金鸡湖街道。

239. 凤里浦 Fènglǐ Pǔ

位于苏州工业园区斜塘街道东北部、胜浦街道西部,因流经凤里村而得名,又名冯里浦、奉里浦,为旧时胜浦地区"五浦"之一。今凤里浦南起吴淞江(随着1993年起苏州工业园区的开发建设,凤里浦被裁弯取直,南河口西移约1.8千米),北至东沙湖连接娄江,长约4.5千米。凤里浦为沙湖与吴淞江连接的重要河道,今港田路以南段是斜塘、胜

237. 司马泾 Sīmǎ Jīng

位于苏州工业园区唯亭街道。明张内蕴、周大韶《三吴水考》载:"司马泾、罗家泾、陈司泾、板桥河、王村泾、朱巷泾、小泾港、匠门塘、东杨泾、邵渎泾、蠡塘、鸡碑港、吟浦、殷家港、畅浦并北掣至和塘水,以注于金泾潦,而东入吴淞江。"清道光《唯亭镇志》作"驷马泾",俗称"水网泾",今仍作"司马泾",南起娄江,北至阳澄湖浅水湾,长约2.6千米。原司马泾南端(今唯亭苑东南角)临娄江处有驷马泾桥,位于原唯亭老街东市梢(今唯亭东街东端),原为长石桥板桥,始建时间无考,明万历四十二年(1614)重建。传桥上有一块桥石为"飞来石",1978年重新翻建时被砌于桥东南侧桥墈。今桥已拆除。

中江田 張家莊 青邱浦 宋巷	十一啚 吳淞江灘	西江田 火氿涇 外江蕩 東西汀	十四啚 吳淞江灘	談家港 外河田 南盛	十七啚 沙河南灘	田肚裏 東陸巷 後河田 北河田	十九啚	鳳里浦 荷花灣 郁陸涇

凤里浦(清乾隆《元和县志》)

浦两街道的分界河流。2021年，行政区划调整，划属金鸡湖街道。东岸有凤里街，2001年建成命名。

240. 吟浦 Yín Pǔ

位于苏州工业园区金鸡湖街道、胜浦街道，因唐代苏州刺史韦应物曾于此处吟诗而得名。清《元和唯亭志》载："韦应物山庄，在吟浦。韦常吟诗放舟于此，故名。按：今至和塘南有地名吟浦，在上二十五都。"据《斜塘镇志》（2001年版）载："吟浦北起龙北村，与娄江相通，流经龙北、南村、横泾、东长、南洲、西马、田巷7个村，南与吴淞江交汇，全长6.7公里。吟浦在古代是苏州至娄江到吴淞江的一条安全河道。相传唐苏州刺史韦应物常泛舟吟诗于此，在龙北村的北旺自然村，有大吟浦、小吟浦之分，韦应物在此建吟诗亭；据传在现今的吟浦与吴淞江交汇处的西马村，韦应物也建有吟诗亭。"清《元和唯亭志》卷首区域图中于龙墩山东西两侧标有"大吟浦""小吟浦"之名。1993年起，随着苏州工业园区的开发建设，吟浦也被裁弯取直，南河口由原入吴淞江鲇鱼口（今长阳街处）西移约3.5千米至奥体中心东侧入斜塘河，长约5.2千米。2021年，行政区划调整，塘北河以南段属金鸡湖街道、塘北河以北段属胜浦街道。

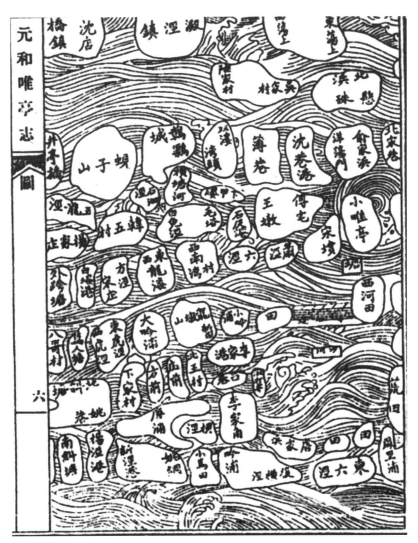

大吟浦、小吟浦（清《元和唯亭志》）

自韦应物后，历代文人常仿效泛舟吟诗于此。清钱治谦有《吟浦》诗云："燕寝耽诗兴，闲来此放舟。吟声传一浦，人说韦苏州。"清韩崇《吟浦》诗云："政通更多暇，出郭淡尘虑。欲写邺鄯情，端藉湖山助。

近访开元僧，遥寻上方路。至今浦上云，犹恋微吟处。"清朱绍博《吟浦》诗云："一声长啸江之浒，古人不作将谁伍？只有田歌空往还，大吟浦又小吟浦。"清沈藻采《吟浦》诗云："潺潺一浦水常流，刺史当年几度游。我亦携诗来泛棹，吟情何似韦苏州。"清查选《吟浦》诗云："片云覆江浦，随处泊扁舟。寻诗问流水，空忆韦苏州。此境真清绝，斯人孰与俦。不胜怀古意，芦荻亦吟秋。"今人萧宜美有《吟浦新吟》诗："水乡依旧古吴歌，吟浦新颜诗意多。常觅韦公游历处，荡舟追影共清波。"

241. 沽浦 Gū Pǔ

位于苏州工业园区胜浦街道、今沽浦路西侧。又名古浦，为旧时胜浦地区"五浦"之一。今沽浦北接友谊河，南至吴淞江，全长约4.8千米，流经原旺坊、胜巷、褚巷、邓巷等村（均已拆迁）。

《胜浦镇志》（2001年版）载有"沽浦街"条："1966年，胜浦公社在沽浦河西沿岸建造医院、商店和其他公共设施，傍河用碎砖铺成，南北走向、长约350米，因街道短而被人称为'百步街'。1984年沽浦街路面改用石块（碎石）铺成，1998年又改造路面，铺上六角水泥板，并拆除街道沿河的所有旧房，开辟绿地，种植草坪、花卉和树木。"今沽浦街已不存。沽浦与中胜路交叉口西北角，为胜浦街道办事处所在地。

三、湖泊（湖湾荡漾等）名

242. 大白荡 Dàbái Dàng

位于虎丘区浒墅关镇西南部、大运河西岸，又称白荡，传因晋代高僧支遁所乘白马跃入此水中洗澡而得名。明张国维《吴中水利全书》卷五长洲县水名下列有"大白荡"。今大白荡，西南通阳山河、蜿蜒东南至白马涧，西北通观山河，汇潴阳山东、南麓山涧东流之水于此，而后沿高佘河（又名白荡河、白荡泾）东流至董公堤佘桥口注入运河。

旧时的大白荡，湖面宽阔，水质清澈，所盛产的白菱声闻远近。清道光《浒墅关志》载："居人以种菱为业，白菱之名始于此。"又载："四角壳薄而坚实，则菱也……浒墅名之曰白菱，处处种之，其出佘桥者尤佳。"每当采菱季节，白荡一片翠绿，采菱人盘坐浴盆、缓行于菱荡中，一边采菱一边唱着吴歌，吸引了人们前往观赏，文人墨客更是即兴作诗吟唱，这就是清代浒墅关八咏之一的"白荡菱歌"。清吴铠《白荡菱歌》云："荡开十里欲浮天，到处栽菱不种莲。花影重重堆雪白，歌喉串串贯珠圆。渔家旧业田先熟，小女新腔曲未全。一带佘桥风物好，秋来采采荡轻船。"清凌寿祺有《佘桥白菱》诗："阳山山水活，泻入佘桥里。养得菱科肥，水清实累累。佘桥河十里，不种菰与荷。秋风河上起，一片采菱歌。采菱不用船，打桨愁丝胃。凌波乘浴盆，镜花照侬面。三角复四角，头角皆相齐。侬家不上市，来买董公堤。"佘桥位于董公堤，现名高射桥，是白荡流入大运河的入口。1973年起，白荡成了阳山矿石外运的主要通道，再加上沿湖办起了星罗棋布的轧石厂、废塑料加工厂和货运中转场等，白荡水质下降，白荡种菱就此不复存在，"白荡菱歌"也成为绝唱。2003年，在大白荡上开发建设"大白荡公园"，至2008年初，又以城市生态的理念再次拓展提升，既保持原生态的苍翠绿色，又体现了现代化的休闲娱乐，并定名为"大白荡城市生态公园"，2009年6月正式免费对外开放，2011年，对公园进行全面改造，使公园整体环境得到显著提升。现为国家3A级景区景区。公园占地50公顷，其中水面17公顷。园内分为五大功能区：中央生态水域区、东部生态景观区、南

大白荡城市生态公园

部休闲活动区、北部公务及商务活动区、西南绿化隔离区，有东吴博物馆、白马戏水、白荡菱歌、文化碑刻、春夏秋冬主题园、高尔夫体育训练中心等多个景点。其中，西南角的苏州东吴博物馆，为浒墅关经济开发区与陈凤九先生合作所建，博物馆分为千镜堂、青瓷斋、铜韵吴风、集古堂及中华石雕艺术廊等"四厅一廊"，展出藏品铜镜、青瓷、石雕、青铜器、唐三彩、古代陶器、紫砂、唐宋瓷器、古代艺术等九个系列2 400余件。

243. 梅花潭 Méihuā Tán

位于吴中区光福镇香雪村、潭山下。据明查应兆《查山隐居记》载，宋淳祐年间，安徽休宁人查莘来到光福，"爱其湖山之闲旷，并乐其风土之清且嘉"，在西碛山东南买地，诛茅造屋，栖隐其间，四周遍栽梅树，筑"梅隐庵"，并在庵旁开凿巨潭，"梅林交错，亢旱不涸"，遂曰"梅花潭"。左近弹山也因此改称潭山，山前潭东、潭西两村之名也由此潭而来。民国张郁文《光福诸山记》载："弹山或作潭山，在玄墓、西碛中间，绵亘六七里。北接青芝，南拥石楼精舍，赵宧光题字，篆书。前有万峰台，所据极胜。钮树玉隶书题石。滨湖有七十二峰阁，顾氏所筑，今废。石楼多荡竹，巨者三四围，而山径高高下下，触处皆梅，看梅最盛处也。陈炳有《石楼诗》。稍西南为聚坞，有潭山神庙及顾文康公墓。别有小阜峙湖边曰查山。俗作茶山，一名绣球山，又曰小鸡山，见《笠泽丛书》，土多石寡，无大林木。以宋高士查莘隐此得名，莘筑有梅隐庵，又题'梅花潭'三字，后乃有潭东西之称。查山南去太湖不百步，俯瞰湖中，六浮小峰若杯楪在案间。"

查莘死后葬于庵旁，当地人为了纪念他，将附近的一座小山称为查山（今也作茶山），并效仿他栽种梅树，逐渐形成以梅为业的习俗，以致出现"望衡千余家，种梅如种谷"的盛况。明清之际徐枋有《槎山记》云："邓尉看梅名胜处，玄墓称绝，余则马家山董坟、朝元阁、槎山、碛上皆其选也。然马家山、朝元阁皆有梅花而无太湖，山不得水，其势不奇。矶上固临湖，然一面所致，旷而不深。惟槎山则三面皆崇山峻岭，复自平田中突起一小山，山之麓直入湖中。登山瞰湖，则远水兼天，一望无际。而回顾三面，凡岩壑壁坞，篱落丛薄，幽深窈窕，曲折层叠，无非梅也。春日既丽，花光照眼，正如玉波雪浪汹涌，青峦碧巘间白，与澄波万顷争奇矣。"清朱彝尊《潭山》诗对梅花潭有"清池玉女盆"之誉："吴越观兵地，长旂百丈原。云霞朝结阵，烟树暗浮村。白石仙人镜，清池玉女盆。群山下罗列，真觉此峰尊。"

244. 南龙潭 Nánlóng Tán

位于吴中区甪直镇甫南村龙潭自然村东，晓南路晓南桥西南。因相传有神龙出没而得名。明隆庆《长洲县志》载龙潭在"东二十一都"。清乾隆二十七年（1762）《甫里地图》上标注为"龙潭"，在甪直古镇西南、田肚港南。同治《苏州府志》作"南龙潭"，在皇字圩，今又作"龙潭湾"。今南龙潭北侧入田肚港口处建有闸房，水出闸可北接马公河通甪直市河入甫里塘、吴淞江；或经由田肚港，西接清小港来水、东流界浦入昆山界；南流南库港可入阖闾浦。

南龙潭东，原有"五百三十亩潭"。相传，为古时起土筑张陵东西两阜开挖而成，俗名马家荡。清乾隆《吴郡甫里志载》："五百三十亩潭，在甫里南隅，昔年产莼菜，中有一渚，广约百亩。"明清时期，五百三十亩潭是甫里一处景点，春夏时节，文人雅士相聚在此观柳赏荷、对句吟唱。明金露有长诗《五百三十亩潭看莲花歌》。后来，潭逐渐萎缩。2000年，为水产野塘养殖区；2004年，被填平兴建住宅区。

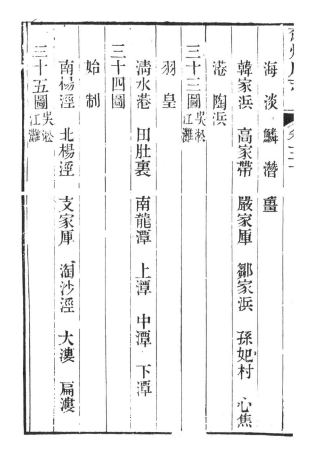

南龙潭（清同治《苏州府志》）

今南龙潭西岸有龙潭自然村，曾名南龙潭村、南潭村。1912年属吴县吴宫乡宝座里下二十都三十三图。1929年，属甪直区龙潭乡。1949年，属吴县淞南区张林乡。1959年，属淞南人民公社第十七大队。1960年，属南场大队。1983年8月，属甪直乡南场村。2003年，随南场村并入甫南村。

今南龙潭北设有龙潭社区，与陶浜社区、鸿运社区、维乐社区、瑶盛村、长渠村、澄墩村、湖浜村、三马村、前港村、江湾村、甫田村、甫港村、甫南村、澄东村等相邻。区域范围东起育才路，西至龙潭河，南起南沙路，北至晓南路218号住宅区域以西，社区居委会办公地点在晓市路1号。

皇字圩龙潭原有明沈钟墓。沈钟（1436—1518），字仲律，明长洲甫里人。博通经史，精于制义。明景泰七年（1456）中丙子科举人，天顺四年（1460）中庚辰科进士。后授验封主事，改南京礼部主事，升山西提学金事，以副使提学湖广、山东。沈钟为人耿直，不依权势；少有文声，平生好赋诗，擅长品题，作诗近万首。传世的有《休斋集》《晋阳稿》等。致仕后南归，后在江夏逝世，享年83岁。晚清政论家、报人、文学家王韬墓也在皇字圩龙潭。王韬（1828—1897），清末长洲甫里人。初名利宾，早字子久，又字兰卿，入县学后改名瀚，字懒今，后更名韬，字仲潜，一字子潜、紫诠，自号天南遁叟、弢园老民等。道光二十九年（1849），王韬进上海墨海书馆，参与编译了西方学者所著的《西国天学源流》《格致新学提要》等书籍。1864年，因献太平军策书事泄，流亡香港，主要从事著译和办报活动。同治十年（1871），与朋友集资买下英华书院，改为中华印务总局，并于1874年1月5日创办《循环日报》，自任主笔，这是我国新闻史上第一家以政论为主的报纸。光绪十年（1884），移家返沪，结束了长期的流亡生活，主持格致书院，并任《申报》编纂主任。光绪二十三年（1897），王韬病逝于上海城西草堂，享年70岁。王韬去世后，社会各界对他的赞誉极高，被称为中国近代法治思想第一人，中国近代资产阶级第一代思想家、改革家，中国近代学贯中西第一人，中国近代报纸之父。其一生的主要著作有《弢园文录外编》《弢园尺牍》《蘅华馆诗录》《瀛壖杂志》《海陬冶游录》和短篇小说集《遁窟谰言》《淞隐漫录》《淞滨琐活》等。

245. 北龙潭 Běilóng Tán

位于吴中区甪直镇北、淞南村。传说有天龙解救当地旱情形成，故而得名。因区别于甪直镇甫南村的南龙潭，故称作"北龙潭"。据《甪直镇志》（2013年版）载，淞南村的"龙潭"又分东西两处："其一在西横窑厂后，面积两三亩；其二在甪直公交分公司北，面积七八亩。2010年，均为鱼塘。"今甪直公交分公司北的水潭已填没为农田，原西横窑厂后的水潭大致位于今塘林浦与龙潭港交汇处，即今"北龙潭"之存。

北龙潭原属溇里村。该村由溇里、龙潭2个自然村组成，东邻北港村、南连大圩村、西靠西横村、北接云龙村。2003年11月，溇里与北港、大圩、西横、云龙5村合并设立淞南村。

北龙潭东有河，名龙潭港，南起甫里塘，向北折东穿龙潭村至孔家港，再北流吴淞江。

246. 塘渡湖 Tángdù Hú

位于相城区北河泾街道东部。塘渡原意为河塘渡口，或因旧时此处有渡口而得名。吴语"渡""大"谐音，也作"塘大湖"。塘渡湖原为太平、蠡口两镇的界湖，湖东为太平镇西浜村、联圩村，湖西为蠡口镇常楼村、雪南村。2014年，相城区调整行政区划，设立北河泾街道，塘渡湖划属。近年，在相城区高铁新城总体规划中，将塘渡湖规划设计为"如意"形状，拟更名为"如意湖"，但保留湖南侧的出入河道名为"塘渡河"。

247. 白洋湾 Báiyáng Wān

位于姑苏区白洋湾街道南部。白洋湾是山塘河的源头，又名白洋（苏州习惯把面积不大且又沟通水系的湖泊俗称白洋、白荡，把河湾水曲处形成的较宽阔的水面俗称湾）。白洋湾南通山塘河，北连长泾塘，东面申（僧）塘连接下水洋、三角嘴、十字洋河，西面连西郭桥浜通京杭运河，水系发达。白洋湾区域，晚清时属长洲县武邱乡，民国期间时属吴县陆墓区。1949年5月，属白洋乡。1956年，属长青乡。1958年，属虎丘人民公社。1961年，属长青人民公社。1983年，属长青乡。1986年6月，以白洋湾所在长青乡民主村设白洋湾街道，名称沿用至今。

另，今吴中区太湖街道南的东太湖湖湾，旧时亦名白洋湾，当地渔民又称其为"大白湖"，是太湖白鱼重要的产籽地。明王鏊正德《姑苏志》列"白洋湾村"。明卢雍有《白洋湾》诗："一棹西来自义金，清风蓬底恣长吟。芙蓉不断千峰秀，松桧相连五坞阴。落日苍波横塔影，平芜白鸟度云阴。持杯试酬天随子，千古风流共此心。"明释通远《吴江竹枝词》其一云："侬家湖上对青山，采得鲜菱唱曲还。一阵凉风吹过水，菱花香出白洋湾。"并自注："菱出白洋湾者佳。"清翁澍《具区志》载："九星矶，在白洋湾外，有九石，因名。"清乾隆《吴县志》载:"白洋湾,在县西南三十里,东、西、南三面俱通太湖,北縣越来溪。北潴于楞伽山下为石湖湾,之西为木履港、采莲泾,东即鲇鱼口、五丫汊浜,五水合流,是越来溪南口,接吴江县界。"清乾隆金友理《太湖备考》载:白洋"湾之阔有六七里,皆沮洳菱芦"。又载:"石湖通太湖之口,有莫舍溇、白洋湾二处。白洋迂,而莫舍近。石湖外南,尤以莫舍为要地。今莫舍、白洋二处,皆设太湖营汛,而城守营又设汛于湖内之行春桥。重门御暴,固金汤矣!牛若麟曰:险无足恃,岂其然哉!"清钱思元《吴门补乘》载:"吴县白洋湾为南太湖支流,二十年前,湖面极阔,今两岸半成良田,只有三舣港通湖而已。徐墅村(俗名大村)出新泾港,至东山本水程九里,近来芦洲日长,湖面一帆可渡,亦沧桑之一小变也。黄洋湾在徐墅村之东,为横金、浦庄一带塘河之咽喉,三十年前水势浩渺,今弥望菱芦几成草海,其通舟处,不过带水耳。"清道光《红兰逸乘》引《夜航录》:"石湖之西南有白洋湾,巨浸汪洋,连太湖、黄天荡诸水,一望无际。有女神曰陈

白洋湾(清嘉庆《吴门补乘》)

姑娘,美而艳,好与美男子相接。凡过水被惑,舟即覆。俗传即五圣之妹,自汤文正毁上方五圣,而陈姑娘香烟始盛,土人云:宝塔倒,姑娘好。"1934年叶承庆《乡志类稿》载:鲁哀公十七年(周敬王四十二年,公元前478),"越乘吴与晋争潢池,起兵袭,败吴师于笠泽(在泖淀之间,吴之边境。檇李,出兵必由之道)。又败之于太湖,虏吴太子友。昏夜,从白洋湾掘地数里而进(今之越来溪也)。吴人弗备,破其外郭。"近人范广宪有《横泾杂诗》,其一曰"白洋湾",诗云:"碧天如水水如油,木履村西好放舟。九里洋湾秋色美,月眉弯出不知愁。"并有注:"白洋湾与吴江分界,东、南、西三面俱通太湖,北曰越来溪而潴于楞伽山下,为石湖湾之西。谚云:九里洋湾木履西。"

248. 草荡 Cǎo Dàng

位于吴江区平望镇镇区西南、颀塘与烂溪交汇处。因湖荡水草丛生而得名(昔时,吴江一些水域因人烟稀少、青草丛生,土人俗称"青草滩",松陵、平望、盛泽等地皆有),因位平望镇南,故又名南草荡(梅堰太浦河南侧有北草荡,又名大龙荡);因东有鸢脰湖,故又称鸢荡。水域面积约2.34平方千米。明张国维《吴中水利全书》卷五吴江县水名下列有"草荡"。

草荡西岸原有张家甸村,北濒颀塘,东、南、西被草荡围抱,四面环水,为南草荡西北角的"独脚圩"。旧时,村民出门办事、走亲访友,全靠颀塘上的张家甸渡口一条摆渡船迎来送往。据《平望镇志》载:"张家甸渡口置有一艘可载10多人的渡船,渡工2人,轮流撑船。南北渡口分别筑有渡船码头,北岸渡口东侧六里桥建有候船凉亭。凉亭建筑十分简单,四根长条石为凉亭立柱,四角斜脊式斗状亭顶,亭内置有石

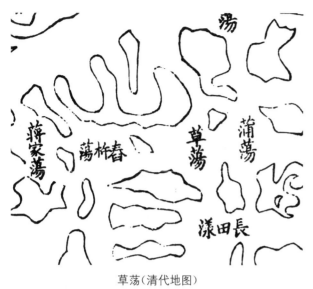

草荡(清代地图)

条凳,供渡河人歇息。为遮日挡雨,避风御寒,凉亭面西朝北两向,分别用土砖砌筑亭墙,面河一方砖墙开一方孔,供候渡人观察河中渡船的往来动向。北岸渡口杨扇村落有一棵高大参天的百年银杏树,无论陌路生人,只要老远望见银杏树,便知道已到张家甸渡口,银杏树成了张家甸渡的一处地理标志。"旧时,张家甸村民在草荡种植菱角,生食皮脆肉嫩,熟食肉质洁白香糯,远近闻名。《平望镇志》载:南草荡"纳顿塘河、烂溪塘水系迂回汇流,水质清澈,适宜菱角生长。每年深夏初秋,南草荡河面上碧绿色的菱叶犹如绿色地毯,铺满了整个水面。是时,正是采摘菱角的季节,也是张家甸渡口最繁忙的时候。菱角讲究一个新鲜,须当天采

摘,当天售卖。大清早天朦朦亮,采菱人就划着椭圆形的菱桶下荡采摘。早饭后,将刚采摘下来脆生生、嫩甜爽口的菱角肩挑手提,通过顿塘渡口摆渡过河去平望、梅堰邻镇各地叫卖"。据《平望镇志》记载,菱角盛产期间,张家甸外出卖菱的摆渡人,日流量达150人次以上,渡口渡船南北穿梭,来往不停,十分频繁。20世纪90年代初,为彻底消除张家甸村民出行风险,平望镇开始组织村民逐步向顿塘北岸杨扇迁移,至2003年搬迁工作全部结束,张家甸渡口也由此撤除。

249. 钗金荡 Chāijīn Dàng

位于吴江区黎里镇星谊村。因该湖泊位于钗金田自然村东而得名,又名钗金漾。钗金荡南北长约1 000米,东西宽约100至300米,水域面积约0.24平方千米,南连方家荡,西通王家潭,北经红旗西浜、南厅港入牛头湖。钗金田自然村,沿钗金荡西岸呈南北带状分布,原属金家坝镇油车港村,现属黎里镇星谊村。

250. 沙泥荡 Shāní Dàng

位于震泽镇蠡泽村南。民间相传,湖荡因大禹斩龙王于此、旋起泥沙而成,故名,又名斩龙潭、蠡泽湖。沙泥荡被4个自然村、1条河港所环抱:东为荡东滩,西为彭家里、童家浜,北为塔水桥,南临沙漠塘(又名众善桥港),东西、南北最宽处均约300米,水域面积约6.86公顷。西塘港穿荡而过,西北迎大德塘水,南连沙漠塘东流入北麻漾。

斩龙潭之名,源于当地传说。相传,大禹治水时期,东海龙王因触犯天条逃至当地龙翔镇,遇震泽风水先生刘半仙在龙翔镇的东北角上造山门朝北庙宇,龙王仓促间入庙不得,遂遭大禹挥动斩妖剑将龙头斩下,而龙尾旋转过的地方,出现一个约莫半里范围的水潭。因为老龙就被斩在这里,所以这潭后来叫斩龙潭,而旋起的泥灰飞到天空,又铺天盖地落下后,把龙翔镇掩埋成漠漠田野。清代释荫《斩龙潭》诗即及此传说:"胡僧爪脱红线痕,奔雷怒拔苍松根。梦中白衣泪如雨,宝瓶倾出泥鳅魂。神刀忽闪秋空碧,白日无光潭水黑。至今夜夜射雷火,麟甲晶荧海苔裹。蚌母笑嚼珊瑚花,吐出明珠光一颗。"

蠡泽湖之名,源于范蠡。相传春秋时范蠡助越王勾践卧薪尝胆打败了吴国后,曾偕西施隐居于斩龙潭畔。后人为纪念范蠡,就把斩龙潭改称蠡泽(湖),将他隐居的村庄名为蠡泽村。明沈启《蠡泽湖》诗有谓"夸蠡忘禹迹":"大泽震洪涛,蛟龙互相窟。驱放禹之神,可事飞剑术。千载觇奇征,龙蜕齿齿栉。底定功

蠡泽湖

遥遥，潭光曜赤日。何彼鸱夷子，攘作豢龙室。贪夫徇其名，夸蠡忘禹绩。黩货风滔滔，清世俱成泪。至今归田人，假以为口实。试言名与利，清浊有差秩。逃名既为高，射利能无黜。安借斩龙剑，纷将利徒劈。"相传范蠡在潭边叠石为矶，闲时垂钓于此，人称范蠡钓台，为"震泽八景"之一，今已毁。清沈金渠有《蠡泽钓台》诗："斜阳淡孤村，野艇入烟渚。有矶截中流，云是钓台址。钓者今安在？扁舟去如驶。我欲从之游，五湖何处是？苍苔无履痕，绿尽一溪水。"

在震泽镇区西栅、高跨顿塘之上，有座单孔石拱桥，称为思范桥，与镇东的禹迹桥遥遥相望。相传桥为纪念范蠡而建，始建无考，元至正二十三年（1363）重建，明嘉靖十一年（1532）修，清嘉庆二十四年（1819）再建、同治五年（1866）重建。现为苏州市文物保护单位。思范桥两侧桥身上各镌刻着一副对联：西向为"苕水源来，阅尽兰桡桂楫；荻塘波泛，平分越尾吴头"；东向为"禹迹媲宏模，望里东西双月影；蠡村怀古宅，泛来南北五湖船"。

251. 伯罗荡 Bóluó Dàng

位于相城区阳澄湖镇十图村。据《苏州河道志》载，伯罗荡在湘城镇十图圩内，总面积1.29平方千米（包括周边芦滩低田），20世纪70年代已改造为鱼池。但据《相城小志》记载和当地人记忆，今十图村有"葫芦潭"，并无伯罗荡的记载和说法。从方言看，"葫芦"与"伯罗"的读音相近，《苏州河道志》所记"伯罗荡"地名有可能为误记读音所致。对照各类资料，"葫芦潭"在湘城集镇东北，常台高速与沪宜高速立交西，济民塘水经由张家浜、财溇河东流入潭。

潭边原有葫芦潭自然村（2006年版《湘城镇志》作"河落潭"），原属王行村，2003年4月，随王行村并入十图村。葫芦潭位于阳澄湖湖荡区，也是"沙家浜"革命故事的发生地之一。1940年12月13日，新四军新"江抗"部队与日伪军在潭东张家浜发生过战斗。当日下午3时，日伪军80余人分乘3艘汽艇前来偷袭西张家浜"新江抗"驻地。江抗部队随即投入战斗,并组织向东撤转移。这场战斗有19名新"江抗"指战员壮烈殉国,另有4名支战乡民在抢渡部队时遇难。1991年6月,在当年战斗处建立了张家浜战斗纪念碑,现为相城区文物控制保护单位、苏州市第二批红色地名。

青漪荡(民国地图)

252. 青漪荡 Qīngyī Dàng

位于渭塘镇盛泽荡南、原渭渔村。原为渭塘、太平两镇(街道)界湖,又作清漪荡,取湖水清澈意而得名。现已围垦殆尽。当地村民把盛泽荡和青漪荡称为"姐妹荡"。民国《吴县志》载:"盛泽湖,一名盛泽荡。在阳澄湖西,广五六里,分为二,南曰青漪荡,北曰尚泽荡。其东有盛坝门,为湖水泄入阳城湖要道。"1967年12月,开展渔民社会主义改造,为供渭渔大队渔民陆上定居,组织抽干了青漪荡水。1968年5月,抽调4 000多劳力围垦青漪荡,历时4个月,筑2.2千米圩堤,完成土方9万方,仅留东北角部分水域和东侧水道以沟通盛泽荡与渭泾塘(今作青漪湾、青漪湾河),此后,渭渔大队渔民开始在青漪荡造房定居。1983年,建渭渔村。2000年时,有村民323户,人口1 099人。现已全部完成拆迁安置,地块将重新规划建设。青漪荡东、南,原为太平镇青漪村,现为太平街道青漪社区。村、社区皆以青漪荡而得名。2011年8月,在原青漪荡南建成命名青漪花园小区以安置青漪村动迁村民,并将小区南侧道路命名为青漪路。

253. 八宝荡 Bābǎo Dàng

位于吴江区黎里镇西部,永新、川心港两村交界处。清乾隆沈刚中《分湖志》"水志"中载有"八埠港","八宝"之名或由此而来。因西北与接官港相通,又名接官荡。水域面积约0.29平方千米。接官港,又名兴亭港,依古石桥兴亭桥而名,长约500米,西入李蒲荡口建有防洪闸。八宝荡北有唐家港可通车荡,东通直开荡,南经东浜接小富港。

永新村,在八宝荡南,辖永和港、三家村、北富浜、鸭头湾、东浜、西浜、小富、吕家栅、张家浜、大珠港、大珠浜、新珠港12个自然村。川心港村,在八宝荡北,辖川心港、螺蛳港、小长、唐家港、南参、高家港6个自然村。

254. 百花漾 Bǎihuā Yàng

位于吴江区桃源镇天亮浜村、青云集镇西北,水域面积约0.05平方千米。清乾隆《震泽县志》载:"沈张湖(一作漾),去县治西南一百二十里(属十四都,按,此湖亦大,在荻塘之南、南浔之东,其水之从北行者亦入荻塘,从东行者则入于后练等湖),西南受湖州诸水,东播为白花漾。"百花漾西部,有诸荇港贯通南北,北通三庙址漾,南接青云港。百花漾东北岸,有王家门自然村,属天亮浜村。

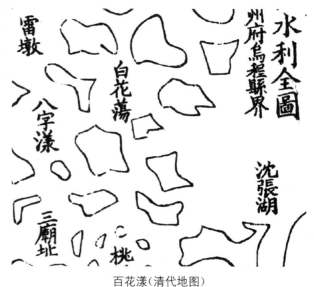

百花漾(清代地图)

255. 天官荡 Tiānguān Dàng

位于平望镇中南部、盛泽镇中北部，北为平望镇万心村，南为盛泽镇南塘村，水域面积约0.22平方千米。因荡东南有村落周家溪，为明代周用（官至尚书，俗称天官）故里而得名。旧为平望与坛丘两地的界湖，故又名水界漾。荡北有马家浜、同心河，荡南有塘湾港，西联南万荡，东通烂溪。

周用（1476—1547），字行之，号白川，原平望周家溪人，后迁徙松陵镇。明弘治十五年（1502）进士，授行人。正德初，擢南京兵科给事中，补礼科，改南京兵科。谏阻从乌斯藏（今西藏）迎活佛，要求罢黜尚书、都给事中等官，惩治江西镇守太监黎安，调任广东左参议，镇压番禺。历仕浙江、山东副使，擢福建按察使。改河南右布政使，清理南阳监狱。嘉靖八年（1529），擢右副都御史，巡抚南赣。召入朝，协理院事。历吏部左、右侍郎，调南京刑部。迁南京刑部右都御史，工、刑两部尚书。嘉靖二十年（1541）以9座宗庙遭雷击起火（俗称九庙灾）自请致仕。又以工部尚书起督河道，召拜左都御史，加太子少保。嘉靖二十五年（1546），为吏部尚书。第二年卒于官，赠太子太保，谥恭肃。周用为文平实坦易，纵笔为之，特少推敲。绘画缜密。著有《周恭肃公集》。

荡边曾建有水界庵，供奉有多尊佛像，当地百姓视此地为风水宝地，今庵虽已不在，但每逢初一和十五，当地百姓还是会自发来到荡边，烧香拜佛，祈求健康平安。

256. 东姑荡 Dōnggū Dàng

位于吴江区黎里镇芦墟，又作"东古荡"，因位于芦墟集镇东面，或由原顾姓聚居的东顾村（"顾"与"古""姑"谐音）而得名，故也作"东顾荡"。今东姑荡水域面积约0.4平方千米，南连太浦河，西有朱家港通大渠荡，北接刘王荡，东经双苏河、南北赵田港等入苏家荡、肖荡。明张国维《吴中水利全书》卷五吴江县水名列有"东古荡"。清乾隆年间沈刚中《分湖志》作"东顾荡"。清柳树芳《分湖小识》云："予尝细考顾氏谱牒，北顾里及东顾村、西顾村，缘宋秘阁校书顾亨避兵陈思，后子姓繁衍散居村落，遂以名其地。"据《芦墟镇志》，"东顾村"旧址在今窑岸港自然村。

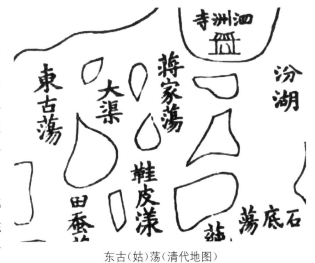

东古（姑）荡（清代地图）

《芦墟镇志》载：顾亨（1202—1291），字叔泰，吴郡人。其高祖顾彦成曾任南宋两浙都运使，曾祖顾球（字拊音）富甲江南，其父顾镇成开禧三年（1207）中进士，未入仕即去世。顾亨童年时颖悟过人，读书"触目不忘"，20岁时已对圣贤经典、诸子百家都有所钻研并且通晓音律，尤擅长诗画。南宋后期的宝祐年间，田赋和徭役较南宋初绍兴年间倍重，民不聊生，流民四起，路上饿殍相接。顾亨在村北三里处筑义冢，方各百步，收葬无主尸体，每年也照例祭祀。在祠堂右边建义仓，前后两进，贮存粮粟，选有才能者管理义仓粮米出纳，救济难民。在义仓之北造屋两幢，供养族中孀妇和孤儿；给村里老弱送米上门。又建义学数处，延聘塾师，教授乡里无钱读书的孩童。顾亨拨出"义田五十顷"（合5 000亩），收粮全供给上列各项开支，不在暗中留一点给儿孙。人们都称颂他的为人。宋理宗听到了顾亨的才学品行，任命他为秘书阁校书，信使往返三次。顾亨上疏辞谢不受。理宗亲笔书信嘉许其义举，称呼他为"睦静先生"。后兵烽四起（农民起义、元兵南侵），族党星散。顾亨一家迁徙到时属长洲县的陈思村（今城司村），办义塾、赈济贫民，善行至老，元至元二十八年（1291）卒，葬在城司村东。

257. 桃花漾 Táohuā Yàng

位于吴江区平望镇西部、太浦河南。以东晋陶渊明《桃花源记》中避世隐居的"桃花源"而得名。明张国维《吴中水利全书》卷五吴江县水名下列有"桃花漾"。清王鲲《松陵见闻录》载清人劳之辨《吴江道中溪行忆七岁时避兵处》诗："昔年舟泛未成童，今日重来是老翁。记得避兵溪上路，桃花湖在具区东。"

桃花漾原位于梅堰与横扇之间，1958年起开挖太浦河，桃花漾北部融入太浦河，并在漾中筑起长约1.7千米的长堤，将太浦河与桃花漾南半部隔开。今桃花漾，均位平望镇内，水域面积约0.68平方千米。

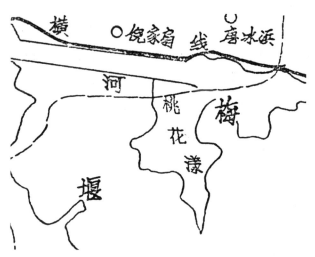

桃花漾（1983年《横扇公社地名图》）

1958年开挖太浦河时，在桃花漾东约2.5千米处的袁家埭自然村北发现了大量兽骨和鹿角。1959年冬，江苏省文物工作队与苏州市文物管理委员会组成联合发掘队，发掘面积143平方米，出土遗物122件。

258. 钟家荡 Zhōngjiā Dàng

位于黎里镇元荡村、东联村、三好村交界处。又作众家荡，一说因荡周围有善湾、西岑、吴家村3个自然村成"众"字形排列而得名，从地理位置来看，善湾村处在荡的北面，紧挨着荡滩，而吴家村、西岑村则东西并排在荡的南面，其形确如"众"字。又因荡北岸的善湾村落，俗称"善湾荡"。

钟家荡水域面积约0.56平方千米，周长约5.3千米。正常蓄水位2.85米，库容153万立方米。今钟家荡入湖河道有2条，为东北的新村港和东南的吴家村港；出湖河道也有2条，为北面的善湾港和西南的九曲港。钟家荡西北、西南两端入水口均与卖盐港沟通，北接白蚬湖来水，南经八荡河入元荡。

旧时，距善湾村西北角港口不远处的钟家荡中有一深潭，因汇七合柱港、徐蒲桥港、卖盐港之流，该处荡面常现漩涡，遇到风大浪急，对行船构成极大危险。早年，当地人在港口立七面刻有经文的镇湖之柱，称"七合柱"以表警示。

钟家荡中原盛产蟹、鳗、蚬子等水产，其中为蚬子最多，曾出口日本，一直延续到1995年，一共出口蚬子近4 000吨。近年来，钟家荡纳入幸福河湖建设，以"绿色堤岸"为理念，将传统意义上的堤岸线进行生态化处理，通过"隐形"与周边环境地形相融合，形成统一的、美观的、丰富有趣的绿色堤岸线，展现钟家荡郊野绿色生态之美。依托"曲水善湾"项目的实施和农文旅资源的引入，"水杉居"餐厅在湖边开门迎客。在宽阔的水面旁，粉墙黛瓦、农田树木舒展绵延，"水杉居"点缀其中，构成一幅幸福美好的画卷。2023年11月2日，苏州市河长办召开市级幸福河湖验收评审会，吴江区快鸭港、众家荡等2条（座）河湖获评苏州市级示范幸福河湖。

259. 蚬子兜 Xiǎnzi Dōu

位于盛泽镇中部、镇区北部。因曾盛产蚬子而得名。原是西白漾的西北部水域，西白漾又称盛泽荡、盛湖、西荡、舜湖，呈菱形，西北至东南走向，面积最大时达 4.67 平方千米。1969年3月至1970年春，对西白漾进行大规模围垦，共围垦水面315.3公顷，并将剩余的西白漾截为东西两个部分，中以南草圩港相连。其中，南草圩港以东部分，呈三角形，仍名"西白漾"，北通桥北荡，从西荡口向南经舜溪河入麻溪（也作清溪）；南草圩港以西部分，呈"倒兜"形，即今蚬子兜。今蚬子兜，西以万安港、计鸭港、白龙港等接烂溪，北以南宵港通东下沙荡，东以油车港、乌桥港入桥北荡，东南以南草圩河连西白漾，水域面积约1.17平方千米，是盛泽镇生活、生产重要水源地。

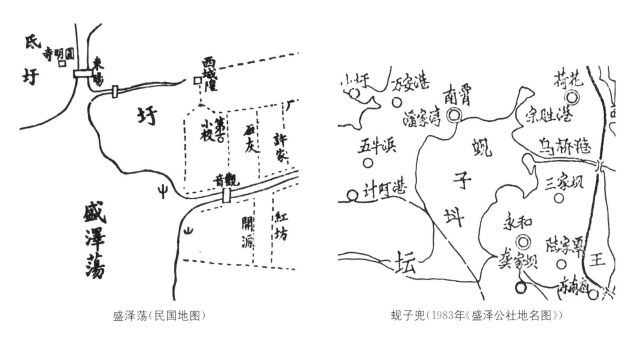

盛泽荡（民国地图）　　　　　　　　　蚬子兜（1983年《盛泽公社地名图》）

260. 青剑湖 Qīngjiàn Hú

位于苏州工业园区唯亭街道中部，阳澄湖南岸，又称青涓河、清涓湖。水域面积1.09平方千米。明张国维《吴中水利全书》卷五长洲县水名下列有"清涓湖"。1967年、1970年，青剑湖围湖造田，围垦面积达1 600亩。1985年起，青剑湖开始退田还湖，放水养鱼，成为时跨塘乡境内内塘养鱼的首批基地。1993年设立苏州工业园区，青剑湖划入园区建设区域。随着园区开发建设的不断推进，青剑湖及其周边业已建设成为一个现代化的湖滨新城。近年来，苏州工业园区坚持规划引领深化"一主两副"空间新格局，统筹阳澄南岸创新城发展，进一步推进青剑湖板块的系统提升。在园区规建委编制的提升发展规划中，将其定位提升为"园区北部城市会客厅、阳澄南岸宜居生态品质住区"，以推动产城融合、强化交通联系、完善功能配套为重点，围绕"青绿水岸、苏趣青湖"的目标定位，对环湖的景观、功能、设施进行整体提升，进一步激发城市会客厅滨水活力和城市形象。

261. 荷花荡 Héhuā Dàng

位于虎丘区横塘街道，石湖景区行春桥和茶磨屿之北，系抢港河（古称走狗塘）东流之水与石湖北流之水汇积而成，亦称莲荡、莲塘，现有水域面积约1.1公顷。明莫震、莫旦《石湖志》载："荷花荡，在茶磨山西麓，亦名黄山南荡，广数百亩，土人种莲，每花时，红白弥望，香气袭人，游人鼓棹如入锦云之乡，真仙

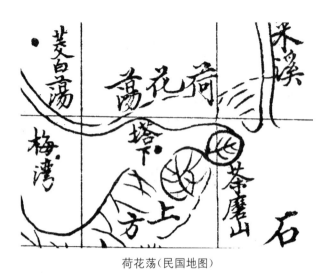

荷花荡(民国地图)

境也。"明正德《姑苏志》载:"越来溪由跨塘桥折而南为走狗塘,荷花荡在焉。"至明代中期,每逢六月二十四日荷花生日,郡人都去石湖的荷花荡看花,俗谓之观莲节。明文林有《荷花荡夜归次吴水部德征韵》诗:"采芳日暮未言归,处处村家掩杼机。水漫莲洲愁路断,月明沙渚觉鸥飞。高歌小海风波急,回首横塘烟火微。兰棹屡移樽屡倒,不知露下已沾衣。"唐寅《江南四季歌》诗云:"提壶挈榼归去来,南湖又报荷花开。锦云乡中漾舟去,美人鬓压琵琶钗。"嘉靖十一年(1532),王宠与袁褒谈其胜观,并为赋六绝句,《荷花荡诗卷》云:"荷花荡里采莲归,九龙山头暮霭微。轻身倚楫下前浦,花气人香逐浪飞。""青山如屏碧水回,万朵菡萏参差开。歌船舞棹垂杨畔,十里繁华锦绣堆。""藕枝如玉翠莲房,白白溪鱼紫荇香。落日舵楼传玉斝,掌中牙列万山苍。""荡里人家齐卖莲,十五女儿工数钱。柴门一片花如绮,野老风前高树眠。""吴王城中十万家,赤日拸空蒸紫霞。山人散发弄秋水,自狎鹅群兼看花。""蒋福山瓜帧玉如,冰盘削出锦筵舒。持杯却忆东陵子,昨日王侯今荷锄。"诗卷今藏美国佛利尔美术馆。明袁尊尼有《莲荡歌》并序:"横塘之西,梅湾之阴,有莲荡焉。其地则五湖之汇,百渎之浸,碧岩峙其上,飞虹跨其侧,胜景之所萃也。其花则芙蕖灼烁,蒲荇参差,千亩无际,一望欲然,水植之所珍也。观夫极浦呈娇,寒江漾彩,挹露如啼,迎风如舞,溅波如浴,映日如醉,俯者如倚,翻者如举,红者如霞,素者如玉,簇者铺锦,散者错绮,凉飚拂兮花开,惊涛荡兮花落。疑绰约兮湘浦,似徘徊兮洛滨。翠盖兮亭亭,青蒲兮簌簌,固足以吐秀而耀葩,娱目而怡情矣。尔乃微雨乍霁,丽景初融,溽暑郁兮炎蒸发,荡兰桡兮浮桂楫。牵芳锦浪之中,掇翠洞波之内。流觞逐手,就荫垂杨。行吟堤畔,聊慕沧浪之孺子;放棹溪边,岂羡武陵之渔父。讽采莲之雅什,奏招商之古调。携委珮于神妃,接彤管于静女。斯亦人生之旷游,而避暑之嘉适也。华山顶上,曾吟玉井之诗;太液池头,徒作秋莲之赋。似兹胜赏,乌可无述,乃为歌曰:不羡西湖月,休夸渼陂雨。始信峰前太乙莲,开花十丈真如许。迢迢莲蒲渺何之,入浦花深人不知。薄暮微风花影乱,何异桃源迷路时。莲叶莲花尽可怜,青菱绿苇更萧然。今年游客非前岁,今岁花开似去年。上有梅湾山,山色映花鲜。下有横塘水,水清花欲然。青门斜对碧波开,两两吴娃堤上来。唱彻吴歌声杳杳,行人回首重徘徊。"明黄省曾《吴风录》云:"而他所则春初西山踏青,夏则泛观荷荡,秋则桂岭九月登高,鼓吹沸川以往。"明《石湖志》载:"藕,出荷花荡花白者最佳,松脆而甘且无渣,他产莫及……唐时充贡。《唐国史补》云:苏州进藕,其最佳者曰'伤荷藕'。"唐赵嘏《秋日吴中观贡藕》诗云:"野艇几西东,清泠映碧空。褰衣来水上,捧玉出泥中。叶乱田田绿,莲余片片红。激波才入选,就日已生风。御洁玲珑膳,人怀拔擢功。梯山谩多品,不与世流同。"明徐鸣时《横溪录》载:"黄山南里许,广八百亩,四面皆水,无梁可通,曰荷花荡,此产藕处也。《苏志》:藕出吴县黄山南荡者佳。《唐史》:苏州贡藕最上者,名伤荷藕,叶甘,虫食之,叶伤则根长也。花白者藕佳,又藕九窍者食无滓,此荡独过九窍。参《卢志》。杜佑《通典》:吴郡贡嫩藕三百段。"近人范君博《石湖棹歌》有诗云:"荷花荡水弄潺湲,啮叶虫伤长藕根。九窍玲珑推绝品,伤荷藕进被承恩。"今水荡仍存,植荷基本恢复,现为石湖景区北入口处一景。

　　另，苏州古城葑门外朝天桥以东，原也有一处"荷花荡"，今外河至黄天荡河一带，东西跨姑苏区双塔街道、苏州工业园区娄葑街道。荷花荡因东与黄天荡相连，故亦有以荷花荡、黄天荡同为一荡之说，为昔时苏城人赏荷胜地，明代天启年间已有此风俗。清袁学澜有《荷诞日葑门荷花荡观荷并序》："荷花荡在葑门外二里许，其东南接黄天荡。旧俗：郡人以六月廿四日于此观荷纳凉。其地皆洼下田，不能艺禾黍，弥望渍衍，无高堤桥梁亭观，土人植荷为生计，花年年盛一方。值荷诞日，倾城士女毕集于此，楼船画舫至渔舻小舠，雇觅一空，游客持钱无所得。舟舣旋岸上，荡中以大船为经，小船为纬，游闲子弟，轻舟鼓吹，往来如梭；舟中丽人，皆靓妆淡服，与莲争妍。风香水面，花环四壁，火伞凌空，蒸汗成雨。既乃水窗开宴，采莲递讴，白鹭下窥，碧筒浮醉，翠盖招凉。时则舟楫拥挤，鼓吹阗眩，履舄交错，谑浪间作。露帏则千花竞笑，举袂则乱云出峡，挥扇则星流月映，闻歌则雷辊涛趋。歊暑潭烁，粉堕红衣，人影镜波，重纱映玉，靡沸终日，为无遮大会。盖以虎丘中秋夜之模糊隐闪，特至是日，设此闹红世界而明白昭著之也。今世异时移，游客皆舣舟虎阜山浜，以应观荷佳节。此间云锦连江，犹然似昔，而烟波浩渺，画鹢稀逢，剩有野艇渔舠，相为争集。每多晚雨，游人赤脚而归，故俗有赤脚荷花荡之谣。余忆昔之盛，而慨今之衰，作是诗，俾后之采风土者得以览焉。六月廿四荷花诞，伏日炎歊坐流汗。鲌鲜门外盛观莲，翠盖红衣香不断。倾城士女恣娱游，六柱船摇双橹柔。蔬舄摩肩杂谐谑，碧筒泛酒传清讴。闹红百舸人声乱，并蒂齐搴攘皓腕。璃窗四面眩花光，灿烂一川云锦缎。就中坐客拟神仙，消夏乘凉话水天。弹棋战茗调丝竹，沉李浮瓜擘锦笺。大船为经小船纬，回环水面腾歌吹。袂云汗雨压江潮，揉杂红红兼翠翠。雷辊涛喧哄作堆，千花竞笑万花陪。拍翅鸥凫飞远避，薰风吹满锦帆来。频年世异时趋换，兰桡尽舣山塘畔。此间好景剩烟波，野艇渔舠争渡唤。黄昏一阵雨潇潇，赤脚人归杨柳岸。"

　　清邵长蘅《冶游》诗云："六月荷花荡，轻桡泛兰塘。花娇映红雨，语笑薰风香。"清张远有《南歌子》："六月今将尽，荷花分外清。说将故事与郎听，道是荷花生日、要行行。粉腻乌云浸，珠匀细葛轻，手遮西日听弹筝，买得残花归去、笑盈盈。"

　　现当代范烟桥《黄天荡看荷花》一文载："黄天荡俗称荷花荡，荡之西边，聚居相连，荷花即种于门外或屋边，以菱草为外围以护，得不受风浪所动。是日阵雨甫过，湿云漫天，故无炎日之威，而风来无遮，不禁作快哉之呼。初入荡，遥望荷叶成丛，不易见花，偶得一二，辄相与称赏。后过杨枝塘，花渐繁，洁白如玉琢粉装，亭亭净植，如遗世独立，而风过处挟清香俱来，更令人意远。料想在黎明时来此，当更有胜概。维时阵云复起，瀚然如潮涌，如絮堆，如气蒸，蔚为奇观，而色如泼墨作米颠书，西边复衬以落日馀晖，奇丽得未曾有。"由范文可知，至少在民国时期，苏州市民仍有前往荷花荡观荷习俗。今苏州轨道交通5号线经此设站，特以"荷花荡"命名，以留下一点历史印记。

　　又，吴江区江陵街道与同里镇交界处，亦有一处荷花荡，大燕港与方尖港在此交汇，具有蓄洪及通航功能。

四、池塘泉井

262. 龙池 Lóng Chí

位于虎丘区枫桥街道白马涧龙池景区内。清道光《苏州府志》载："龙池山，今名隆池。"1952年春，时马涧乡青山村、西和村在原龙池南山坞（白马涧）修建胜天水库，由受益灌溉的农户贷款8 000元，投入人工2万余，当年完工。库坝长100米，高出地面12米，坝面宽4米，但因渗漏严重，未能蓄水。1957年，江苏省水利厅补助整修费1万元，2月开工，抽槽清基至不透水层，浇筑一道混凝土心墙，坝面加宽至10米，动用人工1.5万；5月竣工蓄水，库容15万立方米，灌溉山田430亩。胜天水库为中华人民共和国成立后苏州地区修建的第一座小型水库，一直使用至1987年，因以旧龙池为基础，故俗称水库为龙池。

2003年7月，以白马涧和龙池为基础，筹备建设苏州白马涧生态园；11月23日，生态园建设规划通过专家评审；12月18日，举行奠基仪式。2005年7月18日，建成开园，又名苏州白马涧龙池风景区。

龙池位于景区上游，为花山、天平山、支硎山三山环绕，为天然山水蓄积而成，水质清澈。2002年，生物学家在这里发现有5.5亿年历史的活化石——桃花水母。龙池北侧临水竖有清乾隆帝题"明镜漾云根"御碑，沿池建有水滨步道、天工石韵、十里木栈，面向龙池，山水景色尽入眼帘。在龙池下游，为凤潭，可乘竹筏休闲，潭西有寿星岩、寿星亭等。凤潭溢水形成的云谷飞瀑，面宽40米，泄入饮马池，相传为吴王养马之地，故名。以饮马池为中心，由西向东沿池分设龙湾晓雾、浮泽烟帆、水趣桥、沐夏轩等景点。从饮马池往下，为曲折小溪，沿溪有卧薪尝胆、石屋养马、心远楼等景点。心远楼，是一座3层4角单檐歇山顶的建筑，其名取自东晋陶渊明《饮酒》中的"问君何能尔？心远地自偏"一句。饮马池往东，有清康熙、乾隆二帝下江南时，从枫桥至支硎山、寒山、天平山的御道遗迹；御道之东北为寒山，有乾隆帝行宫遗址，原为明赵宦光寒山别墅，有千尺雪、洗心泉等旧景。

今龙池风景区被市民喻为城市"绿肺"、苏州市西郊的"世外桃源"。

龙池

263. 天池 Tiān Chí

　　位于吴中区天池山寂鉴寺二山门前。《天池山寂鉴寺图》云："半山有池，横亘数十丈。池中金波泛盈，澄清可掬。四周均天然奇石结构而成。凡游人所至，顿觉畅怀胸襟，荡涤烦虑，诚奇观也。因名之曰天池，而山亦以此得名焉。"明文徵明《吴中十二景卷》的《天池山》题款曰："碧云十里山重重，举首忽见莲华

天池

峰。晴岚飞空展苍壁，午阴匝地摇长松。游人着脚万松顶，蜿蜒细路凌飞筇。不知去地几千尺，乃有寒濑流
琤琮。微波吹鱼动石脚，倒影落镜浮云容。临流弄玉摇明空，水中照见青芙蓉。穹崖攀铁迸雪乱，定出天造
非人庸。下方春来万井渴，安得此泽常溶溶。我疑高源出天汉，或是阴墼蟠虬龙。又疑造物喜变幻，颠倒景
象潜其踪。不然水湿本就下，一泓上出夫何从。尝闻此山可度难，灵区信是千年钟。枕中秘记那悉复，异人
不在何当逢。"明高启的《游天池》诗曰："灵峰可度难，昔闻枕中书。天池在其巅，每出青芙蕖。湛如玉女
盆，云影含夕虚。人静时饮鹿，水寒不生鱼。我来属始春，石壁烟霞舒。滟滟月出后，泠泠雪消余。再泛知
神清，一酌欣虑除。何当逐流花，遂造仙人居。"

池水由钵盂泉、地雷泉、盈盈泉等众泉汇集而来，清澈见底，空中蓝天白云与水相映，池边岩石镌刻平
湖丁济美的"天池"、李芷谷的"水底烟云"、郭诵梅的"宛若桃源"，李根源题写的"天池芙蕖，高青邱
诗中字也，民国丙寅三月七日，李根源来游书"等题字。

石屋前西南侧有清心池，又称洗心池、放生池。1995年，疏浚拓宽。清心池有水面1 300余平方米，与天
池相连，池中有水榭、曲桥湖心亭和两座方亭。

264. 画眉池 Huàméi Chí

位于吴中区金庭镇明月湾村后的石牌（一作排）山，池隐于半山道旁。清光绪《郑氏宗谱》载："画眉
池，池水不涸，宜茶。盖由吴王诸姬于此池水匀黛画眉，是以名池。"传说春秋时，吴王携西施来消夏湾内
消暑。有时，西施住在明月湾石牌山间的行宫里，吴王则住在瓦山的逍遥宫内。西施早晨起来，在画眉池边
梳洗一番后，会站在明月湾山顶遥望湖中的瓦山，故民间有"西施望瓦山"一说。画眉池四周用黄石堆砌，
山泉渗入，积水成池，又称画眉泉。泉水清澈如镜，常年不枯。泉旁原有石凳石桌，传说是西施的梳妆台，
现已不存。

明蔡升撰、王鏊重修的《震泽编》载：明月湾"在石公山西二里，有大明湾、小明湾，吴王尝玩月于
此，或曰以湖堤环抱如月耳"。大明湾在右，由东山岭、陈毛山、潜龙岭、里山、南湾山、石牌山等山岭由
东至西环抱；小明湾在左，东与旸坞隔王家山相连。明月湾村现为中国历史文化名村、全国农业旅游示
范点。

罔极泉

265. 罔极泉 Wǎngjí Quán

位于吴中区胥口镇小王山阙茔村舍院前。
1930年，李根源、李根沄兄弟为表达对父母的感
恩，挖掘了一口水井，取《诗经》中《小雅·蓼
莪》"欲报之德，昊天罔极"之意命名为"罔极
泉"。井圈题刻："民国十九年庚午三月初九日，
李根源、根沄敬谨凿。"李根沄（1891—1938），
字武城，号武诚，云南腾冲人，李根源之弟。云
南讲武堂肄业，辛亥革命参加云南重九起义。后
留学日本，回国任滇军旅长、滇桂联军第三旅第
七师师长。北伐战争时，任第十六路军第四十六

师师长。抗战爆发后，参加沪杭抗战。后返江西，任南昌行军中将参议，后调任沙市公安局局长。忧劳过
度，至患肺炎，旋回苏州调养，于1938年病逝。

　　小王山是穹窿山东坡余脉,一名琴台山,又曰小黄山。小王山南北长400余米,东西宽300米左右,高53.9米,山顶呈浑圆状。1928年,曾任北洋政府代国务总理、朱德的老师李根源离政后在此买山葬母,隐居10年,辟景成胜,疏泉凿井,植松栽竹,营建田园别墅,建成小隆中、万松亭、听松亭、湖山堂、卧狮窝、听泉石、灵池、梨云涧、孝经台、吹绿峰等松海十景。当年,社会名流,各界高士,四海归望,前来谒墓拜访,赏景览胜,吟诗酬唱,作诗词文章与摩崖留题者达五、六百人之多,可谓"群贤毕至,名人荟萃",凡善书者皆留大笔,善诗者必惠高吟。大量名人书法刻之于石,字体齐全,镌刻极工,形成数以百计的摩崖石刻,为华东地区最大的近代石刻群。

266. 海眼泉 Hǎiyǎn Quán

　　位于吴中区东山镇丰圻山顶。明代《震泽编》载:"东洞庭丰圻之顶,曰海眼泉,山顶有巨石,上有二穴,涓涓如人目,冬夏不盈不竭,其深不测。"清代《具区志》载:"海眼泉,在丰圻山顶石上,二穴涓涓如人目,冬夏不盈不竭,其深不测,王文恪公题诗尚存。"民国《乡志类稿》载:"海眼,正书,王鏊题,丰圻山顶摩岩。"现石上有大小"海眼"二字题刻两处,但记载中的明代大学士王鏊题诗未见。

　　清代吴曾有《海眼泉》诗:"深沉一勺碧渊渊,谁凿坤舆着底穿。定是水源通万里,故教峰顶出双泉。泛来只合舟如芥,填处难容石似拳。挹取漫期珠满掬,鲛人清泪不轻圆。"叶松有《咏海眼泉涛》:"山半开松迳,行人过可扪。千层通海脉,两穴倚云根。共阅炎凉态,平分雨露恩。源源曾不竭,潮汐理相存。"

海眼泉

止疟泉旧貌

267. 止疟泉 Zhǐnüè Quán

　　位于姑苏区平江街道东北街128号的灵迹司内。灵迹司,俗称疟痢都城隍、痢疾司堂。民国《吴县志》载:"灵迹司庙在普福寺西,即灵德庵址,旧在百口桥。清乾隆初,里人习觿移建神为汉司徒朱邑,今民间奉为土谷神。光绪初,里人王元梁、程鸿昌等重修,并于祠后增建金谷书院、孝悌堂,程镛记。庭有止疟泉,故又名疟痢都城隍,俗名痢疾司,当以灵迹音近而误。又按庙中有成化元年建庙碑记,当是初建时立,乾隆时与庙俱迁也。"清道光《吴门表隐》载:"乡土谷神兼疟痢两司,正月十六日神诞,庭有止疟泉,祷水煎服可疗疟痢。"止疟泉在正殿阶前,传说饮此井水可疗疟痢。井上原有青石井圈，雕刻有"狮子滚绣球"，但在2003年被盗，后移来一口花岗石井圈。

清光绪年间，重修灵迹司庙。民国时，灵迹司建筑分为两大部分，西边从南而入为庙宇，东边从北进，三进都属于粮食商会，庙后为北园。民国末期国民党军曾用作兵营，因弹药爆炸，殃及神台，山门、戏台俱废。中华人民共和国成立后，东边粮食商会用房被分割使用。二十世纪六七十年代，西边庙宇神像被毁，迁入三十多户居民，从此成为民居。现存正殿单檐硬山造，面阔三间10.2米，进深11.4，高8米，扁作梁架，有船篷轩和外檐象鼻昂桁间牌科。殿后有楼两进，原为寝宫，俗称娘娘殿。

268. 洗马池 Xǐmǎ Chí

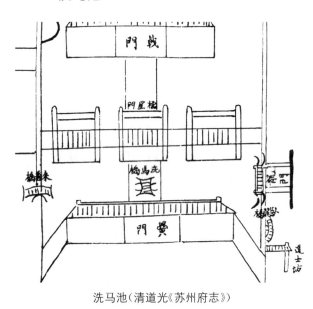

洗马池（清道光《苏州府志》）

位于姑苏区沧浪街道今文庙古玩市场区域，池已不存。清同治《苏州府志》载："洗马池适当其前，又有状元、昼锦两坊适拱左右，遂表文庙之道于洗马池南，而架梁以入，其道南北之半，故又有假山，山之阴有池曰来秀，其水自太湖入南城之池，注之来秀，自来秀南流，则汇之洗马而止，其北流则归学之泮池而止。"洗马池原在文庙前、黉门与棂星门之间，凡官员到文庙后，先用池水清洗马身和四足，洗净后栓好马，然后根据自己的身份分别步行至武官厅或文官厅，尔后再进入孔庙或府学，以示对孔子的尊敬。据道光《苏州府志》所载"府学图"，洗马池之水源自运河，由胥门沿内河辗转流入，经来秀池东向至洗马池，再经龙门、卧龙桥北折入沧浪亭。今水系亦不存。

269. 怀德泉 Huáidé Quán

位于姑苏区平江街道观前街后的中山堂东侧，店铺之间的天井里。民国《吴县志》载："怀德泉在长洲县亨一上图察院场西，品月泉在吴县汤家巷中，蓬莱泉在吴县胥门内来远桥东，怀义泉在甫桥西街东，望雨泉在长洲县亨二图玄妙观东脚门，永福泉在长洲县亨一上图宫巷永福桥。以上潘仪凤濬。"潘仪凤即状元潘世恩之孙，潘世恩长子潘曾沂之子。据潘曾沂和潘仪凤的《小浮山人手订年谱》载：咸丰二年（1852），潘曾沂于苏州浚凿"义井四五十处"，另有"府君尝言，城市开井，非独便民，使其地脉疏通，且可转移风水"。从记述可知潘氏家族热衷浚凿义井，既是善举，也有可能出于风水考虑。怀德泉井台面东，双井均为花岗岩六角形井圈，南面井圈竖刻"怀德泉"，北面井圈刻有"同治五年丙寅嘉平月，

怀德泉

吴郡亢旱不雨，倡浚此泉以便汲水，吴县潘仪凤建"。同治五年丙寅嘉平月，即1866年农历十二月。2005年，怀德泉列为古城十大名井之一。

270. 憨憨泉 Hānhān Quán

位于姑苏区虎丘街道虎丘景区断梁殿后，上山路西侧的拥翠山庄墙外。相传，泉为五代梁时憨憨尊者所凿，宋僧虚堂有诗："憨泉一掬清无底，暗与曹源正脉通。陆羽若教知此味，定应天下水无功。"明代王叔承有诗："年来痴更绝，味得憨憨理。两耳三千秋，不洗颍川水。"明弘治二年（1489），太仆寺少卿都穆游虎丘时，泉已被人投瓦填塞。直至清末的洪钧或朱修庭浚井建亭，名胜方兴。现泉后有石题"憨憨泉"三字，相传是宋绍圣年间吕升卿题字。但据清代《香禅精舍集》载："国初近刻已遭兵燹，出自土中仅存者，而吕升卿宋人书竟佚矣。"六角青石井圈的一侧竖刻"憨憨泉"，另一侧题刻"康熙四十四年陆月，上海县信士杨天玑同男麟选、孙和郎喜助吉旦"。现泉周是石平台，石栏约半米高。在

憨憨泉（民国）

清末民国初，憨憨泉是有井亭保护的。亭为方形歇山顶，三面为墙，面东为木栅门。井亭修筑的时间及发起人有多种说法：一说，1885年3月31日的《申报》所载："虎邱山憨憨泉，系憨憨大师遗迹，泉在试剑石之右，荒烟蔓草中，久无好事者，蜡屐而访。上冬经洪文卿数撰搜剔而出一泓清水，澄澈依然，爰集资建亭其上，颜曰：问泉，并构数椽，招僧看守。"洪钧（1839—1893），字陶士，号文卿，吴县人。曾任清廷驻俄、德、奥、荷兰四国外交大臣。回国后，任总理各国事务衙门大臣。另一说法，见民国《虎邱新志》载："清光绪十三年，邑绅朱修庭陟邱访泉，邱之人无知者，乃属报恩寺僧云闲大索之，获于试剑石右，井上截巨石，汲而饮，甘洌逾中冷，遂覆以井亭，外扃双扉，蒙护铁网，盖恐儿童投掷秽物也。"朱福清（1838—?），字修庭，浙江归安人，官江苏候补道，有《双清阁袖中诗》。以上两种记载之外，还有一种表述是洪钧和朱福清共游，发现泉后集资建的亭。井亭何时拆除未见记载，但对照1935年前和后的老照片，推断可能是在刘正康、张云抟等人发起的整理虎丘名胜、于断梁殿至千人石铺设石子路之时。

五、扇洲沙口名

271. 众安洲 Zhòng'ān Zhōu

位于吴中区金庭镇消夏湾中。取"众生平安"之意为名，也称瓦山，是太湖四崂之一的南崂。明蔡羽《消夏湾记》云："中消夏之腹，印浮其上，乍有乍无，为众安之洲。帆落洲上，则四面环合，为屏为翰，耸妍效谲，以与缥缈相拱。"徐开云《霖泉记》载："众安洲在消夏湾中，四面环水，水外环山，红菱碧莲，紫莼绿蘋，左萦右拂，俨一瀛洲也。洲之高不过一仞，大不逾数亩，虽巨浸不没，上有水平王庙，旧传后稷庶子佐禹治水有功，因祀之，其神甚灵。"清金友理《太湖备考》亦载："夏禹王庙……一在南崂，即众安洲。"

众安洲上旧有水平王庙、霖泉、西施井等古迹。水平王庙，原为禹庙，祀大禹，宋后又并祀水平王（相传后稷庶子助大禹治水，死后封为水平王）。明王鏊正德《姑苏志》载："太湖水神庙……俗号水平王庙，宋庆历间知州事胡宿尝奏请列祀典"，"旧传神即汉雍州刺史郁君。"并称"神像与几案皆石为之"。清《林屋民风》载，水平王庙为南宋建炎年间建，明嘉靖年间重修，唐鹤徵有重修记。旧时每当朔望，庙中香火甚盛，晚近正殿有"有求必应"额，神像金装。"文化大革命"期间毁，遗迹处复建有护国龙王庙。昔日每年农历

众安洲（清《太湖备考》）

六月廿四日，众安洲有三老爷庙会，一般前后三天，除烧香祭神拜仙外，还有集市、唱戏、抬阁、舞龙、鼓乐等活动。参加庙会的各村村民都要相互比较，彼此争奇斗胜。

272. 铜坑口 Tóngkēng Kǒu

位于吴中区光福镇铜坑山北、安山南，太湖在此形成一个三角形的湖口，太湖水由此东流铜坑港入西崦湖（也作下崦），历来是光福地区出入太湖的主要水口，因铜坑山而得名。今铜坑口处建有船闸，以利通航。明吴宽有《入铜坑》诗云："铜坑山下摘杨梅，曲径人从树杪来。共爱石桥凉气逼，湖梢未放酒船回。"清顾嗣立有《铜坑》诗："拨棹入铜坑，湖波荡香雾。流云湿不飞，残雪寒犹聚。扁舟信沿洄，何必罗浮住。"

铜坑山，位于铜坑口、铜坑港南，官山岭北，东濒西崦湖，西连卧龙山（俗称乌龙山，与铜坑山连接，实属一山）。明王鏊正德《姑苏志》："铜坑山，在邓尉山西南，一名铜井，晋宋间凿坑取沙土，煎之，皆成铜，故名。上有岩洞，其悬溜汇而为池，清洌可饮，名曰铜泉。"明崇祯《吴县志》则称铜井"旧志云即铜坑，今山中别指其地一小山名铜坑，不知其故。"明清之际徐枋《邓尉十景记》有"铜坑"记："过虎山桥为龟山，龟山之麓，直接平堤，夹岸榆柳，皆在下堰中，遥望水面，有物如螺，杂树蒙之，浮庙墩也。堰之尽，长虹缥缈如线，铜坑桥也。外则太湖巨区矣。烟水沧涟，山林窅冥，而轻帆出没，直浮天末，亦一山之绝。"又《吴山十二图记》有"铜坑"云："过虎山桥为龟山，龟山之麓，直接平堤，夹岸榆柳，皆在下堰中。堰之尽，长虹缥缈如线，铜坑桥也。外则太湖具区矣。烟波渺然，一望无际，风恬浪息，湖光如镜，则孤帆出于天末，远山浮于波面，而渔舠如叶，与凫乙相泛泛，若风晦冥，波涛澎湃，咫尺之际，正是鱼龙变怪，倏忽一览，于此真移我情矣。"清钱维城《乾隆南巡驻跸图》中有《邓尉山》图，题跋云："邓尉山，在苏州府西南七十里，相传汉有邓尉隐此。亦名光福山，以地为光福里也。山势绵亘，冈峦起伏。西有铜井，

铜坑口

铜青点点；浮水上又一小山，曰铜坑。"清高晋《南巡盛典》"邓尉山记"云："（邓尉山）西有铜井，铜青点点浮水上；又一小山，曰铜坑。"清代诗人游历至光福，诗中常以铜坑、铜井两山并提，如清吴泰来"铜井铜坑谷窈窕，石楼石壁山盘纡"、清彭启丰"潭东潭西花坞深，铜坑铜井山崎釜"、清石韫玉"邓尉探梅谁胜境，无过铜坑与铜井"、清梁章钜"铜井铜坑万树花，香南雪北太清家"。

铜坑山土层较厚，林木茂盛，历史上以杨梅著名，宋《太平寰宇记》载："杨梅，出光福山铜坑者为第一。"铜坑山还曾是光福最早的梅花胜地，宋朝顾凤曾在铜坑山"梅花最深处"构筑吟香阁，后明朝王鏊、顾鼎臣相继重修，清末尚存。铜坑口与铜坑山之间，有村落名铜坑，旧有祭祀东吴名相顾雍的顾相公祠，亦称顾相公土地庙，今不存。

273. 三百丈 Sānbǎizhàng

位于苏州工业园区斜塘街道与吴中区郭巷街道交界处的独墅湖南部，此处旧称"浪打穿"，为独墅湖水口中三个最宽出水口（姚基港、居姚港、三百丈）之一。1957年，时苏州市郊区苏渔公社建独墅湖养殖场。由于水面广、水流急，逃鱼严重，造成连年渔业亏损，影响渔民生活。1965年，苏渔公社筹款在独墅湖南端，沿墅浦塘口筑起一条长1233米的大坝，俗称"三百丈"。由此根治了逃鱼之患，使独墅湖成为当时全国十大淡水养鱼高产湖之一。大坝中间靠南处留有断口，独墅湖水可经此进入墅浦塘，再南流经镬底潭注入吴淞江。"三百丈"也因此成为独墅湖水一处较大出水口的名称了。现独墅湖虽已不在养鱼，但大坝仍在，继续拱卫着"苏申外港"航线的安全。在独墅岛花园南、大坝断口以北的西侧水域已堆填并建设了绿化景观。今独墅湖水，不仅可从三百丈处流出，也可直接从万寿街西侧河道南流。

274. 渔子沙 Yúzǐ Shā

位于相城区阳澄湖镇湘城集镇人民街东端，圣堂河西，北至都氏义庄浜（今三马桥南），南至观桥河北岸（即观桥头、圩庄浜一片），西至观桥东、灵应观东一带，原为一扇形荒滩，并由迎仙河东接阳澄湖，西经杨姓桥沿人民街穿迎仙桥到湘城市河（济民塘），为阳澄湖船只进入湘城市镇的捷径，因此处水域开阔，往来船只多停泊于此。明文徵明《题沈周西山雨观图卷》诗云："高人不见沈休文，渔子沙头几夕曛。"清王时敏《灵应观重修碑记》："所谓渔子沙也。"也提及该地名。民国《相城小志》卷一《乡都图圩》记载，中十八都九图骧字圩有渔子沙口村。《川泽津梁》："渔子沙口，相城东岸迎仙桥内，昔时渔舟聚泊于此，鱼灯密布，光明如昼，盖古之鱼市也。"《相城小志》有清姚士蒵《相城记》，云："渔子沙头（今曹家浜，是鱼舟泊集之所，彻夜悬灯如昼，故有渔子沙之称），风送腥膻疑羯虏？"并有注曰："姚士蒵先生别号海桴，具倚马之才，推造凤之手，诗文各诣其名，著作最多。《相城记》四页，始表地杰人灵，终伤风颓俗靡，似非无意而作者也。李青莲云：'天生我才必有用。'天既生此才矣，不应弃置无用之地，卒使终身不遇，牢落困顿而死，且终身不遇矣，而其诗文又不得显于一世。呜呼！是独何欤？今士蒵先生幸有此记之存，使读者铿锵感金石，幽渺感鬼神，或因此而自新，或由此而自咎，庶幸人之一悟，俗之一改焉，则先生虽不遇于当时，犹可显于后世，朽骨言存，先生真不死矣。元觉氏翁习智注。"又有附注："先生本姓叶，即海虞虹桥之裔，廉宪九三之派，鼎鼐府同郡判之后，筼溪公之孙。父若冲，母高氏。因筼溪幼嗣于相城姚氏，乃改姓姚，世居渔子沙头，传至士蒵，自号海桴，迁居尚泽村中，生一子名扁舟。然此姚氏非少师之派，是常熟李王庙前工科都给谏姚希庵之后，盖筼溪嗣父姚世美名彬，赘于蒋氏，故在相城，世美夭亡，其妻蒋氏守节，嗣筼溪为子，因居相城。时有以少师为士蒵之先，士蒵谢却之，其志每欲复叶姓，未果。"《相城记》又载渔子沙口有小桥名迎仙桥，渔子沙西有思贤泾，因沈周祖父有好客招贤之风而名（参见193"思贤泾"条）。

渔子沙

275. 江枫洲 Jiāngfēng Zhōu

位于姑苏区金阊街道枫桥景区内，东有江村桥连接寒山寺。原为枫桥古镇西塘或西沿塘。清韦光黻《闻见阐幽录》载："江村桥西沿塘小停云馆，王冈龄故居，后归袁绥阶，改为渔隐小圃，其中山石有文氏画法。袁有古研五，名五研楼，今则为贞泰质库矣。"清咸丰、同治年间由于战乱，枫桥古镇被毁，往日的繁

江枫洲旧貌

荣不再，西塘沦为荒凉之地。1954年，为保护文物古迹，在枫桥西塘西面另辟大运河新河道，与原来东侧的古运河河道东西夹峙，形成一片四面环水、平面略呈梭形的河中之洲，以东有江村桥、北望枫桥，得名为"江枫洲"。2003年10月，建成占地3.5万平方米的江枫洲景区，东以枫桥、江村桥及新建的渔隐桥与对岸寒山寺、铁铃关相通并相呼应，以古关、古镇、古桥、古寺、古运河"五古"特色营造"枫桥夜泊"的历史诗韵。江枫洲景区分为北部枫桥古镇街市区、中部民俗风情区、南部生态植物区。主要景点有渔隐小圃、江枫草堂、水驿长廊、唐灯、"吴门古韵"戏台、漕运展示馆、枫桥水马驿、惊虹渡、石牌坊、夜泊处、张继听钟吟诗铜像等。江枫洲景区建成开放，以"江枫渔火"景点入选2003年《美丽新苏州》十大形象工程。近年来，江枫洲以"枫桥夜泊"主题成为苏州运河十景之一。

276. 严扇 Yán Shàn

位于吴江区同里镇合心村，今作严舍。因有浙江桐庐、建德一带严姓族人迁居至此垦田而得名。"扇"，亦作"墒"，一说指成片田地，是"圩"的一种地方称呼或是"圩"的一种类型。一说为旧时的土地登记簿册单位，乡村设有"扇书"一职统计田地，后演化为田地所在的村落地名。"严扇"原为黄泥兜与澄湖之间的圩地，上有村落，也名"严扇"，在明代弘治年间就见于方志，时属吴江县久泳乡。1929年，在此设吴江县严扇乡。1934年8月，改属旺东乡；1946年初，属守三乡；1948年2月，属新三乡。1949年5月，属吴江县同里区沐庄乡。1956年3月，属城厢区沐庄乡；年底，属合心高级社。1957年10月，划属屯村乡。1958年9月，属屯村人民公社。1983年初，恢复乡、村，属屯村乡严舍村。1992年7月，属屯村镇。2001年，严舍村与沐庄村合并为合心村，"严扇"随属。同年10月，随屯村镇并入同里镇。严扇人唐仁甫，为近代南社诗人陈去病里中父执，陈去病曾与其交厚。

277. 金家扇 Jīnjiā Shàn

位于吴江区七都镇庙港村，因有金姓居此垦田而得名，今作"金家圩"。《庙港镇志》（2002年版）载：旧时，每逢庙会节日和民间婚嫁喜庆，邀聘堂名吹打、演唱戏曲，俗称"乐人打唱"。堂名是艺人组织的团体名称，搭台演唱的俗称"阳台打唱"。庙港附近均以此为业的艺人"堂名"，世代相传。其中，金家扇的昆曲堂名"金玉堂"享有盛名。"金玉堂"是金氏家族的堂名班子，有200多年历史，积累的剧目有160多种，演唱范围东至黎里、同里，南抵盛泽、嘉兴，西达南浔，北至吴县，方圆百里。"文化大革命"期间，"金玉堂"停业。改革开放后，民间文艺逐步恢复，"金玉堂"也曾多次参加群众文艺汇演和艺术节演出，获得嘉奖。

278. 姚家扇 Yáojiā Shàn

位于吴江区黎里镇，黎里古镇西栅河北、北栅河西一处圩扇，因有姚姓居此垦田而得名。今有西新街从东经过，留有"姚家扇弄"地名作为印记。在原姚家扇靠北临街处，有一座"施家洋房"，始建于1929年，由南浔庞元济夫妇出资为其帮佣施永生夫妇建造。洋房坐西朝东，面阔三间，共三进。第一进二层楼房，清水红砖水泥嵌缝墙体，西洋式水泥细磨石子门楼，房内铺西洋花卉地砖，后天井有石门楼一座。第二进二层楼房，主体阔14.5米，进深6.6米，由天井南北厢楼与第一进连通，构成走马堂楼。第三进平屋，上部水泥天桥与第二进连通。整体保存较好，局部木柱糟杇，粉刷层剥落。现为苏州市文物保护单位。原姚家扇东、跨南北栅市河上有清风、明月二座古桥，相传，明月桥建于元大德三年（1299），因杨明丰与施月珍的爱情故事而得名，俗称杨家桥；清风桥重建于嘉靖十六年（1537），原名普宁桥，又名青枫桥，俗称新丰桥，因桥上有联"清秀一川星可望，风高千古月分明"而得名。现为苏州市文物保护单位。

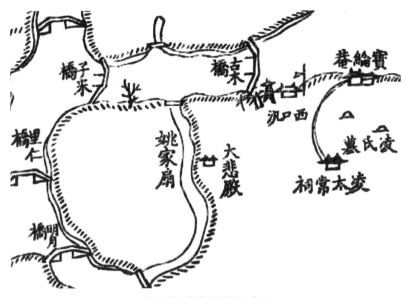

姚家扇(清嘉庆《黎里志》)

另，震泽镇大船港村，顾塘南、三家坝河西，也有一处姚家扇，今为村名。1958年9月，成立震泽人民公社时，属卫星大队。1962年4月，卫星大队分为虹峰、外倚大队，属外倚大队。1983年7月，外倚大队改称外倚村，属震泽乡。1985年10月，属震泽镇。2003年7月，外倚村与桥头村并入大船港村。姚家扇村内原有外倚庙，外倚村由此得名，今存外倚桥。

279. 陆家扇 Lùjiā Shàn

位于吴江区横扇街道星字湾村。原为陆家荡与古池荡间圩扇，因旧有陆姓居此垦田而得名。陆家扇，民国时属充浦乡。1957年，并属横扇乡。1958年8月，属横扇公社五四大队。1959年春，属先锋大队。1983年7月，属横扇乡星字湾村。1992年11月，属横扇镇。2012年1月，随横扇镇并入松陵镇。2018年10月，随属横扇街道。

另，平望镇金联村也有陆家扇，原属小西村。2003年7月，随小西村并入金联村。金联村，下辖湾林港、潘家兜、新开河、沈家扇、北湾上、大河港、陆家扇、长浜、汤家浜、杨家港、金家潭等11个自然村。

280. 倪家扇 Níjiā Shàn

位于吴江区横扇街道星字湾村，原为冬瓜漾、古池荡、黄家湖与沧州荡间圩扇，因旧有倪姓居此垦田而得名。倪家扇，清属范隅上乡四都十六图。民国时，属充浦乡。1957年，并属横扇乡。1958年8月，属横扇公社五四大队。1983年7月，属横扇乡倪家扇村。1992年11月，属横扇镇。2003年7月，并属星字湾村。2012年1月，随横扇镇并入松陵镇。2018年10月，随属横扇街道。

281. 鹤脚扇 Hèjiǎo Shàn

位于吴江区黎里镇黎花村，在黎里古镇东北，太浦河南岸、后长荡东岸的一处圩扇，因地形狭长似鹤脚而得名。原名鹤渚。旧时，这里河港交错，岸柳农舍，入晚，渔舟静泊，渔火点点，俨如水上渔村。渔人中多有擅长山歌演唱的，你唱我和，此起彼伏，"鹤渚渔歌"成为黎川八景之一。清周元瑛有《鹤渚渔歌》诗云："鹤渚风回绉绿波，荻花深处起高歌。悠扬传出渔家乐，斜阳书楼听得多。"当地有"鹤脚扇，屋脊高，十个姑娘九个俏"的俗语，指鹤脚扇人家富足，女子标致。

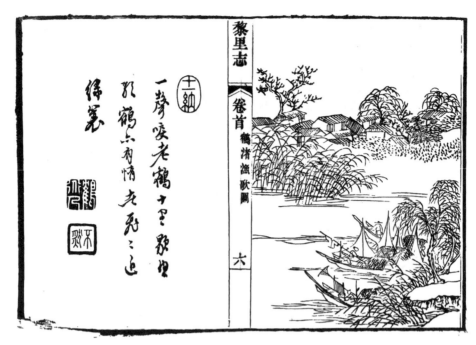

鹤渚渔歌图(清嘉庆《黎里志》)

282. 石塘扇 Shítáng Shàn

位于吴江区横扇街道四都村。原为石塘荡、黄家湖间圩扇,因北临石塘荡而得名。扇上有村落名石塘,1929年8月,属吴江县第十区石塘乡。1950年2月,属横扇乡石塘村。1958年7月,属横扇人民公社81大队。1961年夏,属71大队。1962年8月,属建新大队。1983年7月,属横扇乡石塘村。1992年11月,属横扇镇。2003年7月,并属四都村。2012年1月,随横扇镇并入松陵镇。2018年10月,随属横扇街道。

瓜泾口闸

283. 瓜泾口 Guājīng Kǒu

位于吴江区江陵街道,是今吴淞江的源头,谐音误作花泾港、花港。东太湖水由此东流,出瓜泾桥(即今夹浦桥)入运河。古时候,太湖的东泄出水口在原菀坪浪打穿至原松陵瓜泾口一带,皆为吴淞江上源;唐宋以后,出水口减少、逐渐北移,以吴江长桥(今垂虹桥)为要口;元明清间,长桥淤浅,吴淞江乃以瓜泾口为上源。

位于瓜泾港与大运河交汇处的瓜泾港水文站,建于 1922 年,其水文资料曾长期作为太湖下游地区防汛抗旱和基建工程的重要依据。

284. 大浦口 Dàpǔ Kǒu

位于吴江区松陵街道与横扇街道交界处的东太湖泄水口,是古大浦港的上源,故名大浦口,旧时也称"浪打穿",即今军用线港。《太湖备考》引《吴江新志》称"太湖东流之水先从此泄,再东北,而后为吴淞之口，此乃湖流西来之第一关也"。明代以后，大浦口淤淀成平沙滩，并被历代围垦、拓浚，遂成现状。今苏州湾大道跨军运线港建有大浦口大桥，军运线港东口建有大浦口节制闸。

285. 浪打穿 Làngdǎchuān

位于吴江区松陵街道与横扇街道间原菀坪乡地界，原是东太湖的一片茭芦浅滩，旧志称"浪打穿"。此处原为古太湖的重要泄水口，因形又称"大缺口"。浪打穿，一说因太湖惊涛拍岸能打穿岸石、难于围垦而得名；一说因芦苇丛生，一望无际，唯有浪头急骤打压芦苇，方可看到远方天际而得名。唐代以前，南起浪打穿、北至瓜泾口的东太湖水域，均为吴淞江上源。明代以后，浪打穿淤淀，涨为滩地草埂，清康熙年间即有围垦，为此，康熙五十二年（1713）立《永禁占水碑》予以禁止。至光绪年间，当地围湖造田之风盛，自光绪十七年（1891）至宣统三年（1911）的20年间，共围

浪打穿挖泥机器濬湖工程摄影（民国）

田1.74万亩，浪打穿一带被围垦殆尽，仅存海沿漕、黄沙路、直渎港、水落港等几条河道通流。1914年，时吴江县知事丁祖荫在浪打穿再立《永禁占水碑》，严明禁止围田，但收效甚微，至1949年，菀坪境内太湖水面皆已成陆，浪打穿不复存在。

另，吴中区郭巷街道与苏州工业园区斜塘街道间独墅湖水口三百丈处，旧时亦称"浪打穿"（参见273"三百丈"条）。

第二部分

行政区域及居民点地名

一、地片名

286. 青旸地 Qīngyángdì

青旸地，《最新苏州城厢明细全图》（1921年版）作青阳地。据志书记载，青旸地泛指苏州古城盘门外以东地区，大致范围为今大龙港以东、护城河以南、大运河以西、南环路以北，位于今姑苏区吴门桥街道、双塔街道境内。其名来历，盖与地物及地理方位有关。旸，《说文》释为"日出"，《淮南子·地形》有"旸谷搏桑在东方"句。青旸地位于城南，属"正阳之地"且多为农桑田地，故以"青禾正阳之地"得名。

唐时，青旸地属长洲县尹山乡。南宋时为吴县尉司和通济院、齐升院、修和观等寺观所在地。清雍正二年（1724），属元和县。民国时，属吴县。1952年8月，属苏州市郊区。1956年2月，设青旸乡。1957年12月，并入娄葑乡。1959年7月，于此设娄葑公社青旸大队。1983年7月，设娄葑乡青旸村。1995年6月，改设为青旸社区。2002年6月，划归沧浪区（今姑苏区）。1998年8月，将南园南路西、南起青旸河（旧名采莲泾）、北至南门路的道路命名为青旸路。

青旸地在古城外南部中轴线上，因处"正阳之位"，是古代墓葬的最佳之地。相传，三国时孙坚、孙策墓就在青旸地，当地俗称孙王坟，大致位于今南门路苏州第一丝厂东北部。墓地旧为东西50米、南北60米、高5米的椭圆形土墩，曾立有1921年吴中保墓会会长吴荫培题写的"汉破虏将军孙坚、吴夫人、子讨逆将军孙策墓"碑。1981年3月，苏州第一丝厂扩建厂房，墓被平，由苏州博物馆进行了抢救性发掘。从当时的发掘简报可知，孙王坟的墓室由前室、后室、甬道和石门等组成，为东汉晚期砖室墓。

也许正是因为墓葬之地的缘故，青旸地这块地方一直较为荒凉。至清末，甲午战争失败后，依据中日签订《马关条约》，苏州被辟为商埠。1897年3月5日，清政府在苏州公布了《日租界章程》，将城南外的青旸之地辟为日租界，大致在今人民路以东、南门路以南、采莲泾以北、南园南路以西范围，日本在租界内设立领事馆（位于今第一丝厂内，列为苏州市文保单位）。日租界东为"各国通商场"，也称公共租界。清末张

青旸地(民国)

洵佳（字少泉，江阴人）有一首《青旸地》诗，道出了当时的时代沧桑和没落："谁使中华变外洋，无端尘海感沧桑。白杨衰草夷荒冢，绣幰春风迓丽娘。楼阁翻成新世界，笙歌误尽少年场。吴中似此浮夸甚，安得黄金用斗量。"直至抗战胜利，中国政府按照《波茨坦公告》于1945年10月收回全部日租界并划归吴县管辖止，日占青旸地近50年。

青旸地，既有刻骨铭心的民族之痛，但也是苏州近代工业的发祥之地。1895年，两江总督张之洞奏建苏纶纱厂、苏经沙厂，由陆润庠出面筹建经办，这是苏州首家近代工业企业。此后，民族工业也在青旸地逐步兴起，其中1936年8月太和面粉厂在觅渡桥西堍建成投产，所生产的"太和""虎丘""龙凤"三个商标的面粉在当时非常畅销。改革开放以来，随着城市发展和产业转移，如今的青旸地已不再是苏州的工业重地，代之为南环花园、翠园花园、领袖江南花园、南门绿郡花园、觅渡翠庭等居民住宅区，而原来的苏纶纱厂旧址也作为工业遗存被改造为文旅商业项目，供市民游客来此休闲、娱乐、聚会。

二、行政区域（村、社区）名

287. 华山村 Huàshān Cūn

位于虎丘区通安镇东部。为原华山村村民委员会所在地名称，因域内有小山丘华山而得名。华山村原南邻通安村，北依颜家村、新合村，东靠浒墅关镇真山村，西接北河村。1950年，设华山村，属吴县新合乡。1956年1月，新合乡撤销，华山村划归浒管乡。1957年3月，又划归通安乡。1958年9月，建通安人民公社华山大队。1983年，改为通安乡华山村，村民委员会原设在陆木花桥，下辖陆木花桥、唐家桥、谢家浜、西湾塘、小泥桥、山浜、邵家山湾、吴家河、更饭桥、管港上、上山等11个自然村。1994年8月，属通安镇。2002年7月，划归虎丘区。2011年，华山村撤销，村民动迁安置于华通花园、华山花园等处。2023年7月，通安镇拆分华通花园第六社区，成立"华山社区居民委员会（筹委会）"，复以"华山"为名，其管理范围为：东至华山花园东、南至真山路及真北路、西至中唐路、北至沪常高速，蓬勃花园东区，区域面积约0.32平方千米，辖动迁小区1个（华山花园），商品房小区3个（蓬勃花园、蓬勃花园东区、嘉誉湾雅苑），总户数约6 104户，总人口约1.35万人。居民委员会办公地点在华山花园22幢。

华山，又名瓦山（华与瓦吴语谐音），山体东西走向，海拔20—30米。现山体被道路从中截断，分为东西两部分。山脊上有墓葬密集分布，共有土墩14座，其中西部4座，东部10座，大多为竖穴石室墓，再在其上堆筑封土。1994年被国家文物局认定为吴楚贵族墓地。

华山村华山西南麓有华山商周时期遗址。据1994年版《吴县志》载："华山遗址位于浒墅关镇西北3里（即现在通安镇华山村3组、4组的地域），时代系商周，面积为0.7万平方米。1956年在省文管会组织的普查中发现，文化层厚度约1.5—2米。采集标本有穿孔石斧、石钺、石镞、三角形石刀、凿、锛、篮纹圆底内凹罐、原始瓷钵、鼎以及回纹折尺纹、席纹、菱形纹的硬陶罐片等。"1986年，该遗址被列为苏州市文物保护单位。

华山

　　1973年，在华山村还曾出土元釉里红云龙纹盖罐，创烧于元代景德镇，因制作工艺严格，产量低，流传数量也少，极为难得，是国内外罕见的早期釉里红瓷器。该盖罐造型端庄、呈色艳丽，通高38.2厘米，口径12.7厘米，腹径25厘米。直口短颈，盖部有宝珠形纽，盖设里外两口，便于密封。以盖纽为中心施有对称的锦葵花叶一周，纽基部及盖外边缘施釉里红釉彩，花叶上散涂通红色呈色剂。腹部浅刻盘龙两条，组成主体纹饰，在刻画的龙纹轮廓线外施釉里红。据说，当年一位农民在山坡上挖沟种茶树时发现此罐，拿回家作为存放稻种谷物的容器。1976年，苏州市文物商店下乡收购古物时发现此物，交当时的吴县文物管理委员会收藏。1994年被国家文物局鉴定为国宝级文物，现藏于吴中博物馆。

　　进入21世纪后，于华山遗址又出土了许多重要文物。2010年出土战国凤首龙身佩。长3.1厘米，宽1.9厘米，厚0.35厘米。鸡骨白沁。扁平状，镂空透雕。用以穿绳佩戴的通天孔直径约0.1厘米，位于器身中间部位，从回卷的尾部穿至底部的足部。头部双目微突有力，头顶有鸟类的喙及冠羽，形似凤首。颈背有鬣毛下卷。龙身造型奇特。两面纹饰相同，为S纹。又2011年出土商周时期玉璧。直径14.3厘米，孔径4.4厘米，厚0.45厘米。暗红色玉质，局部受沁成白色。内外近边缘各一道弦纹，两道弦纹内饰谷纹，玉璧边缘阴刻一"大"字。玉璧为古代祭祀之物，周礼中规定六种礼器分别用来祭祀天、地、东、西、南、北。其中苍璧为圆形，代表天。又2011年出土战国釉陶兽首壶。底径11.2厘米，孔径约2厘米，高18.8厘米。为盛酒水的容器，陶质。壶上部塑一兽首，耳、鼻、眼等器官及胡须清晰可见，壶圆形，溜肩斜直壁，平底，壶身饰五组凹弦纹，每组两圈，间以水波纹，壶底饰不规则的曲折纹。釉已脱落殆尽。又2011年出土战国青瓷提梁盉。口径6厘米，最大腹径16.5厘米，高19厘米。调酒容器，原始瓷质。直口，广肩，圆弧腹，底部附有三个兽蹄形足。肩部一侧有一龙首形流，与之相对的另一侧装饰一贴塑、一兽尾，流与尾间有一象征龙体的拱形提梁，提梁上部有两段齿纹脊棱。器身饰三组弦纹，每组两道，每组弦纹间填排列整齐的刻画S形纹。通体施青绿色釉。器形规整，形似青铜提梁壶。又2011年出土战国陶郢爰。长5.1厘米，宽5.4厘米，厚0.6厘米。为长方形，上面印若干个小方块，似乌龟壳。郢（今湖北荆州附近）为楚国都城，爰为货币单位。郢爰本是楚国黄金货币的代表。此次出土的郢爰全为红陶制品，推测仅为陪葬用品，类似冥币。又2011年出土战国玉带钩。长6厘米，宽1.7厘米，高2.4厘米。为白玉，玉质温润，部分受沁呈铁锈色，做工细致。钮为刻有"趯"字人名的印章。又2011年出土汉代釉陶熏炉。炉身口径7.3厘米，底径6.2厘米，通高12厘米。盖钮中部凸起，上立一鸟，盖面上有两周三角形镂孔，一圈四个。器身子母口，斜直腹，饰一圈三角形镂孔，四个，下腹斜折，圈足。盖面施青黄色釉。以上七件文物现均藏于苏州市考古研究所。又曾出土明代白玉龙纹桃心佩，现藏于苏州博物馆。

288. 西京村 Xījīng Cūn

位于虎丘区东渚街道西南部。为西京村村民委员会所在地名称。明代以山名雷堆山为村名，清末以河浜西泾为村名，1958年春改名为西京村。西京村南滨太湖，东、北与市桥村相连，西与太湖村相邻。至2023年底，区域面积约1.5平方千米，辖西京（泾）、东马、前城（陈）、后城（陈）、游城头等5个自然村，下设11个村民小组，农户539户、人口1 920人。村民委员会驻万佛寺路北。

1950年，设西泾村，属吴县山湖乡。1956年6月，并属镇湖乡。1958年春，改名为西京村；9月，为镇湖公社西京大队。1983年，改为镇湖乡西京村。1995年8月，属吴县市镇湖镇。2002年3月，随镇湖镇并属东渚镇；7月，东渚镇划归虎丘区。2018年，属东渚街道。

村内有万佛寺（参见第二批吴文化地名保护名录069"万佛寺"条），因寺内有万佛石塔而得名。始建于南宋绍兴年间，原名禅师塔，因塔内下部须弥座上环筑10层式绿石块，浮雕有60排、每排180尊共1万余尊小佛像，故名万佛塔。元大德十年（1306）由高僧昕日重建。明末重修。塔以石块叠砌而成，高11.4米，建筑风格古朴、庄重、独特，是镇湖地区保存最完好的古代建筑。1956年，被列为首批江苏省文物保护单位。2013年，被列为全国重点文物保护单位。

万佛塔

289. 淞南村 Sōngnán Cūn

位于吴中区甪直镇东北部。为淞南村村民委员会所在地名称，因地处吴淞江南岸而得名。淞南村东接昆山市张浦镇安头村、林庄村，南连保圣社区，西、南邻甫里村，西、北濒吴淞江。2023年底，区域面积约6.2平方千米，辖大库、团结、枫庄、南翔、北港、肖家桥、东千亩潭、虹桥、孔家港、周家港、云龙、西港浜、横港、娄里、龙潭15个自然村，下设47个村民小组，人口1 270户、4 105人，村民委员会驻新淞路北。淞南之名，始于1947年，时设吴县淞南区，辖地包括今郭巷、甪直、周庄等区域。1950年，更名为甪直区。1956年3月，撤甪直区设唯亭区淞南乡。1957年3月，撤区，张林乡并入淞南乡。1958年10月，改为淞南人民公社。1980年7月，更名为甪直人民公社。1983年，为甪直镇。2003年11月，撤销北港、云龙、西横、娄里、大库5个村，以旧乡名合并设立淞南村。2007年，被评为江苏省省级生态村。

《问吴宫辞》（清乾隆《吴郡甫里志》）

春秋时期，吴王夫差在今淞南村甫里塘北修筑有行宫"梧桐园"，汉乐府即有"梧宫秋，吴王愁"之语。南北朝时期任昉在《述异记》中说："梧桐园，吴郡夫差园也，相传在甫里塘北，地名枫庄者。"枫庄的地理位置，在今甪直镇淞南村枫庄路一带，周边有翔里、西横、娄里等村庄，这是梧桐园位于淞南村的最早记载。至晚唐，陆龟蒙《问吴宫辞》序云："甫里之乡曰吴宫，在长洲苑东南五十里，非夫差所幸之别馆耶？披图籍，不见其说；询故老，不得其地。其名存，其迹灭，怅然兴怀古之思。"南宋范成大《吴郡志·古迹》亦载："梧桐园，在吴宫，本吴王夫差园也。"又："吴宫乡，在吴江县甫里之地，在今长洲东南五十里。相传吴王别宫，然举无旧迹矣。"元代女诗人郑允端随夫寓居甫里陈湖畔，她曾游览梧桐园旧址，发现一泓清泉，遂作《琵琶泉》诗："吴王废苑千余载，尚有寒泉一掬清。巧匠凿成推引手，断弦牵出辘轳鸣。涓涓多似江州泪，轧轧疑如出塞声。一曲难湔亡国恨，空留古井不胜情。"明初高启有《梧桐园》诗云："桐花香，桐叶冷。生宫园，覆宫井。雨滴夜，风惊秋。凤不来，君王愁。"明隆庆《长洲县志》载："吴宫，在长洲苑东南五十里，相传吴王别宫。今吴宫乡疑即此也。陆鲁望有《问吴宫辞》。梧桐园，在吴宫，吴王夫差园也。乐府云：'梧宫秋，吴王愁。'白居易、李商隐、储嗣宗、曹邺、张籍、卫万、张佑、孟迟、杜牧、刘沧、贯休诗。"清代甪直人许名仑《梧桐园吊古并序》云："甫里枫庄，吴宫乡者，实吴王夫差梧桐园故迹也。"近代《吴趋访古录》中有《梧桐园》诗："梧桐瑟瑟吴宫秋，吴王宫中乐未休。井栏疏雨点秋叶，采香仕女含鬓愁。对君歌舞背君泣，满院西风则秋色。越骑东来铁甲鸣，梧桐老矣芳园歇。惟余凉月挂疏枝，曾照当筵金屈卮。杨柳伤心枯树赋，蘼芜衔恨碧云墀。凄凉池馆荒榛麓，幺凤不来乌喙啄。珍重龙门百尺桐，置身莫任居高覆。"

290. 江湾村 Jiāngwān Cūn

位于吴中区甪直镇西部。为江湾村村民委员会所在地名称，因由江田村、东湾村合并而建，故各取一字命名。江湾村，东濒吴淞江，南连吴江区同里镇北联村，西临镬底潭，北与苏州工业园区斜塘街道淞渔社区、车坊社区隔河相望。2023年底，区域面积约5.3平方千米，辖15个自然村，下设47个村民小组，人口3 079人，村民委员会驻江田自然村北。1959年，时江湾村为吴县车坊人民公社一大队、二大队。1962年，一大队改称向阳大队，二大队改称向东大队。1981年，向阳大队改称东湾大队，向东大队改称江田大队。1983年8月，东湾大队改为东湾村，江田大队改为江田村，属车坊乡。1994年6月，车坊撤乡建镇。2000年7月，东湾村、江田村合并为江湾村。2004年2月，撤销甪直镇、车坊镇建制，以原甪直镇行政区域和原车坊镇的车坊居委会和江湾、朝前等17个村委会合并设立甪直镇，江湾村随属甪直镇。江湾村地处镬底潭与吴淞江之间，苏申内港、苏申外港航线在此交汇，形成江田、东湾两个河岛，地势低洼，荡田成片，现有耕地面积4 780亩，是吴中区乃至苏州市人均耕地面积较多的农业村之一。特定的自然条件，赋予了江湾村种植水生蔬菜的优势，其种植历史已有千年。所种植水生蔬菜，以被誉为"水八仙"的茨菇、荸荠、莲藕、芡实、水芹、茭白、莼菜、红菱8种水生蔬菜最为闻名。江湾村除在本村种植"水八仙"4 000余亩外，还在临近的澄湖现代农业园和吴江区同里镇北联村承包约5 500亩种植"水八仙"，成为万亩水八仙种植专业村，已形成"春有荸荠夏时藕，秋末茨菰冬芹菜，三到十月茭白鲜，江湾四季有蔬菜"的现代农业经济模式，是目前苏州市规模最大、品种最齐、质量最优的水生蔬菜基地，被媒体称为"苏州水八仙之乡"。

江湾村胡家荡出产的塘藕、荸荠，在明清时期就享誉苏杭，苏州塘藕不仅与南京板鸭、镇江香醋同被誉为"江苏三宝"，更是名列"三宝"之首，有"赛菠萝"的美称。有"水人参"之称的芡实（鸡头米）成为中

"水八仙之乡"牌坊

国极地中心南北极考察队首选产品。2007年，江湾村组建农产品专业合作社，注册了"水八仙"商标，逐步建立了基地、合作社、农户的管理模式，实行统一生产管理、统一品牌、统一销售，探索出一套产销一体化的"水八仙营销模式"。2008年，被评为江苏省省级生态村。2013年，"水八仙"商标被评为江苏省著名商标。作为苏州市菜篮子工程的直供基地，江湾村被吴中区评为发展现代农业先进村，苏州市新农村建设示范村。2017年4月，江苏省商务厅确定江湾村为第五批江苏省农村电子商务示范村。2018年7月，农业农村部认定江湾村为第八批全国一村一品示范村镇（设施蔬菜）。2020年11月，农业农村部推介江湾村为2020年全国乡村特色产业亿元村。2021年10月，农业农村部遴选推介江湾村为2021年全国乡村特色产业亿元村。2023年3月，农业农村部推介江湾村为2022年全国乡村特色产业产值超亿元村（设施蔬菜）。

291. 郁舍村 Yùshě Cūn

位于吴中区香山街道中部。为郁舍村村民委员会所在地，原名郁社，传为南朝青州刺史郁泰玄后代居于此而得名。郁舍村东接香山村，南连小横山社区，西邻蒋墩社区，北至舟山花园社区。2023年底，区域面积1.5平方千米，辖3个自然村，13个村民小组，人口480户、1 712人，村民委员会驻舟山花园南大门。

1958年9月，郁舍村时为吴县胥口人民公社郁社大队、姚社大队。1980年，郁社大队改称郁舍大队，姚社大队改称姚舍大队。1983年，郁舍大队改为郁舍村，姚舍大队改为姚舍村，属胥口乡。1993年5月，胥口撤乡建镇。2001年10月，姚舍村并入郁舍村。2004年2月，以胥口镇的蒋墩等4个居委会和梅舍等4个村委会合并设立香山街道，郁舍村属香山街道。

郁舍村以工艺绘画为传统产业。郁舍书画最早可追溯到20世纪中期，至八九十年代，郁舍书画产业兴盛起来，几乎家家户户都有从事书法、绘画、装裱等行业，并自发形成郁舍书画市场，被誉为"书画村"。

鸳鸯桥

在郁舍村后塘桥往南，原有一座古桥叫鸳鸯桥。据《香山小志》上载："鸳鸯桥跨郁社浜港头，髦柳丛中，时有野凫翔浴往来，相传是桥落成，有鸳鸯戏此，故名。"桥上有桥联，题曰："万年福禄兆鸳鸯，一水澄清通舟楫。"今鸳鸯桥已不存，其地为新建住宅区所覆，其东有香山路经过。

另，虎丘区东渚街道镇湖地区亦有郁舍村，为马山村村民委员会所辖自然村之一。

292. 箭泾村 Jiànjīng Cūn

位于吴中区胥口镇中部。为箭泾村村民委员会所在地名称，因箭泾河流经村域西侧而得名。箭泾村东靠新峰村，南滨太湖，东南邻马舍村，西接香山街道香山村，西北隔箭泾河与合丰村、采香泾村相望，北依子胥社区。至2023年底，区域面积7.76平方千米，辖22个自然村、5个安置小区，下设25个村民小组，人口1 575户、6 000余人，另有外来人口1.5万余人。村民委员会驻胥进路与时进路交叉口东南侧。1958年9月，箭泾村时为吴县胥口人民公社胥湖大队、清明大队。1961年，胥湖大队析出香泾大

箭泾村旧貌

队。1983年，胥湖大队改为胥湖村，清明大队改为清明村，香泾大队改为香泾村，属胥口乡。1993年5月，胥口撤乡建镇。2003年，胥湖村、香泾村、清明村合并为箭泾村。

箭泾村为首批江苏省生态文明建设示范镇村，先后入选江苏省和谐社区示范村、江苏省社会主义新农村建设示范村、苏州市村级经济发展"百强村"等。2022年，获评苏州市"智慧农村"示范村。

箭泾河，又名采香泾、采香径、一箭河，相传为春秋时期吴国开凿的一条人工河道，形如卧箭，故名。南宋范成大《吴郡志》卷十五有"（灵岩）山前十里，有采香径，斜横如卧箭云"的记载。明徐贲有《箭泾》诗云："清溪无萦回，西望渺何极。岸直形如刻，波迅势如射。飞鸥讶流羽，乱雨疑鸣镝。天狼不敢渡，泽兕应当匿。我志弧矢间，一览如中的。"并有注："灵岩山前。"今河道北起灵岩山前香水溪，南接胥口香山嘴河，于津桥附近流入胥江，全长约4.41千米。

箭泾村南部有山名清明，西北麓有胥王庙。据民国《吴县志》卷三十三载："吴相伍大夫庙，在胥口胥山上（卢志：吴县西南四十里），子胥死，吴人于此立祠，俗称胥王庙。"村内有非遗技艺——藤编制作，源自明代，兴自清末民初，颇有特色。所属自然村横河头，农家乐经营有一定规模，在本地知名度较高。

293. 香雪村 Xiāngxuě Cūn

位于吴中区光福镇西部。为香雪村村民委员会所在地名称，因域内有著名观梅胜境"香雪海"而得名。香雪村东接东崦湖社区，南连邓尉村，西邻太湖渔港村，北与迂里村隔西崦湖相望。至2023年底，区域面积15.05平方千米，辖潭东、潭西、南山、窑上、涧里、铜坑、浮庙墩、安山、倪家巷、崦脚头、费家河、涧上、青芝山、蔡家场、菖蒲潭、上天井、山坞里、官路上、上官路等42个自然村，下设42个村民小组，人口

香雪海摩崖石刻

2 029户、7 552人。村民委员会驻涧上香铜路南口。1959年，香雪村时为吴县光福人民公社铜坑大队、香雪大队、窑上大队、潭东大队。1977年1月，潭东大队划归太湖人民公社。1983年，铜坑大队改为铜坑村，香雪大队改为香雪村，窑上大队改为窑上村，属光福乡；潭东大队改为潭东村，属太湖乡。1985年9月，光福撤乡建镇。1995年，太湖撤乡建镇。2001年8月，太湖镇并入光福镇。2001年11月，铜坑村并入香雪村。2003年11月，窑上村、潭东村并入香雪村。

全国闻名的香雪海旅游景点和司徒庙就坐落于香雪村中。苗木的种植和销售是香雪村的主业，家家种苗木，全村有1 000多人从事苗木经营，是村民收入的主要来源。全村拥有苏州本地名贵的香樟、枫树、木荷、苦储、山茶花、梅花、桂花等各种花木，每年为上海、苏州等城市提供各种绿化用苗木数千万株。香雪村官山岭，是江苏省级木荷林自然保护区，占地面积约298亩，木荷是一种适应亚热带气候的树种，常见于南方，在江南地区属于罕见的自然景观，具有独特的生态价值。窑上自然村，为我国三大桂花产地之一。2008年，香雪村列入苏州市社会主义新农村建设示范村。2010年，被命名为江苏省生态村、江苏省农村综合整治示范村。2012年，成为苏州市首批优美乡村建设示范村。

在香雪村青芝山北麓，有董份墓，现为苏州市文物保护单位。董份（1510—1595），明代乌程（今湖州）人，字用均，号泌园。嘉靖进士，官至礼部尚书兼翰林学士，著作有《泌园集》等。董份墓坐南朝北，现封土高1米，底径3米。华表、翁仲石兽已被破坏。在香雪村青芝山珍珠坞，有徐枋墓，现为苏州市文物保护单位。徐枋（1622—1694），字昭法，号俟斋，自号"秦徐山人"，明末清初长洲（今苏州）人。崇祯十五年（1642）中举人。工草书，善画山水，兼得巨然、倪云林、黄公望之妙，诗尤名重江南。受父亲徐汧影响，重名节，明亡后隐居山野四十年，立志不折节仕清，时人将他与沈寿民、巢鸣盛合称为"海内三遗民"。徐枋墓朝南，现封土高1.5米，底径8米。墓前立有民国时李根源所立碑石，镌篆书"明孝廉俟斋徐公之墓"。在香雪村倪家巷土桥头，有惠栋墓，现为苏州市文物保护单位。惠栋（1697—1758），字定宇，号松崖，清吴县（今苏州）东渚人。乾嘉时期著名经学家，继祖惠周惕、父惠士奇之学，所得尤精，被誉为"东南经师第一"，奉为吴派经学的奠基人和领袖，也是整个清代经学的正宗。李根源曾言："清代经学，以惠氏开其先，而集大成者先生也。其后虽有吴派、皖派之分，终以先生为正统焉。"惠栋墓南向，现封土高1.5米，底径3.5米，周砌护墙。墓冢高2.5米，立"清经师惠定宇先生墓"碑，为"中华民国十五年十二月腾冲李根源敬题"，"五世孙惠恩率子谨立"，并立雕饰包袱锦的华表柱一对，墓旁植有盘槐、松、柏、梅等树木。

294. 瑶盛村 *Yáoshèng Cūn*

位于吴中区甪直镇西南部，澄湖西岸。为瑶盛村村民委员会所在地名称，以瑶盛自然村而得名。瑶盛自然村，因域内有古摇城遗址而得名。《越绝书·吴地传》有云："摇城者，吴王子居焉，后越摇王居之。稻田三百顷，在邑东南，肥饶，水绝。去县五十里。"瑶盛村东濒澄湖，南临黄泥兜连吴江区同里镇合心村，西邻吴江区同里镇北联村，北依长渠村、澄墩村。至2023年底，区域面积约6平方千米，辖东蒋坞等14个自然村，下设31个村民小组，人口723户、2 663人。村委会驻东蒋坞自然村西南、金山寺路北。

1962年，分属吴县车坊人民公社瑶盛大队、赞头大队、仁德大队、沙塔大队。1969年7月，瑶盛大队改称新丰大队，赞头大队改称新联大队，仁德大队改称新农大队，沙塔大队改称新民大队。1981年10月，均恢复原名。1983年8月，瑶盛大队改为瑶盛村，赞头大队改为赞头村，仁德大队改为仁德村，沙塔大队改为沙塔村，属车坊乡。1994年6月，车坊撤乡建镇。2000年7月，瑶盛村、赞头村、仁德村、沙塔村合并为瑶盛村。2004年2月，吴中区撤销甪直镇、车坊镇建制，以原甪直镇行政区域和原车坊镇的车坊居委会和江湾、朝前、瑶盛等17个村委会合并设立甪直镇，瑶盛村属甪直镇。现由省级澄湖现代科技生态农业示范园管委会代管。

2017年1月，江苏省司法厅命名瑶盛村为第十二批江苏省"民主法治示范"村（社区）。2019年12月，瑶盛村被认定为全国乡村治理示范村。2020年10月，瑶盛村入选第二批江苏省传统村落名录。

1974年春，在澄湖西部围湖造田时，于湖床发现大批古井和文物。南京博物院与吴县文管会随即配合清理古井150口，抢救出土各类器物1 200余件。这些器物分别属于崧泽文化、良渚文化、马桥文化、西周及汉至宋各个时期，说明澄湖地区在数千年前已有人类聚居繁衍。由于当地地势较低，经常受洪水浸淹，至北宋末期，原住民不得不搬离。据专家考证，这处被湖水淹没的城邑，便是春秋战国时期越王摇城的遗址所在。1986年，"摇城遗址"被列为吴县重点文物保护单位；2001，被列为苏州市文物保护单位。

295. 府巷村 *Fǔxiàng Cūn*

位于吴中区光福镇西北部。为府巷村村民委员会所在地，以所辖府巷自然村而得名。府巷村东至凤凰山，南连东崦湖社区，西邻迁里村，北至虎丘区东渚街道龙景社区。至2023年底，区域面积约8平方千米，辖府巷、柴巷、枫浜、花巷、叶家旦、上珠巷、南塘泾、宋家庄、姚家庄、旗墩上、上山、高木桥、菱树头、白门塘等18个自然村，下设18个村民小组，人口1 436户、5 782人。村民委员会驻银矿路9号。

1959年，府巷村时属吴县光福人民公社山墩大队、柴巷大队、府巷大队。1961年，山墩大队析出枫浜大队。1983年，柴巷大队改为柴巷村，府巷大队改为府巷村，枫浜大队改为枫浜村，属光福乡。1985年9月，光福撤乡建镇。2001年11

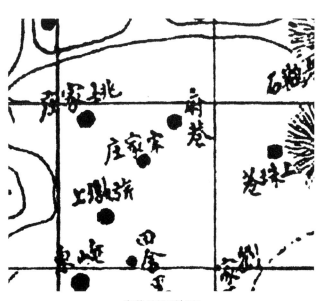

府巷（民国地图）

月，枫浜村、柴巷村合并为高木桥村。2003年11月，高木桥村并入府巷村。

府巷自然村，是府巷村中最大的村庄，分为东府巷、西府巷（里人俗称东横头、西横头），距离百来米，中间隔条小河浜。村里绝大多数人家姓府，尤其是西府巷人家全都姓府。相传为张士诚后人以"府"为姓避居于此，故以姓名村。民国《光福志》在"生员姓名录"中有府兆麟（字崧生）、府晋蕃（字襄廷）、府应奎（字与九）、府应娄（字祝三）等府巷人。其中的府晋蕃，民国《吴县志》有传。据《光福志·补编》载："府晋蕃，字襄廷，诸生，兆麟子。读书目数行下，九岁解四声，十岁读《纲目》，尤精研选学。尝与友人徐庆治赌观日历，一见能背诵默写，人皆诧为奇才。丁卯副贡（编者按，副榜贡生，乡试落榜中的优秀生，荐入国子监读书肄业），冯景亭太史招入正谊书院及修志局，为高第。词赋近六朝，赵钧、陆润庠、叶昌炽辈咸推服不置。年二十九卒。遗文散失，仅有《丙戌类稿》待刊。"

296. 采香泾村 Cǎixiāngjīng Cūn

位于吴中区胥口镇西北部。为采香泾村村民委员会所在地名称，因采香泾流经而得名。采香泾村东接东欣村，南连合丰村，西邻木渎镇穹窿社区，北至木渎镇五峰村。至2023年底，区域面积约4.5平方千米，辖3个自然村、1个安置小区，下设33个村民小组，人口994户、4 143人。村民委员会驻茅蓬路689号。

采香泾村，原为藏书镇勤奋、建丰、解放、永丰4村。2004年2月，藏书镇撤销、并入胥口镇。2006年12月，以原勤奋、建丰、解放、永丰4村区域设采香泾村。

采香泾，即箭泾河，相传春秋时期吴王夫差为乘龙舟赴香山采香而开凿的河道，故名。南宋范成大有《香山（吴王种香处）》诗："采香径里木兰舟，嚼蕊吹芳烂漫游。落日青山都好在，桑间荞麦满芳洲。"南宋周必大《吴郡诸山录》有"（灵岩）山前十里采香径"之语，又记："堂上望湖边两山相对，东曰胥山，西曰香山，其中曰胥口，故老言香山产香。堂下平田之中，有径直达山头，西施自此采香，故一名采香，亦云箭径，言其直也。"清张锡祚《采香泾》诗云："微风骊空山，曲径芳草霭。春意满杜蘅，幽香出兰苣。南国无美人，寂寞凭谁采。"

297. 秉汇村 Bǐnghuì Cūn

位于吴中区金庭镇南部东蔡村。为原秉汇村村民委员会所在地名称，因1950年曾以秉常村、汇里村设秉汇乡，村名由此而来。秉常，原作"兵场"，相传为春秋时期吴王屯兵之地，后以谐音误作"秉常"。原秉汇村东接秉场村，南连石丰村，西邻缥东村，北至涵村。

1950年4月，秉汇村时为太湖办事处西山区秉汇乡汇里村。1953年3月，属震泽县，成立汇里初级农业生产合作社，是西山最早开展合作化运动的三个点之一。1956年，改秉汇高级社。1958年10月，改为震泽县金庭人民公社秉汇大队。1960年2月，震泽县并入吴县。1963年4月，金庭人民公社调整为金庭、石公、建设（后改堂里）3个人民公社，划属石公人民公社。1983年，秉汇大队改为秉汇村，属石公乡。1987年1月，金庭、石公、堂里3乡合并为西山镇。2003年10月，秉汇村并入东蔡村。2007年6月，西山镇改称金庭镇。

秉汇村面湖靠山，平地宽阔，山坞进深，原辖社坛、汇里、陈家桥、菉葭河、诸家河、葆旺、五家弄、祝家桥、戚家里、葛家坞10个自然村。社坛，为秉汇村村民委员会驻地，因旧时有祭坛而得名；汇里，有一条长2千米左右的老街，旧有72口半井。诸家河，居民多姓诸，相传为春秋越国大夫诸稽郢之后，村内在诸家河头和陆家河头之间有越大夫诸稽郢墓。清乾隆《太湖备考·冢墓门》有载："越大夫诸稽郢墓，在西山消夏湾诸家河，今名陆家河，有石碣尚存。"该书卷十六《杂记》中又记："消夏湾陆家河有秦存古者，营别墅凿池，发一石碣，上刻'越大夫诸稽郢之墓'。同里诸姓颇众，其先世莫可考，存古意即其先世也。即于凿池处封土竖碣,俾诸姓守祀之,而不求其直,且为之作墓志。"光绪十一年(1885)甪头巡检司暴式昭重修,俞樾重书墓碑。今墓冢已夷为平地,现存墓地有184平方米,植有银杏树三株,竖有青石墓碑一通,中刻隶书"越大夫诸稽郢之墓",右刻楷书"大清光绪十一年仲冬月",左刻楷书"德清俞樾书",另有小字"滑县暴式昭树石"等。1986年,诸稽郢墓被列为吴县文物保护单位。葛家坞,在诸暨郢墓往西约300米处,居民多姓葛,相传系晋代著名道士葛洪之后,坞中原有葛洪祠,相传葛洪曾在此筑坛炼丹。葛洪,字稚川,号抱朴子,丹阳句容县人。晋太安中,"授将兵都尉,迁伏波将军,赐关内侯。咸和初,转司徒,迁谘议参军,又选为散骑常侍领。"但他生性淡泊,"固辞不就。"于是辞官隐居,终日炼丹著书。葛洪一生著"碑诗赋医药方技共七百七十卷",被后人誉为"葛仙洪"。据当地葛氏家谱记载,公元327年,葛洪的第四个儿子葛宙"因父去爵高隐,访道几遍天下,公思亲念笃,不避寒暄,闯关至洞庭",遂定居西山葛家坞,"使子孙世守焉。"于是,秉汇村就有了葛氏一脉。

秉汇村古宅

298. 上湾村 Shàngwān Cūn

位于东山镇南部、后山偏西部碧螺峰下。为原上湾村村民委员会所在地名称,因辖有上湾自然村而得名。原上湾村东接槎湾村,南连杨湾村,西邻北望村,北至含山村。

1949年,属太湖办事处东山区杨湾乡。1953年5月,属震泽县东山区杨湾乡。1957年,为后山乡虹光一高级社。1958年,为洞庭人民公社2营2连。1959年,属吴县洞庭人民公社。1961年,改为虹光一大队。1981年,改称上湾大队。1983年,改为上湾村。2003年11月,撤销上湾村、屯湾村,并入杨湾村。

上湾自然村,为原上湾村村民委员会驻地。因地势较高,旧名上杨湾,后简称上湾,南接杨湾,北连张巷,东临簣家山,西靠旺沙山。村中以居、朱、姚姓为主。2013年后,为杨湾村村民委员会驻地。

上湾,在南宋中期形成村庄,最早定居的为中原南迁的朱氏和居氏。据上湾清道光五年(1825)沈珖所撰《陆家宗祠碑记》载:"吴洞庭陆氏先扬土沛国,赐姓朱。自先祖朱希公从宋南渡大军南下,卜居于洞庭东山,五传至伯纯公。长女赘陆宗显公……朱之易姓为陆自此始矣,前后绵延六百余载。"上湾居氏亦为南宋迁山,1929年李根源所撰《吴郡西山访古记》中有:"二十五日,自杨湾赴湖沙山……归途至湖沙山后,谒居氏南渡迁山始祖墓,返石桥寓所。"

清康熙年间翁澍刻印的《具区志》载:"二十八都在东山,统图十五,属震泽乡,户二千六百五十二,人口一万四千零五十。"杨湾村在其内,当时尚无上下杨湾村之分。到了乾隆年间,《太湖备考》中载:二十

上湾村

八都，震泽乡，统图十九，地名有上杨湾；二十九都，蔡仙乡，统图二十，地名有下杨湾。民国年间，上杨湾先后编入吴县东山区后山乡、吴县第十二区杨湾乡、东山区文恪乡、洞庭区后山乡等。

上湾是东山明清建筑保存最多的自然村之一，且古宅档次居东山之首，其中，轩辕宫正殿、明善堂为全国重点文物保护单位。轩辕宫内现存放有石阴亭，为1980年在东山杨湾庙山出土，系一仿木结构石棺，高3.58米，直径2.5米，六角形，中间藏周姓女子尸骨。据清光绪《吴中叶氏族谱》记载：周香妹，明代杨湾人，正德年间被选中妃子，进宫前为夫殉情而死，丈夫叶时敬倾家财购这一石棺安葬未婚妻，后云游四方，终其一生。该石棺每一面都有精致的石刻，阴亭第一面夹樘板上，阴刻"叶时敬妻周氏之墓"8个楷体大字，书法骨架清纤，娟秀妩媚，含柳体神韵。其他明清建筑还有晋锡堂、安庆堂、崇仪堂、三善堂、敦爱堂、葆锡堂等，多达20多处。晋锡堂，位于原上湾村7组，建筑面积480平方米，朱氏建于清道光二十七年（1847），2010年公布为苏州市吴中区控制保护建筑。原规模较大，有东、中、西三路建筑。现中轴线保存有门厅、圆堂、住楼三进及少量附房。门屋面阔三间，进深五界。明间前开库门做门第，出大门即为陆杨（陆巷—杨湾）古道。门楼朴素，镶砌有3层青砖磨光，门额，额上空白无字。间以天井相隔，天井左右两边瓦砌花窗古色古香，极具特色。大厅面阔三间，进深13.05米，内四界前轩后抱厦后双步结构。内四界大梁扁作抬梁式。山界梁背设五七式斗六升牌科，山尖施山雾云。明间前廊柱下设花岗石圆鼓形柱，顶设坐斗，承檐檩。出檐较深，施飞椽，檐下云头挑梓檩做法。大厅东西山墙为马头墙，属徽地建筑风格。大厅前门楼有3层清水砖雕，所雕动物及花卉造型精致。门楼檐下置6个复式砖雕琵琶撑，上层门额两端各雕有一幅松鼠戏葡萄的图案。中间雕"星云洽颂"4个大字。住楼面阔三间带前后厢，楼下鹤颈轩形式。底楼前设轩，施弓形椽。二楼构架圆作，穿斗式，较朴素。楼上面南与左右厢房均配有豆腐格矮窗，配明瓦，下置木裙板。楼前有一座砖雕门楼，砖雕图案简洁朴素，中额有"轮奂增辉"4个字，无落款。左侧雕有一盆牡丹花，右侧为一盆荷花。该宅主体建筑保存较为完好。安庆堂，位于原上湾村7组，南洋里更楼西侧，建筑面积803平方米，为叶氏于1928年建。原规模宏大，有五进建筑，老宅南面仍保存有近百米长的围墙，置有"安庆堂叶界"与"安庆堂叶界墙外有二尺"的界石。20世纪90年代，该宅主体建筑被房主售于木渎镇，营造严家花园。现存前后住楼2幢，前住楼面阔三间带两厢。二楼构架为内四界后双步做法，内四界圆作抬梁式。后住楼面阔三间带两厢附南侧小楼。内四界圆作抬梁式，用料粗大，底楼两厢檐口雕以繁缛密集的装馆长花纹。前住楼墙门字牌内所镌刻"戊辰仲春"字铭，为该宅建成年代。1935年，上海电影明星王人美避难东山时住过半月。崇仪堂，位于原上湾村8组，建筑面积654平方米，建于清道光二十四年（1844），房屋完好率达70％。原为叶姓祖传宅第，20世纪70年代，曾办过杨湾农业中学。坐北朝南，沿古道而筑。保存有单体建筑一路三进，在中轴线上依次有门屋与前后住楼两进。大厅早年已毁，仅存遗址。门屋面阔五间，进深五界，构架为圆作抬梁式。前住楼面阔五间带两厢，二楼构架为内四界前后单步形式。后住楼面阔三间带两厢，楼厅前檐口斜撑精致。住楼明间前砖雕墙门字牌内所镌刻的"道光甲辰夏日"字铭，为其宅建造的年代。三善堂，位于原上湾村8组，建筑面积216平方米，清代建筑。房屋完好率60％，东山镇财政所公产。原为清代及民国时慈善设施，以存放棺木为主。存门屋、圆堂、后住屋一路三进房屋。门屋沿街而建，保存较为完好，大门与街路落差较大，门前置5级青石阶沿。内八字门框，大门高而宽。门屋面阔三间，进深四界，大梁圆作穿斗式构架，圆堂面阔三间，进深六界，内四界前廊形式。后住楼面阔三间，大梁圆作穿斗式。敦爱堂，位于原上湾村9组，面积453平方米，明代建筑。共有一路四进房屋，第一进花厅、书房；第二进大厅，亦称圆堂；第三进前住楼；第四进后住楼。花厅面阔三间带两厢，内四界前廊建筑形式，前施鹤颈轩。花厅西侧有书房两间，结构紧凑。大厅面阔五间，前后住楼均面阔三间。1929年6月25日至7月5日，李根源东山访古期间，曾寓居居氏敦爱堂，李根源《吴郡西山访古记》有载。宁远堂，位于原上湾村8组，建筑面积234平方米，建于清道光二十四年（1844），完好率60％，王姓祖传宅第。坐西面东，宅后为古街。原规模很大，现保存后住楼1幢，面阔五间带两厢，内四界大梁扁作，抬梁式，边贴穿斗式。通进深8.5米，楼下前廊深1.8米，明间前施踏步一级。前后金柱间距5.5米，后廊深1.2米，明间后廊设楼梯。楼下各间之中均立墙隔断，楼上明、次间一统三间，单独成室。柱础为青石八角杵头式，次间施扁鼓形木鼓墩，金柱下衬垫方形柱顶石，柱脚包木，呈鼓墩形，用材较粗壮。楼前有一座清水砖雕门楼，结构简朴，中间砖雕字牌"慎德永图"4个字。敦善堂，建筑面积250平方米，周姓民国时所建。坐北面南，保存有住房与住楼两进。住屋面阔五间，进深四界，构架正贴圆作抬梁式，边贴穿斗式。明次梢间前设天井，四周铺青石条石，东置花坛，结构精巧。住楼面阔三间带两厢，楼下鹤颈轩形式。底楼前设轩，施弓形椽。构架圆作穿斗式，较朴素。楼上面南设豆腐格矮窗，左右厢房前各12扇小窗，配明瓦，下置木裙板，较为古朴。宏远堂，位于杨湾上湾村8组，234平方米，明代建筑，现属王姓所有。原规模宏大，有圆堂、花厅、住楼等，中轴线上有五进建筑，一直延伸至山脚，长达百米。现保存门屋、圆堂两进。大门朝西，面临陆杨（陆巷—杨湾）古街，大门与古街有五级石阶落差。门前原有一座更楼，已毁。小庭院前有一株350年树龄的古银杏树。门屋面阔三间，沿古街而筑，十分壮观。大厅面阔三间，内四界前廊形式。内四界大梁扁作抬梁式，边贴穿斗式。此外，村内还保存有颇具特色的燕石学堂、救火水龙间、古更楼、古店铺、刘公堂等古建筑。其中燕石学堂，位于上湾村8组，建筑面积155平方米，明代建筑，房屋基本完好。学堂名吴县县立燕石初级小学，1935年村人张知笙发起创办。该宅原规模较大，有前后四进建筑，清初做过地方衙门关押犯人的监狱，清中期又做过尼姑堂，民国初期改办学校，抗日战争爆发后停办。门屋坐北朝南，面向杨湾古道，面阔三间，前后带轩廊。大梁圆作抬梁式，边贴穿斗式，前为鹤颈轩。西厢房后有古井1口，青石井栏索印深凹，甚为古朴。水龙间，又名救火会，位于上湾村7组，面积30平方米，清代建筑，房屋完好。大门沿街而筑，门高3.5米，左右设砖墩，门上方置月圆形门楣，上塑凤凰2只，精致逼真。房屋一间，面阔4米，进深6米，内四界大梁圆作抬梁式。左右墙壁上开有窗洞，较窄小，仅为通风。该宅为清末民国初村中的消防设施。更楼，位于上湾村7组，面积15平方米，清代建筑。沿街朝西而建，二坡硬山造，面阔一间，进深2.7米。二楼构架圆作抬梁式，船篷顶。二楼正面沿街开有一方形小木窗，为更夫守夜探望门前动静所设；二楼背面上下两层木裙板，上层开有一方形大窗洞。更楼底层前开圈门，后部敞开，可通小巷，巷子里有青砖侧铺的小道，直通安庆堂。底层北侧有门，可通河房，并镌刻有"南洋里"3个字，结构巧妙合理。该更楼东侧原建有多幢民居，旧时为防盗贼，及更夫敲更所筑。上湾村旧时还曾有汤斌祠，俗称城隍庙，在轩辕宫下，祀清代名臣汤斌。因汤斌在任苏州巡抚时，曾两次申奏为东山减租免粮，山人祭之。今屋宇尚存，并入轩辕宫。上湾村内古道、古弄、古木众多，是上湾的又一大特色。陆巷至杨湾的古道，从村中经过段长约250米，小青砖侧铺路面，古朴悠长。从北至南，村内古弄有12条，明清建筑散落期间。在敦爱堂与三善堂前，各有一株树龄350年的古银杏树，冠高30米，生长茂盛，为吴中区挂牌保护的一级古木。

明清时，上湾年轻人多"出山"经商者。近代以明善堂朱鉴塘、朱霭堂、朱馥棠三兄弟为典型代表人物。老大朱鉴塘，弱冠即赴沪，跟同乡习府绸业，继集股在上海创办府绸业，注册"单鹿""双鹿"商标，声名远播海外，年销售额达700万金，被公推为上海出口公会会长。老二朱霭堂，早岁至沪经商，始做伙计，后为经理，靠艰苦的自学，熟谙英、法文字，先后任过外商开利、百司、基大、礼和、永兴等洋行的买办。老三朱馥棠，自幼至沪经商，经营府绸与地产业，亦极有成就，乃慷慨解囊，捐宅（明善堂）助办鉴塘小学。抗日战争时期，鉴塘小学曾秘藏省立苏州图书馆的一批善本，包括宋、元、明三朝古籍和清代精本，共8大箱。1945年抗战胜利后，这批国宝级的善本完好无缺地运回苏州图书馆。2011年10月，中央电视台专门来此拍摄了纪录片《守卫古籍》，并于2012年8月21日在央视10套《回顾》栏目中播放。

299. 太湖渔港村 Tàihúyúgǎng Cūn

位于吴中区光福镇西部、蟠螭山（南山）与冲山间，为太湖渔港村村民委员会所在地名称，是太湖渔民上岸集中定居形成的村落，故而得名。太湖渔港村东、北隔太湖望香雪村，南濒太湖，西邻冲山村。至2023年底，区域面积1.66平方千米，辖3个自然村，下设15个村民小组，人口1 387户、5 009人。村民委员会驻太湖渔港东路5号。

1958年，属震泽县太湖人民公社湖中大队、湖丰大队和湖胜大队。1960年2月，随震泽县并入吴县。1983年，湖中大队改为湖中村，湖丰大队改为湖丰村，湖胜大队改为湖胜村，属太湖乡。1995年10月，太湖撤乡建镇。2001年8月，太湖镇并入光福镇；同年11月，湖丰村、湖胜村并入湖中村。2005年，湖中村改称太湖渔港村。随着该村旅游热度的不断提升，遂有"中国内湖第一渔港"的美誉。

太湖渔港村所在的太湖渔港，为农业部和太湖渔管会、光福镇共同投资建设的内河湖泊最大的人工渔港，呈东北一西南走向，两端与浩瀚的太湖相连，于20世纪80年代中期建成。渔港内有大、中、小各种类型的渔船，桅杆林立，每当开捕之日，众渔船纷纷起航出港，湖面上千帆竞发，蔚为壮观，是太湖一道独特的风景线。

太湖里历来有"大船捉小鱼、小船捉大鱼"的说法，故捕捞银鱼以大、中型渔船居多。为首的七帆大渔船，又称"七扇子"，总长约25米，载重60吨，船上设七道桅，拖力大，抗浪强，六级顺风时速可达20千米。这种国内淡水捕捞中最大的渔船，全太湖现存100余艘，均集中在太湖渔港村。大渔船有两种，来历不

渔港村

同：一种是船尾椭圆形的，相传由南宋"岳家军"战船演变而来，岳飞被害后，部分驻守太湖的水军遁入太湖，抗击金兵，由于粮饷断绝只得将战船改作渔船，捕鱼度日，留传至今；另一种是船尾呈长方形，以五桅居多，称为"北洋船"，传说由海洋渔船演变而来。一般每条大渔船配有6至7个渔民，分为老大、看风、挡橹、下肩舱、半粒头、女工等6个岗位工种。"老大"即舵手，为一船之长；"看风"则在下网捕捞时负责看管航向和网张，昼夜值班；"挡橹"是摇舢板的，多由中年渔民担任；"下肩舱"是排网的渔捞手，为青年粗壮工；"半粒头"相当于学徒工，做些辅助工；"女工"则负责全船伙食，以及做些辅助工作。

300. 莫厘村 Mòlí Cūn

位于吴中区东山镇东北部。为莫厘村村民委员会所在地，因地处莫厘峰下而得名。莫厘村东接太湖村，南连碧螺村，西、北濒太湖。至2023年底，区域面积7.5平方千米，辖翁巷、席家湖、金家湖、杨家湾、岱心湾、尚锦、丰圻、周湾等19个自然村，下设40个村民小组，人口1 542户、4 851人，村民委员会驻启园路30—18号。

1962年，为吴县洞庭人民公社新民大队、岱松大队、和平一大队。1968年，和平一大队改称卫东大队。1980年7月，洞庭人民公社改称东山人民公社。1981年，新民大队改称湖湾大队，卫东大队改称尚锦大队。1983年6月，岱松大队改为岱松村，湖湾大队改为湖湾村，尚锦大队改为尚锦村，属东山乡。1985年9月，东山撤乡建镇。2003年12月，湖湾村、岱松村、尚锦村合并设立莫厘村。2019年12月，莫厘村入选国家森林乡村。

境内翁巷村，位于东山莫厘峰东北翠峰坞与金家河、席家河之间，村东的席家花园与东山古镇连接，由翁巷、鹅潭头、金家河、汤家场四个村落组成，2013年入选第二批中国传统村落。村落布局依山临水，背靠翠峰坞，在明代中期基本成型。明代所筑的翠峰路，南北长1.6公里，清初所筑的席家湖路，东西长1.2公里，"丁"字形布局，仍是今天的主道。主道宽2米左右，用小青砖铺成，考究的"鲫鱼背"路面砌法，令雨水迅速排掉，能使行人雨天走路不湿鞋。主道两边有笠帽弄、三茅弄、太平巷等小道，街巷大多较窄，街、巷、弄的传统格局如鱼骨状排列，形态比较清晰；明沟排水系统利用自然地形。河道之外，内部散落的水潭池塘也是翁巷的一大特色，是历史遗存的重要水体，村内遗存有双潭、贾家潭等7处水潭池塘。"三水穿村"的密布水系，是古代村民生活、运输的重要港道设施，都源于翠峰坞并直通太湖，分别是南北走向的长泾港、席家湖，东西走向的金家河，至上世纪80年代还是村民的饮用水源。村域多明清建筑，其中凝德堂为全国重点文物保护单位，瑞霭堂为江苏省文物保护单位。

301. 尧南社区 Yáonán Shèqū

位于吴中区横泾街道北部。为尧南社区居民委员会所在地名称，因位于尧峰山以南，故名。尧南社区东濒苏旺河，南至苏州绕城高速，西邻胥口镇马舍村，北至尧峰山。至2023年底，区域面积5.86平方千米，下设28个居民小组，人口1 107户、5 026人。社区居民委员会办公地点在尧南花苑小区内。

1958年9月，属横泾人民公社红旗大队、金星大队。1980年，红旗大队改为尧南大队。1983年7月，金星大队改为马家村，尧南大队改为尧南村，属横泾乡。1993年4月，横泾撤乡建镇。2004年3月，撤销横泾镇，设立横泾街道。2007年10月，撤销马家村、尧南村，合并设立尧南社区。

302. 沈周村 Shěnzhōu Cūn

位于相城区阳澄湖镇西部。为沈周村村民委员会所在地名称，因为明代大画家、吴门画派创始人沈周的故里而得名。沈周村东接圣堂村，南连戴娄村，西邻枪堂村，北至十图村。至2023年底，区域面积1.51平方千米，目前保留4个自然村庄，下设23个村（居）民小组，人口1 799户、4 552人。村民委员会驻金宅路与思贤路交叉口东。

沈周墓

明清时期，沈周村属长洲县益地乡中十八都十八图、三十一图、下三十六图。民国期间，为吴县第七区沈周乡辖地。1950年，属吴县阳城区湘城乡。1954年，成立曙光、红旗初级社。1957年，建立曙光第三高级社。1958年，属湘城人民公社，称第二营；1961年第二营析出第三、十九大队，第九营析出湘城集镇。1983年，湘城人民公社改为湘城乡，第三大队改为沈周村，第十九大队改为平斜村。1992年8月，湘城撤乡建镇。2003年5月，平斜村南部、湘城集镇济民塘以西区域并入沈周村。2004年8月，湘城镇并入阳澄湖镇；10月，改为沈周社区。2005年，复为村。

沈周村为阳澄渔歌中农耕作业歌传唱的主要村落之一。2009年，阳澄渔歌被列入相城区非物质文化遗产代表作名录；2011年6月，列入苏州市市级非物质文化遗产代表作名录；2015年10月，阳澄渔歌正式列入江苏省非物质文化遗产代表作名录。2009年，从沈周村胡凤英处采集得原生态阳澄渔歌三首。

沈周墓位于沈周村思贤路北。1956年被公布为江苏省文物保护单位。沈周（1427—1509），字启南，号石田，晚年自号白石翁，明长洲县湘城人（今阳澄湖镇），著名书画家，吴门画派主要代表。民国《吴县志》载："石田先生沈周墓，在湘城西庵桥牌字圩。"现墓地约850平方米，墓南向，封土存高3米，底径9.1米花岗岩石护围，青石罗城。墓前立有青石墓碑与祭台，碑面镌阴刻书"明沈公启南处士之墓"，碑前神道29.8米，宽4.34米。原墓地四周有小河围绕，前有照池。墓周树木葱郁，墓道两侧松柏常青，一派田园风光。墓道前东南侧有1928年建造的墓碑亭，占地18平方米，为沈周十七世孙沈彦良（字良安）建立，歇山式。内立民国施兆麟撰《沈氏碑亭记》《故翁氏墓志铭》等碑若干方。沈周卒于明正德四年（1509），同年葬于沈氏祖茔。据《相城小志》载，该墓地"非独先生墓也，盖先生高祖考懋卿、曾祖考良琛所葬"。另据《沈周墓追忆图》记，墓地范围甚大，至民国间日益荒芜。1928年，沈氏后裔沈彦良建碑亭一座，拟将墓铭诸作，重勒贞珉，以志不忘，至1958年后墓地渐遭破坏；1959年，沈周妾及祖墓先后被挖。时至1983年，碑亭倾斜，荒草遍地，吴县文管会对沈周墓进行两次整修，重修碑亭、墓道，重立墓碑、祭台、标志牌，重修前罗城，并加望柱。1986年，吴县人民政府设立江苏省文物保护单位标志牌，并于1992年1月划定公布保护范围。2004年，相城区人民政府重新设立标志牌，再次维修沈周墓园，并整治周边环境。

303. 北庄村 Běizhuāng Cūn

位于相城区黄桥街道南部，虎丘山北。为北庄村村民委员会所在地名称，以所辖北庄基自然村而得名。北庄村东接元和街道水韵花都社区，南连元和街道御苑家园社区，西邻占上村，北至黄桥村。至2023年底，区域面积2.1平方千米，辖4个自然村，下设15个村民小组，人口740户、3 096人。村民委员会驻华元路、占木路口。

清末，北庄村时属长洲县金鹅乡十五都西七图。1912年，先后隶属吴县金鹅乡、陆墓市。1928年，置北庄基乡。1934年，归属黄土桥乡第一、二保。中华人民共和国成立初期归属陆墓区黄土桥乡。1952年，成立互助组。1953年，成立老社、新华一社、新华二社、新华三社、新华四社5个初级合作社，1956年，合并为高级社。1958年，为黄桥人民公社一大队。1961年，北庄以黄桥中心河（东塘河）为界，一分为二，通关桥西称河西，桥东称为河东；1981年，改称河东、河西大队；1983年，分别改为黄桥乡河东村、河西村。1993年3月，黄桥撤乡建镇。2003年4月，河西村并入河东村；12月，撤元和镇、黄桥镇、太平镇，改设元和街道、太平街道。2005年10月，析元和街道内原黄桥镇区域设立黄桥街道。2009年11月，改称北庄村。曾获"相城区生态村""苏州市'实践科学发展、推进两个率先'先锋村""村民自治模范村""全国亿万农民健康促进动苏州市先进村"称号。村内有清《奉旨遵宪蠲免渔课永禁区泥草私税》碑，为清顺治十七年（1660）立，

泥草碑

是清朝地方政府给长洲县贫苦渔民陆江、葛华等40多人呈告当地豪强地主、渔霸横征暴敛武断于乡曲的牒文碑。该碑石在1984年文物普查过程中被发现，原立在当地观音堂内，二十世纪六七十年代堂毁，碑尚存。后碑上部断落，由河西村村委会整修完整，现立于黄桥街道北庄河西村西边。该碑青石质，圆首。分碑体和碑座两部分，碑高206厘米，宽100厘米，厚27厘米，碑体上端阴刻楷书六竖行"奉旨遵宪蠲免渔课永禁泥草私税碑"15字，碑文楷书29行，满行79字，计1 080字。碑左下侧镌有陆江、葛华等43名立石人的姓氏。因长期受到风雨侵蚀，碑文部分字迹已漫漶。该碑为研究吴地历史文化的新资料，是吴地内塘养鱼业较早的文字记载，碑文是研究清初社会经济、赋税制度等方面的珍贵文物，具有一定的史料价值。现为苏州市文物保护单位。

又有《奉旨勒石永禁》碑，原在观音堂内，现被砌入挡墙内。碑为青石质，高132厘米，宽58厘米，清光绪十七年（1891）立，是北庄基渔民为生活劳作所逼，联合与荡棍湖霸开展斗争的历史见证，是研究晚清司法吏治和社会矛盾的珍贵资料。2009年被公布为相城区文物控制保护单位。

304. 灵峰村 Língfēng Cūn

位于相城区北桥街道北部。为灵峰村村民委员会所在地名称，沿用原"灵峰大队"名称而得名。灵峰村东、北分别接常熟市辛庄镇洞港泾村、朱家桥村，南连新北村、盛北社区，西濒望虞河。至2023年底，区域面积6.9平方千米，下设28个村民小组，人口1 836户、6 842人，有外来务工人员8 700多人。村委会驻广济北路与樊店路交叉口东北。

灵峰村，原名灵岩村，是相城区最北的一个建制村。民国时期曾属樊店乡。1949年5月后，属樊店乡。1954年，建朝阳第1—3初级社。1957年，分属迈进第18、19、20、23、25、26高级社。1958年9月，分属北桥人民公社八营五、九、十三大队和九营十四、十五大队。1961年，九营十四大队析建灵岩大队、谈埂大队，九营十五大队析建姚浜大队，八营十三大队析建西庄大队，八营五、九大队析建樊店大队。1980年11月，灵岩大队改称灵峰大队，西庄大队改称庄浜大队。1983年，政社分设，北桥人民公社改为北桥乡，灵峰大队改为灵峰村，谈埂大队改为谈埂村，庄浜大队改为庄浜村，樊店大队改为樊店村，姚浜大队改为姚浜村。2001年7月，谈埂村并入灵峰村。2003年2月，庄浜村、樊店村、姚浜村并入灵峰村。2006年10月，撤镇设北桥街道，灵峰村随属。

灵峰村先后荣获"全国民主法治示范村""全国文明村镇创建工作先进村""江苏省新农村建设示范村""江苏省生态村""江苏省廉政文化建设示范点"等称号。2022年12月，被认定苏州市智慧农村。

坐落于灵峰村的锦峰工业园位于相城区聚峰路，占地面积约47亩，截至2023年园区内共有企业35家。锦峰工业园内企业有22.9％分布在金属制品业，14.3％分布在纺织业。其中，注册资本超千万的企业有铂奕智能科技（苏州）有限公司、苏州市科鼎金属制品有限公司、苏州东冉精密五金有限公司、苏州海鑫环保科技有限公司等。

305. 迎湖村 Yínghú Cūn

位于相城区望亭镇西部，为迎湖村村民委员会所在地名称，因村内有千年古寺迎湖寺而得名。迎湖村东接鹤溪社区，南连项路村，西濒太湖，北至宅基村、果园社区。至2023年底，区域面积约8平方千米，辖55个自然村，下设28个村民小组，人口1 705户、6 108人。村民委员会驻迎湖路8号。迎湖村，民国时分属吴县顾王乡、三民乡。1950年，分属望西乡陈家村、朱家村、溪村、张仪村、南河村、田安村。1958年9月，分属望亭人民公社六、七、九大队。1959年4月，六大队改称迎湖大队，七大队析建南河大队、孟河大队，九大队析建和平大队；9月，迎湖大队析建迎湖、太湖、西湖3个大队。1966年7月，南河大队、孟河大队合并为胜利大队，迎湖大队、和平大队合并为前进大队，太湖大队、西湖大队合并为太湖大队。1980年11月，胜利大队改称孟河大队，前进大队改称迎湖大队。1983年7月，望亭人民公社改为望亭乡，孟河大队改为孟河村，太湖大队改为太湖村，迎湖大队改为迎湖村。1985年7月，望亭撤乡建镇。2003年4月，孟河村、太湖村并入迎湖村。

迎湖村地理位置得天独厚，工农业同步发展。村域现有迎湖工业园，基础设施完善，厂房鳞次栉比，有各类企业276家；2007年，建成迎湖现代农业水稻示范区，面积10 895.3亩。2008年6月，建成苏州市宽心园有机生态农庄。2009年2月，建设语林生态果园。迎湖村先后荣获"江苏省文明村""苏州市文明村""江苏省生态文明村"等荣誉称号。南河港、仁巷村2个自然村被列为苏州市传统村落。

迎湖禅寺

迎湖寺，位于长洲苑路西、迎湖村路北，为西晋永宁元年（301）高僧大通和尚建，至今已1 700多年。民间相传，三国刘备夫人、孙权之妹孙尚香葬于寺东桥东，俗称"尚坟"（又称"长坟"），晋人为祭祀孙尚香而在此建寺。原迎湖寺离太湖约1.5千米，四面环水，民间有"浪打迎湖寺，莲花（莲花寺）水上漂"之说。寺四周以桥与外界连通，东有寺东桥，南有浪浒桥，西是陆家桥、蒋家桥，北有丁家桥等。当年迎湖寺地域宽广，规模宏大，占地千余亩，有寺舍5 000余间，与金墅莲花寺、无锡新安净慧寺并称苏南三大名寺。清乾隆皇帝下江南时曾逗留望亭营盘上，专程前往迎湖寺游览。迎湖寺自建寺以后，命运多舛，屡遭兵灾。至1930年，迎湖寺仅存20间寺舍，20多尊佛像，寺田10多亩。寺舍先后被征作南浜乡、迎湖乡治所。1938年，大殿又遭火灾，由地方绅士出资，重建迎湖寺大殿，并铸铁钟（已毁）一座，上镌刻出资者的姓名。1949年4月后，寺舍改为迎湖小学校舍。1983年，迎湖小学翻建，迎湖寺仅存的房舍被拆。2005年，312国道改道，寺址被征。2007年3月，由果照大师应佛教协会的委派，在现址主持重建，2013年扩建。

迎湖寺西、隔长洲苑路为迎湖公园，内有古桥伍象桥，始建于明嘉靖二十年（1541）。清道光《浒墅关志》载："塔平桥、石下桥、巷路桥、马路桥、五像桥、四通桥、大通桥，塔平桥以下七桥俱在五都，明嘉靖间里人沈凝，字守朴，家巨富，助修昆山县城，余多石料建此七桥，下俱书'沈宅桥沈凝独力建'。"相传沈凝为元末富商沈万三后人，此7座石桥也统称为"沈石桥"。清道光五年（1825），由5位石匠重建，因"五匠"与"五像"谐音，故名"五像桥"，后改称伍象桥。今伍象桥为三孔平板梁桥，桥长14.3米，宽1.6米，桥柱高2.1米。石质以花岗岩为主。桥面由3块长5.2米的石板组成，桥墩排柱式结构，南北引桥墩为金刚墙砌置，各有3块3.3米长的平板石铺就。桥面石一侧刻有阴文"伍象桥""道光乙酉年初冬"字样。又有马路庄桥，位于迎湖村16组，为第三次全国不可移动文物普查新发现。该桥跨南河港，南北走向，为三孔石质平板梁桥。桥全长12.6米，其中桥梁面石5米长，共有3块计宽1.6米；南北桥堍引桥各为3块3.8米长的石板，无踏步，搁至桥墩；桥墩为排柱式，一侧3块、高2.12米，三孔共4个桥墩，全部花岗石排柱，无金刚墙。靠西一块桥面石侧刻有阴文"马路庄桥，嘉靖贰拾年四月吉日""沈宁施"等字样，桥板镌刻如意云纹。该桥结构轻巧，石材不多，而桥坚固，为明代梁桥的代表。

306. 骑河村 Qíhé Cūn

位于渭塘镇东南部。为骑河村村民委员会所在地名称，或因村在渭泾塘与永昌泾之间，地域骑跨两河，故名。骑河村东接西湖村，南连北河泾街道如意社区，西邻渭南村，北至翡翠家园社区。至2023年底，区域面积约4.66平方千米，辖周村上、东永昌、腰娄里、弯角楼、木桥头、东圩上、小三房、陈家庄、高泾堰、船了浜等20个自然村，下设12个村民小组，人口3 084人。村民委员会驻周村上自然村。骑河村，自唐代置长洲县起至清代，分属长洲县金鹅乡下十四都上下九图、上下十图。1912年，属吴县陆墓市渭泾镇。1929年，属吴县第六区渭泾镇。1948年2月，属吴县黄埭区渭雪乡第一保。1950年3月，分属阳澄区秧河乡骑河村和渭雪乡劳动、拾联、永和3个村。1953年，骑河村建合丰第一、二初级社，劳动村建建华第一、二及勤丰初级社，拾联村建新民初级社，永和村建永星初级社。1957年，新民初级社改为伟丰第十高级社，永星初级社改为伟丰第十一高级社，合丰、建华、勤丰合并为伟丰第十二高级社。1958年，分属渭塘人民公社第三、四营。1959年7月，第三营改称永昌大队，第四营改称劳动大队。1961年，永昌大队的叠楼头自然村划属新建的民主大队。1980年11月，永昌大队改称拾联大队、劳动大队改称骑河大队。1983年7月，渭塘人民公社改为渭塘乡，拾联大队改为拾联村，骑河大队改为骑河村。2001年4月，拾联村并入骑河村。

今为苏州轨道交通2号线北端首末站的"骑河"名。

307. 芮埭村 Ruìdài Cūn

位于相城区北桥街道南部。为芮埭村村民委员会所在地名称，以原芮埭小集镇而得名。芮埭村东接庄基村，南连漕湖街道卫星村，西邻盛南社区，北至石桥村。至2023年底，区域面积约4.4平方千米，辖20个自然村，下设21个村民小组，人口1 100余户、3 364人。村民委员会驻凤北荡路南、广济北路东700米的王家里自然村。

民国时期，芮埭村分属芮埭乡、冶长乡。1949年底，分属芮埭乡、南桥乡。1954年，建新光、明光、红光、伟光和黎明、跃进等初级社。1957年，分属迈进第1、2、3高级社。1958年9月，分属北桥人民公社四营六、七大队。1961年，四营六大队改称百家大队，四营第七大队改称芮埭大队。1983年7月，北桥人民公社改为北桥乡，百家大队改为百家村，芮埭大队改为芮埭村。1992年8月，北桥撤乡建镇。2006年4月，百家村并入芮埭村；10月，北桥撤镇设街道，随属。芮埭村先后获评市级"民主法治村"、区级"村民自治模范村"、"苏州市充分就业（转移）行政村"、"江苏省卫生村"等荣誉称号。今芮埭村村民委员会驻地"王家里"，即芮埭小集镇，清后叶形成，属长洲县。民国时期是吴县芮埭镇公所驻地。1950年，为芮埭乡政府驻地。1957年后为芮埭村（大队）驻地。集镇区原有面积约0.7公顷，南北向有长约100米的老街，中段有一条30米长的东西向支道，均为小石块路面，曾是周边乡民赶集贸易的集散地，一度十分繁华，街上有各类店铺、作坊、学校、茶馆、戏馆等，其中，老字号有三寿堂国药店，创于明朝末年，距今已有四百多年历史。20世纪90年代后，集镇逐渐衰败，现已纳入拆迁整治区域。

芮埭小集镇南，有河名冶长泾，原名公冶长泾，相传公冶长曾于芮埭一带教书，带领当地乡民开挖而成，故名。后演化为今名冶长泾。由冶长泾可西通无锡，东流入元和塘可南至苏州、北至常熟。在泗荡泾西北约1千米处，原有公冶长墓，墓前有石人、石马、荷花池等，现已毁失。

308. 庄基村 Zhuāngjī Cūn

位于相城区北桥街道东南部。为庄基村村民委员会所在地名称，以所辖"庄基上""后庄基"等自然村名称而得名。庄基村东濒元和塘，南濒冶长泾，西邻芮埭村，北至石桥村。至2023年底，区域面积约5.64平方千米，辖34个自然村，下设22个村民小组，人口5 088户、21 000余人。村民委员会驻凤北荡路北、吴开路西100米。民国时期，庄基村分属芮埭乡、毛巷乡、冶长乡、石桥乡。1949年4月后，分属毛巷乡、芮埭乡、石桥乡。1954年，张家村建新星1—4初级社，泗荡村建永星初级社，庄基村建群星1—3初级社，毛巷村建友联1—3初级社等。1957年，分属迈进第4、12、14、15、16、20等高级社。1958年9月，分属北桥人民公社五营八大队，六营九、十大队。1961年，五营八大队析建泗荡大队、张家大队，六营九大队析建毛巷大队、庄基大队，六营十大队析建新民大队、袁家大队。1980年11月，新民大队改称新圩大队。1983年7月，北桥人民公社改为北桥乡，泗荡大队改为泗荡村，张家大队改为张家村，毛巷大队改为毛巷村，庄基大队改为庄基村，新圩大队改为新圩村，袁家大队改为袁家村。1992年8月，北桥撤乡建镇。2001年7月，泗荡村、毛巷村并入庄基村。2003年2月，张家村以及新圩村、袁家村两村的凤北公路南侧部分并入庄基村。2006年10月，北桥撤镇设街道，庄基村随属。

庄基村先后获评"江苏省生态村""江苏省文明村""江苏省社会主义新农村建设先进村""江苏省管理民主示范村""苏州市村级经济发展百强村"等荣誉称号50余项。

309. 木巷村 Mùxiàng Cūn

位于相城区黄桥街道中部。为木巷村村民委员会所在地名称，以所辖东木巷、西木巷自然村名称而得名。相传，数百年前，有一富商在此开设3个木行，村中河浜里也均是木头，故名木巷（因巷、行谐音）。木巷村东接方浜村，南连占上村，西邻大庄村，北至胡湾村。至2023年底，区域面积约0.7平方千米，辖4个自然村，下设10个村民小组，人口1 277人。村民委员会驻东挺河路东侧西木巷自然村。

清末，木巷村时分属长洲县陆墓镇金鹅乡十五都西一图、西二图。1912年，先后隶属吴县金鹅乡、陆墓市。1928年，分属砖场乡第四、五保。1953—1956年，先后成立互助社、初级社和高级社。1956年，归属黄土桥乡。1958年10月，与胡湾村、陈旗村合并为黄桥人民公社五大队。1959年4月，五大队析设十大队。1961年，为第十三大队。1981年，改称木巷大队。1983年，改为木巷村，属黄桥乡。1993年3月，黄桥撤乡建镇。2003年12月，撤元和镇、黄桥镇、太平镇，改设元和街道、太平街道，属元和街道。2005年10月，析元和道内原黄桥镇区域设立黄桥街道，木巷村随属。木巷村先后获评区级"文明村"、区级"村民自治模范村"、苏州市"先进村"、苏州市"民主法治村"、"江苏省卫生村"等荣誉称号。

木巷村原有耕地840亩，鱼池183亩，历来以农渔为主，经济比较落后。旧时，村里多数男村民会在农闲时手提肩挑外出做点换糖、换碗的小生意，曾有"肩挑八条绳，苦煞木巷浜"之说。木巷村的村办企业起步较早。1961年，村里就办起糊衬厂、帽舌厂。1962年，又办起眼镜厂、五金厂。20世纪70年代，先后开办塑料胶木厂、电路板厂；80年代，先后建办电讯配件厂、电讯仪器厂、电梯配件厂、医疗器械厂、互感器厂。1997年始，逐渐形成木巷村工业园区、木巷民营企业开发区。2023年末，有各类企业98家。

310. 生田村 Shēngtián Cūn

位于相城区黄桥街道北部。为生田村村民委员会所在地地名，以所辖生田自然村名而得名，因土壤贫瘠、土质生硬，故称生田。生田村东接张庄村，南连方浜、木巷、胡湾村，西邻与大庄村及黄埭镇春申社区、长浜社区、埭川社区，北隔黄埭塘与黄埭镇鹤泾村相望。村民委员会驻东海河巷北段。至2023年底，区域面积3.7平方千米，辖19个自然村，下设26个村民小组，人口1 133户、4 301人。

清末，生田村隶属长洲县黄埭镇儒教乡十一都十图。1912年，先后隶属吴县儒教乡、黄埭乡。1928年，置生田乡。1934年，先后归属行仁乡和埭南乡第五保。1950年，隶属黄埭区渔耕乡。1956年归属裴圩乡。1957年，划属黄桥乡。1958年10月，生田、下庄和金山合并为四大队。1959年4月，第四大队分为生田大队、金峰大队，为第六、七、八大队。1961年，六大队改为八大队，七大队改为九大队，八大队改为十大队。1981年，第六大队改称金峰大队，第七大队改称生田大队，第八大队改称下庄大队。1983年，黄桥人民公社改为黄桥乡，生田大队、金峰大队、下庄大队分别改为生田村、金峰村、下庄村。1993年3月，黄桥撤乡建镇。2003年4月，下庄、金峰两村并入生田村；12月，撤元和镇、黄桥镇、太平镇，改设元和街道、太平街道，属元和街道。2005年10月，析元和街道内原黄桥镇区域设立黄桥街道，生田村随属。

生田村在新农村建设中，按照环境整治"八项标准"要求，遵循"整治为主，新建为辅"的原则，因地制宜开展村庄环境整治改造。共投入资金937万元，拆除零乱小屋2 500平方米，整治卫生死角8处，新砌绿化花坛348只，新增绿化25 000平方米，粉刷墙面65 000平方米，疏通下水道1 000多米，新增硬化道路15 000平方米，垃圾实现日产日清，并投入385万元新建小游园3处。为苏州市美丽镇村村级示范点。2024年3月，生田村被命名为第六批江苏省生态文明建设示范乡镇（街道）、村（社区）。2020至2022年，生田村均名列阿里研究院公布的淘宝村名单。

生田村历来以农渔为生。1949年之前，绝大部分村民生活贫困，房屋破漏，曾有"睡着见星星，立着见路上"之说。20世纪60年代后期，村里办过糊衬厂、绢花厂。70年代后期，建办以钣金冷作为主的村办企业。至2023年底，全村拥有各类企业120家，主要涉及机械、钣金等行业。

村域内原有圆通寺，位于生田路与郑家里路交叉口东南。又有渔耕乡庙，位于生田村春秋路东。

311. 登云社区 Dēngyún Shèqū

位于相城区澄阳街道西北部。为登云社区居民委员会所在地名称，以沿用原登云村名称而得名。登云社区东至G524国道接花倪村，南至富元路连泰元社区、蠡塘社区，西至嘉金角港邻泰元社区泰元街（用标准地名），北至太阳路与北河泾街道常楼社区接壤。至2023年底，区域面积约1.8平方千米，管理登云家园、太阳花园等2个居民区，常住人口6 050人，户籍人口2 171人。社区居民委员会办公地点在太阳花园19幢。

登云社区的前身登云村，因村内有登云桥而名。位于原蠡口镇镇东，北至蠡太公路（蠡口至太平），东、南至原太平、陆慕两镇界，西面为原灵前村。1949年，登云村时属新建乡。1955年，成立和平、新庄、寺立3个初级社。1958年成立高级社，称和平九社。1958年称蠡口人民公社九大队。1980年11月，更名为登云大队。1983年，改为蠡口乡登云村。原辖小倪埂、田多里、唐家里、马家桥、阚家桥、窑场上、庄浜里、大倪埂、林浜上、张家桥、登云桥、池龙桥、何家浜、汤家浜、浦家浜等15个自然村，2002年起逐步拆迁殆尽，登云村随之撤销。2011年11月，以现区域、原村名设立登云社区居民委员会，管理登云家园、太阳花园等居民区。其中，登云家园，位于共有23幢多层住宅楼和2幢综合楼、规建住宅880户；太阳花园，共有住宅楼26幢，其中多层10幢，小高层6幢，叠加别墅9幢，公建房1幢，规建住宅830户。

登云社区辖区内的小区是15年以上的老旧小区，随着时间的推移，小区内的楼道设施逐渐陈旧，墙面破损严重。2024年，面对这一现状，登云社区社工积极响应居民诉求，决定以楼道美化为切入点，通过民主协商的方式，共同改善居住环境。登云社区在党建引领下，搭建了"协商同治益登云"民主协商平台。该平台由社区代表、物业代表、楼栋长、居民代表和社工五大主体组成，实行"五方"联席会议制度，通过"一线访民情，五步促协商"的工作机制，全面梳理并解决社区治理中的热点和焦点问题。

312. 娄北社区 Lóuběi Shèqū

位于相城区澄阳街道南部。为娄北社区居民委员会所在地名称，因位于苏州古城区娄门之北，故名。娄北社区东濒阳澄湖，东南隔外塘河与苏州工业园区娄葑街道杨东路社区、泾园北社区相望，南至与苏州工业园区娄葑街道苏安北社区、姑苏区平江街道鼎尚社区，西邻姑苏区平江街道惠宇华庭社区、梅巷社区、官渎社区，北濒洋泾河、白荡。至2023年底，区域面积3.87平方千米，下设23个居（村）民小组，人口1 203户、常住人口约5 500人。社区居民委员会办公地点在苏城大道北、上高路东650米处。

娄北社区由原娄北村改设而来。娄北村，清雍正二年（1724）属元和县依仁乡（仁义里）。民国时期，属吴县苏州市（苏州区、一区等）。1949年4月，属苏州市东区娄北乡。1950年2月，属吴县唯亭区娄北乡。1956年3月，属唯亭区桥东乡，建高级农业生产合作社。1957年3月，属陆墓乡。1958年9月，分属吴县陆墓人民公社第一、二、三大队。1980年11月，第一大队改为娄北大队，第二大队改为虎啸大队，第三大队改为曹庄大队。1983年，陆墓人民公社改为陆墓乡，娄北大队改为娄北村，虎啸大队改为虎啸村，虎啸大队改为曹庄村。1985年9月，陆墓撤乡建镇。1993年10月，陆墓镇更名为陆慕镇。2002年2月，陆慕镇、蠡口镇合并为元和镇，随属元和镇。2003年1月，析设娄北居民委员会；4月，改为娄化社区居民委员会；5月，虎啸村、曹庄村并入娄北村；12月，划属太平街道，元和街道代管。2006年8月，撤销娄北村村民委员会，建娄北社区居民委员会。2014年9月，娄化社区居民委员会并入娄北社区居民委员会。2016年10月，划属澄阳街道，仍由元和街道代管。

原虎啸村，位于今娄北社区西北部，因村内有东、西虎啸桥而得名。虎啸村原辖西虎啸桥、河西村、陈家桥、鱼池郎、严家泾、孙墩浜、徐千泾浜7个自然村。随着沪宁高速与上高路立交建设，虎啸村的大部分土地被陆续征用，村民也随之动迁妥善安置。村内原有申时行祖孙墓群、关帝庙和孙武冢，今也不存。

原曹庄村，位于今娄北社区东北部。原名东曹村，因所辖东曹庄自然村名而得名。原辖陆家里、严家浜、史家桥、朱家角、潘家桥、田度角和东曹庄7个自然村。村内原有清道光年间的婴孩义冢，已废。

社区范围内原有吴县化肥厂，为县属国有企业，于1969年上半年设计，1971年初投产。产品有合成氨、碳酸氢铵和尿素等。1987年，合成循环水工程竣工，被化工部评为全国小氨肥节能第六名。1988年，五谷牌碳酸氢铵被评为省级优质产品。截至1989年，吴县化肥厂有5个分厂和2个公司，占地21.6万平方米，建筑面积7.1万平方米，职工1 466人、产值2 540万元，生产9万吨碳酸氢铵、2.5万吨合成氨。1992年，尿素生产线竣工投产，工厂以生产尿素为主。1994年，企业固定资产10亿元，职工1 614人。2001年，工厂停产并于次年关闭。吴县化肥厂曾是吴县的重要经济支柱之一，对当地经济和农业发展做出贡献。

今娄北社区，为苏州古城西北重要的交通枢纽地区，南北向的G1522常台高速、G524国道、上高路（相城大道）与东西向的G2京沪高速、G312国道（苏城大道）在此交汇。

娄北社区已经形成了"娄北""虎啸""曹庄"三个工业小区，共拥有注册企业114家。社区以社区管理、社区文化、社区功能、社区服务为切入点，以实现"党建融万家、服务一家亲"为总目标，创建"13567民心党建"品牌，新建集党员活动、教育培训、便民服务、文体娱乐、党群共建"五位一体"的"13567党建加油站"。年均开展各类服务活动80场次，受益居民近千人，形成"周三义诊日""法律面对面""治安帮帮帮"等一系列口碑品牌。

313. 朱巷社区 Zhūxiàng Shèqū

位于相城区元和街道北部。为朱巷社区居民委员会所在地名称，因沿用原朱巷村名而得名。朱巷村，得名于所辖朱巷自然村。朱巷，或源于早年朱姓于此聚居。当地相传，原村人张百万，秋后叠放的一个大稻箩塌到河里，因生蛀虫，故称为蛀巷，后改为朱巷。朱巷社区东接富元社区，南濒蠡塘河，西滨元和塘，北濒北河泾。至2023年底，区域面积3.43平方千米，下设32个居（村）民小组，居民数量约16 520人。社区居民委员会办公地点在齐门北大街东侧、太阳路南。朱巷社区的前身朱巷村，1949年时属蠡口乡。1955年，成立建胜初级社。1956年成立高级社，称和平六社。1958年9月，分属蠡口人民公社第六、七、十六大队。1961年，第六大队析建蠡东大队、朱巷大队。1981年，第七大队改称采莲大队，第十六大队改称大湾大队。1983年7月，蠡口人民公社改为蠡口乡，蠡东大队改为蠡东村，采莲大队改为采莲村，大湾大队改为大湾村，朱巷大队改为朱巷村。1993年，蠡口撤乡建镇。2002年2月，属元和镇。2003年5月，蠡东村、采莲村（部分）、大湾村（部分）并入朱巷村；12月，属元和街道。2006年8月，撤销朱巷村村民委员会，建朱巷社区居民委员会。社区管理服务安置房小区、商品房小区、商业广场、科技园、汽车4S店、家具商场等，社区内富元雅苑小区为元和街道最大的拆迁安置小区。2023年入选住房城乡建设部颁布的全国完整社区建设试点名单，是苏州市唯一入选的社区。

蠡东村，位于原蠡口集镇东，蠡塘河北岸，故名。原辖莫家浜、蠡口北街、长村上、田家村、金家村、西胡巷、长胡巷南、长胡巷北、北殷家村、湖家村、钱家里、马泾上、陈家村、杨家浜14个自然村，今基本完成了拆迁安置工作。蠡东村长期以来都是商农合一。民国时期即有村民在蠡口老街上开豆腐作坊、稻香村糖食店、麻丝店、轧米厂、药材店等。改革开放以后，蠡东村村民除从事农业生产外，开始经营其他行业，其中最早要算沙发制作、销售了，这也是后开驰名全国的"蠡口家具"的发端之一。在乡镇企业大发展时期，原蠡口镇农工商总公司在蠡东村沿蠡塘河北岸，先后开办了吴县第三钢铁厂、金属家具厂、申江日用化学品厂、互感器厂等企业。20世纪90年代末，借助蠡口镇家具行业的辐射效应，蠡东村在苏虞公路两侧投资开发建造商住房，组织村民从事家具行业配套业务，逐步形成了相当规模的家具配套市场。

原蠡东村2组、蠡口老街北端尽头，原有观音堂（现已不存）。观音堂北、元和塘东岸河滩上有《吴门表隐》记载过的孟良墩遗迹（参见128"孟良墩"条）。长村巷西南有绝家桥。在原蠡口北街与中街相接处的蠡塘河西口，有蠡塘桥，为单孔石拱桥，始建无考，清同治十二年（1873）由谈瑞顺、张增美捐资重建。

314. 春申社区 Chūnshēn Shèqū

位于相城区黄埭镇东南部。为春申社区居民委员会所在地名称，以南濒裴家圩（俗称春申湖）而得名。今春申社区东至肖泾荡接黄桥街道生田村，南隔东蠡河、裴家圩与方埝村及虎丘区浒墅关镇九图村相望，西至冯梦龙大道邻方埝村，北至春秋路连长泾社区、潘阳社区。社区地界原属黄埭镇裴圩村，改革开放后逐步开放建设形成现状，至2023年底，春申社区区域面积约1.54平方千米，管理观湖湾家园、舒景花园、建邦唯苑、观湖名苑、丽滩别墅、丽岛别墅和咏春花苑等7个居民区，下设42个居民小组，居民人数12 280人。社区居民委员会办公地点在观湖湾家园19幢2楼。

原春申社区，位于黄埭集镇南部，因社区内有春申路而得名。春申，即指战国时期楚国春申君黄歇。2004年末，以黄埭镇西街居委会、新区居委会合并设立春申社区居委会。2019年4月，原春申社区居委会撤销并入埭川社区居委会，同时，将2011年2月设立的丽岛社区（因社区内有丽岛别墅小区而得名），以其南濒裴家圩而更名为春申社区。裴家圩，位于相城区黄埭镇、黄桥街道与虎丘区浒墅关镇交界处，水域面积1.35平方千米。2002年整治湖泊时，为纪念楚国春申君黄歇，俗称春申湖。现为西塘河引水工程的一部分。

黄埭镇区

裴家圩北岸,建有春申湖公园,占地面积约96 777平方米,其中,体育休闲用地约50%,逐渐成为居民日常休闲健身运动场所。为此,公园配备有10名社会体育指导员,覆盖健身舞、健身气功、太极拳等领域,为市民提供科学的健身指导服务。2021年,被省体育总会、省农民体育协会联合列为"年度省最美乡村健身公园"。

315. 埭川社区 Dàichuān Shèqū

位于相城区黄埭镇东部。为埭川社区居民委员会所在地名称,以黄埭塘别称埭川而得名。埭川社区东濒东瓜荡、南滨太平桥港接长泾社区,西邻华阳路潘阳社区,北至春光路连青龙社区、斜桥社区。至2023年,区域面积约3.3平方千米,人口2 268户、6 120人。社区居民委员会办公地点在方桥大街3—1号。

1954年8月,设立中共黄埭市镇委员会。1958年9月,为黄埭人民公社市镇第一大队。1969年2月,成立黄埭市镇管理办事处(简称"市镇办")。1981年11月,设黄埭镇中街居委会、东街居委会、西街居委会。1994年5月,增设新区居委会。2004年末,以中街居委会、东街居委会合并设立埭川社区居委会,以西街居委会、新区居委会合并设立春申社区居委会。2019年4月,撤销春申社区居委会并入埭川社区居委会。

埭川社区为黄埭古镇核心区域,黄埭市河(黄埭塘镇区段)、黄埭大街横贯社区中心。黄埭大街,东起斗姆阁,西至埭西大桥,街长1 372米。黄埭大街上曾有家名盛一时的埭川饭店,由黄埭人邹根泉在1935年始创,开设于河渎桥西块,店面三开间、两层楼房。店名由黄埭名医朱湘君所起,意有川流不息之寓。有名人起的店名,再加上邹根泉有一手好厨艺,尤其是招牌菜响油鳝糊闻名遐迩,四乡百姓慕名而来,于是饭店顾客盈门,生意兴隆,坊间有"到埭川吃到袋袋穿"的调侃。1956年,埭川饭店参加公私合营。1967年,改为国营饭店。1979年,纳入黄埭供销合作社经营体制,成为所属集体所有制饭店。改革开放后,埭川饭店在市场经济时代失去了竞争力,逐步被市场淘汰而消失。

316. 御窑社区 Yùyáo Shèqū

位于相城区元和街道东南部。为御窑社区居民委员会所在地名称,以社区的前身御窑村名而得名。御窑社区东濒元和塘,南至姑苏区界,西邻人民路,北至阳澄湖西路。至2023年底,区域面积4.35平方千米,管理御窑花园、花南家园等2个拆迁安置小区,下设42个居民小组,人口2 148户、6 022人。社区居民委员会办公地点在花南家园6幢。

御窑社区为御窑村撤建而来,因境内有金砖古窑,明永乐帝曾赐名"御窑",村名由此而来。1955年,御窑村时为灯塔等初级社。1956年,为善济乡前进第三、第四等高级社。1957年12月,更名为新民第十二、十三等高级社。1958年9月,分属陆墓人民公社第十五、十六大队、十七大队、十九大队。1980年11月,第十五大队改为韩村大队,第十六大队改为南窑大队,第十七大队改为文陵大队,第十九大队改为花南大队。1983年8月,陆墓人民公社改为陆墓乡,韩村大队改为韩村村,花南大队改为花南村,南窑大队改为南窑村,文陵大队改为文陵村。1985年9月,陆墓撤乡建镇。1993年10月,陆墓镇更名为陆慕镇。2002年2月,并属元和镇。2003年5月,以花南村、南窑村、韩村村(部分)、文陵村(部分)、张花村(部分)并入御窑村;12月,改属元和街道。2006年3月,设立御窑社区居委会。2007年9月,撤销御窑村,并入御窑社区居委会。

2005—2010年,御窑村(社区)先后获得"全国文明村镇创建先进村""江苏省先进基层党组织和文明村"等荣誉称号。

御窑村以烧制金砖和各色砖瓦闻名,始于明代。据《造砖图说》记载:"自明永乐中,始造砖于苏州,

御窑社区

责其役于长洲窑户六十三家。砖长二尺二寸，径一尺七寸。其土必取城东北陆墓所产。"明永乐十一年
（1413），成祖朱棣下旨，赐名苏州陆墓砖窑为"御窑"，成为专为紫禁城生产金砖的砖窑。明王鏊正德《姑
苏志》称窑作"出齐门陆墓，坚细异他处，工部兴作多于此烧造"。御窑生产皇家专供一直延续至清光绪三
十四年（1908）才停止，转入民用砖瓦生产。今御窑遗址，位于阳澄湖西路95号，是众多烧制金砖窑座中唯
一保存完好的古砖窑址，2003年文物普查时发现。窑址南北向，东西长35米，南北宽33米，占地1 155平方
米，为双孔连体窑（外部连体结构，内部窑膛和烟囱各自独立），窑膛呈圆锥形，底部直径6.7米，拱形窑门
宽2.42米，高3.05米。圆柱烟囱底部直径1米，高4.25米。窑顶部有蓄水用的天池，直径2.5米左右。遗址区内
另有两处残窑遗址，遗址东至残窑边，南至堆场，西至围墙，北至生产厂房。其中三号残窑是一座小型窑
址，面积为8—10平方米，现仅存圆形窑壁一周，窑床模糊不清，规制较小，推测用于烧制小型日用陶器。
四号残窑靠近元和塘，探方边长为5米，面积为25米，发掘深度为0.7米，地层分为3层，分别是表土层、灰黄
色土层、灰黑色土层，中间夹杂大量红烧土块，分布在整个探方内，推测为窑址倒塌废弃后形成。2006年6
月6日，"御窑址"被公布为江苏省文物保护单位；同年5月，金砖制作技艺被列入首批国家级非物质文化遗
产保护名录。2013年4月，以御窑址为核心，规划建设苏州御窑金砖博物馆。2016年5月18日，苏州御窑金砖
博物馆建成开放，占地近4万平方米，建筑面积1.5万余平方米。

　　原村北有悟真道院，当地人称老河泾庙，又称顾恺之祠，供顾恺之及其父母神像，今移建于苏州市相城
区活力岛商圈东南边，人民路北延东御窑路西，阳澄湖西路北。悟真道院始建于宋淳熙三年（1176），主要
供奉东晋画家顾恺之，也是宋蓑衣真人何中立的退修之所，现为江苏省不可移动文物保护单位。

　　原花南村，以所辖花家桥和南洲巷两个自然村名各取一字组合而成。原辖小庄郎、花家桥、周公（宫）
桥、小石桥和南洲巷5个自然村、7个村民小组。花南村南的周公桥河，旧时称为塔影浜，相传河心可见北寺

塔倒映碧水中，故名，一时成为陆慕自然胜景。村内原还有明朝状元王世琛和申恭人墓。

原文陵村，因有文徵明墓而得名。文徵明墓位于文陵村李家浜自然村西，1956年被列为江苏省文物保护单位。文徵明（1470—1559），名壁，字徵明，号衡山居士。明吴县人，书画家，吴门画派领袖之一。54岁时以岁贡生诣吏部试，授翰林院待诏，故称文待诏。与沈周、唐寅、仇英合称"明四家"，又与徐祯卿、祝允明、唐寅合称"吴中四才子"，在书画艺术上有极高的造诣。其绘画兼善山水、兰竹、人物、花卉诸科，尤精山水。早年师事沈周，后致力于赵孟頫、王蒙、吴镇三家，自成一格。其书法初师李应祯，后广泛学习前代名迹，篆、隶、楷、行、草各有造诣。尤擅长行书和小楷，温润秀劲，法度谨严。他的传世书作有《醉翁亭记》《渔父辞》《离骚》《北山移文》等，画作有《雨余春树图》《影翠轩图》《洞庭西山图》《绿荫清话图》《石湖诗图》等。著有《莆田集》。文徵明卒于嘉靖三十八年（1559），终年90岁，葬文陵村（今元和街道御窑社区）。墓坐东面西，现占地一亩多，墓冢直径6.6米，高1.7米，封土高出地面约1米。冢周有玉围、罗城。冢前青石墓碑为现代重立，碑面镌有竖行阴文楷书"明公文徵明之墓"。碑前神道28.5米，神道前有新建牌坊一座，坊前有照池，照池约1 500平方米，如月牙形，恰似墨池。墓区约9 000平方米，遍植树木。1984年，省文化厅拨款对文徵明墓进行整修，重立碑碣，整葺青石砌筑的罗城，加高封土，重铺神道，墓地四周栽种苍松翠柏、香樟盘槐。2007年，文徵明墓再次进行整修保护。

新郭老街

317. 新郭社区 Xīnguō Shèqū

位于姑苏区吴门桥街道西南部。为新郭社区居民委员会所在地名称，以沿用原新郭村村名而得名。新郭社区东接吴中区长桥街道新家社区，南连石湖景区，西临越来溪，北濒京杭大运河。至2023年底，区域面积约1.45平方千米，管理官庄前花园、石湖桃花源雅筑等居民区，人口1 087户、2 513余人。社区居民委员会办公地点在官庄前花园18幢115室。新郭社区前身新郭村，因隋初开皇年间越国公杨素在此新建城郭移苏州治于此30多年而得名。旧称宴宫里，传为吴王渔猎宴请宾客之地。据北宋朱长文《吴郡图经续记》载："新郭，在吴县西横山下。隋既平陈，江南未服，聚为盗贼，隋文帝以杨素为行军总管讨之，追击至苏州，移郡邑于横山下，盖欲空其旧城耳。此新郭者，当时之遗址也。或曰越王城亦在焉，盖此地吴越之所控守也。初，杨素迁城于横山也，匠者以楮木为城门之柱，素见之谓匠者曰：'此木恐非坚，可阅几年？'匠曰：'可四十年不朽。'素曰：'足矣，是城不四十年当废。'至唐正观中复旧城，果如其言。"该书又载："十一年，杨素师平之，以苏城尝被围，非设险之地，奏徙于古城西南横山之东，黄山之下。唐武德末，复其旧，盖知地势之不可迁也。"明莫震、莫旦《石湖志》有"新郭"条云："新郭在灵岩乡一都二十三图，即越城故处，亦有越城桥，居人千百家，皆市井也。隋既平陈，越国公杨素迁郡治于此，故名。其后，吴人不安，复还今城。郡国志云：新郭在吴县西。"明嘉靖《吴邑志》列于"灵岩乡宴宫里"中"第一都"："新郭镇：在县西南十五里。"清同治《苏州府志》载："至隋开皇中，杨素徙城于城西横山下、黄山之东。乾隆志：杨素平江南群盗，以郡尝被围，非设险之地，欲空其旧城，奏徙之。案，其地即今所谓新郭是也。"1949年前，新郭为新郭乡治所在地。1958年，属蠡墅人民公社新郭大队。1960年7月，新郭大队划归横塘人民公社。1983年10月，新郭大队改为新郭村，属苏州市郊区横塘乡。1999年9月，横塘撤乡建镇。2002年8月，以横塘镇的双桥、三元、友联、新郭、三香、盘南6村组建沧浪区友新街道，新郭村属之。2008年6月，撤销新郭村，建新郭社区居委会。2017年3月，撤销友新街道并入吴门桥街道，新郭社区居委会随属。

清乾隆《吴县志》载："新郭、横塘、李墅诸村比户，造酿烧糟为业，横金下堡水东人并为酿工，远近皆用之。"旧时，新郭镇周围酒坊尤多，在吴县地区享有盛誉的首推薛家村钱隆泰酒坊，每年做酒用大米达千担，资本逾5000银圆；次有永丰、张裕等7家，也有一定规模。诸酒坊所产之酒醇香扑鼻，甘美可口，畅销苏州。1949年后，实行烟酒专卖，私营制酒日渐消失。

苏州的镜片生产，起源于横塘乡新郭村。清钱思元《吴门补乘》载："眼镜作在新郭。"相传镜片业明初已相当发达，中国第一台望远镜镜片有说就出自新郭。清初，孙云球制造镜片有较大创新，制作不同焦距镜片达72种，其《镜史》一书是中国第一部光学专著。至民国，新郭村镜片生产更盛，有70%—80%住户以此谋生。至1985年，新郭村所在的横塘乡仍有眼镜厂10家、光学厂3家，后因产业调整，逐渐淡出市场。

318. 茶花社区 Cháhuā Shèqū

位于姑苏区虎丘街道中部。为茶花社区居民委员会所在地名称，沿用原茶花村名而得名。茶花社区东接虎阜社区，南至沪宁铁路连新庄社区，西邻观景社区观景二村，北至虎阜路靠山塘社区。至2023年底，区域面积0.45平方千米，下设8个居民小组，人口564户、1907人。社区居民委员会办公地点在虎丘路503号。

茶花社区前身为茶花村。1958年9月，为虎丘人民公社茶花大队。1983年7月，茶花大队改为茶花村，属虎丘乡。1999年10月，苏州市郊区撤销虎丘乡、长青乡撤乡合并建立虎丘镇。2002年，随虎丘镇划归金阊区。2003年12月，以虎丘镇的虎丘、

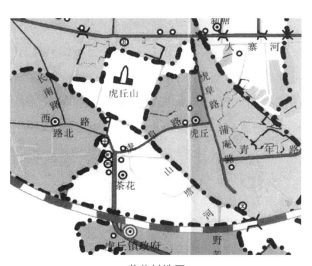

茶花村地图

茶花等4个村与山塘街道合并设立虎丘街道。2005年，撤销茶花村，建茶花社区。2012年8月，随属姑苏区。

茶花村北靠虎丘名胜，东临七里山塘。旧时，以出产茉莉花、白兰花和玳玳花（俗称"三花"）为代表的"香花"著称，后香花逐渐应用于窨制花茶、提炼香精、佩戴装饰等，逐渐演变称作"茶花"，茶花村因此得名。明王鏊正德《姑苏志》载："春日卖百花，更晨代变，五色鲜稚，照映市中。"从今山塘街斟酌桥东堍花园弄口起向西直至虎丘正山门，旧时卖花者汇集于此形成花市，卖花人会把香花扎成花球、花束、用麦秆编成小巧玲珑的花茧来叫卖。清代，香花开始小批量用于窨制茶叶，至光绪中叶，苏州出现了以花窨茶的手工业作坊，茶花成为附近农户主要的经济作物，种植茶花也成为附近农户主要的经济来源。花农们将采收的花送到虎丘正门口以及绿水桥附近的收购站。清晨收白兰和玳玳，下午收茉莉，每天下午6点结束。头堡花收购价格偏低，二堡花价格稍高。收购站会将收购的花送至茶厂进行窨制。1949年，花农达2000余户，约1万余人。中华人民共和国成立初期，国家保护花农利益，加之全国各地茶商来苏采购花茶，需求量大增。

茶花村旧貌

20世纪70年代后期，是三花发展的全盛时期，茶花村1978年的三花总产量约为81 310公斤。苏州茶厂用茶花村的茶花窨制的一级茉莉花茶曾获国家银质奖，二级、三级茉莉花茶获商业部优质产品奖。至20世纪80年代后期，随着城乡发展建设和产业转型变化（转向婚纱产业），茶花村的茶花种植面积不断缩小，生产也日趋衰落。如今，茶花社区内的三花仅剩民营苗圃或民宅房前屋后有零星种植，主要用于观赏，昔日"茶花之乡"已不复存在。

今有以社区名命名的茶花街，位于北环西路北、虎阜路南，东起虎丘路、西止虎阜路。

319. 渔帆社区 Yúfān Shèqū

位于吴中区胥口镇香山街道东部。为渔帆社区居民委员会所在地名称，因原渔帆村名而得名。渔帆社区东接香山社区，南至太湖，西邻渔洋社区，北至梅舍社区。至2023年底，区域面积约5平方千米，管理17个居民区，人口1 087户、2 513余人。社区居民委员会办公地点在官庄前花园18幢115室。渔帆社区前身为渔帆村，属梅舍村。

在原渔帆自然村有蒯祥墓园，位于今环太湖大道北侧，为江苏省文物保护单位。园中有蒯祥史料陈列图文并茂，内容丰富而翔实。蒯祥（1398—1481），为明香山渔帆村人，出生于木匠世家，其祖、父皆为能工巧匠。蒯祥继承祖辈的好学精神，刻苦钻研建筑技术，既能设计制图，又谙熟操作技术，凡殿阁楼榭，乃至迴廊曲宇，均能随手图之。他自永乐十五年（1417）起，在北京先后主持了奉天殿（今名太和殿）、华盖殿（今名中和殿）、谨身殿（今名保和殿）、乾清宫、南宫、西苑（今名北海、中海、南海）、承天门（今名天安门）等营造工程。官至工部侍郎，给二品头衔，食俸一品。永乐皇帝称其为"蒯鲁班"，英宗皇帝朱祁镇于天顺二年（1458）还为蒯祥的祖父母立"奉天诰命碑"，以示嘉奖。民国《吴县志》载有《蒯祥传》："蒯祥，吴县香山木工也。能主大营缮。永乐十五年，建北京宫殿。正统中，重作三殿及文武诸司。天顺末，作裕陵，皆其营度。能以两手握笔画双龙，合之如一。每宫中有所修缮，中使导以入，详略用尺准度，若不经

蒯祥墓

意，及造成以置原所，不差毫厘。指使群工，有违其教者，辄不称旨。初授职营缮所丞，累官至工部左侍郎，食从一品俸。至宪宗时，年八十余，仍执技供奉。上每以'蒯鲁班'呼之。同时蔡某亦造宫殿，授衔至尚宝司丞。"蒯祥一生从事过诸多重大建筑的建造，为我国留下了许多珍贵的建筑文化遗产。除民国《吴县志》中所收的《蒯祥传》外，在明清时代的笔记小说中也有记载，如明代沈德符《万历野获编》记述当时有一次蒯祥酒后骑马误闯宫御，被御林军捉拿问罪，皇帝听到是"蒯鲁班"，特予赦免。吴地至今传诵着的关于蒯祥的民间故事：诸如讲述蒯祥学艺的传说《香山匠人一斧头》，蒯祥设计故宫的传说《蒯祥醉画金銮殿》，蒯祥创造"金刚腿、活门槛"的传说《巧用短木造皇宫》，蒯祥为民请命、蠲免减轻吴地赋税的传说《拔高午朝门，减免三年粮》以及尽显蒯祥才艺风貌的《蒯祥献艺御花园》等传说故事。蒯祥去世后，子孙遵从其遗愿，将他归葬故里祖茔。今墓园占地十亩，东部是墓，西部是园，以明正统至天顺年间工部左侍郎蒯祥墓为主题，墓前有荷塘，塘上架小桥，主题建筑有牌坊、祠堂、神兽、翁仲等，肃然有序。坟茔高耸坟，其中葬有蒯祥及其祖父蒯明思和祖母顾氏。享堂中有蒯祥石雕像、《明宫城图》和《蒯祥碑记》以及太和殿微缩模型等陈列品；墓后有石筑碑亭，立有御碑，即"奉天诰命碑"，青石质，碑额饰云纹，中有篆书"奉天诰命"四个大字。碑之阴，字迹漫漶，内容似为蒯祥生平及明英宗朱祁镇赐制诰命的缘由，惜已很难辨识原文。碑之阳字体较大，保存较为完好。碑文十一直行，为明天顺二年（1458），英宗朱祁镇所赐，碑文为："奉天承运，皇帝制曰：人臣能修其职业，而朝廷推恩，必先荣其先世者，此国家之典制，以励忠孝也。尔蒯明思乃工部右侍郎蒯祥之祖。潜德弗耀，委祉后昆，致有令孙为国之用，推原所自宜涣纶音。今特赠尔为朝议大夫工部右侍郎，灵爽如存，服此休命。制曰：朝廷简阅才能，任以国事，褒崇之典，必及其先，盖推其祖之源也。尔顾氏乃工部右侍郎蒯祥之祖母，淑德允蹈，垂昭世家，有孙显融，累官部佐，推厥原本，宜锡隆恩，特赠尔为淑人。服此。昭于永世。天顺二年五月二十五日。"

320. 直港村 Zhígǎng Cūn

位于吴江区八坼街道西部。为直港村村民委员会所在地名称,以所辖直港自然村而得名。直港村东隔京杭大运河接新营村,南连农创村,西邻横扇街道安湖村,北至友谊村。至2023年底,区域面积约7.5平方千米,辖桥北港、宋家桥、迓湖港、水车港、新坪村、潘家桥、蔷薇港、杨家厍、木行港、壮前、双圣堂等11个自然村,下设29个村民小组,人口2 078人。村民委员会驻吴家浜南(东均圩)。直港村,1958年9月,属吴江县八坼人民公社第一、二大队。1959年,第一大队分为三联大队、明星大队,第二大队析建友好大队。1981年11月,三联大队改称练聚大队,明星大队改称直港大队,友好大队改称虹桥大队。1983年7月,八坼人民公社改为八坼乡,直港大队改为直港村,虹桥大队改为虹桥村,练聚大队改为练聚村。1988年7月,八坼撤乡建镇。2000年8月,八坼镇并入松陵镇,直港村随属。2003年7月,虹桥村并入直港村。2020年9月,练聚村并入直港村。2019年6月,设立八坼街道,直港村随属。

直港村朴泽桥

区域内有木行港,为八坼、横扇、平望交界处。跨朴泽港上有朴泽桥,该桥始建于明嘉靖三十四年(1555)。全长13.5米,堍宽2.2米,桥顶宽1.85米,拱形单孔,东西走向,全桥除桥面石级和部分龙筋、间壁外,均为青石构筑,桥拱券正中刻有一块建桥的碑记,上有"明嘉靖乙卯五月"字样。现为苏州市文物保护单位,被列入苏州市第二批地名文化遗产保护名录。

321. 屯溪村 Túnxī Cūn

位于同里镇区中部。为屯溪村村民委员会所在地名称,因位于屯村中部,屯村古名屯溪,故得此名。屯溪村东濒沐庄湖,南连屯南村,西邻田库村,北至合心村。至2023年末,区域面积7.8平方千米,辖里知、北里知、南星、奎受、性字、柳字、慈字、容字、西元、牛字、夫字、里母、缸字、里角、南斗、中母、义危、里草、外草、母操、睦字、随字、妇字、外角等24圩。辖养鸭浜、后村、花泾浜、谢巷、库头、方港、西港、三渡港、吴家浜等11个自然村,下设24个村民小组,人口825户、2 371人。村民委员会驻新大桥路165号。

屯溪村万安桥

明代，屯溪村属吴江县久泳乡二十七都。清乾隆十二年（1747）后，分属十六都二图、二十八都三十一图、二十九都二十五图。民国时期，属吴江县第二区。1929年8月，分属屯浦乡、南新乡。1934年8月，属屯浦乡。1948年2月，属新三乡。1949年5月，属同里区屯村乡。1956年3月，属吴江区城厢区屯村乡；同年底，成立新联、八一高级农业生产合作社。1957年10月，撤区并乡，属屯村乡。1958年9月，为屯村人民公社谢巷大队、方港大队。二十世纪六七十年代，谢巷大队改称新联大队，方港大队改称八一大队。1981年11月，恢复原名。1983年初，屯村人民公社改为屯村乡，谢巷大队改为谢巷村，方港大队改为方港村。1992年7月，屯村撤乡建镇，属屯村镇。2001年10月，屯村镇并入同里镇，属同里镇。2003年8月，谢巷、方港两村合并，成立屯溪村。

历史上，屯溪村曾有众多古迹。据传，汉萧王曾建行都于容字圩。唐高祖第四子元吉封为吴王，也建都于此。唐代，在义危圩有西庵洗心堂，在夫字圩有东庵济渡堂，在后村有天王殿。宋代，在里母圩有曹氏书楼。元代，在慈字圩有寿椿堂。明代，在谢巷有青龙庵。明代还有"屯村八景"，除3景在镇区外，其余5景均在屯溪村。今均废。

322. 上横村 Shànghéng Cūn

位于吴江区平望镇中部。为上横村村民委员会所在地名称，因所辖上横片村名称而得名。上横村东接中鲈村，南濒太浦河，西邻顾扇村，北至溪港村。至2023年底，区域面积约9平方千米，人口3 178人。村民委员会驻西溪自然村西。1958年10月，上横村分属平望人民公社第八、九大队。1961年，第八大队析建增库大队、新民大队，第九大队改称联合大队。1962年，联合大队析建联合大队、庄田大队。1981年11月，新民大队改称库湾大队，联合大队改为上横大队（由上横片村、下横片村组成，故名。其中，上横片村由西溪、庙前、许家桥、钱家桥自然村连片形成，下横片村由老场上、孟家头、小圩港、朱家浜、沈家浜自然村连片形成）。1983年7月，平望人民公社改为平望乡，上横大队改为上横村，增库大队改为增库村，库湾大队改为库

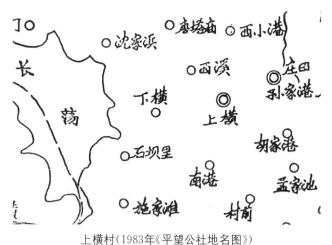

上横村（1983年《平望公社地名图》）

湾村。1985年10月，平望乡并入平望镇，属平望镇。2002年8月，库湾村并入增库村。2003年7月，增库村并入上横村。

G318国道、G50沪渝高速、S257省道（吴江去南北快速干道）分别从南、北、西经过上横村。至2023年底，全村共有民营企业12家，主要以丝织业为主，兼有化工、铸件业等。农业以水稻、油菜种植业为主，副业以养鱼、养蚕为主，现有鱼池2 000多亩、桑地600多亩。2002年上横村被评为江苏省卫生村。

1944年，平望地区第一个中共党支部成立于上横村。当年秋收结束后，党支部在上横村开办了"俱乐部"，组织农民阅读进步书刊，进行革命知识教育，启发农民的阶级觉悟。同时还举办打乒乓、乐器演奏等娱乐活动。通过俱乐部活动，与农民广交朋友，从中发展先进分子入党，如后来曾任平望人民公社副书记的吴砚根等同志就是在俱乐部活动过程中考察发展的党员。一年后，根据上级组织关于党的活动要以隐蔽斗争为主，俱乐部停办。

323. 花木桥村 Huāmùqiáo Cūn

位于吴江区震泽镇西北部。为花木桥村村民委员会所在地名称，因辖有花木桥自然村而得名。花木桥村东接三扇村，南濒徐家漾，西邻长家湾村，北滨连家漾。至2023年底，区域面积约6.7平方千米，人口3 289人。村民委员会驻花木桥自然村12组。

花木桥村

1958年10月，花木桥村分属吴江县八都人民公社联庄大队、勤齐大队、勤民大队、新民大队。1959年10月，新民大队改为勤星大队。1960年，联庄、勤齐、勤民大队合并为东风大队。1961年1月，东风大队分为李家、花木、庄家大队。1968年3月，庄家大队改称先锋大队，李家大队改称前进大队，花木大队改称东风大队。1981年11月，各大队恢复原名。1983年7月，八都人民公社改为八都乡，庄家大队改为庄家村，李家大队改为李家村，花木大队改为花木村，勤星大队改为勤星村。1992年9月，八都撤乡建镇。2001年8月，李家村、花木村、庄家村合并为李花庄村。2003年7月，李花庄村、勤星村合并为花木桥村；11月，八都镇并入震泽镇，花木桥村随属震泽镇。

村内有大柏桥，跨太龙浜，初建无考，现存之桥重建于1919年仲冬。该桥为梁式三孔，南北走向，由花岗石构筑，长18.4米，中宽1.6米，中孔跨度4.95米，高3.2米。南北两向各置台阶7级，另加2层辅级。桥面三孔各由3块长条石铺面，桥基内侧排柱和中孔排柱各以4块和3块长条巨石组成。桥额上清晰地刻着"大柏桥"三字及重建纪年。中孔桥墩两侧刻有对联，东向为："水映一泓，叠石成桥多利赖；波平两岸，荷锄带月便归来。"西向为："水涸遍成梁，急待鸠工占利泽；天寒伤病涉，安排雁齿乐群黎。"2014年6月，公布为苏州市控制保护建筑。花木桥村名，或由此大柏桥名而得。

324. 悬珠社区 Xuánzhū Shèqū

位于苏州工业园区唯亭街道中部。为悬珠社区居民委员会所在地名称，因社区位于原悬珠村而名。悬珠社区东濒司马泾，南至京沪高铁，西至阳澄东湖，北至阳澄湖大道。至2023年底，区域面积约0.25平方千米，人口2 609人。社区办公地点在夷亭路悬珠花园。

悬珠社区前身为悬珠村，因北依阳澄湖、以其地形如悬于阳澄湖内的明珠而得名。清代中期，悬珠村内已形成街巷，村巷长400多米，为石子街，巷两旁有书场、米行、鱼行以及经营棉布、南货、茶馆、药材、棺材、理发等各种店铺，从中石桥到西浜桥，仅茶馆就有11家，以西浜店较有名气。直到1949年后，跨塘西南村和唯亭西北片的村民，均

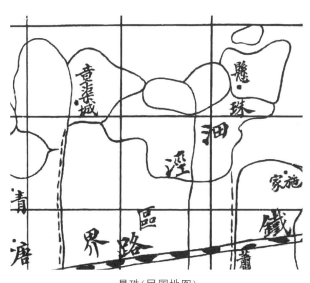

悬珠（民国地图）

习惯至悬珠村巷购物或喝茶。1950年3月，属唯亭区悬珠乡。1957年，悬珠乡并入唯亭乡后，悬珠村巷渐趋衰落。1958年9月，分属唯亭人民公社第8、第9大队。1964年11月，为元（悬）珠大队、横泾大队。1983年7月，改为元珠村、澄边村。2003年11月，与荡浪湖村合并。2010年2月，撤销悬珠村，建悬珠社区。

据《元和唯亭志》记载，当时的悬珠村"比户切纸为业"，"家家切纸阡"。所谓"纸"是用作冥祭的纸品，当地人称"钱粮"，悬珠"钱粮"向有质好量足的好口碑，在方圆百里内小有名气。抗日战争时期，悬珠村既是忠义救国军胡肇汉的据点，又是中共渭塘区委领导下的游击区。1942年，化名刘瑞华的中共吴县县委特派员仲国鋆来到悬珠村巷，以行医为掩护，在阳澄湖一带开展地下斗争。

悬珠村巷一直存在到2005年动迁，现原址建有悬珠花园动迁小区。在悬珠花园南侧有悬珠路，为出入小区的主要通道。

三、 自然集镇、自然村名

325. 绞里 Jiǎolǐ

苏州市辖区内，地称"绞里"的有三处，均处山间，盖因进村山道弯曲，犹如丝线缠绞，故名。

一处绞里，位于吴中区光福镇福利村东南部，为原下绞村村委会所辖自然村，地处穹窿山西北端的凤凰山麓。又因此处地势较高，俗称"上绞"，东为马家涧自然村，南为穹窿山，西为朱家村自然村，北靠福窿路，聚落形态呈北宽南窄的梯形，最宽处约260米，最窄处约130米。原设为下绞村村委会第一村民小组。2001年10月，绞里随下绞村、金涧村入福利村。2003年11月，翠屏村并入福利村，改设为福利村村委会第六村民小组，现有村民约190人。65路公交车在此设有"绞里"公交站。

另一处绞里，位于光福镇福利村东北部，为原刘家村村委会所属自然村，在蒸山西南麓、砚台山西北麓。因旧属刘家村，为避免重名，俗称"刘家绞里"。此处绞里，东为上官山自然村，南为雅尼山自然村，西为绕城高速，北为张家场自然村，聚落形态呈南北 L 形，南北长约480米，东西宽约260米。原设为刘家村村委会第十一村民小组。2001年10月，刘家村、北沟村合并设立翠屏村，绞里随属。2003年11月，翠屏村并入福利村，改设为福利村第26村民小组，现有村民约140人。

再一处绞里，为位于虎丘区东渚街道东南部的"绞里村"。为原东渚镇绞里村村民委员会所在地，因所属北绞（里）、南绞（里）自然村而得名。原绞里村的大致范围在今玉屏山、锦峰山以西，城隍山（凤凰山）以东，

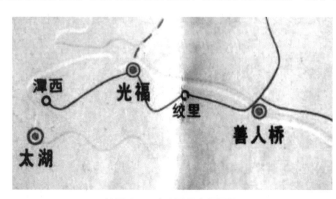

绞里（1980年《吴县交通图》）

乌龙山以南区域。1954年设立绞里初级社，1961年7月设凤凰大队，1983年7月改设为绞里村。20世纪60年代，绞里村创办的铜材响器厂是当时全国5家响器厂之一，生产的各种锣、水钗、铙钹、吊钹等响器，曾畅销江浙沪。现已全部拆迁并开发建设了前山澜庭等住宅区、金融商业区。

326. 姚市 Yáoshì

位于虎丘区东渚街道原姚市村。为原姚市村村委会所辖自然村，因有姚姓居此而得名。原姚市自然村，东为庄里山，南为庙下自然村，西为冯家浜自然村，北为同公湾自然村。姚市，在东渚曾以刺绣特种工艺品和红木雕刻工艺品的生产、销售最为突出。从20世纪80年代开始，红木雕刻、双面绣工艺、插镜制作和揩漆工艺兴起，村里从事刺绣工艺品生产销售的人越来越多，成为当时农家主要家庭副业。自2002年东渚镇划归虎丘区纳入开发建设以来，以上各自然村陆续实施动迁。2020年9月，庄里山东的南京大学苏州校区（一期）动工。2021年11月，庄里山西以原姚市为中心的南京大学苏州校区（二期）动工。2023年7月22日，南京大学苏州校区举行校名石揭幕仪式暨迎接新生活动。

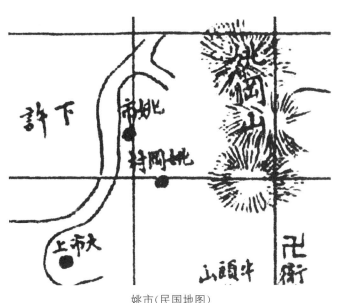

姚市（民国地图）

姚市西、冯家浜南，原有酒瓮墩墓群。原墓群坐落于土台上，土台呈长方形，东西长109米，南北宽20余米，高出周边0.5—2米。土台东侧有一座较大墓葬，地层厚达3米，为一处明清时期的墓地。因南大苏州校区建设，墓群均已平整。

南京大学苏州校区，是南京大学的第四个校区，占地1 622亩，总建筑面积约100万平方米，以庄里山为中心，分一期（东区）、二期（西区）。一期（东区）2023年9月已整体交付使用；二期（西区）计划于2025年交付使用。该校区将聚焦南大苏州校区五大学科群中的人工智能与信息技术、功能材料与智能制造、化生医药与健康工程、地球系统与未来环境打造，为广大师生提供公共教学楼、公共科研区、四大科研综合体等教研学区域。

327. 善安浜 Shànānbāng

位于虎丘区浒墅关镇南部。为原共和村村民委员会原辖自然村，原址在今文昌社区内。因村内有河道善安浜而得名。善安浜，原河长约1 000米，往东流向大白荡，今已填没。

原共和村，东临大运河，西至马涧白荡河，南至大白荡，北至观山浜，四面环河。历史上，共和村做生意的人较多，常结队外出经商，称为"共伍"，由此名村因"伍、和"吴语谐音，演变为"共和"。善安浜东、大运河边有苏州市文物保护单位"三里亭"，古称於止亭，又名蒯公亭。

据《浒墅关镇志》载，省第四地质队曾探测出共和村地下钽铌矿藏极其丰富，可达到大型矿床含量，其矿床中心在善安浜地下。

原善安浜地域，今开发建设有鸿文雅苑等住宅区。

善安浜

328. 毘村 Pícūn

位于吴中区胥口镇合丰村西北部、穹窿山东麓，藏胥路以东、茅蓬路以北，为合丰村村民委员会所辖自然集镇。毘村，古名邳渎镇，民间有"先有邳渎镇，后有木渎镇"的说法。因南宋顾禧筑漫庄隐居于此，故又名漫庄。宋范成大《吴郡志》载："漫庄，在毘村，处士顾禧所居。禧弃官高隐，读书以老，乡人贵重之。后其居有名"。

毘村集云庵

明清时，毘村属吴县胥台乡（石城里）十四都十五图。民国元年（1912），属木渎区蒋巷乡。1932年，属善人桥区蒋巷乡，分称前毘村、后毘村。1934年，属藏书乡。1950年3月，属藏书乡毘村，为乡政府驻地。1956年，藏书乡成立繁荣高级社。1958年9月，属藏书人民公社繁荣大队。1983年7月，属藏书乡繁荣村，村委会设在毘村。2004年2月，由藏书镇并入胥口镇，繁荣村随属。2006年12月，以原繁荣村等区域设合丰村。

毘村村中有邴渎桥，原为青石板桥，1933年由里人柳桂香、许杏泉、周孝泉等发起募款重建，1973年改建为水泥桥。桥边有集云庵。村内河道纵横，水上交通便捷，枣木泾、朱家河在此交汇，全家浜、窑头浜与其相连，今窑头浜仍保留有200米的石驳岸。

顾禧，字景繁，南宋文学家。其祖顾沂，字归圣，知龚州。父顾彦成，字子英，官两浙运史。皆有贤名。禧虽受世赏，但弃官高隐，在毘村邴渎桥畔筑漫庄而居，自号痴绝叟，闭户读诵，博极坟典。绍兴间，郡以遗逸荐，不起。闲居五十年不出，名重乡里。顾禧著作甚丰，有《志道集》一卷，纂东坡年谱，尝与吴兴施宿合注苏轼诗，为陆游所称。

329. 长园街 Chángyuánjiē

位于吴中区横泾街道东部。为长远村村民委员会所辖自然集镇，也作长源街。据南宋洪迈《夷坚志》载王安石曾孙王珏"寓居平江横金市"，可知在南宋初横金已在长园街成市。元皇庆二年（1313），长园街遭太湖洪水侵袭，街市被毁不能集贸，便北移至横泾塘畔形成新的集市，即今横泾集镇，故当地有"先有长源街，后有横金（泾）镇"的民谚。

清雍正年间，长园街属吴县大吴乡第八都。民国二十三年，属吴县第五区（横泾）横泾镇。1949年7月，属太湖区行政办事处横泾区横泾镇。1953年3月，属震泽县横泾区。1958年9月，属横泾人民公社新民大队。1960年1月，随震泽县并属吴县。1983年7月，属横泾乡镇南村（因位于横泾集镇南而得名）。2004年，为安置渔民建长远新村。

据《横泾镇志》（2007年版）载："20世纪60年代，村民在今中界桥地段挖地，曾多处发现原有河道的石驳岸、河中的木桩以及街道的瓦砾乱石。据此，约略可知原长源街东自今长兴桥庵前弄，西至今福寿庵（已废）地段，长约六七百米。街道依河，河口通横泾塘。相传，长源街龚氏为望门大族，有一日刘伯温途径此地，目睹主人正驱赶檐下米箩中啄食的几只麻雀，觉得其人连麻雀也不让啄食，看来平时不肯施舍他人的。刘伯温捻须一阵，心想若日后带来兵马，要龚氏其人供应粮草也难说啊。自此龚氏被刘伯温一眼看煞，家道便衰败了，盛况不再。今长源街遗址东西间已挖成一河，河上架有文星桥、中界桥、浮桥3座水泥桥梁。"

330. 长浮山 Chángfúshān

位于吴中区光福镇冲山村东部，是三面环水的渔乡集镇，为冲山村村民委员会驻地。《吴县志》（1994年版）作长浮镇，因地处长浮山麓而得名。明杨循吉《吴邑志》有记载，长浮山，原为太湖中一小岛。长浮山下，原是芦苇丛生、雁鹭出没的荒滩。1970年—1972年，时太湖人民公社渔民围湖造田，在冲山、长浮山至白浮山间建大堤，遂连成一个半岛。1972年，太湖人民公社机关率先在长浮山南麓湖滩建平房40间，作为办公和生活用房，随后公社机关从白浮山迁此。此后，供销社、粮管所、银行、医院、学校等单位相继在此建房，一个新的集镇规模初成。此后，长浮山集镇历为太湖人民公社、太湖乡、太湖镇政府驻地。1973年12月至1977年3月，在镇南开挖一条长1 400米、宽48米的渔港，两端均与太湖相通。集镇与渔港平行，成一字直街。1976年10月，公共汽车直通长浮山。1980年，将原砂石街面翻建为水泥路面，两旁种植常绿行道树，公社机关和各单位也陆续翻建了楼房，镇区面积扩大到16公顷，主街长至1 493米，镇街面貌大为改观。2000年，太湖镇并入光福镇，长浮山随属光福镇。2001年2月，属吴中区。

长浮山（长浮镇），是太湖渔民上岸定居兴建的一个渔业集镇。江苏省太湖渔管会第一渔政管理站驻此。镇上有配套的水产收购、加工、冷藏设施，是苏州地区太湖水产的主要集散地之一。20世纪90年代，在长浮山镇北的太湖边，兴起了"太湖船餐"，吸引了远近各地的游客前来品尝湖鲜美味，曾风靡一时。后因保护太湖水质需要予以关停，但此地首倡的"太湖船餐"模式为各地所效仿、群众所熟悉。

331. 蒋墩 Jiǎngdūn

位于吴中区香山街道中部，原为蒋墩社区（村）所辖自然集镇，现已动迁，原址大致在今舟山路东、蒯祥路南北两侧。据《香山小志》记载，村内蒋姓为多，故名蒋墩。又因位于蒋墩山北麓而得名。蒋墩山，相传春秋时吴王阖闾拜孙武为将，孙武在山上点将练兵，故称山为"将墩"，后谐音作"蒋墩"。

民国时，蒋墩为卫湖乡治。1956年，属香山乡。1957年，并属胥口乡。1958年9月，属胥口人民公社蒋墩大队。1983年7月，蒋墩大队改为蒋墩村，属胥口乡。1993年5月，胥口撤乡建镇。1994年7月，划归苏州太湖国家旅游度假区代管。1998年4月，撤销蒋墩村，建蒋墩居委会。2004年2月，以原胥口镇的蒋墩等4个居委会和梅舍等4个村委会区域设立香山街道，蒋墩居委会属香山街道。同年，蒋墩居委会改为蒋墩社区居委会，现居民委员会办公地点在舟山花园一区。

蒋墩，原是香山地区乡间一个古老小镇，历来以建筑巧匠和传统刺绣工艺著称。旧时，每天清晨远近乡民上街做买卖，街市繁荣，农闲、春节期间开设有书场、戏馆，四乡村民到此看戏、听书。1956年，集镇上10余家个体商户加入香山合作商店。1958年后，集镇上的商业由胥口供销社统一经营。集镇上设有小学、卫生室等。2010年前后，根据度假区的开发建设规划，蒋墩集镇开始陆续动迁，今除北部小蒋庙外，整个集镇已全部拆迁。

小蒋庙，又名李王土地庙，原有庙堂10间，20世纪50年代拆除。后在蒋墩集镇北、舟山路东重建。

332. 前湾 Qiánwān

位于吴中区金庭镇西山岛东北部，为蒋东村村民委员会所辖自然集镇。西山岛上旧有七村八巷九里十三湾之说（参见附录），前湾为其中的十三湾之一，其地古称梅梁里，村前的太湖水域古称梅梁湖。因明代在此建运石码头，遂有前湾、后埠之称。

前湾，清康熙年间属吴县姑苏乡梅梁里。光绪三十二年（1906），属靖湖厅姑苏乡。民国元年（1912），属吴县西山乡。民国十八年（1929），属吴县第十九区前湾镇，为镇公所驻地。民国二十三年（1934），属吴县第十三区前湾乡，为乡公所驻地。1950年4月，属太湖行政办事处西山区辛湾乡。1953年5月，属震泽县西山区辛湾乡。1956年，属西山区东河乡。1958年10月，属金庭人民公社前湾大队。1960年2月，震泽县并入吴县，前湾属吴县。1963年4月，金庭人民公社分设为金庭、石公、建设（后改堂里）3个人民公社，前湾仍属金庭人民公社前湾大队。1983年7月，前湾属金庭乡前湾村。1987年1月，金庭、石公、堂里3乡合并设西山镇，前湾随属。1999年12月，前湾村、俞东村合并为禹期村，前湾属禹期村。2003年10月，禹期村并入蒋东村，前湾属蒋东村。2007年6月，西山镇改称金庭镇，前湾属金庭镇蒋东村。

历史上，西山岛是青石的重要产地，开采历史悠久。早在唐宋时期，青石就广泛用于建筑建材、园林装饰，或为碑碣材料，以"太湖石"、"鼋山石"著称于世。前湾地处西山岛西北角，直对胥江口，水路交通便

禹期峰

利，历来是西山重要的青石（石灰石）开采及集散地。直至抗战前，前湾集市兴盛，有南北货店3家、饭店、茶馆、肉店各2家，还有鱼行、水果店、缝纫店、理发店等，街上晚间挂煤油灯照明。20世纪80年代后，随着乡镇工业的发展，前湾境内集市渐繁荣，早晚皆有集市。随着后来太湖大桥建成通车、山石禁采，前湾码头失去了作用，原本繁荣的集市也随之消散了。

前湾村的东南，有禹期山，也作禹期峰，相传因大禹治水在此期会诸侯而得名。又因紧靠前湾，故俗呼前湾山。清金友理《太湖备考》载："山下有村曰前湾，故俗称前湾山，忘其为禹期矣。惟山顶主峰俗呼乌峰顶者，间有人称禹期峰。"因禹期山山体为青石构成，成为石灰石的盛产之地，而且开采历史极长，今除乌峰尚存外，山体已大半被开采，并形成一个周长约4千米的深潭。

333. 上堰头 Shàngyàntóu

位于吴中区木渎镇西南部、穹窿山东麓。为穹窿社区居民委员会所辖自然村。因为旧"三堰二池五闸"灌溉工程上游堰坝而得名。聚落形态呈东西向长方形，东西长约230米、南北宽约160米。

上堰头，1950年3月，分属藏书乡捞桥村。1958年9月，属藏书人民公社社光大队。1983年7月，属藏书乡社光村。2004年2月，藏书镇撤销并入胥口镇，上堰头随属胥口镇社光村。后与兴奋等村合并建胥口镇藏西村。2007年4月，善人桥居委会及藏东、藏中、藏北、藏西等4个村从胥口镇划归木渎镇，上堰头随属木渎镇。后撤销藏西村，分设为接驾社区、穹窿社区，上堰头属穹窿社区。

"三堰二池五闸"，位于穹窿山东南麓，是始创于宋代的一项水利工程。据清乾隆《吴县志》载，宋代有乡贤"度其泉源，创立三堰二池五闸，以资蓄泄，备旱涝，山氓便之。"三堰，为过沙堰、上堰、下堰；二池，为荷花池、圆荡池；五闸，为上堰闸、下堰闸、过沙堰闸、荷花池闸、圆荡池闸。今尚存部分遗迹。据明朱存理《苏州水利志》载，成化八年（1472），吴县知县雍泰曾承檄治理采香泾废堰。当时从穹窿山到采香泾有"粮田数千顷，遇旱禾槁"。雍泰就带领乡民于穹窿山陇阪间寻得源头，盖由山腰法雨泉"流出

三堰五闸选址

者"。先修筑一堰,再分筑东西二条渠道:东边渠道由白马岭南流,逾过苍坞赵王墓折而向西,西边渠道由山下溇环赵王墓而向东。二流相合近采香泾,潴聚成潭。雍泰相度地形,"筑二道石堰,堰各置闸,随水旱而闭启之",工程"三阅月而告成"。明徐鸣时《横溪录》对此也有同样记载:"(成化)八年,《苏志》:时置金桌于浙,专治苏松水利。檄吴令雍泰治采香泾废堰,泰于穹窿山陇阪间为一堰,下分二道,东西流注,潴聚成潭。又随地宜,瓷砌石堰二百所,堰各置牐,随水旱而启闭之。又发钱市山石,由马山西南而东,筑护堤千余丈。"万历三十年(1602),曾汝召任吴县知县时重修。清初张星镜有《穹窿山歌》诗:"君不见山下荒田六百亩,历朝苦旱无车口。开得河渠数里长,农家岁岁足升斗。"清康熙二十年(1681),吴县知县王霖重修穹窿山麓堰闸池塘。汤斌任江苏巡抚时,曾"请帑开浚张家塘等河,建筑堰闸。"乡民感戴其德,在藏书庙旁建造汤文正公祠,"肖像供奉"。后穹窿山堰闸屡遭洪水冲坏,屡坏屡建。[同治]《苏州府志》载:雍正十二年(1734),高其倬任江苏巡抚时曾委督吴县知县江之瀚,"浚筑吴县穹窿山麓堰闸池塘,旧有二堰二池五闸,以资灌溉蓄汇",整个工程"开土二千二百五十方,采石六百五十余丈,土石工共四万六千余工,发帑银二千三百六十两""凡堰池闸座桥梁沟涧之规制,悉复其旧而加口以渊深坚固焉"([乾隆]《吴县志》)

334. 蒋家村 Jiǎngjiācūn

位于吴中区胥口镇中部、子胥路北,为新峰村村民委员会所辖自然村。因蒋姓村民聚居于此而得名。

蒋家村,1950年3月,属吴县清明乡新河村。1956年1月,清明乡并入胥口乡,蒋家村随属。1958年9月,属胥口人民公社皋峰营。1962年1月,属新河大队。1983年7月,属胥口乡新河村。1993年5月,胥口撤乡建镇。2003年10月,皋峰、新河、新麓三村合并设新峰村,蒋家村随属。

蒋家村至今仍保留着每年正月十三赤膊抬猛将的传统习俗,并已被列入苏州市吴中区非物质文化遗产保护项目。这一习俗,源自旧时吴县木渎以南一带乡村在春节期间举行的一种独特民间活动,当地人称之为

"碰癫痫会"。其主要活动就是"抬猛将"。抬猛将，为江浙一带太湖流域的特色民俗，"猛将"原为驱蝗神，清代官府曾将他作为"驱蝗正神"列入祀典。而在苏州民间，"猛将"不止于驱蝗，农民祈求驱除农作物病虫害、一年风调雨顺，渔民则祈求鱼虾满舱，蚕农则祈求蚕花茂盛。清顾禄《清嘉录》载："穹窿山一带，农人舁猛将，奔走如飞，倾跌为乐，不为慢亵，名曰'趁猛将'。"清袁学澜《吴郡新年杂咏》载："吴俗新年，村氓各迎赛猛将……盖古春社之遗风也。"袁学澜《吴郡岁华纪丽》又载："正月十三日……各乡村农于是日刑牲

赤膊抬猛将

醑醴，抬像游行。结彩设棚，坐神于内，邀他祠之神共饮，人皆沾醉，谓之'待猛将'。舁舆急奔，阅阡度陌，倾跌为乐，不嫌亵慢，谓之赶猛将。蠢蠢丁壮，举国若狂。逞酒意，任血气，铜角一声，两对并合前驱，赤棒纷争交击，杯盘对掷，巾积飞坠，儿童骇窜，邻翁喊哑。"

今蒋家村的赤膊抬猛将，较多保留了这一习俗的原生态，王梅芳在《独特的民间活动"碰癫痫会"》一文中有比较详细的描述。猛将老爷是一个用香樟木雕成的坐像，高约五十厘米，身披战袍，右手握剑，左手抚膝，面容宁静、安详而不失威严。木渎、胥口一带与别处猛将神像不同之处在于猛将老爷为光脚、秃头，这一特色使这项民间活动有了一个古怪而滑稽的名字——"碰癫痫会"。猛将老爷旁边还有两座高约三十厘米的立像，左边一座是猛将老爷的娘舅，右边一座为其外公。参加"碰癫痫会"的周边村庄共有八个，分别是木渎镇尧峰村的邱巷上、刘庄和胥口镇新峰村的庙头、顾家上、蒋家村、河头村、顾家墩、张家村，每村有一个猛将老爷。每逢农历正月十三，这八个猛将老爷都要抬到诸墅庙去出会。诸墅庙，原作朱墅庙，是为了纪念抗倭将领任环所建，后毁庙易，改奉土地。现庙中里有一尊青石猛将坐像，高约八十厘米，亦为光脚、秃头，外形与村里木刻的猛将像非常相似。一年的大部分时间，各村的猛将老爷和他的两个亲眷老爷都坐在佛龛里，而佛龛是供在当年"会东"家的堂屋里。按照传统，有资格供奉猛将老爷，必须是村里比较善良又有田产的人家，这些人家都称作"会员"。会员们每年在家中轮流供奉猛将老爷，轮到的会员就是那一年村里的会东。农历每月的初一和十五，会东都要焚香点烛。要到诸墅庙参加"碰癫痫会"的猛将老爷，在大年夜上午要举行"下殿"仪式：先由会东点燃香烛，供好纸马，请本门图的一名道士和四个鼓手来念咒语、吹奏乐曲；接着，将猛将老爷放在供桌上，并随续供上百叶、粉皮、面筋等三素和橘子、青皮甘蔗、黑枣子、长生果、荸荠等五样果品，然后放四个大炮仗，道士和鼓手继续念咒，吹打一番，下殿仪式才算结束。从正月初一开始，会东就在家门口放三副锣鼓，村里的大人小孩随时随地可以去敲打。如果碰到下雨天，会东就搭起凉棚，好让村里人能天天来敲锣打鼓。到了正月十二上午，会东家的至亲会送来米团子和糕。这种团子非常大，直径足有六十厘米，上面盘着两条弯弯曲曲的龙，大团子的四周围绕着六个小团子，隐喻六畜兴旺。而会东家的一般亲戚会送糕、纸包和一对大蜡烛，纸包里包着枣子、柿饼和长生果等果品。随着暮色的降临，全村人都聚在会东家里陪伴猛将老爷。这天晚上，孩子们可以尽情地敲锣打鼓，饿了就在会东家里吃团子和糕，由于孩子不停地敲打，常常把锣都敲破了。大人们则在会东家里一边聊天，一边喝甜米酒，一直热闹到凌晨二三点钟才散。正月十三天色破晓，村里人一早便到会东家里烧香、供团子（当地俗

称馒头），称"落馒头"。落馒头的人头顶盘子来到会东家里，盘子里装有三素、纸马、香烛和两个大炮仗。当蜡烛燃尽，炮仗响过，落馒头的人可以把盘子拿回去，只留下纸马。每次落馒头的时候，道士和鼓手都要念咒和吹打，并在每个盘子里各取走一个小团子，这是他们的唯一收获。吃罢午饭，三铳响过，"碰癫痢会"渐入高潮。在震耳欲聋的锣鼓鞭炮声中，会东把猛将老爷捧进轿子，用丝带缚紧，两个小老爷用汗巾缚在两顶小竹轿上。队伍出发，前面由村里的一位长者敲领头锣，为队伍的总指挥，领头锣后面的人提着两盏大灯笼和两面大铜锣，灯笼上写着"刘府长天王"五个大字，紧跟着是四个模仿衙役打扮的村民，他们身着皂衣，其中两个扛着行牌，两个拖着六尺长的红漆竹片。衙役后面是一副锣鼓和十二面三角彩旗。彩旗后面，又是一副锣鼓和一担供品。紧接着是摇摇曳曳的十二顶华盖和第三副锣鼓。其后是道士和鼓手，两顶小竹轿摇摇摆摆跟在后面，猛将老爷的四人大轿则在最后缓级向前。在去诸墅庙的路上，常常会有村民落"出堂"馒头，请猛将老爷把晦气带走。出会队伍每到一村，都要有锣鼓声。在村与村间的官路上，人们则偃旗息鼓，拚命奔跑，争取抢先到达诸墅庙，俗称"抢轿。"队伍到达诸墅庙场之后，小轿子不停地往空中抛，抛得越高，喝彩声越大。当轿子落下来的时候，抬轿子的两个人必须稳稳地接住，否则就要被外村人喝倒彩。抛轿子的小伙子为给村里人争面子，个个竭尽全力。在抛小轿子的同时，大轿子左右摇晃，上下颠簸，配合默契。此刻庙门前尘土飞扬，锣鼓喧天，人声鼎沸，热闹非凡。当轿子抛过三圈，后到的出会队伍中的长者才可与前头队伍的长者商量，请他们让出场地。如获同意，后到的要马上送上一对大蜡烛，然后才能抬着轿子到场上大显身手。各村男女老少看完八个村的抛轿子表演后，在诸墅庙青石猛将前的供桌上点燃香烛，供上纸马，叩过头，才尽兴回村。猛将老爷回村时，有的村里人就落"进堂"馒头，请猛将老爷把财气带进来，仪式与出堂相同。猛将老爷回到村里，先要到原来的会东家去谢堂。谢堂的时候，外面锣鼓，鞭炮齐响，会东请四个身强力壮的小伙子把猛将老爷的轿子抬到堂屋里。小伙子手握轿杆往上举，只要不碰到屋顶，举得越高越好，次数也越多越好。猛将老爷谢堂结束后，为新会东家的男女老少恭迎猛将老爷。新会东把三个老爷从轿子上请下来，双手捧到供桌上，道士和鼓手分别念咒吹打一番，新会东长子把老爷送进佛龛。这时，猛将老爷才过会结束。次日，全村会员聚在新会东家里喝会酒，商量会务、移交会产，供奉猛将老爷的烛台、香炉、碗筷等也同时移交给新会东，会田也由新会东接种，每年供奉猛将老爷的费用就在种植会田的收入中列支，出会时敲坏的锣、遗失的竹片等等一些需要修理和添置的都由会员一起商量妥帖。最后讨论新会员入会问题。新会员要由老会员推荐，经讨论通过，才能入会。新会员的名字添在水牌的末尾。如会员的儿子已经成家立业、有儿有女的，就必须独立作为一户会员。但是长子可以例外，他可以继承父亲的会员资格。

335. 梧巷 Wúxiàng

位于吴中区金庭镇南部、金巷北，为石公村村民委员会所辖自然村。南宋初年，凤福清任用头巡检司巡检，后子孙居此繁衍成族，取"凤栖梧桐"之意而名"梧巷"。

梧巷，1949年5月，梧巷属吴县西山区大夏镇石公村。1950年4月，梧巷属太湖区行政办事处西山区石公乡。1951年6月，太湖区行政办事处撤销，并入吴县。1952年7月，梧巷属苏南人民行政公署太湖办事处西山区。1953年5月，梧巷属震泽县西山区石公乡石公村。1957年3月，梧巷属震泽县石公乡石公村。1958年10月，属震泽县金庭人民公社石公大队。1959年4月，震泽县撤销并入吴县。1963年4月，梧巷属石公人民公社石公大队。1983年7月，梧巷属石公乡石公村。1987年1月，梧巷属西山镇石公村。2001年2月，梧巷属吴中区西山镇石公村。2007年6月，西山镇更名为金庭镇，梧巷属金庭镇石公村。

梧巷

风福清为苏州西山风氏迁山祖。风福清，名韬，字济，号福清，北方望族出身，原籍陕西凤翔，原任北宋汴京马步军副统制。靖康元年（1126），金兵大举犯汴梁，风福清随童贯（一说随梁方平）出城御敌，兵败黎阳渡，被贬到西山任用头巡检司巡检，遂定居于此。据2001年《西山镇志》载："先是包山村落散布，无亭、郭、障、堡。韬则为循湖循崦置成，五里而燧，十里而烽，每一燧发，诸方戍卒即执锋而至。又置战舰十余艘巡湖中，东至松陵，西至梁溪，南至苕上，北至姑苏，昼夜更代。号令森严，隐然一重镇。故靖康、建炎之年，盗贼所在骚动，独震泽附近居民率安堵如平常。""具区绛巾贼起，所至焚掠势张甚，山民惧，咸思远窜。景炎元年三月甲午，济率乡民击贼于长库山而亡。"风福清殉职后，葬于石公山侧。其子孙居于梧巷，繁衍生息，兴盛于明清年间，存世有民国七年《洞庭风氏宗谱》。村内建风家祠堂，至今尚存部分。

梧巷南临太湖，东有渡古坞，往道场岭，与田下接壤。西侧从旸坞经石公之两头翘山坞，穿行于金巷，背靠金巷坞，北进冒泉坞。境内多为东西走向的低矮丘陵，山谷狭突。但土壤肥沃，植被丰厚，仅湖滨有少量平地。农作物以花果、茶叶为主。改革开放后，有少数村民从事太湖渔业捕捞和农家乐旅游服务业。

梧巷村民祖辈原出行一直靠水上交通。1984年修建了自仇巷环山公路通至石公山景点的旅游专线公路经梧巷后，梧巷始通公路。1994年，太湖大桥通车，村民可陆路通达岛外。2014年，环岛公路建成，有公交69路旅游专线、698岛内运行专线在此设梧巷站，公共交通便捷。

336. 漖里 Lǎolǐ

位于吴中区东山镇中部、具区港西，为漖里村村民委员会所辖自然村。曾名绿野桥村，相传明朝时此地绿色遍野，后港上建桥，桥名绿野，村以桥名。又因村址地势低洼，常遭水浸，故称"漖里"。1949年5月，漖里属吴县东山区新漖乡。1950年4月，漖里属太湖区行政办事处东山区新漖乡。1951年6月，太湖区行政办事处撤销，并入吴县。1952年7月，漖里属苏南人民行政公署太湖办事处东山区。1953年5月，漖里属震泽县东山区新漖乡。1957年3月，漖里属震泽县东山镇。1958年9月，属震泽县东山人民公社，旋属洞庭人民公

漖里

社。1959年4月,震泽县撤销并入吴县。1962年,漖里属洞庭人民公社胜利大队。1980年7月,洞庭人民公社改为东山人民公社。1980年11月,胜利大队改称漖里大队。1983年6月,漖里大队改为漖里村,属东山乡。1985年9月,东山撤乡建镇。2003年12月,高田村并入漖里村,漖里隶属未变。

漖里曾以盛产太湖莼菜而著称。莼菜,是江南"水八仙"之一,又称水葵,属睡莲科多年水生宿根草本植物,叶片椭圆形,叶面深绿色,叶背紫色,浮于水面。嫩茎和叶背有胶状透明润滑物质。早在汉晋就被采作食用,西晋张瀚有"莼鲈之思"的故事。漖里北有自然村名绿野井,因村内有清代古井绿野井而得名。

另,临湖镇采莲村村民委员会所属也有"漖里"自然村,位于东山大道(原木东公路)以西、柳湖路以南。

337. 牛桥头 Niúqiáotóu

位于吴中区临湖镇西南部,为牛桥村村民委员会所辖自然村。因村在普福桥(俗名牛桥)旁而得名。普福桥,俗名牛桥,原为青石平顶桥。1934年重建,改成单孔花岗石拱桥,孔径4.2米,南北坡长15.2米,桥面宽2.2米。

另,吴江区横扇街道姚家港村村民委员会所属也有"牛桥头"自然村。

牛桥村

338. 尚锦 Shàngjǐn

位于吴中区东山镇西北部，为莫厘村村民委员会所辖自然村。又名上金村，昔时有金姓人家居住于此，又因依山临湖，风光秀丽似锦绣而以"尚锦"名。清乾隆时属遵礼乡。

尚锦之东有尚锦岭，为莫厘峰北支余脉中的一岭，支脉自北折而向西，分别为丰圻、小长湾、尚锦、吴湾（洪湾）诸岭。

尚锦

尚锦村中有碧螺泉，为矿化泉水。1981年，华东勘察设计院第三地质勘探队在尚锦村钻探，当时钻孔深度40米左右，见有钻孔压力水头高出地面4米多，后采用水泥封孔留小泉眼自流，同时下入井径0.2米的水泥管3.06米，井管高出地面0.72米，自流用于当地居民供水。1995年，江苏省地质环境监测总站认定碧螺泉是一张（扭）性断层引起的上升泉，断层走向北西320°—340°，断层倾向西南，倾角较陡，80°左右，在断层两侧深度60—120米内，石英砂岩受断层影响，裂隙发育为含水段，120米以深岩石较完整。此泉自1981年起十几年自流量稳定，多次测定自流量为0.69吨/时，泉水清淡、爽口，水质优良。当年，在此建矿泉水厂，生产"碧螺泉"矿泉水，曾在2000年中国吴县环太湖世界特技飞行大奖赛上被列为指定用水，后更名为"洞庭山"矿泉水。

339. 沙潭里 Shātánlǐ

位于吴中区香山街道舟山村吕浦桥东，为舟山村原辖自然村。现已动迁，原址在今北塘河南、环太湖大道吕浦港大桥东300米处。有浦氏于此定居。

沙潭里，清时属吴县南宫乡16都18图。民国二十三年（1934），属吴县第三区沙潭乡。1950年3月，属吴县光福区舟山乡。1956年1月，属光福区新生乡永星44高级社。1957年9月，属吴县光福乡永星44高级社。1958年9月，属光福人民公社三大队。1959年，属黄垏大队。1983年7月，属光福乡黄垏村。1985年9月，光福撤乡建镇，沙潭里属光福镇黄渠村。2001年10月，黄渠村并入舟山村，沙潭里属舟山村。2007年4月，舟山

沙潭里过氏家祠

村划归香山街道，沙潭里随属。沙潭里现存有过氏家祠，始建于清同治年间（1862—1874），由迁本地始祖寅节六世孙过世良筹建，20世纪70年代曾用作沙潭小学，2013年由过氏二十九世孙过兴生倡议重修，面积约300平方米。

沙潭里北，有古水道南宫塘流经。南宫塘，因2 500多年前曾经是吴王离宫旁的河道而得名。今南宫塘（水桥东今名香山运河、舟山西又称北塘河），胥江水从东入三防河流进南宫塘，穿过香山腹地一路向西，至水桥头向北流经西支村、舟山村，绕过舟山，经过沙潭里北，至吕浦桥流入太湖。

340. 禾家湾 Héjiāwān

位于吴中区东山镇东部，为渡桥村村民委员会所属自然村。禾家湾原称吴家湾，因吴姓人家居住于此而得名。村民以种植水稻为主，"吴"与"禾"吴语发音相近，后便习惯称之为"禾家湾"。

清雍正年间（1723—1735）禾家湾属蔡仙乡三十都四图。民国年间（1912—1949），先后编入吴县第十七区渡水桥镇、吴县第十二区渡桥镇、东山区渡桥镇所属保甲。中华人民共和国成立初，属金星初级社。1956年，属金星高级社，1958年，属洞庭人民公社六营二连。1961年，更名为金星大队第四、第五、第六生产队。1969年，改为金星大队革命委员会第四、第五、第六革命生产领导小组。1979年3月，改为金星大队第四、第五、第六生产队。1980年12月，更名为西泾大队第四、第五、第六生产队。1983年7月，为西泾村民委员会第四、第五、第六村民小组。2003年12月至今，属渡桥村村民委员会。

禾家湾最著名的产业要数湖羊养殖，在当地已有800多年的历史。同时，村民以善做白煨羊肉著称，也有200多年的历史了。白煨羊肉，又称东山白切羊肉，以无腥臊气、肉色白糯、味肥嫩鲜美的特点，成为东山名优食品之一，既是东山人各类筵席上的时令佳肴，也是东山人馈赠亲友的时令佳品。其取材以禾家湾的纯种湖羊为最佳，也以禾家湾村民的烹调水平为最高，村上许多农户继承祖传的烹饪技法，沿袭数百年。东山有俗话云："禾家湾，尖刀山"，说的就是禾家湾由来已久的杀羊烧肉的习俗。制作白切羊肉，先将东山湖羊去除头尾、四肢、内脏，用文火煨煮半夜，然后将骨剔出，用原汤将肉继续用文火熬煮，黎明时将羊肉取出摊在荷叶上，荷叶的清香随着肉香扑鼻而来，香味四溢。2011年，"东山白切羊肉烹饪技艺"被列入苏州市吴中区非物质文化遗产名录。渡桥村禾家湾湖羊特色产业村，作为"东山白切羊肉烹饪技艺"的代表，成立了东山湖羊产业协会，并以协会为主体申请注册了"东山湖羊"中国地理标志和"禾家湾"商标，进一步坚实了产业保护和发展基础。

禾家湾村内有4口明代古井，四口井间隔100米左右，井圈均为青石，外形呈六角形，内形为圆形，直径70厘米，井口绳印深凹，井水清澈，至今仍能饮用。在禾家湾村口大路旁，有1棵古榆树，树龄达200年，树干高20米，树围粗150厘米，生长茂盛，整棵树冠覆盖达35平方米，成为村内一景。

341. 吴舍 Wúshě

位于吴中区临湖镇西南部，为临湖村村民委员会所属自然村。为旧时渡村地区"九庄十八舍"（参见"附录 九庄十八舍"条，下同）之一，因吴氏聚集成村而得名。

吴舍，1950年4月，属太湖区行政办事处横泾区石舍乡吴舍村。1951年6月，属吴县横泾区石舍乡吴舍村。1953年5月，属震泽县横泾区石舍乡吴舍村。1956年1月，并属横泾区渡村乡吴舍村。1957年3月，属渡村乡吴舍村。1958年10月，属渡村人民公社。1959年4月，并属吴县。1961年，属渡村人民公社东风大队。1980年11月，东风大队改称吴舍大队。1983年7月，属渡村乡吴舍村。1994年2月，渡村乡改镇。2001年2月，属苏州市吴中渡村镇。2004年2月，撤销浦庄镇、渡村镇，合并设立临湖镇，吴舍随属临湖镇。后吴舍村并入临湖村，吴舍随属临湖村。

吴舍村落西边，濒太湖有菱湖嘴，旧与余山（移山，又名徐候山）连接一起。据《太湖备考》《震泽编》《洞庭实录》等记述：清初，菱湖东西九里，南北五里，东、西、南三面沙岸连接。其连接处，菱湖嘴至余山之间相连的田地。

清光绪七年（1881）柳商贤《石塘保田说》中有"菱湖嘴旧与余山相接，兹则相距十余里，皆坍田成湖也"之说。据史载，清康熙二十八年（1689），康熙帝驾幸洞庭东山，船至余山时，吴舍耆士沈仪文率水东百姓于奏请菱湖坍田赔粮事由，称菱湖嘴至余山坍田1 700多亩、额粮180石、额银180两。由此可知，菱湖嘴至余山之间田地遭湖水浸淹冲坍，使菱湖嘴与余山不再相连的最终时间应在此前。

菱湖嘴往东至柳舍村老虎口的太湖边，有一空旷地，名"清明场"，为民国时期清明日民众"打石仗"之处，故名。打石仗，当地称作"笃高峰"。今人胡金楠有《三月三日"笃高峰"》一文云："旧时每年三月初三，吴县西部西太湖沿岸地区，有'笃高峰'的习俗，尤以柳舍、吴舍一带为盛。是日一早，东山、浦庄、横泾等地的乡民从四面八方赶往石舍、陆舍两村（太湖渔民及震泽、湖州等地看热闹的，则于前一日傍晚到达）。上午9时许，'笃高峰'开始。只见乡民们自觉地一分为二，或在打谷场上各占一方，或以小河为界，彼此都把对方视作'敌人'，以砖块、瓦片、碎石为武器，相互掷投，进行激战。参战者'六亲不认'，对方阵中有亲友以至亲爷娘在，亦视同仇敌。其中不乏好出风头的后生，瓦片、砖块飞得呼呼作响，对方躲避不及，被掷得鲜血直流，若站立不动，或忍痛继续战斗，掷者决不手软，会有更多更快的'飞弹'掷来，直至倒地才罢。这时，中弹倒地者，任凭鼻青眼肿或头破血流也不准叫痛，不然会遭到长者的训斥，还会被唾骂一声'没出息'。伤势严重者，则被安排至附近的寺庙内，由和尚医治。如果观战者有被'流弹'击伤的，或自愿参战而负伤的，其'待遇'均等。这样的激战直要进行到太阳当头方罢。当地组织者尽地主之谊，留中饭一顿。'笃高峰'之'笃'，乃掷投之意，'高峰'两字含义今已不可考。但参与或观看过当年'笃高峰'的老人，都能有声有色地描述'笃高峰'时的情景，并道其风俗的由来。"1953年4月5日，时石舍乡人民政府组织武装民兵劝阻吴舍、柳舍群众赴"清明场"打石仗，其后遂被取缔。

菱湖嘴是江苏省第九届园艺博览会苏州园所在地。

342. 柳舍 Liǔshě

位于吴中区临湖镇西南部，为石舍村村民委员会所属自然村。为旧时渡村地区"九庄十八舍"之一，因柳氏聚集成村而得名。柳舍西濒太湖，是由陆家浜、金家堂、马家角、石脚盆、板桥头、张家堂、浜果角、后方堂等小自然村连片形成的一个大的村落群。

柳舍，1950年4月，属太湖区行政办事处横泾区石舍乡柳舍村。1951年6月，属吴县横泾区石舍乡柳舍村。1953年5月，属震泽县横泾区石舍乡柳舍村。1956年，属采莲乡柳舍村。1958年10月，属渡村人民公社。1959年4月，并属吴县。1961年，属渡村人民公社西湖大队。1980年11月，西湖大队改称柳舍大队。1983年7月，属渡村乡柳舍村。1994年2月，渡村乡改镇。2001年2月，属苏州市吴中区渡村镇。2003年12月，柳舍村并入石舍村，柳舍随属石舍村。2004年2月，撤销浦庄镇、渡村镇，合并设立临湖镇，柳舍随属临湖镇。

柳舍村西旧有地名"老虎口"，为旧时村民打石仗避退的分界线（参见341.吴舍），今纳入太湖一级控制区范围内。2016年4月，江苏省第九届园艺博览会在柳舍村南举办。

343. 西陆舍 Xīlùshě

位于吴中区临湖镇西南部、柳舍北，西濒太湖，为陆舍村村民委员会所辖自然村。为旧时渡村地区"九庄十八舍"之一，因陆氏聚集成村且与东陆舍相对，故名。

西陆舍，清时分属吴县吴苑乡九图、十图。民国三十七年（1948），属庄莲镇第8保。1950年4月，属太湖区行政办事处横泾区石舍乡西陆村。1951年6月，属吴县横泾区石舍乡西陆村。1953年5月，属震泽县横泾区石舍乡西陆村。1956年，属采莲乡西陆村。1958年10月，属渡村人民公社。1959年4月，并属吴县。1961年，属渡村人民公社西陆大队。1983年7月，西陆大队改为西陆村，属渡村乡。1993年4月，渡村撤乡建镇。2001年2月，属苏州市吴中区渡村镇。2003年12月，东陆村、西陆村合并为陆舍村，西陆舍随属陆舍村。2004年2月，撤销渡村、浦庄两镇，合并设立临湖镇，西陆舍随属临湖镇。

西陆舍东侧，有"西陆路"经过，路以村名，道路南起园博园路、北至陆舍村南港自然村，全长1 400米，是出入西陆舍的主要通道。

344. 黄家堡 Huángjiābǎo

位于吴中区金庭镇南部，为石公村村民委员会所辖自然村。原名"杭家独"，相传古时此村仅有一户杭姓村民，故名。因宋代黄明善九世孙、明黄鹄迁于此定居而得名"黄家堡"。黄家堡，清雍正十三年（1735），属太湖厅洞庭乡。光绪三十二年（1906），属靖湖厅洞庭乡三十五都。民国十八年（1929），属吴县十九区梧荃乡仇巷村；民国二十三年（1934），属吴县第十三区汇里乡仇巷村；民国三十六年（1947），属吴县西山区消夏乡仇巷村；民国三十七年（1948），属洞庭区大夏镇仇巷村。1949年5月，属吴县西山区大夏镇仇巷村。1950年3月，属吴县西山区明汇乡；4月，属太湖区行政办事处西山区石公乡。1951年6月，太湖区行政办事处撤销，归属吴县。1952年7月，建苏南人民行政公署太湖办事处，西山区归其管辖。1953年3月，太湖办事处改设震泽县，属震泽县西山区石公乡。1956年3月，属石公乡杨巷村，建石丰高级社。1958年10月，属金庭人民公社。1962年6月，属石公人民公社石丰大队。1983年7月，属石公乡石丰村。1987年1月，金庭、石公、堂里3乡合并设立西山镇，黄家堡随属西山镇石丰村。2000年3月，石丰村与明湾村合并设

黄家堡

立明月湾村，黄家堡随属明月湾村。2003年1月，明月湾村并入石公村，黄家堡随属石公村。西山黄氏的迁山始祖为北宋末、南宋初的黄明善，原籍福建邵武，宋徽宗朝时因仕居汴梁，为明经太学博士、著作佐郎。随高宗南渡后，辞官退居。明善先居临安（今杭州），后爱梁溪（今无锡）山水，拟定居但未成，便渡湖定居于西山岛秉常里。明洪武年间，黄明善九世孙黄鸽迁至黄家堡，为黄家堡黄氏支祖。黄鸽（1355—1418），字云二。父黄钧山，为其次子。鸽生而奇异，英姿秀发。束发受书，目数行俱下，弱冠淹通六经，精蕴骚赋，尤工五七言诗，清辞丽句。元末明初，疆域分割，不能就试，便闭门潜修。持身临事以古人为师，孝事父母先意承志，恪守子职。父母有病，躬药唯谨。抚育两弟，友爱无间。家庭财产分割，公平公正，支持家政严肃规范。待人接物不骄不躁，贫富贵贱遇之如一。授北平府宛平县县丞，在任六年，廉明慈惠，爱民如子，以疾告归，老百姓遮道攀留，未成。他致仕归祖父老家秉常里，但旧宅狭隘，析居于仇巷之南村落，久而子孙繁衍聚居成村后人遂名之为黄家堡。其卒于永乐十六年（1418），享年64岁。（见明代徐缙《黄堡支祖云二公家传》）

黄家堡背靠馒头山，面向消夏湾，村旁山地遍植茶、橘、枇杷、杨梅、桂花、银杏等茶果树。清光绪二十六年（1900）乡人刘荣远撰《林屋村歌》，有"黄家堡下桔初香"的诗句。所产"乌梅种"杨梅为一大特色，享誉洞庭山。现辟有"苏州三万昌茶叶基地"，自产、自销"碧螺春"茶叶。2023年，黄家堡被评为江苏省省级绿美村庄。

345. 秦家堡 Qínjiābǎo

位于吴中区金庭镇南端中部，为西蔡村村民委员会所辖自然村，因宋代秦氏家族居此而得名。秦家堡与东蔡、西蔡等村相连，因地处消夏湾腹地，故又统称为"湾里"。

西山秦氏的迁山始祖，为北宋后期婉约派词人秦观（字少游）的五世孙秦宗迈（字益之）。宋光宗绍熙

秦家堡

年间，秦益之游西山，建别墅于消夏湾安仁乡，卒后葬缥缈峰之阳飞仙山麓，其长子秦逊（字君显）守墓并定居于此，遂有"秦家堡"名。其后裔被称为洞庭秦氏，已历时近八百年。益之孙秦仪，字德春，宋理宗淳祐七年中进士，授翰林院编修，适配理宗之女娥明公主，为驸马都尉，卒后亦葬于村后飞仙山。其墓当地人俗称"王坟"，清康熙四十二年（1703）重修立碣，碑刻"故宋翰林驸马都尉元德春秦公、娥眉公主"等字。现存墓地约10亩，墓室封土尚较完整，现为苏州市文物保护单位。

秦家堡内保留了不少明清建筑。其中：90号、91号为李宅，建筑面积244.73平方米，相传为明代许姓知县所造。该宅院原规模较大，现仅存门屋、东小楼与后住楼。门屋为二坡硬山造，面阔三间，进深五檩；明间前檐柱间设将军门，明间后面置砖雕墙门，字刻难以辨认，镂空雕"鲤鱼跳龙门""金雀报喜"图案还清晰可见；后住楼面阔五间带两厢（局部已塌落），副檐做法，构架为圆，为穿斗式。33号、34号为敬吉堂，清代建筑，建筑面积215.92平方米。现存正路楼厅与书楼。楼厅面阔三间，楼下副檐做法；书楼面阔三间，底楼楼下轩形式，二楼构架为内四界前后轩做法。书楼梁轩、窗隔所刻图案、纹样丰富，雕刻精美。书楼墙壁嵌刻"莳芳""捵藻"四字。75号、77号、83号为绥吉堂，清代建筑，建筑面积416.41平方米，现存中路楼厅、东路前后住楼与书楼。楼厅面阔三间，楼下副檐做法；书楼面阔三间，省柱造；前住楼面阔五间带厢，后楼面阔三间带东厢。书楼厅前围墙上有砖雕字牌"直谅多闻"，落款为"李宗晶"。楼底承重、轩梁、窗隔均为满雕，所雕刻的图案、纹饰十分精美。89号为惠吉堂，清代建筑，建筑面积460平方米，现存东、西二路，之间以备弄相通。东路前后有附房、东小楼，东小楼面阔一间。西路自南而北依次有前附房、园堂、住屋、后住楼。园堂面阔三间带东厢西廊，为内四界前重轩后双步形式。园堂前天井墙壁有砖雕"维德之隅"四字，上款"道光丁亥秋七月"，下款为"采三周曾毓"。右则旁为楼宅新居。楼前为承德堂砖雕门楼，模糊可见"燕翼贻谋"四字，上款隐约见"乾隆"两字，下款已磨灭。100号为修吉堂，清代建筑，建筑面积700.77平方米。该堂原规模宏大，现存东、中、西三路，之间以备弄相通。东路有附房；中路前有住屋；西路前后有住屋及附房。中路前住屋面阔三间，内四界后双步形式，后住屋面阔三间，内四界前廊形式。住宅前有砖雕门楼，字牌为"敬者身基"，上款"乾隆甲辰子月"，下款为"严其焜书"。西路前住屋面阔三间带西厢，内四界后廊形式，后住屋面阔三间带东西两厢，附房面阔三间。

74号西侧为芥舟园，亦称秦家花园，是世代行医的秦氏宅第，建于清乾隆年间。园门有乾隆十七年（1752）进士顾光旭所书"芥舟"两字匾额。"芥舟"，取《庄子·逍遥游》"覆杯水于坳堂之上，则芥为之舟"句，意为覆水于地，以草为舟，逍遥自得。今芥舟园占地面积133.3平方米，建筑面积102.33平方米，布局为前园后厅，坐北朝南。南部有黄石假山，显奇峰异洞于咫尺之间，有苍古之态。假山四周配以天竺、枇杷、万年青、罗汉松等花木。其中罗汉松树龄800年，虬枝横空，冠高13米，树干直径超过70厘米。花园之东，埋有小缸，缸口覆盖怪石，成小池一泓。花园西部有石垒琴桌一方，桌前立灵芝状太湖石一块，镌有"洞庭波静明秋水，楚甸林稀见远山"之句。落款为"丙戌夏日朔书"。花园北为书房三间，额题"微云小筑"，单檐硬山造，面阔9.05米，进深8.2米，略呈正方形。屋内采用花篮厅式，没有前金柱，梁架全部承重于雕刻精细而悬空的花篮之上。因书房前半部无柱，故特别敞亮。后金柱一线，用屏门16扇，将书房隔为前明后暗两部分。屏门与落地格扇做法类似，槅心四周镶嵌书画屏条，绦环板上雕刻琴、棋、书、画及博古图案；裙板上浮雕春兰、秋菊、芍药、牡丹、松、竹、梅等以花为主题的画面。房顶采用卷棚轩，施复水弯橼，上再筑草架，盖阴阳相合小瓦屋面。屋前出檐很深，亦用花篮厅式，以伸出于檐柱外扇形抱头梁、穿插枋挑起檐桁。檐口顶部亦用复水弯橼构成轩形式，其上再复草架檐橼、屋面，做工十分地道。前檐部有落地格窗十六扇，槅心饰海棠纹。绦环板上饰以梅、兰、竹、菊等折枝花。裙板上浮雕写意山水，十分精美，远山近水，各尽其态。芥舟园精小雅致，为苏州乾嘉年间小型第宅园林之代表。1986年3月，芥舟园被列为吴县文物保护单位，现为苏州市文物保护单位。2018年7月，芥舟园被列入第四批《苏州园林名录》。

秦家堡世代人才辈出，可考知名者有：宋末元初的秦钦（生卒年不详），字敬之，号野人。元后隐居。故交赵孟頫仕元，以元历日相赠，秦钦以答谢之诗抒怀故国之痛，令赵孟頫羞愧难当，钦时年60余。明末清初的秦嘉铨（生卒年不详），字存古。明诸生。后弃诸生，隐居教授。孝友笃诚，被时人称为君子。曾修护越大夫诸稽郢之墓。好学，喜藏书，工古文辞，曾被誉为诗才在陆龟蒙、司空图之间。清康熙二十八年（1689），与潘耒订忘年交，次年作《三修宗谱序》。与洞庭东山吴时德友善，并称洞庭风雅士，有合集《两山风雅》。著有《尺牍蒙诂》《既耕堂诗集》《既耕堂杂著》等。清末民初的秦敏树（1828—1915），字林屋，改字散之，号稚梅、冬木老人、林屋山人、林屋散叟等。清同治中作幕嘉兴府，历官浙江天目山巡检、库大使、候补县丞。光绪十七年（1891），作《林屋山民送米图》赠暴式昭。画工山水、善篆刻。诗善五律，近晚唐，为俞樾所称赏。著有《散叟倦稿》《小睡足寮诗存》等。近代的秦魁元（1892—1971），号鹤皋，取《诗经》"鹤鸣九皋"句。出身世医之家，为十代世医，居芥舟园。其父纪伯与弟士元、文元，均从医道。魁元为长子，天资聪颖，16岁从父学医，21岁出道，专治伤寒、温病、妇科，人称"秦一帖"，为洞庭山名医。

346. 祥里村 Xiánglǐcūn

位于吴中区木渎镇灵岩山东北麓，为天平村村民委员会原辖自然村，现已动迁，原址大致在今"天平中学"南、竹园路北、灵天路两侧。旧称"上沙"，为灵岩山与天平山之间古村落，清朱彝尊曾作《春暮看花木渎夜过上沙连雨不止信宿还慧庆僧寺左足病蹩自慰二十韵（癸未）》诗。

祥里村，原有水木明瑟园旧址及毕沅墓。水木明瑟园，初为明末吴江高士徐白（字介白）园居，本名"浐上书屋"，浐者，《尔雅》释为"沙出"，意谓水边积沙，渐成平地，即沙滩、沙渚，与"上沙"意合。至清康熙年间为郡人陆穜别业。陆穜增拓之后，益为胜地。康熙四十三年（1704），嘉兴朱彝尊（号竹垞）被邀做客，为作《水木明瑟园赋》，序云："爱其水木明瑟，取以名园"，即改称"水木明瑟园"。清初，苏州人何焯有《题浐上书屋》记园景，并请当时著名画家王石谷绘图。此园灵岩山寺前，天平倚后，平田缭左，溪流带右。其中老屋数楹，规制朴野，广庭盈亩，植以丛桂，名为"浐上"。书堂之后庭，有皂荚树一株，高耸云霄，曲干横枝，连青接黛，下有蔀屋，令人偃憩忘返。入园，一路阑干连接，自园门东折而北，再折而东，左连广池，右近桂屏，接木连架，旁植木香、蔷薇诸卉，引蔓覆盖其上，花时观赏，灿若错绣。"坦坦猗"，石梁，在介白亭之前，广八尺，长倍之，平坦可以置酒，追凉坐月，致为佳胜。介白亭三面临水，轩爽绝伦。左则修竹万竿，俨然屏障；前有海棠一本，映若疏帘；旁有古梅，蚴蟉屈曲，最供抚玩。升月轩临水面东，月从隔岸修篁间黉缘而上，故以名轩。听雨楼桐响松鸣，时时闻雨，霜枯木落，往往见山。帷林草堂三间，北望茶坞山，可见侧面。其前嘉木列待，若帷若幕，中有古桐一株，横卧池上，霜皮香骨，尤为奇绝。庭后种植草药,夏日繁茂,秋日开花,先后不绝于目。暖翠浮岚阁,在帷林之后偏右,叠石为山,构楹为阁,四山嵲嵲,环列如屏障,烟云蓊郁,晨夕万状。冰荷壑乃帷林之前广池,两岸梅木交映,水光沉碧,临流孤坐,寒沁心脾。桐桂山房,丛桂交其前,孤桐峙其后,焚香把卷,秋夏为佳。"益者三友之蹊",名取《论语》"益者三友,损者三友……友直、友谅、友多闻,益矣"之意,细筱蒙密,桐桂交错,中有微径,沿流诘曲。小波塘为介白亭后一方池,细浪文漪,涵青漾碧,游鳞翔羽,自相映带。挺箸冈枕池之东,土冈蜿蜒,其上修篁林立,新生竹笋,可供美食,亦幽居乐事。"木负蓉淑",在土冈之下,池岸相延,暑退凉生,芙蓉散开,折芳搴秀,宛若图画。鱼幢池深广处立一石柱,有游鱼绕行。"蛰窝"陋室北向,宫如深冬,庭有古梅。饭牛宫东皋之涘,翠羽黄云,草亭低覆,过者以为牛棚。东沂桥横跨流水,前后澄潭映空,月夜沦涟泛滟,人行桥上,如浴于清凉世界之中。砚北村修竹之内,茅舍数间,外接平畴,远非城市可比。后此园为毕秋帆尚书营兆地,嘉庆末年,园荒芜。至1970年,毕沅、汪德夫妇合墓出土有清朝嵌碧霞金凤冠、翡翠朝珠、嵌宝石花插、连瓣髻、王冠等;还有随葬的三孔古玉刀、唐海兽葡萄、铜镜、玉斧、玉熊、玉扳指等。

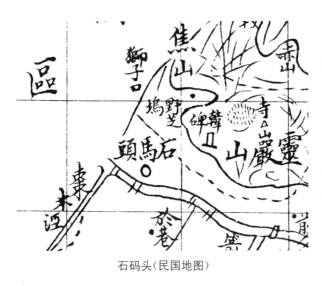

石码头(民国地图)

347. 西嶀村 Xīwòcūn

位于吴中区木渎镇西部,在今穹灵路南、吾丰花园东、石码头集镇西北位置上,东距灵岩山山脚约400米,为五峰村村民委员会所辖自然村。北宋《广韵》载:"嶀,一虢切。陂名,又村名。在吴王旧城侧也"。清顾震涛《吴门表隐》曰:"嶀村在灵岩山西……汉高获寓居卒于此。石城人思之,共为立祠。本名获村,后讹为嶀,挖石琢砚,文有金星,不减歙端,有青黄两种。"高获(古作"獲"),为东汉光武帝时代隐士。[乾隆]《苏州府志》卷六十七"高获"条亦曰:"今郡西南有灵岩山,一名砚石山……今山下地名嶀村,出砚材。疑嶀村本作获村,因获居此得名,后讹为嶀耳"。如此,嶀村得名当有两千年的历史了。至清代,随着当地经济发展、人口增加,方志始记有东嶀村地名,嶀村遂有东、西之别。

西嶀村,今当地习称为"嶀村"。因乡人读"嶀"与吴语"挖"音近,当地人又以开山挖砚石坯为生,便把"嶀村"俗读成了"挖村"。1950年3月,西嶀村属吴县木渎区焦山乡。1954年9月,属苏州市木渎区焦山乡。1956年1月,西嶀村随焦山乡并入藏书乡。1958年8月,西嶀村随藏书乡划归吴县;同年9月,属藏书人民公社向前大队。1980年11月,向前大队改称五峰大队。1983年7月,属藏书乡五峰村。1993年6月,藏书撤乡建镇,西嶀村仍属五峰村。2004年2月,西嶀村随藏书镇并入胥口镇,五峰村一度改为藏东村。2006年9月,西嶀村随藏中村划归木渎镇,藏东村复名五峰村。

清代所记东嶀村,今已不知其所。有人认为即今石码头,其位在今西嶀村东南,当也可信。石码头,原作"石马头",始见于清道光年间,《吴门表隐》、[道光]《光福志》皆有记载。据[同治]《苏州府志》卷廿九记载,东嶀村、石马头同列吴县十四都十二图,说明清末东嶀村、石马头两村虽近,但仍各有其地。至民国,随着"石码头"集镇的兴起,便逐渐将东嶀村地名覆盖掉,并因时日久远而为今人所淡忘。民国时,石码头集镇上有"楚湘馆""方同裕""成德""万隆"等面饭店及肉店、杂货店、理发店等十多家,茶馆四家

（有的兼营书场和赌场），石作、石铺三十多家，街道、路边及河道两边的石头常年堆积如山，河内运载石头的船只云集，大批的农民成为装运石头的码头工人。民国二十一年（1932），在石码头设"焦山镇"，隶属善人桥区。1937年，日寇入侵苏州，为砌筑防御工事，强行抢去码头石料达二百余船之多。之后，因石头销路不畅，采石业日渐萧条，石码头原有繁荣景象顿失，街上店肆业主纷纷另谋他业，集镇随之破落。

历史上，嶷村以雕凿名砚——嶷村砚而驰名。嶷村砚，可与端、歙并列。《越绝书》云：吴人于砚石山作馆娃宫……山下有石可为砚，其色深紫，佳者殆不减歙、溪。"宋朱长文《吴郡图经续记》卷中"研石山（今灵岩山）……山相连属有嶷村，其山出石可以为研"。宋米芾《砚史》云："嶷村砚理粗，发墨不糁"。南宋周必大在《吴郡诸山记》中言："丁丑，复还灵岩，初过王知县坟庵，次度贺家岭，又数里登灵岩后岭，下视砠村，乃凿石为器之所，地本土山，掘之即石云。"明洪武《苏州府志》载："嶷村石可为砚，佳者殆不减歙溪所产。"明嘉靖《吴邑志》列于"胥台乡石城里""第十三都、第十四都"有地名"嶷村"，又有"嶷村砚"条："出邑西二十里砚石山，其下嶷村，石可为砚，其色深紫，发墨宜笔，佳者殆不减歙溪所产。"清汪琬《石坞山房记》云："吴中石之美者，如太湖、嶷村之属，最著以尧峰文石为甲。"清王汝玉有《香溪杂咏》诗，其一曰："砚山当日四诗人，老辈应推沈石均。一集长吟真学社，嶷村才笔更超伦。"

嶷村砚虽好，但砚石的价格并不太昂贵。宋张邦基在《墨庄漫录》卷七云："其砚如吴郡嶷村石之得，一枚不过百钱"。明代木渎人冯翼曾至嶷村拜访何氏，言其家"有广庭，庭有老梅，花盛开，周墙俱斑剥研石"，冯翼很惊异，主人说："此何足贵，旧有金沙塔砖，规制甚古，可作砚，并为人取去。"冯翼问金沙塔何在？主人说："在琴台下稍西。"再问塔砖今可得乎？主人说："尽矣，依稀仅存废址。"

清代布衣诗人黄子云曾居嶷村。据清同治《苏州府志》载："黄子云，字士龙，号野鸿，信义镇人，居吴县嶷村。幼即工诗，稍长，游辇下，尝偕编修徐葆光使琉球。足迹所经，南北万里，得风云山水之助，气益壮，诗益豪，一时名动公卿，有欲以鸿博荐者坚谢之。"清袁枚《随园诗话》载："苏州黄子云，号野鸿，布衣能诗。有某中丞聆其名，求见不可，题一联云：'空谷衣冠非易觏，野人门巷不轻开。'"又载："子云于城外构一草屋，客至，则具鸡黍，夜留榻焉。父子终夜读书，客叹其好学，曰：'非也。我父子只有一被，撤以供客，夜无以为寝，故且读书耳。'"

嶷村村西原有汲云庵，始建于明洪武初年，今已无存。

348. 嵩下 Sōngxià

位于吴中区东山镇西部，东滨太湖，为陆巷村村民委员会所辖自然村。因紧依嵩山西麓，又在嵩峰下，故得此名。旧称"前巷"，北宋时由"南叶"裔孙建村，元末起为莫厘王氏北宅王惟善裔孙聚居地。

嵩下，明嘉靖《吴邑志》列于"遵礼乡守义里"中"第二十六都、第二十七都"。清乾隆时属吴县震泽乡。民国时曾为集镇，村中尚存"吴县嵩下镇28图5"的门牌号。1950年，隶属沿革。

在嵩下梁家濑，原有"高真堂"，宋时建，元季兵毁，明成化二年（1466）金陵道士吴松山拓建。王鏊《高真堂记》载："东洞庭之阴，有峰端正娟秀，曰嵩夏。嵩之麓，呀然下饮太湖，如鸟之张喙，曰梁家濑，前为太湖，其襟抱亏疏，浪石斗啮，自宋时则有高真堂以镇其冲。元季兵毁，光怪时见，行者相戒，莫敢出于其途。成化间，里人上其事于县，作祠肖玄武像以镇之，于是光怪灭息，人和岁丰。"崇祯二年（1629），道士顾其愚募修。清康熙间，有道士岐园者另建于湖沙里，叶燮为撰《洞庭东山灵应宫高真堂碑记》，称其

嵩下

"乃于东山之南麓筑道家之宫，其功力甚巨，且备而不尽其所有事，于其傍筑室曰高真之堂，以为栖止隐息之所"。

嵩下村内现保存有三祝堂、裕德堂、鸣和堂、谦和堂等明清古建筑，均属苏州市吴中区控制性保护建筑。其中，三祝堂，为明代建筑，建筑面积208.2平方米，为莫厘王氏祖传宅第，保存有门厅、照壁、住楼与附房等单体建筑。库门右西侧照壁不大，保存完整，檐下有12个青砖斗拱，下方为3方精致的菱形砖雕，中为笔锭胜浮雕，左右两侧是两枝砖雕灵芝；住楼坐北面南，四坡歇山落翼做法，面阔五间，进深六界带前后厢；前檐柱下设提灯式青石柱础，前后步柱下设扁圆形木鼓墩；二楼构架为内四界前后单步形式，抬梁式，山尖施山雾云，脊檩两侧设抱梁云；四坡歇山形式的明代民居建筑，在现存古建筑中已不多见。裕德堂，建于明代晚期，建筑面积251.9平方米，亦为莫厘王氏祖传宅第。住屋一幢，体积较大，面阔五间带两厢，进深九檩，达21.95米；大梁扁作，抬梁式，构架为内四界前廊后轩形式；明间脊檩施描金锭与彩绘，保存完好；明间前后步柱下均设扁鼓形木柱础，极具明代特色。鸣和堂，为明代建筑，建筑面积160.7平方米，亦为莫厘王氏祖传宅第。住楼一幢，坐北朝南，大门东向；二坡硬山造，面阔四间带两厢，通进深12.9米；屋架大梁扁作，抬梁式，边贴穿斗式；楼前步柱通顶，底楼前檐柱下设八角形青石柱础，上置坐斗承檐檩；前后步柱下设扁鼓形木柱础。楼前山墙高耸，青石库门正面镌笔锭胜浮雕图案。楼厅落地长窗上雕有精致木雕裙板，中间为福禄寿三星肖像，左右分别为梅兰竹菊和四季花果图案；住宅后保存有一座高大、宏伟的清水砖雕门楼，上下三层，中间字牌镌刻"竹苞松茂"四字，所雕的人物、花卉精细，立体感强，属明代砖雕精品。谦和堂，为清代建筑，有住楼一幢，建筑面积95.1平方米，保存基本完好。王姓始建，20世纪70年代售与严姓。住楼面阔三间，进深九檩；檐、步柱下设圆形花岗石柱础；二楼构架为内四界后双步结构；大梁圆作，抬梁式，穿斗式构架。

349. 黄墅村 Huángshùcūn

位于吴中区临湖镇西南、腾飞路南侧，西邻太湖，为临湖村村民委员会所辖自然村。因昔日有黄姓居此而得名。又名篁墅，因其地多竹，故名。

黄墅村

黄墅村，1950年4月，属太湖区行政办事处横泾区石舍乡吴舍村。1951年6月，属吴县横泾区石舍乡吴舍村。1953年5月，属震泽县横泾区石舍乡吴舍村。1956年1月，并属横泾区渡村乡吴舍村。1957年3月，属渡村乡吴舍村。1958年10月，属渡村人民公社。1959年4月，并属吴县。1961年，属渡村人民公社东风大队。1980年11月，东风大队改称吴舍大队。1983年7月，属渡村乡吴舍村。1994年2月，渡村乡改镇。2001年2月，属苏州市吴中区渡村镇。2004年2月，撤销浦庄镇、渡村镇，合并设立临湖镇，黄墅村随属临湖镇。后吴舍村并入临湖村，黄墅村随属临湖村。

黄墅村东有里党桥，相传建于明末清初，为单孔青石拱桥，孔径5米，东西坡长10米，桥面2.1米。

350. 纪革 Jìgé

位于吴中区东山镇西部，为陆巷村村民委员会所辖自然村。纪革自然村东南为陆巷古村，西北为白沙，东接虾蟆岭，北临太湖，因村西有纪革港而得名。纪革港，形成于明代中期，河道呈南北走向，南起纪革村中，北流入太湖，全长150米，宽6米。环山公路在纪革港入太湖处筑有外婆桥，桥外有长约70米的石堤，可以一览无余地欣赏落日余晖下的太湖美景，近来成为吴中区落日打卡地之一。

化龙池旧貌

纪革，以茶果种植为主。其中，所产白沙枇杷最为著名，清初尤侗《咏枇杷》有"摘得东山纪革头，金丸满案玉膏流。"的名句。村内有一棵700余年的古银杏树，列为吴中区古树名木保护名录，编号为"吴中170"。纪革亦为东山石榴主要产地，中国科学院南京中山植物园1960年编著的《太湖洞庭山的果树》载："1955年洞庭山石榴面积约800亩，年产4740担，东山最多，75%以上产于陆巷村的白沙、纪革一带。"

纪革村内，现存有芝庭、王氏支祠、化龙池、清沙岭猛将堂等古迹。其中，芝庭，为明代隐士叶明哲筑，大学士王鏊为之书"芝庭"园额，祝允明作《芝庭记》，记曰："叶君明哲之新居在太湖东之纪革，始迁而芝产焉。因自称'芝庭主人'，吾师天官守溪先生为署二大字，他日就仆问记。祯妖之谈，古今歧焉。或曰犹影响，或曰阔疏，至折诸圣言，则如《礼》之云'四灵'，《春秋》之书'螽螟'，居可知矣。予衡观其间，不可决谓天之有意无意在也。一气流转，或为人，或为物，其粹精者植，出而芝动，出而才秀，非无种也，种于太和焉矣。其间有人物相为征应者，亦自不同。有人未至而物先见者，有人既孕而物斯从者，有人与物适相值焉者，由君子言，则可喜也，亦可惧也。昔之名卿喜佳子孙之出其门，如芝之生其庭，高贤固然，而今吾得之，是可喜也。然而佳气吾集，能无逴导承凝之方欤？必人与物偕，而后不为吾芝辱，可符谢公。言少当苍苍，意是可惧也。今叶君于是，则信然矣。其人恂然，恭冲然，和蔼然，才且淑也而嗣者泳游頠波，英藻粲发，可以袭桂馨，夺杏艳，是封胡羯末徒也，则知而无事乎惧，一于喜者也。既以为君庆，且以仵焉，而永之以歌诗，其词曰：'烨神葳兮翘吾庭，粲吾嗣兮协厥灵。友黄绮兮采岩坰，粲者起兮甘泉九茎，芝兮芝兮绵修龄。'"遗址碑石尚存。化龙池，又名化龙泉，位于陆巷沙岭东侧王鏊祖茔之后，源于白沙岭南、荷盘顶西侧山涧，东山古代十大名泉之一，每至春秋雨季，山泉飞下，状似瀑布，至今仍为村民用于旱季果树灌溉。清金友理《太湖备考》载："泉水自半山石穴中出，清溪潺潺，奔流入湖。登高远视，宛如银龙从谷中解脱，奔下山下，甚为壮观。"清陆燕喆有《化龙池》诗："瀑泉惟嵩岭，胜甲五湖峰。乱石穿云线，清池坠玉龙。流侵浣女石，润入挂衣松。桥上何时坐，须迟雨后踪。"

　　村内还有一口"纪革井"，为清代早期古井。六角形青石井栏，虽已有破损但不失古朴。井深8米，井水清冽，从不干涸，历史上即使在大旱之年，仍可供全村人汲取生活用水。

351. 涧桥 Jiànqiáo

　　位于吴中区东山镇中南部，亦称涧桥头，为碧螺村村民委员会所辖自然村。因村中溪涧上筑有石桥，呼为涧桥，村即此得名。

　　涧桥头，东、东南靠莳山，北为杨家路自然村，西为下大坟自然村，南为水门头自然村。涧桥之溪，源于碧螺峰下西坞，涧水顺坞而下，形成一条较为宽阔的溪涧（最宽处达10米），经涧桥、直下东南流入具区港，全长约1 300米。今涧桥南、旧环山公路上另筑公路桥，称新涧桥。

　　涧桥头东南的莳山，亦称龙头山，因明代万历年间在山上兴造石龙头后始称，被称为"太湖龙珠"。据当代《东山镇志》载："龙头山在东山南部，西近涧桥，是东山一支余脉伸向滨湖突起的高地，海拔30米。

涧桥

周围为沼泽，以后淤涨与陆地相连，濒于具区港边。"茕山上有茕山寺，建于明代嘉靖年间（1522—1566），始称真武行宫，后称茕山寺（或茕山禅院），亦称北极行宫。20世纪60、70年代，茕山寺佛像全毁，寺内文物古迹大部分遭受破坏，唯明清建筑后殿、星宿殿等15间屋宇得以保存。1986年3月，被列为吴县文物保护单位。20世纪90年代初，后殿内重塑三世如来、观音、弥陀及十八罗汉像等。2000年，重修星宿殿、恢复六十星宿像，重建蛇王殿，修筑了长约百米的寺前通道。现为苏州市文物保护单位。茕山寺旁有路文振公祠，祭祀明末遗臣路振飞。路振飞，明末右都御史，葬母东山时，值湖寇犯境，率众御寇有功，故其逝后，东山人在茕山寺旁建祠以祀之。清同治七年（1868），祠内建诉月楼一座，楼名取自路振飞游太湖时所作诗句"中藏万顷愁，欲诉湖心月"之意。现祠内存碑5块：《明路文振公传》《路文振公简史》《清道光十七年重修茕山寺路文振公祠记》《清光绪五年路文振公墓道记》《修路文振公墓》等。

352. 下鲤山 Xiàlǐshān

位于吴中区香山街道西北部、吕浦桥北，西滨太湖，为舟山村村民委员会所辖自然村。其北有吕氏定居，原称吕山村，因"吕""鲤"吴语音近，今作"鲤山村"。鲤山村又以方位分为上鲤山、中鲤山、下鲤山3个小自然村。

下鲤山，1950年3月，属吴县光福区舟山乡。1956年1月，属光福区新生乡永星43高级社。1957年9月，属吴县光福乡永星43高级社。1958年9月，属光福人民公社四大队。1959年，属光福人民公社桑园大队。1983年7月，属光福乡桑园村。1985年9月，光福撤乡建镇，下鲤山属光福镇桑园村。2001年10月，桑园村并入舟山村，下鲤山随属舟山村。2007年4月，舟山村划归香山街道，下鲤山随属。

吕浦桥，坐落于舟山村下鲤山与沙潭里间南宫塘（今又名北塘河）西口，以两村原居村民吕、浦两族姓合称"吕浦桥"，古为香山地区出入太湖之门户。桥始建于明代，现桥重建于清同治十二年（1873）。桥为花岗石质单孔拱桥，全长22.96米，拱券纵联分节并列砌筑。桥面长2.4米，宽2.95米，跨径为7.55米，矢高

吕浦桥

4.45米。南桥堍长10.2米，宽3.8米；北桥堍长3.9米，宽2.95米。该桥为南宫塘水面上所存石拱桥中最高耸的一座，拱券中央龙门石上刻双龙戏珠图案。桥柱及桥栏上饰有水浪纹线刻。桥东侧镌楷书阳文楹联："十里波光迎画鹢，四角山色锁长虹。"西侧镌楷书阳文"同治十二年善济堂募捐重建"字样。

353. 大姚 Dàyáo

位于吴中区甪直镇西部、澄湖西岸，为澄墩村村民委员会所辖自然村。清乾隆《元和县志》载："镬底潭，一名蛟龙潭，一名车坊漾。其北口为高家店，过江田村东南为大姚，出口为陈湖，西折为摇城湖。"据地方志记载："陈湖，相传本邑聚所陷"。东汉袁康《越绝书》有"摇城者，吴王子居焉，后越王摇居之"的记载。明隆庆《长洲县志》载："摇城者，吴王子居焉。后越摇王居之，稻田三百顷，在邑东。肥饶水绝。"1974年春，时车坊公社在澄湖西岸围湖造田，在湖西部筑起三道大堤，湖水抽干后，在湖底发现大批古井。南京博物院、吴县文化馆即进行抢救性发掘，同年4月至6月，历时三个月，发掘古井150余口，出土、征集新石器时代至宋代的各类文物1 200多件，可分为崧泽、早期良渚、典型良渚、马桥文化、西周以及汉至宋各个时期的遗存。首次发现的动物形刻花罐、鳖形壶造型生动，漆器、彩绘及刻有符号的陶器图文精致，闪耀着远古文明的火花。大量崧泽期古井的发现，说明当时人们已熟练掌握掘井技术。良渚文化的陶器胎薄而匀称，大小成套，反映当时制陶已向专业化发展。摇城遗址的考古发现，为研究太湖流域古代文化面貌与河湖变迁的历史，提供了丰富的实物史料。据调查分析，澄湖大堤外还有很多古井在湖底，大姚村可能是摇城遗址的中心。

宋代书画家米芾曾游历、寓居苏州，并嫁女于大姚，称大姚"为江中一岛，水雾兼葭"。清卞永誉《式古堂书画汇考》所收米芾之子米友仁的《米元晖大姚村图并题卷》，其题曰："广文当日官虽冷，可奈才名振世何。他日君家须炙手，而今聊复雀堪罗。老年尚喜管城子，更爱好山江上青。武林秋高晓欲雨，正若此画云冥冥。三茅别有洞中天，我欲山居屏世缘。累行积功多蜕举，玉宸欣有地行仙。绍兴戊午季春十一日，书

大姚

于大姚五湖田舍元晖。"元代倪瓒友人王云浦所题跋语，言："大姚去姑苏城东南三十里，临诸江湖，江则吴淞江、姚城江、白蚬江、小龙江；湖则有陈湖、叶宅湖、车坊漾、独墅淹是也。大姚地可百亩，浮诸水之间，有小山高不满数丈，上有古刹，依山之巅，曰文殊院。正殿有文殊坐狮子像，甚奇古。周围有深渠数匝，乃诵经行道之迹也。唐宋名公留题甚多，皆刻诸石，以置于壁间。米南宫弟兄尝居于其地，旧址犹可考。予别业数椽在笠泽姚城江之北，与大姚隔小龙江相望咫尺，时复往来焉。至正甲申，予在燕京，忽得此卷，因拾以归吴。丙申，予避地入闽，丁酉归，家业一空，而此卷仅存。戊申中，吴复兵燹，予亦流离濠梁。己酉，复归田里，故居焚荡，荒榛瓦砾，不堪举目，又复得此卷于野人家。事物之遇，岂偶然哉！辛亥秋七月暇日，展卷太息，因识于后，以记岁月云耳。云浦道人"。米友仁（1074—1153），为米芾长子，字元晖，小名寅哥、鳌儿，黄庭坚戏称他为"虎儿"，是南宋著名的书画家、收藏家、鉴赏家，官至兵部侍郎、敷文阁直学士。因其妹嫁在大姚村，经常来大姚陈家做客，并在此创作了《大姚村图》《姚山秋霁图》《云山图》等作品。明代书画家沈周曾收藏米友仁的诗书作品《寓大姚村所书三诗》，因与大姚村的陈璚交情笃厚，将此书卷作品赠予陈璚。大姚有陈氏家族世居于此。陈璚（1440—1506），字玉汝，明成化戊戌科进士，选庶吉士，历兵科给事中、大理寺少卿、南京都察院左副都御史等职。与李东阳、沈周、吴宽、王鏊等交游。著有《成斋集》。陈璚文才出众、为官有方，还因平荡寇乱得到明帝嘉奖。陈璚之弟陈珪，字东湖，成化年间承事郎。陈珪之子陈弋，字以鼎，号附庵，嘉靖己丑科罗洪先榜进士，贡授福宁州同知，卒于任上。陈道复（1483—1544），初名陈淳，字道复，后以字行，别号白阳山人。陈道复是陈璚之孙，明代著名书画家，吴门画派的杰出代表。《吴郡甫里人物考》载其："长洲儒学生，少从文徵明游，能文词，善书画，自成一家，尤工写生，淋漓疏爽，不落蹊径……所居曰五湖田舍，艺花种鱼，极幽栖之胜……"陈道复的父亲陈钥（1464—1516），字以可，号韦斋，与文徵明结交，往来频繁。陈道复与徐渭的花鸟画并称"青藤白阳"，其书法与祝允明、文徵明、王雅宜合称"吴中四名家"，代表作有《杜诗卷》《武林帖》《花卉卷》《山茶水仙图轴》《秋葵轴》等。其多幅作品作现收藏于南京博物院、北京故宫博物院和台北故宫博物院等。陈道复之子陈允坚，字贞甫，自号毅端，以学行为乡里所推，明万历乙未科进士，曾任浙江诸暨、崇德二县县令，期满后升为吏部主事，不久病故。陈允坚子陈仁锡（1581—1636），字明卿，号芝台，从小笃志好学，博览经史。十九岁乡试中举，后考取天启壬戌科文震孟榜一甲第三名（探花），授翰林院编修，不久任经筵日讲官，掌典诰敕。父子进士，门庭显耀。陈仁锡秉性耿直，为人正派，因触犯权宦魏忠贤，削籍归。崇祯初起原官，署国子司业，预修神光二朝实录。后担任南京国子监祭酒，接受任命不久，因病去世，后赠詹事，谥文庄。著有《义经易简录》《周礼句解》《四书语录备考》《六经图考》等诗文集千余卷。陈仁锡博学多才，为人清正，还乐善好施，在世时曾捐出多年积攒的奉银六百余两、郭田三顷，设立赡族义庄，交由叔叔陈允昌管理，资助族中贫困好学者。他还修葺先祖陈璚的牌坊，另置买义庄一所，世为公产，帮助族人。陈仁锡的高风亮节，为人称颂。去世后，著名学者、抗清名臣、官至武英殿大学士的黄道周，为其撰写墓志铭。陈道复又有二子陈枚、陈栝，一善书，一工画，颇有造诣。陈璚从孙陈椿，字子年，为嘉靖乙未科进士，历官刑部郎中，擢湖北荆州知府。陈椿之父陈濡，字希原，号西江，封刑部主事。陈璚曾孙陈楠，字让甫，号九泾，"以曾祖璚除寇功，荫锦衣卫百户"。在陈楠兄弟之间，陈桂为国学生，陈柱为山水花鸟画家，陈子贤为太医院医士，陈子茂官至都司都事。又有陈载锡，为陈仁锡的堂兄弟，字三卿，长洲儒学生，为人诚朴，有《云间草堂诗》。陈载锡抚养侄儿陈景琇，饮食教诲，视如己出。陈景琇考中清康熙乙丑科进士，授山东德平县知县，著有《斗溪诗稿》。陈仁锡孙陈睿思，字匡九，长洲儒学生，力学能文，康熙壬午科举人，官安徽宣城教谕。大姚村陈氏一脉，明清出了六位进士，从事文艺或入朝为官者，更是多不胜数，另可考者有陈扶，字子茂，浙江都司都事；陈津，字通道，兵部郎中；陈健，字以严，兵部员外郎、奉直大夫；陈可琴，能诗，精音律，自号东洲子，有《幽居小草》。大姚村原有陈璚的进士府和陈仁锡的探花府，今已无存。

又有大觉寺遗址。大觉寺，梁天监年间僧道邦始建。清初，村人徐令仪遵父徐旦遗命，变产重修。明吴宽有《过大姚陈汝玉宅饮散宿大觉寺追和赵与哲韵》诗："月出平湖积水空，上方仙梵隐花宫。似闻檐葡林间雨，总是芙蓉浦外风。有客题诗先我到，向僧分榻几人同。敲门自怪来何暮，投辖传杯恼孟公。"明许自昌有《晚登大姚山寺》诗："落日停舟湖上村，人家烟火近黄昏。千章古木通僧院，一曲清溪绕寺门。草出断碑埋尚见，波浸荒渚吐还吞。相携喜有忘机侣，坐对明霞尽一樽。"

354. 北雪泾 Běixuějīng

位于相城区渭塘镇北部，为凤凰泾村村民委员会原辖自然集镇。现已动迁消亡，原址大致在今湘渭公路南、北雪泾河北岸，与北雪泾寺隔河相望，因东、南滨北雪泾河而得名。北雪泾在清后期形成集市，属长洲县儒教乡东十三都一图、四图和金鹅乡下十四都上下二图。民国元年（1912），属吴县南北桥市凤凰泾乡；民国二十年（1931），属吴县第八区雪泾乡，为乡公所驻地；民国三十七年（1948），属吴县黄埭区雪渭乡第六保。1949年5月，分属吴县阳澄区雪渭乡塘南、北雪村。1950年3月，分属吴县阳澄区新雪乡塘南、北雪村。1953年，塘南为明星初级社、北雪为新华初级社。1956年，新华初级社升曙光48高级社、明星初级社升为曙光49高级社。1957年3月，新雪乡并入渭塘乡，北雪泾随属。1958年9月，并属渭塘人民公社第九营。1959年7月，属渭塘人民公社雪泾大队。1983年7月，属渭塘乡雪泾村。1983年7月，属渭塘镇雪泾村。2003年，场角、雪泾两村并入凤凰泾村，北雪泾随属凤凰泾村。

北雪泾集镇，原有市街长80多米，有南北货店、中药铺、中医门诊所、肉店、理发店、茶馆店和黑白铁

北雪泾

匠坊共10家。1951年起，店铺陆续关停。1958年后，市街上已无店铺。 20世纪60年代末，渭塘合作商业在此开设了一爿双代店（即代购代销店，是旧时基层供销合作社经营网点的组成部分），主要代销日常生产、生活商品；代购农副产品和废旧物资。随着渭塘镇的整体规划和开发建设，原来的北雪泾集镇区，今已全部动迁拆除，剩下跨北雪泾河的一座万安桥、街东的一座北雪泾寺、寺东的一条北雪泾路，还在续写北雪泾的悠远历史。

北雪泾东有北雪泾寺，古称城隍庙，始建于明洪武二年（1369），为纪念唐代张巡而建。洪武三年（1370）正月，重新钦定和分配各地城隍的封号和庙址。为纪念张巡在"安史之乱"的英勇，封张巡为江南苏州府北雪泾城隍，受百姓香火供奉。朱元璋曾亲笔御赐一块双龙戏珠金匾"敕封江南苏州府城隍司张巡加封英济王兼理水火二部"（此匾在20世纪六七十年代被毁）。民国三十二年（1943）修缮。1999年11月重建，2000年底建成，为西山包山寺下院。2007年，更名为北雪泾寺。今北雪泾寺，坐北朝南，西为河，北为湘渭路。寺院中轴线依次为山门、天王殿、大雄宝殿。山门上砖额"北雪泾寺"四字，为常熟当代书家张浩元手书。进山门，过院子为天王殿，面阔3间，60平方米殿门上方有"天王殿"3字，两边联为："北雪净土，仰天恩浩荡，共沐日霖，万里东风春之霭；姚村福地，承国运昌盛，喜逢今世，四海升平德泽长。"在东外墙上竖有"清同治七年三月廿八日所立告示碑"一块，读此碑知此地为城隍庙所在地"下十四都二十四图姚家村"。殿两边有"吉祥""如意"圆洞门可进入到大雄宝殿。出天王殿，东侧有一钟亭，飞檐翘角，为"太平钟亭"，太平者，寓意太平盛世。亭中挂有铜钟一口，亭周围放有桌椅，供信众休息。大雄宝殿前有一鼎，高3.8米，绕过鼎为大雄宝殿前露台，大殿面阔5间，共220平方米，殿门上方悬挂"大雄宝殿"匾。大雄宝殿东为观音殿，面阔3间，共80平方米，殿内两侧有抱柱楹联，为沙曼翁先生楷书手迹，其联云："莲座护祥云，百福屏开，佛门九天迎瑞霭；禅林施法雨，曼霞景丽，人间万象入春台。"西为地藏殿，面阔3间，建筑面积共80平方米。地藏殿北面为城隍殿。

原北雪泾街南、南北跨北雪泾河有万安桥，此桥为明代洪武二年（1369）建城隍庙时始建，当时为木桥，经历代修建，由上海胡姓钱庄商人捐助银洋一千块重建新桥，于民国二十二年开工，至翌年4月竣工。新建万安桥为三孔石质梁式桥，全长25.1米，宽3米，高2.9米，桥墩、桥板、桥栏、阶步石均为花岗石，具有近代建筑风格。桥面石皆用长方形石板铺就，中孔长6.9米，边孔长5.1米；南北桥堍各设12步级；桥墩为框形结构，设立柱2根，中间金刚墙叠砌法，中孔桥墩为金刚墙叠砌，上加耳石4根，桥墩壮实。桥面设望柱4根，两侧石栏完整。东侧明柱刻有阳篆对联"万里前程资便利，安康大道乐升平"，西侧明柱刻有对联"安土长敦再选，万人喜得交通"。正桥洞两侧凿有"放生官河""禁止捕捉"楷书。桥栏之间还有一种较特殊的定胜糕型铁钉，十分牢固、别致。整桥坚固实用，挺拔美观，2009年被公布为苏州市文物保护单位。

355. 小方桥 Xiǎofāngqiáo

位于相城区黄埭镇中南部，为方埝村村民委员会原辖自然集镇，现已动迁消亡，原址大致在今太阳路与G2京沪高速交会处东北角。因集镇原有一座小型方形矮凳桥，人称小方桥，村以桥名。今集镇已动迁拆除，小方桥成为历史地名。

历史上的小方桥集镇，形成于清代。原有一条活水河港穿镇而过，东通芦荡，西通浒东运河，为旧时浒墅关与黄埭两地之间人员、经贸来往的必经之地，因此在小方桥桥南开设有茶馆、商店等，供路人歇息、买卖，十分热闹。在民国期间，街面上有店铺20多家。至20世纪40年代后期，集镇趋于衰落。改革开放后，随着当地乡镇企业的兴起，集镇商业有所复兴。1999年，在小方桥北堍建造占地1 000多平方米、建筑面积800

平方米的顶棚式农贸市场，开设有鲜肉、蔬菜、豆制品、水果、小百货、冷冻食品和卤菜等摊位共38个，年营业额达200万元。

随着近年来城乡规划的调整和开发建设的推进，今小方桥集镇已全部动迁拆除，连东西向河道也被填没了，平整出来的土地将另有所用。

356. 黄土桥 Huángtǔqiáo

位于相城区黄桥街道东南部，原为黄桥镇（街道）驻地集镇，习称黄桥镇。因集镇老街跨苏州河（因河通苏州古城而俗称）上建有一桥，桥东曾有座黄土古塔，故桥因塔名黄土塔桥，亦称黄塔桥，镇因桥名。

黄土桥（集镇），清属长洲县金鹅乡西三图。民国元年（1912），属吴县。1950年3月，属吴县陆墓区黄土桥乡。1956年3月，随陆墓区并属黄埭区。1957年3月，属吴县黄桥乡，为乡政府驻地。1958 年10月，属黄桥人民公社七大队，为公社驻地。1959 年4月，属黄桥人民公社十四大队。1961年，属黄桥人民公社十九大队。1968年，属黄桥人民公社十八（黄桥）大队。1983年7月，属黄桥乡黄桥村。1985年，以黄土桥集镇设黄桥市镇居委会，后改设为春嘉社区。

清咸丰年间，地方豪强马健庵率先在黄土桥西堍开设马乾泰杂店，此后陆续开设小作坊、小店杂铺，逐步形成一条街市。民国期间，集镇区面积不足0.01平方千米，其中黄土桥西街长百余米，有店铺25 家、小学1所、个体诊室2个；东街长约30米，有店铺10家，基督教堂1所。当时，黄土桥镇上杨水根家有一条经营黄土桥到苏州冯家浜的航班船。集镇旁曾有清朝大学士徐元文墓。

1984 年起，市镇向苏埭路以东扩展，集镇区扩大到0.15平方千米。到20世纪末，集镇区面积进一步扩大为0.5平方千米，与黄桥、方浜、占上等村犬牙交错，形成镇中有村、村中有镇的局面。2005年，集镇区面积拓展至2.4平方千米，黄桥市镇发展成为基础设施完善、交通发达、市场繁荣、环境整洁的新型集镇。2010年，集镇面积达4.9平方公里，在原黄土桥东，形成以朝阳河为中心，以南北向苏埭路、永方路和东西向黄

黄土桥

桥东街、兴盛路、永青路等道路相联通的"田"字形市镇新格局。后为配合苏州中环北线建设，黄土桥老集镇区实施大规模动迁改造，目前已全部拆迁完毕，只有从"黄土桥"名来略寻旧时踪迹了。

据20世纪40年代《吴县特别区经济概况》，黄土桥乡为当时苏州地区重要的淡水鱼产地，出产青鱼、鲢鱼、草鱼、鲫鱼等，尤以"粉青"著称，行销苏沪各地。随着城乡建设的发展，如今黄土桥南、三角嘴一带的养殖水面均纳入虎丘湿地公园，不再用于水产养殖，现仅剩黄桥北部的胡湾村、上庄村一带还有一些养殖鱼塘。

357. 华阳庙 Huáyángmiào

位于相城区望亭镇东南部，为华阳村村民委员会所辖自然集镇。因明代在此建有华阳庙，镇以庙名。又因集镇兴于称华阳庙，故俗称"庙前"。相传，该地为古干族庶民聚居地，故又名"捍村"（"捍"与"干"吴语谐音）。

华阳庙，1929年属吴县第四区（亦称望亭区）华阳庙镇，为镇公所驻地。1934年11月，属吴县望亭区华阳乡，为乡公所驻地。1950年3月，属吴县浒关区华巨乡，为乡政府驻地。1956年1月，属吴县浒关区新华乡。1957年3

华阳庙

月，属吴县望亭乡华阳村，为村部驻地。1959年4月，属望亭人民公社华阳大队。1966年7月，华阳大队改称朝阳大队。1980年11月，复名华阳大队。1983年7月，属望亭乡华阳村，为村民委员会驻地。1985年7月，望亭撤乡建镇，华阳庙属望亭镇华阳村。

华阳庙（寺庙），又称"捍村城隍庙"，庙内供奉的是捍村大王神（管理社仓的神）。原庙占地约3 300平方米，庙舍房屋三进，两夹厢两天井，后庙毁。重建时向南迁约80米至现址。原华阳庙前，有条河港，习称庙港；港上有座石桥，实名"庙集桥"，俗称"庙前桥"。庙前有一条东西向横街，属庙场，也称"庙前街"。旧时，华阳庙前香火旺盛，市面热闹，每逢初一、十五日有华阳庙庙会，特别是每年农历三月廿五春祭和十月廿五秋祭两次庙会，格外兴旺。由于华阳庙及庙会闻名于四乡八邻，至民国后期沿庙港北岸形成了集镇，镇上有茶馆、杂货店、肉铺、酒店、理发店、布店、邮政代办等店铺数十家，当时较知名的有黄源兴、柳永兴、隆协丰南货店，薛德兴南货店兼饭铺等。1958年后，集镇逐渐衰落。20世纪70年代，望亭合作商店在此开设双代店。1980年后，集镇动迁。

原华阳庙的东墙外是三官堂，三官堂后面原是苏州府社仓。社仓是汉以后历代政府为"调节粮价、备荒赈恤"而设置的粮仓，这种粮仓一般带有义仓性质，在农作物收获时向农民征粮积储，青黄不接之时或荒年再放赈给农民。因为这种仓库都设在里社，由当地推选贤人进行管理，所以称之为"社仓"。在原华阳庙内，有明隆庆二年（1568）所立《苏州府社仓事宜记》碑，原高150厘米，原宽72厘米，后碎为两截，被华阳大队砌于队部东墙脚下。2004年，重建华阳庙时复将残碑移入庙内。碑圆首，青石质，上额部阴刻篆书"社仓事宜碑记"三行六字。两侧阴刻曲线云纹图案。碑文内容分为两大部分：上部为明代隆庆年间户部郎中、《苏州府社仓事宜记》，碑文分24行，满行25字；下部为社仓事宜条款，碑文分43行，满行48字，所记事宜较详尽，包括选举、社仓簿设立、所收物、收贮日期、放兑日期、收贮及放兑方法、社仓初建十年中的利息法及十年后的利息法、荒年时的放赈方法等共计21条。该碑由明隆庆年间户部郎中、时任苏州知府蔡国熙撰，叶应奎书，杨应科篆盖，朱鳌建立。

蔡国熙，字春台，一字梦羲，明嘉靖三十八年（1559）进士。据清同治《苏州府志》，其出任苏州知府时"躬行俭约.下禁约二十七章，采古今贤哲懿行数十事为图，于府治两庑，定婚丧礼，禁民间奢僭"，设义冢，建书院，兴水利，"行善政甚多"，特别是对朝廷向苏州所征供宫廷和京师官员享用的额外漕粮——白粮的征收、运输，制定新办法，革除旧弊，减轻人民的负担，其所推行的社仓之法，亦是他在苏州行善政的体现，为当时苏州人民所称颂。这块《苏州府社仓事宜记》碑，较为详细地记载了明代社仓管理的制度，是研究明清经济和社仓管理等有关制度的重要碑刻资料。

358. 姚祥上 Yáoxiángshàng

位于今相城区元和街道西北部，为原姚祥村村民委员会所辖自然村，现已动迁消亡，原址大致在今姚祥社区安元路与文灵路交叉口。原以有姚姓于此居住而得名。

姚祥上，1950年3月，属吴县陆墓区新泾乡。1955年，属同心初级社。1957年，属和平第一高级社。1958年9月，属蠡口人民公社第一大队。1980年11月，第一大队改称姚祥大队，姚祥上随属姚祥大队。1983年7月，属蠡口乡姚祥村。1992年，蠡口撤乡建镇，姚祥上随属蠡口镇姚祥村。2002年2月，蠡口镇、陆慕镇合并为元和镇，姚祥上随属元和镇。2003年12月，属元和街道姚祥村。2004年4月，撤销姚祥村，建姚祥社区。此后，姚祥上自然村开始陆续动迁，至2016年全部动迁完毕，在其原址上开发兴建水岸名都花园、依云华苑、锦上和风华苑等住宅区，而新建的安元路、文灵路、广济北路也分别在原姚祥上的南、东、西三面穿过。

姚祥上，曾以缂丝工艺而闻名。在原姚祥上南约200米，苏州轨道交通4号线设有姚祥站，成为历史地名"姚祥上"的最好注脚。

359. 古巷村 Gǔxiàngcūn

位于相城区黄桥街道东部，为方浜村村民委员会原辖自然村，今已动迁消亡，原址大致在今永方路与兴盛路交会处东南一带。原作"顾巷"，因顾姓聚居于此而得名。

方浜古巷村，清属长洲县金鹅乡上十四都二十二图。民国元年（1912）11月，属吴县陆墓市。民国十七年（1928），属吴县第十二（黄埭）区方浜乡。1949年5月，属吴县黄埭区渔耕乡。1956年1月，古巷村随方浜村划属黄土桥乡。1958年10月，古巷村属黄桥人民公社二大队。1959年，析二大队建方浜大队，古巷村随属方浜大队。1983年7月，古巷村属黄桥乡方浜村。随着20世纪八九十年代苏南乡镇企业的兴起，时黄桥镇在方浜古巷村一带开始建设黄桥工业园，并逐步扩大，古巷村也陆续动迁。至2010年前后，古巷村动迁完毕，地块全部纳入工业园范围。2019年，永方路东、兴盛路南侧的工业园（原古巷村南部）地块，建起了江苏省相城中学。

另，元和街道（原陆墓镇）也有古巷村，为古巷村村民委员会所在地名称。因辖有古巷里自然村而得名。古巷村，清属长洲县金鹅乡金杯里十五都上八图、上、下九图和十七图。民国元年11月，属吴县陆墓区。1950年3月，属吴县陆墓区陆墓镇。1951年，徐阿香等人组成吴县第一个互助组。1956年2月9日，为新民第二高级农业生产合作社。1958年9月，改为陆墓人民公社十二大队。1980年11月，十二大队改称古巷大队。1983年7月，改为陆墓乡古巷村。1985年9月，陆墓撤乡建镇，古巷村随属。1993年10月，陆墓镇更名为陆慕镇，古巷村属陆慕镇。2002年2月，陆慕镇、蠡口镇合并为元和镇，古巷村属元和镇。2003年5月，夏圩村、日益村、孙埭村并入古巷村。2005年2月，元和撤镇设街道，古巷村属元和街道；7月，撤销古巷村，以动迁小区湖沁花园为基础改建为湖沁社区（今属澄阳街道）。2009年10月，将中街社区改设为古巷社区，其管理区域东接采莲路、南濒宋泾河、西滨元和塘、北至阳澄湖中路，即在原古巷村范围内。原古巷村内有白莲教寺、平田禅院、申明亭、东岳庙等文物古迹，村南洋泾塘东岸有寺庄庙、关帝阁和灵官庙等遗址，还有苏州评弹艺人安葬的麦场郎光裕社义冢等，今均已不存。

360. 百家村 Bǎijiācūn

位于相城区太平街道东北部，为莲港村村民委员会所属自然村。因该村规模较大，自古就有"百户之称"，故名"百家村"。又因清代时为长洲县益地乡（金生里）中十八都四图，故又称"四图"。

百家村，民国元年（1912），属吴县湘城市。民国二十年（1931），属吴县第七区太平镇。民国三十六年，属阳澄区太平镇（乡）。1949年冬，设百家村，属吴县阳澄区太平镇。1950年3月，属吴县阳澄区太平乡。1955年，开始创办初级社。1957年3月，建幸福第五高级农业合作社。1958年9月，属太平人民公社第二生产大队。1959年2月，属太平人民公社第四生产大队。1961年3月，属太平人民公社第五生产大队。1980年11月，第五生产大队改称毛庄大队。1983年7月，毛庄大队改为毛庄村，属太平乡。

百家村地处阳澄湖西岸，呈尖嘴形向东突入阳澄湖西湖中，俗称"四图嘴"，使百家村东、南、北三面傍湖，湖岸线长、地势平坦、河港纵横、土地肥沃，自然环境优越，资源丰富，宜农适渔，成为阳澄湖畔的鱼米之村。

有莲子港东西流经百家村，因古时河港内盛产荷花莲子而得名，为阳澄湖地区西水东流、调节阳澄湖水量的重要水道，也是农户积肥、交通运输的水上通道。还有张泾港，相传为元末张士诚组织乡民开河治水患而得名的河港。《相城小志》载：村内有陶世魁古墓，一小部分坟墓未挖掘，至今仍在。原有清征仕郎陶世魁陶氏义庄，袁枚为作《陶氏义庄碑记》。村内还曾有水月庵，明代崇祯十七年（1644）立水月庵碑，现庵及碑皆废。

另，原北桥街道南部亦有百家村，为原百家村村民委员会所在地名称。百家村东与原黄埭镇卫星村接壤，南临漕湖，西与上方港、张华村为界，北至冶长泾。民国时期曾属芮埭乡、冶长乡，1949年5月后为芮埭乡、南桥乡的一部分。1954年，建新光、明光、红光、伟光四个初级社。1957年，为迈进第2高级社。1958年，为北桥人民公社4营6大队。1961年，改名为百家大队。1983年，政社分设，改为北桥乡百家村，辖上方港、宅基巷、浦家里、百家圩、新开河、蒋家湾、居埭上、盛埭上、庄浜9个自然村，下设16个村民小组。今北桥百家村已被合并。

361. 矫埭上 Jiǎogěngshàng

位于今相城区黄埭镇西部，在太阳路北侧、苏台高速西侧，为三埭村村民委员会所辖自然村，其西有周家湾里自然村，其北有施家里自然村。因元代矫顺于此定居而得名。当地又有一说：相传昔时有一满洲人迁来，在此建埭围田，因其姓名长而难称，当地人取其名第一个音"矫"为姓，故叫矫埭上。

矫顺（1344—1415），元末明初山东人，元诸生。明洪武元年（1368）参大将徐达军幕，平定苏州张士诚，授江浙行省参政，抚循流民，抚恤士子。洪武二十八年（1395）任苏州知府，积劳病卒，谥文宪。应苏州绅民公请留葬阳山，赐茔建祠，崇祀为吴郡名贤。当代书画篆刻家矫毅，也是矫埭上走出去的著名人物。矫毅（1917—2011），字力挺，号燕瓦楼主，室名曲逆书屋，高级工艺美术师，中国书法家协会会员，西泠印社社员，中国工艺美术学会会员。早年毕业于江苏省立教育学院，后从事教育工作。矫毅14岁始习书法、篆刻，临摹秦玺汉印、封泥古陶，兼习吴门派、浙派、皖派、邓（石如）派及赵之谦、吴昌硕、赵古泥、齐白石诸家，并开始收集各类印谱、金石印章和书画资料，潜心研习。20多岁时曾从著名书画家周梅谷、吕凤子等学艺。中年起先后于苏州工艺美术厂、苏州工艺美术研究所、苏州艺石斋从事篆刻研究工作，以汉印缪篆参入木简隶意，创"草篆印"所作墨分五色，淋漓尽致。篆刻善以木简文字渗入汉印缪篆，擅"草隶印"、"花押印"，对动物肖像印更是潜心探研，以概括、简约、舍弃、模糊、含蓄、夸张、变形、写意、象征、抽象等艺术手法，并吸收远古岩画、商周铜玉纹饰、汉魏画像石刻的传统形式为之，作品稚拙高古，得不似之妙趣，且能移步换形，将十二生肖各刻百印，形态各异。出版有《矫毅书画篆刻特集》《矫毅刻兔印特集》，撰有《杨龙石及其篆刻艺术》《徐坚的篆刻艺术》《沈三白及其刻印》等著述。

362. 董家巷 Dǒngjiāxiàng

位于相城区黄埭镇西北部，地处望虞河（黄公荡）南岸、西塘河西岸，为今冯梦龙村村民委员会所辖自然村。又名董巷上，因董氏于此定居而得名。

董家巷，1958年8月，属东桥人民公社七大队。1959年7月，七大队分为十二大队、十三大队，董家巷属十三大队。1961年10月，十三大队改称董巷大队。1983年7月，东桥人民公社改为东桥乡，董巷大队改为董巷村。1994年1月，东桥撤乡建镇，董家巷随属。2003年7月，董巷村与石新村合并为新巷村，董家巷随属新巷村。2006年10月，东桥镇并入黄埭镇，董家巷随属黄埭镇。2014年11月，新巷村更名为冯梦龙村，董家巷随属冯梦龙村。

363. 埝桥村 Niànqiáocūn

位于相城区黄埭镇西南部，浒东运河东岸、太阳路南侧，为方埝村村民委员会原所辖自然村。原名燕桥村，相传村内原有一座平桥，因桥建成后有一燕子穿桥而过，故名燕桥，后传为"埝桥"，村以桥名。

埝桥村，1958年8月属东桥人民公社五大队。1959年7月，五大队改称八大队。1961年10月，八大队析设为方桥大队、埝桥大队，属埝桥大队。1983年7月，属东桥乡埝桥村。1994年1月，东桥撤乡建镇，随属东桥镇埝桥村。2003年8月，埝桥村与方桥村、合并为方埝村，埝桥村随属方埝村。2006年10月，东桥镇并入黄埭镇，埝桥村随属黄埭镇。2018年，埝桥村自然村开始动迁，现已动迁完毕，村落及地名也随之消失。

364. 百万娄 Bǎiwànlóu

位于相城区阳澄湖镇西南部、济民塘东岸，为圣堂村村委会所辖自然村。又作百万楼、百万溇。相传明代嘉靖年间，倭寇侵扰，正在此处挖泥的村民齐将船上泥浆泼向敌寇而得名"泼蛮娄"，后因音近改作百万娄。

百万娄，清时属长洲县益地乡中十八都。1958年，属湘城人民公社一大队，1980年11月，一大队改称陶家大队；1983年7月，属湘城乡陶家村。

365. 蚬山后湾 Xiǎnshānhòuwān

位于相城区澄阳街道东部，为沈桥村村民委员会所辖自然村。因东滨蚬山湾、在蚬山前湾自然村之后而得名。

蚬山后湾，清代，属元和县益地乡（金生里）上十七都十一图。1912年为吴县五溇泾乡属地。1931年为吴县第十五区（泗漊区）东塘乡辖地。1934年为吴县第七区（湘城区）属地。1947年为吴县阳澄区沈桥镇（乡）辖地。1948年5月，为阳澄区太平乡（镇）辖地。1949年冬，废除保甲，设立行政村，定名为联合村，为吴县阳澄区太平镇辖村。1950年3月，为沈桥乡辖村。1955年创建红联一、二、三初级合作社。1957年3月为太平乡幸福第十四高级农业生产合作社。1958年9月，为太平公社五大队。1959年2月，为十大队。1961年3月，为十三大队。1980年12月，定名蚬山大队，辖6个生产队。1983年7月改称蚬山村。

蚬山后湾所在地，其地形似"嘴"突入阳澄湖，蚬子壳堆积如山，故称"蚬山嘴"。在沈桥、阳西一带的阳澄湖水域，因盛产螺、蚬，渔民习惯将螺壳、蚬壳倾倒在这里而堆积成山，被称为蚬子山、白蚬山。清乾隆《元和县志》载："白蚬山在阳城湖滨，渔户堆螺蚬于土阜上，日积月累，渐次成山，远近过者，照耀如晴雪云。"据《相城小志》记，蚬山村似嘴突入阳澄湖中，每年春天，人们皆到蚬山嘴边观日出，这就是阳澄湖十二景之一的"蚬山春日"。

366. 南库 Nánshè

位于吴江区松陵街道南部，江城大道西、五方路南，为南库村村民委员会所辖自然集镇。街长近200米，宽2—4米。明代，南库属吴江县范隅上乡。清雍正四年（1726），分置吴江县、震泽县后，属震泽县。民国十八年（1929），设南库镇，属吴江县城区。民国三十五年（1946）10月，设南泰乡。民国三十七年（1948）2月，设南库乡。1949年冬，属吴江县城厢区南库乡。1956年，南库乡成立齐心、金星第三高级社。

南库

1957年10月，撤区并乡，属湖滨乡。1958年9月，属湖滨乡人民公社群齐大队。后以南库港为界，港南设齐心大队，港北设群星大队。1966年，齐心大队更名为向阳大队。1980年11月，群星大队更名为南库大队，向阳大队更名为联湖大队，南库分属南库大队、联湖大队。1983年7月，湖滨人民公社改为湖滨乡，南库大队改为南库村，联湖大队改为联湖村。1985年10月，乡镇合并，属松陵镇。2003年7月3日，联湖村并入南库村。2018年10月，松陵镇撤镇改街道，南库划属松陵街道。

南库集镇，旧称"简村"，自古是松陵镇一带出入太湖的主要港口，"简村远帆"为松陵古八景之一。明代时，南库称为南舍，是太湖边的重要渔港，当时这里为太湖渔民聚居之所，鱼商在此设铺营销，后商业渐兴民居渐多，沿南库港北岸形成集市，太湖鱼鲜、野货汇集于此，再分销各地。清代，在南库设有太湖左营守备署，署衙有房屋44间。雍正二年（1724），又建营房70间，现南库港南有小地名"营房基"即由此而来。雍正十二年（1734），在署北三里许的小尾外圩设有占地为23余亩的教场。由此，南库更为人丁兴旺，成为沿太湖的一大集镇。民国年间，南库港北有长约200米的街道，茶馆、酒肆、剃头店、铁匠铺、药材店、烟杂店等鳞次栉比，其中，国药铺有诚德堂，酱园有达兴、德顺2家，肉店有梅记鲜肉店，豆腐店有李德发、筱小2家，南北货店有王福记、公和、朱顺兴、大昌、大源、永兴、杨同兴、汪福记、恒顺等，地货蔬果店有王邦成、金福2家，菜馆有李记、品记和徐记3家，规模虽都不大，但烹制的都是太湖里的鲜活鱼虾、应时野味，太湖所产的野鸭、黄雀以传统方法烹制，享誉一方。另外还有私人诊所、服装、裁缝、理发、竹器、打桶和椿作等店多家。旧时，南厍的早市很是兴旺，蔬菜、鱼虾、禽蛋随街设摊，而捕鱼归来的渔民们，就在茶馆里饮茶、补网、交流信息、聊家常。旧时，南厍与外埠的交通主要靠水路，由于水路通畅，去松陵、横扇、震泽的航船都从这里经过。有从松陵出发经南厍到横扇、震泽的徐家快船，客货兼载；有隔日班的同里至横扇航船，4日班的苏州到横扇的义记航船，都途经南厍。但是，自大规模围垦东太湖后，南厍不再是出入太湖的主要航道，加之南厍与松陵等地的陆路交通日益畅通，旧日渔港集镇的作用逐渐减弱。至今还保留着几家茶馆，照顾着村里人喝早茶的生活习惯。而每逢早市，仍有不少附近的村民将捕获的太湖鱼虾等来此售卖，延续着昔日的兴旺。

南厍至今还较好地保存着小桥流水人家的风貌。现存的聚龙桥，位于村东首，为拱形单孔，南北走向，跨南厍港，初建于明万历五年（1577），由邑人萧湘同妻史氏捐资建造，初名永隆桥。清康熙二十八年（1689）重建，易为今名。清嘉庆二十四年（1819），众人捐资重建，在桥身砌有青石碑一方，其碑文为："昔大明方历五年冬，本境萧湘全室史氏独建永隆桥于斯，迨至大清康熙二十八年重加修葺改为聚龙桥，迄今一百三十年口墩毁环裂，倾圮在即，里中诸贤公助重建。"桥的东西两向均镌有对联，东向为："文澜高壮银河色，虹势遥迎玉殿光。"西向对联是："安梁累世朝金阙，凝秀千年映彩霞。"1994年7月，聚龙桥被列为吴江市文物控制单位，现为苏州市控制性保护建筑。聚龙桥西侧尚存有一座古桥，名永宁桥，拱形单孔，俗称新桥，跨南厍港，也为苏州市控制性保护建筑。此桥初建无考，现存之桥为民国二十三年（1934）重建，其形制与聚龙桥相比，显得小巧玲珑。该桥的东西两侧也镌有对联，分别为"地位中央严锁钥，波光上下架虹霓"和"近通笠泽漾元气，遥接吴山毓秀灵"。

2005年6月，南厍被列入"苏州市第一批控制保护古村落"名单。

永昌桥

367. 双荡兜 Shuāngdàngdōu

位于吴江区七都镇西南部，为吴越村村民委员会所辖自然村。旧作"双荡坲（dǒu）"，今又作"双荡斗"。因村内有东西二浜兜而得名。

民国时期（1912—1949），因双荡兜村落地处江、浙两省交界偏僻之地，江、浙富民多有避战乱择居此小村，渐成富绅聚居之地。1949年后，双荡兜曾为七都乡政府驻地，具有集镇规模，供销合作社开设有下伸商店。1968年后，又相继办起缫丝厂、丝织厂、玻璃钢厂等乡办厂，商业也逐步发展起来，并有乡道与吴溇等地连通。至1985年，双荡兜一度成为七都乡南片的经济中心。

双荡兜村旁有永昌桥，为石桥，初建无考，现桥为民国七年（1918）重建，现为吴江区文物控制单位。还有座东西向的博士桥，其南北向均有桥联，分别为"叠石为梁，咸占利涉；回波作镜，共庆清流。""源溯五湖穷北达，水泾双荡绕南行。"村上原有东岳庙，供奉东岳大帝，后曾作粮库，庙内平房改为学校。

368. 壒上 Hàoshàng

位于松陵镇东南,八坼街道东南石铁村,旧作"壒上",现作"浩上"。

"壒"字原义为土制容器,北宋司马光《类篇》称"壒"为"土鍫",汉《说文》称"鍫,鍑属;鍑,釜大口者",后在苏松一带引申为湖荡水体的水口地。壒上村旧时有私塾,中华人民共和国成立后有壒刘小学。今吴江境内另仍有野菱壒(为平望境内小型湖泊,面积50亩)、杀人壒(为黎里境内小型湖泊,面积57亩,又名杀人潭)、杨家浩(在松陵)等地名。吴江区同里镇有小壒港,位于同里湖北,连接九里湖,现架有公路桥,松周公路由此经过。

369. 陈家湾 Chénjiāwān

位于吴江区黎里镇东北部,元荡西岸,为元荡村村民委员会所辖自然村。因早先陈姓在此居住而得名。

370. 长渠港 Chángqúgǎng

位于吴江区七都镇西南部,为长桥村村民委员会所辖自然村,村民委员会驻地。因村域有长渠港流经而得名。

长渠港,1958年9月,属七都人民公社虹民大队。1961年,虹民大队改为长渠港大队。1983年7月,七都人民公社改为七都乡,长渠港大队改为长渠港村。1992年12月,七都撤乡建镇。2001年8月,方家桥村、长渠港村合并为长桥村。

长渠港村,北宋时即有谢氏家族世居。

长桥村虹呈港

五界亭老宅

371. 五界亭 Wǔjiètíng

位于吴江区七都镇中部,北滨太湖。为陆港村村民委员会所辖自然村。因旧时的五都、六都以该村塘桥浜为界而得名。

该村有三纵两横共五条河交织成四通八达的水系。五界亭港东、横港北圩为北裳,横港南圩名庵裳地,南边圩名大裳南。塘桥又名"儒林塘桥",自明代,吴江南太湖一带称为"儒林里",五都与六都以五界亭村塘桥浜为界,在浜中塘桥上刻石为凭,故此桥又有五界亭之名。村中湖塘路旁建有供乡民、客商歇脚休息凉亭,取名五界亭。

抗战时期,太湖游击队一支小部队曾从这处太湖涉水突围。盛家廉(1917—),现当代有知名农业科学家,生于五界亭,其为中国甘薯生产发展和科技事业作出重要贡献。

372. 双阳 Shuāngyáng

位于吴江区震泽镇东部、頔塘南岸,为双阳村村民委员会所辖自然村。原作双杨,因昔时村中柳塘桥南、北各有一株大杨树而得名,故又有别称"柳塘"。

双阳(杨),明初为村,嘉靖间始称为市,民至三百余家,自成市井。明史鉴有《双杨夜泊》诗云:"冉冉西日下,悠悠归路迷。聊将一棹舣,暂入双杨栖。断云微露月,中夜独闻鸡。林僧笑相指,前度此留题。"崔澂有诗倡和:"暮入双杨路,村深烟雾迷。迎人一犬吠,争树乱鸦啼。影入临船火,梦惊遥店鸡。明朝醒病酒,还自改前题。"清殳丹生有《柳塘词》:"水泊长天烟树低,吴淞直下遁村西。渔舟沽酒唱歌去,十里青青叶未齐。"清初徐崧有《柳塘八景》诗,其八景为"柳塘夜月、奉先钟声、圣堂转佛、神祠献寿、横啄渔灯、船场晚泊、双溪碧流、三潭水榭"。

1958年,双阳(杨)属震泽人民公社向阳大队。1981年11月,向阳大队改称双杨大队。1983年7月,属震泽乡双杨村。

双阳(杨)村中曾有奉先教寺,占地约2 700平方米,唐咸亨中(670—673)僧云居建。宋、明、

永乐寺

清历代屡次重修。清道光《震泽镇志》卷二"风俗"载："三月三日，男女各戴荠花，云可免头晕。又有远近男女，群集双杨奉先寺等处，同声佛号，谓之千人会。"此即为始于清中叶的"双杨庙会"。庙会历代相延，近世有文字记载的有两次，一为清末1911年，另一为民国时期1924年。双杨庙会界包括七十二只半圩的范围，北到横扇，南到龙泉嘴沈家坝，东到梅堰三里桥，西到震泽镇驴下圩的东半圩。农历正月二十为庙会开印日，此日通过乡董圩甲发帖邀请附近及沿途各庙前来参会，凡该庙所辖门徒，每圩一条会船，小圩两圩合一，做好扎彩准备。正式会期为半个月，农历三月初一，各圩赛船聚集双杨村，先至震泽停留五日，再至梅堰停留三日，然后横渡北麻漾，经坛丘而至盛泽逗留七天。会船大都为快桨船，在船帮四周围上布，再画上石驳岸形，所有会船一律船艄向岸，船头对河，依次排列，中间让出一条水路。会期中，过往航班停航让路。装扮不一的会船长达数里，声势浩大，船板上有各种表演：狮子顶绣球、二龙抢珠等各种杂耍以及老百姓耳熟能详的戏文，还有木傀儡表演，举手投足间模仿蚕娘采桑、渔翁捕鱼等动作。庙会巡游进程中，沿途不断有各庙门徒抬菩萨塑像加入，巡行队伍越加庞大，船队首尾相接，长达数里。岸上人头攒动，各地摊贩纷至沓来，有卖烧饼、卖馄饨、吹糖人、捏面人、耍猴等。为赶赴盛会，江浙沪一带乡人常常提前数天来到震泽，等到四月十八日庙会结束才返回。1937年，奉先寺遭日军焚毁。

村中又曾有曹王庙，清乾隆《吴江县志》载："唐太宗十四子曹王明，贬为苏州刺史，有惠政，先天二年，敕立祠。宋改为城隍庙，又称李明王庙。"当地俗称曹王庙。双杨村人称曹王庙为大庙，称曹王神像为大老爷。据村中老人描述，原大庙中曹王神像腰间佩带是由鲭鱼骨串制而成，所戴帽子由白银铸就，庙中柱子均有两人合抱粗。20世纪六七十年代，曹王庙被拆除，仅存遗址。

柳塘桥，"初建无考，康熙二十年，奉先寺僧达宗（恒水）重修。"1938年，日寇逼近双杨，为阻止日军进犯，沈秩安号令拆毁柳塘桥墩，桥毁。1939年，此桥重建，为单孔拱形石桥。今有双阳大桥，为2003年重建。

第三部分

道路与桥梁地名

一、街巷里弄路名

373. 浒新街 Xǔxīn Jiē

位于虎丘区浒墅关镇。镇区东西向街道，原自龙华桥堍至浒墅关火车站，方石路面。现西起桑园路，东至浒关街，长400米，宽12—20米。浒墅关火车站南移后在此形成街市而得名，2001年10月命名。龙华桥跨浒东运河（当地称龙华塘），因坐落于龙华寺旁而得名，始建于明代，后经多次改建，现为钢筋水泥桥，自浒新街口至寺桥弄口，宽9米，跨度6.5米。

清光绪二十九年（1903），沪宁铁路始建，至1906年5月，上海至苏州通行列车，浒墅关路基筑就，且辟镇北白豕（石）山石料场碎块供筑京（宁）沪线。光绪三十四年（1908），沪宁铁路建成通车。同年，浒墅关火车站始建于许更上（现已改作车站货运处）。中华人民共和国成立后，1958年11月，沪宁铁路复线工程率先在苏州至浒墅关区段间铺通，成为苏州西站开通前的唯一储货客运站之一。1980年，浒墅关火车站从许更上南迁500米，坐落市镇中心区（浒新街东端）。1988年，浒墅关火车站从四等站上升为三等站。车站建有1号站台，长401米，宽6米；2号站台，长405米，宽7.3米。站区有专用线11条，货物发运线8条。另辟有军用物资专用站台1座，长400

"夜袭浒墅关"纪念碑

米。货运处仓储建筑5 000平方米。车站设有货场2处,即苏钢货场、浒关货场。货运量月均10—15万吨,1999年,创日均运量24万吨纪录,全年车站货运吞吐量达850万吨,运输快件月均达12万元,1999年全年创快件运量150万元。月均货物装车50节车厢,全年600余节车厢;卸车量全年达2 160厢车皮。1997年10月,京沪铁路全线提速,从80公里/小时提速到120公里每小时。1999年,浒墅关火车站每天停靠旅客列车6对12列,日均客运500人次。每天路经旅客列车120余对。现客运列车已停运。车站内有抗战时期新四军"夜袭浒墅关"纪念碑,现有夜袭浒墅关革命教育基地。

20世纪八九十年代,浒新街曾为浒墅关镇最为繁华的商业街,街上商户林立,贸易活跃,人员往来频繁密集。街道两侧至今仍有东方食府、中添兴面饭店、书店、席行等。现街东首有2021年经原浒关下塘农贸市场改造的浒墅关镇临时大菜场。

佘公街(清[道光]《浒墅关志》)

374. 佘公街 Shégōng Jiē

原位于虎丘区浒墅关镇镇区运河两岸,即浒关上塘街、浒关下塘街。因纪念明嘉靖年间钞关主事佘立而得名。康熙《浒墅关志》记载"佘公街在浒墅关镇东西两塘,滨运河",西侧上塘段南自崇福桥(或称赵王泾桥、张家桥)至北津桥下纤埠头,约四里长,由北向南有竹青桥、张家桥。东侧下塘街与上塘平行,由北向南有龙华桥、和祥桥。道光《浒墅关志》卷八称佘公街"为浒墅镇通衢,……明嘉靖三十九年,阴雨水潦,两街颓塌。四十二年,榷关主事佘立捐赀,市砖石甃治,远近德之,称曰佘公街"。

佘公街傍运河而筑,分上塘街和下塘街。嘉靖三十九年(1560),阴雨水潦,两街荡没。嘉靖四十二年(1563),关官佘立"捐赀市砖石甃",后名"佘公街"以示纪念。佘立,字季礼,广西柳州人,嘉靖四十一年(1562)中进士,次年任浒墅关榷关主事。明施霖有《佘公街记》:按《周礼·地官》"合方氏掌达天下之道路",《月令》"季春,司空开通道路",则道路之利于通达,古也。浒墅为苏巨镇,镇有东西二道,滨于运河,河西者衍直达,凡缙绅舆马、商民负戴胥此往来。河东者宽达虽同,然夹以民居,乡学之贸迁,南北之趋赴者取为便道,均之为要冲也。自景泰改元立关务以来,迄今将二百年,虽尝甃以砖石,然积久坍坼,渍以泥淖。而河西滨水者更嵚崎阻险,每风雨,则担荷者须策挟方能举足,稍昏黑,虽强有力者皆恐恐然,畏如涉险。延及嘉靖庚申,积雨浸淫,苏郡郭外皆成渺弥,关署不浸者仅尺许,街之汩没沮洳可知,昔之恐恐者争疾首蹙额且呻吟矣。今甲子春,乐吾佘公奉简命按节于关,见署逼涯涘,不可不葺,委官长洲典史曹大卿备以告公,公戚然若躬历兹险者,遂谋筑治。出俸资若干两,市砖改甃且示以规画,务利民永久。委官承命唯谨,始于河西南北计若干丈,皆革故鼎新,次及河东之倾圮类河西者计若干丈，俾从宜修葺，始事于三月之吉，讫工于四月之终。戞然坦然，如砥如矢，居者腾欢，行者动色，诚亘古盛举也。白冶施子，河东里人也，目击大义，作而言曰："昔东坡官于浙，筑堤西湖；乐天官于吴，筑堤山塘，固皆流泽无穷，原其由始于便游览耳。而苏堤、白堤至于今光昭史册，况我乐吾公之街乎！"故敬题曰"佘公街"，为文以记其实云。公名立，字季礼，广西马平人，为南台名侍御，东台公季子，以《诗经》发解，联登壬戌科甲榜，今转礼曹仪制司。东台尝守毗陵，善政著于郡志。今公莅关，再阅月而众善悉备，他日必有名笔以彰江南卓异，兹不及赘。清凌寿祺有《佘公街》诗："清俸同分济众怀，董堤尽处接佘街。百廛居傍康衢乐，一哄人来利往皆。菱芰河桥风物好，桑麻村社景光佳。荡平两岸歌遗泽，白冶残碑试重揩。"凌寿祺又有《时里白》诗："夏至逢庚便起时，太湖鱼上玉为肌。银波一派来金墅，撒网津桥切莫迟。佘公堤畔集渔船，一网拖来数万钱。争卖街头时里白，笑他但唤棒鲜鲜。"

2012年1月，浒关上塘街注销，更名为董公堤路。2013年7月，浒关下塘街注销，以浒新街为界，命名为下塘南街、下塘北街。2019年，编制浒墅关镇地名规划时，因董公堤路建设规划修改，遂将董公堤路北起点调整至庄家河路（往北不通），拟将原北段（香桥路至通浒路）滨河道路移用佘公街旧名。

375. 金墅街 Jīnshù Jiē

位于虎丘区通安镇金市村。吴语"墅、市"同音，或作金市街。金墅街为旧金墅集镇主要街道，长700米，宽2米，弹石路面。

金墅街明清时期，曾置镇建制，属长洲县，时有千总（驻守营兵领兵官职，清代为绿营统兵官）驻防。民国时期曾为吴县金墅区、镇公所所在地。民国十六年（1927）遭湖匪洗劫后，趋于衰落。解放初为金墅乡政府驻地，1957年并入通安乡，为通安镇所属集镇。1970年金墅街106户，411人，其中男性218人，女性为193人。金墅街市河上有银财官桥，该桥始建时间不详。原桥已被拆除，据散落在附近的桥梁构建推断，清

金墅街

朝时期曾重建该桥，该桥原为花岗石拱桥样式，现为平桥。金墅西街6号为秦宅，为一处清代以来的二层民居。建筑坐北朝南，南临金墅街，主厅为面阔三间，进深四间，石柱础，平砖地面。宅前方形天井地面。东侧厢房被拆，西侧仍然保留。原为通安地方抗日烈士秦大江的旧宅。又有孙宅。

街西端有莲花寺，始建于唐神龙二年（706）。据传当初其规模甚大，寺内建筑有5 048间之多。明代文震孟《重修莲花寺大佛殿纪略》云："茂苑西，镇名金墅，有寺曰莲华，系先朝里人刘文隆舍宅为寺，以井观青莲而得名。"20世纪五六十年代，该寺尚存破旧佛殿。在二山门墙上刻有"敕建唐代流芳"六个大字的横额。山门内玉带河上有一青石拱形小桥，最为奇特处是：只要在桥一端以手搔拍、叩弹桥栏杆，另一端的桥栏杆上就能听到"叮当"之声，酷似琵琶之弦音，因此有"琵琶桥"之称。在寺院左右两侧，有果园30余亩，寺田百余亩，有大雄宝殿、地藏殿，还有楠木柱子的大殿、荷花池等建筑，有相当规模。后毁于20世纪六七十年代，仅存废圮及2棵银杏树。1997年，当地农民出资捐款重建，莲花寺恢复往日香火。莲花寺原有"轧莲花"庙会的习俗。每年农历七月三十日，苏州、无锡、上海、杭州等地的香客源源不断来到金墅，涌进庙里烧香拜佛，祈神还愿。与此同时，从江浙、沪、皖各地赶来的商贩也蜂拥而至。里许长的金墅港河，船舶云集。樯帆林立，停满运载香客和商贩的各式航船。农历七月三十晚上还有烧"久思香"的习俗，家家户户都要沿墙脚遍地插香焚烧，或俗称为"狗屎香"。据说，这是苏州百姓纪念元末农民起义领袖张士诚的举动。张士诚的小名"九四香"，谐称"久思香"。烧好"九四香"，要到莲花寺前的河边来放莲花灯。莲花灯用竹子搭成骨架，外周糊上彩纸，做成莲花形状，里面点燃红烛，将其放浮在河上。人们会随着每一盏莲花灯的放游而欢呼雀跃，热烈的气氛，彻夜不绝。通安人称"挤"为"轧"，因为庙会当日人山人海，热闹非凡，所以这一习俗被称为"轧莲花"。

金市村，以金墅集镇得名金墅村，因"墅"和"市"吴语读音相近而化繁为简作金市村。管辖范围为东接北窑村，南连金墅街，西邻东泾村、街西村，北至望亭镇太湖村。面积3.1平方千米，人口1 769人。村委会驻230省道附近。1958年9月，属通安人民公社金墅大队。1958年12月，通安人民公社并入望亭人民公社。1959年6月，通安与望亭仍分建两社，恢复通安人民公社。1983年4月，金墅大队改为金墅村，属通安乡，后写为金市村。1994年8月通安撤乡建镇。

376. 西华路 Xīhuá Lù

位于虎丘区东渚街道镇湖社区。东西向道路，东起绣品街，西至繁荣路，长628米，宽25米。镇湖旧称西华，故名，2006年1月命名。

镇湖，古称西华，意为吴西华丽之地，距苏州市中心约26公里，东与东渚、光福接壤，南、北、西三面环水，地形狭长，东西全长9.3公里，南北最宽处5.9公里，环太湖沿线周长20.86公里，为伸入太湖的半岛。镇湖，春秋时属吴国。秦设吴县后，除王莽新朝一度改为泰德县外，均属吴县，至今已有2 000多年历史。据唐陆广微《吴地记》载，吴县二十都，西华为其一。因位于吴县西部太湖之滨，为华丽之地，故名西华，别名西夏，俗称寺桥头。寺桥之名源自梁代。相传南朝梁大同年间（535—546），于此建长山教寺，教寺西侧河道建造石板桥，桥因名为"寺桥"，桥堍西逐渐形成商贸集市，俗称寺桥头。宋代王存《元丰九域志》载：北宋设西华乡，隶属吴县，元至清代沿袭旧制。清代后叶西华乡隶属长洲县。民国元年（1912）西华隶属吴县。民国十八年（1929）8月实施区、乡、镇建制，光福、西华两乡并为吴县第三（光福）区。民国二十年（1931）始建西华镇建制，下辖市岸乡、石帆乡、东马乡、三洋乡、长巷乡等5个乡，隶属吴县第三（光福）区。民国二十八年（1939）3月，伪吴县知事公署划定乡镇区域，西华建乡公所。民国二十九年（1940）

3月，伪吴县政府恢复吴县西华镇建制。民国三十年（1941）7月，伪吴县第三（光福）区改为第六（光福）区，辖光福、西华等4镇22个乡。1945年8月15日，抗日战争胜利，伪吴县第六（光福）区复改为吴县第三（光福）区。1947年2月，吴县将原第二（木渎）区、第三（光福）区合并为吴西区，辖西华、石帆等乡镇。1948年2月并编乡镇，西华镇仍隶属吴西区。1949年4月27日，西华解放，建西华镇，隶吴县木渎区人民政府，成为吴县木渎区辖8镇之一。1950年3月区乡调整，西华隶属光福区辖，撤销西华镇建制，划建青龙、镇湖、山湖等三个乡。1956年4月，吴县撤销区级建制，西华的青龙、镇湖、山湖三乡合并，成立镇湖乡，共建17个行政村（社）。1958年10月，成立吴县镇湖人民公社，实行政社合一体制。1995年11月改建为镇湖镇。2000年末，全镇共辖1个市镇居民委员会、1个渔业村、13个行政村，85个自然村，144个村民小组。2002年4月，并入东渚镇，同年7月，划归虎丘区。2017年11月，撤销虎丘区东渚镇，设立虎丘区东渚街道。

清朝后期西华（寺桥头）形成集镇。明清时期，镇湖是经济繁荣的商埠，是吴县西部太湖之滨南北商船货物的集散中心。寺桥头、石帆虎春桥（集镇）为闹市中心，水运繁忙，粮船、客轮、木排、竹排相连，商店面河而设。民国时期，西华镇商业以大米业为"龙头"，饮食、茶食、糖果业为支柱，酒酱、棉布、南北货、百杂货、山地货、盐业、铜锡器、丝茧、竹木、苗猪、禽畜、鱼行、刺绣发放等门类齐全，形成了商业、手工业，商店和前店后作坊为一体的格局。

377. 枫津大街 Fēngjīn Dàjiē

位于虎丘区枫桥街道。原西津桥集镇主要道路，西起珠江路，东至枫运路，南临枫津河，长2 900米，宽10米。大街东端隔运河与枫桥相望，又横贯西津桥集镇，故名。

今有枫津社区，位于虎丘区枫桥街道东南部，亦以此为名，管理范围为东接何山社区，南连狮山社区，西邻新狮社区，北至东浜社区。面积0.77平方千米，人口8 900人。社区居民委员会办公地点在塔园路255号。1990年，设立西津桥居委会。1998年1月，从西津桥居委会析出枫津居委会。2004年，撤支津村，并入枫津居委会。2005年7月，枫津居委会改为枫津社区居委会。

378. 横塘路 Héngtáng Lù

位于虎丘区横塘街道。京杭大运河西岸的南北向道路，北起横山路，与运河路相直，南通鸿运街，长约1400米、宽24米。道路经过横塘老镇区而得名，2017年12月命名。

南宋范成大《吴郡志》载："横塘桥。越来溪桥久废，淳熙中，居民薛氏以佥具钱复立之，越来溪水自此桥北流过横塘也。"《吴郡志》又载："贺铸字方回，本越人，后徙居吴之醋坊桥，作吴趋曲，甚能道吴中古今景物。方回有小筑，在盘门外十里横塘，常扁舟往来，作《青玉案》词，黄太史所谓"解道江南断肠句，如今只有贺方回"，即此词也。"南宋龚明之《中吴纪闻》有"贺方回"条："贺铸，字方回，本山阴人，徙姑苏之醋坊桥。方回尝游定力寺，访僧不遇，因题一绝云：'破冰泉脉漱篱根，怀衲遥疑挂树猿。蜡屐旧痕浑不见，东风先为我开门。'王荆公极爱之，自此声价愈重。有小筑，在盘门之南十余里，地名横塘。方回往来其间，尝作《青玉案》词云：'凌波不过横塘路。但目送、芳尘去。锦瑟华年谁与度？月桥仙馆，绮窗朱户。唯有春知处。碧云冉冉衡皋暮，彩笔新题断肠句。试问闲愁知几许？一川烟草，满城风絮，梅子黄时雨。'后山谷有诗云：'解道江南断肠句，只今唯有贺方回。'其为前辈推重如此。初，方回为武弁，李邦直为执政，力荐之，其略谓：'切见西头供奉官贺某，老于文学，泛观古今，词章议论，迥出流辈。欲望改换合入文资，以示圣时育材进善之意。'上可其奏，因易文阶，积官至正郎，终于常倅。"明王鏊正德《姑苏志》载："横塘去县西南二十三里，属灵岩乡宴宫里。震泽在镇西南，其水合流北注，而东折以入海，镇踞北面，当其冲。水由地中，聿分东西，舆梁利涉，东达郡城之盘门，东南达松陵檇李，西而北达郡城之阊门，西南则距胥口，通衢也，水南北为纵，路东西为衡，故名横塘。"明徐鸣时《横溪录》称横塘"镇在楞伽之东北，水陆通道，形利势便，吴郡西南之一吭也。"并在按语中详细说明横塘所居水路之要冲："横塘之水出震泽而自西南来，至于镇者，其派有二：一自震泽之胥口桥东行九里，转入东西醋坊桥，曰木渎香水溪在焉；又东入跨塘桥，进与越来溪通，东北流注横塘。一自震泽之白洋湾折北，汇于楞伽山之下，曰石湖，自此进越城桥，入越来溪，北注横塘。二派注横塘合流，过普福桥下，即分流焉。一自横塘北流，直入彩云桥，经花园村，出枫桥湾，入运河；一自横塘北流，至彩云桥口，折而东北行十里，入胥门河（即胥江）。自胥门河而东南下达娄江者，海道也。自枫桥湾直北，由射渎、许墅、望亭入无锡县界，《续图经》谓之邗沟者，江道也。此横塘之水之源流归宿也。"旧时"横塘路"多指水路，前人诗文中屡加题咏，遂为苏城名胜。除北宋贺铸《青玉案》词作外，尚有南宋范成大《横塘》："南浦春来绿一川，石桥朱塔两依然。年年送客横塘路，细雨垂杨系画船。"姜夔《过横塘》："自作新词语最娇，小红低唱我吹箫。曲终过尽横塘路，回首烟波两石桥。"明吴宽《夏泛横塘》："夏半横塘风日多，画船载酒压晴波。高田得雨皆杭稻，长荡翻云尽芰荷。未必他年成故事，也须随处结行窝。悠悠十里城西路，此是登山第一歌。"明王鏊《秋泛》："笔格山前树作团，越来溪上水成澜。秋风细雨横塘路，洗盏狂歌伍钓竿。"明王世贞《春泛》："杏脸犹含柳眼初，春江为带月为梳。清油荡水丝难挽，白苎和烟调未舒。妾住横塘那用问，君收隔垞欲如何？越来东去无多路，飘瞥风波恨有余。"明沈周《泛横塘》："船到横塘酒再沽，庖人烹出四腮鲈。好山尽在西南上，一路推蓬看画图。"明吴恺《横塘晚渡》："一雁横秋度远声，轻帆遥指阖庐城。渔舟钓罢闻清唱，水上高楼见夜灯。"明卢襄《横塘舟中》："十里横塘旧钓游，水枯随处见沙洲。避人白鸟时相狎，照眼青山晚更稠。桑梓渐亲犹作客，江湖虽远未忘忧。简书正是严程在，明发苕溪又驿舟。"明卢式《横塘行》："渌波溶溶石粼粼，横塘夜静来美人。美人玉色照芳杜，兰佩初纫罗带新。朱颜不轻启皓齿，凌风飘飘行且止。杨柳盈盈抱明月，夫容翩翩出秋水。越王城头烟草昏，馆娃西去藤萝繁。露华厌浥梧桐冷，蟋蟀自语人无言。香枫树底停扁舟，赋得菱歌不解愁。美人忽度来云去，湖山遥遥不知处。"明袁宏道《横塘渡》杂言诗："横塘渡，临水步。郎西来，妾东去。妾非倡家人，红楼大姓妇。吹花误唾郎，感郎千金顾。妾家住虹桥，朱门十字路。认取辛夷花，莫过杨梅树。"明李流芳《江南卧游册题词》："去胥门九里，有村曰横塘，山夷水旷，溪桥映带村落间，颇不乏致。予每过此，觉城市渐远，湖山可亲，意思豁然，风日亦为清朗。"清厉鹗有《自石湖至横塘》诗："楞伽山顶湿云堆，噤痒桃花出废台。万顷吴波摇积翠，春寒来似越兵来。青山断处水连村，踏草无人见履痕。为爱横塘名字好，梦肠他日绕吴门。"

今有横塘社区，位于虎丘区横塘街道北部。因位于横塘街道中心地带，故名。管理范围为东濒江南运河，南连学府社区，西邻横山，北至青春社区。面积0.75平方千米，人口4 235人。社区办公地点在迎宾路20号。2000年1月，设立横塘居委会。2005年5月，横塘居委会改为石湖社区居委会。2016年5月，石湖社区居委会改为横塘社区居委会。

379. 木渎东街 Mùdú Dōngjiē

位于吴中区木渎镇。旧称东街，因在胥江故道北岸，为木渎古镇东向街市道路而得名，2019年8月，更名为木渎东街。东接金枫南路辅道，西至翠坊北街，长1 400米，宽12米。道路旧以栏杆桥为界分为东西两部分，栏杆桥以东原属金山乡，长600余米，宽约3米，花岗石路面，俗称东市稍。栏杆桥以西长约400米，宽4—5米，这段街北宋时已具雏形，清代、民国时期商贸繁荣，是古镇的物资集散地。木渎东街曾有叶氏、

木渎东街

徐氏、盛氏、潘氏、柳氏等大户宅院以及大悲阁、金公馆、遂初园、明代敌楼、法云庵等历史建筑，均不存。街两旁原有的砖木古建大多被现代建筑所代替。2002年，原砖石路改为柏油路。

与木渎东街相交的主要河道有栏杆浜、吴家浜、哑子浜、白塔河、牛车浜。其中，栏杆浜，南北流向，通胥江运河。《木渎小志》载："其浜口往北150丈以上，称青草泾，民国11年长400丈，底宽1丈。"吴家浜，南北流向，通胥江运河，已填平。哑子浜，位于敌楼西侧，南北流向，北端开阔处呈池状，通胥江运河，已填平。白塔河，位于敌楼东，南北流向，通胥江运河，民国十一年（1922）长667米，底宽3米。1978年冬，该河自敌楼西移50米，向北重新开挖500余米，将原有河道裁直。牛车浜，东西流向，已填平。街上主要桥梁有栏杆桥、吴家桥、白塔桥，均为沿胥江运河纤道所需而架设的小石桥。其中栏杆桥，跨栏杆浜，石梁平桥。20世纪50年代改建，今犹存；吴家桥，实为东升桥，跨吴家浜，石梁平桥。20世纪50年代改建，因河浜填平，已废；白塔桥，跨白塔浜，石梁平桥，20世纪50年代曾改建，2000年改建成公路桥（白塔1号桥）。又有俗称的赖债桥，距栏杆桥北百余米，跨栏杆浜，石梁平桥，今已废。民国年间，附近十多户穷苦村民常向"潘正宜"（木渎商号，由徽商开设）借贷。因手头短缺，借贷暂时不能归还，每每上街去木渎，害怕债主当面催讨，宁愿跨过此桥，绕远道躲避之。债主知道后，拆毁此桥。好事者戏称此桥为赖债桥，桥的真名反而失传。主要古树有：高根宝宅前6株榉树，胸径0.5—0.8米，高约10米，20世纪50年代由主人自伐；沈火金宅前1株榆树，胸径0.5米，高约12米，20世纪50年代由主人自伐；徽州公所沿河旁4株榉树，胸径均为0.8米，高约14米，1972年由集体砍伐。

栏杆桥以西道路当时有潘正宜、信大、元米、福记四大米行及茧行。潘氏盐公塘、柳氏小开当曾是东街的标志性建筑。居住过叶氏、徐氏、盛氏、潘氏、柳氏等大户。2002年，原砖石路改为柏油路。东段的胥江河，民国时期驻有吴县水上警察分队，巡逻船一般夜泊盐公塘。徽州公所坐落在东街最东端。清末民初，由在木渎经商的徽州人买地建造，用作停放待葬棺材的场所。正屋为大厅5间，东辟须草（草皮）场，后有沼池。西侧自南向北共5进（25间平房，供暂厝之用），后设台基。20世纪70年代初被拆毁。

东街东稍原有敌楼一座，位于白塔桥西堍、胥江运河旁。此楼据《木渎小志》记载，"方广十三丈有奇，高三丈六尺有奇，下垒石为基，四面甃砖，中为三层，上覆以瓦，旁列孔，发矢石铳炮"。明嘉靖三十六年（1557）由巡抚御史尚维持所建，以防倭寇袭扰。另一说为明嘉靖三十四年兵备副使任环所建。1967年9月被拆毁。清王汝玉曾有诗云："依然雉堞瞰河滨，小小岩关御敌人。今日烽火久消歇，夕阳芳草对残春。"大土台（堆）位于敌楼北侧200余米处，面积20余亩，高出地皮1米以上，为殡葬地。土台平坦，有低平坟头两三百个，均为鳏寡孤独死后无地安葬者。20世纪60年代，在该地开设2个砖窑，就地取泥。1975年被集体挑平。原敌楼西侧崇政桥东有法云庵，由明天启年间僧鉴明始建，在庵门左右原有尤侗《誓愿碑记》及熊传栗《开兴福塘记》两碑，咸丰十年（1860）毁。清同治间僧法宗重建。现为县机电厂所在。庵内有二松甚古，为木渎十景之一。"文化大革命"中毁。门前有古松二株，"法云古松"为"木渎十景"之一。明代吴溥有诗云："何年高挺两虬枝，郁作慈云荫古姿。夜静涛声谁听得，山僧出定四更时。"1926年，原江苏督军程德全于常州天宁寺削发受戒，法名寂照，后隐居木渎法云庵，并写有法云庵碑记，详述沿革。程德全还曾邀请《木渎小志》作者张壬士和袁光裕于庵会晤，清谈终日，并留诗一首："苍松历久等烟消，古寺还凭江岸描。居士雪楼曾小隐，扁舟一叶应嘉招。"20世纪60年代建机电厂时，庵被拆除，古松亦不复存在。清末时，庵右侧（西面）为安徽商人所建的徽州社仓，乃停放棺木、运送尸骨返乡之地，后因建二纺厂填没。又曾有大悲阁坐落在东街111号（吴家浜西）。民国年间有房22间734.78平方米，占地1.704亩。另有耕地3.603亩、竹园0.201亩。1951年，其中11.5间房屋由尼姑钱妙莲代管，另有10.5间属尼姑龚妙修、吴月娥、龚本觉、陈正赦、陆连宝5人所有。1958年，在大悲阁址开设金山乡农机厂。又有金宝华堂，俗称金公馆，坐落在大悲阁前。民国年间有房16间，占地1.479亩，另有耕地7.27亩。有尼姑4人。20世纪50年代初由寿宝代管。60—70年代曾被用作生产队蚕室，后又在此开办金山乡镜片厂，今已废。

东街77号系遂初园旧址（位于栏杆桥西）。遂初园位于东街，20世纪80—90年代在吴县装潢印刷厂、木渎二中（后为木渎中心小学）位置，系清江西吉安太守吴铨乞归吴县后所造，后归葛氏。咸丰年间（1851—1861）归洞庭西山徐氏。光绪年间（1875—1908）属渡村吴舍（西塘）柳商贤，系柳任浙江宁海县知县后购得［光绪二十四年（1898）］。叶昌炽自甘肃省归来后亦赁用数年。遂初园原宅第部分为东、中、西三埭七进，连同花园面积为25.04亩。园系清康熙间吉安太守吴铨（字容斋）所筑，三落七进一大园。始成时，清徐陶璋（康熙五十四年状元）为园作《遂初园序》；沈德潜（后为翰林院编修）作《遂初园记》（《沈归愚诗文全集》文续卷六，乾隆五十九年刻本）。有书室名为"璜川书屋"，蓄书万卷，皆珍本秘籍（如世所罕见的北宋本《礼记单疏》）。次子成佐（号懒庵）后又筑书楼三间，题名"乐意轩"。清著名宫廷画师徐扬于乾隆二十四年创作的《盛世滋生图》（又称《姑苏繁华图》）曾绘录有当时遂初园园貌。之后，名园几易其手，先后归葛氏、徐氏。当时园内桂花弄、木香棚尤负盛名，俗语"木香棚里谈恋爱"亦缘于此。光绪年间，又由浙江宁海县卸任归居的横金西塘人柳商贤购得。未几，柳氏身故，园遂荒废。至民国十年出版的《木渎小志》将其列为古迹。解放初期，此园已荒芜，园中门窗、石亭柱、假山等被移至拙政园供修园所用。20世纪60年代，此处为吴县教师进修学校。1978年为木渎二中所用，后又为中心小学所用，2007年小学搬迁。今遂初园仅在东街77—7号留有少许遗迹。

御码头在木渎东街栏杆桥以东的河岸、原县二丝厂门前一带，俗称"丝草场"。清康熙、乾隆驾幸灵岩，御舟靠岸处。清乾隆十六年二月，乾隆帝第一次南巡至苏，所乘御舟即由胥江经横塘至木渎东街御码头登岸，然后至木渎山塘街徐士元虹饮山房小憩。现尚留有御码头、接驾亭残迹（重刻的御码头青石碑现放在山塘街香溪河畔）。东街95号，原为茧行。民国二十七年（1938），伪江浙第二绥靖区第一支队第三大队第一中队驻扎此处。后为始创于乾隆四十六年（1781）的百年老字号乾生元总部。又有怡泉亭，位于东街西口处的殷家弄。为一古雅拙朴的石亭，亭始建于明崇祯二年（1629）四月，为殷心揖纪念亡友冯怡泉所建。东街现仍存有传统民居7—11号、43—57号、83—97号。

380. 殷家弄 Yīnjiā Lòng

位于吴中区木渎镇，在木渎东街西段。南北向小弄，南起木渎东街，北至怡泉亭巷，长196米，宽3米。弄内北首原有怡泉亭。

怡泉亭，始建于明崇祯二年（1629），据当代《木渎镇志》记载："怡泉亭，位于镇殷家弄北端，现围在地质队家属宿舍内。因里人殷心抑（揖）的好友冯怡泉往日有银子存放殷处，冯怡泉死后，又无子女，殷心抑（揖）便以故友的遗金，开井造亭，以方便往来行人，并借此纪念故友。遗金不够造亭费用，殷自己再出钱来建造，成于明崇祯二年（1629年）四月。亭以花岗石砌，平面呈正方形，阔3.10米，高约4.5米，歇山单檐造，披屋顶。"明冯翼有《井亭》诗："遗金昔日有怡泉，泉下埋名亦有年。今日翼然谁肯构，怡泉亭畔说怡泉。"清王汝玉《香溪杂咏》曰："结交岂是爱黄金，亭号怡泉托意深。古井波澜寒不起，一泓留照故人心。"怡泉亭遂成了纯真友谊的象征。该井为古人重情义、重然诺、一言九鼎、不贪不昧的道德情操的表现。后重建于清康熙四十三年（1704），屋顶以八块条石铺就，用一块近似三角形的条石做脊结顶。东面第二块盖顶石上刻有"清康熙肆拾叁年岁次甲申仲夏"等字。四根石柱，一米以上为八角形，一米以下为四方形。四根搁柱托顶三根宽度相等，唯北面石梁较宽，其正面当中雕"锭胜"，两端雕花草。南面石梁上阴刻亭名，东、南、西三面石柱间施条石栏凳供人憩坐。亭内有井一口，圆形花岗石井栏，高0.50米，外围直径0.63米，内圆直径0.30米，圈壁厚度最小为0.10米，最大为0.16米，厚薄不一，凹凸不平，似圆非圆，有古雅

殷家弄

拙朴之感。原镇上共有4座石亭，怡泉亭为幸存的一座。1986年被列为吴县文物保护单位。2002年，其井亭、井圈被移建于吴中区木渎镇山塘街香水溪北岸，井仍留于弄内111号江苏省第四地质勘探队职工大院中。

381. 顾公路 Gùgōng Lù

位于吴中区越溪街道，现为苏州市职业大学内部道路。在圣陶路西，南起文耀街，北至雪君路，长850米，宽14米。因路西侧有南朝名臣顾野王墓而得名。

唐陆广微《吴地记》：顾野王坟，在横山东，平陆地，遗言不起坟。野王字休伦，仕陈武帝，为门下侍郎。博综群书，广搜经籍，撰《梁瑞应图》七十卷、《御览》三百六十卷。宫人各念一卷，常随驾行，内人谓之"著脚《御览》"。南宋范成大《吴郡志》："梁顾野王墓。在吴县楞伽山下，近越来溪。绍兴间，其碑石虽皴剥断裂，尚巍然植立，后为醉人推仆，石碎于地，今尚有存者。又《吴地记》云：在横山别隅，平地不起坟。"清沈德潜有《野王墓》诗："古墓留名士，南朝旧侍郎。博闻通物理，作史发幽光。石径埋春草，残碑卧夕阳。读书堆畔路，约略共荒凉。"

顾野王墓

382. 五湖路 Wǔhú Lù

位于吴中区太湖街道，东太湖路南。东起雷山路、西至箭浮山路，长3 522米，宽50米。五湖为太湖的别称，2017年9月命名，当时属越溪街道。2018年吴中区行政区划调整，太湖街道设立，现属于吴中区太湖街道管辖范围。

明王鏊有《五湖记》云：吴郡之西南有巨浸焉，广三万六千顷，中有山七十二，襟带三洲（苏、湖、常也）。东南诸水皆归焉，其最大者二：一自宁国、建康等处入溧阳，迤逦至长塘湖，并润州、金坛、延陵、丹阳诸水，会于宜兴以入（今宁国、建康之水不由此矣）；一自宣歙、天目诸山下杭之临安、余杭，湖之安吉、武康、长兴以入，而皆由吴江分流以入海。一名震泽，《书》所谓"震泽底定"是也；一名具区，《周礼·

职方》"扬州之薮曰具区",《山海经》"浮玉之山,北望具区"是也;一名笠泽,《左传》"越伐吴,吴子御之笠泽"是也;一名五湖,范蠡乘舟出五湖口,太史公"登姑苏,望五湖"是也。五湖者,张勃《吴录》云:"周行五百里,故名。"虞仲翔云:"太湖东通常州、松江,南通乌程、霅溪,西通宜兴、荆溪,北通晋陵、滆湖,东连嘉兴、韭溪,水凡五道,故谓之五湖。"陆鲁望云:"太湖上禀咸池五车之气,故一水五名。然今湖中亦自有五湖,曰菱湖、莫湖、游湖、贡湖、胥湖。莫厘之东,周三十余里,曰菱湖;其西北周五十里,曰莫湖;长山之东周五十里曰游湖;沿无锡老岸,周一百九十里,曰贡湖;胥山之西南,周六十里,曰胥湖。五湖之外,又有三小湖:夫椒山东曰梅梁湖,杜圻之西、鱼查之东曰金鼎湖,林屋之东曰东皋里湖,而吴人称谓则维曰太湖云。"

383. 朱买臣路 Zhūmǎichén Lù

位于吴中区木渎镇,穹窿山东侧。西起小园岭,向东折北至穹灵路,长4 200米,宽12米。相传汉代名臣朱买臣曾居此,附近有朱家场和藏书庙。2004年命名为藏南路,2006年更名为朱买臣路。

当地有朱家场自然村,村人多朱姓。朱买臣路南端又有捞桥村,当地传为朱买臣前妻投水自沉处。朱买臣(? —前115),字翁子,会稽吴(今苏州)人,西汉大臣,辞赋家,汉武帝时被封为中大夫。他精通《春秋》《楚辞》,擅长辞赋,为汉武帝文学侍臣。当时东南沿海的东越王叛乱,他请命讨伐,遂出任会稽太守,与横海将军韩说带兵一举平息了多年的祸患。朱买臣功劳卓著,被擢升为主爵都尉,位列九卿。后又就任丞相长史。邻近有藏书庙,相传朱买臣少时居此读书,因家境贫寒,以砍柴卖柴为生,每次外出务工时即将随身携带的书籍藏于此地庙中,"藏书"地名即由此而来。又有朱买臣读书台,位于吴中区木渎镇穹窿山茅蓬坞穹窿寺遗址后,1986年被列为吴县文物保护单位。为一块深褐色天然台状磐石,长约2.8米、宽约1.9米、高约1.2米,略呈长方体,表面平整似床,广约5.32平方米,镌有"汉会稽太守朱公读书处"及"正德己巳

朱家场

都穆题"等字。读书台畔后又新造朱公祠、啸亭等纪念性建筑。其刻苦读书的精神长期以来一直激励着后人。

384. 澹台街 Tántái Jiē

位于吴中区城南街道。东起宝南路，西至下田浜，长880米、宽24米。路南侧为苏州吴文化博物馆，路北为澹台湖，故名。2019年11月命名。澹台指澹台灭明，春秋时期鲁国人，孔子弟子。澹台湖，面积约2.55平方公里，在吴中区宝带桥西侧。相传为春秋时期孔子弟子鲁国人澹台灭明南游至吴国结庐修学处，后陷落成湖，故名。澹台湖西通石湖，东过宝带桥入江南运河。

385. 皇亭街 Huángtíng Jiē

位于姑苏区胥门外，胥江与外城河交汇口南岸。清康熙帝南巡时，汤斌于此刻碑立石，建万寿亭，百姓俗称"皇亭"，街因亭名。清末至民国期间称水门塘，旧时为行商集中之地。"水门"为"胥门"的方言同音写法。街向北原以大日晖桥（怀胥桥）与万年桥大街相接，向南沿外城河西岸直抵苏福桥、盘门。因水运上下方便，近代曾是苏州大厂商集中地段。20世纪50年代后，南段街面被苏州火柴厂、苏州味精厂分别划进厂内，街被截断。1953年重修弹石路面。北端大日晖桥于1957年拆除，1966年曾改称永胜街，80年代改建水泥六角道板路面。1999年拆迁改造成皇亭街小区。

清康熙二十三年（1684），康熙帝南巡至苏，十月二十六日中午到达苏州浒墅关，从阊门入城，骑马缓行直至盘门瑞光塔，然后登城楼沿城墙一路北走，在城墙上一路四望姑苏城里城外，直到齐门下城楼，又进拙政园，晚入住织造府。二十七日游虎丘，乘舟回到苏州城里。康熙帝一路体察民情，向官员了解民俗民风等事，二十八日离开苏州，北上前召见时任江苏巡抚汤斌，留有谕旨："朕向闻江南财赋之地，今观民风土俗、通衢市镇，似觉充盈，但乡村之饶、民情之朴不及北方，皆因粉饰奢华所致。尔等身为大小有司，当洁己爱民，奉公守法，激浊扬清，体恤民隐，务令敦本尚实、家给人足，以副朕望。"圣谕于南京、安庆、苏

皇亭街御碑

州三处大书立石，以示久远。汤斌遂于于胥门外日晖桥南二尚书祠原址刻碑立石，建万寿亭，俗称"皇亭"，街因亭名。二尚书祠祀明户部尚书夏原吉、工部尚书周忱，建于弘治十一年（1498）。后乾隆十六年（1751）、乾隆二十二年（1757）两次南巡均至此地，并有诗作刻碑，其一曰"牙樯春日驻姑苏，为问民风岂自娱。艳舞新歌翻觉闹，老扶幼挈喜相趋。周咨岁计云秋有，旋察官方道弊舞。入耳信疑还各半，可诚万众庆恬愉。乾隆辛未仲春驻跸姑苏作"。今原亭无存，三座御碑均存，移至数十米处于运河边建有六角亭。2014年，皇亭御碑被列为苏州市第四批控制保护建筑。

原皇亭街13号，民国时期曾为大德冶坊。当时邻近枣市桥一带为苏城冶坊集中之地，较成规模的有沈余昌冶坊、新振源冶坊，另外还有集太昌、源隆昌等。炉主张敬安原是沈余昌冶坊的经理，于1938年邀俞氏兄弟合股在枣市桥皇亭街13号开炉生产。大德冶坊专产苏州传统的皮锅。所谓皮锅，指的是用旧锅铁加木炭炼铸而成的铁锅（用废铁、矽铁加木炭炼铸而成的铁锅则称为矽锅）。大德产的皮锅因其质量稳定，一时销路很好。大德冶坊还特地在厂门口设"广台间"，专用两个工人整天"叮叮当当"敲锅皮，以招徕前来买铁锅的顾客。大德平时开一只炉子，到旺季时就开两只炉子生产。后转让给汪克章，因经营不善，皮锅销路下滑，汪克章又把大德转让给张菊生。张菊生去世后，大德冶坊高薪聘请施纪青担任经理。施纪青在皮锅产销上较有办法，生产重质量，销售讲布点，保持了苏州皮锅的特色，使大德冶坊一直持续生产到1951年年底，后并入民丰锅厂。原29号金宅有清嘉庆砖刻门楼。街北口原有清同治时建的福缘庵，1978年拓宽胥江、改造泰让桥时拆除。原35号为被誉为"大日晖桥一把刀"的中医外科陈明善医庐。

386. 葫芦街 Húlu Jiē

位于姑苏区金阊街道，南浩街北段。东起南浩街，西至阊胥路，长140米，宽8.5米，花岗石路面，1999年4月开通。街西端北侧为南浩花园住宅。《红楼梦》称苏州阊门一带"最是红尘中一二等富贵风流之地"，1998年南浩街改造时掘得方石一块，高一米许，宽75厘米，厚25厘米，上刻"悟石"两字，及"□□于葫

葫芦街

运繁荣不到木场头
打索场
柳色青青月色黄温柔原不负年光一从旷却湖山
後著句难题打索场
官衙堂
却後莺花惨不红战尘依旧隔春风经行官衙堂边
路十室无如八九空
贵门街
风光本地散吟怀酒幔茶楼近市佳漫笑鲥生诗吻
薄但言常踏贵门街
浜底头

贵门街（《吴门坊巷待猷吟》）

芦庙"等字样。据此推断，该处当为葫芦庙遗址，该庙毁于清咸丰十年（1860）。遂在原安吉里附近依照该小说第一回中甄士隐居在阊门外葫芦庙而建"葫芦庙"景点，并将新辟街定名为"葫芦街"。二十一世纪初，石路地区改造步行街，葫芦街曾定位为经销具有民族风情工艺制品的特色商业街。

387. 贵门街 Guìmén Jiē

位于姑苏区虎丘街道。原东起广济路，西接半边街与胡家墩，长250米，宽2.2—3.6米。原为弹石路面，后为六角道板路面。民国《吴县志》作贵门街，《吴县图》未注街名。2003年拓建广济路时拆迁，在今广济公园北部。现当代范广宪《吴门坊巷待猷吟》有诗咏"贵门街"："风光本地散吟怀，酒幔茶楼近市佳。漫笑鲥生诗吻薄，但言常踏贵门街。"

388. 路西街 Lùxī Jiē

位于姑苏区虎丘街道。东接杨安弄，西接航西新村，长693米，宽1.2—4.5米。原为弹石路面，现为六角道板路面。民国《吴县志》作路头堂西街，《吴县图》标路头西弄。附近原有供财神的路头堂

小庙，故名。1966年改名新胜街，1982年改现名。

389. 茅山堂街 Máoshāntáng Jiē

位于姑苏区虎丘街道，钱万里桥南堍东侧。西接广济路，东至园地村，长216米，宽4.6米，沥青路面。其地原有小庙茅山堂，堂内供奉三茅真君神像，街因庙名。并有茅山堂一至四弄，周边旧时为棚户区，现已陆续拆迁。

茅山，原名句曲山，为道教名山之一，称"第八洞天"，在江苏西南部，跨越句容、溧水、溧阳等境。

390. 盘门大街 Pánmén DàJiē

位于姑苏区盘门外，旧时为进出盘门的陆路通道。南以吴门桥为界与盘门横街相连，向北折西止于盘门城门口，长116米，宽4米，1985年改弹石路面为花岗石路面。水关桥在街南端西侧。今已拆迁成盘门景区广场。

茅山堂街旧貌

391. 齐门外大街 Qíménwài Dàjiē

位于姑苏区齐门外，为进出齐门的主要通道。南起齐门大桥北堍与齐门路相直，北至苏城大道，长1 080米，宽4—5.4米，1988年改弹石路面为沥青路面。因地处齐门外而得名。《苏州城厢图》等标齐门外大街，《吴县图》标齐门大街。

80号原为李王庙，始建年代无考，清同治年间（1862—1874）重建。128号原为崇道堂，俗称耶稣堂，清光绪三十一年（1905）建。154—284号原为无量寿寺，建于唐贞观年间（627—649），三面环河，南北有桥，宋、明两代均重修。寺内传有奇树"望水檀"，《吴门表隐》卷四："望水檀在齐门外无量寺内，春槁夏荣，梅雨过而舒叶。"177号原有天德堂药铺，前身为许天德。于光绪二十三年（1897）开设。业主许寿山，业医，又卖药。1936年许将店盘给其外孙李伯康，作价法币300元。李氏自十一岁起就在其外祖父家学医，又是药店学徒。受盘后，招牌去"许"字，另加"康记"。该店规模较小，无职工。1937年起曾先后聘请张子瑛、陆金庵、钱佩仁为坐堂医生。资金情况：1936年为法币300元。1937年日寇侵华时损失230元，劫余300元。1945年抗日战争胜利后为法币50万元。1950年重估资产时为旧人民币225万元。1955年底为人民币537元。1956年合营，内部仍自负盈亏。1958年8月24日并入震元堂药铺。又有灵芝堂药铺，由李幼卿于民国十八年（1929）八月初二创设在齐门外大街。李氏开设该店时，曾负债3 000元，硬凑集资金，买下近邻的米店，扩充门面。民国二十年（1931）三月二十一日，李氏病故。由袁家振出资银币4 000元盘入该店。店号加"振记"。在1943年底，袁氏又受盘附近的葆生堂。1945年将葆生堂正式并入灵芝堂振记。1937年后，曾先后聘请苏存愈、谢兆卿、韩剑石为坐堂医生。该店资金：1931年为银币4 000元。1937年日寇入侵时损失3 650元，劫余1 310元。1945年抗日战争胜利后，为法币80万元。1949年9月为旧人民币382万元。1950年重估资产时为旧人民币335万元。1955年底为人民币3 601元。1956年公私合营。有工作人员六人。1958年9月，改名为灵芝堂中西药商店。1966年10月又改名为工农药店。1966年12月上升为国营，称作"国营工农店"。

齐门外大街

1979年10月，恢复原名为灵芝堂国药店。272号原为贤圣庙，已废。齐门外大街东侧，民国《吴县志》所录有天竺弄、井亭桥浜、马弄、王家桥浜等。其中天竺弄，原名烧人弄，东不通，西出齐门外大街。民国《吴县志》作烧人弄，并注："卢熊《志》城图：娄门外漏泽园有焚人亭，知宋代义冢，隶宗教，用天竺火葬法。"长305米，宽1.9米，1991年改建成异形道板路面。1999年拆迁重建。

观成巷

392. 观成巷 Guānchéng Xiàng

位于姑苏区平江街道。东起东脚门，西至皮市街，长161米，宽3.5米。原为砖石路面，1992年改建为"三寸子"和混凝土路面。因地处玄妙观后，面对大成坊而得名。17号原为玄妙观方丈殿，后废为民居，称方丈里。《吴县图》标观成巷。

393. 坝上巷 Bàshàng Xiàng

位于姑苏区平江街道，狮林寺巷北面。东接新造桥下塘，西至园林路，长138米，宽1.5—5.6米，原为弹石路面，

1985年改为六角、方形道板路面现为沥青路面。原名坝上，《吴县图》南北二段均标作"坝上"，1950年代起称坝上巷。民间称北巷为北坝上巷，南巷为南坝上巷。巷内曾建吴县刺绣厂。

坝上巷

394. 后庙巷 Hòumiào Xiàng

位于姑苏区平江街道。东起蒋庙前，西至沙家弄，长191米，宽2米，1991年改弹石路面为异形道板路

面。旧时与前庙巷、蒋庙前为一巷，《吴县图》标后庙巷。1960年代中期曾名为民巷，1980年复名。

395. 太师巷 Tàishī Xiàng

位于姑苏区沧浪街道。南起书院巷，向北折西至金狮河沿，巷长120米，宽2米，1990年改弹石路面为水泥道板路面。卢《志》等均作太师巷，冯《志》并注："今呼道堂巷"，中华人民共和国成立后一直沿用道堂巷名，直至1980年因重名（蒲林弄、拙政园弄、新春巷原均名道堂巷）而恢复古称太师巷。

太师巷

396. 五爱巷 Wǔài Xiàng

位于姑苏区金阊街道，周五郎巷北面。东出吴趋坊，西至周王庙弄，长280米，宽3米。原为砖街，后改为弹石路面，现为水泥条砖路面。原名王枢密巷，明洪武《苏州府志》、正德《姑苏图》等有载，北宋王钦若居此而得名。民国陆璇卿《旅苏必读》载："王枢密巷，东吴趋坊，西石塔头。"

五爱巷

1966年改为今名。旧时以《孟子·滕文公》中"君臣、父子、夫妇、长幼、朋友"之"五伦"为"五爱"，即"父子有亲，君臣有义，夫妇有别，长幼有叙，朋友有信"；中华人民共和国成立后，赋予了五爱以新的内涵，即"爱祖国、爱人民、爱劳动、爱科学、爱护公共财物"，是在1949年《中国人民政治协商会议共同纲领》中作为第四十二条提出，是中国社会主义道德建设的基本要求。1982年《中华人民共和国宪法》第二十四条改为"爱祖国、爱人民、爱劳动、爱科学、爱社会主义"。

　　清光绪七年（1881），苏州电报局首设于该巷，后迁至天库前。20世纪中期，范广铺将原在包衙前12号的木机织绸作坊迁至王枢密巷（今五爱巷15号），改名为新华绸厂，1956年与其他绸厂合并组建为苏州光明丝织厂。10号为织造局旧址，清代建筑，为昔时苏城织造工场中唯一尚属完整的遗存。三进清代建筑，大厅面阔三间，进深八界。楼厅面阔五间加二厢，进深七界，扁作雕花承重翻轩。两座砖雕门楼，一为"燕翼相承"，为"同治癸酉年（1873）洪钧题"；另一为"癸酉仲冬吴宝恕"，题已残。2003年被列为苏州市控制保护建筑。五爱巷10—1号为二胡制作大家吕伟康故居。吕伟康（1926—2014），二胡演奏家，也是二胡制作名师，中国民族乐器改革家，其制作的二胡在1961年全国首届二胡评比获一等奖，故人称其为"二胡王"。二胡始于唐朝，最早发源于古代北部地区的少数民族奚族，故称"奚琴"。唐代诗人岑参有"中军置酒饮归客，胡琴琵琶与羌笛"的诗句。至宋代改称"嵇琴"，宋末陈元靓《事林广记》云："嵇琴，本嵇康所制，故名嵇琴"。至近代，胡琴才更名为二胡。吕伟康父亲为乐器工人，15岁时父亲病故后到上海俞振兴乐器店学徒，19岁回到苏州，开设中国乐器社，制作技艺精湛并对二胡制作进行改良。

　　36号为潘宅，清代建筑，现存两路四进，有大厅、花厅、内厅、女厅、轿厅等，门楼上砖雕有梅、兰、竹、菊图案，2003年被列为为市控保建筑。38号曾为陈氏宗祠，有"平阳衍庆堂界"石碑。41号宅，祖上从事金融业，原有花园，后被毁。43号宅，建于清代，现存三进，格局和现状完好，第二进天井前，存砖雕门楼一座，题为"和平中正"。巷内现存两口古井，一位于礼耕堂潘宅畔，井栏圈呈六角型，敦实古朴，仍可使用。一为平阳义泉井，位于衍庆堂外路边。

开甲巷

397. 开甲巷 Kāijiǎ Xiàng

　　位于姑苏区金阊街道，桑叶巷西面。南起砂皮巷，向北折西至河沿下塘，长243米，宽1.8米，1992年改弹石路面为异形道板路面。原名开家巷，明洪武《苏州府志》及《姑苏图》作开家巷。《吴县图》标作开甲巷，民国《吴县志》亦作开甲巷，并注："（在）桑叶巷西，金石门'有开赵埋铭，巷当即其所居，说见潘志万《金石补编》。"开为姓氏，巷因开姓人家所居，故名。实际"甲"是"家"的促声化音变。王謇《宋平江城坊考》卷二所引叶廷琯《吹网录》有载。

398. 长春巷 Chángchūn Xiàng

　　位于姑苏区金阊街道，吴殿直巷北面。东起新春巷，西出养育巷，长208米，宽3.3米，1981年改弹石路面为沥青路面。明洪武《苏州府志》等均作长春巷，《姑苏图》亦标长春巷。明诗人王稚登曾住该巷。王稚登（1535—1612），博学多才，擅长诗、书、画，为文徵明之后吴中书画领袖，著有

《金昌集》《王伯穀全集》。巷内原有小学"长春学堂"，于1889年由美国基督教监理会传教士金振声女士创办，1904年改办初中，迁入慕家花园。6号原为全浙会馆址，清光绪十三年（1887）由在苏浙商所建，亦称之园。馆内有戏台，为清末民初苏城重要的昆曲演出场所，1922年8月，全福班于此做告别演出。1927年，于此处设吴县公安局保安队办公室，后又于此设临时施戒所；1934—1938年，为苏州国医专科学校所在地；1938年9月，为江苏省会警察

长春巷

局；1945年10月，改称吴县警察局；1949年6月，为解放初期苏州市公安局；1953年后为苏州印刷总厂。巷内还有民国时期为父报仇、刺杀孙传芳的传奇女子施剑翘故居。民国陆璇卿《旅苏必读》载胥门外亦曾有长春巷："东马路，西火烧塘岸。"

赛儿巷

399. 赛儿巷 Sàiér Xiàng

位于姑苏区金阊街道，宝林寺前东段北侧。与文衙弄十字交叉，东接吴趋坊，长115米，宽3米，原为砖街，后改为弹石路面，现为水泥条砖路面。明正德《姑苏志》作赛儿巷，清乾隆《苏州府志》作赛儿巷，《姑苏图》等也标赛儿巷。民国陆璇卿《旅苏必读》载："赛儿巷，北天库前，南文衙里。"1966年曾改名兴无弄，1980年复今名。巷内8号为界碑标为"陈界"的带天井住宅，残存有贞节牌坊，旌表守节妇"割

其股，煎汤育儿"。巷内路边存有圆公井。

400. 曹家巷 Cáojiā Xiàng

位于姑苏区金阊街道，高师巷北。东起王天井巷，西出中街路，长276.9米，宽3.75米，原为弹石路面，后为六角道板路面。明洪武《苏州府志》作曹虞部巷，虞部即虞部郎中，宋代职官名。民国陆璇卿《旅苏必读》载："曹家巷，东三条桥，西中街路。"巷内有明代文林、文徵明父子所建停云馆，建于弘治五年（1492）。

曹家巷文氏故宅停云馆为文徵明之父文林于弘治五年（1492）自南京太仆寺丞移病归里后所构建，当时文林有《停云馆初成》诗记其事："居西隙地旧生涯，小室幽轩次第加。久矣青山终老愿，居然白板野人家。百钱湖上输奇石，四季墙根杂树花。尽有功名都置却，酒杯诗卷送年华。"后来，文徵明和其兄文奎一

曹家巷古宅

直居住于此。文徵明回苏州后在停云馆东筑"玉磬山房",并亲手种了两株梧桐于庭院中。其子文嘉在《先君行略》中说:"到家,筑室于舍东,名玉磬山房,树两桐于庭,日徘徊啸咏其中,人望之若神仙焉。"明崇祯《吴县志》载:"停云馆,三楹;前一壁山,大梧一枝;后竹百余竿。悟言室在馆之东。中有玉兰堂、玉磬山房、歌斯楼。"1730年文徵明八世孙文含编纂《文氏族谱》载文林宅位于:"德庆桥西北。内有停云馆,子待诏徵明亦居之,停云之名益著"。清《百城烟水》卷二:"停云馆,在三条桥西北曹家巷。文温州林所构,子待诏徵明亦居之。嘉靖间所勒帖谱十二卷盛行,其名益著。今五世孙,亦以工诗能书称。"文徵明有诗《重葺先庐》云:"基构百年谋,依然四壁秋。庭阴别柳色,檐影带云流。客到从题凤,余生本类鸠。稍令供燕祭,此外复何求?"

巷内新乐里为控保建筑。16号原为吴兴会馆,即湖绉公所,当地人习称"湖州会馆",清乾隆五十四年(1789)由湖州商人共建,有议事厅、花厅、客厅、戏台、书房等。每逢朔、望吉日,关帝生日,逢年过节,商人在此集会。28号王宅,为苏纶厂经理王驾六建。坐北朝南两路,建筑面积3 163平方米。东路存六进。第一、二进为对照花篮厅,各面阔四间13.5米,进深五檩7米,扁作梁,前后翻轩,垂蓝雕刻精致。左右连以回顶厢庑。后四进都是楼。西路大厅已拆,现存五进,第二、三、四进为楼。2003年被列为苏州市控制保护建筑。

401. 金刀桥巷 Jīndāoqiáo Xiàng

位于姑苏区平江街道。南起东花桥巷,北出白塔东路,长125米,宽3.4米,1987年改弹石路面为六角道板路面,现为沥青路面。相传巷以桥名,桥久废。原为祝家园中分出之巷,民国《吴县志》载"祝家园,赛金巷东,一名金刀桥巷"。巷内原有"梅园",系明代祝枝山所筑。民国《吴县志》又载:"连家桥在保吉利桥南,古名笮里,吴大夫笮融居此"。"连、祝"近音,后写成祝家园。连家园旧时范围颇大,《姑苏图》东花桥巷东段北面标作横街、拗花弄、折枝弄,均属连家园,《苏州图》上则分标祝家园、金刀桥巷。

金刀桥巷

402. 王天井巷 Wángtiānjǐng Xiàng

位于姑苏区金阊街道，河沿下塘、埃河沿一线西侧。南出景德路，北出东中市，长690米，宽4.5米。原为弹石路面，后改为沥青路面。该巷原分为两段，景德路至东百花巷称王天井巷，曹家巷以北称周哑子巷，后统称为王天井巷。明洪武《苏州府志》等均作王天井巷，正德《姑苏志》云在"城隍庙西"，清康熙《苏州府志》云"雍熙寺西北"，民国《吴县志》同时录有王天井巷、周哑子巷。《姑苏图》南段标作王天井巷，北段标作周哑子巷，中段东百花巷至曹家巷未标巷名。《吴县图》统称王天井巷。旧时苏州木器家具业多集中于此，连带有圆作盆桶店、橱柜店、棕垫店、西式木器店等。1997年拆迁重建。

王天井巷牌坊柱

403. 南石子街 Nánshízǐ Jiē

位于姑苏区平江街道，平江路中段西侧。东至青石桥，西至迎晓里接南显子巷，长200米，宽2.3米。宋名苏军巷，清名石子街，民国时改今名。巷内10—1号为徐氏春晖义庄，清代建筑，2003年被列为苏州市控制保护建筑。5—10号为清代军机大臣、探花潘祖荫及其弟潘祖年的故居攀古楼，又称竹山堂、探花府，清代建筑，苏州市控制保护建筑。

徐氏春晖义庄，清代建筑，清宣统元年由孝女徐淑英秉承其父徐佩藻遗志创立，解放后为协成小学，后并入大儒小学。坐北朝南二路。现西路存厅堂一进，面阔三间，雕花扁作梁，东西两侧有挟屋。西路和银杏等花木现位于大儒中心小学内。东路存厅堂三进，第一进为鸳鸯厅，第二进大厅与前厅以廊庑相连。东路前现为小游园。2003年被列为苏州市控制保护建筑。

潘氏故居朝南，三路五进，占地约8 000平方米。中路各进皆用楼屋，以厢廊连通为走马楼。第四进面阔三间带两厢16.2米，进深13.9米，高约10米，扁作梁，装修较精。西路砖雕门楼有嘉庆年款。大门外有拴马环。东路前部园已废，原由床单厂占用，作旅馆、宿舍用。2003年被列为苏州市控制保护建筑。潘祖荫（1830—1890），字伯寅，号郑盦，咸丰年间（1851—1861）授翰林院编修，同治年间（1862—1875）迁光禄寺卿，都察院副使，刑、工侍郎，工部尚书，光绪年间（1875—1908）任刑、礼、兵、户部尚书，军机大

南石子街

臣,太子太保衔,晚清著名学者、金石家。潘祖荫 23 岁中探花,长期在京任职,卒于任上,南石子街8号老宅系其苏州住处。祖父潘世恩,乾隆状元、大学士,父潘曾绶内阁学士。潘本人富收藏,珍宝存家中,藏室额署"攀古楼"、"滂喜斋"、"澄怀堂"、"金石录十卷人家"等,因"攀古楼"收藏青铜器名誉海内外。所藏青铜器,均稀世珍宝,抗战前存380余件。大克鼎、大盂鼎和毛公鼎,是最著名的三件西周青铜重器,前二件均为潘藏,遂刻"天下三宝有其两"章一枚。"毛公鼎"一度为寓居网狮园的叶恭绰所有。潘世恩因赐第圆明园,南石子街宅特仿之。日寇侵苏,七进潘宅搜寻,幸亏潘家早有准备,埋藏地下,未被掠夺。解放后,1951年潘家取出献给国家。今为花间堂主题酒店。

巷内有端善堂潘宅,为水利专家潘镒芬故居,亦为潘镒芬出生和终老之所。端善堂坐北朝南,五路七进,东路已改建,东起二路为主轴,三进是大厅,中路花厅两进,楼厅两进,西路以厅堂为主。潘镒芬(1893—1953),字万玉。早年读上海澄衷学堂、南洋公学。1909 年毕业江苏铁路学堂测绘科。民初负责南通城市建设测绘,事毕,到山东黄河河务局工作。他先后担任技术员、工程科长、上游分局局长、花园口堵口工程处处长、复堤工程局副局长、黄河水利工程总局副局长,他吸收中外治水经验,亲自参加多处决堤抢险工程。抗战胜利,从重庆辗转花园口,他被任命为堵口复堤工程局副局长,从工模试验、方案确定、料场选定、都经他现场勘察、周密安排,终于1947年束黄澜于故道,完成凤愿。1948年冬潘拒赴台,托辞回苏。潘镒芬学识渊博,严以律己,待人宽厚,手刻"守身如玉"、"无愧于心"印章自勉。新中国成立后,黄河水利委、水利部曾派员请潘回黄河委工作,因病未能成行。病重期间嘱家属将所治黄著作和水利资料献给国家。

404. 北丁家巷 Běidīngjiā Xiàng

位于姑苏区金闾街道,南丁家巷北侧,东起广济南路,西至义慈巷,长183米,宽3.5米,水泥六角道板路面。原名丁家巷,传北宋宰相丁谓亦曾有宅第在此,故名。明王鏊《姑苏志》等均作丁家巷,清冯桂芬同治《苏州府志》并注"(在)皇华亭西"。《吴县图》标丁家巷。南侧有洪兴里,长155米,宽2.4—3.9米,异型石及砖石路面;永兴里,长133.2米,宽1.2—1.5米,砖石路面。北侧有锦维里,长31.3米,宽1.9—2.8米,砖石路面;德仙里,长70米,宽2.3—3.1米,弹石路面。

北丁家巷

另，今平江路西侧有丁家巷，南出干将东路，北至建新巷西段。原名丁晋公巷，号丁晋公坊，因为宋代名臣丁谓故里而得名。明卢熊洪武《苏州府志》等均作丁晋公巷，王鏊《姑苏志》并注"俗名丁家巷，甫桥北"。

405. 北显子巷 Běixiǎnzi Xiàng

位于姑苏区平江街道，南显子巷北。西出临顿路，东不通。巷长107米，宽 2.4米，1992 年改弹石路面为异形道板路面，现为水泥条砖路面。宋名显子巷，明洪武《苏州府志》作北显子巷，《姑苏图》标作小北显

北显子巷

子巷，图示东至仁孝里（迎孝里）。《苏州城厢图》等均标北显子巷。民国陆璇卿《旅苏必读》载："北显子巷，东五圣阁，西徐贵子桥"。2000年拆迁重建。

406. 大新桥巷 Dàxīnqiáo Xiàng

位于姑苏区平江街道，混堂巷北。东出仓街，西出平江路，长351米，宽2.8米，1987年改弹石路面为六角道板路面。宋代称星桥巷，明洪武《苏州府志》作新桥巷，民国《吴县志》并注："康熙《志》青邱仓前，同治《苏州府志》流真巷南，俗称娄门新桥巷，一称大新桥巷"。《姑苏图》标新桥巷，《苏州城厢图》等均标大新桥巷。民国陆璇卿《旅苏必读》载："大新桥巷，东小新桥巷，西平江路"。民国范广宪《吴门坊巷待猷吟》有《新桥巷》："黄金散尽发飘萧，底事悲歌易寂寥。数典星桥忘却祖，新桥巷误大新桥"，诗后注："今名大新桥巷，新桥旧称星桥"。

巷内10号为墨客园，占地近2 000平方米，建筑面积1 478平方米。清代，此处是清净庵、六烈妇祠、安节局、保息局、时敏初等小学堂所在。冯桂芬同治《苏州府志》："安节局在齐（娄）门新桥巷，初设在上海县，郡人冯桂芬等创建，收养名门嫠妇。同治三年，苏州克复，遂移今所，其地旧为清净庵。""六烈妇祠在娄门新桥巷，保息局侧。"民国《吴县志》："公立时敏初等小学堂……娄门大新桥巷……光绪三十三年正月……经费由安节局拨给……办学人安节局绅董王祖庆。"民国时仍为小学。1949年11月，改称娄新小学。1977年，改名大新桥巷小学。1984年，撤销大新桥巷小学，原址改为中共平江区委党校。2008年，此处由张桂华购买重建，还原苏式古典建筑。2018年入选《苏州园林名录》，定名墨客园，取文人雅集、墨韵留香之意。墨客园的主体建筑为三路五进，入口是六扇头竹丝墙门。进园后，西为客房，东为包厢，东、西各有一园，是集游、赏、居、食于一体的私家园林。东花园为全园精华，亭、台、楼、阁、榭一应俱全，以山池为中心，建筑环绕四周，主体建筑坐北朝南，花园布局紧凑。园内主要有六景，即：松风涌泉（泉）、秀山飞瀑（瀑）、千莲和合（荷）、水殿清凉（榭）、半亭问月（亭）、万柿如意（柿）。全园有12间客房；楹联7

大新桥巷

对，碑刻6块，砖刻6块，太湖石假山5座，古树名木2株，有紫玉兰、金桂、黄杨、松树、石榴、五谷树等植物。现已成为提供住宿和举办文化活动的公开场所。

12、13、20号为文学家、学者郭绍虞故居。故居面临小河，坐北朝南，建面660平方米，前后四进，主体为圆堂三间，前置翻轩，堂西有楼两座，交错并列，今尚完整。2003年被列为苏州市控制保护建筑。"照隅室"为郭绍虞书斋名。郭家世居苏州，家境贫寒，寄人篱下租屋度日。抗战后，郭绍虞节衣缩食，购置此宅，安顿双亲，并请兄长郭际唐一家同住。郭绍虞（1893—1984），著名语言学家、文学家、文学批评史家。原名希汾，祖父是前清举人，父是文书、校对和家庭教师。郭绍虞读过几年私塾，又在工业中学学过两年，刻苦自学成才。先入《苏报》当记者，1914年在上海商务印书馆子弟小学任教，阅读印书馆"涵芬楼"阅读藏书。后考入进步书局，写成我国首部体育专著《中国体育史》。到北京，入北大哲学系旁听，自学英、日、德文字，发表译著。加入"新潮社"与茅盾、郑振铎等筹组"文学研究会"，投身新文化运动。1921年在福州协和大学国文系主任兼教授，时龄27岁。后任教燕京大学，潜心古典文学。七七事变，因拒受日伪逼其任教伪北大，遭关押。获释后，携眷南下，任教上海大夏、光华、同济等大学。新中国成立后，任同济大学文法学院院长、复旦大学中文系主任、上海社科院文学研究所名誉所长、上海文联副主席、上海作家协会副主席、《辞海》副主编。他曾为全国人大代表、全国政协委员，著有《中国文学批评史》《中国古典文学理论批评史》《语文通论》《宋诗话考》《汉语语法修辞新探》《郭绍虞文集》等。

21号庞宅，为清代建筑。同治年间，吴江人庞庆麟购下据传原为清代名臣陈世倌的故宅，经修缮后更名为"庞氏庭园"。庞庆麟，同治十三年（1874）进士，曾任户部主事、刑部主事。庞宅南北两侧临河，北面依柳枝河引水入宅，前门迎客，后门进货，往来小船入宅。宅内还一座月牙池和两口水井，家里有河有池还有井，被誉为是苏州绝无仅有的"三水人家"。宅现存坐北朝南两路，占地1 916平方米。东路依次为门厅、轿厅、大厅、楼厅。大厅面阔三间8.8米，进深9.8米，圆作梁架，前设一枝香轩。楼厅前有光绪九年（1883）吴大澂题额砖雕门楼。西路第三进为花篮厅，雕刻精细，后院尚存花木山石。2003年被列为苏州市控制保护建筑。28号笃佑堂袁宅，清代建筑，先后属古氏、吴氏、袁氏。坐北朝南，东西三路，建筑面积1 573平方米。西路六进，第三进为大厅，面阔三间8.8米，进深7.4米，梁架扁作，设鹤颈轩、菱角轩，山雾云及长窗雕刻精细。四、五两进连为走马楼。第四进原有门楼，砖雕颇精，额"敏则有功"，为乾隆五十八年（1793）姜晟题（1980年移建于双塔之前）。中路以对照花篮厅较别致。东路有家祠两进。后园已废。1999年时为民居。2003年被列为苏州市控保护建筑。

407. 中张家巷 Zhōngzhāngjiā Xiàng

位于姑苏区平江街道，邾长巷北。西出平江路，东出仓街与虹桥浜相直，长351米，宽5.8米，1981年改弹石路面为沥青路面，2019年改铺石板路面。巷内原有河浜，1958年被填，2019年恢复。西有张家桥，巷因桥而得名。旧时仓街有两条张家巷，此巷在南，故原称南张家巷。民国《吴县志》引康熙《苏州府志》："朱张巷（今邾长巷）北。按，今俗呼中张家巷"。《姑苏图》标张家巷，《苏州城厢图》标中张家巷，《吴县图》标中家巷。民国陆璇卿《旅苏必读》载："中张家巷，东虹桥浜弄，西平江路"。

明代画家蒋乾，曾隐居于虹桥畔，并以"虹桥居士"为号。清钱思元《吴门补乘》载："蒋乾，字子健，父嵩，金陵人。能画山水，隐居苏州之虹桥，破屋半间，一介不苟，八十八年如一日也。江盈科为长洲宰，表其庐曰，东海冥鸿。"巷内3号原为沈宅，清代建筑，现为苏州市评弹博物馆，一路三进，有两座砖雕门楼，建筑面积839米，2014年列为苏州市文物保护单位。6号建新里为吴宅，清代建筑。坐北朝南，三路七

中张家巷

进，建筑面积3 343平方米。中路第六进楼厅最精，面阔三间10.8米，进深9米，扁作梁，下层为满堂轩，以一枝香、茶壶档、鹤颈、菱角、船棚等五种轩式连续巧妙结合。全宅第四进以北均为楼屋。现存门楼两座，多为光绪二年（1876）题款。2003年被列为苏州市控制保护建筑。14号原为全晋会馆，为清末民初由山塘街半塘桥畔原址迁建于此，占地6 000平方米。1982年被列为江苏省文物保护单位。1986年10月改为苏州戏曲博物馆，2003年底，改为中国昆曲博物馆，2006年列为全国重点文物保护单位。2014年，中国大运河成功申报联合国教科文组织世界文化遗产，全晋会馆被列入大运河苏州段七个保护点段之一。28号宅，辛亥革命元勋黄兴之子黄一中（1901—1991）于1973年定居于此，曾任中国国民党革命委员会苏州市副主委，并在平江路街道开设日语学习班。近世又有王亦曾曾居中张家巷。王亦曾（1839—1913），原名桢，字鹤琴，号遂圃。同治十三年进士。翰林院庶吉士，广西阳朔县知县，调署藤县知县，徐州府学教授，江阴南菁书院院长，苏州府中学堂总教习，长元吴教育会评议员，宣统三年江苏学务公所图书科科长。

408. 小新桥巷 Xiǎoxīnqiáo Xiàng

位于姑苏区平江街道。东至城河，西出仓街，长160米，宽2.7米，1992年改弹石路面为异形道板路面。现为石板路面。巷南傍河，西端有桥名新桥，一名小新桥，巷因桥名。明正德《姑苏志》等均作新桥巷，民国《吴县志》作小新桥巷，并注"大新桥巷东"。《苏州城厢图》等均标小新桥巷。巷内6号为耦园，全国重点文物保护单位。巷内西端有"百龄泉"。

耦园，原为清初陆锦涉园。后一度由书法家郭凤梁赁居，继为崇明祝氏别墅。咸丰十年（1860）毁于战乱。同治年间，按察使湖州沈秉成因病寓吴，沈秉成（1822—1895），字仲复，号听蕉。咸丰进士，授编修，官至广西、安徽巡抚，署两江总督。购得园址重修扩建，三面临河，因一宅两园，遂称耦园，园内有楹联"耦园住佳耦，城曲筑诗城"，并寓夫妇偕隐双栖之意。园林占地12亩，有载酒堂、织帘老屋、藏书楼、城曲草堂、双照楼、山水间、听橹楼等诸胜。园中建筑缜密精巧，布局得当，尤以雄壮粗犷的黄石假山叠石著称。沈去世后园荒，1932年爱国教育家杨荫榆在此办二乐女子学社。钱穆曾居此，著《史记地名考》。钱穆（1895—1990）字宾四，别号未学斋主。中国近现代史学家。曾任小学教员，集美师范、苏州中学教师，燕京、北大、清华等校讲师、教授。赴港去台，为中央研究院院士。1941年园归常州实业家刘国钧所有，后献国家。刘国钧（1887—1978），在常州、上海、香港经办纱厂。曾任民建中央常委，全国工商联副主委，江苏省副省长，全国人大代表、政协委员。2000年耦园列入世界文化遗产，2001年列为全国重点文物保护单位。

小新桥巷

　　巷内西端有井台，为双眼连体旧井，名"百龄泉"，为1933年庆贺曾为振亚丝织厂厂主的陆志高、姜仲明夫妇时年龄相加满百岁而凿。井台铺砌鹅卵石，四周围有铁栅栏，当时雇专人每天开启，供乡邻使用。耦园围墙东南角现存一六角形石幢，高约0.6米，为道光二年（1822）纪念临济宗三十九世孙慈运禅师而立。现当代郑逸梅《我在苏州时之旧居》记其"敝人曾一度住娄门小新桥巷，门临一河，很是清旷，左邻为前辈王严士著书悬壶之处，书声朗朗，隔垣可听，令人为之神往。"

小柳枝巷牌坊

409. 小柳枝巷 Xiǎoliǔzhī Xiàng

　　位于姑苏区平江街道，小新桥巷北。东至城河，西出仓街，长176米，宽2.5米，1993年改弹石路面为异形道板路面。清冯桂芬同治《苏州府志》作小柳贞巷，并注："（在）柳贞巷东。"据顾震涛《吴门表隐》载巷内有贞节坊，为方普聘室申氏立。《苏州城厢图》等均标小柳贞巷。《苏州城厢图》于该处并标有"吴县监狱"字样，此即宣统二年（1910）始建的江苏模范监狱所在地，后为江苏第三监狱，并迁至狮子口九号。民国陆璇卿《旅苏必读》载："小柳贞巷，东娄城河，西大柳贞巷。"王謇《宋平江城坊考》载："流真巷，卢《志》作刘真巷。"康熙《志》："新桥巷北，同治《志》：有柳氏贞女，故名。旧名流真。"宣统《吴县志稿》："侍郎梁所居，在娄门内柳贞巷。"《吴门表隐》载："明太祖破苏城时死节，有贞女墓。"又载："柳贞巷中有石人，甚古，曾显灵捕盗，香火遂盛"。1968年，改为小柳枝巷。

　　巷南侧平行有柳枝河，西起平江河朱马交桥，向东经新桥里桥、南开明桥至外城河，为平江河东侧东西向第三条支河。长700米，宽5—6.6米。1980年历经五次疏浚。

小柳枝巷从仓街沿河向东，直到内城河边，东端不通，苏州人称此类巷弄为"直塞弄堂"。小柳枝巷的民房大多比较低矮，均坐北朝南、面对河道，檐高不足3米。小柳枝巷3号和6号之间存有石牌坊，高三层、间宽不足2米，花岗石柱上有联语："高堂伺疾身俱瘁，闺阁完贞血欲枯"。6号宅有砖雕门楼，刻有"兰桂芬芳"，据题款"嘉庆丁卯穀旦"应建于1807年，民国初年督学徐观海曾居。其家开有粪行，因此门口河道常停满粪船。

410. 小王家巷 Xiǎowángjiā Xiàng

位于姑苏区平江街道，大王家巷北。东起殿基巷，西出人民路，长180米，宽2.3米，1987年改弹石路面为菱形道板路面。相传太平天国时两位王姓兄弟居此而得名。明洪武《苏州府志》仅录南王家巷（大王家巷），未见小王家巷。明正德《姑苏志》等均作北王家巷。《姑苏图》等均标小王家巷。民国陆璇卿《旅苏必读》载："小王家巷，东田鸡巷，西护龙街"。8号为宝寿堂顾宅，建于民国，为市控保建筑。

宝寿堂顾宅

411. 梗子里 Gěngzi Lǐ

位于姑苏区双塔街道，锦帆路北段东侧。西接锦帆路，东折北至后梗子巷，长88米，宽2米，弹石、砖路面。解放后曾名人民里，1980年改为梗子里。民国《宋平江城坊考》载俗呼阎桥西巷为梗子巷。1993年干将路拓建工程中拆除。

412. 狮林里 Shīlín Lǐ

位于姑苏区平江街道。西接临顿路，原长48米，宽1米，弹石路面。原名观音阁、石灰弄，清同治《苏州府志》作日辉弄，民国《吴县志》作日晖弄，《姑苏图》等均标石灰弄。1999年拆迁，后建居民小区，东起园林路，西至临顿路，南至狮林寺巷，北至潘儒巷，沿用狮林里旧名。

413. 德馨里 Déxīn Lǐ

位于姑苏区金阊街道。南起天库前，北至西中市，东通舒巷，全长229米，宽3米。建于清末民初，为海派风格的二层石库门楼房群，青砖外墙。旧时，苏州金融机构多设在阊门西中市一带。民国三年设立江苏银行，三年设立中国银行苏州分行，四年设立交通银行。清光绪年间开设于此的钱庄就达二十家，裕苏官银钱局亦设于此。6号为严家淦旧居，民国建筑。13—14号为中国银行旧址，苏州市控制保护建筑。

德馨里

严家淦（1905—1993年），字静波，江苏省吴县人。宅原为中国银行旧址部分建筑，海派风格，二层楼房，外墙花岗石质。中国银行迁西中市后，严家淦之父购得。严氏原籍东山，为当地望族，后迁居木渎，继而又来苏城。解放后，这栋楼曾做过书场和旅社。如今石库门上方仍有"大中南旅社"字样。严家淦曾就读于宝城桥弄的桃坞中学，从金融业起家，最后步入了政界。严家淦前妻为东山首富叶铁生之女，中法银行买办叶振民之妹，继妻刘期纯为席锡蕃的外甥女，严氏与东山金融业买办之家叶氏、席氏关系十分密切。其本人也曾在德中孔士洋行任职，长子严隽荣曾为台湾上海商业储蓄银行常务董事兼总经理。严家淦1963年任台湾地区行政部门首长，1967年任台湾地区副领导人兼行政部门首长，1972年连任副领导人，辞去兼职。

贻德里

苏州中国银行成立于1914年1月4日，原称中国银行苏州分号。1919年改称支行，1933年7月，中国银行迁至观前街新址，德馨里原址设阊门办事处，同年9月，阊门办事处再迁西中市。2004年被列为苏州市控制保护建筑。今存德馨里过街楼巷门。在保护阊门历史街区提案落实调研过程中，曾于德馨里住户家中见到当年钱庄银行的地下库房遗迹。

414. 贻德里 Yídé Lǐ

位于姑苏区金阊街道，西中市南侧支弄。北出西中市，南折东接德馨里，长22.3米，宽3米，原为石板路，现为弹石路面。民国年间，此巷内多绸布商。《苏州城厢图》标贻德里，南端一分为二，一支折东接德馨里，另一支弄直南通天库前电报局。

415. 积善里 Jīshàn Lǐ

位于姑苏区虎丘街道。北接留园路，南至上塘河边，原长约百米，宽1.75米，弹石路面。1966年曾改名新兴弄，1999年拓宽改造留园路时拆除。弄东旧有勤工俭学式"苦儿院"，专收家境贫寒年满十岁的失学男生，工学并举，予以免费教育培训。

苏州苦儿院，处广济桥北堍，原留园马路转角处，有花园别墅，原为盛宣怀家产。民国初，前清举人陆纯伯（树藩）通过徐世昌，商请盛宣怀将别墅捐赠，筹办私立苏州苦儿院，陆自任院长，常住上海，另委姚达孙为院监，专理日常院务。所收苦儿在院6年，由院方供给衣裳、食宿、理发、洗浴等，毕业后由原介绍人领回就业，或由院方介绍工作。苦儿院自1911年开办后，发展很快，培养人才数百名。《苏州城厢图》中已标明"苦儿院"三字。1926年陆病逝后，姚接任院长。抗战起，因经费无着，学生疏散。苏州沦陷时，苦儿院为日军马队占领，1947年姚达孙之子接管院产时，院内四周200余间剩屋，已被盗拆，只留荒地一方，空楼一幢，稍加修葺，就地开办私立念达小学。1949年苏州解放，小学于次年由苏州市文教局接管，后并入新民桥小学，原院地让给苏州茶厂使用，广济路拓宽时拆除。

416. 潭子里 Tánzi Lǐ

位于姑苏区虎丘街道，山塘河南。东起广济路新民桥南堍，向西靠近丹阳码头，折南出广济路，长340米，宽1.9—3.2米，沥青路面。民国《吴县志》作潭子里，《吴县图》亦标潭子里。旧时俗称码头处的宽阔水面为潭子，用于船只停泊和调头。

巷内原28号曾为怡和药行，由业主谢藕坤于1949年7月出资旧人民币50万元开设。怡和药行主要经营僵蚕和其他地产药材，经常与外地行商保持联系，相互贩运，业务尚可。1950年重估资产时，资金为旧人民币50万元。资金1955年底为人民币35元。1956年1月公私合营，属自负盈亏。于1957年1月9日并入公私合营德大亨批发店。又有土地庙遗址。

近世有蔡廷恩、蔡俊镛父子曾居潭子里。蔡廷恩（1852—1918），号柏侯。元和县监生。诚泰源记茶行经理，茶业代表，苏州商务总会议董，渡僧桥四隅市民公社第一届评议员。1912年当选山塘市民公社第一届副社长，1913年当选苏州商务总会副会长，1916至1918年任苏州总商会会长。蔡俊镛（1876—1957），一名

潭子里

晋镛,字云笙,号巽庵、巽堪、洞泾渔父、雁村词人、泾南钓叟等。蔡廷恩长子,范敬宜外祖父。清光绪二十年(1894年)举人。肄业于江阴南菁书院。光绪二十四年(1898)与范祎等禀请江苏巡抚拟设经世小学堂及农务学堂。光绪二十七年(1901)任上海珠树园译书处编译,后任上海华童公学中文总教习、安徽广德州中学堂校长,并当选长元吴学务公所议董、江苏教育总会评议员。光绪三十三年(1907)任苏州公立中学首任监督。次年辞职,考授河南试用知县。宣统二年(1910年)代理西华知县。1912年回籍,加入中国同盟会、国民党,任国民党苏支部政事科干事。次年任苏支部城外分事务所所长、吴县分部副部长,当选江苏省第一届候补省议员。历任苏州警察厅行政科科长、江苏省行政公署总务处第三科科长兼秘书、政务厅内务科科长,无锡税务总公所所长。1915年以县知事分发河南。1917年任河南省财政厅制用科科长、1920年兼任武陟统税局局长,次年任交通部佥事。1922年任江苏省财政厅省款经理处主任,1924年改任荷花池税务总公所所长。1927年曾任吴县临时行政委员会财政局秘书长,次年被推选为古物保管委员会吴县支会主席委员。1930年任吴县救济院育婴所主任。抗战时期,曾任伪民政厅秘书及杂粮业同业公会职员,1944年任江苏文献馆总编纂,编辑《江苏文献》。他善书法,通经学,精考据。能诗文,长于词,曾与邓邦述、吴梅、王謇等组织六一词社,又师事吴致觉学佛。编译德国格露孟开伦的《格氏特殊教育学》,著有《雁村词》。近世又有马乃斌曾居潭子里。马乃斌,号仲良。光绪二十八年(1902)长洲县学生员,长元吴自治研究所优等毕业生,1915年江苏私立法政专门学校毕业生。宣统三年(1911)陆墓镇议员。1912年当选吴县议事会议员及吴县参事会参事员,1922年吴县律师公会会员,1936年去世。

另,平江路街区平江河与白塔东路交汇处昔时亦有"潭子里",清顾震涛《吴门表隐》载:"明金太仆士衡宅在平江路潭子里,有御书'忠谟亮节'匾,又赐联曰:'谏草南安旧,宫花北阙新'。"20世纪六七十年代称工人里,1980年并入平江路239号。据民国陆璇卿《旅苏必读》载城内还有南潭子里:"东庙桥,西皮市街。"今为南潭子里小区。

417. 长胜里 Chángshèng Lǐ

位于姑苏区金阊街道,南新桥东塊南侧。东出长船湾,长45米,宽1.5米,原为土路,现已拆迁。

418. 近仁里 Jìnrén Lǐ

位于姑苏区金阊街道,东百花巷西段。北接东百花巷,南不通,弹石路面。民国《吴县图》中有载,"近仁"语出《论语·子路》:"刚毅木讷,近仁。"清乾隆年间,苏城有处士钱近仁,以皮匠为业,嗜学并在市井间广为授徒,人称"补履先生"。1999年拆除。

1950年至1967年,现代名医顾祖汉曾租住于近仁里3号。顾祖汉(1885—1967),原籍湘城其父顾鳌字晓六,光绪九年(1883)长洲县学生员,后为塾师。1902年顾祖汉考入长洲县学成为附生。1905年江苏巡抚陆元鼎在沧浪亭北面的可园设立江苏游学预备科,招考学生分英文、法文、东文三班,为留学作准备。顾祖汉入东文班学习日文,1907年以最优等的成绩毕业,后申请自费留学日本。1909年,经江苏提学使樊恭煦考核合格后,顾祖汉被咨送出国,进入东京第一高等学校预科学习。预科毕业后,他选择攻读医学,进入位于名古屋的第八高等学校医科学习,1914年毕业。1915年,顾祖汉升入九州帝国大学。1919年毕业于该校医学部,获医学士学位。毕业后,留校担任助手,并在九州帝国大学附属医院内科小儿科任主治医师。在日本待了十多年后,顾祖汉回到苏州,就任江苏公立医学专门学校内科教授,兼江苏省立医院内科小儿科主任。1922年后,他先后在乘马坡巷、司前街开办西医诊所。1924年,加入中华学艺社。1925年,参加在东京召开的日本学术协会第一次大会并考察、访学日本。1927年,与苏州的西医师林苏民、陈鲁珍、范补程、张卜熊等人发起组织吴县医师公会，以"互助会员之业务、研究医药之知识、促进社会公共卫生及增进人民健康"为宗旨。1928年，在郡庙前东首靠近察院场租赁房屋，创办一座小规模的医院，取名"城中医院"，自任院长，一般是上午门诊，下午出诊，如遇急症则随时出诊。医院针对贫苦病人开设小号门诊，针对瘾君子开设戒烟专科，还开通电话，内有包房、统房可供住院者选择。他还在城中医院开设附属医校，向社会公开招收具备一定文化基础的男女学生，免收学费，仅收取部分膳费，教授他们医药卫生专业课程。1931年，兼任苏州中学高中医药教员，向高中生传播医药卫生知识。1932年1月，全国医师联合会第二届代表大会在杭州召开，时任吴县医师公会主席的顾祖汉作为代表出席，并就发展医药教育向大会提交《呈请教育部从速恢复医学专门学校并兼设药科案》的议案。1932年在虎丘山顶创办肺病疗养院。1937年，在吴县医师公会的春季会员大会上，顾祖汉再次当选主席。10年来，他历任该会执行委员、主席、监察委员的职务，积极参与该会组织的编辑《卫生周刊》、免费注射防疫针、免费种痘等社会公益活动。1948年，他乔司空巷开设诊所。1950年，租住在东百花巷近仁里3号，依然在家应诊。此后，他前往上海南洋医院工作，退职后又回到近仁里安享晚年，平日里以读书来消遣，偶尔也为熟人看看病，直至1967年去世。

419. 小杨树里 Xiǎoyángshù Lǐ

位于姑苏区金阊街道。南起金门路，北通石路，长227米，宽3.7—5.7米。原为弹石路，后改铺沥青或六角道板。旧时小杨树里一带为空旷废园，园中多杨树。后空地建设民居形成里弄，园圃大为缩小，但百姓仍将佑圣观弄及同乐坊、同春坊等地统称杨树里。民国《吴县志》《苏州城厢图》作杨树里，民国陆璇卿《旅苏必读》载："杨树里，周围通马路。"后空地渐建民居，为里弄，地域大为缩小，至民国二十九年（1940）出版的《吴县图》中，已改称小杨树里。

巷内1号曾为天一池浴室。小杨树里口大马路967号曾有于1917年创立的一品香茶食糖果店，首任老板江仲尧，总经理章臣全，取名于"一品当朝，独家经营"之意。1938年在日军侵占苏城时被炸毁，后一度在石路东侧姚家弄重开，不久由继承叔父章臣全事业的章臣沂在小杨树里口原址重建。

长弄

420. 长弄 Cháng Lòng

位于姑苏区金阊街道。南起阊门内下塘街，北至牛衙场，长约192米，宽约4米，1989年改弹石路面为六角道板路面。民国《吴县志》作长弄，《姑苏图》标小弄。

421. 宫弄 Gōng Lòng

位于姑苏区金阊街道，崇真宫桥北。南起阊门内下塘街，北至更楼弄，长263米，宽1.7—4米，原为弹石路面，1989年改建为六角道板路面。原名"崇真宫弄"，因巷口西侧的崇真宫得名。民国《吴县志》作宫弄，并注"（在）崇真宫前"。《姑苏图》标宫弄。

清《百城烟水》云："宋政和八年（1118）里人黄悟微舍宅建，道士项举之开山。赐额崇真寿圣宫。宣和中改神霄宫。建炎中再改崇真广福宫。"后毁。明代正统年间（1436—1449）再建。宫门外原有宫桥，青石

宫弄

扶栏，雕刻工巧，细如丝发，为吴中桥栏之最。清顾震涛《吴门表隐》卷十载"崇真宫桥南塑塑桥神、喜神、宅神、井神、灶神、厕神，皆出名手，肖像如生"。

崇真宫桥与虹桥之间有永丰仓船埠，永丰仓一名"老军仓"，明天顺八年（1464）知府邢宥就宋元古仓旧址重建，四面环河，至明代崇祯末废。清代康熙七年（1668）佟彭年创建制币局，先后为钱厂、火药局、宝苏局、总捕同知署。辛亥革命后废为民居。其船埠南向，位于城内第一横河北侧，东西长约80米，垂直驳岸、水平泊岸和正中踏步均以条石砌筑。泊岸宽1米，低于街面2米，正中路步已被砌没，现由东端石级上下。该段河面亦由6米余展宽至30余米，以便泊船。2003年被列为苏州市控制保护建筑。

宫弄16—19号有古火神庙，位于光霁里西巷口。火神庙祭祀火烈大帝，即炳灵公，世传为火神，或谓此火神为祝融。该处古火神庙始建年代失考，清光绪年间重建。目前此处房屋已改建为民居，仅存"古火神庙界"界碑一方和南北护墙石柱两根。

422. 草桥弄 Cǎoqiáo Lòng

位于姑苏区双塔街道，苏州公园北。东起公园路，西至五卅路，长176米，宽6.5米，方形道板路面。东口原有桥，称石桥弄，《吴县图》标作石桥弄，1980年因重名改今名。20世纪30年代美教会在弄内创办乐群中学，今为草桥小学。1994年巷经改造。

草桥，《吴地记》以下诸志均有著录。据沈延国《忆顾颉刚》载民国前后有苏州公立中学堂："校址在城中心区的草桥，学校是建筑在元朝末年吴王张士诚的王宫废墟上，校门前，有一条玉带河流过，上架小拱桥名草桥，故又称草桥中学。又改名省立第二中学。后来玉带河填平，桥也拆去，成为公园路，学校由公中，而二中，而苏州中学分部，而苏州市第一中学。"5号（在支弄内）为始建于南宋的紫竹庵，民国《吴县志》卷三十七："紫竹庵，在阊桥（言桥）南子城石桥巷口，寺中奉紫竹大士，因以为名。建自宋元，代有兴废。同治中重建。"

草桥弄

423. 书院弄 Shūyuàn Lòng

位于姑苏区平江街道，旧学前东段北侧。南出旧学前，北至史家巷，长236米，宽2.6米，异形道板路面。巷内旧时有平江书院，故名。宋时称乐鼓巷，民国《吴县志》作书院弄，并注"旧学前"，《苏州城厢图》等均标书院。也称板壁弄。20世纪60年代在本弄偏南段东侧建2幢居民楼，名曙光新村，住居民150多户，可通荷花弄。

424. 木角弄 Mùjiǎo Lòng

位于姑苏区金阊街道。东至万人码头，西至阊胥街，原长63.1米，宽2米，砖路。民国《吴县志》作木瓜弄，后讹为今名，石路地区综合改造时拆迁。

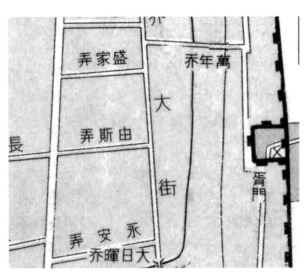

由斯弄(民国地图)

425. 由斯弄 Yóusī Lòng

位于今姑苏区齐门外，1980年调整重名时，齐门外由斯弄保留原名，胥门外由斯弄因在泰让桥北堍，改为泰让桥弄。今两处实体及地名皆废止。

其中胥门外由斯弄原位于胥门外泰让桥北，东出万年桥大街，西至阊胥路，长115米，宽2—3米，水泥道板和沥青路面。《姑苏图》标油斯弄，《苏州城厢图》等作由斯弄，居民俗呼牛屎弄，书面雅化为由斯弄，1980年改称泰让桥弄。该处民国时为商业区，有店铺33家，1950年代转为居民区。民国陆璇卿《旅苏必读》载："由斯弄，东胥门大街，西大洋桥马路。"2003年拆迁。

清代顾文彬祖父顾鉴经商，在胥门外经营油行，于嘉庆元年（1796）在盛家弄买屋定居，后其子顾大澜于嘉庆二十二年（1817）在盛家弄南侧由斯弄置办"六十余椽"的房产，后居家因失火被毁。道光、咸丰年间，苏州茶食同业在胥门外由斯弄底通渭桥建立江安公所，后毁于咸丰十年（1860）。同治年间，沈康沐等邀集同业重建于西百花巷。1926年，贾凤振于由斯弄口筹资创办近水台面馆，取该地濒临胥江，"近水楼台先得月"之意，后由陈根熙于1935年迁至闾门吊桥西堍。

胥门外由斯弄北首原有汪大生药铺，由汪姓于清光绪十九年前（1893）开设，聘费绥之为经理。1913年4月陆缉甫（子安）以银币5000元受盘，改名为广大生药铺，陆氏业医，家住富郎中巷，诊所设在药铺隔壁永安弄中。1932年陆氏去世，由其子陆先觉继承。陆亦素业医生，并在店中坐堂，故聘请徐富才为经理。1929年徐氏辞职，推荐原仁寿天东号头柜金子才担任经理。抗日战争胜利后，金子才病故，由陆先觉自任经理。解放后，由陆栋生负责，直到1956年公私合营为止。资金情况：1913年4月为银币5 000元。1937年日寇侵华时损失1 600元，劫余3 500元。1945年抗战胜利后为法币80万元。1950年重估资产时为旧人民币1 392万元。1955年底为人民币2 110元。1956年1月17日公私合营，有工作人员10人。1957年4月17日撤销。弄内原有春和堂药铺，业主姓名不详，于民国十年（1921）开设在胥门外，系一小型排门店，开始营业尚能维持，因胥门外农民进城必须经由斯弄至摆渡口。但资金短缺，备货不齐，在抗日战争前已呈半歇业状态，仅零售小膏药、吊筋药、皮硝等外用药。1936年3月以法币500元推盘给宋汝霖，改店名为承德堂。承德堂药铺，由业主宋汝霖于1936年出资法币500元，受盘春和堂后开设。1938年迁胥门外大马路泰让桥北堍473号，因营业不佳，于1953年2月26日歇业。宋汝霖受业沈留余堂，曾先后在王鸿翥、同庆堂工作过。

426. 酱园弄 Jiàngyuán Lòng

位于姑苏区平江街道。原称南酱园弄，东起东升里，西折北出肖家巷，长229米，宽3.5米，弹石路面。因弄内原有酱园而得名。2019年，志恒里、东升里、酱油弄被打造为东升里艺术文化街区，用墙绘、涂鸦、

酱园弄

装置等艺术手段对3条背街小巷进行艺术化改造。现有右见文化、巴黎会馆、鹿人画廊、一甲等文化艺术机构入驻。

弄口西首原有良利堂药铺（原名陆良利），业主陆绪卿于嘉庆十四年（1809）与开悦银楼业主周汉于之祖合伙开设药铺，取"良药苦口利于病"之意，名为"陆良利堂药铺"，朝北门面，为一间十余人的弄堂小铺，经营长达五十年。咸丰十年（1860），陆氏为避兵燹之灾，举店迁往南汇县周浦镇，继续营业。数年后，将周浦之药铺，交给孙子经营，儿辈则于同治八年（1869）4月回苏复业并吸收潘、单、朱、徐等人入股。店址向西迁移到肖家巷二号，扩建房屋，增加设备，改为前店后坊，有一定规模。原酱园弄1号，曾为苏州市教育局办公地。

旧时，城区共有五处酱园弄，民间有"荒年熟酱园"的俗谚。其余四处简介如下：一在十梓街中段北侧，东起凤凰街，西至槐树巷，长162米，宽4.8—6.9米。同治三年（1864）吴念辙创办万康酱园于此，故名。近旁有南北向沈衙弄，1967年有线电厂西扩划入而弄废；1980年调整地名，改原酱园弄名而移用沈衙弄名。一在三多巷北，东至地方弄，南出三多巷，长40米，宽1.5—4米，弹石、砖路面，南口有酱园而得名，1980年因重名改为三多里。一在仓街侧，1956年并入大胡相思巷15号。一在齐门内，东起齐门下塘，西至西灰场，长50米，宽1.5米，砖路面，1980年改名为北仙桥弄。

427. 绣花弄 Xiùhuā Lòng

位于姑苏区虎丘街道，留园西围墙外。南接留园路，北至半边街，长185.5米，宽2—3.5米，异型石路面。巷弄窄小，仅容两人并行。巷内旧时居民多以刺绣为业，所谓"家家有绣棚，户户有绣娘"，故名。民国《吴县志》作绣花弄。

绣花弄西曾有江西会馆。从古运河经西长善浜向北直通留园路为江西会馆专用码头，今已填没。现有大型别墅区，即今留园路426号的"留园别墅"。另，据民国陆璇卿《旅苏必读》载，胥门外亦曾有绣花弄："东接粪箕兜。"今不存。

西园（民国）

428. 西园弄 Xīyuán Lòng

位于姑苏区虎丘街道，永津桥西侧。东起永津桥北堍，西至下津桥堍，长244米，宽2.9米，原为石子路，1985年改为六角道板路面。西园寺在弄内，故名。

西园寺始建于元至元年间（1264—1294），初名归原寺，明万历年间太仆寺卿徐泰时建为宅园，称西园。以与"东园"区别，后其子徐溶又舍园为寺，名复古归原寺。崇祯八年（1635）修缮，改名"西园戒幢律寺"。清乾隆、嘉庆年间，法会极盛，与杭州灵隐、净慈两寺鼎峙，同为江南名

刹，是为数不多的律宗佛寺之一。咸丰十年（1860）遭兵燹化为荒墟。同治年间稍有修复。光绪年间，王同愈等商购寺西隙地，辟为广仁放生园池，光绪十八年（1892）盛康等请高僧荣通、广慧师徒主持予以重修。寺内有罗汉堂，塑有五百尊罗汉及济公、疯僧像，神态各异，栩栩如生，堂内五百罗汉仪态万千，无一雷同，为江苏省唯一有较高艺术性且保存完整的清塑罗汉群像。1982年列为江苏省文物保护单位。

429. 姚家弄 Yáojiā Lòng

位于姑苏区金阊街道。东至万人码头，西至阊胥路，长169.9米，宽1.9—3.6米，弹石路面。《吴门表隐》卷十："佑圣观在南濠姚家弄，古称大王庙，即沿江七庙之一。明初经兵火时，梁上草龙显灵，朽柴放青，致雨得歇。大殿真武及神像，皆铜铸。元道士杨道常创建，后明殉节太守杨（佚名）墓在焉。"乾隆《吴县志》、民国《吴县志》作姚家巷，《苏州城厢图》等均标姚家弄。1998年南浩街建设时旧民居拆迁，1999年并入南浩街。

姚家弄（民国地图）

民国陆璇卿《旅苏必读》载："姚家弄，东河沿，西南濠。"又载齐门外亦有姚家弄："北铁路，南西汇街。"当代陈希天《石路开埠史拾遗》文中以姚家弄前曾有石板路为"石路"地名的最早形成："吊桥西堍、渡僧桥南堍明初已成闹市的十字街口，向南数百步的东濒万人码头的姚家弄之间，有一条较为宽敞的马路，由于中间铺以石板（下面是排水沟），便呼为'石板路'，久之，简称为'石路'。接着'石路'其名又扩展为整个阊门外商埠的泛称，延续至今。"

乾隆《吴县志》"姚家巷"条："利济教寺，在阊门外南濠姚家弄。"王謇云：古者巷、弄同音同义，观《楚骚》以"巷"、"纵"同协而可知矣（见《宋平江城坊考·附录》）。利济寺，宋绍兴年间（1131—1162）僧道隆建。明洪武初年为丛林。成化元年（1465）毁，二十三年重建。杨循吉有《重建利济寺记》。清韦光黻《闻见阐幽录》："佑圣观包巢仙，琴极精能，亦善围棋，学画于贝六泉，为人率易，有痴道士之目。"又曾有莲花庵，《闻见阐幽录》又载："莲花庵在姚家弄，有池一方。余见其颓废，与吴镜洹力为修葺，雕西方三圣像，长丈余，同人结念佛社者三年。隔屋废园，有林木山池之胜。对户即朝山墩，相传有老妪欲往七子山进香，乞附邻人舟，邻诺之，不与俱，妪不得往，乃朝山礼拜，邻人到山，见妪烧香，迹之，忽失所在，归而询之，则邻见妪正在家礼拜时也。"

民国时期，姚家弄为旅馆集中之处，有公泰义等7家旅店。原有大生堂药铺，开设在阊门外石路姚家弄口闹市区。业主徐明经原来并不经营药业。1937年抗日战争发生，药铺房屋被炸弹震动后已极危险。苏州沦陷时，又遭惨重损失，计货物损失6 000元，生财衣服什物损失3 200元，合计9 200元，以致无力复业。弄口原又有香山堂药铺，由业主张景山、汝虎宝、徐鼎荣等合伙于1940年10月创建。因营业清淡，1942年进行改组，改铺名为同德堂。同生堂药铺业主唐虎宝（又名汝虎宝），原与人合伙开设同德堂于石路。后同德堂房屋被人买去开设华泰香烟店，同德堂就迁至姚家弄内大行台旅社对面，因业务不振，唐即退股。

苏城另有多处姚家弄。其一在齐门外，东起齐门外下塘，西至横姚家弄，长262米，宽2米，1980年改名官弄。其二在葑门外，葑门塘南岸，旧称窑浜。分前后姚家弄两段，西出葑门东街，东至东环路。西段前姚家弄长218米，东段后姚家弄长110米，皆宽2米。

430. 禾家弄 Héjiā Lòng

位于姑苏区金阊街道，紫粉弄西。南起阊门内下塘街，北接文丞相弄，长250米，宽2米，水泥条砖路面。清同治《苏州府志》作胡家巷。民国《吴县志》并注"福济观（即神仙庙）东，今俗名禾稼弄"，《姑苏图》标禾家弄。《苏州城厢图》误作朱家弄。民国陆璇卿《旅苏必读》载："禾家弄，北文山寺，南虹桥下塘。"2003年部分拆迁。

20世纪30年代，苏州保大钱庄老板沈惺叔因老来得子，发愿行善，曾于苏城捐建义井十八口，现存六口，其一即位于禾家弄。

禾家弄

431. 蒋家弄 Jiǎngjiā Lòng

位于姑苏区金阊街道。南起阊门内下塘街，北接文丞相弄，长142米，宽1—2.4米，1985年改弹石路面为六角道板路面。因大户蒋宅在此，故名。民国《吴县志》《苏州城厢图》均作蒋家弄。

蒋家弄

《吴门表隐》卷一："神仙庙西节孝才坊，为明生员蒋垣妻盛氏立，建后经大火十余次，四际皆烬，独存孤坊。大节凛然，子孙科第甲于吴中。"

432. 石家弄 Shíjiā Lòng

位于姑苏区虎丘街道。东至山塘桥堍，西至伊家浜，长134米，宽1.1—4米，水泥条砖路面。石家弄原名石牌弄，渡僧桥北堍原有石牌坊，故名。清末始改今名。

石家弄

433. 会馆弄 Huìguǎn Lòng

位于姑苏区虎丘街道。南接山塘街，北至原苏站村。长47.8米，宽1.5米，砖砌路面。因旧时会馆多集中于附近，故名。清康熙十七年（1678）广西义宁（今桂林）商人于此建仙城会馆。康熙二年（1662），广东新会人梁魁星在山塘街东口摆葵扇摊，后开办魁星号扇庄，所出产葵扇经过熏烘、倒光、上油、缝边，把把规整，大而不裂，心蒂圆正，骨骼细匀，色泽金黄，体态轻盈，并在扇面上用火笔烙印山水花鸟、人物鱼虫等纹样，成为美观实用的工艺品，很快占领江南一带的城镇市场，魁星号扇庄由此

会馆弄

发迹，遂集资盖起同乡聚会的"冈州会馆"。嘉庆年间重建冈州会馆，为扇商聚会之所。冈州即广东新会，是我国葵扇原料主要产地，该馆因而称为"扇子会馆"。曾改名山塘弄。会馆弄口存有巷门。会馆弄2号曾为利泰康药酒号，由黄永龄之祖于光绪末年（1908）开设，药酒自制自销，后由黄永龄继任祖业。1950年底资金为旧人民币225万元，1955年资金为人民币163元。1956年合营，属自负盈亏。1958年黄永龄由国家统一安排。

434. 中水弄 Zhōngshuǐ Lòng

位于姑苏区金阊街道。东至万人码头，西至南浩街，长42.7米，宽0.5—1.6米，弹石路面。原名北弄，清乾隆《苏州府志》有"南濠北弄"的记载。南濠街虽然街邻城濠，但两边屋宅重楼比邻，百货所萃，一失火就蔓延数百家，于是专辟水弄。所谓水弄，即"让其宅之地以广道路"，防止火灾时延及他处。民国《吴县志》作中水弄，《苏州城厢图》标北水弄。

河埠牌坊

弄口曾有苏州瑞丰轮船公司。清光绪三十二年（1906）九月初七，苏州籍船商欧阳元瑞、潘诵鏖、胡祥林、金曾忻等四人合股集资用巨款买得已关闭的大盛公司旧有码头开设苏州瑞丰轮船公司，共集资计洋8 000元，置有顺风、元利轮船两艘，安利轮船一艘，并添置新船，在苏锡常各地往来行驶。总局设在苏州阊门外南浩北水弄口，并在盘门外相王墓对岸二马路口建筑新轮船码头，当时借北狮子旧码头暂用。在无锡、常州、丹阳、镇口等地各设分局。民国时期，中水弄口为苏州至震泽、新市、平湖、乌镇等地的航船码头。据1923年的相关记载，其中至震泽的航船四日一班，下午2时发船；至新市的航船九日一班，上午10时发船；至平湖的航船半月一班，上午10时发船；至乌镇的航船半月一班，上午10时发船。

435. 高墩弄 Gāodūn Lòng

位于姑苏区双塔街道，乌鹊桥东南。北出十全街，曲折向南至羊王庙长虹弄，长196米，宽1.1—2.4米，为道板、弹石、砖路面。该处原有瓦砾土堆，吴语俗称高墩墩，故名。《苏州图》标高墩弄，民国陆璇卿《旅苏必读》载："高墩弄，北十全街，南羊王庙。"1990 年拓建乌鹊桥路时拆迁。苏州城内高墩大多是兵燹形成的瓦砾堆。旧时，苏城内同名高墩弄的还有两处，一在阊门内，东起周王庙弄，西至专诸巷，长65米，宽3.5米，1980年并入周王庙弄。一在阊门外，南起金门路，北接北高墩，通东西高墩，长119米，宽1.9—2.4米，1982年改名南高墩。

436. 长虹弄 Chánghóng Lòng

位于姑苏区双塔街道。西出乌鹊桥路，东口在羊王庙（弄），原长55米，宽1.9米，弹石路面。旧称马弄，有小庙，供马伏牵马塑像。《吴县图》《苏州图》均未标明弄名，1980年改称长虹弄。1990 年拓建乌鹊桥路时改造，水泥路面，现长50米，宽10米。

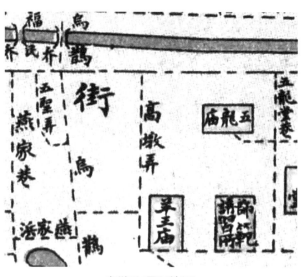

高墩弄（民国地图）

长虹弄

437. 西街弄 Xījiē Lòng

位于姑苏区双塔街道，在葑门外。北接徐公桥（路），南通葑门西街（今莫邪路），长285米，宽3—4米，水泥异形道板路面。1930年代，里人徐瑞生、张桂山两家合作在私有土地上开辟该弄，为葑门西街的支弄，故名。民国《吴县志》图未注弄名。张桂山在开辟该弄时，另在弄西侧南段兴建小型海式里弄"仲康里"（张桂山字仲康），用以出租，西侧北段于民国二十九年（1940）由张桂山等人创建私立立达小学，解放后称葑门小学。

铁局弄(民国地图)

438. 铁局弄 Tiějú Lòng

位于姑苏区沧浪街道,原财帛司弄北。东出学士街,西至城墙,长51米,宽4—5米,1983年改弹石路面为小方石路面。元代至正年间(1341—1367)设铁匠局开此,故名。民国《吴县志》《吴县图》皆作铁局弄,1966年曾改称铁局一弄,1980年恢复原名。1号为龙兴寺故址。

龙兴寺故址南起铁局弄,北抵申衙弄,东临学士街,西靠城墙,占地约7 000平方米,南朝梁时置。宋绍兴年间,于官仓瓦砾中得唐房琯所撰寺碑,叙寺之迹颇详。明洪武初归并广化寺,寻废。清康熙中重建,乾隆三十二年(1767)重修。民国三十六年(1947),该寺被征用,用以整训壮丁、民夫,继则被人租用开设香作。1949年复被租用开设纸浆作。1957年被金星锁厂征用,后划入印铁制罐厂范围,原有寺宇拆除殆尽。

另,民国陆璇卿《旅苏必读》载有大铁局弄、小铁局弄,皆位于"东护龙街,西东海岛",即今人民路西、东中市北位置上。

439. 王衙弄 Wángyá Lòng

位于姑苏区金阊街道,原升平桥弄北。东起学士街,西至城根,长121米,宽4米,原为弹石路面,后改为沥青路面。因明代大学士王鏊居此而得名。民国《吴县志》《吴县图》作王衙弄,《姑苏图》等标王衙前。1997年学士街拓宽改造时拆除。

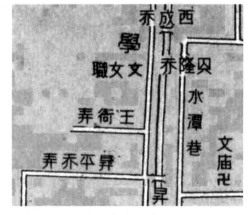

王衙弄(民国地图)

440. 盛家弄 Shèngjiā Lòng

位于姑苏区沧浪街道,原胥门路西段南侧。东起万年桥大街,西至阊胥路,长118米,宽4米,1989年改弹石路面为水泥道板路面。清乾隆《苏州府志》等均作盛家弄,民国《吴县志》并注"由斯弄北",《苏州城厢图》等均标作盛家弄。民国陆璇卿《旅苏必读》载:"盛家弄,东胥门大街,西马路。"民间相传弄内有清末大臣盛宣怀房产而得名,不确。因地处万年桥堍,素来商业兴旺,1940年代末,弄两旁挤满店铺,计有34家,1950年代起逐步转为居民区。2003年因建设规划展示馆,弄废。

441. 宋祠弄 Sòngcí Lòng

位于姑苏区沧浪街道,南出京兆里,北至阊胥路原胥江影剧院南侧,长173米,宽1.2—4米,弹石路面。弄内有纪念明巡按御史宋学朱的宋家祠堂,弄因祠名。附近另有弄堂"宋家坟",乃纪念宋学朱而建的衣冠冢,东出阊胥路,西邻红旗新村,北至小日晖桥,南通三香路,后改称"宋家弄"。宋祠弄于1966年改称向群弄,1980年定今名,今废止。

宋学朱,字用晦,长洲人。崇祯四年(1631)进士。任御史时,曾抗疏弹劾杨嗣昌、田维加,时人论为壮举。崇祯十一年(1638)冬,清兵自畿辅南下,直逼济南。时城内仅有五百兵丁,虽有莱州援兵五百,亦势弱不足守。宋学朱等分兵分门死守,昼夜不解甲。次年二月,清兵攻破城门,宋学朱遂殉难,尸骸无存。福王时,追赠大理少卿。

苏州市规划展示馆

442. 紫粉弄 Zǐfěn Lòng

位于姑苏区金阊街道。南起阊门内下塘街，北至西角墙，长127米，宽2—2.5米，原为弹石路面，1994年改为异型石路面。清代弄北有宝苏局，称局弄。因宝苏局烧熔铜料之灰以及翻砂所用砂灰呈紫色，弄内常蒙紫色之灰，俗称紫粉弄。《姑苏图》标紫口弄，《吴县图》标紫粉弄。2003年中街路北沿工程中拆除，并入中街路。

紫粉弄

443. 关走弄 Guānzǒu Lòng

位于姑苏区虎丘街道。南至中倪家场，北至清塘新村，长54米，宽1.8米，原为弹石路面，现为水泥异型道板路面。曾名贵走弄，相传旧时弄内有一秀才思欲富贵而得名，即贵人所走之弄。民国《吴县志》作关走弄。

444. 油车弄 Yóuchē Lòng

位于姑苏区虎丘街道，山塘街半塘南侧。东起猪行河头，西至半塘桥，长306米，宽2—3.5米，原为弹石路，后为六角道板路。昔有榨油坊，俗称油车。民国《吴县志》作油车路。1998年建造北环路万福桥时拆迁。另，民国陆璇卿《旅苏必读》载城内亦曾有油车弄"北百善桥，南东美巷"。

井泉弄

445. 福全弄 Fúquán Lòng

位于姑苏区虎丘街道。南接山塘街，长90米，宽1.78米，原为弹石路面，1990年改铺小六角道板路面。亦称野猫弄，《桐桥倚棹录》载："野猫弄，在半塘桥西。山塘诸弄内，皆通郊野，多艺花人所居。"民国《吴县志》《苏州城厢图》皆作野猫弄，民国陆璇卿《旅苏必读》载："野猫弄，东北铁路，西南半塘桥。"

446. 井泉弄 Jǐngquán Lòng

位于姑苏区虎丘街道。南接山塘街，长200米，宽1.5—2米，原为弹石路面，现为水泥砖块路面。原称井亭弄，弄内有井亭，故名。民国《吴县志》《苏州城厢图》皆作井泉弄，《苏州城厢图》标井家弄，"家"系"泉"之误。

447. 席场弄 Xíchǎng Lòng

位于姑苏区虎丘街道、虎丘环山河西。原弄南出山塘街（南端弄口为万点桥），北至城北公路（苏城大道），长497米，宽2.2—5.8米。2010年，虎丘地区综合改造项目启动，席场弄列入改造范围。今席场弄周边已全部拆除，根据规划，仅保留原弄南段，约长240多米。旧时弄内住户多以织席为业者，故名。民国《吴县志》作席场弄，清顾禄《桐桥倚棹录》卷七有"席场弄"："在（虎丘）寺西，昔居人多于此织席，故名。今弄中多线带作。"卷十一《工作》："席，出虎丘者为佳，见《姑苏志》。山塘只一二店而已。另有蒲席、篾席两种。昔年环山居民多种花草，织席为业，四方称'虎须席'，极为工致，他处所不及也。今种花草织席者，浒关为甚，然虎丘地名尚有号席场弄者。"

原弄内9号，原为王诚信药号，业主王瑞林之祖于清道光末年开设。至清末，由王张氏主持生产。北伐胜利后，王张氏与媳王金根共同经营。1944年和1947年婆媳先后去世，由王金根之子王瑞林继承该业。王诚信从事生产先天益气丸。销售对象主要是浙江和上海的农村，本地业务很少。1951年初，资金为旧人民币69万

席场弄

元。1955年底资金为人民币163元。1956年合营，属自负盈亏。弄内47号，原有王上仙药号，为王上仙于乾隆年间开设，经王上仙、王天章、王秉承、王××、王益亭、王慎之、王正保七代相传，专制先天益气丸（俗称黄病丸），对黄疸肝炎有一定疗效，主销沪宁线各县乡区。后来该店由三房分日轮流经营：阴历初一至十五日是大房；十六日至二十三日是二房；二十四日至月底是三房。1951年10月起三房合并经营。当时资金为旧人民币200万元。1955年底为人民币1 150元。1956年合营，属自负盈亏。1958年9月，王诚信与大昌、陈氏、胡氏、天官坊和通和坊沈氏仁寿天等七户组织"金阊区国药成药合作工场"，设在天官坊沈氏仁寿天原址。12月底，工场撤销，人员由国家统一安排，产品由雷允上药厂生产。

448. 泰让桥弄 Tàirràngqiáo Lòng

因位于泰让桥侧而得名，东接万年桥大街，西至阊胥路泰让桥北堍东侧，长115米，宽2—3米，1988年改弹石路面为水泥道板和沥青路面。原名由斯弄，《姑苏图》标油斯弄，《苏州城厢图》等均标作由斯弄（参见425由斯弄）。俗称"牛屎弄"，1980年调整重名时，因弄在泰让桥北堍，改为今名（齐门外由斯弄保留原名）。泰让桥，清光绪年间筑大马路时建，原系三孔木桥，1927年改为水泥路，1978年改为双曲拱桥，三孔，桥名为纪念吴地始祖"泰伯让王"，定名泰让桥。民国时，泰让桥弄为商业区，有店铺33家，50年代转为居住区。22号为真如小筑，清代嘉庆二十五年（1820）沈琢棠所建，王政有《真如小筑记》存世，后被做绣庄生意的顾氏买下，也称顾家花园。2003年拆迁废用。

449. 北塔东弄 Běitǎdōng Lòng

位于姑苏区平江街道，关帝庙弄北。东起石塘桥弄，西至东山门，长216米，宽2.5米，异形道板路面。弄在北寺塔东侧，故名。《吴县图》标作大观音弄，1960年代中期曾名利群弄，1980年改为今名。

北塔东弄

450. 前小邾弄 Qiánxiǎozhū Lòng

位于姑苏区虎丘街道，山塘街南段西侧。东起山塘街，西至西叶家弄，长430米，宽1.4—3米，原为弹石路面，1985年改为六角道板路面。当地人合称前、后小邾弄为小邾（猪）弄。传说春秋时小邾国为楚国所灭，世子邾洪基逃亡至吴国，聚居于此，今后小邾弄内有新碑记其事。《吴门表隐》卷一："周朱季聃奔吴，依阖闾居此，即今小邾弄。"明正德《姑苏志》作小猪巷，清同治《苏州府志》作小邾弄，并注"在渡僧桥北"，《苏州城厢图》标小邾弄，《苏州图》标小朱弄，民国陆璇卿《旅苏必读》载："小邾弄，东渡僧桥大街，西花板桥。"道光八年（1828）十月初一夜间，闾门外钓玉湾（即今鲇鱼墩）、小邾弄、方基上一带发生大火，烧去二百余家房屋。1960年代中期，闾门外吊桥、鲇鱼墩一带房屋又遭大火，因此本地有"火烧鲇鱼墩，带脱小邾弄"之说。前小邾弄迂回曲折，其"走势"被阮仪三先生《姑苏新续：苏州古城的保护与更新》一书视为典型，称此类"苏州小街小巷通常具有良好的方向感，在其中行走，会有许多环境的提示在告诉你该向何处去，即使不熟悉的人也是不会迷失方向的。街巷一般不是一条直线，而是斜线、折线或曲线，但它们的斜率、曲率都不大，是非常缓和的，围合街巷的建筑都有不同程度的凹凸变化，或作了微小角度的偏转，这使街巷空间在不断地产生变化，

前小邾巷秀兰公所

具有一定的曲折变化，被人们称为街道的'走势'，也就是我们所说的方向性"。

弄内多药材行，14号原有德元药材行，开办于1941年，业主蒋稼良，出资白米六十石，1948年迁至山塘桥堍北浩弄6号。该行经营地产草药，专销天津、华北等地客帮生意，业务量大，利润丰厚。弄内32号原有刘畯记药行，业主刘畯杰（耀铭）夫妇于1946年3月出资法币40万元开设，专营苏州地产药材。刘氏原在上海益元草药行工作，以上海各草药行和中小药铺为销售对象。一度业务较好，但因资金不足，人员繁多，开支庞大，最后出现资金周转不灵。1950年重估资产时，资金为旧人民币350万元。于1954年批准歇业。弄内34号原有宝昌药行，业主陈松洲自天顺药行闭歇后，于1944年以中储券30万元开设宝昌药行该行主要从事浙江长兴、安吉、孝丰等地的土产药材转运到上海，又从上海换回其他各地所需的药材。同时向苏州各行推销，但业务范围不大。该行1950年重估资产时，资金为旧人民币123万元。1955年底资金为人民币192元。公私合营时，该行已趋停业状态，资金仅剩25元。于1957年1月9日并入公私合营德大亨批发店。弄内35号原有周宝记药行，业主周宝祺于1944年独资开设，与陆永记草药行同一门面，主要经营鲜货药材。如鲜铁皮、鲜瓜兰、鲜石斛等。并自行加工杜枫斛。销售对象主要苏州各药行和饮片药铺。1953年2月5日批准歇业。陆永记药行，由陆大弟于1939年独资开设在前小邾弄35号。陆大弟原居郊区西津桥，从小生长农村，靠采挖野生药材为生。药材采集后，加工整理，装运上海转口，直接向天津、福建等南北方各客户兜销。由于减少了苏州、上海两地的转手，因此利润较厚。后单靠自己采挖的药材，已不敷应求，遂于西津桥家中就地收购农家药材，业务得到不断发展和扩大，派儿子陆才欣在上海租屋做堆栈，中转发货。1938年前撤销上海堆栈，在1939年于前小邾弄正式开行。陆才欣自幼随父从业，并有采集及鉴别草药的丰富经验。该行没有固定资金，采购药农的药材以约期付款方式收购。1950年父子合伙经营。重估资产时，资金为旧人民币525万元。1955年底为人民币7 063元。1956年1月公私合营，同年6月并入公私合营德大亨批发店。

451. 后小邾弄 Hòuxiǎozhū Lòng

位于姑苏区虎丘街道。东接前小邾弄，西接西叶家弄，长97米，宽1.7米，小六角道板路面。前、后小邾弄民居多为清末民国时期建筑风格，以各式石库门为代表，现存石库门约20多种，有戗檐式、衣架锦门楼式，套环式等。

弄内5号为原泰昌参号，业主胡文学（江阴人），于1946年10月25日出资法币650元开设，经理为翟银炳。1947年迁下塘街原吴氏福来康旧址，业主实已转入翟手。弄内7号原有慎丰生药材行，由泰来德经理沈耕生于1942年5

后小邾弄的纪念碑

月，出资12万元开办。1946年，由其长子沈荣章增资法币380万元；1947年，再由其他三个儿子增资840万元（每人280万元），父子合伙经营。沈耕生于1948年正式离开泰来德后，专营镇丰生药材行。该行经营省外各地官料药材为主，属中小型药行，营业较好。1950年重估资产时，资金为旧人民币800万元。1955年底为人民币4 000元。1956年1月公私合营，于1957年1月9日并入公私合营德大亨批发店。

452. 内五泾弄 Nèiwǔjīng Lòng

位于姑苏区金阊街道。东接仓桥浜,西至浒溪仓,长89米,宽1.66—2.5米,1987年改弹石路面为六角道板路面。曾名内五泾庙,1960年代改名永安弄,1980年恢复原名。《吴县图》标内五泾弄,《苏州图》标五泾庙弄,民国《吴县志》载"有五泾庙在尚义桥,神姓金名元,封五泾河神,明洪武初建"。五泾即沙盆潭,湍涌最急。一在聚龙桥口,一在渡僧桥底,一在北濠口,一在阊门城洞下,一在吊桥底,五水交汇极深。

内五泾弄

453. 宝城桥弄 Bǎochéngqiáo Lòng

位于姑苏区金阊街道,苏州市桃坞中学东侧。南起桃花坞大街,北至东四亩田,长473米,宽3米,原为弹石路面,1990年改水泥条砖路面。弄在宝城桥北,故名。

弄内4号为俞宅——C字形带天井石库门住宅。8号即为桃坞高级中学(苏州市第四中学),前身为创办于1902年的桃坞中学,为清光绪二十八年(1902)美国基督教圣公会创办,光绪三十四年(1908)正式定名。校舍为砖木混合结构的西式建筑。桃坞中学旧址是清代所建教会学校中现存原校舍建筑最多的一处,1991年被列为苏州市文物保护单位。22号为李仲公、李侠公兄弟故居,占地面积1 300平方米。李仲公初到苏州曾住在泗井巷,此宅建成后迁入,一直住到1949年离开苏州。为民国时期的日式建筑,2004年被列为苏州市控制保护建筑。

李仲公(1898—1978),原名其荃,号仲芸。早年肄业于北京法政专门学堂,后留日早稻田大学政治研究系,1916年与李大钊等人发起创办《晨钟报》,后改名《晨报》。1924年在上海加入国民党,历任蒋介石的秘书长、国民党中执委书记长、交通部次长、立法委员等职。蒋介石在北伐初期的重要政论、文告等,多出李仲公手笔。有译著书,并著有诗文稿,为国民党要员中有名的诗人、书法家。1949年7月,李仲公在苏州与原国民党45位立法委员联名发表宣言起义。8月赴京,任民革中央常委、宣传部部长。后任政务院参事、国务院参事。1978年因患肺炎等症,在北大医院去世。李侠公(1899—1994),李仲公的胞弟,留学日

宝城桥

本明治大学攻读政治经济学，学成归国。1924年7月，出任黄埔军校特别官佐，从事教导团秘书工作。在军校工作期间，李侠公加入共产党。东征、北伐中，李侠公历任何应钦的东征军第一师政治部主任、第三军军官学校政治教官，并担任广州中共军委会技术书记职务，成为革命军中有名的共产党人。1927年2月，赴苏联东方劳动大学、列宁格勒军政大学学习。第二次国共合作时期，国民政府成立了军事委员会政治部，陈诚任部长，周恩来出任副部长，李侠公受聘担任政治部设计委员和陆军大学政治部主任。解放后，李侠公任政务院参事、西南军政委员会委员。1950年7月，受党的委派和周恩来总理的嘱托回黔，历任贵州省政法委副主任、民政厅厅长，负责组建民革贵州省委，任民革省委召集人、第一至五届主任委员，政协贵州省副主席、民革中央常委会顾问、监委常委等职务，全国人大代表。1994年在贵阳病逝。

大悲庵

454. 大悲庵弄 Dàbēiān Lòng

位于姑苏区虎丘街道。南至石牛头，北至石子街，长134.1米，宽1.9—4.2米，原为弹石路，后为六角道板路面。弄内原有大悲庵，故名。民国《吴县志》作大悲庵弄，《吴县图》标大悲庵，曾名建阳弄。

455. 白姆桥东弄 Báimǔqiáo Dōnglòng

位于姑苏区虎丘街道，山塘街支弄。南起山塘街白姆桥东堍，北至八字桥西街，长415米，宽1.3—3.8米，水泥六角道板路面。因在白姆桥东堍而得名。

白姆桥东弄

弄内4号为一座 C 字形三合院的民国建筑，两层三开间，坐北朝南，小青瓦硬山屋顶，山墙呈拱形观音兜；入口有月洞门，门上有砖额；大门上方为西式混凝土扁花瓶栏杆。1953年，曾于此处开办"中苏钟表零件工场"，生产钟表游丝；至20世纪50年代末，合并成立苏州钟表厂后改为托儿所；现为民居。

456. 白姆桥西弄 Báimǔqiáo Xīlòng

位于姑苏区虎丘街道，山塘街支弄。南起山塘街白姆桥西堍，北至薛家湾，长141米，宽3.2米，原为弹石路面，现为六角道板路面。因在白姆桥西堍而得名。民国《吴县志》作白马桥弄，《吴县图》标东街。

白姆桥，也称白公桥、白马桥，清顾禄《桐桥倚棹录》引徐士鋐《里俗聊闻》云为白居易建，元泰定年间曾重建。桥畔原有斗姆阁，一说白姆之"姆"字即源于此。

白姆桥西弄

457. 小日晖桥弄 Xiǎorìhuīqiáo Lòng

位于姑苏区沧浪街道，小日晖桥南侧。东接万年桥大街，西至虎啸桥，与阊胥路相交，长326米，宽1.3—3米，弹石路面。因在小日晖桥南堍故名。民国陆璇卿《旅苏必读》载："小日晖桥，北长船湾，南万年桥口。"弄内13号李宅有砖刻门楼，23号曾为光绪年间唐芝田创立的福元公所，俗称皮蛋公所。26号为清末名医尤松泉的尤氏针灸诊所，尤氏被誉为"小日晖桥一根针"。此弄地势低洼，汛期屡遭洪涝，1982年加高堤岸，增设防洪墙。弄内存有留韵义井。

留韵义井

458. 盘门路 Pánmén Lù

位于姑苏区吴门桥街道。东以人民桥为界与南门路相连，西至解放桥南堍接盘胥路，长1 200米，宽35米，旧为碎石砂浆路，1950年改为弹石路面，1978年改铺沥青路面。原为清末所辟环绕城西、南之大马路的一段，《吴县图》标大马路，因位于盘门外，1980年改名盘门路。389号原为水仙庙。

盘门路中段，有裕棠桥，跨大龙港。始建于清光绪年间（1875—1908），初名甘棠桥。1928年，严庆祥出资改木构梁桥为钢筋混凝土梁桥，并以其父严裕棠之名改称"裕棠桥"，沿用至今。

裕棠桥

459. 枫桥路 Fēngqiáo Lù

位于姑苏区金阊街道。南起金门路，至上津桥连接上塘街，沿上塘河折西至枫桥大街，长3 300米，宽

16米，沥青路面。路北侧为上塘河，古称枫江，因连接枫桥集镇，故名。枫桥路东段邻近为石路闹市区，中段北侧隔河有西园寺，西端有寒山寺、铁铃关。明唐寅《寒山寺》有"金阊门外枫桥路，万家月色迷烟雾"的诗句。明郑若曾《江南经略·阊西筑城论》云："阊门至枫桥数里间，商民积所萃，视他省一雄矣。"嘉靖年间（1522—1566），同知任环为抵御倭寇，曾在下津桥筑白虎关。至清代，阊枫大市复兴，"从阊门到枫桥十里长街，牙行相望，万商云集，百货充溢，规模之大，市贸之盛，无出其右"，雍正时江苏巡抚李卫在奏折中称苏州阊门至枫桥一带"烟火百万户"。咸丰十年（1860）以后，阊门外枫桥、山塘一带因毁于战火而逐渐衰落。1938年10月，日寇在枫桥路建西兵营，枫桥路东口街南至桐泾桥遂为兵营占用，过桥向西则复垦为农田。至20世纪80年代，碎石路面拓宽改建为沥青路面；20世纪90年代将枫桥路东口至桐泾路扩展为单向双通道。

从阊门至枫桥的沿河道路，包括上塘街及枫桥路东西段，旧亦称芙蓉塘。晚清顾公燮《丹午笔记》载："近代如前明公卿跨街坊表，今两旁俱占屋舍，乃知康庄大道有五马并行之说，并非虚语。推原其故，盖因前明数百家布号，皆在松江、枫泾乐业，而染坊、踹坊商贾悉从之。又东西洋未通，货物寥寥，南濠亦非辐辏之区。国初，湖寇揭竿，上下塘又遭兵火，以后渐占官路，人居稠密，五方杂处，宜乎地值寸金矣。即如盘、葑两门，素称清静，乾隆初年或有华屋减价求售者，望望然去之，今则求之不得。"

金门（民国）

460. 金门路 Jīnmén Lù

位于姑苏区金阊街道，为阊门外主要东西干道。东起金门口，西至何山大桥，长3 389米，宽40米，沥青路面。民国二十年（1931）辟金门时，因其邻近阊门，阊门一带又因商贸繁华，且城门向西，俗称"金阊门"，故借"金阊门"熟语，名新辟城门为"金门"。

当时金门至永福桥段称横马路，永福桥至朱家庄段旧时多为荒场。民国二十九年（1930）7月，日军建南、北兵营并筑路，俗称南兵营路。1966年8月统称为延安西路，1980年改今名，时长1 429米，宽8.2—15米。1992年又向西延伸至桐泾北路。1993年3月起再向西延伸拓宽至西环路，延伸1 800米，宽40米。延伸段1994年12月15日建成通车，遂成今貌。

461. 园林路 Yuánlín Lù

位于姑苏区平江街道，东北街西段南侧。南出白塔东路，北至东北街，直对拙政园原大门，路长420米，宽9.5米，1966年改石子路面为沥青路面。民国《吴县志》作大井头，并注"（在）金家花园北，一名神道街"，《苏州城厢图》标大井头，《吴县图》标神道街。原街面狭小，因位于狮林寺（今狮子林）前，故名神道街，又称东神道街。1953年拓宽东侧路面，因附近有狮子林、拙政园而更名园林巷。20世纪70年代更名园林路。

39—41号原为任老爷堂，俗称"眼目司堂"，祭祀梁新安太守任昉。任昉，字彦升，南梁著名文学家、小说家，竟陵八友之一。民间奉为土谷神。宋时，堂内有紫荆树，其树枝叶可治疗目疾而闻名乡里。南宋嘉泰三年（1203），由任昉二十八世孙浙西提举任清雯重建，后毁于兵燹。明宣德二年（1427）由裔孙任伯通

园林路

重建。清初，某亲王带兵驻苏，军士多患目疾，甚危。因祷于神，折枝煎水，清洗后尽愈。遂重建，庙扩大，香火极盛。清咸丰十年（1860）庙毁，同治六年（1867）重修，赐额"眼目睁睁"。中段为苏州民俗博物馆，原为狮子林宅第东侧部分，开馆于1986年11月，占地1 000多平方米，后扩展为南北两区，近2 000平方米，设有婚俗厅、寿俗厅、生俗厅、节俗厅、吴歌风俗厅等展厅，是全国首座都市民俗博物馆。

462. 虎丘路 Hǔqiū Lù

位于姑苏区虎丘街道。原南起留园路，北至虎丘望山桥。1995年桐泾北路延伸时，将留园路至仁安场口一段并入桐泾北路，虎丘路改为南起仁安场口，北至虎丘山南麓望山桥。长1700米，宽28米，沥青路面。因位于虎丘山前而得名。

虎丘，原名海涌山，又名海涌峰。春秋时，吴王夫差将其父阖闾葬在山上，三日后发现白虎蹲其上，遂名"虎丘"。或说山形如虎，故名。晋代司徒王珣、司空王珉兄弟在此建有别墅，后舍宅建寺，名虎丘寺。唐代避太祖李虎讳，改称武丘寺，后恢复。虎丘高30余米，面积10余公顷，有云岩寺

虎丘路旧貌

塔（即虎丘塔）、断梁殿、试剑石、点头石、剑池等景点30余处，风景优美，古迹众多，为"吴中第一名胜"。该路开筑于民国十七年（1928）9月，二十年（1931）完成修筑，历时三年，为砂石路，当时由驻军工兵营参与施工，故曾名军工路，在中段建有一号桥，长9.4米，宽7.5米。至20世纪30年代，从阊门石路经虎丘路到虎丘山，有定点的公共马车，每辆可乘6人。每当旅游扫墓季节，虎丘路上马车、黄包车往来不绝。虎丘路建成后，附近农民操办婚礼时用花轿迎亲行进路面，曾是该路上颇受瞩目的风俗场景。北段两侧农户

以种植茶花而著称。1946年4月，为纪念病逝的叶楚伧，时吴县县政府一度将虎丘路改名为楚伧路。1949年后，拓宽成弹石路，并加植行道树。1956年，苏州市邮电局在今虎丘路46号设立虎丘邮电所。1959年再次拓宽，筑成沥青路，为苏州市第一条沥青路，于当年9月26日建成通车，两侧重予绿化：由路南端向北到沪宁铁路，种植香樟、银杏；铁路以北种植女贞。1987年12月又建成铁路立交桥。虎丘路大致为南北走向，由南往北，东侧有东西向的玻纤路，中段西侧有虎新路，再北为北环西路、沪宁铁路立交桥，过立交桥，西侧为观景二村、茶花村，之后，东侧有路（习惯上称普济路），过普济桥接山塘街。再北，东侧有东西向的虎阜路，虎阜路分别与山塘街、蒲庵路（南起山塘街，北至虎阜路的蒲庵路，1986年命名。《红兰逸乘》卷四："金阊西三里为洞桥，桥内半里许为蒲庵。昔慎独师结茅奉母，效古尊宿陈蒲鞋编蒲养母故事，乃以蒲为名，境最幽胜。"）相交，东接清塘桥。再北，西侧有东西向虎丘西路，至此已是虎丘路北端，虎丘（山）即在眼前。

南新路

463. 南新路 Nánxīn Lù

位于姑苏区金阊街道，在金门外南新桥东堍北侧。道路南起金门路，北至阊门接阊胥路，长497米，宽6米，1979年改弹石为沥青路面。因地处阊门童梓门以南、城墙和外城河之间，清乾隆十年（1745）《姑苏城图》标名为南城脚下。光绪三十四年（1908）的《苏州巡警分区全图》《苏州府城之图》等均标名为沿城大街，但其南段与南码头并为一线。民国十六年（1927）8月《最新苏州市全图》中，沿城大街南段已于与南码头分开，与今南新路路幅相近。民国二十年（1931）开辟金门、建南新桥（因为在阊门吊桥南新建桥梁，故名）。民国二十九年（1940）《吴县城厢图》将南新桥以北段标为"南童梓门"，并在其西并行标"南码头"，而金门以南标为南新街，南新街南标注为长船湾。后将"南童梓门"改称南新路，而金门以南南新街并入长船湾。

民国十七年（1928）10月，南新路中段开办了苏州近代第一家煤球厂——燮昌协记煤球厂。66号为一界碑标为"梅界"的两层旧民居，青砖砌筑外墙，沿街二层西立面为通长窗木裙板。有民国时期惠业公司旧址，尚留存部分旧建筑。

南新路北段原有小巷称"协和坊"，东出南新路，西至南码头，1999年阊门地区改造拆除。

464. 保健路 Bǎojiàn Lù

位于姑苏区平江街道。南起承天寺前，北至桃花坞大街，长300米，宽3米，三寸子路面。该路原为西海岛北段，《苏州城厢图》标作西海岛。民国时曾设保健所，中华人民共和国成立后确定地名时，该段即称保健路。

保健路

465. 杨素路 Yángsù Lù

位于姑苏区吴门桥街道，宝带西路北。东起友新路，西至福运路，长1 200米，宽20米，沥青路面。杨素路与范成大路相交，路口纵横向各有一座新桥相连，南北向为怀范桥，东西向为越公桥。隋初，越国公杨素平定陈朝后筑新城，迁苏州城于此，后世称为新郭。附近有杨素桥，皆以纪念此事。

杨素（544—606），字处道，弘农郡华阴县（今陕西省华阴市）人。隋初重臣，汾州刺史杨敷之子。杨素自幼胸怀大志，博学多闻。初为北周权臣宇文护引为中外记室，后随周武帝宇文邕攻北齐有功。更投靠丞相杨坚，为他讨平反抗势力，累迁徐州总管、柱国，封清河郡公。隋朝建立后，加上柱国，参与修订律法，又调御史大夫。他数次献上攻取陈朝的计策，被任为信州总管，负责监造战船，做灭陈准备。开皇八年（588），杨素参与伐陈，作为行军元帅，率水军下三峡，在长江中游屡败陈军，配合下游隋军攻取建康的行动。战后累升纳言、内史令，封越国公。开皇十年（590），以行军总管率军讨平江南豪族叛乱。两年后晋升为尚书右仆射，与高颎同掌朝政。开皇十八年（598）及仁寿二年（602），两次出击突厥，取得大胜。在此期间与晋王杨广交结，助其成为太子并夺取帝位。杨广即位后，主持讨平汉王杨谅叛乱，累拜尚书令、司徒，改封楚国公。大业二年（606），杨素去世，享年六十三岁。获赠光禄大夫、太尉及弘农等十郡太守，谥号"景武"。另，附近曾有与杨素有关的古迹"杨素桥"和"越公井"。清顾震涛《吴门表隐》载："杨素桥在新郭，素筑城时建。"此桥位于原新郭老街东北200米处，为石板桥，花岗石栏杆。因年久失修，清代时已成危桥。陈常邱有《新郭怀古》诗云："隋家霸业久沧桑，黄碧山高等北邙。空说新城压阖闾，终教朽骨葬雷塘。无波古井犹称越，欲堕危桥尚姓杨。试问英雄何处所，西风落日下牛羊。"为保留古迹，1976年横塘公社新郭大队在原处重修该桥，其结构为石台平桥，桥面为多孔水泥板，跨经3.1米，净高5.5米，宽度1.7米，村民称为"杨师桥"。1999年11月，在原桥东堍发现一块阔60厘米的黄石，上凿"杨素桥"三字，每字有20厘米左右，证实古桥之名。越公井，位于上方山治平寺前山岗上，南宋范成大《吴郡志》载："越公井，今在治平寺前山岗上。径一丈八尺，石栏如屏绕之。上有刻字，多不可辨。又有唐广明元年，僧茂乾《述大唐楞伽殿后》《重修吴朝大井记》，略云：惟兹巨井，吴志当坐横山艮位，越来溪西百步。隋开皇十年，越国公杨素筑城创斯井焉。盖素既平陈，尝迁吴郡于山下，至今谓新郭。"杨素开挖此大井，主要为军士饮水所用，"时屯师孔多，日饮万人"。杨素被封为越国公，故称"越公井"。此井至今尚存，井栏为民国时苏城名流张一麔重置。

466. 杨枝塘路 Yángzhītáng Lù

位于姑苏区双塔街道。东接东环路，西至觅渡桥，长778米，宽10米，沥青路面。1983年辟建，因路北有杨枝塘村而得名。

杨枝塘河，又称瓦屑泾，因河边原有许多杨柳树而得名，有村随河名。又因村南北向狭长，南部称为南杨枝塘，北部称为北杨枝塘。清康熙十二年（1673），沈德潜出生于苏州府长洲县葑门外竹墩村，即位于杨枝塘附近。清冯勖有《沈庄樗幽居》诗云："杨枝塘东更向东，绿蒲红蓼各成丛。三家村口少人过，独木桥边有路通。老屋短垣披薜荔，主人长日注鱼虫。"

467. 校场桥路 Jiàochǎngqiáo Lù

位于姑苏区平江、金阊街道交界处，北寺塔西北侧。该处明清时期有西校场桥。8号为朴园，又名汪氏别墅，为苏州市文物保护单位。

校场桥，跨苏城内第二直河上，宋《平江图》标名"曹使桥"，清代名"西校场桥"，因附近有西大营门，为军士教习操练之所而得名。一说民间相传春秋时期吴王在此设立校场而得名。该路2023年1月统一命名为校场桥路，由三段组成：东段东起人民路，西至河西巷，俗称校场桥路，沥青路面，长109米，宽 5.6米；中段东起河西巷，西至林机厂，原名高长桥，高长桥实为校场桥的方言记音字，沥青路面，长100米，

校场桥

宽5米；第三段北起林机厂，往南西折至唐寅坟（与唐寅坟相交于苏州红木雕刻厂门口），弹石路面（其中北起林机厂往南一段原为西大营门北段，西折至唐寅坟一段原为双荷花池），长198米，宽8米，它的南面，东段民居仍用双荷花池门牌，西段即为林机新村；它的北面仍有一泓池水，即原双荷花池部分水面（传唐寅故居即在池北，由东端青莲桥与池南相通）。

朴园，又名汪氏别墅。朴园是一座近代仿古第宅园林，占地5 000平方米左右。据园主后人介绍，此园与众不同，是一座外迁的"移园"。园主汪新斋（1886—1946），字世铭，安徽婺源（今属江西）人，生长在上海，以经营蛋品为业，是当时最大的蛋品经销商。20世纪20年代初，汪新斋在上海建造一座园林别墅，因其与上海其他住宅花园相比，显得较为朴素，且园貌幽雅返璞归真，故取名"朴园"。后来，汪新斋考虑到汪家祖坟在苏州狮子山，每年清明时期合家来苏上坟，需要一个固定的落脚点，同时也可以借此颐养天年。于是在1932年，汪新斋在苏州平门附近以造价10万银圆选购一块荒地，将上海朴园中的厅堂、假山、石笋、花木等全部拆卸和移植，雇船由水路运抵苏州移建，园名仍取为"朴园"。在园景中，还增添了一些日本的名贵花木，如樱花等。为方便生活起居，园内还备有自流井（小水塔）。为庆贺朴园易地新生，园主汪新斋请著名书法家何维朴题写园名于门。同时，延请清代拔贡钱朔异撰写《朴园移苏记》，并镌刻于木板。抗战期间，朴园被日军占为养马场，假山花木等园景遭到不同程度的破坏。园主汪新斋回上海后，曾一度关闭蛋品厂，不与日本商人合作，并且以工厂物资支援军队抗日，显示了可贵的爱国主义民族气节。抗战胜利后，朴园回归原主。解放后，汪家以象征性的代价将朴园转让给国家，归国家公路总局第三工程队使用。工程队曾经在此开设疗养院。据说，一度曾作为援朝志愿军的疗养场所。1956年，园内增建三层楼房，使园貌受损。1974年，朴园归市卫生局使用，设市卫生防疫站于此。1985年，香山古建集团吴县古建工艺公司原汁原味修葺朴园。1991年，朴园以其历史和文物价值，被列为苏州市文物保护单位。2005年对园内建筑全面维修。2006年，苏州桃花坞木刻年画博物馆在朴园挂牌。现在的朴园，占地10 000平方米，保存较好，宅园四周围以花岗岩石墙，古朴雅致；条石门框，典雅端庄。造园采用传统手法布局，以山水为主景。假山以湖石包土，峰峦起伏。一泓池水围以嶙峋湖石，铸铁栏杆曲桥架于池上，水面聚分兼得，池中点缀石幢。园内有四面厅、花厅、亭廊等建筑，盖以琉璃瓦屋面。一口青石古井，造型为内圆外八角，题额"桃花源"。园内花木扶疏，有白皮松、罗汉松、广玉兰、樱花、香樟、龙柏、杜鹃、瓜子黄杨等，多为挂牌保护的古树名木。又有汪宅，红砖西洋建筑，曾为陈璧君住所，在今苏州昆曲院内，曾用作院招待所。

468. 伊家浜 Yījiābāng

位于姑苏区虎丘街道。东接石家弄，西接前小邾弄，长112米，宽1.2—2米，六角水泥石路面。民国《吴县志》《吴县图》均作伊家浜。巷内民居多为清末、民国时工商业者所建，精致牢固，地方风情浓郁。

弄内2号原有永昌药行，业主乔浩荣等五人于1942年1月合伙开设，资金为72 000元，以族长乔宇清为大股。1946年乔浩荣又受盘泰丰义草药行，原泰丰义人员一并接收，并将永昌药行迁移至山塘街181号，即泰丰义草药行原址。乔浩荣出身于上海元昌草药行，业务精通。永昌行备货齐全，在各地饮片业和药农中较有声誉，营业较盛，为当时草药行之冠。现存伊家浜7号有江南水乡特色的住宅大门遮堂门，平时启用两侧边门，遇有大事开启中间大门。弄内12号原有久大药材行，业主汪树本于1945年独资开设。1949年3月，汪树本又与胡本臣等四人合伙集资金圆券500万元，改名为久大协记药材行。同年9月，迁至山塘街162号（原德茂药行旧址）。该行经营各地官料药材为主，以常熟各地的中小饮片药铺为主要销售对象，业务不大。

伊家浜

469. 西长善浜 Xīchángshànbāng

位于姑苏区虎丘街道。南起上津桥下塘，北出留园路，长89.2米，宽2.2米，弹石路面。旧称西长善浜沿河，东、西长善浜之间，原有南北向同名小河，系上津河支流。河东、西沿岸，旧称东会馆、西会馆，即今东长善浜、西长善浜。小河今已填没。

长善浜桥

470. 牛牙场 Niúyácháng

位于姑苏区金阊街道，河沿街中段西侧。东起河沿街，西接宫弄，长147米，宽3.1米，原为弹石路面，1984年改为六角道板路面。原称牛衙场，民国《吴县志》作牛牙场，并注"疑牛衙场之讹，更楼弄前"，《姑苏图》标刘衙场，《苏州城厢图》《吴县图》皆标注为牛牙场。民国陆璇卿《旅苏必读》载："牛牙场，北更楼头，南崇真宫前。"范广宪《吴门坊巷待辀吟》诗："荒场一角夕阳斜，小住其间有几家。休道诗人饶舌惯，牛牙或恐是牛衙。"

牛牙场

471. 木耳场 Mù'ěrcháng

位于姑苏区虎丘街道。南起石灰中弄，北至红星小区，长484.4米，宽1.2—3.2米，原为弹石路面，现为水泥条砖路面。原名牛车浜，民国《吴县志》《吴县图》均作木耳场。"场"在苏州地名里既作空地解，又作为处所词指某处地方。

木耳场古井

472. 青莲庵场 Qīnglián'ānchǎng

位于姑苏区虎丘街道。南接五泾浜新村，北至五泾浜后弄，长76米，宽2.8米，1985 年改弹石路为六角道板路面，现为水泥条砖路面。弄堂以庵得名，1966年曾改名伟新弄。

青莲庵场

萧家园

清顾禄《桐桥倚棹录》卷三《寺院》："圆觉庵，今又名青莲庵，在石牛头，宋绍兴二年僧本立建。中有老梅一株，盘困古怪，盖宋植也。明正统七年僧善璇葬母圆觉废址旁，即此建庵，况钟有诗。"又石牛头东接丹阳码头，西接青莲庵场。因有一石牛头砌在墙内，半个牛头在墙外，故名。清顾震涛《吴门表隐》载：石牛为"唐时物，宋咸淳六年（1270）僧志珍建石牛庵于傍"。中间一段曾名"前青莲庵场"。

473. 萧家园 Xiāojiāyuán

位于姑苏区金阊街道，或简写作肖家园。北接梵门桥弄，南至城根，长147米，宽1.8米，弹石路面。又名八角井弄，旧时有八角形高井一口，民国《吴县志》作八角井，并注："葫芦营南"，《吴县图》标作萧家园，《苏州图》又标作八角井弄。明正德七年（1512），文徵明有《萧家园石壁》诗。旧传此处有要离墓，清顾震涛《吴门表隐》卷十一："要离墓在梵门桥宝月庵侧，明乡贤李鸿宅，后归吴尚书一蜚居之。

堂下见石椁，傍有'古要离之墓'碣，明巡按高出题。今废为隘巷，名萧家园。道光七年，大府访梁鸿墓，掘土曾见此碑。"现当代作家郑逸梅《吴中古墓志》载："要离墓：阖闾既弑王僚，又使要离刺庆忌。要离诈负罪出奔，使吴戮其妻子，而见庆忌于卫，与之俱渡江，至吴地，出不意，刺中其要害。其墓相传在梵门桥西马婆墩。清道光间，得石碣，刻有'古要离墓'四字。侧有梁鸿墓。"巷内2号曾为民国商人张锦源寓所，为一座二层局部带三层阁楼的建筑。

474. 望星桥南堍 Wàngxīngqiáo Nántù

位于姑苏区双塔街道，十梓街南侧支巷。西北接十梓街，与望星桥北堍（巷）相直，东南在螺丝浜口接忠信桥（巷），长250米，宽3.9米，1984年改弹石为水泥菱形道板路面。巷隔河与盛家带平行，因望星桥南堍，故名。

巷内6号为民国时苏州首家化学制药企业苏州福康药厂（苏州精细化工厂前身）董事长朱子久故居，二层民国建筑，青砖外墙，由其父朱寿门于20世纪30年代赵氏手中购得。朱子久为苏州著名药剂师，解放后任金阊区人大代表。2004年被列为苏州市控制保护建筑。民国二十二年（1933），自制西药业务、开设上海福康西药店的朱子久将店迁至苏州盛家带30号（后为29号），在沪的设备和职工全部迁苏，并添置一部花篮式压片机、四只糖衣锅、一只水汀炉等制药设备，职工人数发展到17人。后改名福康药厂。该厂是国内最早的国产西药原药工厂和苏州规模最大的西药生产厂。该厂根据德国进口药品凡拉蒙仿制的凡痛灵，是我国最早自制的镇痛西药之一。国民政府药政局注册登记的1—6号西

朱子久故居

药，均是福康药厂产品。民国三十三年（1944）该厂改组为股份有限公司，1953年迁至景德路298号，为苏州当时实力最雄厚的药厂。1956年1月公私合营，后并入一批小药厂，分建苏州制药厂、福康化工厂等四个小厂，总厂迁至娄门外永安大街。1960年苏州制药厂划归医药公司，总厂改名为福康化工厂。1966年福康化工厂改名为苏州助剂厂。

475. 光荣墩 Guāngróngdūn

位于姑苏区双塔街道，朝天桥北堍东侧。南傍外河，西出东街，东不通，长27米，宽2—5米，水泥六角道板路面。清代称乌龟墩，为三面环水的半岛形水渚，船民于此泊舟定居。民国初年改称富贵墩，20世纪三四十年代开有鱼行，遂成街面，1950年代初改名光荣墩，设渔业用品门市部。1956年公私合营时，苏州城东各私家鱼行合并公营，于此处设立苏州市水产品供应门市部，归口市食品公司；改革开放后，门市部取消，渔业生产恢复自营自销。

476. 南码头 Nánmǎtóu

位于姑苏区金阊街道，阊门南、外环城河东岸，因此处早年有水码头，处阊门吊桥南面，与吊桥北侧的北码头相对，故名南码头，巷因码头名。清光绪三十四年（1908）的《苏州巡警分区全图》《苏州府城之图》等在吊桥东南均标有路幅，但未标名，其南段与沿城大街合线并称。民国十六年（1927）8月《最新苏州市全图》中，南码头已于沿城大街分开独立成巷。民国二十年（1931）开辟金门、建南新桥，"南码头"至南新桥止。民国二十九年（1940）《吴县城厢图》将"南码头"与"南童梓门"（今南新路）并行标注，即南新路靠城墙、南码头靠外城河。据《金阊区志》（2005年版）载：南码头"北起吊桥沿河，南至南新桥。36号原为大王庙，建于清代，供奉金龙四大王。原为弹石路面，现为小六角道板路面，长490米，宽2米"。

2008年起，南新路一带逐渐拆迁改造，南码头也随之被拆迁。今在其原址修建了沿河步道，北起吊桥东堍南侧，南至南新桥下，成为市民徒步健身、观赏沿河景色之处。

南码头

477. 莲花斗 Liánhuādǒu

位于姑苏区虎丘街道，山塘河南岸。东接北五泾浜，西至猪行河头，长180米，宽3.1米，六角道板路面。原作莲花兜，民国《吴县志》有载，因莲花庵而得名。

巷内18号原为毗陵会馆，乾隆二十七年（1762）常州府属猪商捐建，俗称"猪行会馆"。尚存二进三楼三底。清乾隆年间，常州、无锡猪商集聚在莲花斗西猪行河头，执有官帖从事猪业的牙商达23户。生猪主要来自苏北三泰（泰兴、泰县、泰州）和如皋、海安等地，由猪行牙商出售给城内外各商铺。

478. 浒溪仓 Hǔxīcāng

位于姑苏区金阊街道。南起阊门内下塘街，北接志仁里，长220米，宽3米，六角道板路面。原为城内粮仓之一，明隆庆《长洲县志》载："浒溪一仓在阊门内，又名西仓，亦文襄公所建，以便本县西境各都输纳，廒五联，岁久渐圮。至嘉靖十五年，县尹渭南贺府改建，经营裁制，一如东仓，周围缭垣，前后门道，莅事有厅，栖神有庙，廒屋十联：二联，联十间；八联，联六间，自一都至九都粮米于此收贮。"民国《吴县志》《苏州城厢图》作浒溪仓，《姑苏图》标浒溪仓弄。

浒溪仓

479. 东海岛 Dōnghǎidǎo

位于姑苏区平江街道，承天寺前东侧。南至承天寺前，北出泰安里接香花桥，长300米，宽3米，水泥条砖路面。相传该处原为元末张士诚王府东宫，因三面环水，故称东海岛。民国《吴县志》将其与西海岛合称东西海岛，并注"能仁寺（承天寺）东西"。《苏州城厢图》等均标东海岛。民国陆璇卿《旅苏必读》载："东海岛，北香花桥，南东大街。"有东海岛一弄至三弄三条支弄。

东海岛有三条分弄：东海岛一弄，西接东海岛三弄；东海岛二弄，南至大铁局弄，西转至承天寺前；东海岛三弄，东至人民路，西至承天寺前。清张紫琳《红兰逸乘》载："承天寺后海岛里，淮张后宫址也。嘉靖时，里人掘得三丈余，而尚未及泉，工人请易地开井，并曰：'下有街道。'又一家开井不得泉，下观之，有屋三椽，古灶尚存，铁器釜鬶之类悉化泥，独铜锡鏑杓，犹存其半，而柄已烂。得大泉二枚、金甲片一枚、大珠一枚。可知宋元时地形底如此，无怪此时吴中有水患也。"

东海岛

西海岛

480. 西海岛 Xīhǎidǎo

位于姑苏区平江街道。南起承天寺前，北至西海岛五弄，长110米，宽3米，水泥条砖路面。曾名元通坊。张士诚改建承天寺为王府时，两旁设东、西行宫，三面是水，故取名东海岛、西海岛。民国《吴县志》将其与东海岛合称东西海岛，《苏州城厢图》等均标西海岛。民国陆璇卿《旅苏必读》载："西海岛，西北单家桥，东南承天寺。"3号为庄宅，苏州市控保建筑。庄宅原属潘氏，约建于晚清，20世纪30年代起归江阴商人庄氏，后曾为苏州摊贩工会办公处，2003年被列为苏州市控保建筑。现存二路四进，正路后三进均为三开间楼屋，连以厢房。主楼面阔三间16米，进深12米。楼下有双翻轩、落地明瓦长窗。第二进楼有单翻轩，有砖雕门楼一座，楼厅两侧有"延月""凝曦"书卷额。三进门楼有清光绪十二年（1886）榜眼邹福保所题砖额"百福骈臻"；边路有方厅，厅前有湖石假山，墙嵌"城市山林"砖额。

481. 禾家塘岸 Héjiātáng'àn

位于姑苏区沧浪街道，在康履桥河（古称圭泾）西岸。南出劳动路，向北穿越三香路至虎啸桥西堍，折西为老禾家塘岸，长160米，宽1.5—2.5米，弹石路面。6—7号为猛将堂旧址，45号为灵岩山寺"下院"，民国二十五年（1936）建"放生池"。吴语称河堤为塘岸，街巷在河西岸，巷南口有禾家桥，故名。东岸即为虎哨塘岸。

放生池

1958 年后，"放生池"由红旗化工厂等单位进驻。后在"放生池"部分原址上（南部）建市妇幼保健医院，2004年，妇幼保健医院迁至市立医院本部（第二人民医院）旁，原房屋移用作疾病防治控制中心。1993 年，为落实宗教政策，于原"放生池"北部即"下院"原寮房一带，建成苏州佛教安养院。西侧原有一弄、二弄，因建三香新村而废。老禾家塘岸东与禾家塘岸直角接至虎啸桥，西至民房，南傍铸造机械厂，北濒夏驾河，长240米，宽1.5米，为弹石、泥路。

482. 东山门 Dōngshānmén

位于姑苏区平江街道。南出西北街，北至北塔东弄，长100米，宽3米，异形道板路面。佛寺的大门传统称作山门，巷在北寺塔山门之东而得名。《姑苏图》标打线场，《吴县图》北段标作大观音弄，横向支弄自南而北有大弄堂、钩玉弄（今塔影弄）、大关庙（今关帝庙弄）。

东山门（民国）

483. 王家墙门 Wángjiāqiángmén

位于姑苏区平江街道。南接蒋庙前，北不通，长136米，宽2.2—3米，异形道板路面。原有王姓住宅，宅院的大门称为墙门。《姑苏图》标王家墙，巷前并标有"王家牌坊"，《吴县图》标王家墙门。《苏州城厢图》标作缪家弄，"缪"或是"王"之误。

王家墙门

蒋家墙门

484. 蒋家墙门 Jiǎngjiāqiángmén

位于姑苏区金阊街道，在蒋家弄与杨家院子巷之间。南接阊门内下塘街，北至弄底，长42米，宽2米，弹石路面。清末有蒋姓乡绅居此。《吴县图》标蒋家墙门。

485. 仓桥浜 Cāngqiáobāng

位于姑苏区金阊街道。南起阊门内下塘街，北至板桥，过桥接宝城桥街西端、石幢弄南口，长520米，宽2.05米，原为弹石路面，1994年改为六角道板路面。浜，吴语指泊船用的河汊，巷因河名。民国《吴县志》作仓桥浜，并注"宝城桥弄西南、仓桥西北"，《姑苏图》标仓桥，《苏州城厢图》标仓桥浜。清末民初，该处一度是达官贵人冶游之地，巷内有志仁里民国建筑群，为第七批江苏省文物保护单位。33、34号邓宅，三落五进，建于清光绪年间，曾为民国时石路大隆布店业主邓雪霖宅，现为市控保建筑。

现当代作家范烟桥《出厂——吴门画舫史的一页》载："在光绪中叶，苏州的伎家，集中在仓桥浜，有三家是自己备着画船的，两家姓陈，一称大陈一小陈，一家叫嘉福。"

仓桥浜

486. 青山桥浜 Qīngshānqiáobāng

位于姑苏区虎丘街道，青山桥东沿河。南接山塘街，长125米，宽2米，弹石路面。民国《吴县志》作青山桥浜，《苏州图》标青山弄。街以河名。

青山桥位于普济桥西，又名白云桥，始建于宋代，清同治五年（1866）重修。1986年再修。单孔石板石栏平桥，跨度2.36米，宽3.1米，长3.5米。旧时半塘以西，"云霞水竹，畎亩陂池，塔影钟声，与茅屋炊烟相映带"，为游览虎丘必经之地，桥堍有渡船码头，有画舫可乘。明代诗人陈基有《青山桥即事》诗云："两情如水水如环，柳外春桡数往还。招手渡头人不见，二分新月近青山。"

青山桥浜东侧有五人墓，为明代天启年间苏州市民反对魏忠贤斗争中殉难的颜佩韦、杨念如、沈扬、马杰、周文元五位义士之墓。明复社成员张溥作《五人墓碑记》，广为传诵。葛贤（1568—1630），初名葛成，明万历二十九年（1601），神宗派太监孙隆到苏州增税，葛成率众抗税，遭官府镇压。葛成挺身而出，被关押13年。获释后为表示对颜佩韦等五人的追思和崇敬，迁

青山桥浜

居五人墓旁守墓，直至终老，苏州人崇为"葛贤"。殁后葬于五人墓西，文震孟题墓碑"有吴葛贤之墓"，与五人墓合称六义士墓。1956年被列为江苏省级文物保护单位。

487. 河沿下塘 Héyán Xiàtáng

位于姑苏区平江街道。南起范庄前，与埃河沿相直，北出东中市，长421米，宽2.6—3米，1989年改弹石路面为异形道板路面。巷西侧原为河，解放后填塞。苏州百姓常把沿河主街的对岸称为下塘，故名。北端原为都亭桥（跨第一横河），故民间又称"都亭桥南河沿"。民国《吴县志》作河沿下塘，并注"（在）河沿街东"。另录唐将军弄，并注："（在）开家巷（开甲巷）西。"《苏州城厢图》标作下塘，《吴县图》标作唐将军河沿。

河沿下塘

488. 齐门下塘 Qímén Xiàtáng

位于姑苏区平江街道。南出西北街，北至平齐路东端，长708米，宽3.6米，原为砖和弹石路面，1981年改建成六角道板路面，现为石板路面。街巷与齐门路隔河相望，故名。民国《吴县志》作齐门下塘，并注"齐门路西"，《苏州图》亦标齐门下塘，《吴县图》标齐门路下塘。

王謇《宋平江城坊考》卷四有"洋澳桥巷"条，云："今齐门下塘。"查《平江图》中，华家桥直北、北新桥西北，确有洋澳桥，桥南有巷直通跨塘桥西堍。

齐门下塘

489. 齐门外下塘 Qíménwài Xiàtáng

位于姑苏区苏锦街道，齐门外元和塘西岸。南起西汇路，北至原光华水泥厂，长240米，宽2米，六角道板路面。因在齐门外大街对岸而得名。《苏州城厢图》标作下塘，《吴县图》标下塘街。其地原有湖泾庙，祀晋代画家顾恺之，为宫殿式庙宇，年久失修而废。

490. 上津桥下塘 Shàngjīnqiáo Xiàtáng

位于姑苏区虎丘街道，上津桥北堍。西接园外楼饭店，东折北通留园路，长500米，宽1.2—4米，六角道板路面。街巷在枫桥塘岸的河对面，故名下塘。民国《吴县志》作上津桥下塘。街西头旧时沿河为堆积草木灰处，俗称"灰浜"，古城内居民炊事留下的草木灰，多由船只运来倾倒此处。抗战胜利后，荒地上建有成片桑田。中华人民共和国成立后一度为苏州铸造机械厂，后改建为园外楼饭店。

491. 通贵桥下塘 Tōngguìqiáo Xiàtáng

位于姑苏区虎丘街道，新民桥南堍东侧。南起通贵桥，北至新民桥，长130米，宽3米，石板路面。巷在通贵桥南堍，隔河与山塘街相望，故名下塘。3号和8号有临河过街楼两座，建于明末清初，木结构楼房，楼南连住屋，北伸至沿河驳岸，下可通行人。民国《吴县志》作通贵桥下塘，《苏州城厢图》等均标下塘。

通贵桥下塘

通贵桥，位于山塘河东端，明代弘治年间始建，相传明隆庆年间，桥上曾出现五色彩云，故又名"瑞云桥"。此后明崇祯、清乾隆、咸丰光绪年间曾多次重修。至今桥栏上仍留有"里人吴三复重建通贵桥，光绪六年（1880）玖月吉旦"，"虎丘清节堂，昌善局重修"等字样。桥为砖石结构，单孔石拱桥。清顾公燮《丹午笔记》载："山塘吴文端公一鹏，与菩提庵郭方伯某友善，朝夕过从，造桥以便往来，名曰'通贵'。"

通贵桥下塘原有吴金记药行，由吴金龙于1937年开设，全资经营，后由夏忆春受盘，迁至小邾弄，改名为协记药行。1942年收歇。通贵桥下塘东杨安浜有玉涵堂，俗称阁老厅，为明礼部右侍郎吴一鹏的宅园。清道光年间改为戏院；民国年间归徽商王某所有，改设为又新茶厂；1950年代又改为苏州茶厂。玉涵堂总面积有6 000平方米，其格局分三路，中路第三进主厅即"玉涵堂"。面阔三间，进深六檩。两侧山墙贴切磨细方砖，厅前有砖雕门楼，此外均为清代和民国建筑。靠山塘河一侧原为真趣园，有船厅、曲廊、荷池、假山及花木，1950年代已毁废，尚存船厅。今玉涵堂已修复为开放景点。2012年列为江苏省文物保护单位。

492. 新造桥下塘 Xīnzàoqiáo Xiàtáng

位于姑苏区平江街道，狮林寺巷北。东沿河折北至潘儒巷东端潘家桥，西至坝上巷，长185米，宽 2.5米，弹石路面。明正德《姑苏志》作南白塔子巷，清同治《苏州府志》作吴家巷，并注"新造桥南堍，一名南白塔子巷"，民国《吴县志》并按"新造桥，古名善教桥，

新造桥下塘

今俗呼新造桥南弄"，《吴县图》标作新造桥下塘。

潘家桥，处庆林桥北，跨第四直河，《姑苏图》等均标新造桥，1980年调整重名时，因桥在潘儒巷东端，定为今名。

493. 彩云桥下塘 Cǎiyúnqiáo Xiàtáng

位于姑苏区虎丘街道，山塘街彩云桥南堍。南接油车弄，北沿河至野芳浜，长262米，宽2—6.8米，水泥小六角道板路面。昔有半塘寺，又名寿圣寺，为晋代高僧竺道生寄迹处，明末秦淮八艳之一的董小宛曾寄寓于此。

彩云桥下塘

半塘寺曾有晋朝大银杏在寺内天王殿东，大可十抱，为生公所植。寺以珍藏元代僧人善继血书《华严经》而知名，寺僧善继从元代至正二十五年（1365）仲春六日始，刺血抄写《大方广佛华严经》，至正二十六年（1366）季秋八日写完，历时一年又七个月。为写此经，善继舍身向佛，从自己十指端以针刺出鲜血，"盛于清净器中，养以温火，澄去血液，取其真纯，蘸以霜毫，志心缮写，满八十卷"（宋濂《半塘寺血书华严经序并赞》）。这部血经共10万字，为写此经，善继和尚沥血写就，诸善士施资舍纸助缘而成，纸质精良，年久不蛀。善继血书《华严经》原藏寿圣寺分院龙寿庵，附有明清名人宋濂、宋荦、曹寅、钱大昕、石韫玉、翁同龢、康有为等400余人的题跋共集有七册，另外在经书首尾也有题跋和钤印。本经是中国名人题跋最多的血经之一，1959年，该血经连同楠木橱、石龛被安放在西园寺至今。

494. 普济桥下塘 Pǔjìqiáo Xiàtáng

位于姑苏区虎丘街道，普济桥南堍沿河。北接小普济桥，南至铁路洋桥，长454米，宽2—2.5米，水泥道板路。巷在山塘街河对岸并由普济桥连接，故名。4号为清代普济堂旧址，即今苏州市社会福利院原址。

普济桥，位于山塘河中段，以桥畔有普济堂而得名。明弘治七年（1494）建，清康熙四十九年（1710）重建，1925年再修。桥为三孔石拱桥，花岗岩石砌筑，拱券纵联分节并列砌筑。桥长38.7米，桥面宽约4米，中孔净跨9.1米，矢高约2.6米，两端石砌踏步，南面30级台阶，北面26级台阶。拱券内壁刻有捐资人的姓氏。拱券内壁刻有捐款人姓氏。东西两面明柱刻有桥联，分别是："东望鸿城，水绕山塘连七里；西瞻虎阜，云藏塔影立孤峰"，"南临路轨，云车咫尺到梁溪；北发塘桥，水驿往来通陆墓"。4号为原苏州市社会福利院后门。社会福利院所在，即清普济堂旧址。据《吴门表隐》卷十七，普济堂建于康熙四十九年（1710），为平湖贫民陈明智募建。陈曾乞食于吴，后为制豆腐家打工推磨，声音洪亮。又作戏伶，也名重于时。年老后落魄，居于虎丘，推己及人，念老病贫困，是人生大患，即苦心矢志遍达官商，募建堂所，使收养老病无依，不令失所。众人感其义，蠲输络绎，经与顾如龙、顾时中等多年努力，得建普济堂于该处。

普济桥下塘

495. 小普济桥下塘 Xiǎopǔjìqiáo Xiàtáng

位于姑苏区虎丘街道。东接普济桥下塘，西南至普福路，长822米，宽2米，水泥及砖路面。路以桥名。山塘河支流庄前浜上有同善桥，为三节低栏石平桥，俗呼小普济桥、庄前浜桥，与普济桥大小高低错落，相映成趣。

小普济桥下塘

496. 西山庙桥下塘 Xīshānmiàoqiáo Xiàtáng

位于姑苏区虎丘街道，西山庙桥南堍。东接西山庙桥，西至原虎丘村，长262米，宽1.6—3.7米，弹石、水泥混合路面。民国《吴县志》作西山庙西街。街以桥名，桥因庙名。西山庙桥，位于山塘河西端。始建年代不详，清康熙九年（1670）重建，为单孔石拱桥，高3.3米，长20.8米，宽2.75米。两堍铺石级，南面20级，北面14级。桥堍有祭祀晋代司徒王珣之弟王珉的西山庙，旧时每逢正月十五元宵节，西山庙有庙会。

西山庙桥下塘

497. 双荷花池 Shuānghéhuāchí

位于姑苏区金阊街道，大营弄北。东起西大营门，西接东蔡家桥，长198米，宽8.1米，原为弹石路面，1998年改为异型石路面。《姑苏图》标双荷花池。旧时桃坞池塘除双荷花池外，还有东荷池（遗址称荷花场）、西荷池、长鱼池等。巷内有唐寅故居遗址，1982年被列为苏州市文物保护单位。

唐寅（1470—1524），字伯虎，又字子畏，号六如居士、桃花庵主、江南第一风流才子等，吴县（今江苏苏州）人。工诗文书画，与祝允明、文徵明、徐祯卿并称"吴中四才子"。画名尤盛，与沈周、文徵明、仇英合称"明四家"。科举案失意后，唐寅返回故里，以鬻文卖画自给。弘治十六年（1504），三十四岁的唐寅治圃于桃花坞中，遍植桃树。弘治十八年（1506），桃花庵建成，唐寅为此写下了著名的《桃花庵歌》，并刻石志庆。至正德二年（1507），"学圃堂"、"蛱蝶斋"等也先后告成。清顺治初，名医沈明生得其遗址，构筑梦墨楼、六如亭、桃花庵、蓉镜亭等，时人称为唐家园。乾隆年间僧禅林、道心改建为宝华庵，光绪年间又曾改作文昌阁。民国初年，本地乡绅费仲深购得唐寅故居一角，建"归牧庵"。唐寅故居现有建筑面积511平方米，坐北朝南，大致可分为两路两进房屋。西路头进为临池而建的水阁，面阔五间15.4米，进深9米，硬山顶，内构船篷轩，圆作梁架。第二进为殿堂。水阁东侧有清代石板小桥"青莲桥"。1987年对水池进行了修浚，池周增设了石栏，并于池西配植树木花草，铺筑曲径，美化周围环境。为免除水患，1991年对建筑

双荷花池旧貌

按原样进行翻修，垫高屋基。2010年，桃花坞历史文化片区综合整治保护利用工程启动，经开池堆山、植树造景、在土丘上种植桃花等整治和重建唐寅故居本体及清代相关建筑，再现了明代唐寅故居风貌和唐寅《桃花庵歌》中"桃花坞里桃花庵，桃花庵里桃花仙"胜景，已成为苏州的一个游览景区。

498. 长船湾 Chángchuánwān

位于姑苏区金阊街道，南新桥东埭南侧。地处城墙与外城河之间，南接胥门外大街，北至金门口（今不通），长480米，宽5米，沥青路面。原名南湾子，外城河折弯处水面开阔而得名，其地集中有修船作坊，遂改称今名。《姑苏图》作长船湾，《吴县图》北段标南新街，南段标长船湾，《苏州城厢图》中将阊门外往南直到胥门统标作沿城大街。

民国二十九年（1940），陈仁昌树材行在苏州长船湾9号建立祥泰锯木厂，与同年由上海华生烟草公司经理张巧林在苏州仓街虹桥浜创立的华生锯木厂，同为苏州机器锯木业的先驱。民国三十五年（1946），苏州华明煤油号业主方恒源，投资2.5万元，在长船湾13号创办华明炼油厂，职工15人，以生产火油为主，始创苏州石油加工业。1958年12月，苏州造船厂在长船湾成立，80年代搬迁至城西北郊京杭大运河畔。该处成为家具木材厂。原金门长船湾货运码头设于金门外长船湾65号，由市粮食局调拨，仅有仓库一幢。面积800余平方米，另雨棚一个约400平方米，露天堆场地500平方米。码头岸长仅80—100米，同时装卸只能停靠货驳4艘。该地河面宽仅50米左右。装卸货物主要依靠自制的老虎车32辆和土制吊车2台。1963年码头为申常、申盐、苏通、苏杭等货运航线服务。1号原为大王庙，河南人创建，占地约9 000平方米，建房屋十余间，旧时船户在此奉祀金龙四大王。原为荒地，有土路，无民房。近代以来，外地移民陆续来苏谋生，于此多搭草棚木屋聚居，房屋成排，遂形成诸多里弄。20世纪50年代后，路貌逐渐改观。1995年，长船湾新开河以南路段曾由当时金阊区划归沧浪区，长220米。

长船湾

今该处建有长船湾青年码头，位于金门路与景德桥之间的古城河两岸，运河剧场、中国电影资料馆江南分馆均坐落在此。其中运河剧场是苏州古城内首个超千座的大型剧场。剧场设计风格兼具潮流时尚与文艺气息；中国电影资料馆江南分馆2024年6月开业，外形设计灵动诗意，"帷幔"的设计让坚实的材料呈现出柔软的质感，极具江南之美。

499. 庄基湾 Zhuāngjīwān

位于吴江区盛泽镇，东白漾西南角。东至保盛桥接山塘，西至红坊湾，长230米，宽3米。庄基湾本是新桥河汇入市河处的小河湾，街巷临河，巷以水名。清代此湾靠近东白漾，多有画舫停歇。

另，昔时姑苏区虎丘街道亦有庄基湾。

500. 三乐湾 Sānlèwān

位于姑苏区金阊街道，醒狮弄北。原东起义慈巷，西至枫桥路，长259.2米，宽1.4—3.3米。现因兴建商业体，原路已拆迁。同治《苏州府志》作三乐湾，民国《吴县志》作山绿湾，并注"朱家庄东，一作三六湾"，《苏州城厢图》《吴县图》标三六弯，盖吴语同音异写。

三乐湾的街巷包括三生里、永兴里、德仙里、锦维里、桂花弄、磨坊弄、夹剪弄、十间头、西高墩、踏步坊、义慈巷、南丁家巷、北丁家巷、宝莲寺巷、金石街、交通路、醒狮路等。清道光二年（1822），绍兴烛商在阊门外三乐湾创建东越会馆。清末民初，苏州爱国志士朱梁任（1873—1932）家住三乐湾夹剪弄47号。光绪二十九年十月初一（1903年11月19日），朱梁任曾发起苏城狮子山招国魂活动，将上书有"魂兮归来"的旗幡在狮子山顶挥舞，后又将自己所居夹剪弄东口一条巷取名为醒狮路。民国陆璇卿《旅苏必读》载："三六湾，北天灯头，南朱家庄。"该巷东起金石街，西接夹剪弄，原为土路，20世纪50年代改为弹石路，后为六角道板路，长230米，宽4.7米。1916年，在沪苏商于三乐湾创办铁路饭店，为一红砖洋瓦别墅，"器具设备均臻上乘；四周园地，遍植花木；兼备西餐，脍炙人口"。

三乐湾旧貌

501. 星桥湾 Xīngqiáowān

位于姑苏区虎丘街道。东接星桥，西至丹阳码头，长40米，宽2米，原为弹石路面，1985年改为六角道板路面。民国《吴县志》作星桥湾。

星桥湾

502. 后橹巷湾 Hòulǔxiàngwān

位于姑苏区双塔街道，葑门塘与外河汇合处的舌形半岛上。东出东街，西与前橹巷湾相连，长128米，宽2.1米，弹石路面。南有前橹巷湾，南濒外河，呈弧形，为半边街，长168米，宽2.5米，水泥六角道板路面。同治《苏州府志》葑四图有"橹行渚"。此处周边原为葑门河道及黄天荡水网密集地带，对船橹的购买和维修需求较大，原有两家出售船橹的商号，俗称橹行湾，亦作橹巷湾。《苏州城厢图》标橹港湾。旧时苏州鲜鱼行多在葑门外，葑门外鲜鱼行则集中于前橹巷湾，有"八鲜鱼行"（八种河鲜）之称，1951年10月，渔民供销合作社在此建立，入社者达 1 200 人。巷南外河河面宽阔，方言俗称"湾、湾档里"，城中居民多来此买螺蛳、小鱼放生，故此河曾有"放生池"之称。

后橹巷湾

503. 凌波路 Língbō Lù

位于姑苏区吴门桥街道，京杭运河东岸。南起胥涛路，北至网船浜，东折出西环路，长2 214米，宽10—15米。北宋词人贺铸有"凌波不过横塘路"词句，路傍运河，南端对岸即横塘，故取"凌波"作路名。2013年9月命名。

南宋龚明之《中吴纪闻》载："贺铸，字方回，本山阴人，徙姑苏之醋坊桥。方回尝游定力寺，访僧不遇，因题一绝云：'破冰泉脉漱篱根，怀衲遥疑挂树猿。蜡屐旧痕浑不见，东风先为我开门。'王荆公极爱之，自此声价愈重。有小筑，在盘门之南十余里，地名横塘。方回往来其间，尝作《青玉案》词云：'凌波不过横塘路。但目送、芳尘去。锦瑟华年谁与度？月桥仙馆，绮窗朱户。唯有春知处。碧云冉冉衡皋暮，彩笔新题断肠句。试问闲愁知几许？一川烟草，满城风絮，梅子黄时雨。'后山谷有诗云：'解道江南断肠句，只今唯有贺方回。'其为前辈推重如此。初，方回为武弁，李邦直为执政时，力荐之，其略谓：'切见西头供奉官贺某，老于文学，泛观古今，词章议论，迥出流辈。欲望改换一职，合入文资，以示圣时育材进善之意。'上可其奏，因易文阶，积官至正郎，终于常倅。"明徐鸣时《横溪录》称贺铸有别墅在横塘"东北隅平田中，址今废"。

504. 范成大路 Fànchéngdà Lù

位于姑苏区吴门桥街道。南起太湖西路，北至吴中西路，长1 020米，宽18米。南宋名臣范成大居于石湖，号石湖居士，故用其名字命名石湖北侧道路，2005年2月命名。范成大（1126—1193），字至能，号石湖居士，苏州人。诗与陆游、杨万里、尤袤齐名，合称"南宋四大家"。官至参知政事、资政殿大学士。曾奉命出使金邦，不辱使命。使金途中作纪行诗72首，表达了渴望国家统一的强烈爱国主义思想。著有《石湖集》《吴郡志》《吴船录》等。范成大曾在苏州石湖之滨越城故址及其附近随地势高下陆续建造亭台楼榭，遍栽花木，有天镜阁、千岩观、此山堂、寿栎堂、说虎轩、梦鱼轩、绮川亭、盟鸥亭、玉雪坡、锦绣坡、农圃堂、越来城诸胜。宋孝宗题"石湖"二字赐之，遂有"石湖别墅"之称。人文与湖山相得益彰，名人竞相赋诗作文，成为一时盛事。淳熙十三年（1186）范成大在石湖所作《四时田园杂兴》60首，是他一生田园诗的代表作。

505. 扇子街 Shànzi Jiē

位于吴江区平望镇南，老镇区"四条街"之一。北至护僧街，南至西塘街（今西新街），长69米，宽5.5米，原为条石路面，现改为混凝土路面。商业繁荣，街形如扇子而得名。清翁广平《平望志》"街坊"载："太通桥西至殊胜寺前，曰扇子街。"清末设有八景坊水龙公所，1975年太通桥迁建后，商业衰落，现为居民区。

506. 祥园弄 Xiángyuán Lòng

位于吴江区松陵街道。北起北新路，向南折西出庙前街，长250米，宽3米。因弄侧原有祥园而得名。

祥园，又名共怡园，在庙前街，街因城隍庙而名。明洪武三年（1370），知县孔克中建庙。庙东有园，称"东园"。清乾隆五十年（1785），吴江知县龙铎毁平望施家埭三老爷庙，取庙园内湖石等材料在东园建园林，名"共怡园"，取"官民同游"之意。龙铎自撰记，勒石嵌于壁。张士元《东园看花诗》："东园卉木谁滋培，蓊茀香气闻池台。辛夷片片吹落地，诸花含蕚黄鹂催。连朝晴霁更向暖，林端红紫争相偎。海棠欲发犹掩柳，半面已露千玫瑰。桃花正放南北坞，风容雨意骄群材。或如朱霞妙裁剪，或如白雪飘成堆。又或一木三五色，下枝揪敛高枝开。同时相见有优劣，尹姬俯首邢娥来。荆花满条亦嘉种，黯淡只可供舆台。小草布地作茵席，篁竹捎云头不回。游人顾盼重华彩，谁数峻干穷根荄。泉石结构类天造，从祠闲静容徘徊。吟赏莫居蜂蝶后，花飞徒见青莓苔。"共怡园广10余亩，池台花木俱全，仿照苏州狮子林叠石为山，长方形水池黄石筑岸，池壁镌有文字，池内养有红鱼。园中有银杏一株，大可数抱。又有一零石，击之乐声悦耳，原为顾大典谐赏园中的松化石，由括苍运回松陵。其后人顾子寿清嘉庆年间将此石移到文昌宫，后移入共怡园。园毁于咸丰战事，清同治八年（1869），园内建公廨数楹。民国间为纪念松陵文人黄象升，园内建"黄楼""强斋轩"及"四面厅"等。园南临庙前街，曾有书场茶馆"祥园书场"，其南向东弄堂，即为祥园弄。

507. 司前街 Sīqián Jiē

位于吴江区平望镇东南，是平望历史上最古老的一条商贸街。东接南前街，西至南大街，南依颀塘河，长108米，宽3米，石板路面。因街北侧之地在宋建炎年间（1127—1130）宋室南渡后设平望巡检司而得名，自在这里设置巡检司署后，不断有公干人员往来，需有憩足之所。于是，傍着巡检司署，沿着颀塘河岸建起了不少客栈，民居也陆续聚集，渐渐形成了街道，为平望历史上最古老的一条商贸街。街长108米，宽3米，路面原为石板，20世纪70—80年代改为水泥路面，近年又恢复为石板。

司前街

街上建有问莺馆、迎秀楼（又名霁月楼）等建筑。民国二十二年（1933），傍顿塘建起轮埠，过境轮船每天达20多班，曾有震昌、招商、戴生昌等3家轮船局，均傍轮埠进行货物集散储藏。大运河改道后，轮埠搬迁，司前街趋于冷落。

街东首为城隍庙遗址，庙前有安德桥，桥南侧有小九华寺，原为东岳庙。街中段北侧有徐宅，为民国二十一年徐子筠所建，为2008年第三次全国文物普查点，2014年6月，公布为苏州市控制保护建筑。徐宅，位于司前街18号，民国二十一年（1932），由徐子筠所建。该宅坐北朝南，临街高墙石库门，高墙上饰有花果图案，全宅占地面积为113.57平方米，存有两进，均为二层楼房，面阔三间，进深七界，天井西侧为厢房，共计有房14间。宅内置落地花格镶玻璃长窗（原为彩色玻璃），方砖铺地，椽枋上雕有祥云、花卉等图案，做工颇为考究。21号为群乐旅社旧址。群乐旅社，20世纪20年代始建于司前街的下岸，2008年，列为第三次全国文物普查点。2014年6月，公布为苏州市文物保护单位。该旅社为吴梅先建于民国十五年（1926），为三层楼房。群乐旅社最初时期，从业人员为5人。抗战时期，转由唐海金经营。1948年11月，又转由叶洪昌经营，床位扩展到50张。叶洪昌对这家旅社情有独钟，将"群乐旅社"这四字分别嵌入自己4个子女的姓名之中，长子名曰叶群生，次子名曰叶乐生，三女名曰叶旅珍，幼女名曰叶社珍。1956年，群乐旅社与地处司前街东不远处的东方旅社合并为平望旅社合作商店。20世纪70年代，群乐旅社关并后改为公房，由平望房管所管理，住有5户居民。群乐旅社的建筑布局结构较为别致，为"回"字形，中间筑有玻璃穹顶，借以增加室内采光，底层的地面为磨石子彩色水门汀，原嵌有龙形图案（后被毁），弧形车木楼梯，"回"形走廊，车木栏杆，木板铺地。该建筑具有典型的民国风格。20世纪70年代，《人民画报》曾刊登平望司前街风景照，大运河、安德桥、群乐旅社皆历历在目。20世纪80年代初，电影《苏小三》《白莲花》曾取景司前街。如今全国文保单位安德桥、苏州市文保单位群乐旅社、苏州市文控单位徐宅、城隍庙古围墙及多处古建筑保存完好。

508. 湾塘里 Wāntáng Lǐ

位于吴江区松陵镇盛家库。北至江月桥接航前街，南至泰安桥，长80米，宽5米。地处河湾而得名，也作湾堂里。此处原是吴江城东南角护城河的转弯处，20世纪50年代填河为路，两侧建筑沿弧形街道而建。街上店铺林立，有鱼行、肉店、南货店、酱油店、大饼店、豆腐店、杂货店、剃头店、棕绷店、弹棉花店、茶馆等，较知名的有吴祥兴南货店、张万茂酱园、宣协生鱼行、万春堂国药店、迎春茶楼、虹云阁茶馆等。《垂虹桥志》记载，长桥西堍的东门大街、航前街、湾塘里、南濠街等构成了盛家库老街区，湾塘里与航前街交界处早年有鲈乡亭。

湾塘里

509. 山塘上 Shāntángshàng

位于吴江区盛泽镇东。西起庄基湾，东至永福桥（俗称计家木桥），长180米，宽2—3米。原名山塘，民国时为东白漾南侧的唯一街道，因市井繁荣似苏城山塘街而得名。清末随着丝绸业的兴盛，山塘上成为市商们冶游之处。1949年后街道被盛泽印染厂截断，目前仅留下西端保盛桥弄南侧一小段。

清乾隆年间，盛泽镇道路有大街、新街、太平街（即观音弄）3条街及秀园坊、南胜坊、北胜坊（又分南北两坊）、尚义坊5条坊和武曲巷（后名卜家弄）、凌巷、马家弄（2条）、钵头弄（后名北斗弄）、仲家弄（3条）8条巷弄。北胜坊在斜桥处，为明代江南首富沈万三所建，今已废圮，但在斜桥

1983年《盛泽镇地名图》（局部）

西块尚有北胜庵遗存。光绪元年（1875），盛泽镇道路发展至11条街（南大街、北大街、新街、花园街、庄前街、虹桥街、后街、葡萄街、荔枝街、山塘街、酱园街）、13条里、14坊和65条弄。其后由于经济繁荣，客商云集，因此盛泽有了"绮疏曲栏，歌姬并集"的景象。每年农历五月初五，东白漾上有划船盛会，明万历卜梦熊《盛湖八景诗》之一，即《东漾划船》："菱叶渡头新水生，健儿鼓柑榔鸣鸣。药师倾雨天瓢上，昌黎攀汉龙背行。扬旌江面鼋鼍遁，代鼓渊底蛟蜃惊。长沙有赋而今在，湘水茫茫不尽情。"清钱云《盛湖诗乘》有《盛泽》诗："端阳竞渡上元灯，乐事年来例见增。二社两塘纷赛会，不时歌管沸腾腾。"下有自注："东西社庙，不时演剧，每岁迎神出殿，游行村中，十景塘、小山塘并演名剧，又画舫锦棚，十番歌唱不

绝。"又有《小山塘》诗："法轮院比云岩寺，文起楼为海涌峰。山店酒香花醉客，月明归去露华浓。"下有自注："地藏庵、关帝庙、来可楼诸处，并在塘上。此与十景塘两处，一似西湖，一似虎丘，远近游人，四时不绝。"民国初寓居盛泽的沈云在《盛湖竹枝词》中，即称："山塘及昇明桥一带皆画舫停泊处，淡妆浓抹，清歌妙舞，竹肉并奏，日以继夜，故至今有小苏州之称。"并有《山塘上》诗："山塘一带管弦柔，画舫参差古渡头。绝似金阊门外路，至今犹说小苏州。"民国之后，山塘上一带聚集了许多染坊，附近的东白漾也随之成为"出街上"的农船集中的地方。至20世纪50年代初期，山塘街为五水汇聚的东白漾以南的唯一街，从东到西全长约180米。

原山塘街八组45号，原为民国时期邵力子兄邵伯谦所购，用为作坊。1956年合并成立公私合营盛泽染厂，职工209人，设3个车间，1957年11月迁至东白漾南岸山塘街，厂区分列街的南、北两侧，后逐渐扩展成国营吴江印染总厂。后随着盛泽东城商业广场的开发建设，原山塘街自东端约四分之三建为东城商业广场，剩下的西部一段，民房门牌则标注为"山塘上"。山塘街西端靠南，原有淘沙弄小学，始建于1912年，最早名南区小学，1958年改名山塘街小学，今为盛泽镇文化中心。中国"两弹一星"功勋奖章获得者、2013年国家最高科学技术奖获得者程开甲院士，年少时曾就读于淘沙弄小学六年级。

街今属山塘社区，山塘社区位于江苏省苏州市吴江区盛泽镇东南，居委会办公地点在庄基湾19号，受理范围北至舜湖东路，南至南环路（红洲村、杨扇村），西至长江浪河，东至227省道（兴桥村）。北区由乌新街、山塘街、印染新村、目澜新村、东泾公寓、锦绣天地、东盛商业广场等街区、商业设施组成，区域面积约为8.7平方千米，居民3 504户、10 296人，设11个居民小组。

510. 南埭 Nándài

位于吴江区同里镇。东起南园茶社，西至会川桥，长195米，宽3.8米，为老镇区主要街道。清周之桢《同里志》载"南埭"地名。"埭"为吴语方言字，指排、列。同里镇上屋舍多沿河而建，形成一排，故称

南埭

埭，因街巷在洪字圩南侧，故名。南埭是同里老镇的主要商业区，另有新填地、竹行埭、东埭三处，俗称"老四街"。"同里八景"之一的"南市晓烟"，即东埭与南埭交接处南湾塘（俗称小菱湾）一带的风光。

明赵重道《同川六景词》有"南市晓烟"云："富土由来称绝丽，而今南陌烟光翠。台榭高低临水际，人如蚁，雨掉珠汗云连袂。错落牙筹波鼎沸，花影凌乱莺声碎。独共他乡风景异，天初霁，吴侬解弄千般技。"这里为三元港、大燕港、东埭港三河交汇之处，近处又有中元、三元两桥连接东西、南北，商业繁荣，自成一市。每当东方破晓，河埠舟楫争泊，往来客商云集，殊为可观。

巷内有南园茶社，始建于清末，由金仲余之父所建，民国十七年（1928）由于紧贴茶社的篾竹店失火，东埭、南埭包括茶社全部被毁。翌年，由金仲余按原貌在原址重建，并由管家顾达昌经营管理，茶社命名为"福安"，寓启福平安之意。民国三十二年（1943），由蔡根羽购得经营，并取意于"同里八景"之一的"南市晓烟"，名为"南园茶楼"。当时中共地下党员陈志余与蔡根羽是亲戚，在茶楼当堂馆为掩护，并以茶楼为联络点，开展地下工作。1949年，顾达昌以三千金圆券购回。土改运动开始后，茶楼收为国有，由同里房管所管理。1999年春，当地政府按原貌对其进行修缮，于2000年元月重新开业。南园茶社现为砖木结构，分上下两层，建筑面积为462.54平方米，楼上楼下共设有20余只桌子，可同时接待百名左右茶客。楼下西南侧砌着"老虎灶"，店堂中间建有通向二楼的木扶梯。楼上西侧置有陈去病和柳亚子相对而坐的蜡像，蜡像北侧设有演唱苏州评弹、同里宣卷，演奏江南丝竹等的表演台，东南侧则为雅座。今为苏州市文物保护单位。

511. 陆家埭 Lùjiādài

位于吴江区同里镇西柳圩，为老镇区主要街道。南起会川桥，北至蒋家桥，长191米，宽4米，现街上有近两百米的廊棚，当地称廊屋子街。清周之桢《同里志》载其名。

同里市镇街巷多以圩、埭、街、弄为名，清周之桢《同里志》载："今二十八都在镇：陆家埭、西埭、唐家屋、东埭、南埭、北埭、高地上、船舫浜、章家浜、红塔头。"沿街有耕乐堂，坐西朝东，临河而筑，占地

陆家埭

约六亩四分。其最早的主人是明代处士朱祥,建时有五进五十二间,莫旦撰记,称有燕翼楼等。朱祥,字廷瑞,号耕乐,明正统年间(1436—1449)曾受聘于工部,协助巡抚周忱修建苏州宝带桥,后归隐同里,居住在此堂,因其号耕乐,故名为"耕乐堂"。耕乐堂在朱祥逝后,数度易主,迭经兴废,现存建筑为清乾隆三年(1738)及咸丰年间(1851—1861)重修,但基本保留了初建时的建筑风格,现尚存三进四十一间。1998年6月至2001年9月,当地政府对耕乐堂进行修缮。现有门厅三间,庄重朴实,高大宽畅,为清代后期建筑;宅楼西侧有一条陪弄直通后园,园中置有荷花池,荷池四周湖石镶砌,高低参差,清幽别致,中有一株已历400多年沧桑的白皮松,树皮斑驳,苍劲古朴。在后花园池南有鸳鸯厅,面阔三间,窗明几净,与环秀阁隔池相望,一高一低遥为对景,原为四面厅,四周以回廊相绕,用屏风、格扇将其隔为前后两部分,装饰陈设不尽相同,故称"鸳鸯厅"。出庭院,过三曲小桥,便来到清秀典雅的环秀阁。环秀阁跨水而筑,造型别致。从环秀阁绕假山辗转而下为桂花厅。桂花厅自成院落,院中植有金桂、银桂两株古树,每年金秋季节,古桂依然馥郁芬芳。后花园中又有燕翼楼,上下两层,轻盈飘逸。耕乐堂于1981年被列为省级太湖风景区"同里八景"之一,1986年7月,被列为吴江市级文物保护单位,2013年被列为全国重点文物保护单位。

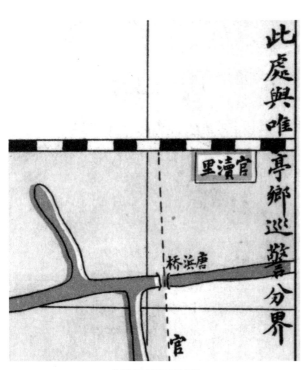

官渎里(民国地图)

512. 官渎里 Guāndú Lǐ

原属官渎村,位于齐门至娄门的护城河外侧,今建有官渎里立交桥,道路所称"官渎里"多指此处。

官渎村,今梅巷居委会南面,东南与新苏居委会为邻,以境内有官渎自然村,因官渎河命名,后又因官渎里火车站在此而得名。20世纪50年代占地约0.7平方千米,由油车桥、夏家庄、水潭头、野家墩、渔港上、东板桥、虹桥浜、三家村、田爿里等自然村组成,村委会驻苏昆路35号。1970年有耕地573亩,其中水田259亩,旱地314亩,有社员236户、1064人,分为10个生产小队,至1990年耕地减为462.37亩。村民以种植旱地蔬菜为主,曾进行蔬菜农业机械化半固定喷灌的试验。1992年9月,全村划归苏州市平江区,总面积750多亩,移交面积690多亩。其中夏家庄、水潭头合称官渎里,又称新官渎里。2005年10月,撤销官渎村,建官渎社区居委会,沿用原官渎村村名。管理范围为东接娄花街南侧,南连苏站路北侧,西邻油车桥东埭,北至梅巷村。面积0.4平方千米,人口1 610人。社区办公地点在苏站路418号。

有官渎河,又称外塘河,南起娄门路官渎桥接娄江,北经原新苏、板泾两村流入阳澄湖,境内长3.6千米,河面宽 15—30米。官渎河是娄葑北部通往阳澄湖周边乡镇的水路要道,南端有官渎桥,东西走向,始建于元至正二年(1342),以后多次修建,明代学者都穆有记,清咸丰十年(1860)毁,同治四年(1865)重建。1970年重建为钢筋混凝土无肋双曲拱桥,宽12.3米,长36.32米,跨度28.8米。明都穆《重建官渎朱泾二桥记》载:"工部郎中新喻傅公以朝命莅吴,凡政之可以利民而行远者,悉心为之。长洲官渎、朱泾二桥,在郡东北，实当要冲，岁久倾坏，以为此而弗修，则行者病而水道壅，非所以为政也。乃出在公之银，以为之倡，而县民马璘、曹源等复乐助焉。公命县丞窦君胤专董斯役，撤其旧而一新之，经始于弘治庚申秋八月，至辛酉春二月而工告完。官渎旧修十有五寻，崇三寻有四尺，广减崇之二；朱泾旧修八寻有四尺，崇不及二寻，广减崇过半。今视旧咸崇三尺，广倍之，而洞其下者亦然。坚厚雄伟，可以久远，而非利一时者也。"都穆（1458—1525）字玄敬，明弘治十二年（1499）进士，学者，官至太仆寺少卿。明陈仁锡《全吴筹患预防录》载："长洲之东境至陆市镇而交昆山县界，旧之设险者凡三重焉。官渎桥营，所以捍卫娄门，为第一重也。" 此处原有明兵部尚书杨成旧宅，据清乾隆《元和县志》载，杨成旧宅在娄门外官渎。杨成为官后迁居城西梵门桥，旧宅成为别业，称"娄庄"，内有杨成祖先手植梅树。杨成之孙杨廷枢（1595—1647），字维斗，号复庵、皋里。为诸生时，杨廷枢即以文章气节而享有盛名。明天启年间，为吴江复社成员，与徐汧、张溥、张采并称"四先生"。天启六年（1626），阉党魏忠贤派锦衣卫来苏州逮捕东林党人周顺昌，缇骑骄横跋扈，强行索要钱财。杨廷枢置自身安危于不顾，仗义为周顺昌四处奔走。崇祯三年（1630），参加应天乡试，考中解元。后为翰林院检讨。清乾隆《元和县志》称其"弘奖风流，激扬清浊，海内之士视其言论风旨以为轻重，负笈而游者数千人，有'东南夫子'之称"。明亡后，杨成重孙杨无咎避居祖宅，杜门隐居，被誉为"高士"。官渎里原又有善成道院，创自唐初，屡有兴废。康熙十一年（1672）郡绅蒋德埈捐建斗母阁，道士吴昭科扩建，蒋德埈之兄维城又捐市房四间，已毁。原有《长洲县严禁漕船占泊齐门两汇扰害木商碑》，碑高1.38米，宽0.67米，清康熙元年（1662）立。今存放在苏州碑刻博物馆，部分碑文已模糊不清。有宋代周和墓，周和曾任太守，在娄门外官渎桥西北，俗称周和山（位于今娄江小学内）。又有元代陈震龙墓，陈震龙字潜斋，宋漕贡进士，补将仕郎。

513. 南摆宴街 Nánbǎiyàn Jiē

位于苏州工业园区娄葑街道。西起文萃路，东至通园路，长350米，宽20米。路在原摆宴村南，2001年12月命名。摆宴，古作北堰田，因地势低洼，靠围堰御洪而得名，后讹作摆宴头。茅山堂，位于友谊村东摆宴，外大殿建于清光绪二十六年（1900），内殿建于民国十一年（1922），系东摆宴村民沈金南募资捐建。前后共两进，每进5间，前进东侧还有次间，后进东侧有偏房，共计房屋14间，后进地势较高，有阶沿石三层，屋宇也较前进高大，茅山堂今归友谊居委会管辖，两间次间已翻建成民居。

514. 北摆宴街 Běibǎiyàn Jiē

位于苏州工业园区娄葑街道。西起文萃路，东至通园路，长310米，宽15米。路在原摆宴村北，2001年12月命名。

有摆宴港，又名摆宴村河，俗称小桥浜，东西走向，自大运河至黄天荡，西起东环路，东至小黄天荡河，为护城河东泄水道，全长1.19千米，底宽4米。古作北堰田，因地势低洼，靠围堰御洪而得名，后讹作摆宴头，村中又有南北向小河（今废），河东称东摆宴，河西称西摆宴，1995年11月撤销。

515. 葑谊街 Fēngyì Jiē

位于苏州工业园区娄葑街道。西起东环路，东至文萃路，长640米，宽20米。街道地处原娄葑乡友谊村，各取一字组合命名。该处原为竹墩村所在，明代贤士沈勖、清代尚书沈德潜旧宅均在竹墩。

据清乾隆《元和县志》，竹墩村在东吴下乡下颜安里二十九都二图，即今娄葑乡友谊村。沈德潜（1673—1769）字确士，号归愚。竹墩村人。明朝初年，沈氏第十二世祖从浙江吴兴县竹墩村迁来，为纪念祖居，也以"竹墩"为居住地名。沈德潜在竹墩村居住到57岁，出仕后移居吴县木渎和苏州城内阔家头巷。

沈德潜中年前以教书为业，并以诗人闻名。他作诗"以杜甫为准的"，真实反映民间疾苦；论诗则主张"格调说"，倡导"温柔敦厚"的诗风，影响深远，同时期还有王士祯的"神韵说"、袁枚的"性灵说"，在当时的诗坛上各占一席之地，是乾嘉诗坛的大家。沈德潜多次参加科举，却屡试不第。乾隆三年（1738）荐举博学鸿词，又未入选。乾隆五年（1740），67岁时第17次参加乡试，得中举人。次年（1741）又以68岁高龄考中进士。又次年（1742）受乾隆召见，论及历代诗歌源流的升降，大受赞赏，被乾隆称为"江南老名士"。后来又为乾隆帝校对《御制诗集》，深受赏识，获特许在苏州沧浪亭北建立生祠。历任编修、左中允、侍讲学士、内阁学士、礼部侍郎等职。乾隆十四年（1749）77岁，告老还乡。乾隆十六年（1751）加礼部尚书衔，后又加太子太傅，食一品俸。乾隆十七年（1752），80岁的沈德潜命其子在竹墩村故居建"御书楼"。供奉有诰封三代之墓表及御赐"诗坛耆宿"匾。晚年迁居苏州城内阔家头巷，并主讲于苏州紫阳书院。沈德潜于乾隆三十四年（1769）去世，终年97岁，追封为太子太保。

516. 星海街 Xīnghǎi Jiē

位于苏州工业园区金鸡湖街道。北起苏虹西路，南至金鸡湖大道，长3 500米，宽46米。序列化地名。新加坡别称"星岛"，中新苏州工业园区南北向道路皆称星X街，中字为中国主要城市之名，"海"指海口，两相组合，体现中新合作内涵。

街区有城市公园星海公园，东邻星汉街，西接主干道星海街，北侧与团结河相邻，南侧与加城花园接壤，总面积27 985平方米，辐射周围多个居住小区，为公共休闲空间。2023年经全面改造后，篮球场、广场等空间全面以"星辰大海"为主题。星海街有苏州轨道交通6号线星海广场站，位于中新大道西、星海街交叉口。

517. 星港街 Xīnggǎng Jiē

位于苏州工业园区金鸡湖街道，北段在娄葑街道。北至陆泾路，南至东兴路，长7 300米，宽51米。园区"十二纵十二横"南北向城市主干路之一。道路名称为"星"系列序列化地名，"港"指香港，1996年命名。

该道路始建于20世纪90年代，双向四车道。屹立在苏州中心广场两侧的星港街过街天桥位于苏州工业园区湖西CBD核心区域，东侧紧邻国家5A级景区金鸡湖，是苏州中心广场景观工程及其配套工程的重要组成部分，为国内首个采用混凝土浇筑的异形空间钢结构人行天桥。该桥造型为空间三维异型结构形式，墩柱和梁体采用C60自密实清水混凝土浇筑，其工程结构形式为世界首例，造型独特，形式新颖美观，与周边环境和文化背景融合。天桥景观由美国SWA公司设计，结构初步由美国LERA公司设计，施工图设计由东南大学建筑设计研究院完成。天桥分为北桥和南桥，南桥跨星港街展开分支，分别至路东湖滨新天地与湖滨公园，长约250米；北桥跨星港街展开分支至香樟林，长约200米。天桥的墩柱形式有三种，分别为空间曲面异形桥墩、等截面圆形墩和变截面圆形墩。

2022年12月15日，星港街北延工程正式开工。南起沪宁城际铁路，北至阳澄湖大道，对接阳澄西湖第三通道，线路全长约2千米，是园区"十二横十二纵"之一的南北向城市主干路。项目主线高架在扬东路以南为双向四车道，以北采用双向六车道，首次采用双层钢桁架桥顶推跨越沪宁高速，建成通车。该项目将有力提升跨沪宁高速通行能力，增强园区湖西CBD、北部城市副中心及相城区的交通联系，助推阳澄南岸创新城新发展格局，进一步激活北部城市副中心潜能，促进苏州市域一体化发展。

518. 星湖街 Xīnghú Jiē

位于苏州工业园区金鸡湖东板块，跨斜塘、金鸡湖、唯亭三个街道，是金鸡湖东的南北向主干道。北至澄林路，与相城区交界，南到蒲谊路，长16.3千米，宽46米。"星"字系列序列化地名，"湖"指金鸡湖，

2002年1月命名。

2001年12月，中新合作区第二批道路集中命名，被命名道路主要在金鸡湖东地区。园区在遵循首批道路命名原则的基础上，根据保护历史地名的需要，提出"保护老地名"的命名要求。湖东地区南北走向的道路仍以"星"字开头，与体现当地特点的文字结合，如"星湖街"（金鸡湖）、"星塘街"（斜塘）。东西走向的道路以当地原有行政村名称命名：如"沈浒路"以"沈浒村"命名，"旺墩路"以"旺墩村"命名。

519. 南施街 Nánshī Jiē

位于苏州工业园区金鸡湖街道。南起琼姬路，与松涛街相直，北至苏虹中路，长3 500米，宽46米。道路经过原斜塘南施村，路名沿用老地名，2001年12月命名。南施街目前用作苏州轨道交通1号线、6号线的站名，位于沿中新大道东方向，中新大道东、南施街交叉口。

520. 钟南街 Zhōngnán Jiē

位于苏州工业园区金鸡湖街道。南起共耀路，北至娄江，长4 700米，宽46米。路名来自原"中南北路"的同音字。2001年12月命名。用作苏州轨道交通1号线的首末站名。

521. 凤里街 Fènglǐ Jiē

位于苏州工业园区胜浦街道。南起斜塘河，北至苏虹东路，长6 000米，宽40米。路西侧有凤里浦河道，路因河名。凤里浦，苏州城东南北向主要河道，绍定《吴郡志》、正德《姑苏志》作奉里浦，乾隆《元和县志》作凤里浦。

又有凤里村，据民间传说，古有凤栖息于此，因此称凤里。凤里村西侧有凤里浦流经，亦称冯里浦、奉里浦，南接吴淞江，北连金沙湖、娄江，是北宋以来重要的水上要道。村内有大漊、出水漊、沙浜漊、休头漊、野四泾漊、南塘浜、周家浜、西浜、虞家浜、金家浜、鱼池浜、旺家浜、东浜、庙浜、港西浜、后村浜、鸭蛋浜、钵头浜18条漊浜，素有"凤里十八浜，浜浜有好姑娘"之说。全村有凤里浦大桥、庙尖桥、后港桥、出水漊桥、南港桥、港西桥、川心港桥、南治泾港桥8座桥梁。村中有一座凤里土地庙。1949年后吴淞乡期间，村东北角的凤里浦大桥被翻建，为连通斜塘和胜浦的陆上要道。2002年1月，因园区开发建设，凤里整体动迁，村民大部分被安置到莲花新村一区。2003年3月，动迁结束，凤里自然村消亡。2017年年末，中新大道东北、方洲路南、凤里街东区域为凤里原址，建有京隆科技（苏州）有限公司、苏州群策科技有限公司等企业。

522. 玲珑街 Línglóng Jiē

位于苏州工业园区金鸡湖街道，在金鸡湖北。北起苏虹中路北侧跨线桥，南至现代大道，长930米，宽35米。路西侧有玲珑湾花园，2001年12月命名。

该地原为张家港，起初道路原北起金鸡湖、南至娄江，2003年6月调整为北起苏虹中路，南至现代大道。又有玲珑社区，位于苏州工业园区金鸡湖街道西北部，亦以此为名，2007年12月设立。管理范围为东接玲珑街，南连现代大道，西邻凤鸣街，北至槟榔路，面积0.38平方千米，人口10 619人。社区居委会办公地点在玲珑街1号。

523. 唯亭东街 Wéitíng Dōngjiē

位于苏州工业园区唯亭街道，唯亭苑南侧。东起驷马泾，西至寺浜街，长590米，宽3—5米。街在唯亭市镇东部，故名。唯亭，古称"夷亭"，南宋范成大《吴郡志》卷八载："阖闾十年，东夷侵逼吴境，下营于此，因名之。"

唯亭东街旧貌

　　唯亭至明中叶后已有相当规模。至清中叶，唯亭已是"人烟稠密，比屋万家"、"地列通衢"、"百货骈阗"的"吴中巨镇"。清道光二十六年（1846）《元和唯亭志》称当时唯亭为"元和县首镇"。唯亭市镇以娄江为界，分南北两片。北片称"上塘"，住户聚集，有街市；南片称"下塘"，住户少，无街市。上塘的街市也称"唯亭老街"。唯亭老街东梢有霖雨桥横跨娄江，把"上塘""下塘"联为一体。老街街面全为侧铺卵弹石路，宽处4—5米，窄处2—3米。街分东、中、西3段，俗称"东横头""西横头"和"中街"，中街最为热闹。街北有"寺弄"和"金弄堂"两条小巷。街东有城隍庙、状元泾桥、问潮馆、乙未亭、延福寺等古迹，多为宋代建筑。街中段有关帝庙。街西有西城隍庙、仁寿桥和沙湖石堤。清咸丰十年（1860），唯亭集镇成为清军进攻苏州城的前沿，集镇遭毁，遂衰落。二十世纪初娄江北岸兴建公路和铁路，南岸下塘的人口和商业逐步向北岸上塘迁移。20世纪中叶，上塘街又成繁华街市。"老字号"的店铺中有"正大""原大""福大""宏大源"等棉布店；有"祥和""大康""恒祥""广仁新"等百货店；有"正大盛""潘万源""大隆""万丰"等酒酱店；有"施正和""大华""徐义兴""长源"等南货店；有"寿而康""德生堂""养和堂""万春堂"等中西药店。此外，还有竹行、米行、糖坊、染坊和哺坊等。上塘街街面上，原有木结构的护棚，长1.5千米。下雨天，行人走在街上不用打伞，所以上塘街也被称为"雨街"。1958年，护棚全部被拆除。1978年，在娄江清淤拓宽工程中，街东头"阜民霖雨桥"被拆除，其跨越娄江两岸的功能由新建的南北向公路桥娄江大桥取代。1994年，唯亭镇划归苏州工业园区，遂陆续动迁重建。2022年7月，将改造后的东街命名为唯亭东街。

524. 渔泾路 Yújīng Lù

　　位于工业园区唯亭街道。南起至和西路，北至唯文路，与亭融街相直，长1 500米，宽20米。附近原有大渔泾村、小渔泾村，路名沿用老地名，2001年9月命名。

　　大渔泾村位于跨塘镇西北部，东连娄湾浜，南接龙会村，西靠渔泾河，北至横埂村。因紧靠渔泾河而得名。清末宣统年间，大渔泾村属习义乡孝廉里西二十二都二十四图辖。1912年11月，属吴县吴泾乡辖。1934年6月，属吴县临湖乡辖。1947年2月至解放初期，属临湖乡辖。1950年年底，属湖滨乡辖。1956年3月，大渔泾村属跨塘乡辖，始办初级社。1957年，属红星高级社辖。1958年"大跃进"时期，属4营辖。1959年4月，属7大队辖，为第6生产队。1960年3月，属龙会大队辖，为第6生产队。1961年4月8日起，属苏州市郊区跨塘人民公社龙会大队辖。1964年1月，属吴县跨塘人民公社龙会大队辖。1969年8月，属12大队辖，为第6生产队。1979年3月，属龙会大队辖，为第6生产队。1983年8月，属龙会村辖、为第15村民小组。1994年5月，划归园区，大渔泾村属苏州工业园区跨塘镇龙会村辖。2001年8月，龙会村与虹桥村、古更村合并组建娄中村，大渔泾村属娄中村辖。

大渔泾村村民屋舍沿南北向渔泾河排列。村内有大渔泾桥1座、1968年改建为水泥单拱桥。桥西北塊有集庆庵，又称大渔泾庙，占地2亩，庙舍12间4厢房，有天库1个。解放前，每年农历四月，芒种前3天举行庙会，要出会抬小轿、做戏等，1958年拆除。村东面有300米长、8米宽的渣土公路，200米长、0.7米宽的水泥路板支道。村西岸有水泥预制厂、中药厂、代销店、农药发放站。大渔泾村村民有张、陈、朱等姓氏。截至2005年动迁前，有村民38户，158人，其中男74人，女84人；有耕地140亩。2005年，大渔泾村因工业基础设施建设征地，村民被安置在青剑湖二社区，自然村消失。2017年年末，自然村原址上为苏州供电公司渔泾变电站、苏州中港建筑有限公司。

小渔泾村位于跨塘镇西北部，东靠石桥浜，南连横埂村，西接新开河，北依阳澄湖。因渔泾河穿村而过而得名。清末宣统年间，小渔泾村属习义乡孝廉里西二十二都五图辖。1912年11月，属吴县吴众泾乡辖。1934年6月，属吴县临湖乡辖。1947年2月至解放初期，属临湖乡辖。1950年，为湖滨乡辖。1956年3月，小渔泾村属跨塘乡辖，始办初级社。1957年，属红星高级社辖。1958年"大跃进"时期，属4营辖。1959年4月，属7大队辖，为第9、10生产队。1960年3月，属龙会大队辖，为第9、10生产队。1961年4月8日起，属苏州市郊区跨塘人民公社龙会大队辖。1964年1月，属吴县跨塘人民公社龙会大队辖。1979年3月，属龙会大队辖，为第9、10、17生产队。1983年，属龙会村辖，为第9、10、17、19村民小组。1994年5月，划归园区，小渔泾村属苏州工业园区跨塘镇龙会村辖。2001年8月，龙会村与虹桥村、古更村合并组建娄中村，小渔泾村属娄中村辖。小渔泾村村民屋舍沿南北向渔泾河排列。村内有小渔泾桥1座，1968年改建为单拱水泥桥；有公路桥一座，宽10米的渣土路800米，宽0.7米的水泥路板支道500米。村东岸有永宁庵，又称小渔泾庙，庙舍5间，为观音堂，1958年拆除。村南有大队竹器厂。小渔泾村村民有沈、顾、王等姓氏。截至2003年动迁前，有村民67户，295人，其中男141人，女154人；有耕地370亩。村民以种植水稻、小麦、油菜等农作物为主，兼种蔬菜。菜农们经过长期实践，培育出一种特优大青菜，冬季上市，菜叶光滑微圆，菜心紧实，茎青白粗壮，烧煮易烂，口感微甜，很受市民喜爱。2003年，小渔泾村因建设太阳岛高尔夫球场征地动迁，村民被安置在张泾社区，自然村消失。2017年年末，自然村原址为苏州太阳岛高尔夫球场。

525. 蠡塘路 Lítáng Lù

位于苏州工业园区唯亭街道。东起珠泾路西，西至张泾街，与扬东路相直，长1 600米，宽15米。道路经过蠡塘河、蠡塘村，路名沿用老地名，2001年9月命名。南宋范成大《吴郡志》载，"又有蠡塘，在娄门之东。相传鸱夷子乘扁舟下五湖，潜过此以出"。

蠡塘村位于跨塘镇南部，距跨塘镇中心约3 000米，东为北斜庄，南近小金山庙，西近蠡塘河，北与圩桥接壤。因坐落在南蠡塘河边而得名。清末，蠡塘村属陈公乡金栖里西二十四都二十四图辖。1912年11月，属吴县斜塘乡辖。1931年1月，属吴县沈浒乡辖。1934年6月，属吴县凤泾乡辖。1947年2月至新中国成立前夕，属吴县龙墩乡辖。1948年7月至解放初期，为娄东乡辖。1950年3月，属吴县娄东乡辖。1951年年初，属跨南乡辖。1955年，蠡塘村办初级社。1956年3月，属吴县跨塘乡辖。1957年，属人民高级社辖。1958年，属跨塘人民公社9营辖。1959年4月，属跨塘人民公社17大队辖。1960年3月，属跨塘人民公社斜庄大队辖。1961年4月8日至1963年12月31日，属苏州市郊区跨塘人民公社斜庄大队辖。1964年1月，属吴县跨塘人民公社斜庄大队辖。1969年8月，属跨塘人民公社10大队辖，为第6生产队。1979年3月，为斜庄大队辖。1983年8月，属吴县跨塘乡斜庄村辖，为第6村民小组。1994年5月，划归园区，蠡塘村属苏州工业园区跨塘镇斜庄村辖。2001年8月，蠡塘村属斜庄村辖。蠡塘村有南北向斜江、蠡塘河流经。村东建有斜庄桥，村西北建有胜利桥，均为小木桥。与北斜庄村接壤处，有古庙小金山庙，占地1亩，庙舍6间1厢房。村域内有古墓陆家坟，占地半亩，原来坟上有石凳子、古楷树等。蠡塘村村民有倪、李、金、汤、袁等姓氏，以袁姓居多。截至2008年动迁前，有村民13户，60人，其中男28人，女32人；有耕地48亩。村民以种植水稻、小麦、油菜为主，家庭副业主要为芦席编制和蔬菜种植。2008年，蠡塘村因苏州工业园区开发建设征地分批动迁，村民被安置在高浜一村和高浜三村，自然村消失。2017年年末，自然村原址上为新未来花园住宅区。

526. 胜浦路 Shèngpǔ Lù

位于苏州工业园区胜浦街道，新江路东。南起滨江路，北至现代大道，长6 300米，宽45.6米，为胜浦地区的南北干道。2003年9月，以原胜浦镇命名。

据毗邻的草鞋山出土文物表明，远在五千年前新石器时代，已有人类在这里繁衍生息，今胜浦地区古属吴。春秋晚期（约公元前500），今胜浦地区为吴国地域。秦始皇二十六年（前221），秦灭六国，推行郡县制。今胜浦地区属会稽郡吴县。唐武则天万岁通天元年（696），割吴县地置长洲县。清雍正二年（1724），析长洲县地置元和县。宣统三年（1911），辛亥革命爆发，裁苏州府及长洲县、元和县、吴县3县，设苏州。今胜浦地区属苏州。民国元年（1912），苏州改称吴县，设7市21乡。今胜浦地区的东十九都隶属吴县甪直乡，半十九都、南十九都、上二十一都隶属吴县唯亭乡。民国十八年（1929），吴县实施区、乡制。今胜浦地区的东横港乡、牛草圩乡、西江田乡、河田乡、宋巷乡、三家村乡、戴家田乡、南洲乡、赵家湾乡、邓巷乡、吴巷乡仍隶属第九区（唯亭），大港乡、南里乡、北里乡、张坞乡、前戴乡、江田乡、浦北乡隶属第十区（甪直）。民国二十三年（1934），吴县重新调整分区和划分乡镇。今胜浦地区的金沙乡、青邱乡为第九区管辖，淞北乡为第十区管辖。民国三十六年（1947），吴县并编区、乡镇，吴县设9区138乡镇。今胜浦地区的金沙乡、青邱乡、淞北乡属淞北区。民国三十七年（1948）2月，吴县并编乡镇。金沙乡、青邱乡、淞北乡及江边乡（今斜塘地区）4乡合并成淞北乡。是年5月，吴县将淞北、淞南两区并为吴淞区。今胜浦地区属吴淞区淞北乡。民国三十八年（1949）4月27日，吴县解放，吴县下辖8区48乡镇。今胜浦地区属淞北区淞北乡。11月，吴县改建新乡。在今胜浦地区设置胜浦乡、嘉浦乡、淞北乡，均属淞北区管辖。1950年3月，吴县增建唯亭区，胜浦乡、嘉浦乡、淞北乡改属唯亭区管辖。1956年3月，吴县小乡并中乡。嘉浦、胜浦两乡合并为胜浦乡，淞北、吴淞（今斜塘地区）两乡合并为吴淞乡，仍属唯亭区。1957年，吴县撤区并乡，吴淞乡的一部分合并为胜浦乡。胜浦乡为县属乡。1958年，胜浦乡更名为胜浦人民公社。1983年，胜浦人民公社撤销，恢复胜浦乡建制。1994年3月，撤乡建镇，为胜浦镇。5月，胜浦镇成建制划归苏州市人民政府直接管辖，由市政府派出机构苏州工业园区管委会行使行政管理权，延续至今。2012年，胜浦撤镇建街道。胜浦街道位于苏州工业园区东部，东为昆山市正仪镇，南为吴淞江，隔江为甪直镇，西为斜塘街道，北为唯亭街道，区域内河网纵横贯通，主干河道有"五浦"，即青秋浦、沽浦、新浦、尖浦、界浦，以及"三江"，即尼江、章江、褚江。区域面积为17.85平方千米，下辖市镇、兴浦、金苑、园东、吴淞、新盛花园、浪花苑、闻涛苑、滨江苑9个社区（行政村于2010年年初全部撤销）。至2014年年末，街道共有人口约9万，其中户籍人口约3万，外来人口约6万。2021年10月28日，苏州市人民政府正式批复，同意将斜塘街道的凤凰城、钟南、星辰南、星辰北、锦溪北、锦溪南、菁华、澜溪 8 个社区居委会区域和唯亭街道的汀兰、亭南 2 个社区居委会区域，划归胜浦街道管理。行政区划变更后，胜浦街道行政区域面积 69 平方千米，常住人口 17.1 万人，户籍人口 7.06 万人，街道办事处办公地址在中胜路 8 号，管理金苑、园东、吴淞、新盛花园、市镇、浪花苑、闻涛苑、滨江苑、兴浦、亭南、青年汇、汀兰、凤凰城、钟南、星辰南、星辰北、锦溪北、锦溪南、菁华、澜溪 20 个社区居委会。

527. 界浦路 Jièpǔ Lù

位于苏州工业园区胜浦街道，尖浦路东。南起吴淞江畔，北至望江路，长4 564米，宽32米。临界浦河而得名，2003年9月命名。"浦"在吴语中指通江达海的感潮河道，胜浦地区诸"浦"宋代已见记载，皆南入吴淞江。

界浦河（娄江—吴淞江段）位于园区与昆山交界区域，全长约6.9千米。"界溪晚渡"昔时为当地著名景观，明申时行有《界溪晚渡》诗："晚来片雨涨湖滨，夕照微明烟满津。欲渡清流有归客，却依绿柳唤渔人。数声栖鸟双林晚，几树繁花两岸春。笑语满船回浦去，微微淡淡水潾潾。"于2022年6月两岸环境整治工程正式启动，规划建设总面积约17.4平方千米，其中园区约4.6平方千米。其中南段、北段（西岸）于7月完工，中段于8月完工，北段（东岸）于2023年3月完工，项目总估算3 600万元。在整体风貌上，界浦河西岸北段为风景秀林，中段以疏林草坡为主，南段规模种植农作花卉。目前，园区、昆山两地正在推进界浦河跨域生态廊道建设。

528. 苏绣路 Sūxiù Lù

位于苏州工业园区金鸡湖街道，现代大道南。东起星港街，西至星明街，全长1 800米，宽35米。序列化地名，工业园区首期开发区东西向路名采用"苏 X 路"格式命名。中字取自苏州古典园林"绣、慕、茜、蕙、桐"等名，"绣"字寓意苏州历史园林绣谷园。1996年2月命名。

绣谷园，在阊门内后板厂，长洲人蒋垓购地筑园，掘地得石，有"绣谷"字样，遂名园。蒋后，园屡易主。蒋垓之孙蒋深重修。嘉庆归叶观潮，道光为南昌谢椒石、婺源王凤生所有。

1995年8月4日，园区工委、管委会领导成员会议决定：首期开发区地名方案选择"苏、星"系列，东西向路名以"苏"字开头，南北向路名以"星"字开头。11月，园区管委会拟订中新合作区道路名称方案，方案提议，园区道路命名应体现"中新合作"内涵；同时建议：将中新合作开发区域的东西向道路统一以"路"命名，南北向道路统一以"街"命名。同年年底，市地名委员会批准园区提出的中新合作区金鸡湖西首期开发区域道路命名方案，确认"体现中新合作"的原则。中新合作区的主干道，统一采用"苏、星"系列地名，"苏"代表苏州，"星"代表新加坡（新加坡别名"星岛"）；其中，东西向主干道以"苏"字开头，南北向主干道以"星"字开头；非主要干道采用"花木系列"地名。1996年2月12日，中新合作区首批30条道路命名完成。其中，苏春西路、苏虹西路、苏华路等9条东西向主干道路命名以"苏"开头；星港路、星汉路、星海路等10条南北向主干道路命名以"星"开头。

529. 苏惠路 Sūhuì Lù

位于苏州工业园区金鸡湖街道。东起星港街，西至星明街，长1 800米，宽46米。"苏"字系列序列化地名。"惠"字寓指苏州历史园林惠荫园。

惠荫园是明代嘉靖年间由归湛初所建。园中多美石，传说主人有"米芾之癖"，设计规划者是工于堆石的周秉忠。因仿制太湖西山林屋洞筑成水假山，享誉苏州，因而被称为"小林屋洞"。至清代顺治六年，复社志士韩馨得归氏园的一部分重修，改为"洽隐园"。1707年曾遭火灾，之后安徽人倪莲舫重新修建并改名为"皖山别墅"。太平天国时期，为太平军将领"听王"陈炳文部队驻地，俗称"听王府"。李鸿章抚苏之时，又改为程忠烈公祠，后来扩建为安徽会馆，始命名为"惠荫园"。当时名人官宦聚集，题名有"惠荫八景"，即柳荫系舫、松荫眠琴、屏山听通、林屋探奇、藤崖伫月、荷岸观鱼、石窦收云、松亭霁雪。抗战之后，惠荫花园开始被用作学校。

530. 苏虹路 Sūhóng Lù

位于苏州工业园区金鸡湖街道。"苏"字系列序列化地名，"虹"字寓意苏州历史园林石虹园。东西向主干道，宽46米，分为3段。苏虹西路，西起星杭街，东至凤鸣街，长3 500米，1996年2月命名。苏虹中路，西起凤鸣街，东至星塘街，长5 100米，1999年命名。苏虹东路，西起星塘街，东至唯胜路，长5700米，2001年12月命名。苏虹路沿线是工业园区企业的主要集中区域，称为"产业廊道"。石虹园原在南仓桥东北，为崇祯年间许方伯园居。顺治时释印持购得，建金幢庵。

琼姬墩旧貌

根据园区综合交通规划，苏虹路将东延与园区亭南路对接，并连通望江路与昆山中华园西路，形成园区与昆山联系路网的主要通道。苏虹路以杏林街为界，西星龙街至杏林街段为老路改造段，长度约500米，道路宽度为32米，现状老路宽度不变，由双向四车道改造为双向六车道；杏林街以东为新建段落，双向六车道，主要为跨青秋浦河桥梁及其引坡，长度约380米，其中265.5米为桥梁段，桥梁段宽度为33.6米。苏虹路沿线东至星湖街，南至苏慕路、槟榔路，西至星杭街，北至娄江，面积约3.9平方千米，为园区第一批外资入驻的产业区，苏虹路沿线产业廊道作为环金鸡湖城市主中心与阳澄南岸创新城之间重要的城市界面、园区东西向重要的产业走廊，在园区的空间版图、产业协作结构上均具有重要的地域意义及发展前景，是园区高水平对外开放的一扇窗口。

531. 琼姬路 Qióngjī Lù

位于苏州工业园区金鸡湖街道，金鸡湖东岸。东起津梁街，西至长乐街，长1 200米，宽46米。道路西侧原有琼姬墩，2001年12月命名。

　　琼姬墩位于工业园区金鸡湖东岸，1960年被列为吴县文物保护单位。墩高约5米，周长约50米，占地约160平方米，传为春秋吴王夫差之女琼姬葬地，一说为元末吴王张士诚之女墓地。1984年12月，吴县文管会在琼姬墩东南坡发现一座砖石结构长方形双室墓，发掘出土墓志、菱花形铜镜、铜质鎏金发簪和影青粉盒等宋代遗物。据墓志所记，墓主为南宋景定三年（1262）入葬的陆孺人。苏州轨道交通6号线、8号线设有"琼姬墩"站名。

532. 旺墩路 Wàngdūn Lù

　　位于苏州工业园区金鸡湖街道，金鸡湖东岸。东起津梁街，西至金鸡湖水岸慢行绿道，长3 000米，宽30米。附近原有旺墩村，路名沿用老地名，2001年12月命名。旺墩，明正德《姑苏志》作王墩，吴语"王、旺"古代声韵相同。

　　旺墩村，因有旺墩自然村而得名。1949年前属夏庄乡。1949年后划归斜塘乡。1956年合作化时为金星42社。1958年公社化时为4营。1959年9月改为11大队。1961年改为旺墩大队。1983年政社分设时改为旺墩村。2003年动迁撤销。

二、桥梁名

533. 虎山桥 Hǔshān Qiáo

位于吴中区光福古镇西北，连接虎山、龟山之嘴，跨光福东崦湖与西崦湖之间，又名虎山擅胜桥。宋嘉泰年间（1201—1204），始建。元泰定中（1324—1328），改为三圆洞桥，以纪年，名为泰定桥。明成化十一年（1475），重修。明万历年间，里人徐应祥等重建仍改为五孔拱桥，故有一塔两山五桥洞之称。清顺治初，释某募建，又改为三孔桥，但在桥北埭还假设两孔，以保五孔原数，改称为虎山桥。乾隆年间，里人徐坚、李肇修、徐洪山、汪芳贻、徐敏中倡捐募建。1937年，虎山桥塌毁。翌年，将原环龙桥改为三孔木桥。1956年，重修虎山木桥。1963年，时光福人民公社将三孔木桥改建为水泥拱桥。1989年10月，虎山桥再次重修，予以加宽加长。2006年，移址到桥西，再建新桥。

虎山擅胜桥碑，为明万历二十二年（1594）八月徐枋撰书，此碑现砌在虎山桥南埭。虎山桥与光福塔及周围群山曾构成一幅绝妙的湖山佳景，明人徐枋赞曰："虎山桥在二堰间，其地四面皆山，回环二十余里，峦翠浮空，波光极目。一石梁跨之若长虹夭矫，横亘碧落而梵宇临于山巅，浮图矗于云际，每一登眺，不知此身之在尘世矣。"沈周《游西山图》吴宽跋："成化十四年五月，光福徐翁用庄邀予为西山之游，予诺之。然不忍独游也，则为书招史明古……同导予二人步虎山桥，桥南登擅胜亭，还饮其家，夜宿来青堂。丁亥，缘玉遮入蒸山，谒徐武功墓。循北麓观眠松，

虎山桥（民国）

遂泛下崦。入铜坑，还泊虎山桥。戊午，游邓尉山、饮七宝泉、入玄墓寺、憩奉慈庵，登风冈而还。至是，凡三宿来青矣！"文徵明《游玄墓次第得诗六首·雨后虎山桥眺望》："虎山桥下水争流，正是桥南宿雨收。光福烟开孤刹迥，洞庭波动两峰浮。已应浩荡开胸臆，谁识空蒙是胜游。渺渺长风天万里，眼中殊觉欠扁舟。"

534. 蠡墅桥 Lǐshù Qiáo

位于吴中区长桥街道蠡墅社区，古称李市桥。始建不详，清光绪四年（1878）重建。南北走向，跨蠡墅港中段。单孔花岗石拱桥，拱券纵联分节并列砌筑。长12.5米，宽2.45米，净跨5米，矢高3.25米。桥面前后各有一对狮首石柱。1993年，蠡墅公路新桥建成后，老桥在新桥西侧下方，成为景观桥。

蠡墅原为水多桥多的小集镇，有蠡墅港、中港、栈廊浜等纵横交错的河道，现存的4座清代桥梁均为花岗岩构筑。除蠡墅桥外，另有须茂桥、太平桥、永兴桥。须茂桥，系单孔拱桥，南北向跨蠡墅港。全长19.3米，中宽2.6米，矢高2.64米，净跨5.25米。西侧有桥联："一镇生新虹焕彩，八方占瑞月重轮。"横额刻有"须茂桥"及"道光十三年九月吉旦"；太平桥，始建年代无考，清代曾大修，东西向跨蠡墅中港。单跨梁桥，长13米，宽4.3米，高2.5米；永兴桥，又名马良桥，始建年代不详，清嘉庆二十一年（1816）重修，东西向跨栈廊浜。单跨梁桥，长11.6米，宽1.9米，高2.6米。横梁南侧刻"重建永兴桥"，西南金刚墙嵌清嘉庆修桥碑《重修永兴桥记》。蠡墅四座古桥梁，1997年被列为吴县市文物保护单位。

蠡墅港横穿蠡墅，东出鲇鱼口，西通石湖，是宣泄太湖水的主要港河。东侧南有庞家浜，北有庙泾浜，两浜互流；西侧南有栈郎浜，北有中港，港浜对流；五港浜互流，皆通太湖。居高视之，状似游龙，龙头为东白场，龙身为蠡墅港，庞家浜、庙泾浜为前爪，栈郎浜、中港为后爪，中塘韩浜、下塘许家浜为藏腑；龙头潜出鲇鱼口，龙尾深藏石湖。1977年，鲇鱼口围湖造田断航后，蠡墅港渐成集镇内河道。

清中期，蠡墅镇建制，属吴县。民国时期，为吴县第十六区区公所驻地。解放初，属吴县木渎区。1954

蠡墅桥

年，划归苏州市郊区。1958年，复归吴县，曾为长桥镇政府驻地。蠡墅镇靠近苏州城，历来是官宦兴宅、商贾云集之地，商业十分兴盛。明、清时期，蠡墅镇区的王、陆、徐、冯四大巨商远近闻名，被称为"四大家族"。在蠡墅镇兴建的宅第，庭院之大、楼阁之精，在乡村集镇中少有。蠡墅镇有街、弄19条，上塘街、下塘街、南弄、中街弄为商业街，老街沿河而建。

535. 五福桥 Wǔfú Qiáo

五福桥旧貌

位于虎丘区横塘街道吴越路北段，跨胥江，曾为横塘往来上方山的主要桥梁。此桥原为高大的花岗石拱桥，清康熙四年（1665），僧越凡募建。值得一提的是，僧越凡先后募建了高攀桥、来凤桥，还募修了净业庵。桥名"五福"是指：长寿、富贵、康宁、好德、善终，表达了对生活的美好祝愿。民国范广宪的《吴门坊巷待輶吟》诗曰："桥名五福跨飞虹，云白山青入望中。恰喜临门塘水活，朝朝来往看开蓬。"后注："在横塘普福桥西，其南境有范墓。"这里的"范墓"是指范丹基，在五福桥西首，原为20多亩荒地，不管河水如何高涨，一般不会涨没，形状如舌，因此称"龙舌渚"（参见039龙舌渚）。范丹（112—185），一作范冉，字史云，东汉陈留外黄人，马融弟子。通"五经"，尤深于《周易》和《尚书》。范丹基疑出附会。民国张正芳的《正芳民歌集》载："居泾桥来枣市桥，横塘有顶亭子桥，五福桥是顶细巧，顶高一顶彩云桥。"描述五福桥的桥身细巧。1965年，因胥江航道拓宽，五福桥被拆除。此后，改建为钢筋混凝土拱桥，桥长50米，宽8米。2016年，胥江航道整治，新五福桥再次被拆除。

536. 虎丘路一号桥 Hǔqiūlù 1- Hào Qiáo

位于姑苏区虎丘街道虎丘路中，跨野芳浜。一号桥为钢筋混凝土板架桥，宽9.4米，长7.5米。题刻："虎丘路一号桥，中华民国十九年三月，苏州市政府工务局建。"桥栏残存部分为民国原构。1978年，拓宽。

1928年8月，三十二军新编第三师从上海移驻苏州，师长钱大钧（字慕尹）是昆山正仪人，为便捷家乡交通，提议由兵工为苏州筑两路：一为阊门外至虎丘山之市区干路，一为苏州至吴江之县道。8月7日，钱大钧邀集苏绅贝润生、奚萼铭、张云博、周渭若、陆翥双、许博明，暨吴县县长王引才、市政处工程师柳士英等二十余人，在上海功德林会议。经市政处测算，留园至虎丘筑路费需十四万余，尚少的五万元由列席诸人担任分三期筹募，初筹的两万元用来添投人力车五百辆。9月21日下午2时，在西园戒幢寺东厅，举行破土典礼，军政各界数百人参礼。当时规定的筑路所用土地田底田面补偿标准：每亩70元，业主得七成，佃户得三成。路面铺用煤屑，则由电气厂提供。然而，军工忙于训练校阅，时筑时辍。第三师又于1929年2月，调防安徽蚌埠而筑路停工，给路命名之事不了了之。4月15日，市工务局将路分三段招标续建：第一段自永善堂前至耷糠桥河止，沈兴记以1 621.5元中标；第二段耷糠桥河至铁路止，王堃记以1 724.5元中标；第三段自铁路至望山桥止，沈兴记以2 941.7元中标。5月1日，第二段先行开工。但中标第一段、第三段的沈兴记因故弃标，市工务局于6月再次招标，直到7月25日，第三段才开始续筑。1930年4月5日，虎丘路路基完工，但路面仍未筑好。1931年6月20日，建设局再次招标修筑。算下来，这条仅两千多米的道路，断断续续筑了三年。

虎丘路一号桥

537. 西城桥 Xīchéng Qiáo

位于姑苏区沧浪街道古吴路与学士街之间，跨第一直河，旧称西成桥。清同治《苏州府志》载："西成桥，在（吴）县治西，明弘治八年（1495），知县邝璠建，文林记。国朝嘉庆十九年（1814）修。"明文徵明《雪后西成桥看月》诗："川容浮动石梁明，领略闲情共款行。残雪不藏新月色，疏烟自度远钟声。寒灯历历初收市，野柝荒荒欲闭城。醉面不知霜并下，却惊归路敝裘轻。"范广宪《吴门坊巷待辍吟》

西城桥(民国)

曰："挝鼓催船镜底行，西成桥下水澄清。此游胜绝流觞地，不被风光笑薄情。"

1929年3月，苏州市工务局以西城桥形势高危、人力车经过更属危险为由改建。工程耗费1 200元，居于西城桥西堍天官坊的陆翥双捐洋600元。在原石拱桥的基础上，高减4尺，宽放4尺，铺石桥面改为钢骨水泥，铸铁桥栏杆。新桥长25.4米，宽5米，跨度7.8米。现桥西堍尚存两处题刻："西成桥"和"中华民国十八年三月，苏州市工务局重建立"字样。同年10月，开工兴建金门时，将西城桥与吉利桥改建而拆下的石拱圈集中用于金门中间的城门拱上，老桥石料再次发挥功用。

西山庙桥(民国)

538. 西山庙桥 Xīshānmiào Qiáo

位于姑苏区虎丘街道虎丘西南原席场弄西侧，南北跨山塘河。因桥北是祀晋司空王珉的西山庙，故名。据明崇祯六年（1633），陈仁锡撰《陈太史无梦园初集》，收录《归舟庆西山庙桥成谒晋王司空祠拟作铭》载："有庙维赫，有桥维屏……司空执剑，司徒鸣钲……"推断桥始建于明代或更早。清道光《苏州府志》载："元庆桥在望山桥西，旧名西山庙桥，本朝康熙九年，邑人王廷台等助建，改今名。"清咸丰二年（1852），诚正堂司董曹承成重建，复名西山庙桥至今。

现桥为1992年10月，由苏州市政养护处重修。古桥为单拱花岗岩石桥，长20.8米，宽2.75米，跨度6.7米。东侧桥联："跨水虹梁新结构，合流虎阜抱潆洄。"西侧题记："咸丰贰年岁次壬子季春毂旦，诚正堂司董里人曹承成重建。"

旧时，此处有庙会活动，清道光《桐桥倚棹录》引王宾语曰："元时每当元夕，两庙张灯设馔，箫鼓喧阗，游人杂沓。寺之山径，节节有灯。往来之人，或以鼓乐自随，竞相为乐，乃踵宋时故事也。今两庙时有居民于此酬愿赛神，优伶箫鼓，香烟颇盛。"关于虎丘东、西两庙的祀神赛会，前人多有记述，朱彝尊《山塘纪事》诗曰："寒食山塘路，游人队队偕。桁杨充罪隶，箫鼓导神牌。红粉齐当垆，银花有坠钗。殷勤短主簿，端笏立阼阶。"蒋蕅《山塘清明竹枝词》咏道："清明祈赛引游人，七里山塘景物新。欲斗倾城好颜色，画船齐泛看迎神。"当年这座西山庙桥上，人流如潮，摩肩接踵，桥下则画舫鳞集，袂云汗雨，山塘看会，正是苏州风俗盛观的写照。

539. 斟酌桥 Zhēnzhuó Qiáo

位于姑苏区虎丘街道山塘街绿水桥西，跨山塘河支流东山浜。民国《虎丘新志》载："斟酌桥在李公祠之东，明万历十三年，里人张相泰重建，吴人承前代风流之余，从前来游虎丘者，多乘灯船，具酒肴，载弦管，过斟酌桥入后溪，所以斟酌桥之繁盛，当时为诸桥冠，盖画舫笙歌，皆停留于是处也。"斟酌桥初为木桥，明万历十三年（1585），里人张相泰重建为石梁平桥。清嘉庆三年（1798），知苏州府事任兆坰重建。道光二十一年（1841），同善堂重修桥栏。1924年，将拱形石级桥改为平梁

斟酌桥(民国)

斜坡式，上部为水泥桥面和铁栏，保留下部结构。1977年，桥面拓宽修缮，现桥宽6.3米，长19.6米，跨度6.9米。桥南侧中部尚存水泥桥铭："斟酌桥""民国十三年重建"。南侧桥联完好："鹤市人家通一水，虎邱花舫聚三汊。"北侧桥联虽在，但隐入桥洞只显露部分。

旧时，斟酌桥周边曾是七里山塘最繁华的地段，历代文人墨客题咏颇多，清代汪懋麟的《斟酌桥口占》

曰："白公堤外水迢迢，吴女花船背橹摇。最爱桥名是斟酌，也须春酒变春潮。"清代张大纯的《过斟酌桥》曰："斟酌桥头花草香，画船载酒醉斜阳。桥边水作鹅黄色，也逐笙歌过半塘。"清代石钧的《斟酌桥听丽人度曲》曰："烟波一带绿杨桥，小泊堤边尽画桡。清簟疏帘凉如水，有人争唱雨潇潇。"

540. 探桥 Tàn Qiáo

位于姑苏区金阊街道北童梓门，即阊门的水城门西，跨中市河。清乾隆《吴县志》载："探桥，在阊门外北洞子门内。明洪武元年，辟筑月城建。崇祯十二年，知县牛若麟修。"清同治《苏州府志》载："探桥，在北洞子门。明洪武间，筑月城建。国朝嘉庆二十年，修。"1966年，将原石拱桥，改建为水泥平桥。2006年，改建为石桥，长8.7米，宽5米，跨径5.2米。

范广宪《吴门坊巷待辀吟》的《探桥》，诗曰："探桥跨水护城隈，潼子门前迤逦开。自别江南消息断，几时再报捷音来。"后注："在北潼子门。明洪武间，筑月城建。"旧时，

探桥（清代）

探桥因年久失修，坍去一角，民间遂误"探"为"坍"，由是坍桥之名反著。清末，探桥上有饭铺名凤林馆，始业于太平天国以前，店主本系长洲县官厨，东人解组遂失其业，因略有积蓄即营业于斯。初不过小试其技，借为糊口之需，嗣以艺媲易牙，居然远悦近来，"坍桥面之饭"啧啧人口，并有简称为"坍饭"矣。顾客如云，但多中下阶级之流。每值良辰佳节，辄见斜戴其冠、半披其衣之辈，于道路中，友好问其何往，莫不曰："吃坍饭去！"当时生意之隆盛概可想见。

541. 灯草桥 Dēngcǎo Qiáo

位于姑苏区双塔街道冬青路上，跨采莲泾东口与古运河交汇处，系苏嘉公路自灭渡桥起点的第一座公路桥。古桥始建不详，清康熙五十七年（1719），郡人章豫重建。章豫，吴县人，清代兵部职方司员外郎，

灯草桥（民国）

其墓在宝华山南的薛家湾，祔祀在天官坊的礼贤祠。除重建灯草桥，章豫还出资建砂皮巷的德庆桥、横塘的普福桥（亭子桥）、枫桥西的月盘桥等。咸丰十年（1860），桥毁。同治十一年（1872）三月，工程局出资由匠头方开觉承造重建。桥长七丈一尺（23.67米），桥孔宽一丈九尺（6.33米），南北两堍各长二丈（6.67米），另砌平台各长六尺（2米），桥面宽一丈一尺（3.67米），

自水盘至桥顶高一丈一尺（3.67米）。工程总费曹平银79两8钱3分9厘，足制钱863 233文。20世纪30年代初，改建。50年代末，拓建。1979年，重建为钢筋水泥板梁单孔平桥。近年，再次拓宽改造，并在东侧建起一座观光石桥。

杏秀桥(民国)

542. 杏秀桥 Xìngxiù Qiáo

位于姑苏区双塔街道冬青路上，跨仙人大港东口入古运河处，原苏嘉公路上。始建不详，原名北仙泾桥。1921年秋，美国哥伦比亚大学教授、国际教育会东方部主任孟禄博士到苏州，乘马车往军营访问军工教育，行经北仙泾桥时，最后一辆马车上桥时，因马惊坠河，省立第二女子师范女教师毛慧云（杏秀）溺水身亡。苏城士绅认为事故为"津吏失职，缴道未夷"，县府拨款将桥的坡度改缓，并修筑了石塘与堤岸，将北仙泾桥改名"杏秀桥"，以示纪念。省立第二女子师范师生集资筑"慧云亭"于桥旁，且植杏树志哀。亭中立有金松岑撰文的《杏秀桥碑》，碑文上方刻毛椿所绘毛杏秀像，还有费仲深、吴梅等所题诗词；另有一方有孟禄所撰英文悼文石刻。20世纪50年代末，拓宽桥梁时，碑与亭拆除。1976年9月，杏秀桥重建为双曲拱桥。1995年，改建为杏秀大桥。近年，再次改建。

附：杏秀桥碑

自觅渡桥背郭行三里，为江苏陆军第二师六团营壁。未至团营一里，有桥曰北仙泾，旧为江浙漕艘挽拽孔道，甃石为塘，石久崩剥。盖胥江酾太湖之脉，环城一匝，分波入运，与北来宝带桥、澹台湖之水会。长澜委输，浸齿原陆，流潦被道，欹危窘窄，途吟旅叹，恒用踬覆。

岁辛酉季秋之月，美利坚孟禄博士，问礼来华。博士之在彼土，庤勋序绩，立闻遐裔。一日税驾于吴，弦歌之声盈耳，学校士女，亲厘奉袂，所至景从。已闻六团军工教育，则投刺于师长朱君申甫之庐。朱君治兵苏地有年，诵偃伯之大谊，凛战危之弘训，乃以考工之法，寄之束伍。冀异日投戈弛甲，得用艺巧，编列齐民，俯仰有所赡给。既与博士约，翌日会于辕门。博士驱车而往，后车四乘，省立第二女子师范学校教习曾以庄、蒋蓉镜、黄敏之、毛慧云四女士从。既至北仙泾桥，马盘辟不上，驭者威以棰策，马怒，遂偾于河。前行者四乘皆回辔，拯三人，而毛女士慧云占灭顶焉。施救不瘳。瘵瘝之日，校长杨达权挥涕而言曰：女士弱而才质，敏而行嘉，兰芬菊茂，琬琰有章，学于吾校有成，遂为都讲。其籍毗陵，其字曰杏秀，许嫁于同邑王氏。王氏之子曰冲，肄业交通大学，施巾未有日也。奔车无情，长流不返；鼓胥潮之雷怒，抱娥恨于江浃；荇藻自碧，斯人安往；伤哉！

吴之人闻是言也，气菀结而不扬，心惨惨而增伤；盖三月而未宁焉。于是朱君及吴之贤士大夫，感女士以韶令之年，摧折非命，津吏失职，徼道未夷，佥议拓新兹桥，更字曰杏秀。寒暑三易，司空奏勋，砥平龟穹，疵垢奢涤，碕岸束溜，以楗以涵，波臣不骄，骑傅坦坦。登桥四望，楞伽青峭，窣堵耸峭，城雉倒水，葩华澄鲜，驰帆宿艒，既讴且棹。吴之士女，裙屐都雅，簪花挈榼，时来凭吊，会于桥下。而女校师生复鸠资筑亭于桥南道右，且植杏以志哀慕。亭有碑焉，皆曰：贞珉之事，传世行远，摛文抒藻，子宜不让，因缉综颠委，敬告后之人，使毋瘗厥迹。

中华民国十五年，夏历丙寅年月日，吴江金天翮撰文，太仓毕人麟书丹，黄慰萱刻。

543. 窥塔桥 Kuītǎ Qiáo

位于姑苏区沧浪街道盘门内城河，桥东北即瑞光寺塔，故名。桥初为木桥，南北连接盘门城根，桥北塊向东为庙湾街。唐代陆广微的《吴地记》，称作盘门里桥。宋祥符的《吴郡图经》，称作盘门桥。宋范成大的《吴郡志》，称作庙桥。明洪武《苏州府志》，称作双庙桥。明崇祯《吴县志》载："庙桥，盘门内伍大夫庙南，又名盘门桥。"旧时，古桥为石梁桥，桥面架六条石板，桥栏六跨，桥阶三级。1953年，重建为钢筋水泥平桥，长5.5米，宽3.8米，跨度4.5米，两块桥基的金钢墙还是

窥塔桥（民国）

原构，桥阶改成斜坡，引桥铺碎石。现桥为1998年景区开发时重建，长9.8米，宽4.4米，跨度4.5米。

范广宪的《吴门坊巷待辖吟》卷一《庙桥》，诗曰："春晚溪前满柳条，画楼之畔马蹄骄。新来又入盘门路，一塔先窥是此桥。"

枣市桥（清代）

544. 枣市桥 Zǎoshì Qiáo

位于姑苏区沧浪街道胥门外，南北跨越胥江，南接向阳桥沿河，北出枣市街。明清时期，桥北为枣子集市，旧称枣市上、枣栈上，桥因街得名，又称枣子桥。枣市桥的始建不详，现能查到最早的记载是清乾隆三十九年（1774），薛起风的《香闻遗集》载："吴胥门有枣市桥，商人所造，廛舍林立，枣客多聚于此。"清同治年间重修，系三孔圆拱人行石板桥梁，桥长42.17米，平均宽 4.70米，桥顶标高吴淞水准＋10.50米，拱圈高度9.20米，拱圈周长

17.02米，内径81块拱块石组成。两头边孔跨度各6.40米，顶高＋7.50米，因水盘石伸占航道，独孔通航。1980年11月，因船舶通过密度大，交汇时常发生碰撞、沉船等重大事故，属危险碍航桥梁，经省、市有关部门审定，开始拆除工程，在1981年元月7日晨通航完成。新建双曲拱枣市桥于1981年4月开工，桥位在原枣市桥西侧13米，长56.4米，宽5.1米，跨度48米，水泥桥栏，为钢筋水泥结构人行便桥，省投资8万元，同年6月上旬竣工。

范广宪的《吴门坊巷待辖吟》诗曰："胥门塘上路非遥，石跨清流枣市桥。似为诗人传好句，每因肠断更魂销。"

545. 来远桥 Láiyuǎn Qiáo

原位于姑苏区学士街南首，跨学士河，连接学士街与念珠街中段。桥名取自《论语·学而》中"有朋自远方来，不亦乐乎"。1999年，向南移建数十米，位于胥门的正东，寿宁弄西口。来远桥古称驿桥，南宋绍兴十五年（1145），建于姑苏驿馆前。明成化十四年（1478），重建。东西走向，跨城内第一直河。1923年，胥盘市民公社重建，为方便车马行驶，取消石级、降低坡度，保留原拱，加竖铁杆桥栏。据《胥盘市民公社

来远桥

第二届报告清册》载:"市民公社共募捐大洋1 704元,工程历经三月完工。"1960年,改建并铺沥青桥面。

现桥为单孔花岗石拱桥,长10米,宽5米,跨径5.9米,桥两块石阶东16级、西15级,西块南北两侧均有引桥,各为8级石阶,花岗石实腹桥栏,高0.6米,南北各10根望柱。拱券纵联分节并列砌置,桥体为青石与花岗石混砌。金刚墙东南嵌明代青石建桥碑一方,刻有"成化戊戌夏四月吉日,苏州府知府刘瑀、吴县知县文贵重建"。桥拱两侧分别题刻"民国十二年十一月,胥盘市民公社重建",落款"吴县朱永瑝书"。朱永瑝(1846—?),字小汀,号觺仙。乐圃朱氏的滚绣坊支第三十二世,朱梁任的父亲。丁卯科(1867)武举人,辛未科(1871)贡生,甲戌科(1874)武进士。光绪二十三年(1897),官至常州府守备、苏城五路民团总领。相传朱梁任酒醉后,把清廷赐其父的诰封撕掉,说"这胡儿之赏有什么用",其父拿起棒来要打,朱梁任夺棒逃出家,乘船到了上海。不久,便东渡日本。父子不相见二十年,直到1920年前后,经过亲戚和朋友的调解,二人才恢复了父子关系。

546. 绿水桥 Lǜshuǐ Qiáo

位于姑苏区虎丘街道山塘街青山桥西数十步,跨山塘河支流。初名普福桥,为青山桥之姐妹桥,合称青山绿水桥。清道光《桐桥倚棹录》载:"绿水桥,在青山桥西。"《府志》:一名普福桥,明万历二年(1574)建。明万历三十八年,木铃和尚发愿募修白公堤,精诚所至,苏州官绅士商千余人捐资助修。范允临、王穉登为此各写一篇《重修白公堤记》,分别勒石立于青山、绿水两桥之间,前者为碑,后者为幢。时隔四个世纪,如今碑已下落不明,幢则于1981年文物普查中在甘露律院遗址被重新发现,1983年迁移到五人墓旁,并建亭加以保护。白公堤石幢俗称方碑,作方柱体,由基座、幢身、幢顶三部分组成,通高3.16米。幢身正面镌《重修白公堤记》,明万历三十九年十二月(1612年1月)王穉登撰文,文从简书丹,正楷,字迹大部分可辨认。碑文有"记"和"铭"两部分,叙述万历三十八年至三十九年重修白公堤的经过,赞颂木铃和尚发愿募化修堤的精神和长洲县知县韩原善带头捐俸助修的善举。背面上镌木铃和尚所画线描大势至菩萨像,下

绿水桥

刻木铃长跋及捐助修堤功德人姓名，有申时行、张凤翼、文震孟、冯时可、刘弘道等千余人，然字迹现已模糊，大部分难以辨认。左侧面为五百尊者线刻像，下题"弟子周廷策拜写，木铃衲子勒石"。右侧面镌薛明益所画寒山、拾得像，上有陈元素和薛明益所书寒山子诗。幢顶中心圆雕弥勒佛坐像，四边各浮雕坐相佛四尊。基座雕饰须弥山和卷云纹。白公堤石幢造型独特，雕刻精致，内容丰富，撰文、书丹、画像、题诗及捐助修堤者多为当时吴中名士，是一处珍贵的具有佛教色彩的明代文物，也是记载白公堤（山塘街）历史的重要古迹。后绿水桥又经清嘉庆三年（1798）和同治五年（1866）两次重修。任兆麟有《过绿水桥》诗云："花事晴暄绿水桥，画楼红袖倚吹箫。春风不管离人恨，依旧青青到柳条。"清乾隆《虎阜志》有任兆麟《虎邱竹枝词》曰："白公堤畔草如烟，绿水桥边花欲然。最是江南春色好，鹧鸪飞过木兰船。"民国《吴县志》载："绿水桥，旧名普福桥，在青山桥西。明万历二年重建，清嘉庆三年修，同治五年（1866）昌善局重修。"1985年，再次大修。现桥为单孔石板石栏平桥，长4.1米，跨2.7米，宽2.8米。花岗石构筑，桥面为条石梁并列，桥台由条石叠砌，桥栏为砖砌。

547. 青山桥 Qīngshān Qiáo

位于姑苏区虎丘街道山塘街普济桥西，跨山塘河支流，又名白云桥。古时，半塘以西是"云霞水竹，畎亩陂池，塔影钟声，与茅屋炊烟相映带"，桥在其间，山清水秀，故名。清道光《桐桥倚棹录》载："青山桥，即白云桥。《府志》：在白公桥之西。陈基《青山桥即事》诗云：两情如水水如环，柳外春桡数往还。招手渡头人不见，二分新月近青山。"民国《吴县志》载："青山桥，旧名白云桥，在白公桥西。同治五年，昌善局重修。"

1986年，重修。现为单孔石板石栏平桥，长3.5米，跨2.35米，宽3.1米，高2米。花岗石构筑。桥面由九条石梁并列。桥台内侧两边立条石柱，中间平叠条，砖砌栏板。

青山桥

548. 同善桥 Tóngshàn Qiáo

位于姑苏区虎丘街道普济桥南堍西侧，跨山塘河南支流庄前浜。清道光《桐桥倚棹录》载："同善桥，在普济桥东。俗呼庄前浜桥，又名小普济桥。任《志》：作积善桥，误。桥内多卖鱼妇聚族而居。"

1986年，重修。花岗石排柱墩台，石板桥面分三节，桥下三孔，长34.3米，宽2.7米，中孔跨5.6米，边孔各跨5米。桥台以条石平砌，桥墩各为五根条石组成的排柱，上置长系石。桥面两边架石梁，中间横列长方

同善桥

石板。

549. 桐桥 Tóng Qiáo

位于姑苏区虎丘街道山塘街近半塘处，又名洞桥，古名胜安桥。清嘉庆《吴门补乘》收录夏玑《重建胜安桥记》："苏城西北虎邱山塘之半，有桥曰胜安，始于唐。旧以木为之，至宋端平时，里人金暹易以石梁。迨我国朝，积岁倾圮，不堪于行。正统己未，巡抚文襄周公、郡守况公重建，以广旧制。自成化以来，累遭大水冲激，日底于坏，甚于往昔，行者病之。弘治己未，耆民周怿、郭鉴劝里中义士蒋琼、陆荣为首倡，又举寿圣住山僧圆智、里人陆钊劝募朱继等，相为出资，以图重建。白其事于钦差总督河道水部正郎傅公，曰：此王政之一事，乃吾责也。又请于郡伯曹公，公以为宜。时通府陈君、长洲刘君、吴邑邝君、贰尹窦君又复劝谕而奖导之。由是琼等遂经始于是年三月乙酉，鸠工聚石，财皆民助，晨夕监督，不惮劳苦，匠氏效力。而落成于夏六月癸未，高加三尺，广十有六尺，翼以栏石，行者始免病涉之劳。胜安之西不二里许，又有桥名范店者，亦病于涉。公复命粮长江仁、老人朱惠等成之。于时远近靡不赞颂水部公之德，且谓不可无记。乃筑亭于桥左，请余文以刻石，垂于永久，则琼等体公之心可见矣。桥成，公厚劳之，莫不踊跃，闻风兴起，岂曰小补。噫！天下之道皆然。遇水而不贯者，非桥梁则患于徒涉也。涉水者，必桥梁以相济也。桥之济物如此，况以道兼济天下者，是盖傅公相天下之志也。民知向义而乐于为善，岂非善政之所致欤？用刻石以为向义者之所劝云。傅名潮，曹名凤，陈名昕，刘名珂，邝名璠，窦名胤。"清道光《桐桥倚棹录》载："胜安桥，即桐桥，在山塘。按明夏玑《重修胜安桥记》云：'苏城西北虎丘山塘之半，有桥曰胜安，以木为之。宋端平时，七里人金暹始易以石梁。明正统己未巡抚周文襄公忱、郡守况公锺重建，增广旧制。弘治己未（1499）耆民周泽、郭鉴等募资重建，高加三尺，广十有六尺，并建亭于桥左。'《府志》谓建于咸淳四年（1268），修于明崇祯十一年（1638），再修于国朝嘉庆十年（1805）。'桐'作'洞'，并无'胜安'之名，似咸淳四年以前无此桥矣，未免失考。或者为官绅修志，惮于采访，多匆促成书，而'津梁'一门，尤无足

桐桥

重轻，故往往沿误，未可定也。道光二十年（1840）同善堂重修时，于桥旁得明弘治十二年（1499）重建碑，又宋治平元年（1064）里民金守暹同母王氏捐建碣，附镌'嘉定四年里尼道景重修'字样，因建立年岁互相符合，名之曰'古胜安桥'，董国华《记》。'金暹'当从宋碣作'金守暹'。李其永《桐桥舟中得句》云：'桥西七十里，不断往来波。千古蛾眉女，此中载得多。三春红烛夜，一片画船歌。自昔成风俗，流波奈若何。'"

清道光年间，顾禄所著《桐桥倚棹录》记述了虎丘、山塘一带山水、名胜、风情，其所以将"桐桥"作为书名，作者自称："一是书以桐桥为虎阜最著名之处，故名曰《桐桥倚棹录》。"《山塘竹枝词》曰："桐桥圆月上楼台，鳞集游船向暮开。今夜传觞应更盛，看它若个夺标回。"1941年，桥的石级改为弹石斜坡。1963年，河道淤塞，桥被拆除，改为山塘街路面。如今，这座山塘最高的拱桥重新修成小拱桥，两旁尚有桐桥东圩和桐桥西圩两条相对的街巷。

550. 万点桥 Wàndiǎn Qiáo

位于姑苏区虎丘街道虎丘西南的原席场弄口，桥在山塘河支流环山河上。原为木桥，明弘治十三年（1500）重建为石梁桥。清道光《桐桥倚棹录》载："万点桥在虎邱山寺西，《府志》云：俗呼饭店桥，明弘治十三年重建。按万点桥、斟酌桥旧皆以木为之，明始易以石梁。"旧称饭（范）店桥。相传，吴王阖闾修墓于虎丘，怕工匠们泄露了坟墓内的机关，而将他们杀死在千人石上。唯独有一个脚有残疾的工匠装聋作哑在虎丘山下开了家小饭店。几年后，吴国被越王勾践灭掉后，人们在猜测建造吴王墓工匠的下落时，那残疾工匠才把血案秘密泄露出来。来这饭店打听"千人血石"的人多了，就把这小桥叫成了饭店桥，后来文人根据谐音就称之为万点桥了。明代张凤翼《邀饮虎丘酒楼》："七里长堤列画屏，楼台隐约柳条青。山公入座参差见，水调行歌断续听。隔岸飞花拥游骑，到门沽酒客船停。我来常作山公醉，一卧垆头未肯醒。"范广宪的《吴门坊巷待辚吟》诗曰："吴娃联臂荡轻桡，四岸清波万点桥。底事秋来眠不稳，听歌偏听雨潇潇。"现桥重

万点桥

建于光绪六年（1880），为花岗石板桥，宽2.55米，长4.2米，跨度3米。题刻："清节堂昌善局募资重建，光绪六年九月吉旦"。

551. 瓜泾桥 Guājīng Qiáo

位于吴江区江陵街道瓜泾港与京杭大运河相接处，西承瓜泾港之太湖水，绝运河而东，为吴淞江之首。明末周永年的《吴江竹枝词》曰："夹浦瓜泾浮玉洲，三桥一一束江流。刘公塘与顿塘接，使尽南来北去舟。"清代彭定求的《重建瓜泾桥记》载："是桥坍没，历今凡五十年载……里中张君晋侯雅负奇气，力行善事……启土于康熙三十二年九月，兴工于明年四月，至十一月而合龙告成，且以其余力建凉亭，凿义井。桥长四十二丈，有五洞以通舟，计工一万有奇，费二千有奇，不烦官帑之一钱，不劳公徭之一卒。"太平天国时期，桥再次坍塌。清同治十一年（1872），元和县候补知县李庆云谨禀，工程局出资委托匠头方开觉和赵安宅承造重建。当年五月初，先雇工将堕石捞清，仅中圈板一项，剔去青石，尚有三成可用。八月开工兴建，次年七月告成。桥为花岗石五孔，南北走向，总长二十四丈七尺二寸，正中桥孔宽三丈六尺，次两孔各宽二丈五尺六寸，边两孔各宽二丈。南北两块各长三丈三尺，两平台各长二丈三尺。桥面宽一丈四尺，自水盘至桥顶高一丈九尺三寸。工程共耗曹平银七百四十七两五钱八分三厘，足制钱一万二千六百九十七千二百七十九文。

1929年，修筑公路时改为木桥。20世纪50年代后期，桥因拓宽太湖泄洪水道而拆除。1961年改建，桥长54米，宽6米。2005年，重建为混凝土公路桥。近年，在桥北块的运河堤岸复建石亭。

瓜泾桥

552. 三山桥 Sānshān Qiáo

位于吴江区松陵街道南石塘（今交通路）上，俗称四洪桥。清乾隆《吴江县志》载："三山桥，五洪。初建无考。元至正中，知州那海重建。明累修。嘉靖二十五年（1546），道人晋真言再建。"清同治《苏州府志》载："三山桥，元泰定间建。至正五年，那海重建。明嘉靖二十五年，道人晋真言再建。国朝同治十年，工程局重建。"

三山桥

　　1982至1984年修复石塘时，重建5孔花岗石平桥，长27.34米，中宽2.15米，埠宽3.25米。南台阶8级、北台阶11级。

553. 南七星桥 Nánqīxīng Qiáo

　　位于吴江区江陵街道南石塘（今交通路）上，原名甘泉桥、第四桥，以桥下泉水被品为第四泉而得名。初建无考。明嘉靖三十六年（1557），知县曹一麟重建为木桥，万历初毁，后易石再建。清光绪五年（1879）又修。明代《吴江水考》载："……自此河折而西北流，又四里，即甘泉桥也。下有泉，甚深且甘，

南七星桥

湛湛寒碧。唐陆羽尝品为第四泉，故又呼为第四桥。桥之东有龙王祠。"清乾隆《吴江县志》载："甘泉桥，七硖。一名第四桥，以泉品居第四也。初建无考。明累修。嘉靖三十六年，官为易木重建。万历初毁，易石再建。"

桥原为一孔平桥，长8.4米，宽14.6米。1983年，向西拓宽19.7米，重建为6孔平桥，名南七星桥。除金刚墙间有青石外，其余均为花岗石砌筑。桥长33.6米、孔高2.9米、中宽2.51米、塊宽2.97米，南北各8级台阶。桥铭题刻："南七星桥""江苏省吴江县航道管理站""一九八四年"。所用为古桥旧料，部分原刻尚清晰："水程运桥"。

554. 奖励桥 Jiǎnglì Qiáo

原位于吴江区松陵街道芦荡村，南北走向，跨匠人港，俗称匠人港桥。2011年，芦荡村因规划建设需要，该桥移建于八坼农创村大池塘西。现存的《桥记碑》碑文载："寿星桥年久坍破，若不兴工起造，必将往来不便，发心庄慎德两股，众信壹股，重建此桥，为头胡邦宁。道光二年桂月。民国三十三年甲申孟夏，由张堅镛等发起募化重建，改名为奖励桥。"两侧的桥铭石题刻："奖励桥""原名寿星""民国卅三年改建"。2011年，芦荡村因规划建设需要，该桥移建于八坼农创村大池塘西。

现桥为单孔石拱桥，金刚墙由青石和花岗石垒砌，桥长13.5米，宽1.95米，跨度4.5米，矢高1.95米。东桥联："一点祥星列西望，半湾明月挽东流。"西桥联："湖山毓秀通利济，魁宿钟灵便徒行。"

奖励桥

555. 胜秀桥 Shèngxiù Qiáo

位于吴江区黎里镇（北厍）大胜村，南北走向，跨大胜港。清道光《分湖小识》载："胜秀桥在大胜村，以别于来秀桥，故名。初建无考，国朝乾隆八年修。道光二十二年，僧觉修募化重建。里人柳树芳记。按此桥于壬寅夏重建时，搜得一石，若碑记然，载康熙六年改造，余字漫漶不可辨。"

胜秀桥为单孔石拱桥，除桥面石级和2条系石为花岗石外，余为青石构筑，拱券采用纵联分节并列法砌置。桥长15.5米，中宽2.9米，净跨6.1米，矢高3.2米。拱券面有建桥捐银碑。桥铭"重建胜秀桥"，东桥联："鱼虾足游钓，风月细平章。"西桥联："古佛池边众生普渡，太平庄上君子攸行。"

胜秀桥

556. 永寿桥 Yǒngshòu Qiáo

位于吴江区江陵街道栅桥村，跨澄字、低字两圩，俗称栅桥。初建不详。清光绪五年（1879），同里保婴局募捐重建。东西走向，跨列和浜。单孔花岗石拱桥，拱券以纵联分节并列砌置。桥长20.6米，中宽2.82米，净跨6.85米，矢高3.65米。桥铭石题刻"重建永寿桥""同里保婴局募捐重建""光绪五年岁次己卯荷月旦"。桥联："南达叶泽渔歌晚，西接庞湖塔影浮。"

永寿桥

557. 大兴桥 Dàxīng Qiáo

位于吴江区江陵街道栅桥村，南北走向，跨大港。清嘉庆《同里志》载："大兴桥，跨襟字、原字两圩，俗称大杠桥。"始建不详，现桥重建于1913年。单孔石拱桥，除金刚墙有少数青石外，余均由花岗石砌置。拱券以纵联分节并列砌置。桥长16.6米，中宽2.4米，净跨6.4米，矢高3.9米。桥阶为原构，桥栏是新造。题刻"重建大兴桥""中华民国二年冬十月 日立""吴江沈敦本敦复敦厚捐建"。

大兴桥

558. 红桥 Hóng Qiáo

位于吴江区松陵街道新盛街鸢桥浜，东西向跨长桥河，亦称虹桥。原为木桥，1930年改建为三跨花岗石平桥。桥铭："民国十九年四月谷旦，红桥，里人新建。" 桥联："春日几家还放鸭，秋风何处不思莼。"2012年3月，两侧的桥联被加固的钢筋水泥柱遮挡。铁栏杆仍有部分民国原构。桥长24.2米，桥面宽2米。东堍台阶13级，西堍台阶14级。

红桥

559. 泰安桥 Tài'ān Qiáo

位于吴江区松陵街道长安村，南北向跨长安港，俗称长坂桥。始建不详，1928年重建。梁式五跨石桥，主要由花岗石砌筑，桥栏部分为青石。桥长33米，桥铭："重建泰安桥。"桥联处题刻"中华民国十七年夏月穀，城区南厍善姓捐赀重建""闾阎好义如德阳君舍钱助工，寸杙尺椿安砥□□；城廓通津为太湖水擘流分道，东船西舫定风□□"。另有"严禁捕鱼"及青石桥记碑。

泰安桥

560. 上元桥 Shàngyuán Qiáo

位于吴江区同里古镇西南，又名永兴桥、汤家桥。清嘉庆《同里志》载："永兴桥，跨西柳、南荒两圩。明永乐二年，里人重建。正统十三年，道士戴志渊建，名汤家桥。国朝康熙初，里人程汝端建。乾隆五十五年，里人募赀重建，里人顾汝敬撰记。嘉庆初，重修。按：汤家桥，邑志并作明正统十三年，道士戴志渊建，并无永兴桥名。考永兴桥，另列为永乐二年里人重建。今按石刻，宣德年间重建，永兴桥即汤家桥。是郡邑诸志并误为二桥也，明矣。"顾汝敬的《重建永兴桥记》曰："里西南隅，有跨西柳、南荒两圩而屹然桥焉者，则所称汤家桥是也。岁久倾圮，行人苦之。里中父老相率出赀重建，肇工于乾隆庚戌某月，毕工于壬子某月，凡三阅寒暑而始竣厥工。虽然，桥重建规制如旧，惟桥面增高四尺，并增铺绿石，以防雨雪泥滑。南埦增筑纤道，为行舟遇风牵挽计。此则踵事而增虑益周详者矣。考《吴江县志》，章氏撰《同里志》，皆载汤家桥，注云：正统十三年重建。又别载永兴桥，注云：永乐二年重建。据此，则截然二桥也。余辑《同里续志》沿之，未暇考正。迨桥成之明年，里人乞余撰记，并示余桥旁石刻，首书重建永兴桥檀越题名，末书宣德壬子十二月辛卯，仁济道院住持吴宗庆立石。仁济道院，今俗称南观。去桥不数武，始知是桥即为永兴。其必先名永兴，而后乃更之也。乃志既列永兴于前，又列汤家桥于后，则判一为二，其为讹谬无疑。昔人谓金石文足考志乘之失，岂不然哉！又按他石刻记，康熙六十一年荷月重修。窃意一建于永乐，续建于宣德，再建于正统，而重修于国朝。计正统后二百余年，其间必有或建或修者，载籍阙略，无从稽矣。是役

上元桥

也，木石工匠之需，共糜白金一千若干两。以区区同里，而获藏此巨工，吾里人之好义而乐施，可概见已。其各姓氏，例得附书。至桥之名，则仍从其朔，名永兴云。"

　　1929年，中间桥孔改为钢筋混凝土，增加铁栏杆，桥两边仍为条石踏步。水泥桥铭：上元桥，题刻"市政局重葺，吴县顾信畲承造"。

561. 东新桥 Dōngxīn Qiáo

　　位于吴江区同里镇成字圩西北角。初为木桥，1941年，改建为梁式石桥。旧时，此处仅有渡船往返。民国以后，电气公司、火油公司、电话电报局及米业工会等相继在此设立。1927年，兴业电气公司股东之一薛

东新桥

淦夫组办公益社,发起筹资倡捐建桥,桥址南端选在成字圩西北角岸边,北端选在新填地中段一杨姓染坊店后门的旷地处。初为梯形松木梁式结构,桥梯两侧由两根上下并列的细铁管紧铆于自南至北的铁柱上以作桥栏,时称新桥。1941年,桥两岸的商贾、厂主募资改建成梁式石桥,桥面由四根石板构成,沿用至今。

562. 东溪桥 Dōngxī Qiáo

位于吴江区同里古镇东,俗称大东溪桥,以区别于普安桥的小东溪桥名。清嘉庆《同里志》载:"东新桥,跨东、成字两圩,旧名东溪桥。元至顺元年建。明永乐中,里人李传等重建。成化三年,里人丁原吉、顾昶移建(府志作再建)。易名东新桥。嘉靖四十年,里人重建。今俗名大东溪桥。按:此桥明成化前,在同里湖滨。奈风涛作时行旅颇艰,故移建于内。又按:石刻'东溪桥,嘉靖四十年正月立',仍名东溪桥,特未详建与修耳。"顾昶,字东明,号盘窝。孝友谦谨,好善不倦,勇于周急,以诚信与人交,门多长者之辙。东溪桥距湖不半里,风涛作时,川圯低隘,行人苦之。昶捐赀六百金,移建于内,改为东新桥,为镇上诸桥之冠。昶以布衣守耕读,然屡为乡饮大宾焉。吴宽、莫旦、汝泰皆有序铭,赞其德行。

东溪桥

中华人民共和国成立后,将拱桥改为钢筋水泥搁梁平桥。原东溪桥铭石砌于北侧桥墩西向中部,题刻"东溪桥"及"大明嘉靖四十年正月吉旦立"。桥北塊东向沿河房舍,清代曾在此设立厘卡,对过往商船收取税金,至民国初撤销。旧时,从东溪桥东望,同里湖口罗星洲绿荫粉墙,飞甍崇阁,尽在指顾间,"东溪望月"被列为"同里八景"之一。

563. 得春桥 Déchūn Qiáo

位于吴江区同里镇东溪街与南濠弄转角,跨东、西两圩。清嘉庆《同里志》载:"得春桥,跨东、西两圩。初建无考。《莫志》作明永乐中,重建。明天顺中,里人何蕃、周信重建。成化中,再建。国朝康熙四十四年,里人项祥甫等募赀重建。乾隆二十四年,里人王铨、王廷锦、凌学濂、陆廷聘等募赀重建。"

1963年秋,得春桥拆建成钢筋水泥桥,易名为"公园桥"。1999年12月,为协调古镇风貌,水泥桥重建

得春桥

为石板踏步桥，中间五块桥面是从原三元桥移过来的。桥铭题刻"三元桥"。年款"道光乙亥""里人重建"。桥宽2.9米，长7.4米，俗称"小三元桥"。

564. 蒋家桥 Jiǎngjiā Qiáo

位于吴江区同里镇西柳圩，原跨蒋家桥浜，浜已填没改成民居。现将其北的广仁桥，改称蒋家桥。清嘉庆《同里志》载："广仁桥，在西柳圩。明景泰中，里人陈让建。成化丁酉年，重建。国朝乾隆十三年，里人

蒋家桥

朱东发等募赀重建。旁有独石桥,名蒋家桥,建修无考。"清光绪《吴江县续志》载:"蒋家桥,并在同里,并道光中重建。"

现桥由青石和花岗石混砌,东埭坡度舒缓。原桥铭被凿去,新刻"蒋家桥",右侧残存"重建"等题刻。西埭踏步8级,东埭踏步11级。2001年,《水乡古镇》邮票上曾以蒋家桥及东埭的积善堂为题材,以粉墙黛瓦、小桥流水的水墨画代表古镇同里的形象。

565. 万安桥 Wànān Qiáo

位于吴江区同里镇北联村,跨屯村市河。古称东庆万安桥,俗称东关桥。单孔石拱桥,拱券多为青石,以纵联分节并列法砌置。金刚墙和桥面均为花岗石。桥长18.8米,中宽2.5米,净跨4.6米,矢高2.5米。桥初建不详,现桥留有三个纪年的题刻。金钢墙上的青石题刻"咸丰丙辰年",即1856年。两侧桥铭题刻"光绪十九年",即1893年。台阶上的题刻"中华民国十一年",即1922年。

万安桥

民国《同里乡土志》载:"镇东有小市集,曰屯村。唐时建,有报恩寺,规模宏大,为邑中诸寺之冠,今已毁废矣。"唐太宗李世民十四子李明被贬为苏州刺史时,在屯村驻兵镇守,易名屯市。屯村自古属久泳乡,又名屯溪。清宣统二年(1910),推行区域自治,屯村始属同里管辖。民国时期,屯村集镇是丁字型格局,一河二街,居民数百家,铁工过半。1957年,全县撤区并乡成立屯村乡,屯村不再由同里管辖。1958年,屯村乡建立屯村人民公社。1983年,恢复乡建制。1992年,屯村乡建立屯村镇,实行镇管村体制。2001年,屯村镇并入同里镇。

566. 保盛桥 Bǎoshèng Qiáo

位于吴江区盛泽镇东白漾西口,南北走向,跨市河。清乾隆《盛湖志》十四卷本载:"保盛桥,跨东肠、大适两圩。国朝乾隆五十二年建,嘉庆二十三年易石。"清光绪《盛湖志补》载:"保盛桥,光绪二十一年重修。"

保盛桥

古桥为单跨石梁桥，花岗石构筑。桥长27.04米，中宽2.7米，跨度5.3米。东桥联："五聚潆洄资保障，六桥锁钥庆安澜。"西桥联："拾级联升磐石稳，登高利涉大川平。"

567. 东秀桥 Dōngxiù Qiáo

位于吴江区盛泽镇鲍家弄旁，东西走向，跨新桥河。俗称乌新桥、乌薪桥。清乾隆《盛湖志》十四卷本载："东秀桥，俗称乌薪。跨东肠、西肠两圩。元至元三年建。明代所修无考。国朝道光十年重建。同治三年

东秀桥

修。"清同治《苏州府志》："东秀桥，俗名乌新桥。元至元三年建。国朝乾隆元年，里人重建，同治三年重修。"

古桥为单孔石拱桥，花岗石构筑，拱券采用纵联分节并列法砌置。桥长19米，中宽2.4米，净跨7.8米，矢高4.02米。桥铭题刻"重建东秀桥"，题款为"大清道光十年，清和吉日□□"。

568. 永清桥 Yǒngqīng Qiáo

位于吴江区盛泽镇人民街茶弄口，东西走向，跨新桥河，俗称新桥、南新桥。

清乾隆《盛湖志》十四卷本载："永清桥，俗称新桥。跨东肠、西肠两圩。国朝康熙三十九年建，乾隆二十年易石。"

古桥为单孔石拱桥，花岗石构筑，拱券采用纵联分节并列法砌置。桥长24米，中宽3.35米，净跨7.6米，矢高3.76米。桥联"万福攸同，沔彼流水；四方有羡，示我周行"和"西北环溪，源通白漾；东南高跨，瑞映青龙"。

永清桥

569. 白溪御龙桥 Báixī Yùlóng Qiáo

位于吴江区桃源镇青云社区天亮浜，东西走向，跨御龙河。旧称白溪桥，俗称白带桥。清乾隆《震泽县志》载："白溪桥，明嘉靖二十七年，里人陆完、倪潮建。"1922年，里人重建。

古桥为单孔石拱桥，金刚墙部分为青石，余为花岗石。拱券以纵联分节并列砌置，石栏杆全，设望柱4对。桥长18.8米，中宽2.6米，跨度8.7米，高5.4米。南桥联"冰鉴一奁秋水影，渔歌两岸夕阳村"，北桥联"北望洞庭，山浓如翠；东连笠泽，水到渠成"，被砌于路基中。

白溪御龙桥

570. 北回桥 Běihuí Qiáo

位于吴江区七都镇桥下村，东西走向，跨鼓（古）溇港。又名北汇桥、北渭桥、北会桥，曾名云兴桥。东埭属浙江湖州市南浔富强村，属江浙两省的界桥。明嘉靖中建，清乾隆九年（1744）、光绪十八年（1892）重建。桥为三孔石拱桥，花岗石构筑，拱券采用纵联分节并列法砌置，肩墙采用靴钉式砌置法，肩墙中有四对长石系梁加固。桥两侧是素面栏板，栏板末端置抱鼓石。栏板间嵌望柱12根，其中4根柱头雕坐

北回桥

狮和方形如意头。桥长35.8米,中宽2.85米,净跨9.42米,矢高5.07米。两坡各有踏步30级。南向主拱联:"遥峰对岸,古寺临流,此地别饶风景;浔水南水,太湖北去,当年几费疏排。"北向主拱联:"叠石障奔流,浔水南来资锁钥;曳筇寻胜境,洞庭北望似凭栏。"南向副拱联:"地近湖滨,南北于今成孔道;源从苕水,潆洄自昔庆安澜。"北向副拱联:"壤接拜三庄,桑麻蔽野;水经稽五漾,江浙分疆。"2008年,古桥由两地集资共同修缮。

571. 甫里桥 Fǔlǐ Qiáo

位于吴江区七都镇金明村,东西走向,跨陆家港,俗称陆港桥。清代《吴江水考》载:"陆家港。相传陆龟蒙曾此出湖,故名。有甫里桥。案唐陆龟蒙有别业在震泽,其自遣诗云:'数尺游丝堕碧空,年年长是惹东风。争知天上无人住,亦有春愁鹤发翁。'震泽今无遗迹,此去不下十里余,盖即此云。"相传,唐代文学家陆龟蒙,号甫里,曾隐居在陆家港养鹅浜。

甫里桥

古桥始建无考,清宣统三年(1911)重修。单跨石梁桥,金刚墙基本为青石,余为花岗石。一侧题刻"甫里桥",一侧题款"宣统三年,里人重修"。桥长9米,中宽1.8米,孔高2.9米,跨径3.4米。南桥联:"万顷具区留禹迹,陆家甫里忆唐贤。"

572. 梅兰桥 Méilán Qiáo

位于吴江区黎里镇东九成湾,跨市河。1931年,由富商金氏出资建造,初名金梅兰桥。"金梅兰桥"的桥名,取自捐资人金梅钦和妻潘兰芬的名字,但也因此饱受众人非议而改桥名为梅兰桥。现存的桥记碑文:"梅兰桥者,里人金胜青、松龄、仲朴、季诚等秉承父金梅卿、母金潘兰卿遗命,捐建此桥,以示不忘。时在中华民国贰拾年孟春之月,吴江第四区区公所谨志。"原桥联两副,分别是"新建设,遥瞻揽胜;利交通,近接南星"和"万人展响,功比慈航普渡;两岸钩连,德存众口成碑"。

1983年,修复并改建为水泥桥面、水泥栏柱、铁栏杆。2018年,再次重建。"金梅兰桥"的两根桥铭石,

梅兰桥

一根断成二段置于桥基上。另一根用在大陵桥上，2014年修桥时重现，置于周宫傅祠门前。年款"民国贰拾年孟春"，另有"官河禁捕"的残损刻石。

573. 揽胜桥 Lǎnshèng Qiáo

位于吴江区黎里镇东揽桥荡西口，原为单孔石拱桥。揽桥残雪，曾为清代"黎川八景"之一。清嘉庆《黎里志》："揽胜桥旧名胜揽，一名览桥。跨危字、福字两圩。明弘治二年，邑人严以诚建。万历十一年，里人毛寿南募修。国朝康熙三十九年，里人陈永年重建。雍正四年，里人陈时夏等修。乾隆十八年，里人陈时中室叶氏与陈鹤鸣捐资重建。叶树枚《访山民归风阻览桥作》：'封姨无赖滞行舟，悔别文箫写韵楼。此是家乡非客里，风波也受一宵愁。'"清光绪《黎里续志》："揽胜桥旧名胜揽，一名览桥。跨危字、福字两圩。明崇祯二年，

揽胜桥（民国）

里人重建。光绪十九年，苏城养牲局倡捐，里人沈光锦、蔡丙圻、王室蕃等集捐重建。"光绪年间，沈光锦、蔡丙圻、王室蕃三人还共同捐修了黎里镇的众善堂、育婴堂、进登桥等。沈光锦，字云华，号月帆。震泽监生，援筹饷例，候选詹事府主簿。蔡丙圻，字颂华，号南离。震泽监生，候选县丞。

1962年10月，吴江县人民委员会拨款修建。1999年，在原桥东南建水泥公路桥，桥长净跨4米，宽5米，也名揽桥。2013年，重建的揽桥长120米，宽32米，13个桥拱，桥上两侧是风雨廊。2015年，在新建的揽桥荡湿地公园，恢复了揽桥景观。

第四部分

纪念地和旅游地地名

一、古典园林、公园、景点名

574. 古樟园 Gǔzhāng Yuán

位于吴中区金庭镇林屋村窑上、金庭路西。1995年，由原后堡村投资400多万元改建，因园内有千年古樟树，命名古樟园。初期，园占地20多亩，背倚山岭而朝东。1999 年，西山国家现代农业示范园区与中国科学院南京中山植物园等合作，以古樟园为基础，扩建为120亩的古樟植物园，内有各类珍奇观赏植物近千种，成为旅游、植物研究的著名观赏区。

园前花岗石牌坊四柱三间门，坊额"古樟园"为杨在侯书，柱联"长天接广泽，群岛散仙乡"为谢孝思书。坊背额"拥翠撷秀"为瓦翁书，柱联"列岫欲穷吴越胜，古樟曾阅宋元来"为钱仲联书。山门为单檐歇山式，额为"纳胜"，由吴进贤书，抱对"云中翠幄樟添绿，佛外慈光园更幽"由杨在侯撰，谭以文书。山门明间立"古樟园碑"，中间为全园鸟瞰线刻图。碑文为："古樟园者，昔系庙堂，宋供观音，清祀城皇。年久而圮，甲戌重建。慈航之堂，座落要津。愿如之斋，侧竟出观。兰舟之榭，临水生辉。独悟之亭，骑岩枕流。纳胜之门，户启通衢。牌坊巍巍，画舫深藏。千年古樟，挺拔参天，浓阴覆地，蔚成大观。山池裁云，窈若深渊，有水常清，晶莹可鉴。青山为障，绿水为屏，云灿霞铺，苍枝掩泾。撮奇搜胜，物无遁形，朝阳夜月，气象万千。碑以记之。乙亥春李洲芳文，杨在侯书。"

园中有古樟两株。西樟高30米，胸径1.4米，树龄约一千年，称"独威"。东樟高15米，胸径1.1米，树龄约五百年，称"争雄"。两樟交枝接叶，遮天蔽地，是全园的中心。兰舟榭在园南部的弄影池，有联为"一路好花开胜境，满塘春水送归舟"。

古樟园的前身是西山城隍庙，俗称双观音堂。始建无考，清道光二十八年（1848）曾重修。中华人民共和国成立后，庙舍用作仓库。重修后的慈航堂，单檐歇山式，内供杨枝观音。堂额"慈航"两篆字为袁苏丹书，堂联"紫竹慈风施惠泽，净瓶玉露润乾坤"为费之雄书。愿如斋是硬山式，额"愿如斋"为吴㭎木题，抱对

古樟园

"云横树梢峰如黛,雨过岚光翠欲流"为潘振元题。庙中尚存碑刻《重建城隍庙记》及捐款功德碑四方。

575. 师俭园 Shījiǎn Yuán

位于姑苏区金阊街道马大箓巷37号,宅园始建于清道光年间,主人姓季。因砖雕门楼有清代思想家冯桂芬题额"师俭贤后",取"师俭"二字而名师俭园。2004年,为私人购买并整体修缮。2017年,被列入第三批《苏州园林名录》。

师俭园

师俭园总占地面积约2 600平方米，其中建筑面积为1 800平方米，水面面积450平方米，四面环通。园内花木众多，有挂牌的古树四株。季宅建筑三路五进，西路鸳鸯花篮楼厅面阔三间11米，进深12.1米，硬山顶，前附两厢。楼西有庭园，面积约180平方米，以小型山池为中心，环以亭、阁、轩、廊。中路为五进楼，有道光戊申年（1848）砖雕门楼两座，题额分别是"师俭贤后"和"慎修思永"。其中，"师俭贤后"意为以俭为师，勉励后辈保持俭朴，做人贤能。

576. 义风园　Yìfēng Yuán

位于姑苏区虎丘街道山塘街777号。原是明末阉党亲信拆毁"东林书院"，运来木料为魏忠贤建造的"普惠生祠"遗址。明代天启六年（1626），为保护居官清正的"七君子"之一东林党人周顺昌，颜佩韦等五义士被阉党杀害，在崇祯继位后遗骸被移葬在此生祠的废基上，世称"五人墓"。2010年，对墓园进行整修，增添了门厅、尚义厅、回廊等，扩建为义风园。2011年11月17日，对外开放。

义风园

园内义风堂，其建筑是1981年移建的饮马桥附近金狮巷内一处清代厅堂，现设为"复社纪念馆"。太仓人张溥是复社的创建人之一。张溥（1602—1641），字天如，号西铭。明崇祯进士，选庶吉士，文学家，与同乡张采齐名，合称"娄东二张"。两人相互砥砺，崇尚节气，切磋文理，立志改革世风日下的文坛。天启四年（1624），二人在苏州创建复社。崇祯元年（1628），与张采一起，在太仓发起了驱逐阉党骨干顾秉谦的斗争，所撰散文，脍炙人口。崇祯二年（1629），组织和领导复社与阉党作斗争。复社的声势震动朝野，执政巨僚由此颇为忌恨。里人陆文声要求入社被拒，因向朝廷告发张溥等结党，案未结而溥已故世。纪念馆还展示了复社爱国名言，顾炎武的"天下兴亡，匹夫有责"，东林党领袖顾宪成的"风声雨声读书声声声入耳，家事国事天下事事事关心"更是令人荡气回肠。义风堂东侧为历代名流颂扬五义士义举的碑刻长廊，西侧为清代秦仪《虎丘山塘图》石刻，由著名画家劳思先生创作的青石线刻中国画长卷《山塘胜景图》，古画今图珠联璧合，相得益彰。另设有国学讲习会、茶室、飞香小居、吴门雅集等。

577. 敦睦园 Dūnmù Yuán

位于姑苏区平江街道潘儒巷31号,即王氏惇裕义庄旧址,初为王鏊后人所建。东山王氏向以敦厚济民为世人称颂,义庄设义田作为家族公产,用以周济族人和附近贫苦百姓。清同治年间,王氏后人王笑山重修。抗战时期,国民党十九路军曾驻扎于此。1954年后,为潘儒小学使用。后为苏州民俗博物馆的一个展区,辟为"吴门人家"食文化菜馆。现菜馆迁出,改为苏州博物馆藏品修复部。

敦睦园

敦睦园坐北朝南,分东西两路四进,依次为门厅、享堂、大厅和堂楼。享堂面阔三间11.45米,进深11.5米,梁架扁作。堂左右设两廊与门厅相连。此厅为硬山式,两侧砌高出屋檐的风火墙,便于防火。正脊两侧塑哺鸡,正中塑福禄寿三星。享堂两侧各开砖框门宕通向东西备弄。东侧门宕额"三异",西侧门宕额"四知"。享堂北面砖雕门楼额"敦睦成风",款为丙寅冬日,即同治五年(1866)。门楼上枋两侧悬垂莲柱,正中雕凤穿牡丹图;中枋上,左兜肚镌梅花鹿,寓意"加官进禄",右兜肚镌松鹤,寓意"健康长寿";下枋则镌刻"鲤鱼跳龙门"。最后一进的堂楼,系1996年从绣线巷的懿德堂张宅移建而来。

二、亭、台、碑、塔名

578. 三里亭 Sānlǐ Tíng

位于虎丘区浒墅关镇南、运河西岸（文昌阁附近），自古为运河塘堤上供行人纤夫憩息的场所。原名于止亭，又名蒯公亭。清道光《浒墅关志》载："于止亭，在兴贤桥南，文昌阁下。乾隆间，邑人陈玉林建，以憩行道及迟舟者。玉林自为记。"同治六年（1867），由里人聚资重建。为纪念同治年间的长洲县知县德模，改称为蒯公亭。

亭面濒运河水面堤路，坐西面东，面阔3.2米，进深3.25米，花岗石质，单檐歇山造，即一条正脊头尾下形成四角倾斜面，两侧倾斜屋面上部转折成三角墙面"山花"，形成两坡和四坡的混合形式。临河柱面镌有阳文正楷楹联："亭棠甘人思召伯，桥垂柳荫名继公。"

亭于1997年被围建于维德纸业建筑群内，4月13日中午，因民工于亭内烧废料，顷刻间花岗石脆裂倒塌。翌年春，按原样重建。亭联被改刻为"树爱棠甘人思召伯，桥垂柳荫名继苏公"。

三里亭

十里亭

579. 十里亭 Shílǐ Tíng

位于虎丘区浒墅关镇南射渎口、大运河西岸，又称碑亭。亭址自浒墅关及枫桥至此均为十里，故名十里亭。亭旁旧为射渎渡口，直到1990年312国道长浒大桥建成后，渡口才弃用。清道光《浒墅关志》载："碑亭在射渎口董公堤关帝庙左，碑刻申时行修堤记。其地因名十里亭。乾隆四十八年六月十四日大风雨，亭圮。五十一年，里中绅士朱崙发、朱高浚、徐秉钧、吴宗华以亭系旧迹，告长洲县公示约重建。榷署总书王（字灿如）、金（字震三）辈共出白金三百余两以成之。"

古亭坐西面东，花岗石单檐歇山造，面阔3.5米，进深3.82米，平面呈方形。亭内立有明代的《浒墅关修堤记》碑，龟跌碑座，螭龙碑首，通高3米有余。碑记由明光禄大夫、太子太师、吏部尚书、中极殿大学士、经筵总裁、吴郡申时行撰文，资政大夫、南京兵部尚书、江西巡抚、都察院右副都御史、郡人杨成书丹，通议大夫、礼部左侍郎、翰林院侍读学士韩世能篆额。碑上还刻有长洲县知县江盈科及苏州府知府、通判、推官、巡检等多人名。综合史载记述，申时行撰文是在万历二十二年（1594），立碑是在万历二十五年（1597）农历十月，或许就是建亭的时间。1993年年底至1994年年初，大运河拓宽，由运河工程指挥部将十里亭西迁33米，并修补石构件重建。现亭已被围入某物流公司货场内，离大运河数米之遥。

580. 拜郊台 Bàijiāo Tái

位于虎丘区横塘街道上方山，磨盘山（茶磨屿）吴城遗址向南不远，有一台状小丘，巨石镌刻着李根源1922年所题"郊台"两字。明代《吴郡志》载："拜郊台在姑苏台前，相去半里许，即楞伽山也。其形如椅，相传吴王祀天之处。《吴郡志》云：'吴王郊台在横山东麓，下临石湖，坛壝之形俨然。相传吴僭王时，或曾祀帝也。'《中吴纪闻》云：'吴王拜郊台在横山之上，今遗迹尚存。春秋时，王政不纲，以诸侯而为郊天之举，僭礼亦甚矣。'"

拜郊台

明代虞堪《吴王郊台》诗云："吴王城外拜郊台，山色湖光共绕回。终古翠华随水去，何年玉牒为天开？斜阳一笛牛羊下，细雨千帆云鸟来。忠死佞存堕霸业，登临不尽客兴哀。"清代章诏《拜郊台》诗云："当年雄泽国，此地祀吴丘。坛遗凭山立，燔烟上麓浮。王吴空有气，吞越竟无谋。漫作黄池长，高台草又秋。"

581. 万峰台 Wànfēng Tái

位于吴中区光福镇潭山石嵝庵旁。相传，元末高僧万峰和尚为观月而用巨石垒成此台。万峰和尚（1303—1381），俗姓金，名时蔚，字万峰，浙江温州乐青人，佛教临济禅宗第三十代。13岁依本县演庆寺升讲主出家，16岁剃发为僧，19岁更衣学禅，受具足戒，游于两浙，遂入杭州受戒于虎跑寺止岩禅师。后复回明州达蓬佛迹山卓居办道。后成为灵隐名僧千岩禅师高徒。学成告辞，问师傅到哪里是佳处，千岩禅师对他说："汝名汝所止也。"意思是：遇到与你名字相同的地方，便是你应该停下来的地方。于是，万峰于元至正九年（1349）入吴，至邓尉玄墓山，重兴圣恩寺，创建精蓝，并创万峰道场，开山说法，其徒大集。

万峰台

民国《光福志》载："在弹山南万峰台，在庵之前崖，尤据极胜，望太湖诸峰，历历可数，当仲夏之际，登此台者，览桃李之皆花，闻鸟声之迭和，漱泉枕石，翠竹四围，物外之景，顿忘身世。"登上万峰台，南望太湖，浩渺雾漫，远帆无尽，太湖七十二峰尽收眼底。摩崖题刻"嘉庆己未正月廿六日乙酉，吴县钮树玉、袁廷梼、元和戈宙襄、嘉定瞿中溶同来邓尉探梅，雪中登万峰台"，"道光乙巳小春七日，嘉善黄安涛、郡人顾沅、羽士吴三逸同登饮留余泉而去"。

582. 万寿亭 Wànshòu Tíng

位于姑苏区沧浪街道胥江东口、皇亭街北。清康熙二十三年（1684），康熙南巡至苏州，并由此转江宁。巡抚汤斌记录面谕及其经过，于二尚书祠废基勒石树碑筑亭。碑亭名万寿亭，百姓称其为"皇亭"，街名也由沿濠长街改成皇亭街。清末民初，曾称为水门塘，因是外城河西岸，水运便捷，当时的鸿生火柴厂、

万寿亭

新振源冶坊、震生裕木行、大丰米厂等大厂商都聚集在这里。中华人民共和国成立后，由于皇亭街南面一段被火柴厂、味精厂圈进了厂区，只留下北面一段弹石路。"文革"中，被改名为永胜街。1999年，改造后成为居民小区，皇亭街彻底消失。拆迁前，万寿亭和三方御碑几十年隐于皇亭街4号，坊间传言驮石碑的赑屃变怪成精，会变成小孩与人白相，捉弄危害生灵，于是有人将石龟的头和尾凿掉了。20世纪六七十年代，苏州石粉厂工人用重锤横扫"四旧"，左右碑帽打飞，碑身裂缝，中间一碑帽因怕砸下来压塌房子才幸免。2000年，维修御碑并加筑了一米高的台基。

三方御碑呈"山"字形排列，中间的康熙皇帝口谕碑，由江苏巡抚汤斌楷书25行，计424字。高5.46米，宽1.78米。碑文："朕向闻江南财赋之地，今观民风土俗、通衢市镇，似觉充盈，至于乡村之饶、民情之朴，不及北方，皆因粉饰奢华所致。尔等身为大小有司，当洁己爱民，奉公守法，激浊扬清，体恤民隐。务令敦本尚实、家给人足，以副朕望。老安少怀之至意。钦此。"左右两方御碑为乾隆题诗，右边一方高3.84米，宽1.45米。乾隆十六年（1751）仲春，乾隆下江南见到圣祖玄烨南巡口谕碑，深为先辈勤政为民所感动，立即挥毫行书七律一首："牙樯春日驻姑苏，为问民风岂自娱。艳舞新歌翻觉闹，老扶幼挈喜相趋。周咨岁计云秋有，旋察官方道弊无。入耳信疑还各半，可诚万众庆恬愉。乾隆辛未仲春，驻跸姑苏城。"左边一方高3.7米，宽1.93米。乾隆二十二年（1757），乾隆再次下江南，再次行书五言一首："泉出寒山寒，秀分支硎支。昔游曾未到，名则常闻之。烟峦欣始遇，林壑诚幽奇。应接乃不暇，而尽澄神思。庭前古干梅，春华三两枝。孰谓窎光往，斯人如在斯。乾隆丁丑仲春御笔。"

583. 浩歌亭 Hàogē Tíng

位于姑苏区双塔街道可园北部的土丘之上，梅岭的最高处。可园本是宋代始建的沧浪亭一部分，初名"乐园"，又名"近山林"。清光绪十四年（1888），布政使黄彭年在此设学古堂，时园有"八景"：学古堂、博约堂、黄公亭、思陆亭、陶亭、藏书楼、浩歌亭、小西湖。浩歌亭四面是砖砌护栏，又作为休息的短凳。登亭可尽览园景，更生老人黄彭年取王冕诗"浩歌拍拍随春风"句，于光绪十六年（1890）题亭额"浩歌"，额尾署"庚寅立夏日"。现亭额为教育家邓邦逖于1956年五月所题："苏南工业专科学校扩展，以可园为校舍五年于兹，今届创校四十五年，爰修斯亭，并新其额，以志纪念。"浩歌亭下原有古梅数十株，其中"铁骨红"名种，有"江南第一枝"之誉。清代吴江金孟远《吴门竹枝词》曰："名园暂拥静无哗，曲折书城香雪遮。独坐检翻春意倦，浩歌亭上伴梅花。"登亭小坐，暗香浮动，花影横斜，至足乐也。

浩歌亭

1914年，在可园设江苏省立苏州图书馆（初名省立第二图书馆）。1922年秋，蒋吟秋《壬戌秋日与菊高赓夔二子登可园浩歌亭》诗曰："寂寞沧浪路，山光走夕阳。看书来旧院，觅径上晴冈。人去留题黯，秋深落叶黄。浩歌亭下坐，俯仰感沧桑。"同游的范菊高和姚苏凤（赓夔）后来都成了著名的报人。1951年，可园改为苏南工业专科学校。1956年，为苏南航空专科学校。1957年后，由苏州医学院使用。2014年7月，将可园与医学院隔开，保留和修缮挹清堂、浩歌亭等。2015年5月1日，对外开放。

584. 民德亭 Míndé Tíng

位于姑苏区双塔街道苏州公园的土山上。1930年，邑人钱大钧、叶楚伧、顾祝同等，见公园的园北荒芜，与时任市长陆权，征集各界人士，筹资整理，但募款仅五千多元，以寓苏的海宁人孙铁舟占多数。孙铁舟，字其铺，曾任江苏都督府军需处长、招商局股东维持会会长、镇江航政办事处主任等职。1931年7月，孙铁舟为来苏州游览的湖北省兼武汉警备司令夏斗寅、中央军校武汉分校教育长兼武汉要塞司令钱大钧设宴洗尘，提出公园整理工程募款，两人捐资两千元，嘱就土山添建一亭。孙铁舟即督工兴建，由吴县县长黄蕴深命名为"民德亭"，取自"在明民德"。额由张一麐所书，署名"民佣"。

民德亭为四面厅制式，歇山顶，铺设洋瓦，青砖外墙，南北不设门，建筑面积83.22平方

民德亭（民国）

米。1998年，民德亭屋顶曾大修，亭内安装吊灯，南北增加落地长窗。

585. 乙未亭 Yǐwèi Tíng

位于苏州工业园区唯亭街道原上塘街霖雨桥北堍。宋至和二年（1055），昆山主簿邱与权筑致和塘成，勒石纪事建亭，命名"乙未亭"。清道光十五年（1835），重建。1984年9月，因娄江拓宽而移建于原居民委员会后院内。现亭坐北面南，面阔一间，进深半间，木构梁坊，歇山顶，飞檐起翘。

乙未亭

清道光《元和唯亭志》载："乙未亭，宋至和二年乙未，昆山主簿邱与权筑致和塘成，勒石纪事，建亭覆之，名曰'乙未'。纪岁功也，今废无考。（按）新府志云，亭在界牌石左。国朝道光十五年乙未，里绅沈巽、王有庆请于巡抚侯官林公，捐资重修致和塘沙湖石堤。堤成，护抚江夏陈公撰记，勒碑筑亭藏之，亦颜以'乙未'，踵邱公之遗迹也，在霖雨桥北。"《重建致和塘乙未亭记》碑，高1.3米，宽0.62米，刻楷书460余字，由江苏巡抚苏松等处布政使司布政使陈銮撰文，苏州府海防同知扬承湛书，吴门毛上珍镌刻。碑文："致和塘乙未亭者，宋至和二年乙未，昆山主簿邱与权为塘既成，勒碑筑亭而藏之。盖以斯塘，据地之险要，用资巨而施工艰，与朝廷历年区画之详慎，至是而观其成功，故以'致和'名塘，'乙未'名亭，用谂后人，勿替兹役。顾自宋迄今，记甲子十三度，塘屡坏屡修，而碑与亭不知毁于何代。邑之人士至无有能仿佛其地者。呜呼，与权之为是塘也，民食其德者七百八十余午，以生以息相忘于饮食耕凿，而残碑断础亦随陵谷而俱尽，是亦士大夫所当憬然而思，穆然而太息者矣！予官吴中十年，往来苏松，辄见长堤如虹，横亘于澄波万顷之际，所以利舟楫、便行旅、通灌输、严巡逻者，其功甚伟。比年以来，土石颓圮，日就崩缺，亟思辑而新之。邑绅沈君巽、王君有庆，输赀督工，身任兹事。经始于四月二十一日，落成于七月朔日，为役九旬有奇，功以克举。又遏小吟浦之通湖者，以防肖小之出没。筑亭于霖雨桥之北，揭以与权旧名，而请为之记。予惟东南泽国，堤防堰潴之利，所在多有。独省会迤东距昆山县城七十余里，北纳阳城湖，南吐吴淞江，风涛迅悍，漂民田庐，不特奸宄遁匿，即帆樯涉险，在在可虞。是塘既建，遂为夷涂，其为公私利赖最钜。今王君既龥缭若干，沈君复身督工役，土韧石坚，克以巩固，急公慕义之诚有足嘉者。若夫是亭之成，先后皆以'乙未'称名取义，殆非偶然。予尤乐为之记。时道光十五年乙未冬十一月。（按）今所修沙湖石堤，非即邱与权所筑致和塘。是记合塘与堤而为一，故不甚明晰，想未经检点欤。藻附识。"

三、寺、庙、宫、观名

586. 观山寺 Guānshān Sì

位于虎丘区通安镇观山东侧，原名东岳庙。清道光《浒墅关志》载："东岳庙，在管山之麓。创建时代无考。宋皇祐二年重建。南渡时，毁于兵。淳熙元年，平江总管开赵，因置义坎于山间重建。明嘉靖丙午、丁未，榷关部郎蒋宗鲁、王询修、方伯、陈鎏，邑人袁祖庚助之。万历癸未，户部郎张世科、杜潜、赵经，邑人袁祖庚，里人陆郡、道士邹复原重建。国朝康熙六十年，榷关内院喀尔吉善鼎新之。嘉庆四年，因雷尊殿诸处起火重建，又增建花神殿。道光六年，重修。"观山亦名管山，又称罍峰，相传因秦代管霄霞在此隐居修道而得名，属阳山支脉. 远望形如卧狮，山上怪石嶙峋，巉岩壁立，历来是游览胜地。摩崖石刻大多分布在南麓，现存十九处，为明清以来所题，有"仙人洞""来鹤峰""积翠峰"等，字体各异，笔力遒劲。历代浒墅关榷使认为观山的山形像"家"，言此山为浒墅关署之来龙。因此，每任关榷"每以修举山之神祠为己任"，视观山为"神山"。

1958年，东岳庙被拆毁。2010年，再次重建，并改为观山寺。寺

观山寺

内左为三法师庙,后是三官殿,右侧为药王殿,相传为管霄霞成仙处。供奉的神灵还有伏羲、神农、黄帝、岐伯等。正月初九为玉帝生日,吴地风俗这天是"天生日"。在农耕社会是靠天吃饭,旱天求雨,雨天排水,都要求玉皇、雷公等诸神恩赐,道士在这天设道场,斋天"烧天香"。吴地民间信仰正月十五又是天官生日,七月十五是地官生日,十月十五是水官生日,合称"三官"。天官管赐福,地官管赦罪,水官管消灾。虔诚的信徒在农历正月、七月、十月的初一至月半要连吃十五天素,谓之"三官素"。

587. 云泉寺 Yúnquán Sì

位于虎丘区通安镇阳山北的大石坞中。宋代时,由珍护禅师入大石山掌建,因庵下有泉二泓,一为云泉,水自石上泻纳小池,故取名云泉庵。元大德年间(1297—1307),由觉明高僧而兴。明代吴宽曾有一段记载:"始欲循径以入,茂林幽涧,若将迷焉。行渐深,有台,至是少憩。仰望楼阁,胜不能图。攀登而上,即之。有长松美竹,列映石门,有佛阁轩亭,皆因宜构架石上。前临深壑,松竹森郁于下,太湖远峰,可收一望。"明代郑善夫《云泉庵》:"幽事住云泉,湖光远接连。寺钟山色里,林语鸟身边。盘曲松垂地,崔嵬石倚天。中原尚多垒,此地合逃禅。"清代凌寿祺《云泉庵》诗:"一罅龙涎渍,涓涓不少停。精庐高架壁,峭石大开屏。笋作东坡馔,茶翻陆羽经。阳山此最好,浓似佛头青。"

清代,云泉庵毁于太平天国战火。抗日战争时期,少兰和尚等人曾掩护过新四军,云泉庵遭到日军焚毁。抗日战争胜利后,少兰和尚再次募款重建云泉庵,并改名为云泉寺。20世纪六七十年代,再被毁。1998年,当地陆续募资重建。

云泉寺

588. 莲花寺 Liánhuā Sì

位于虎丘区通安镇金市村，又名莲华教寺、青莲寺、莲华寺等。始建于唐神龙二年（706）。民国《吴县志》载："莲华教寺在县西北五十里金墅镇，一名青莲寺。唐神龙二年，居民刘氏井中生青莲花，因舍宅建。明崇祯元年（1628），僧常彬募资重葺。"明文震孟《重修莲华寺大佛殿记略》："茂苑西，镇名金墅，有寺曰莲花者，系先朝里人刘文隆舍宅为寺，以井观青莲而得名。迄今岁月既杳，风雨相摧，殿倾圮已甚，乃有梵僧常彬于此驻锡，晨钟暮呗之下，慨然念大士淋漓，禅宫剥落，募集金钱，鸠工重葺。虽众檀那捐赀乐成，而衲子彬不惜拮据经营之苦，是可录也。"寺庙建成后，历代香火较为旺盛，附近的农民为祈求风调雨顺、渔民为求得出湖捕鱼平平安安，便到莲花寺进香。通安金墅一带每年农历七月三十有"轧莲花"的习俗，附近数十里的乡亲前往"轧闹猛"。

20世纪五六十年代，尚存二山门，墙上题有"敕建唐代流芳"横额，有大雄宝殿、地藏殿、荷花池等建筑。寺院左右有果园30余亩，寺田百余亩。"文革"时期，仅存2株银杏树，寺舍全毁。1997年起，当地村民出资捐款陆续重建。

莲花寺

589. 盘龙寺 Pánlóng Sì

位于吴中区金庭镇横山岛，旧称看经院，俗名横山寺。明正德《姑苏志》："看经院，唐开成二年，僧志允开山。"清乾隆吴庄《半园诗文遗稿》："东村唤渡入横山，游遍盘龙与两湾。欲问醒醋亭上事，短犁耕绿夕阳间。横山有盘龙寺，传光宅题'盘龙岫'三字，勒石峭壁之下。《文恪公集》中有《醒醋亭记》，为横山吴氏作也。"明代徐章《春日陪孟英陈先生游横山寺》："懒逐轮蹄走市廛，却来林下重盘旋。天开图画丹青绕，岚近楼台紫翠连。春水落花孤岛外，夕阳归鸟片帆前。闲情不独耽幽僻，为喜山僧似皎然。"

古寺依山而建，台阶之上是山门。现仅存配殿，面阔三间带两厢。圆作四界梁，后船篷杆。清光绪三十二年（1906），横山人罗饴出资在横山、东村、植里、堂里、东蔡、镇夏、东河、鹿村、慈里、甪里，创办十所求忠小学堂。盘龙寺部分寺舍改建的校舍，学校沿用几十年。

盘龙寺

590. 石嵝庵 Shílǒu Ān

位于吴中区光福镇西南、弹山南坡半山腰的竹林之中，又名石嵝精舍。因地势险峻，故人称"凿石驾危楼"。民国《光福志》载："石嵝在弹山南万峰台，在庵之前崖，尤据极胜，望太湖诸峰，历历可数，当仲夏之际，登此台者，览桃李之皆花，闻鸟声之迭和，漱泉枕石，翠竹四围，物外之景，顿忘身世。"石嵝庵始

石嵝庵

建于元末，明代文徵明、赵宦光、李流芳，清代陆润庠、张大绪等名人曾为石嵝庵题写过匾联。石嵝精舍依山构室，幽隐佳处。清代初，有无声禅师居此，后渐圮。抗战期间，僧脱尘重葺山庵。旧为民国建筑十余间，占地面积1 500平方米。现正殿面阔三间，进深七檩。

591. 法海寺 Fǎhǎi Sì

位于吴中区东山镇法海坞。相传，隋代莫厘将军舍宅建。初时规模宏大，寺房1 080间，山门在平岭脚下。梁乾化年间（911—915），寺改名祇园。宋祥符五年（1012），仍复名法海寺。明洪熙元年（1425），铸铜钟、铜观音像于寺中。万历年间（1573—1620），重建天王、弥陀两殿，称为丛林寺，寺前有华表，规模增大。崇祯年间（1628—1644），重修。清乾隆年间，毁于火。现存殿宇，乃乾隆以后所建，规制远逊旧观。传说，法海寺后有"龙宫"遗址，寺前有青、白两泉，为"龙眼"。"龙宫"已无迹可寻，青、白两泉于今犹存。两泉，一大一小，一为井栏，一为井圈。泉旁为香花桥，初为明代所建，现为新建。

自唐宋以来，法海寺中多藏佛教文物珍品。据山阴王季重（思任）《游洞庭两山记》云："从翠峰右肩逾至法海寺，积叶封山，足音四响，饭于芝台上人之树。万木枝窗，秋声荡壑，意颇冷之。芝台出唐画随喜，乃《如来示寂图》也。广三十尺，修益之。宝相福严，解脱自在。而一时天女龙神，悲顿皇惑，眉号口哆之态，俱无丝毫遗憾，可谓其死也哀矣！此北宋以前第一手，恐阎立本、赵千里辈不能办也。"清代《红兰逸乘》载："在东山法海寺。赵居士宦光偕黄山人习远，游洞庭东山法海寺，见殿东栋间悬一巨箧，讯诸老衲云：轴子在内，自入教以来，三十年矣，未有开展，不知何轴。居士使数人，百计开展，乃是《陀耶入泥洹》画像也。天龙八部、人非人等，皆号啕躄踊，悲惨莫可名状。图方广二丈余，一幅素为之。题'平江府造'四字，而无岁月。鉴定为宋政和时物。于是率同游作礼于庭草间。叹未曾有！"南宋初期，太湖草莽英

法海寺

雄杨虎曾据东、西两山。以东山法海寺为山寨，西山为屯粮之地。岳飞奉命招抚杨虎，杨虎明大义，识大局，痛恨金兵犯境，毅然归顺岳飞麾下，参加抗金队伍，纵横于大江北岸，为恢复大片国土，保卫南宋半壁江山，屡立战功。明代吴桥《冬日同王少溪重游法海寺》："欢叙忆当年，笙歌列梵筵。今来人已老，僧寺亦萧然。古木荒烟外，寒山落照前。不知方外月，能更几回圆？"清代程思乐《法海寺》："薄宦甘藏拙，常年举步艰。自今来净土，从此破愁颜。绕阁层层树，开窗面面山。莫厘知在望，不惮一登攀。"

592. 静正寺 Jìngzhèng Sì

位于吴中区胥口镇合丰村，古称静正庵。寺的始建年代有两个说法：一说源于东晋，一说始自唐天宝年间。静正庵毁于咸丰年间太平天国战事。同治年间，法华寺僧心慧，发愿重修。山门面阔三间，山门联为"弥陀誓愿洪深不遗一物，净土法门广大普被三根"，由灵岩山寺海晏法师书。民国李学诗《静正庵》："在胥口西二里东溇村，东溇重起旧精蓝，竹树云烟四壁衔。最好晚来桥上立，夕阳胥口数归帆。"

静正寺

"文革"时期，寺再被毁。20世纪90年代，信众募捐重建。2007年7月，静正庵成为包山寺下院，并更名为静正寺。重兴后的静正寺占地面积2 000平方米，建筑面积1 320平方米。山门后联"住童子地而护法，现宰官身以降魔"。大雄宝殿面阔三间，殿联"东晋法旨传千年庄严利乐情，藏书古刹还本来再续法缘地"。碑廊现存六方古碑，为镇寺之宝。其中五方民国碑，均与静正庵住持广通上人有关。分别是：大明嘉靖五年（1526）二月《十四都十一图里社碑》；民国十七年（1928）戊辰二月初三日《静正庵记》，曲靖孙光庭撰，腾冲李根源书，住持广通记；民国十七年（1928）戊辰正月二十四日《李根源、根沄购买小王山东麓山地契约碑记》；民国十八年（1929）《天宝遗迹》，广通上人属剑川周钟岳；民国十六年（1927）十二月《暗香疏景》，偕希白族兄宿静正庵，广通上人属书，印泉李根源；《般若》，广通上人属书，谷钟秀，时民国十六年（1927）十月，宿上方山治平寺中。

593. 无隐庵 Wúyǐn Ān

位于吴中区木渎镇天平山西南的鸡笼山南，又名无隐禅院。创建于明崇祯年间，由履中和尚开山兴建。清乾隆年间，唯然和尚重予修葺。嘉庆初期，天台山古风和尚受邀住持重修无隐庵，古风和尚则安排弟子涵虚和尚代为掌管无隐庵，并将庵归为葑门崇宁寺下院。咸丰十年（1860），庵圮于太平天国时期。同治年间，名僧鹿苑发起重建。光绪年间，定远和尚居于庵中。民国初年，无隐庵成为报恩寺下院，由报恩寺方丈昭三上人兼任无隐庵住持。1927年前后，闻达法师受昭三上人之托掌管无隐庵。1932年，曾任寒山

无隐庵（民国）

寺、包山寺住持的大休上人退居无隐庵，并在此圆寂，安葬于庵后。"文革"初，无隐庵庵舍全毁，最后一任住持为慧海和尚。

清嘉庆五年（1800）八月，撰写《浮生六记》的沈三白将无隐庵一带的景致誉为"妙境"。历史上对无隐庵旧貌记载最为详细的，当属民国李根源的《吴郡西山访古记》，书中写道："达无隐庵。左为鸡笼山山石蜿蜒东下，崔萃可爱，惜前人无一摩岩之字，以章奇迹。"前对翁家山、宋家山、严家山，风景幽秀，房舍结构亦精，壁砌石刻书条计二十方，为潘世恩、石韫玉、彭绍升、董国华、李启瀛、沈廷炤、沈钦韩、钱泳、陆绍景、许其敬诸公笔《无隐庵记》、《澈公塔铭》、《澈公塔记》、《补愚塔铭》、《涵虚法相赞》、《乘狮象罗汉》、韩桂舲诸公倡和诗。并乾隆书听雪阁、千尺雪诗便面二石，总计二十二石。木榜有"问梅堂"，潘世恩书；"无隐庵""无数青山""一草堂"，陆尔发书；"松下居"，僧净法书；"风恬浪静"，唐翰弼书；"开窗面面对青山，远岫与云光相接"，僧本真书；"涌月""泉声洗月"二额失名。韩尉嘉庆戊寅联："佛即是心，梅子熟；吾无隐尔，木樨香。"庵旧有"飞云阁"，应补题于此，以存故事。清初僧唯然居阁中，刺血写《华严经》全部。吴中血写《华严》，见之著录，惟圣寿寺善继本、无隐庵唯然本两部。善继本完全无缺，今存。圣恩寺残帙，或为唯然写本，臆度如此，俟后之君子考定焉。摩岩"无隐"二字，石韫玉书："空山无人，水流花开"，梅花居士拈苏文忠语奉题；"涵公大和尚西归"，王之佐篆书；"瓢丰泉"三字，王之佐篆；"鹿野苑"三字，咸丰丙辰冬，鹿苑老和上（尚）寿，宝华敏通书；"缘玄圆"三字，涵虚书；"鱼乐"二字，共六处。

594. 法云寺 Fǎyún Sì

位于吴中区木渎镇胥江畔的崇政桥东，旧名法云庵。民国《木渎小志》载："法云庵，在崇政桥东。明天启年间，僧鉴明建。有二松甚古，在'木渎十景'中。门左右有尤侗《誓愿碑记》（康熙十四年九月）及熊传栗《开兴福塘记》（道光十年九月）二碑。"清咸丰十年（1860），毁于太平天国的战火。同治年间，僧法宗重建。1926年，卸任的末代江苏巡抚、民国首任江苏都督程德全，以1 400银圆购下法云寺，并出资将寺庙修缮一新。程德全任住持撰《木渎法云寺记》，后由长沙丁传绅书写，刻碑置于寺中，现碑已毁，仅存拓片。

法雲庵

虬松翠色鬱差參
香火因緣結佛龕
我願蒼官常護惜
莫教冷落法雲庵

法云庵（民国范君博《吴门竹枝词》）

程德全（1860—1930），字纯如，号雪楼、本良。云阳（今属重庆）人。清廪贡。光绪十六年（1890），入国子监肄业。二十四年（1898），赴黑龙江入副都统寿山幕，任黑龙江将军行营营务处总理，以直隶州知州用。擢道员，赏加副都统衔，署理齐齐哈尔副都统。三十一年（1905），署黑龙江将军。黑龙江建省，改署巡抚。三十二年（1906），以足疾回籍就医。宣统元年（1909），署奉天巡抚。次年，调任江苏巡抚，参与预备立宪活动。武昌起义后，宣布江苏独立，自任江苏都督。民国元年（1912），被孙中山任命为南京临时政府内务总长，未赴，镇压"反程会"。与章太炎等先后组织中华民国联合会、统一党、共和党等。袁世凯任总统，复命为江苏都督。二次革命失败后辞职，隐居上海。晚年皈依佛教，1926年受戒于常州天宁寺，法名寂照，隐居于苏州木渎法云寺，卒葬于寒山寺南周巷，后移至木渎灵岩山寺塔院。工书能文，著有《程中丞奏稿》《抚吴文牍》等。

　　清代诗人吴溥《木渎杂咏》的《法云古松》，诗曰："何年高挺两虬枝，郁作慈云荫古姿。夜静涛声谁听得，山僧出定四更时。"民国范君博的《吴门竹枝词》，诗曰："虬松翠色郁差参，香火因缘结佛龛。我愿苍官常护惜，莫教冷落法云庵。""文革"时期，寺院被拆毁，并在寺址上建起吴县机电厂。近年，改建为居民小区。仅存两方残碑，矗立在胥江岸边，成为法云寺历史的见证。

595. 保安寺 Bǎoān Sì

　　位于吴中区东山镇槎湾村之东，安头坞长笋峰之南。清道光《苏州府志》载："保安寺，在武山之查湾南。"据传，建于唐贞观年间，山门前植有千年古圆柏一株。寺内主供胥母与孙武等。传说，伍子胥的母亲曾居于安头坞，伍子胥在吴国官居相位后，曾带随从入山迎养不赴，母亲拒不离山，子胥长跪在地。为报母恩，伍子胥就在槎湾安头坞建殿养母。胥母死后，山人念其开辟东山之功，把胥母殿改建成了胥母祠。再后来，胥母祠变成了胥母土地庙。

　　2005年，东山镇、槎湾村及当地村民共同出资，修复了保安古寺，现占地两千多平方米。胥母殿亦名地母殿，地母殿高敞宽大，雄伟壮丽。正殿神龛上塑胥母神像，仪态万方，飘然有神仙出世之姿。塑像前的神位刻有"楚相国夫人，吴相国太夫人—伍氏胥母之神位"。孙武殿中供奉青年的孙武，神位上刻着"吴将兵圣孙武子神位"。保安寺现为尼庵，仅胥母殿尚为旧迹，另有千年古柏和百年古桂各一株，余均为新建。

保安寺

596. 资庆寺 Zīqìng Sì

位于吴中区金庭镇涵村资庆坞，建于五代后唐清泰年间（934—936），西山历史上的"三庵十八寺"之一。清代《具区志》："资庆寺在涵村汤坞，五代清泰间建。"明徐祯卿诗曰："啼禽声断野花疏，一径桑麻到净居。松偃重门分两院，竹开别径有精庐。茶炊灶火薪衔鹤，饭洗云波钵绕鱼。惭示山僧尘土面，灵珠何日

资庆寺

拔泥淤。"明文徵明诗曰："老衲深居湖上山，松扉斜掩磬声寒。袈裟对客妨秋定，蔬笋开厨破晚餐。未愧逡巡留偈子，自缘疏野恋蒲团。归来烟月篇章富，乞与幽人得细看。"明王世贞诗曰："径转峰回寺宛然，古桥深草锁戈戋。客将流水同无住，僧似长松不记年。法食喜分龙女供，禅房幽借鹿麋眠。行歌颇爱归途好，屐齿斜阳乍一穿。"明王世懋诗曰："蓝舆历历度飞梁，路入云林古法堂。锦树半衔山径出，金砂细吐石泉香。盂兰客至供秋色，樵采人稀报夕阳。解道禅宫最深处，不知犹在水中央。"明申时行诗曰："篮舆转入白云村，山坞逶迤一径深。夹道松杉衔夕照，凌空台殿倚秋阴。丹枫半堕翻经叶，黄菊全舒布地金。坐对山僧浑不语，当门流水是禅心。"

20世纪六七十年代，寺被毁。2006年，恢复重建。原寺中的匾额"恩深四化"是由许瑶光所题，许瑶光，道光二十九年（1849）拔贡，历任桐庐、淳安、常山、诸暨、仁和等县知县，任嘉兴府知府前后十八年。"静善堂"堂名为陆润庠所题，陆润庠，同治十三年（1874）状元，历任工部尚书、吏部尚书，曾任溥仪老师。寺中楹联"青松影里天常寂，翠竹林中月亦香"为张照所题，张照，康熙四十八年（1709）进士，官至刑部尚书，曾预修《大清会典》。

597. 乾元寺 Qiányuán Sì

位于吴中区木渎镇七子山九龙坞上，旧称广福禅寺。明代《吴都法乘》载："圣寿广福禅寺，在吴山岭上，吴越中，吴军节度使钱文奉建，为其父广陵王元璙墓祀之所，本名寿圣院。宋治平中，改赐今额。永乐元中，僧善胜重修。"民国《木渎小志》载："荐福寺，在七子山下，钱氏所建香火院也。其上至山巅，有三官殿。中元前数日，士女多往烧香，亦曰乾元寺。"寺始于五代，吴越王钱镠拥兵江浙，统十三州，定都杭州。第六子钱元璙与其子文奉统治苏州六十年，治苏三十年，促使农业、手工业得到一定的发展，当地百姓安居乐业，因此父子同祀于沧浪亭五百名贤祠。民国《吴郡西山访古记》载："经凉亭达山巅乾元寺，即吴越时之广福禅寺也……山门额题'云台分胜'，有乾隆二十三年吴彭年造钟，嘉庆十六年铁炉，嘉庆二十二

乾元寺

年重修乾元寺碑记，许宁撰。正殿张之万、李鸿裔、俞樾、洪钧、冯桂芬、朱家宝、陆润庠各书匾一方。客房悬陈銮，为别峰上人书'云光法妙'额。殿宇恢宏，七月香期，人山人海，今之胜刹也。"20世纪60年代后期，寺被毁。2001年后，陆续修复。近年，先后恢复三官殿和马庄庙等。

598. 费孝子祠 Fèixiàozǐ Cí

位于吴中区金庭镇后埠村。《陆费氏支谱》费孝子传："江南费氏源自山东的邹城、费县地区。"公元前2100年时，黄帝第六代孙伯益佐大禹治水有功，封在费地，赐姓嬴，伯益生子二人，次子若木留费，子孙以费为姓。宋代南渡时，费氏居于苏州郡城，但后来郡城迭遭金兵袭击焚掠及宋末元初之乱，费氏一支从郡城避居西山后埠，族称包山支。费氏家族以行医、经商闻名乡里。费氏宗族在西山置有义田二百五十亩，收益大部分用于赡族。族中凡属寡妇孤儿，每年每

费孝子祠

人发米三石，其中给十六岁以下孤儿的明定为读书费用，此一制度自清嘉庆年间开始直至中华人民共和国成立前，从未中断过。费家"孝"字辈中有三兄弟：孝先、孝友、孝端。老二费孝友，号鲤泉，字仲行。其母患上了白内障，当时医学落后，传说白内障可以用舌头舔好，孝友就跪在床前，每日为母亲舔眼睛。当母亲哮喘生痰难以吐出时，他就用芦苇管插入母亲的喉咙用嘴为她吸出。当母亲大小便失禁时，他唯恐媳妇服侍不周，就亲自为母亲擦洗更换。母亲在他的精心照料下终于恢复了健康。不久，费孝友的父亲也生病了，他除了要管理田产和店铺外，每晚都在病床边照顾着，常常顾不上睡觉。父亲喝的药，他都要亲自尝尝，试过温度后再喂父亲。全家人都被孝友的孝心所感动，子孙们也都十分尊敬老人。费孝友不仅孝顺，还十分注重兄弟之间的情谊。临终时，他吩咐儿子在自己死后要和兄长合葬在一起，妯娌之间也要合葬在一起。

清嘉庆皇帝以孝治理天下，征集天下孝事。费孝友的孝德被苏州知府上报到了朝廷。嘉庆二十四年（1819），下旨褒奖费家，御赐"笃行淳备"，并赐建孝子牌坊，该牌坊已毁于20世纪六七十年代。费孝子祠由费氏十四世费芝云建，现仅存享堂三间。

599. 藏书庙 Cángshū Miào

位于吴中区胥口镇原藏南小学。清同治《苏州府志》："朱翁子藏书庙在木渎穹窿山南。相传，汉会稽太守朱买臣负薪往来，尝藏书于此，塑像衣冠犹汉制云。明天顺四年（1460），里士顾宗善重建。国朝汪琬题朱翁子藏书庙：'读书幸属承平时，能说春秋，言楚词。严徐枚马略相等，何意联翩白玉墀。向来落魄栖岩谷，束屩腰镰取书读。闺中少妇不知我，任采蘪芜春草绿。丈夫变化抟长风，不用为蛇用则龙。金章紫绶成底物，径须图画温泉宫。此君读书为何事，但作区区衣绣计。惊走俗吏骄故妻，五十之年直儿戏。'"清康熙年间，穹窿山上真观施道渊，曾主持重修，道院始为上真观下院。

民国年间，藏书庙占地3庙，尚有道士3人。1958年，藏书庙收归政府，庙舍全部改为藏南小学。2010年6月28日，重建奠基，并更名为"藏书道院"。2011年农历三月二十八日，举行了藏书道院落成典礼暨神像开光

藏书庙

庆典。重建后的藏书道院坐北朝南,占地7.2庙,建筑面积1 500平方米。有灵官殿、东岳殿、财神殿、三圣殿、城隍殿、生肖殿等。三圣殿面阔三间,殿内供奉三尊像,中间为朱买臣像,两边分别为林则徐、汤文正像。

600. 胥王庙 Xūwáng Miào

原位于吴中区胥口镇清明山西北麓。民国《吴县志》卷三十三载:"吴相伍大夫庙在胥口胥山上(卢《志》:'吴县西南四十里'),子胥死,吴人于此立祠,俗称胥王庙。"

伍子胥(?—前484),名员,字子胥,以字行。出身于楚国贵族世家。曾祖伍参,楚庄王于邲战胜强晋,其以侍臣主战为首功。祖父伍举,曾受岳父王子牟株连而流亡郑国、晋国,楚灵王时主持外交,为重臣。父伍奢,楚平王授太师,辅侍太子建,敢直谏。为少师费无极构陷谋反,与长子棠邑大夫伍尚同被杀。太子建辗转逃至郑国,因里通晋国袭郑亦被杀。吴王僚五年(前522),伍子胥携太子建之子熊胜逃奔吴国。伍子胥富谋略,具才识,深知公子光善战多功,有大志,访得勇士专诸,荐于公子光,而已躬耕于野,出谋划策。吴王僚十二年(前515),专诸刺杀吴王僚,公子光自立为君,称吴王阖闾。阖闾元年(前514),以伍子胥为行人,与谋国事。阖闾晚年,诸公子争位,伍子胥冒死力争,夫差被立为太子。阖闾与越王勾践决战于檇李,伤重身死。伍子胥辅佐夫差继位,教其遵遗命誓复父仇。夫差二年(前494),夫差于夫椒大败越王勾践,破越都会稽。夫差于艾陵之战败齐后,听信伯嚭谗言,伍子胥被赐死,并将尸首装在袋里,抛入胥江。尸袋漂流至胥口,胥口民众将他葬于胥江南岸。当时只筑墓,未筑坟,并以块石作碣,碣上只刻"鸱夷藏处"。直到吴国灭亡之后,才在墓上加土成坟,建立祠堂。唐乾宁四年(897),昭宗追封伍员为吴安王,而后改称胥王庙。

1966年,墓庙俱毁。2005年,重建胥王庙并拓建为园。2006年11月19日,正式建成开放。兴建的胥王园占地面积51亩,分墓区、祠区、园区、园外园四个部分。胥王殿正中是重达18吨的伍子胥石雕坐像,左为张士东书写的《重修胥口胥王庙记》,右为朱大霖书写的《重修吴相伍大夫祠记》。申胥阁是园内的主景建筑,高18.6米,登阁可通览全园景物。

胥王庙

601. 黄埭城隍庙 Huángdài Chénghuáng Miào

位于相城区黄埭镇中学南校门，现仅存山门三间。城隍庙古时在莲花庄，明代迁至洪墓桥堍，后因地偪仄再迁西首，为顾姓舍宅。旧庙在十一都七图者作为庙产地基，办粮官田八亩。又庙产市房在洪墓桥堍，官

黄埭城隍庙

明隆庆二年《苏州府社仓事宜碑记》

田一分二厘。民国《黄埭志》载："每逢四月间，赛城隍会三日，谓解天饷，循年例也。第一日巡行本街为演会；第二日诣管山解东岳饷为正会，是日导从之盛，仪仗之丰，为他乡所莫比。"

中华人民共和国成立后，城隍庙划归黄埭中学。"文革"时期，多数殿宇被拆除。1978年，古戏台及大殿全部拆除，翻建成了中学大礼堂。城隍庙山门内存清同治十二年（1873）《奉宪永禁勒石》碑。

602. 华阳庙 Huáyáng Miào

位于相城区望亭镇华阳村，又名捍村城隍庙。原庙在现庙址北约80米的道士坟上，遭焚烧而向南迁建至现址。民国年间，曾为华阳镇镇公所和华阳乡乡公所驻地。每逢春祭农历三月廿五和秋祭十月廿五，举行两次庙会。

民国《吴县志》载："长洲县浒墅社仓，在五都十五图知纺字圩。隆庆二年，知府蔡国熙立《苏州府社仓事宜碑记》在捍村城隍庙。"现碑残存，记载了社仓的选举、积储和放竞等21条管理方法及有关制度。

603. 龙寿山房 Lóngshòu Shānfáng

位于姑苏区虎丘街道山塘街半塘桥南，初称法华院，旧

龙寿山房的血经石龛

称寿圣教寺，又称半塘寺。昔日，曾为山塘最大的一座寺院。清代《虎阜志》载："寿圣教寺在半塘。晋道生法师诵法华经处。义熙十一年，建号法华院。宋治平中，赐今额。绍兴七年，重建。国朝康熙初，布政使佟彭年重修。"咸丰十年（1860），毁于战火。同治年间，寿圣教寺更名为龙寿山房。龙寿山房曾供奉元代至正年间（1341—1367），半塘寺善继和尚刺血抄写成的《华严经》。民国《吴门竹枝词》诗："半塘三月草如衫，游憩山房俗虑芟。善继精神真不死，却余欣幸看华严。"后记："龙寿庵今名龙寿山房，在半塘寺旁，藏有元僧善继血书《华严经》凡八十卷。有明宋濂学士则谓：'善继为永明之后身，而彼乃善继之后身，为续书成，有自撰跋语，叙明至今藏诸石室，岂其间真有神灵呵护耶。'"

宋代郑思肖《宿半塘寺》诗："一襟清气足，此夜岂人寰。醉影松杉下，吟身风露间。秋悬当殿月，云宿近城山。明发骑鲸去，飘然不可攀。"明代孙宁《题半塘寺润公房顾叔明画松壁》："顾君叔明善写松，妙趣直与韦偃同。

片缣幅纸不易得，人争一睹清双瞳。玉岩上人即粲可，早跻十地成全功。禅房素壁耀霜雪，绘画未许来庸工。叔明对此役意匠，捉笔跳叫声摩空。须臾貌作老蛟影，毫端瞥若回腥风。隔座时疑翠涛响，钩帘日讶玄云封。宿鹤已去落花尽，庭前细雨春濛濛。老夫寻幽适相过，览之便觉心神融。酒酣信手为长句，醒愧浣花溪上翁。"

1956年，龙寿山房殿宇陆续拆除，新民化工厂从后宝元街移建于此。血经连同楠木橱、石龛，一并移至西园戒幢律寺保管。1967年，最后一座殿宇被拆。此后，化工厂改为兴佳电工合金厂，现已全部废弃。

604. 崇真宫 Chóngzhēn Gōng

位于姑苏区金阊街道阊门内下塘东段。民国《吴县志》载："崇真宫在承天寺西。宋政和八年，郡人黄悟微舍宅建。道士项举之开山，赐额崇真圣寿宫。宣和中，改神霄宫。建炎中，改崇真广福宫。有宋宸翰二碑。《吴郡志》：'门有青石桥，扶阑雕刻之工，细如丝发，为吴中桥阑之最。明洪武初，归并圆妙观。正统间，重建。万历二十三年，住持唐宗范建玄天殿。二十九年，修清鼎新各殿。'"清道光年间，再次整修。鼎盛时的道院，北至后同仁街，

崇真宫

西至小园上久福里一带，有九殿十八阁，道众百余。曾有乾隆御笔碑刻"协天大帝"，以及陆润庠《重修关帝殿记》等碑刻。范广宪的《吴门坊巷待辒吟》，诗曰："宫前巷陌署崇真，顽福甘心让道人。世事沧桑一弹指，举之归去悟微尘。"

20世纪60年代初，苏州第二建筑工程公司拆除崇真宫的大部分殿宇，改建成办公大楼。现仅存文昌、三官两殿。三官殿的砖雕门楼较完好，字牌为"道冠三才"。题额是"道光甲辰杏月吉日"，即1844年农历二月。落款为"弟子朱麟照敬书"，朱麟照是时任道长叶凤梧的徒孙。

605. 海宏寺 Hǎihóng Sì

位于姑苏区金阊街道海红坊4号、6号，俗称海红寺，相传金圣叹世居于此。民国《吴县志》载："海宏寺在朱明寺南，元楼子和尚创。康熙《府志》、乾隆《县志》均作宋至德间。乾隆、道光两《府志》宋作元。案：宋、元两朝皆无至德，纪年有之，惟陈后主、唐肃宗。然自《姑苏志》以上，此寺皆不载，则又非唐以前古寺可知。'至德'二字，疑为至大、至正之误，特未可臆断耳。清顺治间，里人洪正重建。康熙十年（1671）重修。同治六年（1867），僧苇江又修而居之。同治十二年（1873），吴县知县高心夔访闻苇江不守戒律，摈斥之，寺废入官。光绪初，改为管粮通判署。光绪二十四年（1898），裁缺迁空，又改为法政学堂。"民国及日伪时，曾为律师公所。

中华人民共和国成立后，设海红小学，1995年并入环秀小学。1995年5月，改办金阊区培智学校。大殿硬山顶，面阔三间12.5米，进深十檩13.4米，曾由学校投入5万元整修。

海宏寺

言子祠爱人坊旧貌

606. 言子祠 Yánzǐ Cí

位于姑苏区平江街道干将东路北、乐桥北堍东，古称言夫子庙、言子庙、子游庙、言夫子祠、言公祠等，简称言祠、言庙。旧传，其址为干将、莫邪铸剑处。言子（前506—前443），名偃，字子游，又称叔氏。孔子的学生，以文学见长，深为孔子所赏识。曾任鲁国武城宰，遵师训、行礼乐，孔子过武城，闻处处弦歌之声，以"割鸡焉用牛刀"赞之。其学成南归，道启东南，被尊为"南方夫子"。唐开元八年（720），名列十哲中第九，陪祀孔庙。开元二十七年（739），追封为吴侯。宋大中祥符二年（1009），封丹阳公。咸淳二年（1266）封吴公。元大德年间，封吴国公。明嘉靖中，改封为先贤言子。清康熙年间，设置五经博士一员，由言偃后代世袭。

先贤言子初祀于学道书院内，明嘉靖中废。明万历十二年（1584），申时行建言子祠于此。清康熙四十四年（1705），赐御书"文开吴会"额。乾隆二年（1737），赐帑重修。乾隆四十一年（1776），再次修葺。咸丰十年（1860），毁。光绪元年（1875），巡抚吴元炳发起重建。光绪三年（1877）七月，工程局拨款兴工，年底竣工。光绪十八年（1892）五月，大殿右半间及外廊一齐坍倒，长洲县沈大令慨捐鹤俸鸠匠兴修。光绪三十一年（1905）七月，江苏巡抚陆元鼎在东庑创办官立初等小学堂第三校，不取学费亦不给膳，学额四十名。正教员一人，体操教员一人。后又在西庑加设第十一校。光绪三十三年（1907），苏省谘议地方自治会分会设于此。宣统二年（1910）正月，增设第二十六校。辛亥革命后，在言子祠的第三校、第十一校、第二十六校合并为中区第三国民学校。1912年2月至1914年7月，叶圣陶在小学堂任教。此后，改名为吴县县立干将初级小学。1920年5月，教育会在言子祠开办国语讲习所。中华人民共和国成立后，改为干将中心小学。1976年9月，学校改名为干将小学。1995年8月，干将小学撤并入马医科中心小学。

民国《红兰逸韵》诗曰："爱人学道启南方，黉舍弦歌出古坊。自是吴风多礼乐，千秋庙貌峙灵光。"原祠门两侧各有一座牌楼，东为"学道坊"，西为"爱人坊"，毁于干将坊改造。1992年，干将路扩建时，言子祠的祠门缩进。2010年，全面整修言子祠，享堂落架重建。硬山造享堂面阔三间14.4米，进深10米，扁作梁，覆盆式青石础。2012年，改为言子书院。

607. 程忠烈公祠 Chéngzhōnglièɡōnɡ Cí

位于姑苏区平江街道南显子巷，俗称程公祠，现苏州市第一初级中学校园内。程学启（1829—1864），字方忠。安徽桐城人。原为太平天国"英王"陈玉成部属，守安庆，咸丰十一年（1861）降清。同治二年（1863）十月廿七日，从李鸿章陷苏州城举首功。官至南赣镇总兵，攻嘉兴时中弹负重伤，死于苏州，谥号忠烈。

同治三年（1864），李鸿章将听王府改建成程学启祠，由淮军将领张树声、刘铭传等捐资购地，其范围南至南显子巷照壁，北抵悬桥巷河沿，东界道义街，西接民房。程公祠在其南部居中。同治四年（1865）秋八月，曾国藩篆额，李鸿章撰文，刘郇膏书丹《敕建苏州程忠烈公祠碑》。程公祠坐北朝南，自南而北，前有照壁、辕门、头门、石板天井等。在程公祠暨会馆章程规条中有："祠内房屋不准借作公所，以防糟蹋。"享堂内梁枋间遍布彩绘，其中戏文故事彩绘共计大小十八幅。堂中及船棚轩梁枋与樟木上，亦有八组十六方戏文故事木雕，风格淳厚古朴。之所以享堂彩绘以戏文为主，是因为享堂南面曾是戏坪和戏厅。2011年，程公祠全面整修。

程忠烈公祠

608. 张国维公祠 Zhānɡɡuówéiɡōnɡ Cí

位于姑苏区虎丘街道山塘街800号，即张忠敏公祠，又称张东阳祠。张国维（1595—1646），字玉笥。浙江东阳人，又称张东阳。明天启二年（1622）进士，授番禺知县。崇祯七年（1634），升任右佥都御史，巡抚

清《虎丘山塘图》(局部)

应天、安庆等十府,主持兴建繁昌、太湖二城。疏浚了松江、嘉定、上海、无锡等地河道,兴修吴江石塘,勘核全坍应修1 055丈,半坍2 086丈,平望应筑内外塘760丈,并修长桥、三江桥、翁泾桥。他针对太湖洪水下泄不畅问题,于崇祯九年(1636),上书请求开浚吴江县长桥两侧的泄水通道。张国维将积累了数十年治水的经验,写成并刊刻了一部70万字的《吴中水利全书》,成为我国古代篇幅最大的水利学巨著。该书先列出东南七府水利总图52幅,次标水源、水脉、水名等目,又辑录了包括宋、元到明崇祯时有关诏敕、章奏、下逮、论议、序记、歌谣,是研究苏、松、常、镇四郡的一部至关重要的水利文献。

张国维生祠始建于明崇祯十二年(1639)。清乾隆十年(1745),知府赵锡礼重修。乾隆五十七年(1792),祠失修半毁。巡抚暨各官捐廉重建,并于祠西造屋,名曰"寄轩"。光绪元年(1875),陈大诰题额并跋云:"张忠敏祠西有别院焉,花木竹石,雅洁宜人……享堂上仅余箔纸业所献之横额一道,题谓'取义成仁'……"宣统元年(1909)11月13日,陈去病、柳亚子等十七人,雅集于张忠敏公祠成立"南社","南社"名称的由来是"操南音而不忘其旧""南者对北而言,寓不向满清之意"。它与同盟会桴鼓相应,以文字播弄时代之风潮。成立时,有成员17人,其中14人是同盟会会员。中华人民共和国成立后,曾在祠处建同康酒坊。1959年,改为香料厂。原仅存祠宇两进各3间及清代碑刻1通。修复时,保留原有古建筑为主轴的基础上,增设门厅、楼亭和西大厅。现为中国南社纪念馆,对外开放。

609. 苏州府城隍庙 Sūzhōufǔ Chénghuáng Miào

位于姑苏区平江街道景德路94号,简称郡庙。宋元时,在子城西南隅。元末,毁于兵火。明洪武三年(1370),以古雍熙寺基地建苏州府城隍庙,即景德路今址。新城隍庙之东西两翼,于明万历二十三年(1595)分别创建长洲县城隍庙、吴县城隍庙,左右对称,合成一大建筑群。清咸丰十年(1860)仪门毁,同治十二年(1873)重修。

原郡庙建筑宏伟,依次有照壁、牌楼、头门、戏楼、戏坪、仪门、正殿、后殿和寝宫等。1964年,牌楼、头门和戏楼因交通问题被拆。仪门面阔三间13.4米,进深七界7.5米,单檐歇山顶。大殿由前后两殿组成,中间贯以穿堂,平面呈"工"字形,故俗称工字殿。前殿单檐歇山顶,面阔五间26.23米,进深七界11.58米,高约8米。当中三间台基向南延伸为月台,台上建卷棚顶抱厦三间,与前殿形成勾连搭屋顶。后殿单檐歇山顶,面阔五间22.24米,进深七界10.3米,高7.92米,木构梁架与前殿类同,而规制略小。四周檐柱下承覆盆式石础,其他各柱则在覆盆础上加素面鼓形石。殿壁嵌有清嘉庆二年(1797)《苏郡城河三横四直图》碑,描绘了当时苏州城内河道桥梁、寺观、衙署、城垣等。工字殿及仪门长期被用作厂房、仓库,纺织装饰公司于1984至1985年进行整修并使用。

苏州府城隍庙（民国旧照）

　　1983年，后部寝宫失火焚毁。1995年，移建阊门外三乐湾的宝莲寺大殿于府庙正殿北，改为太岁殿。大殿硬山顶，面阔五间16.35米，进深13米，梁架圆作无雕饰。殿内供奉斗姆元君，两侧供奉十二属相本命太岁。2003年，整修现存殿宇，并重建头门。

610. 元和县城隍庙 Yuánhéxiàn Chénghuáng Miào

　　位于姑苏区平江街道肖家巷48号，原为奉祀北宋宰相丁谓的丁晋公祠，后为土谷神祠。清雍正四年（1726），改为元和县城隍庙，即阴元和堂。同治六年（1867），重建。"阴元和堂"意思是阴间的县衙门，与阳间的官府相对应。城隍神是民间最普遍的信仰之一，尽管元和县城隍庙地处小巷内，但香火仍然很旺。其正殿一直到20世纪50年代尚供奉城隍爷和众皂隶的塑像。为了增加香客的兴趣，其中有一名皂隶是活动的，只要踏着他前面的踏板，皂隶随之向前一倾，手中的索链也就飞套过来。后来因吓死了一个人，庙内才把踏板钉死。"文革"时，全部被毁，搬入居民。

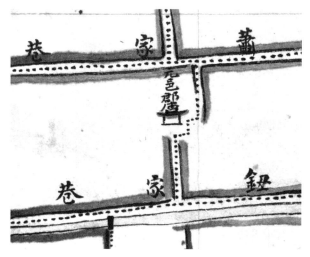

元邑郡庙（清代地图）

　　城隍庙坐北朝南，仅存配殿一座，后楼三间。后楼硬山顶，面阔13米，进深10.45米，青石覆盆式柱础。过街楼有砖刻楣额"凤梧道院"。原有唐寅、祝枝山、董其昌书法石刻，后均移到苏州文庙碑刻博物馆。

611. 吴县城隍庙 Wúxiàn Chénghuáng Miào

位于姑苏区平江街道苏州府城隍庙的西侧。明万历二十三年（1595），由吴县知县袁宏道倡建。袁宏道（1568—1610），明代文学家。字中郎，又字无学，号石公。湖北公安人。万历十六年（1588）中举人，万历

吴县城隍庙古井

二十年（1592）中进士。不仕，与兄宗道、弟中道遍游楚中。万历二十三年（1595），选为吴县县令，听政敏决，公庭鲜事。政暇与士大夫谈文说诗，以风雅自命。宏道任吴县县令时，在任仅二年，就使"一县大治"，"吴民大悦"。辞去县令后，"为人贷得百金"，作妻室生活费用。宰相申时行赞叹说："二百年来，袁宏道无此令矣。"

城隍庙在20世纪60年代中期前已全部拆除，吴县城隍现附祀在苏州府城隍庙偏殿，原庙遗迹仅存苏州府城隍庙大殿西侧墙外的一口古井。

612. 神仙庙 Shénxiān Miào

位于姑苏区金阊街道阊门内下塘街132号，创建于宋淳熙初年，初名岩天道院。元代至大四年（1311），道士叶竹居重建时，改称福济观。元末，遭受兵灾而落败。明景泰年间，道士郭宗衡重建，中间为玄天殿，为祝厘之所，旁设吕仙祠、五祖七真堂。陆粲《福济观重建吕纯阳祠碑铭》："嘉靖甲申，吕祠火，道士北山周以昂再建焉，栋宇鲜胜，丹垩互照，中设仙像，旁翼一庑，洞门神室，郁然云开，于是复为真境矣。"明崇祯十二年（1639），龙虎山徐演真法师到苏居福济观，授施道渊五雷符秘法真传。清康熙六年（1667），福济观主姚宏胜延请施道渊重建，建火神殿、斗姥阁。咸丰十年（1860），山门和玉皇观皆毁。同治十年

神仙庙山门旧貌

（1871），重建山门等建筑。1922年，募修山门。"文革"时期，神像全毁，殿宇废为民房，仅存山门及两庑。山门面阔四间14.2米，进深6.8米，硬山顶，青石覆盆柱础。

吕仙祠祭祀民间传说中"八仙"之一的吕洞宾。旧俗农历四月十四有传统庙会，以花市为特色，俗呼"轧神仙"。中华人民共和国成立后，庙会逐渐演变成民间工艺品和花木买卖为主。1980年后，"轧神仙"一度改迁到张广桥、皋桥附近的西中市东端的吴趋坊巷内。1992年起，又换到与东中市相交的、道路更宽阔的中街路内。1998年，在阊门外南浩街复建神仙庙，自1999年起"轧神仙"活动转移到了南浩街。

613. 相王庙 Xiāngwáng Miào

位于姑苏区双塔街道相王路，俗称相王庙。"相王"一说为春秋吴国筑城时因延误工时被诛的"南面讨击将军"黑莫郝，亦称"赤阑将军"；一说为死于筑城的桑湛璧；还有一说即主持筑城的相国伍子胥，而"赤阑"即赤门。唐陆广微《吴地记》："南面讨击将军黑莫郝墓，在蛇门里。周敬王六年，筑城而死，今呼赤阑将军。"清同治《苏州府志》："赤阑相王庙，在府治东、赤门里。相传为吴阖闾筑城，见诛死，遂为神……神姓桑，名湛璧，盖不可考。每岁夏至重午，居民以角牴戏集祠下。"庙始建于唐代，宋《平江图》标于城东南隅杨杏子桥东。清康熙四十四年（1705），苏州织造李煦重建于今址，奏请加封护国忠显王。嘉庆二十四年（1819）重修，时有满人巴世武捐习射院地亩余。道光元年（1821），苏州织造嘉禄再修庙宇。咸丰十年（1860），毁于战火。同治四年（1865）重建，光绪三十四年（1908）修葺。20世纪六七十年代，大殿用作第八中学校办工厂。此后，每逢农历初一、月半及神诞之日，特意前来烧香祭拜的人仍络绎不绝。

相王庙

现存大殿硬山式，双昂十字牌科，面阔三间14.4米，进深12.4米，高7米。圆作梁架，梁间垫斗拱，有古碑四方。大殿北侧为配殿，面阔三间。1998年维修，2012年重新修缮。近年，再次维修。

614. 驸马府庙 Fùmǎfǔ Miào

位于姑苏区沧浪街道东大街43号，旧名丽娃乡土谷神祠，又称吴县丽娃乡显圣明王驸马府行宫、驸马府堂、显圣明王庙。供奉元末张士诚之女隆安公主、夫婿潘元绍。潘元绍，字仲昭，本姓赵，泰州人。先世本宋宗室，宋亡后避祸易潘姓，曾避难占籍通州（今江苏南通）。至正十三年（1353），随父兄从张士诚首义起兵，为张士诚女婿。至正十六年（1356），从张士诚克苏州。父被追封为郑国公，兄为左丞。至正二十四年（1364），潘元绍以昭勇大将军、行枢密院判官摇宿卫兵，为院判，进江浙行省左丞，迁右丞。好冶园圃，有姬七人皆慧丽，聚敛耽声色，但能礼下文士。至正二十七年（1367），朱元璋大将徐达率军围攻苏

驸马府庙(民国)

州,潘元绍出战败绩,城破后降于徐达,送应天府,至台城被杀,祔葬于苏州娄门外上芝村父母茔侧。清代《吴门表隐》:"驸马府庙在泮环巷口。神姓张,名子垣,实潘元绍也,封丽娃乡土谷神。五月二十一日,神诞。庙即元绍宅,为平江首社。"相传,驸马府庙址为吴伯嚭旧宅。始建年代不详,清同治六年(1867)重修。清代《红兰逸乘》诗:"显圣娃乡庙,秋来报赛喧。镜分金雀影,竹泣碧湘痕。公主能全节,将军竟负恩。红垣疏树外,风景欲销魂。"民国《齐白石年谱》载:"光绪三十二年(1906),由香港海道至上海。一日,思游虎丘山。是日至苏州,天色已晚,宿驸马府堂。"民国初期,西区警察署借驻庙内。1918年和1921年,庙董组织两次集资修葺。中华人民共和国成立后,登记庙址尚占地4.29亩。庙舍先是开设民办小学,后为搪瓷厂,再散为民居,现为某单位。1985年,曾经维修。

现存山门墙及大殿各三间,坐东朝西。临街为磨砖门楼,辟门三,一大二小,中间砖雕门楼题额"显圣明王庙",年款"同治六年小春穀旦",落款"县吏王智渊、王云重修"。两侧门额镌"诚意""真心",人物砖雕精美。大殿为硬山顶,面阔三间,进深七檁,扁作梁,有外檐桁间牌科。

615. 财帛司庙 Cáibósī Miào

原位于姑苏区金阊街道学士街财帛司弄8号,又称财帛司堂。俗称大财帛司庙,对应的是乔司空巷的小财帛司庙。东汉初,扶风高士梁鸿携妻孟光偕隐于此,"举案齐眉"相敬如宾,传为佳话。事为皋伯通所闻,知非凡人,乃邀其在家食宿,鸿乃得潜心著书。鸿病剧,告以真姓名并托就地营葬。皋伯通葬其于阊门内专诸墩要离冢隙地,尔后于其居处建祠祀之,称梁高士祠。其地宋代为贡院、吴县学,明代为军器局、西察院。清康熙二十六年(1687)建庙,乾隆、道光、同治、光绪年间都有修建。为布政使衙门香火,原有屋宇54间。清《吴门表隐》载:"布政财帛司庙在歌薰桥北,康熙二十六年建,神姓任名珮,亦名瑰(任珮,唐封忠襄公,梁任昉八世孙)。"庙辟一室奉祀梁鸿,题额"梁伯鸾先生读书处"。光绪三十二年(1906),庙

财帛司庙旧貌

内开办公立公益初等小学堂。中华人民共和国成立后,财帛司庙部分殿宇改建为印铁制罐厂和苏州锁厂。1984年,财帛司庙大殿移建灵岩山寺,殿长12米,宽10米,高12米,改称智积殿。20世纪90年代,学士街改造时,弄堂古宅全部拆除,财帛司庙弄已无迹可寻。

616. 纠察司庙 Jiūchásī Miào

位于姑苏区沧浪街道胥门内朱家园14号，供奉城隍吴坛，为按察司衙门的香火，亦称按察司庙。吴坛（1724—1780），字紫庭，号椒堂，山东海丰（现无棣县）人。吴绍诗的次子，吴绍谟的嗣子。乾隆二十五年（1760），中进士，授刑部主事，后任郎中。乾隆三十二年（1767），任江苏按察使。乾隆三十五年（1770），升为江苏布政使。乾隆三十七年（1772）2月，任刑部侍郎。乾隆三十九年（1774），再任江苏布政使。乾隆四十五年（1780）4月，任江苏巡抚加二级，诰授光禄大夫。8月20日，遽逝于任上。吴坛在刑部任职时，曾任重修《大清律例》的纂修官，纲目三卷，逐一厘定。著有《论断编》和《大清律例通考》39卷。吴坛被奉为"城隍"，在其父亲吴绍诗的墓志铭中有记载："……恭定子坛官江苏巡抚，政绩赫然，迄今吴人祀为都城隍神……"

纠察司庙

庙始建于清嘉庆九年（1804）。光绪初，里人重修。光绪三十二年（1906），公立初等小学堂在纠察司庙开办。1912年，改为私立道养初等小学校。1916年4月，改名私立道养国民学校。1923年7月，改名私立道养小学。1926年，学校停办。1955年8月，百花洲初级小学迁校址于纠察司庙，并改称百花洲小学。1964年，改称朱家园小学。"文革"期间，改名跃进小学。1973年，恢复原校名。1987年8月底，小学撤并。庙内建筑已全部拆改，仅门前的磨砖八字墙完好。后曾为苏州市教育学院校产，现属苏州市职业大学，设有苏州市悦未来青年创业公社。

617. 长泾庙 Chángjīng Miào

位于姑苏区白洋湾街道长青老街。清道光《桐桥倚棹录》载："祀晋司徒王珣司空王珉。此处居民又合奉为土神。"旧时，长泾庙在开印日（农历正月十九日）、老爷生日（农历十二月廿五、廿六日）、封印日（农历十二月十九日）要烧香膜拜。特别是开印那天，人山人海，商贩云集，热闹非凡。原庙坐北朝南，五开间，两披三进。门前有高大的照墙。前进为戏楼。前进与第二进之间有10余米长的天井，中有万年宝鼎一

长泾庙

座。西边是走廊，廊上是看戏楼。第二进是大殿，内有两尊高大的菩萨，为长泾老爷的塑像。大殿两侧塑立的三班衙役和十殿阎王等。大殿上置可击的大鼓和肃静、回避等行牌。大殿外有老爷乘坐的神船，前面还有两匹白马及马夫。第三进是内堂，内堂西边两间是老爷家眷的房间，其余是僧舍等。

1958年、1965年，长泾庙陆续被拆，改建为长青乡政府办公用房。2003年，恢复重建。2004年10月，对外开放。2008年5月，再次扩建。2010年5月17日，举行完成暨神像开光典礼。现有山门、长泾殿、玉皇殿、斗姆殿等。

618. 庞氏宗祠 Pángshì Zōngcí

位于吴江区同里镇珍珠塔景区内，原大门在船舫浜，后门临街面河。庞氏先世由吴江庞山分支大光乡，清初始卜居同里。族人庞庆麟系同治十三年（1874）进士，曾任户部主事。光绪二十一年（1895），自任上倦退，斥资兴建庞氏宗祠。1930年，庞元润将宗祠从同里下乡移迁于此。庞元润（1867—1932），字二如。少从袁墨林、王啸桐、钱迪生诸先生诵习儒书，好数理。后从商，精于理财。清光绪二十一年（1895），在东旗杆建造新宅五进48间，称"庞家墙门"。光绪三十一年（1905），被推荐为吴江县商会第一任总理，三年后连任。民国元年（1912），任吴江县署第二科科长，兼任里中（同里）市董事会董事、协丰米行协理。1914年，受任无锡县公署税务科主任，兼任吴江县政府顾问。1924年，与弟庞兰如在东溪组设大丰米行。1927年，买市西南云圩地西车建筑仓宇，新组协丰米行。

中华人民共和国成立后，宗祠改粮库屯谷之处。2003年后，成为珍珠塔景点的一部分。祠堂前后四进，依次是墙门、穿堂、享堂、寝堂，共四十余间，建筑面积871.64平方米，占地1 258.88平方米，是同里镇最大的祠堂。第一进，门厅左右两侧各建一享亭。第二进，供神主。第三进，祭堂硬山顶，左右带厢道，面阔三间12.23米，进深12.14米，高7.82米。堂上正中挂着"仁风德化"大匾，厅中抱柱上镌刻着一副对联："乐备礼明贤圣业，水流山静智仁心。"第四进，为停枢处。东侧另有两进建筑，分别为看管人住处和停枢处。

庞氏宗祠

619. 任氏宗祠 Rénshì Zōngcí

位于吴江区同里镇溪街红塔埭，始建于清初。明初，有两支任氏先后迁来同里。一支是吴淞青龙江人任仲真，洪武年间官居南康郡丞退归家乡时，途经吴江游览，爱庞山湖一带风光秀美、风俗淳朴，便在湖滨建屋隐居。清末，同里分为荷花塘任氏老宅、田滩浪任宅、三阳田任宅、漆字圩任宅、南旗杆任宅等。任氏自

任氏宗祠

"兰"字辈后，按"传、家、孝、友、希、志、贤、良、树、德、重、厚、世、济、永、昌"16字排辈。宗祠坐北朝南，共占地面积1 470.78平方米。沿街凹进两米为八字墙，祠门面河，筑有丈余宽的河埠。祠门为三开间平屋，门楣上尚存20世纪六七十年代"东方红"印迹。五开间的祭殿，供奉任氏登科甲为官宦者的神位。祭殿两侧为庑廊，天井后是硬山顶享堂，面阔三间11.98米，进深11.85米，高7.99米，堂后有花园。光绪十三年（1887），退思园主任兰生出资修葺。1937年，一度为里人范烟桥开办的中学补习班的校舍。中华人民共和国成立后，宗祠改作粮库，现为粮管所的家属宿舍。

620. 吴江文庙 Wújiāng Wénmiào

位于吴江区松陵街道东门外，吴江中学旧址。始建无考，于宋绍兴年间移今址重建。乾道三年（1167），知县赵公广拓建明伦堂，立兴贤、进德、日新、时敏4个斋室，建号舍、琴书楼。嘉定八年（1215），知县孙仁荣重建大成殿。宋元间，毁于兵燹。元至元十三年（1276），都元帅长桥镇守使宁玉在原址重建孔庙、县学。大德四年（1300），知州李屺建棂星门，筑围墙。延祐三年（1316），知州高仁捐款修大成殿、讲堂、书斋，延祐五年（1318）建仪门、照壁。明洪武六年（1373），知县许庄修大成殿、明伦堂、尊经阁、先贤祠、桥、亭等，还修建大成殿旁的两廊和棂星门。正统三年（1438），巡抚周忱、知府朱胜复重建棂星门，修葺大成殿两庑。迁文庙左右的民居，在棂星门西建县学仪门、石坊（龙门），额曰"泮宫"，凿泮池跨以石桥，建明伦堂、琴书楼。明伦堂下设日新、时习两个学斋，上下都设号房，形成东庙西学的格局。成化五年（1469），在县学中建乡贤祠、名宦祠。成化八年（1472），知县王迪迁棂星门两旁民居，扩大文庙前的广场。嘉靖二十七年（1548），沿孔庙、县学前运粮河筑石

吴江文庙（民国）

驳岸、石栏杆，门前跨街自东向西依次有会元坊、状元坊、解元坊。文庙对河立大成坊。整体布局东庙西学。文庙中自南往北依次为：棂星门、戟门、大成殿、仓库。大成殿南有东西两庑。县学自南向北依次为：泮宫、礼门、明伦堂、会讲堂。明伦堂南有东西两斋。县学西墙外，自南往北为：启圣祠、名宦祠、乡贤祠、射圃。万历二十七年（1599），知县孙大壮迁文庙东侧民房，建文昌阁。崇祯二年（1629），知县熊开元修庙学，重建龙门。崇祯六年（1633），知县伍维新移建启圣祠于大成殿后，扩建乡贤祠和名宦祠。清顺治、康熙年间，多次维修文庙与县学。雍正二年（1724），知县徐永祐将启圣祠改为崇圣祠。雍正四年（1726），吴江析置吴江、震泽两县，庙学共属。太平天国时期，文庙、县学尽毁。同治四年（1865），吴江知县沈锡华、震泽知县万青选重建大成殿等。同治十二至十三年（1873—1874），吴江知县万青选、震泽知县李庆云建崇圣祠、明伦堂。

1915年起，奉军以文庙为兵营。1922年8月，江苏省立第一师范吴江分校借用县学为校舍。抗战期间，庙学遭到破坏。抗战胜利后，吴江师范将县学部分改建成教室和宿舍，文庙部分附属设施改造成教学用房、食堂等。1962年5月，吴江县中学迁入。1992至1998年，先后大修殿祠，砌筑围墙，建棂星门等。大成殿为庑殿式，重檐面阔五开间24.7米，进深三间13.3米，高13.1米，外檐斗拱重翘。中间三间朝南为落地长窗，左右两间为半窗。崇圣祠为重檐歇山顶，面阔五开间26米，进深三间11米，正中三间朝南为落地长窗。

621. 平望城隍庙 Píngwàng Chénghuáng Miào

位于吴江区平望镇安德桥北堍，原巡检司署东侧，正名为昭灵侯庙。祭祀唐代，开仓赈灾的苏州刺史李明。清光绪《平望续志》的《重修昭灵侯庙记》载：唐先天二年（713），始立该庙于吴江。后梁开平年间，淮兵围吴，吴越钱氏祷之有灵应，于是，奏封为昭灵侯，遂以为城隍神。初建无考。明万历四十四年（1616），周之轼改建，稍移西南。四十六年，里人徐应举、杨珍募建神座。清康熙四十年（1701），里人费国荣、张士珍修募大殿、头

平望城隍庙（民国）

门、仪门、后宫、书楼、东西鼓亭，又于西侧建随粮王、游巡司二殿。乾隆十三年（1748），殿前建一轩。三十二年，建五峰园。嘉庆十二年（1807），大殿、后殿、书厅、后宫毁于火，太学生张廷敕、赵丕承、吴钟秀、明经等人集资重建。道光七年（1827），徐正元、王日智等人复修殿寝门观。咸丰十年（1860），毁于兵燹。同治六年（1867），里人周士忠募建后殿、书厅。光绪元年（1875），建头门。光绪四年（1878），造戏台，增高围墙。光绪十二年（1886），黄楷募建翻轩三楹。

中华人民共和国成立后，城隍庙改为粮库，现存粮廒四幢，院场千余平方米，殿宇已全废，但存有一道长68米、高4米、厚0.48米的昔日围墙，墙基用花岗条石砌筑，高处为1米，低处为0.6米。2023年，于此打造"蓝·望文旅产业园"项目。

622. 刘猛将军庙 Liúměng Jiāngjūn Miào

位于吴江区平望镇溪港村，又称刘王庙。历史上，诸人因驱除蝗虫而得到百姓们的尊崇与爱戴，被尊称

刘猛将军庙

为刘猛将军的有刘承忠、刘锜、刘锐、刘漫堂、刘宰等，溪港刘猛将军庙奉祀的是刘承忠。初建无考，庙为清同治年间重建。坐北朝南，硬山顶，现存山门、刘王殿。刘王殿面阔三间8.15米，进深8.4米，高5.65米。山门墙内砌有"禁赌碑"两方，东面的碑立于清光绪二十七年（1901）十月十三日，西侧的碑立于清同治五年（1866）八月十九日。另有一块"公议条规"碑。2012年，重新修缮。

623. 斜塘土地庙 Xiétáng Tǔdì Miào

位于苏州工业园区斜塘街道、苏州科技大学苏州高等研究院北。土地庙初称明大王庙，后因庙门朝北，故俗称朝北土地庙。俗谚云："先造王墓土地庙，后修观前三清殿。"旧时，庙会在四周空地上举行，方圆十几里的村民都聚集于此观戏，商贩云集。中华人民共和国成立后，庙会被制止，土地庙开办学校，后改为饲养场。联产承包后，饲养场解散，土地庙被闲置。1997年，开始整修。2004年，修缮完成。2006年，再次修缮。

土地庙正殿面阔三间，横10米，纵7米；廊庑，横6米，纵4米。正殿屋顶为重檐歇山顶，翘角脊瓴，庙宇外形状如展翅待飞的鹏鸟。正殿顶最高处距地面约6米，殿檐距地面约2米。基础采用挖坑分层加罐瓦片填实做法，檐柱采用八角形青石柱，下置八角柱石板，正面二檐柱用覆式素面柱础，风格与三清殿、罗汉院正殿遗址部分柱础相似。正殿内四根石柱把殿分成暗3间，殿内东西山墙壁檐柱各用2根八角形青柱。殿内石柱上端头平，置斗拱结构承压，柱头上大梁桁条均用大木料扁作成椭圆形。斗拱的做法和规格与宋代的规定做法十分接近，歇山部外跳较大，屋脊部不设山雾云，采用丁华抹颏及叉手做法，为典型的宋代建筑特征。

斜塘土地庙

624. 高垫庙 Gāodiàn Miào

位于苏州工业园区斜塘街道江滨公园内。据传始建于明代，主祀江海随粮王。农历八月十六，为随粮王生日，高垫庙举行庙会，把随粮王及随粮王夫人两尊神像抬出庙门，一大早出发巡游，途经车坊、斜塘、郭巷等地，镇上经过的许多地方都搭了帐篷，供八老爷与夫人在帐内受供，到太阳落山才返回庙中，然后在庙内连演三天大戏。如今，八月十六日，仍是车坊地区重要的民间节日。

高垫庙

　　2005年以来，车坊地区原有的60余处土庙整体动迁拆除，现全部汇迁过渡至高垫庙。2011年12月27日，重建的高垫庙举行了开光法会。庙宇现占地5 300平方米，建筑面积近2 400平方米。三进庙宇由山门、随粮王殿、玉皇殿和东西配殿组成。庙内主供奉江海随粮王、玉皇大帝，配殿供奉太姥、药王、真武大帝、东岳大帝、文昌帝君、三星神、三茅真君、财神、观音、三官大帝等，后配殿供奉当地土地神。

四、古建筑名

625. 浒关蚕种场 Xǔguān Cánzhǒngchǎng

  位于虎丘区浒墅关镇桑园路,前身是大有蚕种场,创建于1926年。由浒墅关女蚕校校长郑辟疆从校友中集资12 000元创办,邵申培为种场经理。因1926年为丙寅年,又因浒地原名虎疁,故以"虎"牌为注册商标

浒关蚕种场

品牌，并得到无锡乾牲丝厂投资入股，扩大生产优质蚕种。后与同竞进社合作，在昆山大西门外创办大有二场。1927年秋后，在嘉兴王店又创办大有三场。1930年于宜兴芳桥创建大有六场。1931年，大有四场创于浒墅关镇北金鸡乡，大有五场创建于武进漕桥，大有七场创建于无锡后宅，大有八场创建于嘉兴栅堰桥，大有九场创建于南浔（后迁东山渡水桥），大有十场创建于德清，大有十一场创建于安徽青阳木镇。到1944年止，设大有总场和十一处分场，总经理仍为邵申培。

大有蚕种场为当时全国最大的私营蚕种场。1952年4月，改名为"苏南公私合营第一蚕种制造场"。1956年，统一为吴县养蚕小组管理。1960年，改名为"公私合营吴县蚕种场"。后由江苏省农林厅接收，更改为浒关蚕种场。

626. 光福茧行 Guāngfú Jiǎnháng

位于吴中区光福镇迁里村荷花塘，系1937年范仲康等人贷款一万元开办。1928年3月27日，吴县建设局、吴县农民协会在光福迁里村成立养蚕指导所，担负起了光福地区农村栽桑养蚕的技术指导工作。1931年，范仲康、俞长春等人发起组织了吴县第三区蚕桑生产运销合作社联合会，社址在光福迁里村永安桥西块。联合会是当年江苏省省立女子蚕业学校种桑、育种、养蚕的基地之一，宗旨是"除蚕病、制良种、精求饲育，兼讲植桑、制丝，传授学生，推广民间"。1937年，茧行从上海环球铁工厂购进日本大和三光式自动烘茧机，成为中国合作学社在中国首先使用第一台进口烘茧机的茧行，烘量358担。光福茧行既解决了鲜茧的收购、烘贮问题，又改变了鲜茧历来由蚕农上土缫车缫土丝的习惯。当时，光福茧站共有四处：久大茧站（崦东）、福大茧站（迁里）、盖大茧站（舟山）、蚕联社（永安桥南）。

中华人民共和国成立后，茧行隶属光福供销社，增建多组建筑。1997年，基本废弃。

光福茧行

627. 崦西小筑 Yānxī Xiǎozhù

位于吴中区光福镇的上路头，旧为游览邓尉风景第一站，在此可饱览下崦风景。民国《光福志》："崦西小筑在耕渔轩侧，亦曰小云台。相传，为石嵝庵下院，有水阁三楹，擅湖山之胜。旧时，里人士结文社于

崦西小筑(民国)

此,旁有土阜,今建旷望亭。"现存《崦西小筑记》碑,民国七年(1910)岁次戊午十月立,砌于旧址附近的墙内。如今,建筑虽已全毁,幸留存民国时期江苏省省会建设工程处驻光福办事所主任办事员周锦如做古迹调查时对崦西小筑匾联的抄录:

清咸丰状元、军机大臣翁同龢题:秀色满江国,茅声腾海隅。

清代书画家、篆刻家陈鸿寿题:藤窗小橙梅花语,竹榻签新月叶书。

清光绪华亭县知县赵梦泰题:晴岚耸翠,烟水拖蓝,何当折桨来游,预约他年重载酒;吉刹云封,遥村雪霁,相与采梅选胜,登临余暇一题诗。

清光绪探花吴荫培题:崦西隔城市,吾辈喜经过。地揽湖山胜,亭开风月多。云台荨旧址,雪海绕吟窝。东阁留宾语,诗人水部何。

清宣统拔贡张士衡题:崦西小筑隔尘寰,近对波流远望山。屋后林花堪索笑,不须着屐更跻攀。

民国吴江县教育局局长金天翮题:镜中山影,浮屠单雨。过群流,会江曲,抛却龙眼秋。萧龙来,崦西筑,主人示我崦西图。荷花秋残水槛依,更约探梅崦中宿,风炉煮茗呼髯吴。此后,崦西小筑并入三官堂。

清道光《吴门表隐》:"三官堂在光福石觜墩,宋元丰间(1078—1085)建,有石香炉,甚古,镌'永乐三年置'。国朝道光十八年(1838),李宗沆修。"1940年,邓尉区整修三官堂并增筑水码头、六亩荷花池等。当时尚有楼房三幢、平房共十四间,头门佛殿、六角亭及土地司等。1958年,光福人民公社在三官堂旧址创办敬老院,专门安置孤老,由集体实行"保吃、保穿、保烧、保洗、保葬"的五保。1982年,改为吴县社会福利院。2011年,改称光福香雪护理院。2020年,护理院迁新址。

628. 木渎敌楼 Mùdú Dílóu

位于吴中区木渎古镇东的胥江畔,建于明嘉靖三十六年(1557)。1957年,曾被列入江苏省文物保护单位。不久,即因胥江航道拓宽,被陆续拆除,仅存地名。

明代后期,海防废弛,国力衰竭,史称"倭寇"的日本海盗乘虚窜扰我国东南沿海各地。嘉靖三十三年(1554)六月,倭寇从阊门烧劫至枫桥,三日后至横山焚掠殆遍;嘉靖三十四年(1555)五月,倭寇自娄门至阊门分为两路,北出浒墅关,南出枫桥、横塘,往木渎、胥口、东山、西山等处抢

木渎敌楼(民国)

劫。苏州一带军民在名将任环、俞大猷等人率领下英勇奋战,给倭寇以沉重打击。明嘉靖三十六年(1557),巡抚御史尚维持、知府温景葵、知县安谦负责建造抵御倭寇的敌楼。

敌楼又称堞楼,是古代一种砖石结构的防御建筑,上置弓弩、火铳、火炮等器械,用以守护及打击敌人,也可用于瞭望军情、传递消息,其形状与长城上的方形城台相似。民国《木渎小志》所记载的木渎敌

楼："方广十三丈有奇，高三丈六尺有奇，下垒石为基，四面凳砖，中为三层，上覆以瓦，旁列孔，发矢石锐炮。"《吴门表隐》记载："敌楼有三，一在木渎东市梢、一在葑门、一在枫桥。"葑门敌楼于1925年拆除，枫桥敌楼为现今的铁铃关。

629. 元和县衙旧址 Yuánhéxiànyá Jiùzhǐ

位于姑苏区双塔街道公园路东的元和路（十郎巷），现苏州市第一中学校园内。清雍正二年（1724），析长洲县地置元和县，元和之名，取自元和塘。雍正五年（1727），以十郎巷陈姓房舍改造扩建为衙署。衙门建筑群的正路依次是照壁、大门、二门、公生明牌坊、大堂、二堂、三堂、堂楼。西侧是监狱、典史厅等。清咸丰年间，衙门毁于太平天国战火。同治十一年（1872），重建。现存正路二堂、上房及东路3进房舍。二堂为硬山顶，面阔5间19.4米，进深10.3米，前有东西两庑，正中有卷棚式穿廊，南原接已拆除的大堂。民国年间，县衙改为吴县救济院，曾办过施粥场。此后，成为吴县新生活运动委员会所在。日据时期，改为清乡委员会驻苏办事处。抗战胜利后，成为三青团办公处，并开办青年中学。

元和县衙旧址

630. 按察司监狱旧址 Ànchásī Jiānyù Jiùzhǐ

位于姑苏区沧浪街道司前街的原苏州看守所，最早是江苏按察司监和苏州府监。这是清末设立的一所监狱，里面关押的都是死刑犯和其他要犯。资料记载，这里最早有两排共9间监狱，每间关押人犯20人，拥挤不堪。辛亥革命后，按察司监废止。1919年，在此设立江苏高等检察厅（法院）看守所，关押未判决的人犯。1936年12月30日至1937年7月31日，"七君子"之一的史良被关押在看守所女监。宋庆龄等发动爱国入狱行动，曾赴苏州自请入狱，并且到看守所看望史良。从此，这个关押过史良的监房便被称为"七君子监"。

中华人民共和国成立后，先后为苏南苏州监狱、苏州市监狱所在地。1955年，监房归市公安局看守所。1977年、1984年两次扩建、翻建新监房，总面积逾2 000平方米。1997年10月，看守所搬出。经改造，现其十字监一部分为苏州警察博物馆、苏州禁毒展览馆，对外开放。整个建筑呈米字形，监所在沿着长长的走廊一

按察司监狱旧址

字排开，楼上是看守的房间。从看守房间地板的网格上，可以监看到每个房间。从采光、安全的角度考虑，几乎无懈可击。据说，这个看守所是著名建筑大师贝聿铭先生的族叔，同为建筑大师的贝寿同设计的。

狮子口监狱旧址

631. 狮子口监狱旧址 Shīzikǒu Jiānyù Jiùzhǐ

原位于姑苏区平江街道仓街南首，前身是清宣统二年（1910），建于仓街小柳贞巷的苏州模范监狱。民国初年，改名为吴县模范监狱。1919年7月，更名为江苏第三监狱。1937年，日军入侵苏州前，撤销。1939年，汪伪政权在司前街建伪江苏第三监狱。次年，从司前街搬迁到仓街南口的清末军械局旧址，因门牌是狮子口9号，俗称"狮子口监狱"，当年与南京"老虎桥监狱"、上海"提篮桥监狱"，并称为"民国三大监狱"。

抗战胜利后，国民政府司法部接收了狮子口监房，设立江苏第三监狱，列为甲种监狱，当时有监房七十八间，分为男监、女监、杂居间、独居间。监房编号以"知、过、必、改"四字排列，后以"礼、义、廉、耻"四字排列。1948年，更名为江苏苏州监狱。1949年11月，成立苏南苏州监狱。1951年4月，苏南苏州监狱由司前街迁至狮子口。1956年，苏南苏州监狱和苏州区监狱合并后成立江苏省第三监狱。1958年，监狱大门移至仓街10号，原大门封闭。1994年后，称为江苏省苏州监狱，占地约9万平方米。2009年5月20日，苏州监狱整体搬迁到相城区黄埭镇新址。监狱遗址现存青砖办公楼和岗楼各一座，今在原址上兴建了现代化商业体——仓街商业广场。

632. 昆曲传习所 Kūnqǔ Chuánxísuǒ

位于姑苏区金阊街道西大营门五亩园。1921年8月，为挽救振兴昆曲、培养昆曲艺术接班人，苏州一批爱好昆曲的乡绅贝晋眉、张紫东、徐镜清等，在上海纺织工业实业家穆藕初的巨额资助，以及吴梅、江鼎丞等人的赞助下，发展成立了昆曲史上第一所学校——苏州昆曲传习所。公推孙咏雩先生为传习所所长，沈月泉为首席教师。原计划招收30名学员，后扩招为50名（均为9至14岁男孩）。规定试学半年，所方确认有培养前途者，才能正式学戏，5年满师。所招学员俱为城市贫民子弟或当时的昆曲全福班艺人亲属。学员虽各有所长，但生旦净末、唱念皆学，又必须学会吹笛及演奏其他乐器，个个是多面手。50名学生的艺名中间都嵌一个"传"字，以表达创办者志在传承昆曲艺术。对继承和发展昆曲做出重要贡献的"传字辈"就此诞生。后由曲家严惠宇、陶希泉出资成立"新乐府"剧团，以后又经改组，由"传字辈"演员自行成立合作制剧团，取名"仙霓社"，在沪、杭、苏、浙一带演出。至20世纪30年代初，曾经演出的昆剧传统折子戏共六百余出。抗战爆发后，"仙霓社"被迫解散，于是苏州昆剧便几乎完全淡出舞台。中华人民共和国成立后，昆曲传习所旧址成为苏州林机厂仓库用地。2005年6月，林机厂拍卖了原厂址，苏州市政府作出了"昆曲传习所旧址及房屋整体保留，划归地方政府，由地方出资维修保护，建成苏州文化景观"的决定。

现传习所旧址改建为国内首家"昆曲会所"，占地面积1 343平方米，其中门厅、前厅、后厅、水榭、备弄等建筑面积约574平方米。砖雕门楼上有昆曲大师俞振飞手书的"苏州昆曲传习所"，门楼下有创办人穆藕初与张紫东的雕塑。后花园实景演出昆剧《牡丹亭·游园惊梦》，成就了昆曲与苏州园林的情景交融，为昆曲会所的第一个经典雅集。

昆曲传习所

633. 苏州关税务司署旧址 Sūzhōuguān Shuìwùsīshǔ Jiùzhǐ

位于姑苏区双塔街道南门路东首的灭渡桥堍，又称觅渡桥，即原英法驻苏领事馆。清光绪二十二年（1896）八月成立，管辖范围为嘉兴以北，丹阳以南，昆山以西。设税务司总领其事，首任税务司为英国人孟国美。当时设内、外两班，办理报关、纳税及查禁走私业务。1913年3月，海关总税务司以各地海关关务时常有变迁，名实多不相符等原因，逐步统一各口海关内部组织。苏州关税务司署设征税、公务两个部门，征税部门主管税务征收，下设总务、秘书、会计、验估四课；工务部门直到1922年才成立，主管海关设施的营造和维修。1936年，增设稽查处，主管缉私。1937年11月，日军侵占苏州后，关务随即中止。

抗战胜利后，曾为国民党炮兵十六团使用。中华人民共和国成立初，为华东军政大学借用。1974年，移交苏州市外贸局。2009年，全面整修后，成为苏州市青少年活动中心。

苏州关税务司署旧址

634. 公共体育场旧址 Gōnggòngtǐyùchǎng Jiùzhǐ

位于姑苏区双塔街道五卅路91号，原为子城教场遗址。宣统元年（1909），曾用作运动场地。1918年5月21日，建成公共体育场开放，面积约12 000平方米，有250米的半圆形跑道6条，足球、篮球、排球、网球场各一块，并附有单杠、双杠等简单锻炼器材。抗战期间，体育场沦为日军养马场，群众体育活动场所移至公园路今市一中南侧的操场，时称江苏省立公共体育场。1944年，体育场迁回原址并重建。抗战胜利后，仍称吴县公共体育场。

中华人民共和国成立后，改称苏州市人民体育场。1951年，改建推平北部的荒地及演武厅、白骨塔等土墩，拆除南部体育场路民房，并将原有250米的6条跑道扩建为400米栏曲式8条跑道，场内附设大、小型足球场各1块，跑道外南北两侧设有篮球、排球场，另有单杠、双杠、吊环、举重等器材；场地面积扩展到30 000平方米，为原面积的1.5倍。1953年，又将体育场北部、锦帆路东围墙内土墩推平，修建篮球场、小型足球

公共体育场旧貌

场，在南部建一水泥篮球场。1978年，在场内建造728平方米的司令台。1985年，投资70万元建造看台，并翻建标准田径场，同时在足球场种植草皮。1986年，在足球场地铺设天然草坪。1996年，进行全面改造，铺上塑料田径跑道，增加南北看台。

635. 孩子图书馆旧址 Háizitúshūguǎn Jiùzhǐ

位于姑苏区金阊街道石塔头4号。1948年冬，中共苏州地下党员钱君华等发起筹建苏州孩子图书馆，得到以宋庆龄为代表的中国儿童福利基金会和各界的资助。1949年4月4日，在石塔头正式开馆，读者大部分为中小学生和失学儿童，人数由开馆时的20多人发展到700余人，常在小服务员和小读者中组织政治学习，收集到少年儿童读物6 000余册。1949年8月，在此创办孩子们自编自印的《孩子报》。1950年8月1日，并入苏州市立图书馆，改为苏州市立图书

孩子图书馆旧址

馆的儿童阅览室。古宅建于清末民初，现全部为民居。坐北面南，两进三开间楼，占地面积392平方米，建筑面积687平方米。

636. 吴县县立图书馆旧址 Wúxiàn Xiànlìtúshūguǎn Jiùzhǐ

位于姑苏区双塔街道、苏州公园中心花坛区，曾有一座规模宏大的欧式建筑。由清末民初的颜料巨商奚萼铭的遗孀黄氏授意其子士尚、士菁捐资五万元建造。1921年8月8日《申报》，"建筑县立图书馆：吴县县立图书馆，现由旅沪澄商奚鹤铭之夫人捐资建筑，并由吴县教育会长龚耕禹及富商贝润生等，组织委员会，经办其事，购定王废基空地二十余亩为基址，图样早经绘就，已由郁姓工头承揽建造，计需价四万九千五百元，连同二十年内之修理费，概归奚夫人担任，至书籍应用器具等，则由委员会另行筹款置备，现已开始动工建筑矣"。奚萼铭（1880—1919），名光旭，一作奚旭，初字振铺，后字萼铭、鄂铭、埜鹤。奚润如长子，花翎二品顶戴，候选户部郎中，太学生，诰授资政大夫。清末民初，旅居上海的颜料巨商，收藏家。斋名萼庐，室名文彝轩、小冬花庵。奚氏热衷社会公益事业，国民政府教育部曾为其颁发捐资兴学一等奖奖状，当时获此荣誉者，全国仅三人。

吴县县立图书馆(民国)

1922年冬，图书馆大楼落成，初名苏州图书馆。馆舍总面积约3 700平方米，南面正中是一座四面钟楼，东西两侧是两层高的楼房，馆内可容纳500人阅览。图书馆虽建好，但已无添置设施的经费，只得先向社会征募。1923年七月，发出征募单："设备费九千余元，购书费一万二千余元，图书二十万册。"1924年2月1日，图书馆首先开放了书报部。同年8月1日，在各界的募集支持下，苏州图书馆正式开馆。1930年2月，苏州图书馆转为公立，更名为吴县县立图书馆。1936年8月1日，各界人士参加图书馆的奚萼铭铜像揭幕典礼，由杨咏裳主席报告铜像落成经过，时任邓县长与张一麐先后致辞。1937年，"八·一三"上海抗战爆发，苏州各界立即成立抗敌后援会，会址即设在吴县县立图书馆。社会各界纷纷投入慰劳、劝募、救助伤兵的工作中。同年11月19日，苏州沦陷，日军海劳源部队于当天下午4时许，集结在图书馆前，为了摧毁苏州抗敌后援会，日军用小钢炮将图书馆大楼轰成残壁，随后坍塌。

637. 第一丝厂旧址 Dìyīsīchǎng Jiùzhǐ

位于姑苏区吴门桥街道南门路94号，其前身瑞丰丝厂是由日商瑞丰片仓株式会社于1926年建成投产的，为日商在华投资开设的第一家缫丝厂，地处盘门外的日租界青旸地，所生产的"樱花牌"蚕丝，曾得到日本天皇嘉奖，并赠虎头宝剑以示奖励。1938年8月，改称华中蚕丝公司苏州丝厂。抗战胜利后，被国民政府接收，更名为中国蚕丝公司苏州第一实验丝厂。1946至1947年期间，费达生，中华民族丝绸工业的创始人之一，曾担任该厂厂长。中华人民共和国成立后，军管会接管，该厂成了苏州市最早的三个国有企业之一。一度曾由苏州市委副书记兼任厂党支部书记，可见当时的重视程度。1952年，由国营改为地方国营，更名为苏州第一丝厂，并一直沿用至今。第一丝厂转制后，利用老厂的资源，开办了"蚕桑文化陈列馆"，以老照片、历代缫丝机、女工现场缫丝展示等，让游客在感受苏州蚕桑文化的过程中，了解苏州丝绸工业的发展历史。

第一丝厂旧址

638. 鸿生火柴厂旧址 Hóngshēng Huǒcháichǎng Jiùzhǐ

位于姑苏区沧浪街道胥门外新市桥码头旁，现存当时办公用房二层西式楼房一栋。办公楼东西向，占地面积350平方米，面阔七间，青瓦坡顶，外墙青红砖混砌，东、西立面二层均有百叶窗户、券柱装饰。

鸿生火柴厂旧貌

1920年10月1日，为抵制日货，提倡国货，以刘鸿生为主，与其他6人合资共12万元，在胥门外水门塘（皇亭街）购得地基20.5亩，创建鸿生火柴厂。初期，日商"猴牌"火柴倾销，上海燮昌火柴厂也在苏城设立分厂争夺市场。鸿生火柴厂将产品降价销售。1922年，研制出无毒、优质宝塔牌火柴，提高了国产火柴的声望，与倾销市场的瑞典"凤凰牌"、日本"猴牌"相竞争。1928年8月，刘鸿生发出《告火柴同业书》提出"同业合并、减少竞争、厚积资金、协力图存、一致对外"的主张。1930年，苏州鸿生火柴厂与上海中华，浦东陆家渡燮昌一厂、二厂，镇江燮昌三厂组成大中华火柴股份有限公司，刘鸿生任总经理。

日伪时期，鸿生火柴厂一度被日军"军管"，最少一年仅开工83天。抗战胜利后，国民政府经济部以"敌产"名义没收鸿生火柴厂，经交涉后归还产权。到中华人民共和国成立前夕，受物价飞涨、囤积保值之风刺激,鸿生火柴厂生产出现高峰。1956年,与中南火柴厂等4家企业合并,改组为公私合营鸿生火柴厂。经过整顿,成为火柴生产全能厂,生产逐年提高。1966年,改名为国营苏州火柴厂。1978年以后,该厂开发旅游火柴。1982年,火柴生产实现机械化。1985年,火柴品种有普通火柴4个、旅游火柴5个,形成从原木到成品的机械化一条龙生产。到1992年被迫停产,生产设备、技术等被转让给张家港市。原厂址曾一度与当时的沧浪区工商行政管理局联办苏州最大的果品批发交易市场和家禽批发交易市场。后厂区大部随胥胥路、护城河改造而拆迁。

639. 胥江水厂旧址 Xūjiāng Shuǐchǎng Jiùzhǐ

位于姑苏区沧浪街道百花洲小区内。1949年9月,苏州自来水公司筹备处成立,1951年10月,苏州市自来水建设委员会投资35万元,在百花洲建成苏州第一座水厂——胥江水厂。翌年7月,建成供水,日供水能

胥门水厂旧址

力7 200立方米。最初取水口设在胥江下游的胥门接官厅。8月1日,向市区免费试供粗滤水。1952年3月1日,开始供应沉淀水,并发展用户,收取水费。1953年,实行24小时生产运行供水制。1954—1955年,建成0.48万立方米/日快滤池,0.09万立方米清水池,0.012万立方米冲选水塔各1座,以及两级泵房。1959年,增建0.12万立方米清水池1座,平均日供水量达1万立方米。1978年,进行挖潜改造,在2座清水池之间建成1组0.5万立方米简易池。1980年3月,因水源严重污染而被迫停产。

640. 苏州电气公司旧址 Sūzhōu Diànqìgōngsī Jiùzhǐ

位于姑苏区沧浪街道胥门外枣市街。苏州电气公司创办于1920年,1921年2月7日正式发电营业,企业性质为民营商办。1924年,以85万元收购位于今南濠街的苏州振兴电灯公司后,闾、胥2厂同时发电。1924年12月,添置一台新通公司瑞士卜郎比厂3 600千瓦汽轮发电机,在胥厂另建新厂房。建成后,将闾厂750千瓦机组迁至胥厂,闾厂停止发电。1931年,添置1台德国西门子厂5 000千瓦汽轮发电机。1935年,添置1台德国蔼益吉3 200千瓦汽轮发电机。至抗战前夕,苏州电气公司拥有3机3炉,发电装机容量为11 800千瓦,职工300人,由三类发电厂一跃为江苏省最大的民营发电厂。1940年3月14日,日本驻苏州特务机关张贴布告,强行宣布对苏州电气公司实行"军管"。抗战胜利后,由于维修设备所需要的外汇申请颇难,燃煤又被列为统制品,到中华人民共和国成立前夕,苏州电气公司经营艰难。

中华人民共和国成立后,苏州市军管会派代表

苏州电气公司旧址(民国)

进驻苏州电气公司，帮助恢复生产。在资金、交通、运输诸方面调集燃煤，确保其正常发电运行。到1952年，与1949年相比，发电、供电量均翻一番，经济效益明显好转。1958年9月25日，苏州电气公司与苏州望亭发电厂并网发电。1962年7月1日，撤销苏州电气公司建制，发电、供电机构分开，分别建立苏州供电局和苏州发电厂。

641. 昌善局旧址 Chāngshànjú Jiùzhǐ

位于姑苏区平江街道娄门内的内城河小洲上，旧称天真堂，原名集福精庐。清康熙四十六年（1707），郡人顾汧、韩孝基、顾鼎荣等创建。乾隆初期，郡人韩彦会、彭绍升、顾荣华等重建，不久即废。嘉庆二十四年（1819），王彪、计蕴芳复兴后，潘师升、蒋敬、黄均等捐办施棺、代葬、惜字、放生诸善举。道光二十年（1840），董国华、蒋庆均、蒋开承等竭力重整，并立义学。1928年，停收放生动物。1930年，由吴县救济院掩埋所兼管，设有礼堂、殡舍，占地11 300平方米。殡舍有上、下堂之分，上堂为高级单房殡舍，棺柩年付寄费20银圆以上；下堂

昌善局旧址

为集体殡舍，每具年付寄费2至3银圆。过期无法交费者或无人收殓的尸体，则运至城脚下埋葬。昌善局旧有亭榭、旱船、假山和放生池。池边现存百年的柏树一株，紫藤一架，银杏四株。

中华人民共和国成立后，昌善局移到杨家桥，积柩逐步迁葬。1951年6月30日，改设"苏州妇女生产教养院"，将殡舍改成3幢宿舍，烟花女子被编为3个中队，劳动生产主要有缝纫、制鞋、编热水瓶竹壳，并为康复医院洗涤被服等。1951年12月26日，还在此成立"苏州市少年京剧团"，京剧团的前身系民国年间，由卖艺孤儿组成的光荣童子京剧团，由民政局接管续办。1953年4月，开始兴建城东动物园，先后迁入原在拙政园的小动物，另收并玄妙观及上海"同发"等3家私人动物游展团。1954年5月1日，动物园对外开放。范广宪的《吴门园墅文献》卷一载："城东动物园，在二门口，原为昌善局丙舍，素有花木水石，布置甚饶幽趣，池中蓄有巨鼋，每在春夏之交，游人投饼，浮出水面争食，别有闲逸之乐，其他池塘满植茭蒉，开花时，清香扑鼻，令人心醉，于一九五四年改建，是园更形喧阗矣。"2016年4月，苏州动物园启动搬迁，至上方山森林动物世界。原址重新整修，现已成为东园的一部分。

642. 普济堂旧址 Pǔjìtáng Jiùzhǐ

位于姑苏区虎丘街道山塘街小普济桥下塘4号。康熙四十九年（1710），由昆曲艺人陈明智、顾如龙等募建。康熙五十三年（1714），士绅王三锡捐堂田地100亩，另有陶姓、张姓、江姓、钱姓等捐田112.55亩。乾隆二年（1737），绅士助置田二顷六十亩等，苏州府将官司没收的田房变价银5 575两拨给普济堂使用。乾隆三十一年（1766），江苏巡抚明德增建虎丘普济堂病房51间。至同治年间，苏州普济堂已拥有田产12 905.55亩，其田产遍及苏州府所属各县，有的甚至在松江府和江宁府境内。民国《吴县志》记载，当时的普济堂每年可收田房租息约2万串，留养年老贫民350人，被称为"苏州第一养老院"。中华人民共和国成立

普济堂旧址

后,育婴所、儿童教养院、老残教养院等在普济堂合并,建立苏州市社会福利院。"文革"时期,改为苏州市社会救济院。"文革"后,恢复社会福利院名称。现社会福利院搬迁,新院在相城区的澄阳街道。

普济堂现存多方清代碑刻:乾隆三十二年(1767)《虎丘普济堂增建屋宇记》曹秀先撰;乾隆五十六年(1791)六月《苏州府督粮同知奉宪将男普济堂接收归官经理碑》;道光十二年(1832)八月《苏州府为捐款充作男

普济堂经费发典生息不准动本他拨给示碑》;道光二十一年(1841)六月《苏州府为男普济堂设立渡船给示保护碑》;道光二十五年(1845)四月《苏州府为普济堂定制深埋给示碑》;道光二十九年(1849)四月十三日《苏州府为香山船户自愿捐男普济堂给示碑》;道光三十年(1850年)四月三日《苏州府为普济堂处理尸棺给示碑》;咸丰四年(1854)五月《苏州府为男普济堂支取经费给示碑》。

643. 宣州会馆 Xuānzhōu Huìguǎn

位于姑苏区金阊街道吴殿直巷。宣州在汉代称宛陵,至晋代皇帝赐名为宣城,晋至隋设宣城郡,唐代时郡改州,易名宣州,成为唐代江南三大中心城市之一。明嘉靖年间,宣州人外出经商已蔚然成风,逐渐形成了宣州商帮。茶叶、竹木、宣纸是经营的主业。宣州商人往往依附于徽商,并以家族为纽带,世代出外经商。如泾县朱氏、胡氏、洪氏、郑氏和汪氏五大望族,均是数代经商的商人家族集团。宣州商人在经商所到之处,多创办有专为本籍商人服务的

宣州会馆

会馆。吴殿直巷的宣州会馆,就是由安徽泾县籍商人在乾隆年间所建,清末重建。

会馆坐北朝南,两路四进,建筑面积1 673平方米。东路第二进为硬山顶正殿,面阔三间10.4米,进深八檩10.8米,圆作梁,前船棚轩,后两进为楼。修缮时,出土有捐款碑两方。

644. 安徽会馆 Ānhuī Huìguǎn

位于姑苏区平江街道南显子巷18号。清同治三年(1864),李鸿章等捐资在程公祠东筹建安徽会馆。《新建安徽会馆记》载:"包孝肃公产皖北,朱子出皖南,乡人旧奉祀之,遂于馆之中堂并为两公神主。"同治五年(1866)七月,会馆落成,其屋二百数十楹。李鸿章调离后仍对会馆予以指训并拨巨金,每年报销册送李

审阅。同治十一年（1872）左右，在西偏购屋基，同治十三年（1874），李鸿章拨银5 000两添建门厅、轿厅及皖山别墅。按李鸿章"官之与商不可偏废"意，光绪二年（1876），划部分皖山别墅房屋作经商公所，以达到"速招徕，节费用，宦商联为一体，会馆期于持久"的目的。民国年间，安徽旅苏同乡会设于此，曾设阅报社，一度改为游艺场，游客众多。张荣培有《重游皖山别墅》，诗曰："不到游踪二十年，坠欢重拾渺如烟。楼台缭曲还依旧，花木凋零却逊前。试剔苔痕摹古篆，且邀茶话论新泉。此中雅有天台胜，笑我刘郎骨未仙。"

安徽会馆

安徽会馆门面朝南，原布局规模是照墙一座，砖刻门楼大门三间，依次为东西门房二间，东西账房二间，轿厅三间，东厢房三间，西厢房三间，东西配房二间，享堂三间，花厅上下楼房六间，对照上下楼房六间。现存砖雕门楼面南，由铁护栏包围。左右有石库门各一扇，门上包铅皮钉钉有装饰及虚空大字，连同西侧的"皖山别墅"大门，从东向西依次"福""禄""寿"三字。"福"字门上有砖饰门额"憩棠"，"禄"字门上有砖饰门额"敬梓"。享堂俗称包公殿，正中神龛里并列供奉着两座神位，杏黄色神幔中一位是大宋龙图阁直学士包孝肃公之神位，即"包青天"包拯，安徽合肥人，当时被称为"关节不到，有阎罗包老"。另供奉先贤朱文公，即朱熹，南宋徽州婺源人，集理学之大成者，有《朱文公集》《朱子语类》等。第一进的门厅现为第十五中学校史陈列室，存有"宾至如归"砖细门楼。

645. 长元县学旧址 Chángyuánxiànxué Jiùzhǐ

位于姑苏区平江街道干将东路470号，平江实验学校内。长洲县学创立于南宋淳熙元年（1174），原在今旧学前西口，由广化寺改建。明嘉靖二十年（1541）迁现址，以福宁万寿寺改建。清雍正二年（1724），从长洲县分设出元和县，但县学不另分建，附于长洲县学。名曰"长洲元和县学"，俗称"长元县学"。长元县学大成殿为光绪八年（1882）重建，重檐歇山顶，面阔七间32米，进深六檩17米，高约18米，面积为544平方米。大殿扁作梁架，四周有外檐桁间牌科，前设月台。原殿内有大清多位皇帝书额"万世师表"（康熙二十三年颁）、"生民未有"（雍正三年颁）、"与天地参"（乾隆三年颁）、"圣集大成"（嘉庆三年颁）、"圣神天纵"（同治三年颁）、"斯文在此"（光绪三年颁）、"德配天地"等，上有云鹤花板顶等，均毁于20世纪六七十年代。大成殿四周尚存十棵百年以上的银杏树。1994年、2000年先后经两次整修。1998年，长元县学大成殿被列为苏州市文物保护单位。根据民国《吴县志》记载及所附"长元学图"所示，长元县学有"左庙右学"两路建筑，还有多处绿地和园林：道山亭之北，东为菜圃，西为桃李园；东南有土山、松林、杂花的春宴园；其东栽竹数百竿，名小淇园。另在玉带河东"有田数亩，可供粢盛"，称为"学地"。四面环河也是长元县学的一大特色。学址本来西临第四直河，南对第二横河，又在东南升龙桥旁开渠引第二横河水北行，折

长元县学大成殿

西与第四直河沟通，形成绕学一周的环河，名为玉带河。县学旧址自民国至今，一直被用于开办各类学校，原有建筑陆续被拆，改建为新校舍。

1932年，教育家王季常在长元县学原址创办了私立安定中学。1950年，改为苏州市五一技学。1953年暑假，改为江苏省苏州市纺织工业学校。1953年冬天，又改校名为苏州电力土木建筑工程学校。1957年9月起，改为苏州市工业职工子弟中学。1970年，更名为苏州市第十一中学。1999年，中学与平江实验小学合并为平江实验学校。

646. 桃坞中学旧址 Táowùzhōngxué Jiùzhǐ

位于姑苏区金阊街道宝城桥街8号。清光绪二十八年（1902），美国基督教圣公会在桃花坞廖家巷东首租用毗连民房两栋，开办了一所学堂，称圣公会中西学堂。是年10月2日，正式开学。学校负责人韩汴明（美籍）、聂高荣（美籍）襄助，另聘中国教师2人。次年，在桃花坞购地建舍，学堂迁至新址。光绪三十四年（1908），学校正式定名桃坞中学。1912年，无锡圣彼得学校并入桃坞中学。嗣后，在桃坞中学校舍中辟出一角，成立圣信女中，后圣信女中另迁新址，改名显道女中。抗战爆发后，显道女中即行停办。桃坞中学以"修道为教"为办学宗旨，开办后的数十年中，一贯注重宗教课和宗教活动，强化对学生宗教思想的灌输。圣公会在学校中自立一套管理与教学制度，不受政府管控。20世纪20年代，苏州的教会学校遵照民国教育部令，均先后向政府申报立案，并由中国人担任校长，唯独桃坞中学拒不立案。美籍校长梅乃魁，自1910年起接任校长，至

桃坞中学（民国）

1938年日军占领时才离开，任校长达28年之久。到1948年，该校复校后，才报江苏省教育厅立案。桃坞中学的学生必须在中文班及英文班都修业期满，取得两张文凭，方算正式毕业。该校在教学上把英文放在首位，因此学生的英文水平在当时比其他教会中学的学生高，这为学生升学就业提供了有利条件。抗战爆发后，学校停办，校舍为日军强占，作为马厩。次年夏，部分避难至上海的教师，在慈淑大楼开办暑期补习班。秋，补习班改名桃坞中学，正式在沪招生授课，学级从初一至高一，学生200余人，校长毛克忠。抗战胜利后，沪校部分教师由钱慕云率领返苏复校，沪校照常开办。1946年9月，沪校师生全部返回苏校，同时有仁立补习学社的中学部并入该校。1952年3月，该校由政府接办，定名为苏州市第四中学校。

民国至抗战前夕，美籍校长梅乃魁致力于学校发展，陆续建造了一批砖木结构西式校舍，有教堂、体育馆、实验室、办公室、教师住宅等。还更新了学校设备，增强师资，发展迅速，已成为远东地区办得最好的教会学校之一。文化泰斗钱锺书、数学家潘承同、化学家张青莲、物理学家刘光方，还有台湾省前领导人严家淦等均毕业于此。

647. 景海女子师范学校旧址 Jǐnghǎi Nǚzǐshīfànxuéxiào Jiùzhǐ

位于姑苏区双塔街道苏州大学本部校园内，初为光绪二十八年（1902），美国基督教监理公会传教士海淑德（女）在天赐庄创办的景海女塾，是年11月4日正式开学。首任校长为该会传教士贝厚德（女）。该女塾办学宗旨，是对中国上等社会的女子进行基督化的教育，分高等、初等二部，除国文科外，其余科目全用英文教材和美国式教学方法。1917年，改为景海女子师范学校，亮美兰（女）任校长。为吸收更多青年女子入学，该校降低学膳费，各科都改用中文讲授。彼时，校内设音乐师范科、高中师范科和幼稚师范科（系从私立英

景海女子师范学校(民国)

华女子初级中学并入）三个科，并附设蒙养园（幼稚园），不久又增设日间托儿所。该校重点培养幼儿教育师资，教材、教法、设备以及儿童活动内容，均参照美国幼儿师范，各科教师由传教士担任，对中国幼儿教育影响颇大。1918年春，盖培德继任校长，添设附属小学1所，供师范生实习。1921年春，殷罗德担任校长。1927年秋，江贵云（女）接长校政，这是该校第一位中国人校长。江贵云改订学程，分学校为师范与初中二部，并向江苏省教育厅备案。江贵云赴美考察教育期间，由杨宝瑜代理校务。1928年，江回国后继续掌校政，直至1951年。之后人民政府接办该校，改名为苏南幼稚师范学校。翌年7月18日，东吴大学改名为江苏师范学院，景海女子师范学校撤销，苏南幼稚师范学校师范部并入苏南新苏师范学校，初中部由私立振华女子初级中学接办。

海淑德（Laura Askew Haygood）是美国基督教监理会派往中国的第一位女传教士，投身中国女子教育17年。她在上海创办著名的中西女塾，宋氏三姐妹、唐瑛、郭婉莹都是从那毕业的。学校成立时，海淑德已辞世。校名意为景仰海淑德，故名景海。现存敬贤堂、崇远楼、红楼、彤云楼、绿波楼等西式建筑。曾在学校担任老师的有作家苏雪林、幼教专家赵寄石、作家程瞻庐、侦探小说家程小青等。2004年，被列为苏州市文物保护单位。

648. 桃坞小学旧址 Táowùxiǎoxué Jiùzhǐ

位于姑苏区金阊街道石幢弄34号。1916年,由美国圣公会创办的桃坞中学附属小学,毕业生可直升桃坞中学。桃坞附小起初在西混堂弄租房办学,民国十三年(1924),迁至宝城桥弄,校长为美籍人喀克斯,学校设有六个班级,低年级每班不到三十人,高年级则仅有一二十人,全校学生不过百余人。抗战爆发后,学校停办。抗战胜利后,迁至石幢弄的显道女中校舍内开学,校长由桃坞中学校长兼任,先后由李鹤年、朱佩伦、刘一鸣担任小学部主任。

桃坞小学旧址

1952年,政府接办学校,并改名为桃坞中心小学。1959年,竟成小学并入。1974年,前进小学并入。1977年,红樱小学并入。1984年,北码头小学并入。

649. 萃英中学旧址 Cuìyīngzhōngxué Jiùzhǐ

位于姑苏区金阊街道原三乐湾义慈巷15号,即今苏州第五中学内。清光绪十八年(1892),美国基督教北长老会派遣传教士海依士博士来苏州,租葑门十全街彭氏房屋,聘请一名中国教师,开办了"萃英书院",海依士自执院政。时全院学生5人,其中小学生2人,中学生3人。光绪二十年(1894),迁至带城桥阔家头巷,租赁李氏私宅为院舍。光绪二十六年(1900),海依士在美国捐资,将葑门木杏桥戈乐寿住宅改建为院舍。光绪三十年(1904),迁至阊门外上津桥石排巷中西学堂内,以该学堂的小学和幼稚园教室和场地为院舍。后来,差会因扩建杭州之江大学,对

萃英中学(民国)

萃英停止拨款，该院经费告竭，遂停办，改为两级小学堂。宣统三年（1911），教会重新拨款，该院恢复，改名萃英中学，并将所办之小学，改为附小。1921年，原校长海依士离职，美籍的白本立接长校政。1926年后，实行校董会领导下的校长负责制。校董会成员由中华基督教会华东大会、美国北长老会和校友会各推荐3人，共9人组成，从中推选一人担任董事长。每一方推荐的3名董事任期各不相同，其中一人任期3年，一人任期2年，一人任期1年，各人期满时，由各方再行推荐充实。校长由董事会聘任，总理校务。是年，聘请蒋文达为校长，下设教务、训育、事务3处，各处设主任主持工作。抗战爆发后，学校停办。1938年，迁至上海，加入华东联合中学，葛鸿钧接任校长。太平洋战争爆发后，该校又随华东联中内迁。1945年11月，回苏州复校。学校经费来源，主要由美国北长老会拨给，其次来自学生所缴的学杂费。

1952年，政府接办萃英中学，并与私立圣光中学合并。1953年1月，市文教局接管该校，定名为苏州市第五中学。五中曾经培育出包括中国科学院院士张新时、驻外大使许光健、大学校长张一伟等优秀人才。2004年，萃英中学旧址被列为苏州市文物保护单位。现存四幢原萃英中学校舍建筑，大礼堂原名思海堂，为纪念首任校长海依士而命名。

650. 乐群中学旧址 Lèqúnzhōngxué Jiùzhǐ

位于姑苏区双塔街道草桥弄。私立乐群中学的前身为东吴大学于1912年创办的东吴第二附属小学，潘慎文为名誉校长。校址在宫巷中西书院旧址，后因校舍不敷，增借敬业公所授课。1919年，在苏州公园北的石桥弄（今草桥弄）购地6亩。1921年，开始兴建校舍。1922年秋，建筑落成迁入。1924年，增加初中部，金志仁任校长。1927年7月，校政由东吴附属小学委员会，移归乐群社董事会管辖，更名为私立乐群初级中学，仍附设小学部。1928年，建筑可容纳五百座位的大礼堂，以及图书室、会客室、教职员办公室、宿舍等。1930年，添置理化仪器的实验室。1931年秋，初中部经江苏省教育厅立案，教育部备案，开设国语、算学、英文、常识。于学校东侧购地增建四间教室，称为自知堂。1932年夏，购地建筑自强堂，用于体育及膳堂等。1934年，小学部经江苏省教育厅立案，开设国语、算术、常识，并新建自助堂楼房一幢。1935年春，添办幼稚园于自助堂。当时，初中部三年、小学部六年、幼稚园二年。曾经担任校董

乐群中学（民国）

的有蒋石如玉、江贵云、徐黄佩卿、文乃史、苏迈尔、杨永清、袁恕庵、戎更生、许周琢英等人士。1948年，统计校基占地4.5亩，校舍30间。1952年年底，苏州市教育局接办教会学校及部分私立学校，私立乐群中学附属小学改为实验小学三院，实验小学二院（原公园路的草桥小学）并入。1953年1月，私立乐群初级中学迁出，并入苏州市第一中学。1955年5月，实验小学三院单独设校，使用原二院的校名为草桥小学。校

门原门额题写"私立乐群中学"等，两侧分别题"私立乐群初级中学校""私立乐群两级小学校"。而现门额是近年重题"1906""长元吴公立高等小学堂"，系指草桥小学的前身。现学校的校舍在历年的改建中，民国建筑仅存自助堂一幢，已改为"名人馆"展示校史等，入门铺地尚可见"乐群"二字的校徽。

651. 雷允上旧址 Léiyǔnshàng Jiùzhǐ

位于姑苏区金阊街道西中市127号、136号，建于1923年，而雷允上诵芬堂药铺则是一家具有二百五十年悠久历史的著名药铺，以制售六神丸、行军散、痧药蟾酥丸、玉枢丹、辟瘟丹，等细料成药而蜚声海内外。药铺创始人雷大升（1696—1779），字步青、允上，号南山。吴县人，祖籍江西南昌。雷嗣源子，名医王晋

雷允上旧址

山弟子。诸生。好游山水，肆力于诗古文。善琴，尤精医药。常济贫者，治病多良效。乾隆元年（1736），辞举博学鸿词科。著有《金匮辨证》《经病方论》《要症论略》《丹丸方论》《琴韵楼稿》《琴韵居诗存》等。

清雍正十二年（1734），雷大升设诵芬堂于阊门内穿珠巷天库前周王庙弄口。乾隆初，雷允上"举鸿博不就，隐于医"，遂挂牌行医设诊所于诵芬堂内，集医、药于一处。允上医术高明，治病有方，遇贫者常与之药。又亲司炉台，练合丹丸。他所修合的丸、散、膏、丹，用药地道考究，大都是由麝香、珍珠、西黄、犀角、羚羊角、伽楠香、猴枣等名贵细料药材组成，其药效灵验，颇受时人信崇，在民间被视为"救命药"。后和诵芬堂铺名连在一起，病家遂呼为雷允上诵芬堂。咸丰十年（1860），药铺毁于战乱。同治六年（1867）于西中市专诸巷东朝南门面重建新店复业，又在天库前原址建造货栈和工场。民国二十三年（1934）拓宽西中市大街时，雷允上诵芬堂在原址翻建成钢筋混凝土三层楼房。蒋介石曾为雷允上题词"美比韩康"，张学良题词"利济疮痍"，林森先生题词"神农遗泽"，于右任题词"市有韩康"，其他赞誉不胜枚举。1999年重修民国时所建店堂，恢复传统特色。2004年，被列为苏州市文物保护单位。

652. 梨园公所旧址 Líyuángōngsuǒ Jiùzhǐ

位于姑苏区金阊街道原三乐湾义慈巷16号，又名老郎神庙、梨园公所。清光绪十六年（1890），由京剧演员郑长泰倡建。郑长泰，河北故城县人，工武生。在苏州见到同业艺人生活困苦，鳏寡孤独、穷无所归者，比比皆是，遂立志建屋收容。不遗余力地奔走募化，幸获苏州织造署尚衣董志明、江西巡抚德晓峰捐助万金，得以在阊门外三乐湾置下一片宅基地，建成梨园祖师庙，庙内设有梨园公所，供无家可归的艺人居住，南来北往的戏班休憩。还另辟余屋创设菁莪学校，专门收留同业中的失学子女入学读书。之后，郑长泰便弃伶业、摒妻子，终日栖身庙中，全身心地为公众做些济贫育才的事情。宣统三年（1911），郑长泰去世，庙产归妻童氏夫人。童氏掌管庙产后的廿年，战事不断。庙内时为军队所占，复为地痞所据，庙产屡屡

梨园公所旧貌

受到威胁。童氏虽为女流，却深明大义，不为威屈，不为利动，历年修理屋宇，她节衣缩食，独立出资。庙契为管理僧人盗押于某寺，她典售衣饰赎归。庙之附近商业日盛，地价飞涨，有西人觊觎房产，欲以高价购买，被她严词相拒。童氏夫人之克承夫志，受到伶界同人的敬重。1931年5月，童氏以全部庙产契据交存上海伶界联合会保管。1935年8月，上海伶界联合会在庙址立"苏州梨园祖师庙郑公长泰暨童氏夫人纪念碑"，碑高1.5米、宽0.5米。碑文为吴门汪仲贤撰，虞声哈九成书。记载郑长泰创建苏州梨园祖师庙和演员子弟菁莪学校，以及童氏维修保存所做的贡献。

1937年，马少武接手翻建后，开始迁入居民。1958年，神像被搬走，改为林机厂宿舍。2010年，曾进行修缮。当时占地300多平方米，共有三进带两厢。近年，全部拆除待重建。

653. 郝将军卖药处 Hǎojiāngjūnmàiyàochù

位于姑苏区金阊街道上津桥西，上塘河畔。郝将军，名太极，明代云南晋宁州人，守城立下战功。明亡后，来到苏州，在上津桥卖药为生。苏州人仰慕郝太极的民族气节，称他为"郝将军"。清光绪三十年（1904），以兴建金鸡湖李公堤而闻名的时任吴县知县李超琼，在上津桥畔立下"故明郝将军卖药处"碑，以示纪念。民国年间，李根源的老师赵介庵自昆明示书，命其访郝将军墓及其卖药处。李根源《吴郡西山访古记》载："谒郝将军暨李中丞父子祖孙墓记。"从文中可知，郝将军墓在石灰弄一带，今已无迹可寻。

郝将军卖药处

20世纪六七十年代，此碑散于民间。1985年，文物部门寻回。1989年，重立于上津桥南堍，并建造了碑亭。碑中镌刻"故明郝将军卖药处"，两侧各有两列碑文小字。《故明郝将军卖药处》碑文："郝将军，讳太极，云南晋宁州人。天启间，奢安之乱，守霑益有功。国变后，流寓吴中，以医隐于上津桥。顾亭林先生赠以诗曰：'曾提一旅制黔中，水蔺诸酋指顾空。入楚廉颇犹未老，过秦扁鹊更能工。风高剑气蛉川外，水沸茶烟鹤涧东。桥畔相逢不相识，漫将方技试英雄。'苏州郡志皆不之载，世变方亟，异日恐遂无此人，碑以存之，聊志遗迹云尔。光绪三十年甲辰岁权吴县知事合江李超琼石鬐谨识。"

654. 大石头巷吴宅 Dàshítouxiàng Wúzhái

位于姑苏区沧浪街道大石头巷35—37号。相传，为清乾隆年间的苏州文人，《浮生六记》作者沈复（三白）故居旧址。1940年，由沈延令售与沪商吴南浦。吴宅面北，后门原通仓米巷，三路五进，占地3 400平方米，建筑面积2 590平方米。中路有轿厅、大厅、楼厅等，大厅、楼厅前各有砖雕门楼。大门不设门厅而置半

大石头巷吴宅

亭，东西设廊达轿厅。大厅前置鹤颈椽轩廊，左右出厢楼各两间。第四进为平屋五间，南院设两厢。第五进为楼房五间。楼厅前的"四时读书乐"门楼蔚为壮观，门楼高5.91米，宽3.26米，深0.95米。字牌镌刻楷书"麐翔凤游"，上枋和下枋满施雕镂。上枋以福禄寿三星为主，左右有西王母、鬼谷子、麻姑、刘海、东方朔等神仙及猴、鹿、羊、蟾蜍等动物。上枋两端垂挂花篮头，挂芽雕作狮戏球。定盘枋上出一斗三升牌科六朵，垫拱板雕寿桃和团寿字。屋顶为单坡硬山式，侧面山尖安砖博风。门楼雕刻精致，有圆雕、镂雕、浮雕之分，雕刻深度达7厘米。尤其下枋"四时读书乐"画面，布局严谨，人物生动，景物丰富，意境深远。门楼现状尚属完整，堪为苏州现存清代建筑砖雕艺术代表作之一。下枋以宋代翁森《四时读书乐》诗句为题，自东而西雕四组人物，构图取园林背景，并分别镌有春时读书乐诗"绿满窗前草不除"句，夏时读书乐诗"瑶琴一曲来薰风"句，秋时读书乐诗"起弄明月霜天高"句，冬时读书乐诗"数点梅花天地心"句。四组画面意境虽分，布局则合而为一，犹如山水人物长卷，且有明版书木刻插图风味。左右兜肚雕琢，分别以"柳汁染衣"和"杏花簪帽"为题。吴宅大厅前门楼字牌为"舍鲑履中"，屋顶为硬山式，宽3.35米，檐下有两跳斗拱，六纹镶边。兜肚满雕回云纹，中心线雕香薰。两侧垂花柱立雕灵芝，将板砖上各雕金蟾一只。下枋雕弧线纹寿桃，上枋和下枋各饰乱纹嵌花结挂落。

655. 吴江中学 Wújiāng Zhōngxué

位于吴江区松陵街道垂虹路。北宋大中祥符五年（1012），吴江县修庙学。庆历七年（1047），改庙学为县学。建炎（1127—1130）初，毁于兵燹。南宋绍兴年间（1131—1162），知县石公辙在县城东门外开江营旧址重建县学。元贞二年（1296），吴江县升为州，县学改为州学。明洪武二年（1369），吴江州复为县，州学仍改为县学。嘉靖二十四年（1545），始置学田以供县学经费。清雍正四年（1726），析吴江县偏西地置震泽县，两县县学并设于原县学所在地。民国元年（1912），薛凤昌、费伯埙在江震小学原址创办吴江县立中学，学制4年，首任校长薛凤昌，当年招预科和一年级各1班，学生34人，教员8人。1923年8月，改办三年制初级中学。1927年8月，添办高中班，翌年停办。1933年5月，增办师范班，一年后停办。1937年11月，日军侵占县城，学校停办。1939年，日伪政府在城内雷尊殿城中小学原址恢复吴江县立初级中学，后设高中班，改称吴江县立中学。抗战胜利时，学校有初、高中12班，其中校本部有初一至高三年级各1班，同里分校有初一至初三年级各2班。1947年，增设简易师范科2班。

吴江中学旧址

中华人民共和国成立后，学校改名为吴江县中学，有高中3班，初中7班，308名学生。1953年，在阁老厅建十楼十底教学楼1幢。1959年，又在浮玉洲兴建新教室42间作为初中部，并开辟校外运动场，学校发展到21个班。1962年，吴江师范停办，该校迁至东门外师范原址。"文革"期间，一度改校名为井冈山五七中学，把大部分班级划给松陵镇各小学兼办，本校只有初中6班和高中1班。1970年，恢复吴江县中学校名。

656. 震泽中学 Zhènzé Zhōngxué

位于吴江区震泽镇庄桥河西9号，前身是施肇曾、施肇基兄弟于1923年，在王锡阐祠堂创设的私立震属初级中学。1933年，施氏又办私立育英高中，设在震属初级中学内。学校兴建了教学楼、尊经阁、办公厅、科学馆和健身房等。抗战初期，学校停办。1939年，私立育英高中在上海爱文义路觉园复校。抗战胜利后，私立震属初级中学在震泽复校。1947年，育英高中在震泽复校。翌年，私立震属初级中学和私立育英高中合

震泽中学(民国)

并,成立吴江县私立育英中学。1953年1月,学校更名为吴江县震泽初级中学,原高中学生分别转入吴江县中学和苏州市一中。1958年,改名为吴江县震泽中学。2007年,震泽中学高中部搬到松陵镇,现校区为震泽中学初中部。

施肇曾(1867—1945),晚清民国吴江(今江苏苏州)震泽人。字鹿珊,号省之,法号智照。施肇基长兄。清监生。上海圣约翰书院、上海电报学堂肄业。随伯父施少饮赈灾有功,累捐江西候补知县,加同知衔。光绪二十年(1894)派充驻美公使馆随员,次年任驻纽约领事。二十三年(1897)任湖北汉阳铁厂提调,兼办京汉铁路工程,累迁候补道,任轮船招商局汉口局总办。后任沪宁铁路、沪杭甬铁路总办,兼沪宁铁路议员、商办海清铁路事务所总长,改任内河轮船招商局总办。宣统元年(1909)当选轮船招商总局首届董事及董事会副主席,宣统三年(1911)出任京汉铁路南局会办兼行车监督,兼震泽丝业公会会长。1912年与蔡元培等发起成立社会改良会,为中国红十字会首届常议员。1915年兼任交通银行董事长、北京救国储金会干事、通惠实业公司临时副总裁,与虞洽卿等集资开办通惠银行。次年兼行同成铁路督办职权,设立施氏义庄,合资创办兴济实业公司。1917年兼中国银行董事,创办上海永亨银行并任董事兼总理,又创设北京中央医院。1919年创办上海私立省之第一单级学校,创办北京新亨银行任常务董事,并被全国总商会公举为促进国际税法平等会赴欧总代表。与朱启钤等发起成立北戴河海滨公益会,捐建莲峰医院。次年兼苏州储蓄银行监察,为北方工赈协会筹款30万元救灾。1921年兼任轮船招商局汉口分局局长,开办震泽江丰农工银行并任董事长,被推为江浙皖水灾义赈会名誉会长。捐资创办无锡国学专修馆,聘唐文治任馆长。次年辞官,皈依印光大师,专弘净土宗。与虞洽卿等发起成立闸北兴市殖产会,与庞莱臣捐筑南浔至震泽运河纤道,1923年重建浔震石塘,与弟肇基创办震泽私立初级中学并任校董,兼常州戚墅堰震华电气公司、上海商办闸北水电公司总董等。与善士黄涵之、关炯之、王一亭并称"三之一亭",发起成立上海佛教维持会,发愿重建杭州梵天寺。1924年,被推为震泽红十字会会长、上海江浙丝经同业公会总董、上海总商会民治委员等。次年捐资支持创办光华大学并任校董,当选上海世界佛教居士林林长、金光明法会副会长。1926年创办觉园佛教净业社,任董事长、社长。1929年创办觉园佛音电台,当选上海佛教会监察委员。发起创办震丰缫丝厂,捐资支持苏州女蚕校指导设立的21所秋蚕指导所,创办上海私立育英高级中学及附属小学,任董事长。1934年发起成立中国动物保护会,当选中国佛教会执行委员。1936年创办莫干山莲社并任社长。1938年于上海举办育英中小学暨蚕丝女指导员训练班,次年兼私立南浔国学讲习馆董事。积极救济难民,1942年任上海佛教施粥厂董事长,集资创立永丰企业公司并任董事长,兼久安实业公司董事等。卒葬于上海万国公墓。

施肇基(1877—1958),近现代吴江(今江苏苏州)震泽人。字公立,号植之。施肇曾二弟,唐绍仪侄女婿。光绪十二年(1886)就读于江苏江宁府立同文馆,次年入上海圣约翰书院,曾任《圣约翰之声》主编,后转入同文书院。十九年(1893)任驻美公使馆翻译生,为随员。二十五年(1899)曾调任驻俄公使馆随员,派充出席海牙国际弭兵会议中国代表团参赞官。二十七年(1901)于美国康奈尔大学毕业,次年获硕士学位，为该校毕业的首位中国留学生。任湖北巡抚端方洋务文案，西北路中学堂监督、湖北省留美学生监督，为湖广总督张之洞洋务文案，曾兼洋务局交涉委员、铜元局董事等。三十一年（1905）随端方等五大臣考察欧美宪政，任一等参赞，保举候补道。次年赏法政科进士。宣统元年（1909）实授哈尔滨道，次年任吉林交涉使、外务部右丞，三年转左丞。1912年，任唐绍仪内阁交通总长，兼代财政总长，转任大总统蒙事顾问，大礼官。1914年任驻英公使，兼中英友谊会副会长。1919年参加中国代表团出席巴黎和会，拒签丧权辱国的和约。后调任驻美公使。1921年以中国首席代表率团参加华盛顿会议，收回日占山东领土主权，获一等"大绥宝光嘉禾章"。1923年曾署张绍曾内阁外交总长，后兼日内瓦国际禁烟会议中国全权代表、北京关税特别会议特别委员会中国委员，负责交涉中美合办无线电台案。次年商定将美国退还庚子赔款用于中华文化教育基金会，当选基金会董事。1926年辞任颜惠庆内阁外交总长，次年兼中华国民拒毒会名誉副会长。1928年兼驻日内瓦国际联盟中国首席全权代表，调任驻英公使，兼中英贸易委员会主任，次年兼任万国邮政联合会中国全权代表。1931年"九一八"事变后，特派为国联行政院中国代表、国联理事会理事，交涉并控诉日本侵占东三省罪行，被特任为国民党政府外交部部长，次年因交涉失败辞去本兼各职。1933年初改任驻美公使，1935年升格为首任特命全权大使，成功商订中美白银协定，被推为美国友华会名誉会长。抗日战争爆发后力主抵抗，任中国红十字会上海国际委员会筹募兼宣传主任。次年任国民参政会参政员，被聘为中华民国红十字会总会理事，兼上海国际救济会名誉会长、上海难民救济协会名誉副会长，创办上海防痨协会，任常务董事、会长兼附设防痨医院董事长。1939年兼儿童营养促进会会长、中美文化协会顾问。1941年赴华盛顿，被罗斯福总统聘为美国南非洲国际和平五人委员会非美籍委员，出任中国物资供应委员会副主任委员。1945年出席旧金山联合国会议，任中国代表团高级顾问。1948—1950年，任国际复兴开发银行顾问委员会委员。1958年，病逝于美国。著有《施肇基早年回忆录》。

657. 庞山湖瞭望楼 Pángshānhú Liàowànglóu

位于吴江区江陵街道庞北村，由庞山湖农场建于1935年。清代《太湖备考》载："庞山湖乃吴淞江之始也，自七里港以南，甘泉桥以北，凡西来之水，越运河而东者，无不入焉。湖之大，南北二十里，东西五六里。北半湖之水俱入吴淞，南半湖之水则从同里之东，分注入淀山等湖，盖泄太湖下流之最要处也。"庞山湖在松陵与同里间，太湖泄水主通道移至瓜泾港后，庞山湖逐渐淤塞成湿地。民国初期，流民在此私围荡田，屡禁屡围。1924年，吴江县政府筹集资金，围垦庞山湖，招苏北扬州一带农民前来种植。1931年，国民政府建设委员会模范灌溉管理局创办"国民政府建设委员会模范灌溉庞山实验场"。下设三个区，即一区、二区、三区，现为庞北、庞东、庞南三个行政村。农场共有耕地8 700余亩，其中300亩为试验田，其余均雇工包种，另有鱼荡400亩。1946年，由扬子江水利委员会接收。同年9月，改属长江水利工程总局太湖流域工程处。1949年11月，

庞山湖瞭望楼

改称苏南国营庞山湖农场。1953年，改称苏州专区农场。1958年8月，归属吴江县湖滨公社。1964年，始名庞山湖稻麦良种繁育场。1984年，实行家庭联产承包制后，仅保留一个试验组，以繁育稻麦良种为主。

瞭望楼共三层，呈正方形，高6.9米，宽4.7米，长4.7米，由青砖、水泥等构筑。第三层曾设铜钟一架，为员工作息报时所用，四周墙壁均有射击孔。2017年，因修路瞭望楼被移建。

658. 平望敌楼 Píngwàng Dílóu

位于吴江区八坼街道与平望镇之间的运河畔，曾建有三座抗倭敌楼。其中，两座系由吴江知县杨芷建于明嘉靖三十四年（1555），一座名为吞海楼，在袅腰桥北面；一座在平望镇北的长老桥北堍，此两座塌圮久

平望敌楼（民国）

远。嘉靖三十六年（1557），接任知县的曹一麟在袅腰桥对岸，运河东侧又建起一座高大的敌楼。曹一麟，字伯礼，山东安丘人。嘉靖三十五年（1556）丙辰科，三甲第四十六名，授吴江县知县。曹一麟主持修造的敌楼高五六丈，纵横十数丈，四周筑砖石。楼分三层，四面辟门，第二、三层各开二十四洞，如一座小城，可容二三百人。清代，曾经修葺。1915年，官产事务所将敌楼标卖，乡民朱成章以165元购得，但被吴江、八坼两区代表费揽澄、赵增等呈请禁阻，古迹方得保存。此后，虽迭经政府示令，但时有乡民盗拆砖石。1934年，第八区区长丁绶就敌楼年久失修，请求修葺。经第四十一次区长会议，由县政府第三科招标姚鸿兴承修。9月15日兴工，一个月内竣工，花费900元。1937年11月15日昏夜，日军从敌楼旁斜出袅腰桥，直抵吴江县境苏嘉铁路中心点之平望，横截苏州嘉兴间之交通。敌楼所处位置，再成倭寇的突入口，印证其址军事之重要。1947年11月，吴江县县参议会提案保护敌楼古迹，雇工兴修，派警队驻守。

中华人民共和国成立后，周边村民陆续将敌楼的砖石、木桩拆移，为此还发生过伤亡事故。1958年，敌楼彻底坍塌毁坏。

五、名人故居名

659. 宋铭勋故居 Sòngmíngxūn Gùjū

位于姑苏区双塔街道十梓街608号，建于民国年间。中华人民共和国成立后，宋宅收归公有。1973年，改为红旗区（沧浪区）公安分局办公用房。1986年，分局迁出，改为公园路派出所。2017年，开始修缮，改

宋铭勋故居

为苏州市职工服务中心。

宋铭勋（1881—1974），字绩成，号续臣。吴县人，宋焘族兄。江苏法政学堂毕业。于苏沪两地为执业律师。1912年，当选苏州市公所乙级议员。次年，当选江苏省议会候补议员。1915年，任吴县第八区东西山学务委员。提倡社会教育，于东山乡创设通俗宣讲所，当选吴县教育会副会长，次年当选省议会议员。后曾任苏州自治研究会政务部主任、吴县教育行政会议特别会员、城南市民公社副社长、苏州救火联合会会长、苏州证券交易所股份有限公司法律顾问、吴县地方自治协进支会会长等。1924年，任吴县红十字会分会议事长、会长，吴县教育会会长，苏州工巡捐局副董。后于上海开办律师事务所。1929年，为上海富家小姐黄慧如与家中包车夫陆根荣恋爱案义务辩护胜诉，声名大噪。抗战胜利后，当选吴县参议员。1947年，参与筹组中国民主社会党吴县支部，被推为民社党中央委员。卒于上海。

660. 凤柱楣故居 Fèngzhùméi Gùjū

位于姑苏区双塔街道公园路25号，其址旧名梧村，道路呈十字形，东出公园路。1999年，梧村除后部的花园洋房，均拆除翻建。

1936年，由汪氏兴建，占地5亩。南部是两层砖木楼房两排，每排四个单元，北部是现存的花园洋房及附属建筑。次年竣工后，汪氏转售给银行经理凤柱楣。凤柱楣（1901—1972），西山石公村梧巷人。先任上海益慎钱庄事务主任，后在中国银行天津分行任职。回到上海，出任上海兴业银行董事长、东莱银行上海分行副经理、太平船务贸易股份有限公司经理等职。凤氏为北方望族，原籍陕西凤翔，迁苏始祖凤福清葬于洞庭西山的石公山北，凤氏后裔居此取"凤栖于梧"之意，而名"梧巷"（参见355梧巷条）。凤柱楣购得汪氏建筑，延续此意取名"梧村"。1956年，除凤氏自住的1、2号，其余公私合营。1960年，花园洋房范围由苏州丝绸研究所使用。近年，改为市政府老干部活动场所。洋房占地250平方米，面阔三间。花园存银杏一株，桂树三棵。

凤柱楣故居

661. 范烟桥故居 Fànyānqiáo Gùjū

位于姑苏区平江街道旧学前温家岸17号，又称向庐、邻雅小筑。1922年，范烟桥父亲范葵忱以9 000银元购得温家岸雅园院子一角，因其字葵忱，取葵心向日之意，名宅园为"向庐"。宅院原属雅园一部分，范烟桥称之为"邻雅小筑"，故又称"邻雅"。1935年12月18日，范烟桥在《苏州明报》撰文云："我家有院，有假山数垛，颇嵌空玲珑，有池虽天旱不涸，有榆树大可合抱，其他梧桐、腊梅、天竺、桃杏、棕榈、山茶，点缀亦甚有致。屋后是土阜委巷，俗名'雅园'。原是清初诗人顾予咸别墅余址。我家或许也是该园的一角，所以我称它为'邻雅小筑'。而南院敞轩则以先君的别号为'向庐'题额。"1967年，范烟桥过世后，房管部门拆除旱船、廊屋，改建为平房住宅，水池亦被填平。1979年，落实政策，归还范氏后裔。尚存花厅、方厅及书房等，园内有太湖石假山、紫薇、棕榈及白牡丹一丛。现宅朝东面河，共三进。

范烟桥故居

第二进为大厅，面阔三间12.2米，进深五檩9.25米，扁作梁，前有一枝香式翻轩。末进为五间两厢楼厅。现存砖雕门楼两座，字牌分别是"文正世家"和"丰芑贻谋"。

范烟桥（1894—1967），乳名爱莲，学名镛，字味韶，以号行，别署含凉生、鸥夷室主等。吴江同里人，范葵忱长子。曾就读同川公学。清宣统三年（1911），苏州长元吴公立学堂肄业。加入南社，创建同南社及社刊。1912年，入读杭州三江学堂。次年，肄业于南京民国大学商科。曾任吴江县劝学所劝学员及小学教员，编纂《吴江县乡土志》。1921年，创办《吴江》报。次年，加入上海青社，在苏州创立星社，主编《星光集》。后曾任无锡《苏民报》编辑。1926年，主编《星报》，创办西亭谜社，赴济南佐办《新鲁日报》副刊《新语》，次年出版所著《中国小说史》。1928年，任上海正风中学国文主任，兼《小日报》编辑，于持志大学主讲小说。1931年，任教于苏州东吴大学附中。次年，兼教东吴大学，创办并主编《珊瑚》半月刊及《珊瑚画报》。1934年，创办《新吴江报》。1936年，任明星影业公司文书科科长，代主编刊物《机联》，主编《人事周报》，次年初，兼中国国学会上海分会庶务、苏州吴中文献展览会干事。1938年，任《文汇报》秘书，主编《苏州公报》，又任东吴大学附中沪校教员。次年，兼说书专修班讲师，与顾明道创办国华中学东校附设国学补习社，改任松江中学教务。为国华影业公司改编电影剧本《乱世英雄》《西厢记》《秦淮世家》《三笑》，编剧《无花果》《解语花》等。1940年，任金星影业公司文书。次年，于东吴大学沪校主讲小说，兼正风业余话剧社编剧委员。1942年，任正养中学校长，兼大同大学附中教务。次年，兼大夏大学教务，与梅兰芳、周信芳、吴湖帆等结甲午同庚千龄会。抗战胜利后，曾主编《文汇画报》，随东吴大学附中回苏州复校。1947年，在同里筹办仁美初级中学，任责任校董，为华星影业公司编剧《长相思》，辑刊短篇小说集《花蕊夫人》。次年，与周瘦鹃、蒋吟秋等结怡社。中华人民共和国成立后，当选苏南各界人民代表会议代表。1950年，任苏南文联副主席。后历任苏州高级中学工会主席，苏南行署文教委员会委员，苏州市文化处处长、文化局局长，市文管会副主任，当选江苏省文联副主席，省政协常委，中国民主促进会中央候补委员、江苏省委常委、苏州市委副主委等。与周瘦鹃、程小青、蒋吟秋并称"苏州四老"。茶嗜碧螺春，酒兴豪壮。书工行草，擅画折枝墨梅，写扇册绘图寄意极精雅。为鸳鸯蝴蝶派中"社会小说"主将。编有《销魂诗选》及年谱《驹光留影录》。创作《新南柯传奇》《新桃花扇传奇》，弹词《家室飘摇记》等，为唐耿良编评话《太平天国》脚本。辑纂《拙政园志》。与姚民哀等合著《现代侠义英雄传》。创作长篇小说《新儒外史》《侠女奇男传》《混世魔王》等。著有《烟丝》《茶烟歇》《诗学入门》《鸥夷室杂缀》《范烟桥说集》等。

662. 吴昌硕故居 Wúchāngshuò Gùjū

位于姑苏区金阊街道桂和坊4—1号，原宅为三进院落。1994年，干将路拓建时拆除桂和坊大部分古宅，现巷仅保留1、2号，其余改建为某公司。

吴昌硕故居旧貌

吴昌硕（1844—1927），名俊卿，初名俊，中年以后更字昌硕。又署仓石、苍石，多别号，常见者有仓硕、老苍、老缶、苦铁、大聋、石尊者等。浙江孝丰（今湖州安吉）人，晚清民国时期的国画家、书法家、篆刻家。幼年在父指授下学艺文，从同邑施浴升学诗文、从海宁潘芝畦学画梅。清同治十一年（1872），负笈杭城，从经学大师俞樾学制艺。游苏沪杭嘉湖等地，结识陆心源、施补华、胡公寿、高邕、蒲作英、吴云等师友。光绪八年（1882），携眷迁居苏州，先后与任伯年、沈石友、杨幌、潘瘦羊、吴大澂、潘祖荫等人结交。光绪十年（1884），随吴大澂督师北上，后因母病归里。光绪二十五年（1899），任安东（今江苏涟水）县令，旋挂冠南归。辛亥革命以后，迁居上海，参加上海书画同善会。1913年，被推举为西泠印社社长。诗书画印"四绝"。诗从王维入手，自出胸臆，不落窠臼；篆书从邓石如入手，后专攻《石鼓》，形成独特个人风格；篆刻从"浙派"入手，后受杨幌、吴云等人影响，专攻秦汉玺印，是近现代篆刻史上的旗帜；花卉取法青藤、白阳而富有金石气，为"后海派"的领袖人物。声名远播，追随者甚多，齐白石、陈师曾、潘天寿、诸闻韵、诸乐三、王个簃、王一亭、河井仙郎、水野疏梅等人均得其指授。作品集有《吴昌硕画集》《吴昌硕作品集》《苦铁碎金》《缶庐近墨》《吴苍石印谱》《缶庐印存》《缶庐集》等。

663. 吴荫培故居 Wúyīnpéi Gùjū

位于姑苏区金阊街道原乘马坡直巷11号，建于清代。原有五进院落，前几进的建筑陆续拆除，今仅存最后两进的附房，吴家后人尚居于此。

吴荫培（1851—1931），字树百，号颖芝、云庵、平江遗民。吴县人。吴仁荣孙，石方洛世侄，曹允源中表亲。清光绪十六年（1890），庚寅恩科一甲第三名探花，授翰林院编修。历充国史馆协修、会典馆总校。二十八年，充武英殿纂修、日讲起居注官。二十九年，抗疏江淮添设巡抚、沪宁铁路借款诸弊，为时所称。升翰林院撰文。三十一年，简放广东潮州知府。自费赴日本考察，回国创办女子师范幼稚园、水利农林讲习所。补廉州知府，改潮州知府。宣统二年（1910），简选贵州镇远知府，奏保贵西道、记名提学使。辛亥革命

吴荫培故居

后，吴荫培回故里，服务桑梓，热心公益。1915年，创办吴中保墓会，为会长。1918年，为西区惜字会会长。曾任吴县修志局主任、《吴县志》总纂。久任男普济堂董事，热心公益，创义社、隐贫会，创办刺绣女校，募资分设男、女两织布厂。好图书碑版，精鉴别。善画松石，工书。著有《岳云庵文稿》《岳云庵诗存》《岳云庵丛稿》等。民国十九年（1930）腊月十九日卒，卜葬于一都十五图虚字圩花山祖茔，立有"清翰林院撰文吴公神道碑"，落款"表侄生曹元弼撰文，年愚侄邓邦述篆额，门下士沈钧儒书丹"。"文革"中，碑毁，墓夷为平地。

664. 顾廷龙故居 Gùtínglóng Gùjū

位于姑苏区双塔街道十梓街116号，故居前的街巷旧称"严衙前"，因明代大学士严讷居住于此而得名。明末，监察御史顾宗孟居此一带，造宅建园。清代，这里成了布政使朱之榛的宅第。近代，又成为古籍版本学、目录学泰斗顾廷龙故居。建筑整体坐北朝南三路，建筑面积3 184平方米。中路存四进，第二进为大厅，面阔三间12米，进深八檩10.6米，扁作梁，饰棹木，前置船棚轩。厅前砖雕门楼"恭俭庄敬"。东路第一、第二进为对照花厅，梁枋和冰纹格扇甚工细。

顾廷龙故居

唯亭顾氏先祖乃三国时吴丞相醴陵侯顾雍。到明成化年间，顾升始迁长洲唯亭沙河，成为唯亭顾氏一世祖。1915年，唯亭顾氏十五世顾廷龙的祖父顾祖庆，买下朱之榛旧宅。顾祖庆（1859—1919），字绳武，号荫孙。元和县庠生,封中宪大夫。同治十三年(1874),以苏郡第一人补元庠博士弟子员。光绪四年(1878),以湖南协黔助赈,议叙中书科中书。潜心经史,旁及诸子百家,兼通禅理。顾廷龙于光绪三十年(1904)十月初四,出生于平江路混堂巷。后随父母迁入祖父顾祖庆在严衙前所购大宅,即现在的顾廷龙故居。顾廷龙在苏州这处老宅,度过了他的青少年时代。顾廷龙(1904—1998),字起潜,号匋誃,又号隶古定居主人、小晚成堂主人,笔名路康。曾任燕京大学图书馆中文采访主任,后创办上海合众图书馆,兼任暨南大学、光华大学教授。中华人民共和国成立后,历任上海历史文献图书馆馆长、上海图书馆馆长、华东师范大学兼职教授、《中国古籍善本书目》主编、文化部国家文物鉴定委员会委员。编、著有《说文废字废义考》《章氏四当斋藏书目》《顾廷龙书法选集》等。

顾廷龙的夫人潘承圭(1906—1967),出身苏州名门世家,其高祖为潘世恩(太傅、武英殿大学士),曾祖为潘曾玮(兵、刑部郎中),祖父潘祖同(光禄大夫、户部侍郎),父亲潘亨毅(光禄寺署正、附贡生)。兄潘承厚(藏书家、画家),弟潘承弼(藏书家、目录学家)。顾廷龙之子顾诵芬,1930年出生。中国著名飞机设计师、飞机空气动力学家、中国科学院院士、中国工程院院士。1951年,顾诵芬毕业于交通大学航空工程系,历任中国航空研究院飞机设计所所长兼总设计师、沈阳飞机制造公司总设计师、航空工业部科技委员会委员、中国航空研究院副院长、航空工业总公司研究员、中国航空工业第一集团公司科技委副主任。曾为第六、八、九届全国人大代表,第八、九届全国人大常委会委员。

665. 程小青故居 Chéngxiǎoqīng Gùjū

位于姑苏区双塔街道望星桥北堍23号,即"茧庐"。1915年,程小青定居苏州。1923年,在此购地建宅。故居前为三间平房,后为西式两层小楼,院内花木茂盛。"茧庐"是程小青的家园,故亦自称茧翁。他有一首《一剪梅》纪之:"桥畔幽居铗水西,曲岸风微,小巷人稀,向阳庭院有花蹊,春日芳菲,秋日纷披。高阁窗前绿树低,晓接朝曦,暮送斜晖,闲来读书更吟诗,家也怡怡,国也熙熙。"

程小青故居

程小青（1893—1976），乳名福林，学名青心，曾用名辉斋，以笔名行，别署金铿，晚号茧翁。生于上海，祖籍安庆（今属安徽）。黄含章夫。曾读私塾，家贫辍学为钟表店学徒、乐队演奏员等。喜书画，通国学，修习英文。酷嗜文学，尤喜读《福尔摩斯探案》。初作言情小说刊于《小说时报》。1914年，首篇侦探小说《灯光人影》刊于《新闻报》副刊《快活林》。后执教于东吴大学附中、景海女子师范，定居苏州葑溪望星桥茧庐。1918年，与周瘦鹃等译述欧美《言情小说丛刊》。次年，佐助周瘦鹃主编《侦探小说大观》。1919年，创作《江南燕》《倭刀记》，开创东方福尔摩斯霍桑探案系列，后有"中国第一侦探小说圣手"之誉。1922年，与包天笑等结青社。次年，加入新南社、星社，独立创办《太湖》杂志，又与严独鹤为世界书局主编《侦探世界》半月刊，任上海小说专修学校侦探小说专科教员。1924年，译成《福尔摩斯新探案全集》。次年，为商务印书馆影片部编剧《伦理》，与钱释云创编小说月刊《新月》。1926年，任东吴大学吴语科教员，出版《东方福尔摩斯案》，小说《母之心》被改编拍成电影。次年与徐碧波、钱释云于五卅路合资创办公园电影院，为苏州第一家最新式的正规电影院，主映国产优秀影片。1930年，以白话主译的《福尔摩斯探案大全集》由世界书局出版。次年，与张恨水等组成《申报》副刊《自由谈》说部扶轮会。后为友联、明星、海岩、快活林等影业公司编剧《舞女血》《窗上人影》《慈母》等。1932年淞沪抗战后，编剧并公映的电影《国魂的复活》尤轰动。1934年，译成《世界名家侦探小说集》。抗战爆发后，曾任教于安徽黟县东吴大学附中。1938年，任上海国华中学国文教员，与徐碧波合编文艺杂志《橄榄》，皮黄剧著名青年演员张翼鹏从授国学。又与谢闲鸥、蒋吟秋、顾明道等合作书画、扇面，参加中华聋哑协会主办的全国聋哑艺展会并捐赠《梅花图》。后为国华影片公司编剧《夜明珠》《梅妃》《奈何天》《故城风云》《血泪鸳鸯》等，改编张恨水同名小说《金粉世家》《夜深沉》。为金星影片公司编剧《红泪影》。1941年，改编其侦探名作《舞后的归宿》拍成的《雨夜枪声》颇负盛誉。又出版《圣徒奇案》《斐洛凡士探案》。1942年，与东吴大学附中留沪同仁创办正养中学并任教。抗战胜利后，附中在苏州复校，任教导主任。一度主编《新侦探》半月刊，出版全部《霍桑探案丛刊》及编译《世界名家侦探小说集》《短篇侦探小说选》等。中华人民共和国成立后，任教于苏州市第一中学。曾任江苏省政协委员、民进江苏省委委员等。与范烟桥、周瘦鹃、蒋吟秋并称"苏州四老"。创作有惊险小说《大树村血案》《她为什么被杀》等。亦喜藏古籍、书画及中西辞书。师从陈摩，擅画花卉虫鱼，传世有《鱼乐图》等。曾译法国剧本《恐怖》。著有《茧庐诗词遗稿》《程小青文集》等。

666. 叶天士故居 Yètiānshì Gùjū

位于姑苏区金阊街道阊门外渡僧桥下塘48号，后因张廷济居此，又称眉寿堂。故居朝南，三路七进。中路第三进为大厅，面阔三间12.7米，进深13.6米，硬山顶。扁作梁，前后翻轩。设桁间斗拱，垫拱板雕饰灵芝纹，脊桁彩绘方胜纹。内壁有清水砖勒脚，西路后部庭园已废。

叶桂（1667—1746），字天士，号香岩，别号南阳先生。叶朝采子，王子接、周扬俊弟子。吴县人，祖籍安徽歙县，其高祖叶封山从安徽歙县蓝田村迁居苏州，居上津桥畔，故叶桂晚年又号上津老人。少承家学，能集诸家之长。精于家传儿科，兼通各科，治疗痘麻斑疹类疾病尤称高手。精研温热病，创温病三焦之说，为温热病学派所宗，与薛雪等合称"清代四大温病学家"，其名居首。著有《临症指南医案》《本事方释义》《续临证指南医案》《温热论》《精选良方》《本草经解》《医效秘传》等。

清代时，张廷济亦曾居此。张廷济（1768—1848），原名汝林，字顺安，号叔未，一字说舟，又字作田，又号海岳庵门下弟子，晚号眉寿老人，浙江嘉兴新篁人。清嘉庆三年（1798），考中解元，以后几次会试未

叶天士故居

中，遂家居从事学术研究和艺术创作。工诗词，风格朴质，善用典故，精金石考据之学，尤擅长文物鉴赏，一碑一器都能辨其真伪，别其源流。喜收藏各类古器文物，收藏鼎彝、碑版、书、画甚多。

667. 潘镒芬故居 Pānyìfēn Gùjū

位于姑苏区平江街道大儒巷44—52号，北门在南石子街12—3号。坐北朝南，三路五进。中路第三进为大厅端善堂，面阔三间13.8米，进深九檩13.2米，扁作梁，柱柱见斗，有樨木。东路前有扁作花厅两进，后

潘镒芬故居

有带厢楼厅两进。西两路以圆作厅堂为主。东边路已改建。

潘镒芬（1893—1954），字万玉，一字谷臣。苏州人。清宣统元年（1909），毕业于江苏铁路学堂测绘科。后任津浦、浦信铁路测绘工作。1917年，为张謇聘请主持南通建设测绘。后荐于山东黄河河务局，任技术员、工务科长。1922年，筑成宫家透水坝。1926年，堵筑李升屯、黄花寺、王家苑凌汛决口，任总工程师。首次成功采用"平堵法"，并最先设计制造打桩机。1931年，撰写《统治黄河意见书》，提倡改埽工为石工，主张运用乱石坝，提倡绿化河堤，提高河工技术。1935年，任董庄堵口工程组组长。抗日战争时期，任黄河水利委员会简任技正兼河防组主任。1946年，任黄河花园口堵口工程处处长、堵口复堤工程局副局长，主持完成花园口堵口工程。次年，任黄河水利工程总局副局长。1948年，辞职后居上海。1951年，被聘为黄河水利委员会工务处处长，但因中风未赴任。与瞿秋白父瞿世玮为好友。善篆刻。遗著资料《历代治黄史》《关于秸埽之研究》《关于河工备考资料》《关于山东境内黄河历年决口的调查》等及文物皆捐献国家。

668. 杨嘉墀故居 Yángjiāchí Gùjū

位于吴江区震泽镇砥定街32号，杨嘉墀出身丝商世家，其祖父杨文震曾任震泽丝业公会会长23年，杨文震宅在公园路凝瑞堂。故居现存一路三进，第一进已改建成商铺，第二进与第三进之间的砖雕门楼基本完好，仅字牌被损坏。两侧兜系十字联句，惜已无法辨识。各有印章三枚，均被凿。

杨嘉墀（1919—2006）。1932年，随父母迁居上海，后考入上海交通大学电机系。抗战期间，在昆明中央电工器材厂，研制出中国第一套单路载波电话，同时还制成扬声电话。1947年1月，赴美国哈佛大学留学，攻读博士学位，后获得该学位。1956年8月，杨嘉墀返回祖国，致力于中国自动化技术和航天技术的研究发展，参与制定中国空间技术发展规划，领导和参加包括第一颗人造卫星在内的多种人造卫星总体及自动控制系统的研制工作。1980年，杨嘉墀当选为中国科学院学部委员（1994年，改称中国科学院院士）。1981年，成为我国首批博士生导师。1985年，当选为国际宇航科学院院士。1999年，获国家"两弹一星"功勋奖章。2001年，因为杨嘉墀的贡献，国家天文台将一颗小行星命名为"杨嘉墀星"。

杨嘉墀故居

669. 文衡第 Wénhéngdì

位于吴江区同里镇西圩南旗杆，东接三谢堂，西邻经笥堂任宅。清康熙年间（1662—1722），江西学政周爰访宅第。1956年1月，周宅由房管组代管，开办同里信用社。1970年，列为没收名单。1981年1月，落实房改政策，归还一楼一底及厢房上下共4间54平方米。周宅现存建筑多重建为清末，三进13间，建筑面积225

文衡第

平方米。第一进，平屋3间，中间墙门间用4扇墙门对外。房前石板天井，天井南有门楼1座。第二进是正厅，三楼三底西边带楼式厢房。第三进，一楼一底东面带楼式厢房。

周爱访，生卒年不详，字延成，号裕斋。吴江同里人。清康熙三年（1664）进士。历官河南荥阳知县。二十年，任云南昆阳知州。二十三年，任南安知州，历迁礼部郎中。三十五年，为山东乡试副考官。次年，任江西提学道，祀名宦。与顾汧、钮琇、陈维崧等友。著有《裕哉诗稿》。

六、古墓名

670. 叶昌炽墓 Yèchāngchì Mù

位于虎丘区枫桥街道贺九岭。叶昌炽（1849—
1917），字颂鲁，一字鞠裳，又作菊裳、鞠常，号
缘裻，一作缘督，别号缘裻庐主人、歇后翁、寂鉴
遗民等。冯桂芬、潘锡爵弟子，潘祖年、江标师。
长洲（今江苏苏州）人，祖籍浙江绍兴。肄业于正
谊书院，为冯桂芬高足，与同门王颂蔚、袁宝璜合
称"苏州三才子"，同佐冯桂芬纂修《苏州府志》。
光绪十五年（1889）中进士，选翰林院庶吉士，散
馆授编修，历充国史馆协修、纂修、总纂官，与撰
"儒林""文苑"传稿。二十一年入会典馆，修《武
备图说》。二十二年补会典馆纂修，迁国子监司
业，京察一等，记名以道府用。二十四年加翰林侍
讲衔。二十八年任甘肃学政。三十二年因病归乡，
居木渎灵岩，以读碑写经、校勘典籍为日课。三十
三年任存古学堂史学总教习。未登仕版之前，即与

《皇清诰授通议大夫翰林院侍讲甘肃学政叶公墓志铭》拓片

管礼耕、王颂蔚屡访常熟瞿氏铁琴铜剑楼，编校《铁琴铜剑楼藏书目录》。宣统元年（1909）两江总督端方
胁迫瞿氏将铁琴铜剑楼藏书捐献京师图书馆，经其竭力斡旋，加之吴中舆论相助，藏书得以保全。辛亥革命
后，隐居为遗民。1914年，辞聘江苏省立苏州图书馆馆长及清史馆名誉总纂等职。次年，辞聘江苏省立第二

图书馆馆长。藏书三万余卷，碑帖八千余通，聚集陀罗尼经幢拓本上千，自署幢主，所藏乡邦先哲遗集最富最精。工行书，擅辞章。通经史，精训诂，金石目录及校勘之学冠于当代，亦为敦煌学、藏书学研究之先驱。曾纂辑《寒山寺志》《邠州石室录》等，编有《治廧室书目》《五百经幢馆藏书目录》《乡先哲遗书目》等。著有《藏书纪事诗》《语石》《邠州大佛寺题刻考》《缘督庐日记》《奇觚庼诗集》《奇觚庼文集》等。

1917年11月16日病卒，叶昌炽在上海辞世，葬于贺九岭下。曹元弼和曹福元，吴郁生和王同愈分别撰写《叶公墓志铭》。其一《皇清诰授通议大夫翰林院侍讲甘肃学政叶公墓志铭》，由"赐进士出身诰授中宪大夫翰林院编修加二级　吴县曹元弼撰文　赐进士出身诰授资政大夫摄河南布政使分巡开归陈许郑兵备道兼管河工事务前翰林院编修吴县曹福元书丹　候选训导吴县孙宗弼篆盖　吴县周容刻"；又一《皇清诰受通议大夫翰林院侍讲叶公墓志铭》，由"赐进士出身诰授荣禄大夫前署邮传部大臣右侍郎翰林院编修吴郁生撰文、赐进士出身诰投资政大夫前江西提学使翰林院编修王同愈书丹并篆盖、吴县周梅谷刻"。

671. 汪东墓 Wāngdōng Mù

位于吴中区越溪街道陆墓山，汪氏家族茔。汪东（1890—1963），原名东宝，字旭初，号寄庵，别号寄生、梦秋，吴县（今江苏苏州）人。生于光绪十六年闰二月初十日（1890年3月30日）。汪凤瀛三子，与长兄汪荣宝并称"二妙"。汪东早年就读于上海震旦学院。光绪三十年，东渡日本，先入成城学校，后读早稻田大学预科，毕业后入哲学馆（后改为"东洋大学"）学习。结识孙中山，加入中国同盟会，历任《民报》撰述、编辑、主编。三十四年，在日本师从章太炎习文字学，与黄侃、钱玄同、吴承仕并称"章门四弟子"。宣统二年（1910）从日本回国，加入南社，辛亥革命时期参与江苏独立活动，任江苏都督程德全秘书。1912年任《大共和日报》《民声日报》编辑。1913年起历任北京大总统府法政咨议，内务部佥事、民治科第三司司长及编订礼制会会员，政事堂礼制馆嘉礼主任编纂员等。1917年起历任浙江象山、于潜、余杭等县知事及

汪东墓

江苏省长公署秘书等。1923年与章太炎等创办《华国月刊》。1927年任国立中央大学教授兼中文系系主任，曾为校歌作词，1930年任文学院院长。抗日战争全面爆发后汪东随校迁至重庆。1938年任国民政府监察院监察委员。1943年任复旦大学中文系教授。抗日战争胜利后，汪东曾任教育部国立礼乐馆馆长。1947年被聘为国史馆纂修。1950年汪东当选为苏州市人民代表、人民委员会委员。1954年起，先后任苏州市政协常委、副主席，江苏省政协常委，中国国民党革命委员会苏州市委员会主任，民革中央团结委员会委员，民革江苏省委员会副主任等职。汪东于经史百家无不研习，在音韵、训诂、文字学诸方面都有创获。其文如《论支那立宪必先以革命》《正明夷"法国革命史论"》《〈法言疏证〉别录》等，散见于《民报》《大共和日报》《华国月刊》《制言》等报刊。汪东具有极深的词学造诣，1934年曾与吴梅、唐圭璋等在南京组织如社，后刊行《如社词钞》。亲自编定其《梦秋词》，收录从1909年至1962年所作，如《东归集》《闲情集》《俪德集》《绿茵集》《然青集》等，计20卷1 380多阕。弟子沈祖棻、殷孟伦等多有成就。汪东能画山水，画梅尤得同行称赞。在南京任教时，因住所与朋辈黄季刚所居量守庐相近，故为之绘《量守庐图》。兼工篆刻。其书法皆入古。汪东作篆喜用柔毫，使得所作篆书圆润遒劲，别有情趣。曾与鹤园主人庞衡裳等雅集，为鹤园石题"掌云"，于苏州留园、拙政园、狮子林等也曾留下墨迹。另著有《寄庵随笔》《词学通论》《汪旭初先生遗集》等。

1963年6月13日，汪东因胃癌在苏州病故，葬在越溪陆墓山祖茔。现碑镌刻"汪东先生之墓"，由曾任中国国民党革命委员会主席的屈武题写。

672. 朱长文墓 Zhūchángwén Mù

位于吴中区木渎镇灵岩山东麓的朱家山。朱长文（1039—1098），字伯原，号乐圃，自号潜溪隐夫，人称乐圃先生，吴县（今江苏苏州）人，祖籍越州剡县（今浙江嵊州）。生于北宋宝元二年（1039）。曾祖朱

朱长文墓（民国）

琼,仕于五代吴越。祖父朱亿,自明州徙苏州,宋太宗时任内殿崇班、阁门祇候,知邕州。父朱公绰,天圣八年(1030)进士,为盐官令、郓州通判,历知广济军、舒州。居雍熙寺西前吴越钱氏金谷旧圃,号为名胜。嘉祐四年(1059)朱长文中进士,年未及冠,吏部限年未即用。次年,授许州司户参军,以堕马伤足不仕。元祐元年(1086)被荐为苏州州学教授,撰有《州学记》传世。八年,召为太学博士,绍圣四年(1097)迁秘书省正字、枢密院编修,五年卒。家富藏书,精于校勘,以学术为世所宗。朱长文家居凤凰乡集祥里,营地为圃号乐圃,多台榭池沼竹石花木之胜,撰有《乐圃记》。名德所寓,邦人珍之,知州章岵因名其巷为"乐圃坊"。朱长文由苏轼举荐任州学教授,时与范仲淹等齐称吴郡"五贤",州学中建有"五贤堂"以示景仰。著有《乐圃集》一百卷,南渡后毁于兵火。后侄孙朱思衷集遗文为《吴郡乐圃朱先生余稿》十卷。另存《乐圃余稿》八卷及所著《吴郡图经续记》《墨池编》《琴史》等。宋代耿秉撰写的《乐圃先生朱长文墓志铭》记载,北宋元符元年(1098)六月,朱乐圃之灵柩被安葬于支硎山之南峰。清道光年间,朱氏子孙将祖茔迁到灵岩山东。朱家山的墓地坐西面东,面积约1500平方米,为朱氏祖茔,共有四墓。原有碑三通,正中一碑书"先贤光禄卿知舒州讳公绰成之,宋刑部尚书知邕州讳亿延平朱公墓,枢密院编修讳长文乐圃"。右方一碑立于同治十三年(1874),撰写者是晚清的江苏按察使应宝时,碑文内容是朱氏墓地曾被不法之徒盗卖,后经苏州知府李铭皖亲自审理,最终还朱氏后人公道。为了避免先贤之墓再次遭受破坏,李铭皖下令由吴县县丞负责朱乐圃墓园的修护。此碑的背面,还镌刻有朱乐圃墓园四址图。墓左方一碑,已漫漶不清。墓后山崖镌"朱家山,宋先贤乐圃朱先生之墓"摩崖。

673. 英雄冢 Yīngxióng Zhǒng

位于吴中区木渎镇善人桥集镇北马岗山麓。马岗山坐落在善人桥北面,是雅宜山的一条支脉。1932年1月28日晚,日本侵略者无理要求中国军队撤出上海闸北,进而发动了淞沪侵略战争。当时,驻守上海的国民党第十九路军将士(总指挥蒋光鼐、副总指挥蔡廷锴)未接到抵抗的命令,但在暴敌侵凌下,激于民族义

英雄冢

愤，首起奋勇抵抗，开始举世闻名的淞沪抗战。在这场历时一个多月的孤军奋战中，日军受到沉重打击，而十九路军和后继的第五军前仆后继，牺牲很多。淞沪抗战一结束，李根源即献出善人桥北马岗山麓的一块墓地，将负伤后在苏州抢救不治而殉难的十九路军和第五军78名将士安葬于此，命名为"英雄冢"，并发起、带领爱国人士举行公祭。1937年发生"八·一三"事变，在抗击日本侵略的淞沪会战中有1 200名烈士落葬苏州木渎镇石码头灵岩山西麓，由于营葬较前紧张匆促，只能合棺埋葬。李根源亲笔题写高达3米的"无名英雄纪念碑"，并赋诗《奉安东战场阵亡将士忠骸》以志悲痛。诗云："霜冷灵岩路，披麻送国殇。万人争负土，烈骨满山香。"1943年6月，著名画家徐悲鸿在重庆访李根源时读到这首诗，深受感动，特绘《国殇图》画卷。画卷描绘了李根源在1937年全民抗战爆发后再次为抗战阵亡将士披麻送葬的情景。2004年，苏州市政府又把这1 200名烈士忠骸和"无名英雄纪念碑"一齐移建于马岗山，与1932年1月28日牺牲的78名将士葬在一起。

英雄冢原封土高2米，墓地东西28米，南北7米，地形长方，东西两端各立石碑一块。"英雄冢"为李根源所题："中华民国二十年九月十八日，日本陷我辽东三省。明年一月二十八日，复犯我上海。我十九路军、第五军与之浴血鏖战，至三月一日，援兵不至。日寇潜渡浏河，我军腹背受敌，二日全军退至昆山。是役也，战死者万余人，异葬于苏州善人桥马岗山者七十八人。著姓氏于碑。题曰：英雄冢。中华民国二十二年四月朔日腾冲李根源题书。"碑阴镌刻郑伟业手书的78位抗日阵亡将士不朽英名。"气作山河"碑为张治中将军撰写："李印泉先生在苏集前十九路军、第五军上海抗日一役殉国将士骸骨，凡七十八具，葬于马岗山之麓，命名英雄冢。以治中曾参附斯役属题。自维当时制敌无术，书此不觉愧悲交集，泪下如缏矣。中央陆军军官学校教育长、前军军长张治中。"碑之阴镌刻奉化俞济时篆书和陆军第十八师师长王敬久楷书题记各一段。英雄冢在1963至1964年间，被夷为平地，开垦为桑园。1981年10月，吴县县委统战部、吴县文物管理委员会修葺英雄冢，收集了抗日阵亡将士的忠骨，埋入墓穴，加高封土。现在，英雄冢坐西面东，封土高1.5米，墓周长18米。无名英雄纪念碑碑文上书："1937年'八·一三'淞沪抗战爆发，中国军队奋起抵抗日本侵略者，众多将士为国捐躯，是年11月，李根源捐资筹地，于藏书石码头砚山堆冢立碑，葬抗日阵亡将士遗骸82棺千余人，为'无名英雄墓'。后因年久失修已圮，2004年1月，迁葬于此。苏州市吴中区人民政府拨款修建。"

674. 朱梁任墓 Zhūliángrèn Mù

位于吴中区木渎镇穹窿山东麓的岳峙山，原为李根源买下的山地，朱梁任父子意外过世后，李根源将好友迎葬于此。朱锡梁（1873—1932），字梁任，以字行，一字夹颁，号纬军、君仇，吴县（今江苏苏州）人。宋大儒朱长文第三十三世孙。父朱永璜，同治十三年（1874）武进士，历任江南常州营中军守备，以两江候补参将管带浙西盐捕缉私后营，以书法著名。光绪二十九年（1903），朱梁任曾义务任教于吴中公学社，与苏曼殊、包天笑等于苏州狮子山招国魂，署名黄帝之曾曾小子。后于日本加入同盟会，孙中山曾赠以宝刀。宣统元年（1909），参加南社。1912年，曾参谋北伐军事。次年，当选为苏州自治

朱梁任墓碑

协会评议员。曾任上海《商务报》及《民国新闻》报主任编辑。1917年,与叶德辉督工深刻宋碑《平江图》,被吴县修志局聘为采访员,后任《苏报》主笔。1924年,任上海南方大学教授。次年,被聘为东南大学、爱国女学苏州分校教授,后于苏州美术专门学校教授国文及国学。朱锡梁好古绩学,喜藏书集帖,善鉴别。工诗词,娴音律,精天算。学日本假名,通古文字,研究甲骨文有心得,时为"苏州五奇人"之一。著有《历算超辰》《甲骨文释》《草书探原》《词律补体》等。

1932年11月12日,携子朱世隆参加甪直保圣寺唐塑陈列馆开幕典礼,返乘之源兴轮于途中倾覆,其子朱世隆及余者已经被人救起,然朱世隆见父亲还在水里,即复入水救父,亦一起溺亡。子朱世隆,字天禄,一作天乐。生于清光绪二十九年(1903)。素承家学习武,任苏州成烈体育专门学校事务主任、武术教练。12月,陈去病与柳亚子等40人具名讣告,在北塔报恩寺召开追悼会,在《为朱梁任先生父子发丧启》中评价:"吴县朱梁任先生,早岁奔走革命,著声南社,学术湛深,品节端粹。"一周年后,朱梁任父子葬于岳峙山南麓,墓前建有碑亭,碑亭的石柱上,刻有张仲仁撰写的对联:"乃翁因罗汉捐躯,载酒谁过扬子宅;有儿与曹娥比烈,看山常伴赵王墓。"

675. 李根源墓 Lǐgēnyuán Mù

位于吴中区木渎镇小王山李母墓侧。李根源(1879—1965),字印泉,又字养溪、雪生,别署高黎贡山人。云南省腾冲县人。光绪三十一年(1905),在日本加入同盟会。翌年被选为云南旅日同乡会会长,并创办《云南》杂志,倡导云南独立。三十四年初,入日本陆军士官学校。翌年毕业后返回云南,任云南陆军讲武堂监督,旋升总办。武昌起义后,李根源与蔡锷等发动新军响应,成立大汉军政府,任军政总长兼参议院院长,继任云南陆军第二师师长兼国民军总统。1913年,参加"二次革命",后入早稻田大学政治经济科。1915年归国,反对袁世凯称帝,任军务院北伐联合军都参谋。1917年,任陕西省长。1918年,赴广东参加护法斗争,任粤滇军总司令兼滇军第四师师长。1922年,历任北京政府航空督办、农商部总长、代总理等职。

李根源墓

1923年，因曹锟贿选总统，辞职寓居葑门曲石精庐。收集吴地乡邦文献、金石碑文，寻访古迹。母阚氏去世，李根源庐墓于穹窿山北麓小王山，建阚茔精舍，营松海十景，时有"山中宰相"之称。张一麔有《题松海》诗："风尘涸洞人间世，为听龙吟植万松。添得吾吴新掌故，小王山顶小隆中。"陈雪楼有《题阚茔村舍》二首："阚茔村舍入山深，松海题诗一路吟。我自寻碑兼探胜，名流石刻满丘林。""云南讲武说当年，抗日精诚未息肩。慷慨一生坚志节，高风硕德世称贤。"李根源登山跋水，寻古考证，写下《吴郡西山访古记》5卷，并在穹窿山、上方山、小王山留下大量摩崖石刻。其间，李根源创办善人桥农村改进会、阚茔小学、成人夜校，凿井筑路。1931年，任《吴县志》总纂，撰写冢墓、金石卷。接任吴中保墓会会长。七七事变后，与张一麔等倡议组织"老子军"，以助抗战。中日淞沪会战时，李根源亲赴前线慰问抗战将士，组成苏州各界抗敌后援会，收葬阵亡将士遗骸，建"英雄冢"于藏书五峰山、马岗山，披麻送国殇。1937年，转道湘鄂入川。1939年，出任监察院委员兼云贵监察使，亲至前线视察。中华人民共和国成立后，历任西南军政委员会委员、全国政协委员。1959年将所藏古籍、书画、文物捐给苏州文物管理会。著有《景邃堂题跋》《吴郡西山访古记》《虎阜金石经眼录》《中华民国宪法史案》《曲石文录》《曲石诗录》《雪生年录》等30余种。

1965年7月6日，病逝于北京，归葬小王山于其母之墓侧。1980年，李根源的夫人马树兰病逝。同年4月，李根源之子李希泌将母亲与李根源合葬。1985年，吴县从各部门与企业募集10万元，复建了阚茔村舍，按杭州章太炎墓的式样，重修李根源墓。现建有李根源纪念馆。

676. 顾雍墓 Gùyōng Mù

位于吴中区木渎镇小王山南坡。顾雍（167—243），字元叹，吴郡吴县人。顾姓为吴中大族，祖父顾奉，字季鸿，曾任颍川太守。东汉末天下大乱，中原地区士大夫避居吴地者甚众，其中包括大名士蔡邕。顾雍随蔡邕学琴书，才思敏捷、艺业日进，蔡邕断言顾雍日后必成大器。经州郡荐举，顾雍年仅二十岁即授合肥长，历官娄县、曲阿、上虞等地，皆有治绩。孙权初为会稽太守，以顾雍为郡丞，代行太守事，吏民归

顾雍墓

服。数年后入为左司马。孙权称吴王后，顾雍累迁为大理、奉常，领尚书令，封阳遂乡侯。顾雍生性沉稳，举止皆合儒家礼仪，极受孙权敬重，称顾君不言，言必有中。每逢宴会欢饮，只要有人饮酒过度，顾雍必当场指出，没人敢于放纵。黄武四年（225），顾雍迎养其母，孙权亲临祝贺，拜其母于庭前，随后各公卿大臣皆拜见，太子也前去祝贺。同年，顾雍进封醴陵侯，代孙邵为丞相。时群臣都推举元老重臣张昭任丞相，但孙权力排众议，认为张昭性格过刚，遂用顾雍。顾雍当政期间，因心底无私、待人无偏见，于官员皆能量材录用，得到大家认同。还经常深入民间，汇集民众对官府的意见，上报孙权。如果孙权采行，则归功于孙权，如果孙权不予理会，顾雍也不外泄。朝政只要涉及丞相职责内事宜，顾雍都会提出自己的意见，神色平和却坚持原则，总落足于国家利益，因而极得孙权敬重。每逢要事，孙权常遣身边人员拜访、征询顾雍的意见，如果符合顾雍的想法，孙权即施行。否则，孙权就会与顾雍反复商讨，顾雍如果终不赞同，就会神色专肃、沉默不语地告退。孙权常感慨曰："顾公欢悦，是事合宜也。其不言者，是事未平也，孤当重思之。"顾雍任丞相共计十九年，赤乌六年（243）卒，谥曰肃侯。去世后，孙权身着素服亲往吊唁。长子顾邵早卒，次子顾裕疾病缠身，少子顾济嗣承爵位。永安元年（258），因顾济无子，孙权特诏让顾裕袭爵。

　　清代《吴门表隐》中亦有"'顾墓'三墓并在白马岭小王山。隶吴邑十四都十五图盖字圩。宋运使彦成、元高士禧皆拊，屡被侵占，毗村支后世守之。道光元年后裔……立碣表墓"等记载。民国《木渎小志》记载："吴丞相顾雍墓在穹窿山坞。"1928年，李根源寻得顾雍墓，拍了照片，还绘制了"三贤图"，并在《松海》中写道，"此墓距吾母兆域才五十丈，逾岭即是，且有墓碣可认"，李根源重修了顾墓，并在墓前亲书摩崖石刻，以"刻石纪之，已告来者"。

677. 柏乐文墓 Bǎilèwén Mù

位于吴中区胥口镇香山公墓。柏乐文（William Hector Park），1858年10月27日生于美国佐治亚州。先后在纳什维尔的范德比尔特大学医学系和纽约贝尔维尤医科大学学习。1880年美国监理会决定在苏州天赐庄开办医院，派遣柏乐文作为医学传教士来华，遂与蓝华德一起特地到纽约、爱丁堡及伦敦等大医院考察，1882年两人抵达苏州。"到华后所介绍之医学方法，皆为当时最新颖者。"柏乐文自述其工作非常得益于可卡因、白喉抗毒素及X光机的发明与引进。1883年初，柏乐文获得教会和苏州地方人士捐款一万美金，即以

一千美金在天赐庄购田七亩建院，半年竣工，为庄园式建筑，题名"苏州博习医院"（英文名 Soochow Hospital），11月8日正式开张。经柏乐文长期苦心经营，博习医院取得了巨大成功。孙芝祥《致柏公乐文诔辞》称："柏公品性，四德兼备；和蔼，勇敢，乐天，宽大而加之以基督教牺牲自我，造福人群之精神，所以公一生以服务为职志……综公毕生在中国的事工，大都在医药方面。四十五年以来他救活了不下几十万人，挽沉诊疴，病家对公具极大的信仰。"

柏乐文墓

柏乐文还通过博习医院进行烟毒治疗，并与社会人士共同筹办禁烟会来反对鸦片。此后，还是东吴大学创办人之一。1914年，袁世凯授予柏医生金心勋章和五等嘉禾勋章，中国红十字会授予他徽章和红会终生会员资格。1916年，袁世凯赠予柏乐文"仁心仁术"牌匾，并颁发褒奖令，"以表彰其对这个国家及其人民的终身奉献"。

1927年，柏乐文因病回国治疗，去新金山（墨尔本）养病，12月逝世。1928年8月按其遗嘱，存放骨灰之铜瓶归葬于苏州葑门外安乐园。20世纪六七十年代，公墓遭到破坏，铜瓶保存在原博习医院里。20世纪80年代中期，苏州大学附属医院与柏乐门的外孙女，将柏乐门夫妇移葬于香山公墓基督教徒墓区。2013年，院方重修柏乐文夫妇墓。

678. 顾鼎臣墓 Gùdǐngchén Mù

位于吴中区光福镇潭山南之绣球山，七十二峰阁附近。顾鼎臣（1473—1540），初名全，字九和，号未斋。昆山人。生于明成化九年二月二十五日（1473年3月23日）。父顾恂，字惟诚，号桂轩，工诗文词，喜昆曲，有家班。年五十五与婢女生顾鼎臣。顾鼎臣虽出身卑微，而有志向学。弘治十八年（1505）状元及第，授翰林院编修。武宗在位时，官至左谕德，曾疏请重视江南重赋问题，改革钱粮积弊。世宗继位后，顾鼎臣直讲经筵，讲授宋儒范浚

顾鼎臣墓

《心箴》时，陈述简洁、切中事理，世宗大悦，亲作注释。顾鼎臣由此深得世宗器重，累迁詹事府詹事、礼部右侍郎。转吏部右侍郎，派人找到曾子第五十九世孙曾质粹，授《五经》博士，与孔、孟、颜氏同列。嘉靖十五年（1536），京师和全国多地淫雨连绵，引发水灾，顾鼎臣特作《怜雨》诗，并上疏详陈各地困苦，请赈灾以抒民困，为世宗诏准。升礼部尚书，仍掌詹事府。嘉靖十七年八月，以礼部尚书兼文渊阁大学士，入内阁参与机要。奏请重新丈量、核实全国田亩，以裕赋税，解财政之困。次年再次上疏，建议清查江南七府里胥豪右，核定田亩，裁减田赋，后世宗派巡抚欧阳铎厘减江南租税。顾鼎臣还请求在昆山筑砖石城墙，带头捐金，后昆山凭借城墙守御，数次击退倭寇。昆山顾氏视光福为祖地，顾鼎臣在上街建续断厅，石嘴墩建燃松园，潭山建七十二峰阁。精书法，尤善馆阁体，著有《未斋集》22卷、《文康公集》24卷。对医学亦颇有研究，眼科病更有独到见解，著《医眼方论》《经验方》各一卷。

明嘉靖十九年十月初六日（1540年11月4日）卒于任，追赠太保，谥文康。墓在光福潭山，翟銮撰写墓志铭。其墓占地百亩，有翁仲、石兽，并建丰碑四通。1960年，顾鼎臣墓列为吴县文物保护单位。20世纪六七十年代，墓遭挖掘，碑被砸碎，散落山野。

679. 吴伟业墓 Wúwěiyè Mù

位于吴中区光福镇潭西小查山下。吴伟业（1609—1671），字骏公，号梅村，别署鹿樵生、灌隐主人等。太仓人，祖籍昆山。生于明万历三十七年五月二十日（1609年6月21日）。河南参政吴愈玄孙，诸生吴琨

吴伟业墓

子。"世以科第儒术显名三吴。"吴伟业以"文章正印"将张溥收为弟子，亦师亦友，相率为通经博古之学。崇祯三年（1630）中举人。翌年会试第一名，殿试一甲第二名进士，帝御批其试卷"正大博雅，足式诡靡"，授翰林院编修。赐里第完婚，于明伦堂上行合卺礼，士论推为荣耀。八年，大学士温体仁罢，张至发执政，排斥异己，极颂温体仁孤执不欺。吴伟业疏言温体仁性阴险，学无经术，狎昵小人。继之者正宜力反所为，乃转盛称其美，势必因私踵陋，尽袭前人所为。将公忠正直之风，何以复见海宇？祸患何日得平？直声震动朝廷。翌年，任湖广乡试主考官，所拔多名士。回京，充东宫讲读官。十二年，迁南京国子监司业，翌年晋中允、谕德，十六年，转左庶子。次年闻"甲申之变"，号痛自缢，被家人发觉而救。南明福王立于南京，吴伟业授少詹事，与大学士马士英、尚书阮大铖不合，请假归乡。入清拒仕，抗辞再四。顺治十年（1653）九月，在众人交荐及有司敦逼下，被迫出仕，授秘书院侍讲，充太祖、太宗《圣训》纂修官。十三年初，迁国子监祭酒。不久丁母忧归，不复出。与钱谦益、龚鼎孳并称"江左三大家"。代表作有《临江参军》《琵琶行》《松山哀》《圆圆曲》《捉船行》《临顿儿》等。著有《梅村集》《春秋地理志》《春秋氏族志》《绥寇纪略》《乐府杂剧》《绥靖纪闻》《鹿樵纪闻》《梅村诗话》《穹窿山志》等。生有九女。五十岁后始得三子。长子吴璟，康熙进士，官兵科给事中。诗长于律绝，著有《西斋集》《左司笔札》。次子吴瞕，夭折。三子吴暄，寿光知县，著有《退庵诗集》。

　　清康熙十年十二月二十四日（1672年1月23日）卒，临终嘱咐家人，死后敛以僧装。葬于苏州邓尉、灵岩相近，墓前立一圆石，题曰"诗人吴梅村之墓"。勿作祠堂，勿乞铭于人。1960年，吴梅村墓列为吴县文物保护单位。墓址在潭西，已毁。现墓是1999年移建，墓地面积110平方米，墓坐北面南，封土存高1.2米，径4米。冢周筑7.4米花岗石护墓墙，墓前有冯其庸书"诗人吴梅村之墓"碑。

680. 伍子胥墓 Wǔzǐxū Mù

原位于吴中区胥口镇香山嘴东，现移至胥王园。伍子胥（前559—前484），名员，字子胥，以字行。出身楚国贵族世家。曾祖伍参，楚庄王于邲战胜强晋，其以侍臣主战为首功。祖父伍举，曾受岳父王子牟株连而流亡郑国、晋国，楚灵王时主持外交，为重臣。父伍奢，楚平王授太师，辅侍太子建，敢直谏。为少师费无极构陷谋反，与长子棠邑大夫伍尚同被杀。太子建辗转逃至郑国，因里通晋国袭郑亦被杀。吴王僚五年（前522），伍子胥携太子建之子熊胜逃奔吴国，"到昭关，昭关欲执之。伍胥遂与胜独身步走，几不得脱"。相传其历险过昭关，一夜须发皆白。伍子胥富谋略，具才识，深知公子光善战多功，有大

伍子胥墓旧貌

志，访得勇士专诸，荐于公子光，而己躬耕于野，出谋划策。吴王僚十二年，专诸刺杀吴王僚，公子光自立为君，称吴王阖闾。阖闾元年（前514），以伍子胥为行人，与谋国事。阖闾以强国霸王问政，伍子胥奏陈："凡欲安君治民，兴霸成王，从近制远者，必先立城郭，设守备，实仓廪，治兵库。斯则其术也。"阖闾遂决意自蕃离（今江苏无锡梅里）迁都，伍子胥奉命主持兴建阖闾大城新都（今江苏苏州）。"修法制，下贤良，选练士，习战斗"，教化大行。又荐齐人孙武、楚人伯嚭于阖闾，整饬内政，强军扬武。自阖闾三年起，从吴王攻楚、伐越、败齐。以功封于申，又称申胥。阖闾晚年，诸公子争位，伍子胥冒死力争，夫差被立为太子。阖闾与越王勾践决战于槜李，伤重身死。伍子胥辅佐夫差继位，教其遵遗命誓复父仇。夫差二年（前494），夫差于夫椒大败越王勾践，破越都会稽。伍子胥力主乘胜灭越，谏阻与越媾和未成，深以越为吴之心腹大患。十二年，伍子胥奉使齐国，将子托于鲍牧，改姓王孙氏，又谏阻夫差伐齐以备越。夫差于艾陵之战败齐后，听信伯嚭谗言，伍子胥被赐死。

胥口民众将伍子胥葬于胥江南岸，石碣镌刻"鸱夷藏处"。吴国被灭后，加镌成"伍员鸱夷藏处"。晋时，改碣为碑镌"古吴伍员鸱夷藏处"。清代，重立墓碑为"古吴伍相国鸱夷藏处"。清同治《苏州府志》载："'吴相国伍公鸱夷藏处'九字碑，江宗湘书，在胥口。"1985年，吴县文管会新建伍子胥墓，黄石叠筑圆形墓冢，墓前花岗岩石碑隶书"吴故伍相员鸱夷藏处"。2006年，胥王园建成开放，伍氏宗亲取用晋时碑文"古吴伍员鸱夷藏处"。

681. 鸳鸯冢 Yuānyāng Zhǒng

原位于姑苏区虎丘街道虎丘景区二山门前的甬道西侧。明崇祯十四年（1641），长洲蠡口人倪士义被诬冤死，妻子杨氏遂殉身于十一月十八日。大夫、士、庶人捐金合葬虎丘，题其门曰："身膏白刃风斯烈，骨葬青山土亦香。"自洪杨之劫后，只剩下不满三尺之石碣，上刻"古鸳鸯冢"，倒于蔓草之中。1920年4月，由

鸳鸯冢（民国）

吴中保墓会和上海杨姓士绅修冢建方亭。亭柱联由吴荫培题，徐霭先篆书"梁案齐眉愧高士，吴山埋骨傍真娘"，亭旁立界碑"明鸳鸯圹界，吴中保墓会立"。

1956年，虎丘景区开挖环山河南段时，将亭向北迁移。2002年5月至2003年5月，景区恢复清代西溪环翠景观时，又将亭东迁至钱处士墓对面。现亭东面枋上悬横匾一块，郑定忠于1984年冬题写"鸳鸯"篆字，题跋："崇祯时，长洲人倪士义负笈异地。年久不归。妻杨民意士义死，绝食而亡。士义及第归，闻耗大悲。不久亦气愤而死。后人义之，并葬于此。'鸳鸯'两字乃崇祯帝御赐。今经邑人重建石亭以留古迹。甲子冬郑定忠识并书。"附注："虎丘旧有此联，吴荫培前辈题，徐霭光前辈篆。乙丑小阳春月才疏云在轩补书，邓云乡。""古鸳鸯圹"，王铎撰，叶仑颖书。

682. 救火联合会公墓 Jiùhuǒliánhéhuì Gōngmù

位于姑苏区虎丘街道虎丘景区山门内西侧，旧为郡厉坛故址。1926年4月5日晚，闾邱坊三株街口居民叶汝霖家因未吹熄煤油炉引起火灾，全家8人和邻居唐老太被烧死。城北区"同安龙社"义务救火员史金奎同居此巷，在火场奋勇扑救，因被烧断的电线触及，不幸身亡。救火联合会组成治丧委员会，为义士史金奎举行公葬，安葬在虎丘山南麓的苏州救火联合会公墓。1934年9月，救火联合会在史金奎墓前树金松岑撰写墓碣，高约7尺，宽约2尺，并镌刻有300多字的碑文。1949年1月22日下午，高师巷许博明家发生火灾，接驾桥吴三珍肉店的老板顾士杰是北区救火会会员，奋勇参加扑救，跌入砂皮巷西口三条桥河中，此时桥堍驳岸突然崩塌，压在顾腹部，致使其内脏破裂，抢救无效死亡。3月22日，治丧会在城北殡仪馆为顾士杰举行公祭，葬于史金奎义士墓旁，吴县救火联合会主席范君博撰写墓碣。

联合会公墓原占地六亩六分九，内植松柏，四周筑围墙用为屏蔽。公墓大门东开，牌楼额"苏州救火联合会公墓"，联云："仗义急公，殁可祭社；赴汤蹈火，死而为灵。"现改称为义士陵园，由苏州消防支队于1996年5月修葺，重立铭碑及义士纪念塔。

救火联合会公墓（民国）

683. 徐祯卿墓 Xúzhēnqīng Mù

位于姑苏区虎丘街道虎丘山西麓万点桥的郁家浜北端。徐祯卿（1479—1511），字昌毂，一字昌国，江苏吴县（今江苏苏州）人。少年时随父徐昱迁居府城苏州。好奇善学，人称其家不蓄一书，而无所不通。补长洲县学生，又入苏州府学。弘治十四年（1501）中举人，十八年成进士。历迁大理寺左寺副，复两度降职，改为五经博士。数年京师薄宦生涯，徐祯卿曾自述受罪状："昔居长安西，今居长安北。蓬门卧病秋潦繁，十日不出生荆棘。牵泥匍匐入学宫，马瘦翻愁足无力。慵疏颇被诸生讥，虚名何用时人识。京师卖文贱于土，饥肠不救菹盐食。"正德六年三月十六日（1511年4月13日）

徐祯卿墓（清乾隆《虎丘山塘图》局部）

卒于任所，年仅33岁，归葬于苏州城外虎丘寺附近。早以诗文擅名，与文徵明、祝允明、唐寅并称"吴中四子"。在京时与名进士李梦阳、何景明等交游，列名于文学新人"前七子"。"前七子"倡言"文必秦汉、诗必盛唐"，以"复古"的名义，摆脱之前"台阁体"的束缚，努力使诗文创作肆意表达真实的心情，喜怒哀怨，自由抒发。徐祯卿所作《谈艺录》，重在阐述"前七子"文学复古的论调，颇具影响力，当时即为太学生所折服。《续吴先贤赞》称："《谈艺》之作，出钟嵘矣。吴之文自昌谷始变而为六代。"陈田《明诗纪事》亦谓："《谈艺》一录，清言微旨，可俪严沧浪（羽）。"

民国《吴县志》载："国子博士徐祯卿墓在虎邱西麓，万点桥席场弄右，郁家浜北端。明王守仁徐昌国墓志：正德辛未三月丙寅，太学博士徐昌国卒，年三十三……铭曰：惜也昌国，吾见其进，未见其至，早攻声词，终乃谢弃，脱淖垢浊，修形炼气，守静致虚，恍若有际，道几朝闻，遽夕先逝，不足者命，有余者志，璞之未琢，岂方顽砺，隐埋山泽，有虹其气，后千百年，曷考斯志。"1960年，徐祯卿墓曾列为吴县文物保护单位。墓址曾改建，现已无迹可寻。

684. 妙严墓 Miàoyán Mù

位于姑苏区平江街道因果巷与闾邱坊巷之间的薛家园，旧称梁朝公主墓、妙严公主墓、明戚姬薛娘墓，俗

妙严墓（民国）

称薛娘坟。明正德《姑苏志》："梁朝公主墓在乘鲤坊，即传法尼寺后大土邱也。相传，梁武帝女出降郡人孙场，寺其故宅也。尚祀之，称为妙严公主。寺西路百步许，河滨有石马，号石马汇，即其神道。"清道光《吴门表隐》载："梁武帝女公主妙严下嫁吴郡孙场，并修梵行，异室以居，场居西曰：'禅兴'，公主居东曰：'妙严'，址周各四千一百三十五丈。天监二年（503）建殁则葬于寺内……"民国《姑胥》载："梁朝亡后，陈高祖因她是先朝公主，赐宫女十人优待她，到八十余岁才死。现在因果巷禅兴寺内，阁上有妙严像，戴着毗卢帽，双手合十，盘膝而坐，两旁还侍立着十个宫女。"

　　妙严墓园旧有30余亩,墓墩很大,四围有沟,南边有碑,刻有"妙严墓"三字。太平天国时期,墓遭挖掘,庵被纵火。清同治年间,陈姓筑亭墓上,传说亭在夜中显出一肉手,邻里以为污辱公主而拆亭。1920年3月,妙严公主被传是观音菩萨之姊妹,墓上之草如同灵芝,墓旁之池即仙液,善男信女前往烧香乞取仙草仙水,似元旦之玄妙观,甚至彻夜不绝,警区干涉无效。6月2日,吴中文化学者朱梁任赴墓演讲保存古墓之必要,并将香炉烛台用脚踢去,群众围住朱梁任殴打,朱逃出并联合王荫藩等,电呈江苏省省长,请求命令警厅禁止人民饮污水,并保存古墓。6月3日,吴中保墓会会长吴荫培到场察看,警民再发生流血冲突,警署拘捕13人,判押5天或7天不等。翌日,警察队、骑巡队将四面路口守住,并由护北市民公社雇佣工匠在四周建起篱笆,从此烧香才绝迹。

　　1956年后,薛家园及周边被东吴丝织厂改建厂房,部分为市粮食局建职工宿舍,南部成了市消防大队操场,园与墓全废。

685. 叶小鸾墓 Yèxiǎoluán Mù

　　位于吴江区黎里镇叶家埭东南一里许的大富圩。叶小鸾(1616—1632),字琼章,一字瑶期,自号煮梦子,叶绍袁三女。3岁时,由舅父口授《万首唐人绝句》及《花间》《草堂》的诗词,都能朗然成诵,不漏忘一句。11岁,与昆山张泰符(官河南布政司)长子张立平定婚。12岁后,叶绍袁先后去南京、北京赴任,小鸾随往。经过叶绍袁的教导进步很快,填词赋诗,多佳句,见者炙口。14岁,与人对弈,棋艺颇高。15岁,能琴善画,所绘落花、飞蝶,皆有风致。字法秀劲,喜写《洛神赋》,所临不下百本之多。17岁,是年农历十月十六日为她的出嫁日,但在婚前五日忽逝,权厝于大富圩宝生庵后的荷花池北。50年后,寓居吴县横山的叶燮来宝生庵,始为封筑。清咸丰五年(1855),吴江县令王寿迈"偕分湖宗人戢甫公乃溱访出重修树碑立案",上书"有明仙媛叶氏小鸾之墓",碑石镌刻600余字《重修有明仙媛叶琼章墓记》,由王寿迈题书。王寿迈的《汾干访墓记》《疏香阁主簪珮》,叶乃溱的《疏香阁主墓考》《访墓图跋》《杂记》等均有记载。

叶小鸾墓旧貌

　　1923年,柳亚子与沈长公访叶小鸾墓时,仆地残碑字半蚀,临湖片土冢全荒。由叶氏族长叶藜仙书"叶小鸾之墓",勒石树碑,并栽下数株梅树以作表记。20世纪50年代末,建筑青平公路土方不够,挖掉小鸾坟墓,存一水潭。现碑石存于树萱堂,楷体阴文,长1.42米,宽0.34米,厚0.20米。

七、牌坊名

686. 至德坊 Zhìdé Fāng

位于姑苏区金阊街道阊门内下塘、泰伯庙门前。《吴郡志》云在"泰伯庙前"。洪武《苏州府志》载"绍定二年立"。因泰伯庙又名至德庙，坊以庙名，始立于五代吴越。南宋绍定二年（1229），重立于至德桥南。民国年间，因拓路移到至德桥北。20世纪六七十年代，"至德坊"被砌入"庙桥农贸市场"大门围墙。2009年，重修泰伯庙，坊原孤立于庙门前，后以坊为轴两侧加筑庙墙，游客可从牌坊中间出入。

至德坊旧貌

泰伯，姬姓。一作太伯，周太王古公亶父长子。商代晚期周原（在今陕西岐山、扶风）人。知古公亶父晚年欲立幼子季历为储（后为周季王），以传位于季历子姬昌（后为周文王），遂与弟虞仲以采药衡山之名避让，出奔荆蛮，至于吴地，断发文身，民拥立为君。三辞季历让国，以蕃离（今江苏无锡梅里）为都城，自号"句吴"。周武王灭商后追封于吴。后人尊为吴国及吴姓始祖。

东汉永兴二年（154），郡守糜豹建泰伯庙于阊门外。五代后梁乾化四年（914），吴越王钱镠为避兵乱徙于今所，占地58.5亩，为江南地区最早奉祀吴地开发始祖泰伯的庙宇，并立至德坊于庙前。北宋元祐七年（1092），诏号至德庙。南宋建炎四年（1130）庙毁。乾道元年（1165）知府沈度鸠工重建，又于庙前建至德桥。后历经淳祐十二年（1252）、明宣德五年（1430）、成化中（1465—1487）、嘉靖四十一年（1562）、万历十九年（1591）、万历四十六年（1618）、崇祯二年（1629）、清康熙二十三年（1684）、康熙五十九年（1720）先后葺治。咸丰十年（1860），泰伯庙毁于战火。同治六年（1867），重建。光绪元年（1875），增修庙舍。光绪二年（1876），重建至德坊立于庙前，牌坊为四柱三间冲天式石坊，柱端雕卷云纹，坊额"至德坊"三字由时江苏巡抚吴元炳所书。抗日战争期间，日机投下炸弹，庙西部许多房屋被炸毁。至1947年，所发土地所有权状上，庙仅占地约2.8亩。1952年10月，庙舍交泰伯小学使用，当时尚有大殿、龛位、碑记多块及桥北牌坊。20世纪六七十年代，学校迁出，改为菜场，称"庙桥农贸市场"，"至德坊"成为菜场大门，市民可从牌坊两侧进出菜场。2009年，庙桥农贸市场迁出，开始重修泰伯庙，增建前殿。修复后泰伯庙总占地面积7 492平方米，相比之前将占地扩容近六倍，遂成今貌。

沧浪胜迹坊旧貌

687. 沧浪胜迹坊 Cānglàngshèngjì Fāng

位于姑苏区双塔街道沧浪亭街西口。原在三元坊靠近人民路的巷口，民国初期，牌坊倒塌弃于路旁。此后，重立于沧浪亭门前的石板桥北堍。1986年，再次移到今址。沧浪胜迹坊建于清末，四柱三间花岗石坊，檐角飞翘。题刻"沧浪胜迹"四字，沧浪亭是苏州唯一立有古牌坊的园林。

688. 民不能忘坊 Mínbùnéngwàng Fāng

位于姑苏区沧浪街道胥门外接官厅。汤斌（1627—1687），字孔伯，号潜庵。河南睢州（今河南睢县）人。清顺治九年（1652）进士，康熙二十二年（1683）任江苏巡抚。在苏州扶持城乡建立新学，倡导读书。重修泰伯庙、范文正公祠、周忠介公祠，以树立正气。康熙二十五年（1686），汤斌擢任礼部尚书掌詹事府事。闻汤斌将离任，吴中罢市多日，上万百姓涌向抚院挽留。为了纪念汤斌，在府学之西建祠堂，在接官厅建"民不能忘"牌坊。

20世纪六七十年代，牌坊被毁。2008年，在百花洲公园重建牌坊，四柱三间石坊，柱联"居官当思尽其天职，为政尤贵合乎民众"。

民不能忘坊旧貌

689. 泽被东南坊 Zébèidōngnán Fāng

位于姑苏区虎丘街道山塘街800号，张国维公祠门前。张国维（1595—1646），字玉笥。浙江东阳人。明天启二年（1622）进士，授番禺知县。崇祯七年（1634），升任右金都御史，巡抚应天、安庆等十府，主持兴建繁昌、太湖二城。疏浚了松江、嘉定、上海、无锡等地河道，兴修吴江石塘，勘核全坍应修1 055丈，半坍2 086丈，平望应筑内外塘760丈，并修长桥、三江桥、翁泾桥。针对太湖洪水下泄不畅问题，于崇祯九年（1636），上书请求开浚吴江县长桥两侧的泄水通道。张国维将数十年治水的经验，于崇祯十二年（1639），写成并刊刻了一部70万字的《吴中水利全书》，成为研究苏、松、常、镇四郡重要的水利文献，也是我国古代篇幅最大的水利学巨著。牌楼在绿水桥西，为张国维立于崇祯十六年（1643）。三间四柱重檐石坊，正面坊额"泽被东南"，背面坊额"风清江海"，毁于"文革"初期。2008年，依据老照片的式样重建。

泽被东南坊旧貌

八、遗址名

690. 茶店头遗址 *Chádiàntóu Yízhǐ*

位于虎丘区枫桥街道高景山东北麓，原茶店头村西。东西长约200米，文化堆积层厚约2米。1985年5月初，吴县文管会在附近清理一座残墓时发现遗址。采集到很多陶器残片和少量石器。石器有打制粗糙但刃口

茶店头遗址

磨光的石斧、通体磨光的石镰。陶片有夹砂硬陶、印纹硬陶、泥质陶等，表面拍印各种纹饰，能辨出的器形有圈底内凹罐、喇叭形圈足豆等。根据出土文物的质地、纹饰等特点分析，该遗址与上海马桥遗址具有相同文化特征。在开喇叭河工程中，遗址被破坏。遗址的大部分已圈入某工业园中。当代徐文魁有《茶店头遗址》诗："悠悠岁月溯商周，遗迹沉埋茶店头。采集斧镰新石器，太湖文化史前留。"

691. 宝山遗址 Bǎoshān Yízhǐ

位于虎丘区东渚街道原宝山村二图的阳抱山，山在阳山西侧，海拔20多米，又名铜顶山。1983年3月，发现古文化遗址，并依附近的宝山村而命名宝山遗址。遗址分布在阳抱山南麓宽10米、长约200米的范围内，总面积约2 000平方米。文化层厚约80厘米，文化内涵丰富，采集到磨光石锛、刃口磨光的斜面石钺等石器和夹砂红陶罐、印纹硬陶罐、原始瓷等陶瓷的碎片。陶器的纹饰多为拍印纹，有云雷纹、弦纹、席纹、曲折纹、方格纹、叶脉纹，体现了西周至春秋时代的地方性文化特征。现为苏州市文物保护单位。当代陈谦文有《宝山遗址》诗："探宝山南麓，人文信有知。聪明琢石器，巧手出陶瓷。鉴辨图纹饰，且存古国思。羲和驱岁月，聊作计程碑。"

宝山遗址

692. 张陵山遗址 Zhānglíngshān Yízhǐ

张陵山位于吴中区甪直古镇西南约2 000米处张林村，与澄湖古文化遗址隔澄湖相望。张陵山原有东、西两座土墩，相距约100米，当地人称东山、西山。中华人民共和国成立初，当地农民发掘出土玉镯、玉器、玉瑗、玉管、穿孔玉釜和不少陶器。1956年，江苏省文管会在进行文物调查时发现张陵山遗址，1957年经过复查定为江苏省文化保护单位，1975年，南京博物院配合砖瓦厂在西山取土，清理崧泽文化墓葬6座，早期良渚文化墓葬5座。1979年9月，进行二次发掘，发掘面积200平方米，清理新石器时代墓葬11座，出土文物200余件。同时，还清理东晋砖室墓5座。5座晋墓中，3座有纪年铭文。由出土墓志可知其中一座为东晋苍梧太守张镇夫妇合葬墓，张陵山即因吴郡名门张镇家族墓地而得名。1982年，东山已挖去一半面积，使遗址中部低平，形成1.5—2米高的断崖。5月，出土璧、琮等成组玉器。清理属于崧泽文化、良渚文化、吴文化的墓葬4座，征集、出土一些陶片和遗物30余件。后因砖瓦厂取土损毁，1986年，被公布为文物保护单位。1990年，在张陵山遗址建起公园，占地3.47万平方米。在东山山顶建有张陵禅寺，园西建了城隍庙，园北建起廿四孝院。

遗址分东、西两陵，面积各6 000平方米，发掘的遗址下有崧泽文化期的墓葬8座，出土的典型遗物有石器、陶器和玉器类，其中石器35件，陶器112件，玉器77件，通过发掘确立了张陵山文化是太湖地区原始文

张陵山遗址

化发展的一部分，确定其最下层物与草鞋山中层、崧泽下层的出土遗物基本一致。张陵山遗址的第四层视为崧泽文化期堆积的年代，距今5 000—6 000年。今多数出土文物，存于南京博物院。

693. 张墓村遗址 Zhāngmùcūn Yízhǐ

位于吴中区越溪街道龙翔社区张墓村北。1987年，考古调查时发现。遗址东西长400米，南北宽30米，耕地层厚30—45厘米，文化层厚度超过1米。调查中共采集到文物140余件（片）。其中，以夹砂陶最多，其次是泥质陶，并有少量印纹陶、原始瓷及残石器、兽骨。遗址地表目前种植水稻等粮食作物，保存尚好。该遗址属新石器—商周时代，距今有4 000多年历史。该遗址的发现为进一步探索江南青铜文化的上下发展关系，提供了重要线索。

张墓村遗址

第五部分

历史地名

一、自然地理实体地名

694. 枫江 Fēng Jiāng

京杭运河枫桥段，旧称枫江，大致为今江枫洲东侧河道，也或有与上塘河并称的。大运河水由浒墅关南来，至枫桥后水分两路：一路从枫桥东侧折向东，由上塘河直抵阊门前护城河；一路向南经枫桥下流至横塘入胥江。宣统《吴县志稿》载："冷香别馆，在枫江上，惠磐卿所居。磐卿高祖士奇，家葑门冷香溪，后迁浒墅。磐卿卜宅枫江，与戈载为邻，名其室以志先泽。"

传枫江中曾有青石一方，有覆舟之患。据明陆粲《庚巳编》载："予家枫桥别业港，运河中有青石一方，长四五

枫江（民国）

尺，盖冢间物，岁久为怪，秋间能自行出于河，则必有覆舟之患。一岁有木商泊筏于港口。自其下过，木为撑起尺余。商大惊，而外报覆一麦舟。少时复自外入，木起如前。"今已无踪迹。

695. 抚侯山 Fǔhóu Shān

为吴地古地名，大致位置在今苏州古城西。《越绝书》"吴地传"载："抚侯山者，故阖庐治以诸侯冢次，去县二十里。"今也有认为"可能就是狮子山北面的何山"。

696. 干遂 Gànsuì

位于今虎丘区阳山南,吴地古地名。亦作"干隊""干隧",屡见于早期古籍。《吕氏春秋·适威》载李克对魏武侯语云:"此夫差所以自殁于干隧也"。《吕氏春秋·恃君览·长利》又有:"荆有次非者,得宝剑于干遂,还反涉江,至于中流。"《战国策·魏策》载苏秦云:"臣闻越王勾践以散卒三千,禽夫差于干遂。"《秦策》四云:"吴见伐齐之便,而不知干隧之败也。"《秦策》五亦云:"吴王夫差栖越于会稽……遂与勾践禽,死于干隧。"《淮南子·道应》云:"越王勾践……为吴王(原作'兵',据王念孙《读书杂志》校改)先马走,果擒之于干遂。"又如《兵略》云:"吴王夫差……大臣怨怼,百姓不附。越王选卒三千人,擒之干隧。"《史记·苏秦列传》司马贞索隐云:"干遂,地名,不知所在。然按干是水旁之高地,故有'江干''河干'是也。又左思吴都赋云'长干延属',是干为江旁之地。遂者,道也。于干有道,因为地名。"《春申君列传》又有注解云:"干隧,吴之败处,地名。干,水边也。隧,道路也。"唐张守节《史记正义》载:"干遂在苏州吴县西北四十余里,万安山西南一里太湖。夫差败于姑苏,禽于干遂,相去四十余里。"北宋朱长文《吴郡图经续记》载:"吴王夫差墓,在吴县西北四十里余杭山犹亭卑犹之位,今名阳山者是也,地近太湖。夫差栖于姑苏山,转战西北,败于干遂。夫差既伏剑死,越王令干戈人以一壏土葬之秦余杭山卑犹。宰嚭亦葬其旁。"明岳岱《阳山志》载:"夫差既杀子胥,游于姑苏台,昼寝而梦。召公孙圣问焉,圣直言之,遂怒,杀圣,圣仰天言曰:'天知吾之冤乎?忠而获罪,身死无辜,葬我深山,后世相属为声响。'于是夫差投之蒸丘。及越入吴,夫差昼驰夜走达于秦余杭山,采生稻而食,伏地而饮,曰:'是公孙圣所言不得火食,走偟偟耶?'因三呼公孙圣,圣从空中三应之。须臾,越兵至,擒夫差于干隧。干隧者,出万安山西南一里也。于是,越王数夫差大过者六,谓范蠡杀之者三。越王与之剑,夫差旬日自杀。越人累土葬之卑犹。曰蒸丘、曰秦余杭,皆阳山别名,或曰亦名卑犹万安山。"清顾祖禹《读史方舆纪要》载阳山"今山之别阜曰遂山,或以为即干隧"。清道光《浒墅关志》载:"干隧,越王擒夫差处,在万安山西南一里。万安即阳

干遂

山。"清凌寿祺有《干隧》诗："万安古干隧，至今有遗迹。余恨满空山，日暮鸥夷魄。"并有注："干隧，按古志载，在阳山南一里地。"

697. 夫椒山 Fūjiāo Shān

吴王夫差败越于夫椒碑

　　一说为洞庭包山，即吴中区金庭镇洞庭西山。《左传哀公元年》载："吴王夫差败越于夫椒，报槜李也，遂入越。"东晋郭璞《玄中记》载："吴国西有具区，中有包山，洞庭地下，潜通琅琊东武山，山穴道一名椒山。哀公九年，越败吴夫差于夫椒，即此是也，又名洞庭山。"北魏郦道元《水经注》载："湖有苞山，《春秋》谓之夫椒山，有洞室入地潜行，北通琅邪东武县，俗谓之洞庭。"北宋朱长文《吴郡图经续记》载："鲁哀公元年，夫差败越于夫椒，盖即此山也。或曰太湖中别有夫椒山，盖与此山不远，可以通称。"宋秦观之后、明秦夔（1433—1496）有《夫椒山怀古》诗："千尺嵬嵬俯洞庭，祖龙行幸此曾经。马蹄犹记亡秦迹，崖石谁镌上古铭。鳌背跃波晴隐隐，芙蓉积翠晓冥冥。楼船此日登瀛客，分载西峰一半青。"明徐问（1480—1550）亦有《夫椒山怀古》诗："携李陈师霸业新，夫差三载报相寻。可怜吴越俱尘迹，惟有夫椒自古今。"

　　另一说，夫椒山为马迹山从山。北宋《元丰九域志》载"常州有夫椒山，吴败越处即此"。 清《南巡道路山川古迹纪略》载："夫椒山，马迹从山，东曰夫，南曰椒，有大椒、小椒。"

698. 故治山 Gùzhì Shān

　　宋绍定《吴郡志》载："故治山，一峰上有碑，云是徐水曹坛天帝曲水之曹。旱牵牲至塘顶汜之，则有暴水洗塘。"今已不知其所。疑为今浙江省湖州市长兴县顾渚山谐音之变。

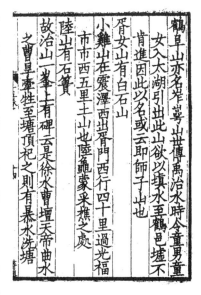

故治山（宋绍定《吴郡志》）

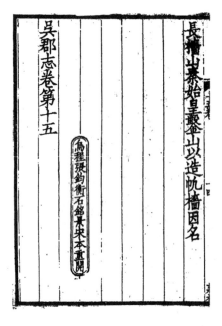

长樯山（宋绍定《吴郡志》）

699. 长樯山 Chángqiáng Shān

《吴郡志》载："长樯山，秦始皇凿山以造帆樯，因名。"长墙山，在今嘉兴市海盐县（宋前属吴郡）南三十五里，《嘉禾志》云："始皇东游以山形截海若墙因名。"《澉水志》云："山外有穿山洞，有神曰陈都监，又有龙眼潭，乃宋时番舶所聚，山下有石帆村。"

700. 飞来峰 Fēilái Fēng

位于吴中区金庭镇石公山。原为石公山东部一处著名的石景，20世纪60年代因开采山石被炸毁。

701. 鸥陂 Ōu Bēi

大致位于今望亭镇沙墩港一带，为吴地古地名。《吴越春秋》载"阖闾出入游卧，秋冬治于城中，春夏治于城外，治姑苏之台……射于鸥陂，驰于游台"，为春秋时吴王射猎之所。

702. 走狗塘 Zǒugǒu Táng

位于今虎丘区横塘街道上方山北南侧附近。为吴地古地名。北宋朱长文《吴郡图经续记》载："鸡陂墟者，畜鸡之所，豨巷者，畜豨之处，走狗塘者，田猎之地也，皆吴王旧迹。"明正德《姑苏志》载："胥口之水，自胥口桥东行九里，转入东西醋坊桥，曰木渎，香水溪在焉。又东入跨塘桥，与越来溪会，曰横塘。縣跨塘折而南为走狗塘。"因与荷花荡相接，俗称南塘河。叶方标《走狗塘》诗云："春堤芳草茸茸浅，此地吴王曾走犬。破费官厨供肉糜，鼷毛巧作五花剪。不猎猛兽但食肉，越人肥死不肯逐。弃人用汝亦何为，眼看苏台上麋鹿。"明张国维《吴中水利全书》卷五吴县水名下列有"走狗塘"。清《南巡道路山川古迹纪略》有"莲塘"条载："在县西十二里，生千叶莲，又走狗塘在县西南，旧传吴王田猎处。"清姚承绪《吴趋访古录》有"走狗塘"条："在城西，吴王游猎处。《越绝书》：阖闾走犬长洲。"

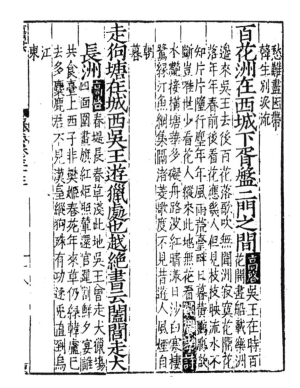

走狗塘（明正德《姑苏志》）

703. 投龙潭 Tóulóng Tán

位于今吴中区金庭镇林屋山东、居山下。唐代及吴越国时每遇水旱之灾，朝廷即派官吏至此投龙祭祀，故称投龙潭，又称东皋里湖。唐咸通十一年（870）夏六月，苏州大水，皮日休、陆龟蒙至此祭神，游览西山，各作诗20首，其中各有《投龙潭》诗一首。皮日休《投龙潭》诗云："龟山下最深，恶气何洋溢。涎水瀑龙巢，腥风卷蛟室。晓来林岑静，狞色如怒日。气涌扑炱煤，波澄扫纯漆。下有水君府，贝阙光比栉。左右列介臣，纵横守鳞卒。月中珠母见，烟际枫人出。生犀不敢烧，水怪恐摧挫。时有慕道者，作彼投龙术。端严持碧简，斋戒挥紫笔。兼以金蜿蜒，投之光焌律。琴高坐赤鲤，何许纵仙逸。我愿与之游，兹焉托灵质。"陆龟蒙和诗云："名山潭洞中，自古多秘邃。君将接神物，聊用申祝事。熔金象牙角，尺木无不备。亦既奉真官，因之徇前志。持来展明诰，敬以投嘉瑞。鳞光焕水容，目色烧山翠。吾皇病秦汉，岂独探怪异。所贵风雨时，民皆受其赐。良田为巨浸，污泽成赤地。掌职一不行，精灵又何寄。唯贪血食饱，但据骊珠睡。何必费黄金，年年授星使。"

投龙潭（明《震泽编》）

《林屋记遗》载，南宋嘉定初年，山民采藻时得吴越王所投金龙玉简，简以银制，长九寸，刻篆文。清末潭废，遗址尚存。明张国维《吴中水利全书》卷五吴县水名下列有"投龙潭在包山东渰"。清姚承绪有《投龙潭》诗："神龙本窟水，灵迹乃在山。有潭裂深崖，幽邃通仙寰。万丈俯澄碧，倒插峰屏颜。疑是鼋鼍宫，波涛泻屈湾。或疑老蛟室，风雨助往还。下通五湖源，岩壑倾潺湲。岁时致醮祭，银简何斓斑。投龙获龙佑，旱潦雨不悭。天地閟灵区，此境谁能攀。七十二峰外，云水相回环。"

704. 鹤溪 Hè Xī

位于今相城区望亭镇，为京杭运河望亭段古名，俗称塘河。大运河望亭段，西北自无锡市北望亭望虞河（原通吴桥），东南至通安金鸡讯桥，全长约6.5千米，西离太湖约3千米。1949年以前历经整治、拓宽、拨直，

重建的问渡桥

交让渎(宋绍定《吴郡志》)

河道宽30米。1995年大运河拓宽工程竣工,运河两岸拓宽并砌石驳岸,河面拓宽为90米,市镇间渡桥处宽70米。著名的望虞河水利枢纽工程即建在大运河望亭段北。

望亭镇今有鹤溪社区,位于镇东部,2010年1月设立,因鹤溪路贯穿社区南北而得名。社区管理范围为东接江南运河,南连太阳路,西邻间渡路,北至牡丹路,区域面积2平方千米。社区办公地点在马驿路161号。

705. 交让渎 Jiāoràng Dú

位于姑苏区乐桥东。北宋朱长文《吴郡图经续记》载:"昔陆慧晓与张融并宅,其间有池,池上有杨柳二株,何点叹曰:'此地便是醴泉,此木便是交让。'旧传有交让渎,盖因陆、张得名也。"南宋范成大《吴郡志》载:"交让渎在罗城之东北隅。"并引杨备诗云:"琴丁结友事耕耘,田熟翻如虞芮君。彼此持廉为弃物,一名交让两难分。"

706. 锦帆泾 Jǐnfān Jīng

位于今姑苏区锦帆路。锦帆泾,原为子城西城濠,古名锦泛泾。其名来历有三说:一说是自古泾

锦帆路

旁遍植桃柳，春日倒影水中如泛锦。明卢熊洪武《苏州府志》载："今之市河，南自憩桥，北出香花桥之西，乃昔之新河，即锦泛泾也。盖自古沿河无民居，两岸栽植花柳，春时映水如泛锦。故郑虎臣《闻灯实录》引《图经》载杜荀鹤诗曰'夜市卖菱藕，春船载绮罗'，亦以锦泛泾夹映花柳而云。今俚俗乃指此为锦帆泾，相承既久，莫知其非。盖'帆'乃'泛'音之讹耳。使锦帆果曾游此，则小桥栉比，樯橹起倒，不亦劳乎？"二说是春秋时吴王与宫女乘舟挂锦帆游乐于此。南宋范成大《吴郡志》载："锦帆泾，即城里沿城濠也，相传吴王锦帆以游。今濠故在，亦通大舟，间为民间所侵，有不通处。"明江盈科《锦帆集序》："锦帆泾者，吴王当日所载楼船箫鼓，与其美人西施行乐歌舞之地也。阅今千百年，霸业烟销，美人黄土，而锦帆之水宛然如旧，姑苏吴治实据其上，此水抱邑治如环。"三说是元末吴王张士诚携美女乘锦帆彩漆金花舟游此。

历史上，锦帆泾并非仅指今锦帆路所在的这一段河道，而是泛指四面环子城的水道，因后多淤塞，至民国仅剩锦帆路段。清同治《苏州府志》载："（子）城四面旧皆水道，所谓锦帆泾也，今多淤塞，其东尚有故迹，称为濠股。"清姚承绪《吴趋访古录》有"锦帆泾"条："环绕子城，四面皆水，后多淤塞，酒楼跨其上，仅得小渠一线耳。俗传吴王与诸宫娃锦帆游乐于此。"又载苏州子城"在大城内东偏，伍子胥所筑，汉、唐、宋皆为郡治……城四面皆水，所谓锦帆泾也。"其所作诗云："锦帆泾水绕城垣，麋鹿重看走古原。"

南宋时，锦帆泾宽三四丈，上有金姆桥，东对子城西门，西经通阓坊往乐桥闹市，附近至为富丽繁华。元末，锦帆泾两岸尽成废墟，逐渐埋塞。民国二十年（1931），填泾筑路，即名锦帆路。因路在王废基西沿，除南端外几无居民，极为冷落。20世纪80年代兴建苏州游泳池等，至90年代街貌改观。

707. 夏驾湖 Xiàjià Hú

位于今姑苏区古城西、阊门至胥门之间，金门梵门桥弄一带，相传为吴王避暑之地，为苏州早期苑囿。唐陆广微《吴地记》载："夏驾湖，寿梦盛夏乘驾纳凉之处。凿湖池，置苑囿，故今有苑桥之名。"南宋范成大《吴郡志》载："夏驾湖，在吴县西城下，吴王寿梦避暑驾游于此，故名。今城下但存外濠，即漕河也，河西悉为民田，不复有湖，民犹于河之傍种菱，其美，谓之夏驾湖菱云。"南宋《平江图》亦有标注。清同治《苏州府志》载："夏驾湖在吴县西城下，吴王避暑游于此，故名……宋杨备《咏夏驾湖》：湖面波光鉴影开，绿荷红芰绕楼台。可怜风物还依旧，曾见吴王六马来。郑思肖：岂独吴王事可

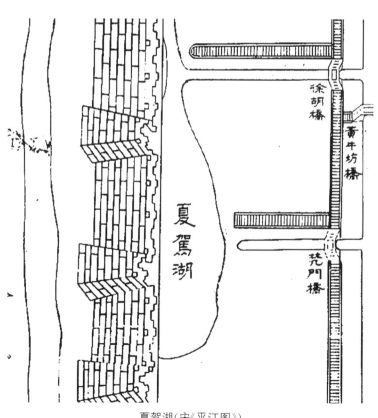

夏驾湖（宋《平江图》）

怜,人生回首总凄然。空嗟落日犹如梦,不记东风几换年。宝驾迹消前古地,菱歌声断晓凉船。如今城郭多迁变,茅屋荒颓草积烟。元郑元祐:吴王城西夏驾湖,至今草木青扶疏。想见吴王来避暑,后宫濯濯千芙蕖。酣红蘸翠总殊绝,谁似西施天下无。西施醉凭水窗睡,曼衍鱼龙张水戏。月上湖头王醉醒,归舟莲炬繁如星。不知左拥右扇者,日夜窥吴不暂舍。"后南北淤塞,清初湮为平地。清姚承绪《吴趋访古录》有"夏驾湖"条:"在西城下,吴王避暑于此,故名。昔时截河筑城,外壕为长船湾,连运河而水浸广。旧产菱芡,今多湮为民居。"因此处水面较开阔,昔为入城运河往来船只停泊之所,"川蜀大船停泊于东,商贾盐船停泊于西"。民国《吴县志》载夏驾湖:"在吴县西城下,吴趋坊西。吴王寿梦避暑驾游于此,故名。今城下犹存外濠,有湾亦名夏驾,连运河而水浸广。"

708. 东江 Dōng Jiāng

位于今吴江区、昆山市境内,东入上海市。为古代引太湖水入海的"三江"之一。《禹贡》载:"三江既入,震泽底定。"明王圻《东吴水利考》中有"东江考":"《史记正义》曰:一江东南下七十里,至白蚬湖入海,曰上江,亦曰东江。《吴地记》曰:东南入海为东江。《苏志》云:自大姚分支过淀湖,东至嘉定县界,合上海黄浦,繇黄浦经嘉定县江湾、青浦东北流,亦名松江者为东江。按大姚在长洲县二十六七都。郦道元《水经注》云:《汉书·地理志》曰秦于故越地武原乡置海盐县,后没为柘湖,徙治武原,又沦为当湖。南有秦望山,谷水于县出为澉浦,以通巨海。疑此即东江也。后因筑捍海塘,遂湮没无考。《吴记》曰:一江东南行七十里,入小湖为次溪,自吴东南出为谷水,谷水经由拳县故城下,又东南经嘉兴县城西,又东南经盐官县,即海盐县故城,后没为柘湖。县南有秦望山,谷水于县出为澉

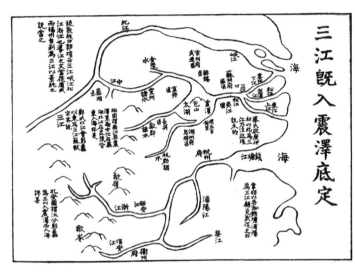

《三江既入震泽底定》(清代)

浦,以通巨海。此说与水经稍同,但未审此果东江否也。《水经》云:又东至余姚县,东入于海。注云:诸暨之南,余姚西北,浙江与浦阳江同会归海。《山海经》云浮玉之山,北望具区,苕水出于其中,北流至具区,浮余五里,便是句余县之东山,乃应入海。据此,则太湖水从浙湖出海,似亦有据。因书备考宋元嘉二十二年,扬州刺史王濬欲开武康苎溪,泄湖水以入海,不果。据此,则太湖水出钱塘,似亦与水经相合。据《松志》上海县黄浦支河曰闸港,闸港之东曰新场,新场旧有海口,论者或指此为东江。"清《太湖备考》载:"太湖水从牛茅墩东南出唐家湖,越运河而东,大小荡以百计;又南合湖州、嘉兴全郡之水奔流东注,并与淀山、三泖等湖而入于黄浦。黄浦东岸有闸港,内通新场。新场之东旧有入海口,议者以为是即古东江。今海口因筑海塘而塞,黄浦之水亦并与淞江入海矣……近吴江徐养浩以黄浦江为东江,而以牛茅墩、唐家湖为东江受水之口。"

709. 饮马池 Yìnmǎ Chí

位于今吴江区松陵街道。在金家堠斜桥东、傅家桥(又名富家桥)有一向北河道名东河头,至城东北隅

一大水塘，名饮马池（在今吴江工会文化宫内）。20世纪70年代建设桃园新村时，东河头北段填没。1984年第一人民医院建造食堂时填没南段，东河头全部消失。

另，盛泽镇黄家溪村也有饮马池。据康熙《吴江县志续编》："屈突明府厅，在黄家溪，俗称庄上。地俭三四十亩，西有饮马池，可二三丈，大旱不涸，周匝荻芦，幽寂闲旷。"

710. 青草滩 Qīngcǎo Tān

位于吴江区盛泽镇，为盛泽地方古名。清乾隆《盛湖志》载："盛泽，古名合路。因春秋间吴越相争，而古檇里在王江泾，名射襄城，盛泽与黄溪皆边城之地，可为吴，可为越，难为分析，故名合路。后禾城迁徙，是处化为青草，故孙吴时名为青草滩。至唐宋时仍名合路村。"清姚承绪《吴趋访古录》有"青草滩"条："为寨湖之南屿，西有饮马池，大旱不竭，周匝荻芦，唐开元进士屈突通辞建昌宰归休于此，自称青草滩主人，中有明府厅。"李白为屈突明作有《对酒醉题屈突明府厅》："陶令八十日，长歌归去来。故人建昌宰，借问几时回。风落吴江雪，纷纷入酒杯。山翁今已醉，舞袖为君开。"清康熙《吴江县志续编》载："屈突明府厅，在黄家溪，俗称庄浪。地俭三四十亩，西有饮马池，可二三丈，大旱不涸，周匝荻芦，幽寂闲旷。"

青草滩（清《采风类记》）

作为古地名，"青草滩"曾为历代诗人所歌颂。明钱可《吴江竹枝词》其一云："野船分处芰荷香，青草滩边小阁凉。阵阵黄梅新雨过，一泓山影对桥长。"清代郁承基有《青草滩》诗。清赵基有《青草滩杂诗》九首，描述当时的农家生产生活场景："灶角争迎灰三姑，喃喃絮语夹双芦。好凭五月新丝熟，买向湖州卖向苏。""比屋少闻纺吉贝，连宵只听络银条。空怜避毹黾纹手，一缕何曾御朔飙。""更番重午又重阳，角黍粢团令节忙。儿上花楼女络纬，终年辛苦是厨娘。""回纹锦缎乞天孙，七夕针楼宿露盆。只让儿家偷样巧，采绒留与绣鸳鸯。""南邻北巷会盂兰，雪藕瓤瓜边地摊。新织绢裁裙子薄，蚕丝抽尽又成团。""一日刚抽一匹来，瓜皮艇子放溪隈。杨花扑面吹如雪，慎莫回头笑脸开。""三眠四起候蚕娘，四月江村户户开。偏到新丝停络柱，更无余地可栽桑。""暑绢秋罗目易迷，争如荡北与溪西。天家不设机丝税，衣被中原到九氏。""毕世辛勤罄有无，了将经卷迓村妇。彩幡豆米蚕花竹，此是朱陈嫁娶图。"

另，松陵、平望等地亦有"青草滩"地名。

711. 钓雪滩 Diàoxuě Tān

位于吴江区松陵街道垂虹桥北、为古吴淞江滩。南宋大冶令王份归老松陵，筑"朦庵"，内有"钓雪滩"景。范成大《吴郡志》载："三高祠在吴江县垂虹桥南，即王氏朦庵之雪滩也。昔堂在垂虹南，圮极偏仄。乾道三年，县令赵伯徙之雪滩。三高者，范蠡、张翰、陆龟蒙也。此祠人境俱胜，名闻天下。"南宋龚明之《中吴纪闻》云："越上将军范蠡、江东步兵张翰、赠右补阙陆龟蒙，各有画像，在吴江鲈乡亭之旁。东坡先生尝有《吴江三贤画像》诗，后易其名曰'三高'，且更为塑像。曜庵主人王文孺献其地雪滩，因迁之。今在长桥之北，与垂虹亭相望，石湖居士为之记。"

　　明张国维《吴中水利全书》卷五吴江县水名下列有"钓雪滩"。莫旦曾更定松陵八景，其一曰"雪滩钓艇"，曹孚为作《雪滩钓艇》诗："雪飞滩上平，水流滩下清。往来人断绝，独有钓舟横。"明陶振《松陵八景》诗其一云："太湖三万六千顷，总付雪滩垂钓翁。林屋参差红日下，洞庭缥缈白云中。泉喷甘雨龙神庙，声吼蒲牢塔寺钟。回首简村凝望久，不知明月挂垂虹。"明蒋士远的《吴江竹枝词》，其一有对"钓雪滩"的描述，诗曰："雪滩晴望水田田，不种红莲种白莲。红莲妖艳欢箫鼓，白莲藕多少游船。"

　　明清之际吴江人顾茂伦号雪滩钓叟，李良年曾为其作《雪滩钓叟歌》，诗云："苇间延缘吾所师，寻阳棹者非凡姿。雪滩钓叟岂其亚，姓名盏被时人知。先生旧不事生产，读书树根破万卷。土增荒凉艺花竹，邻里惊呼车辙满。此门一杜何当开，笑指笠泽浮吾杯。连峰如银七十二，要看雪尽春风来。丝挂珊瑚不设饵，命写斯图聊戏耳。网鳜捞虾琐琐人，公若逃名勿图此。君不见占星梦猎声名驰，照耀史册千年垂。樵青渔童载两头，诏遣下取新歌词。笔床茶灶往来熟，故人又欲官天随。从来此事遭物色，黄金尺书来有时。长安已筑招隐馆，肯放此老津梁疲。武陵桃花今不迷，休歌河水清涟兮。纵不相逢贾太尉，定应愁载庾安西。"

712. 马亭溪 Mǎtíng Xī

　　大致位于今昆山市玉山镇市民文化广场一带娄江故道，为吴地古地名。《越绝书》载："娄门外马亭溪上复城者，故越王余复君所治也，去县八十里。是时烈王归于越，所载襄王之后，不可继述。其事书之马亭溪。"明归有光在《娄曲新居记》中以马亭溪为娄江："娄江，古娄门外马亭溪是也。溪上复城，越王余复君之所治，因之为娄县。"

马亭溪（清乾隆《苏州府志》）

713. 世子塘 Shìzǐ Táng

　　大致位于今吴江区江陵街道大运河与古吴淞江交汇之地，为吴地古地名。《越绝书》载："蛇门外塘波洋中世子塘者，故曰王世子造以为田。塘去县二十五里。"

二、行政区域及居民点地名

714. 支津村 Zhījīn Cūn

位于虎丘区枫桥街道何山东、西津桥镇南。为原支津村村民委员会所在地名称，因在支硎塘侧又紧靠西津桥镇而得名。1958年，为枫桥人民公社支津大队，1983年，改为枫桥乡支津村，其东、南分别邻郊区横塘乡曙光村、何山村，西接徐何村，北依西津桥镇，原辖有牛尾巴、张家班、念鱼浜、北皂村、南皂村、包巷上、塔园里、古巷里、塘岸上、包家桥、渔行浜、河西角等12个自然村，村民委员会驻包家桥。1994年6月，吴县枫桥镇、木渎镇的兴隆等4个村、郊区横塘乡的永和等7个村划归苏州市人民政府直辖，由苏州新区管委会枫桥镇和木渎镇的兴隆、新升、明星、石城4个村及郊区横塘乡所辖的永和、狮山、何山、曙光、星火、落星、黄山7个村划归苏州市管辖，由苏州市人民政府派出机构苏州新区管委会行使行政管理职能。

1987年时，有人口1 605人，耕地1 094.25亩，人均耕地0.68亩，其中口粮田802.5亩。全年上缴农业税13 654.08元。有村办企业9个，村办企业职工363人，工业产值234.51万元，上缴税金13.66万元，工资总额42.72万元，村办企业职工年均工资1 176.86元，当年利润负2.91万元。至2000年时，有人口1 649人，耕地已全部被征用，村企业经营收入100万元，上缴税金21.45万元。时牛尾巴、张家班、塘岸上3个自然村已全部拆迁。2004年，支津村撤销，改属枫津社区。其地现建有恒达清水园等住宅区。

支津河，因流经支津村故名。旧名支硎塘，因西通支硎山而得名。支津河西起大轮浜，东至大运河，长约2.25千米，为四级河道。

715. 典桥村 Diǎnqiáo Cūn

位于今虎丘区狮山街道西北部。为原枫桥镇典桥村村民委员会所在地名称，因辖有典桥自然村而得名。原为吴县枫桥人民公社典桥大队。1983年7月，改为吴县枫桥乡典桥村，东邻何山村，南靠木渎镇新兴村、金山村，西接支英村，北依金庄村，原辖有河曲里、黄家浜、典桥、周家墩、水车浜、陆巷上等6个自然村，

典桥村(民国地图)

村民委员会驻七家浜。1987年时,有人口1 082人,耕地1 078.8亩,人均1.00亩,其中口粮田541亩,全年上缴农业税14 336.90元。时有村办企业7个,在职职工295人,工业产值205.17万元,上缴税金8.89万元,工资总额23.33万元,村办企业职工年均工资790.85元,当年利润1 800元。1993年3月,与徐何、金庄村同时划归苏州新区代管。2000年,除陆巷上外,其余自然村全部动迁。随后典桥村撤销。

清乾隆南巡至苏州西南诸山时,典桥为行经之所。据张郁文《木渎小志》载,乾隆六次至此游历有两条行进线路,其中南线为:起自胥门,经胥江,过枣市桥、横塘、东跨塘、西跨塘至木渎镇,入香溪,上灵岩山;北线为:起自阊门,经枫桥至运河,南行经高板桥入支硎塘,经孙家桥、典桥至观音街,上支硎山西行,经寒山、龙池,至华山止。由华山返程,经龙池而南,经秦台、徐家坟,达焦山附近的狮子口,南北两御道在此相接。然后入光福塘西行,至邓尉山止。

716. 黄区村 Huángqū Cūn

位于今虎丘区东渚街道西北、太湖南岸。为原黄区村村民委员会所在地名称,因境内有黄区山而得名。黄区之"区",原作"塸",方言读若"区",以音简写为"区"。古代,为防御太湖盗匪侵扰,村民集中在黄区村内居住,形成东渚地区最大的一个自然村,村内小巷四通八达,村如街市。

黄区村,原为吴县东渚人民公社红星大队。1980年11月,更名为黄坵大队。1983年7月,改为吴县东渚乡黄坵村,东隔龙塘港与通安镇航船浜村相望,南靠淹马村,西接长巷村,北濒太湖。

黄区山,位于黄区村东、太湖南岸。山呈南北走向,长207米,海拔28米,山体由砂页岩、黏土构成,其石适用于堆叠黄石假山。1983年,围筑太湖堤岸时在该山取石,现仅留有山坡残迹。

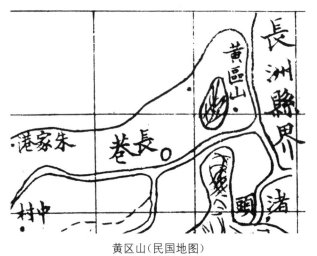

黄区山(民国地图)

黄区村内有平江山新石器时期遗址、吴家滩新石器时期遗址、墩头亩新石器时期遗址、黄区山新石器时期遗址、黄区北小山遗址等文化遗址。其中,平江山新石器时期遗址,位于太湖大堤东侧,1982年被发现后为湖水侵蚀,后在开筑太湖大堤时遗址的大半部分被夷平,现仅存大堤东侧一南北走向的长条状土墩,南北长约70米,东西宽约30米,文化堆积厚1米。钻探结果显示为人工堆筑的土台,地表曾采集到加粗砂红陶片、印纹硬陶片以及残石刀等,主要为马家浜文化、商周时期文化的遗存。吴家滩新石器时期遗址,位于平江山遗址东北,为一处方形土台,南北长63米,东西长60余米,高出地表约有1.5米。地表采集到许多薄胎灰陶片,另外钻探也发现早期陶片，主要为新石器时代良渚文化遗存。土台上有明清以来至现代的墓葬多座。墩头庙新石器时期遗址，位于黄区村北，向西100余米即为太湖岸线。遗址为台形，基本呈正方形，南北长45米，东西长46米，遗址北边缘基本保持完整，东北角直角处高约2米。南侧由于临近村民住宅以及种植作物而边缘不清。遗址上采集到灰陶等，主要为新石器时代良渚文化遗物。土墩上除近现代墓葬外，另有多座明清时期墓葬。黄区山新石器时期遗址，位于黄区村东、黄区山西麓，紧贴山坡，呈长条形坡状堆积，南北长约100米，东西长约40米。遗址堆积较为简单，表土下即为50厘米的堆积，下面为生土层。采集到的陶片多为夹砂红陶、红褐陶等，为一处典型的马桥文化遗存。黄区北小山遗址，位于平江山遗址东南。墩上能采集到印纹硬陶，曾出土多座古代墓葬，在墩的东南部有浇浆墓1座。综合来看，此墩应该是春秋战国时期的文化遗存，明清时期成为附近村民墓地。

717. 淹马村 Yānmǎ Cūn

位于虎丘区东渚街道中西部，渚头山、馒头山（万安山）东麓。为原淹马村村民委员会所在地名称，因下辖淹马自然村而得名。

1950年，淹马村分属吴县光福区长新乡永安村、东渚镇万安村。1956年，属东渚乡永星52高级社。1958年10月，属东渚人民公社第四大队。1959年10月，改为卫星大队。1961年7月，析卫星大队分设万安大队。1980年11月，万安大队更名为淹马大队。1983年7月，改为东渚乡淹马村，东隔渚镇河与下许村、通安镇航船浜村相望，南连协新村、新庄村，西面自南向北紧靠渚头山、馒头山、屯山、庄里山，北与黄区村隔河相望。下辖淹马、山渚头、上浜头、范家里、渚头、周家庄、安林庄、陈和庄等8个自然村。1995年11月，属东渚镇。2002年6月，随东渚镇划归虎丘区。随后淹马村撤销。

淹马村所辖范家里自然村北，有距今4 500年的窑墩新石器时期遗址，为苏州市文物保护单位。该遗址西界到淹马村村委会及村民住宅区，南到原陶土厂前苗圃，东到小河，北越过太湖大道至九曲河边，南北近

淹马村

400米，东西约200米，为虎丘区现存面积最大的遗址之一。遗址内原有土墩多个，地表采集到夹砂红陶釜、鼎足、泥质灰陶罐等残片，为典型的新石器时代马家浜文化、良渚文化的器物。

又有鲍家山墓，位于馒头山东，渚头山南。墓葬为南北走向，长约150米，海拔约28米。为竖穴土坑墓，外围一周土筑墓围。墓葬上长满毛竹，周边长满槐树、橡树、蕨草等。墓葬上口东西长7.6米，南北长7.3米；下口东西长10.6米，南北长10米；高1.5米。

在原淹马村与姚市村交界处，庄里山山顶与山脊上分布有石室土墩8座，其中，太湖大道南有2座，北有6座。这些石室土墩是在山体基岩上，用石块垒砌两壁，然后上用大石盖顶，外围再封土堆筑成土墩。除一座被破坏外，其余基本完好。

718. 向街 Xiàngjiē

位于今虎丘区枫桥街道鹿山路北、金枫路西一带，为原向街村村民委员会所辖自然集镇，形成年代晚于西津桥集镇。旧时，集镇上茶馆众多，通常兼营书场及售卖饼馒小吃，每天从清晨四五点至上午八九点，茶馆人声鼎沸，夹杂着河中渔船的敲板声，响彻整条小街，故名"响街"。后来，有"向"姓人士在街上开店，就写作"向街"了。

旧时，向街原为一条长50米、宽2.5米的小街，街的两边不满百户人家，靠南一排房屋比较低，个别房屋廊檐只有2米多高，房屋大部分为简陋的砖木结构，对街门面均为排板门。沿向街南有一条东西向小河，靠南一排房屋临河而建，有几户还跨河建造，形成别有风格的河面房。

向街，在清后叶设镇，属长洲县。民国时期，曾为向街乡乡公所驻地。1949年12月，为吴县枫桥区向街乡乡政府驻地。1956年1月，向街乡并入马涧乡，向街属马涧乡。1957年12月，马涧乡并入枫桥乡，向街属枫桥乡。1958年7月，枫桥乡划属吴县，9月，枫桥乡改为人民公社，向街属九大队。1959年4月，析九大队分设向街大队，向街大队部驻向街。1983年7月，向街大队改为向街村，村委会驻向街。1994年，枫桥镇划

枫桥美术馆（向街）

归苏州新区代管，向街随属。2000年，根据苏州新区建设规划，向街集镇区因全面动迁而消亡。

719. 红豆村 Hóngdòu Cūn

位于今虎丘区东渚街道中部，即东渚集镇，原称红豆村。据清《汉学师承记》载，明后期，原居浙江湖州的惠氏一族迁居龙山脚下的云溪（今浒光运河）河畔。至康熙年间，惠周惕、惠士奇父子均以进士在朝为官。惠士奇之子惠栋，更是誉为东吴第一经学家、吴派经学领袖。由此，惠氏门庭显赫，周围聚居人口逐年增多，形成村落。因惠周惕号"红豆主人"，惠士奇称"红豆先生"，惠栋称"小红豆先生"，因此称"红豆村"。后渐成街市，因位于"西渚"之东，故名集镇为"东渚"。现集镇已拆迁殆尽。

东渚西街，原有惠氏故居，屋有四进，始建于明代，是惠有声、惠周惕两代研经之所。宅前树有旗杆夹石6条，为惠周惕中进士入翰林时所建。原西渚村种德桥南，原有惠周惕、惠士奇父子墓，当地人称"父子翰林坟"，据民国李根源《吴郡西山访古记》，当时仍有守墓人，名为袁阿三。今均已不存。

惠周惕（1641—1697），原名恕，字而行，更字元龙，号砚溪、红豆主人，人称老红豆先生。惠有声长子，徐枋、汪琬弟子。清康熙三十年（1691）进士。选翰林院庶吉士，三十三年（1694）以不习满文散馆外放。调授直隶密云知县，有善政，贫卒于任。祀吴郡名贤。工行楷。富藏书。工古文词，诗格兼唐宋。最工五言，时与田雯、陈维崧等唱和。学称通儒，论学持正以救世，为汤斌雅重，尤以经学名家，创始吴派。编有《惠氏百岁堂书目》。著有《春秋问》《东篱草》《诗说》《易传》《砚溪遗集》《砚溪先生诗文集》《砚溪先生全集》《砚溪先生遗稿》等。

惠士奇（1671—1741），原字仲儒，更字天牧，号半农、半农居士，学者称红豆先生。惠周惕次子，惠栋父。康熙四十七年（1708）解元，四十八年（1709）进士。选翰林院庶吉士，授编修，充《春秋》馆、《八旗志》馆纂修官。五十七年（1718）首以编修特命祭告炎帝陵、舜陵。五十九年（1720）充湖广乡试正考官，提督广东学政。雍正元年（1723）命留任三年，迁右中允，超擢侍讲学士，转侍读学士。以经学倡导后进，弟子苏珥、罗天尺、何梦瑶、陈海天有"惠门四子"之称。五年入对不称旨，罚修镇江城，以产尽停工削籍。乾隆元年（1736）复起补侍读，纂修《三礼》，四年归。祀吴郡名贤。工诗文，赋与王顼龄、汤右曾为首推。通天文、乐律，兼治经史，尤深于经学。曾编选《劝学初编》《小题编》等。著有《半农人诗》《大学说》《琴笛理数考》《咏史诗》《人海集》《半农先生集》《红豆斋时术录》《红豆先生遗著》等。

惠栋（1697—1758），字定宇，号松崖，学者称小红豆先生。惠士奇次子。诸生。乾隆十五年（1750）以经明行修被荐，著书未及呈进罢归。后执教苏州紫阳书院称名师。与友沈大成论学最相契。富藏书，精版本，抄校精审，曾为扬州盐运使卢见曾校书。年五十后专心经术，尊崇汉儒，尤精于《易》，为汉学吴派巨擘。弟子知名者以余萧客、江声最为纯实。与父作合辑有《惠氏读说文记》。辑录《国朝山左诗钞》等。注补王士祯《精华录训纂》《渔洋山人自撰年谱》。著有《易汉学》《周易述》《古文尚书考》《后汉书补注》《九经古义》《明堂大道录》《松崖文钞》《惠氏春秋左传补注》等。

720. 白沙村 Báishā Cūn

位于今吴中区东山镇西北部、陆巷村北部，北滨太湖。为原白沙村村民委员会所在地名称，因在白沙岭西麓而得名。

清乾隆时属震泽乡。原为东山人民公社战斗大队。1980年11月，更名为白沙大队。1983年7月，改为东山乡白沙村，下辖二图、头图、十六图、纪革4个自然村。白沙村今已撤销。

南宋咸淳年间（1265—1274）邹寺丞舍宅建北奇庵，明末废。原白沙村二图里53号为世德堂，又名旗杆堂,明代建筑。建筑面积250平方米,为古柏吴氏裔孙吴文灏明末所建,因宅前有4根高大的旗杆,俗称旗杆堂。保存有门屋、书厅、花厅、大厅、住楼等建筑。十六图35号为达顺堂,明代建筑,吴姓祖传宅第,保存门屋、住楼二进建筑。村内有化龙池、王鏊祖茔、仲雍祠、浮碧亭庵碑等古迹。

白沙村还是东山枇杷的主要产地之一,此间所出称"白沙枇杷",果呈鹅黄色,果形扁圆,肉厚皮薄易剥,果肉洁白晶莹,入口而化,甘甜微酸、风味浓郁,爽口不腻,汁多核小、可食率高。

721. 槎湾村 Cháwān Cūn

位于吴中区东山镇西南部。为槎湾村村民委员会所在地名称,又称查湾村,或因早先有查姓居此而得名。1962年,属洞庭人民公社红光三大队。1980年7月,洞庭人民公社改为东山人民公社。1980年11月,红光三大队更名为槎湾大队。1983年6月,槎湾大队改为槎湾村,属东山乡。1985年9月,东山撤乡建镇。2003年12月,因金湾、槎湾两村都有一个湾字,合并称为双湾村,槎湾村地名消亡。

槎湾村是"照种"白沙枇杷及"大红袍"杨梅发源地。相传,近代槎湾村有果农贺照山,发现山坞处悬崖上有株枇杷树结的果子特别甜嫩,取其枝条嫁接后培育,因其品质优良,该枇杷品种很快遍布洞庭山,"照种"白沙枇杷因而得名。有闻名洞庭山的"枇杷王",树高20多米,树冠占地半亩,年产枇杷近千斤,传为槎湾雷氏先祖手植。照种白沙枇杷因其皮薄肉肥,汁多味甜,健神爽口,营养丰富,为东山白沙枇杷之最。今槎湾有农业生产基地2 000亩枇杷示范园。山坞西侧的石埚子山岭,遍布杨梅林。杨梅与枇杷同为东山著名夏果,含有丰富的果汁、糖类、果酸和维生素C等,能助消化、增营养,还有治疗神经炎和预防坏血病的功效。东山杨梅有紫色、红色和白色三类十个品种,以果色乌紫的大叶细蒂、小叶细蒂为最佳,肉刺饱满,甜里带酸,鲜美可口。还因杨梅树具有耐瘠、耐旱,且少病虫害等特点,东山山里农家常植杨梅林于

槎湾村一角

山上，而将山下土地用来种植性喜温暖湿润的枇杷林。宋释祖可有《杨梅》诗："五月杨梅已满林，初疑一颗价千金。味方河朔葡萄重，色比泸南荔子深。飞艇似闻新入贡，登盘不见旧供吟。诗成欲寄山中友，恐起头陀爱渴心。"1983年，槎湾村被列为江苏省湖羊资源自然保护区。

村中有古保安寺及叶氏故居。村后有玉笋峰，原有古代摩崖石刻。今存有民国李根源所题"玉笋峰"，落款为"民国十八年来游，李根源题"。村北有藏船坞，全长约3 000米，为深坞，相传为南宋杨虎于此操练水军、藏船于坞而得名。明清之际诗人吴伟业曾游历东山，作有《查湾西望》："屡折才成望，山窗插石根。湿云低染径，老树半侵门。沟直看疑岸，沙横欲抱村。湖光犹在眼，灯火动黄昏。"及《查湾过友人饭》："碧螺峰下去，宛转得山家。橘市人沽酿，桑村客焙茶。溪桥逢树转，石路逐滩斜。莫负篮舆兴，夭桃已著花。"清袁枚有《查湾山行》："十里崎岖半里平，一峰才送一峰迎。青山似茧将人裹，不信前头有路行。"清嘉庆二十三年（1818）及嘉庆二十五年（1820）龚自珍曾两次游历至此，并作有诗行，其晚年曾有"今日闲愁为洞庭，茶花凝想吐芳馨。山人生死无消息，梦断查湾一角青"的诗句。

722. 墅里村 Shùlǐ Cūn

位于吴中区香山街道西部。为原墅里村村民委员会所在地名称，以所辖墅里自然村而得名。墅里村，民国十八年（1929）属吴县十八区墅里乡、五云乡。三十七年（1948），属吴县第三区香山乡。1950年3月，属吴县木渎区卫湖乡。1956年1月，卫湖乡并入香山乡。1958年9月，属胥口人民公社渔洋营。1962年1月，撤销渔洋营设墅里大队。1983年7月，墅里大队改为墅里村，属胥口乡。时墅里村，东北接蒋墩村，东南连小横山村，西南临太湖，西北隔南塘河与光福乡黄渠村相望，下辖夏家带、顾家巷、上唐墓、唐墓、下唐墓、冯港里、白沙地、马口头、庙前浜、菱塘头、周家河、徐家巷、渔洋里等自然村。1993年5月，胥口撤乡建镇，属胥口镇。1994年7月，墅里、蒋墩、梅舍、香山、郁舍、姚舍、小横山、长沙等8个村划归苏州太湖国家旅游度假区管委会代管。1998年4月，墅里村撤销，改建为墅里居委会，墅里村地名消亡。2004年2月，以

姚承祖墓

蒋墩、墅里等4个居委会和梅舍等4个村委会区域设立香山街道,墅里居委会属香山街道。同年,墅里居委会改为墅里社区居委会,其管理范围为东接蒋墩社区,南、西濒太湖,北靠舟山村,区域面积4.8平方千米,社区居民委员会办公地点在舟山路西段。

墅里村是传统的古建和民间书画之乡。近现代"香山帮"古建工艺大师姚承祖(1866—1939),字汉亭,号补云,为墅里村人。姚承祖世袭营造业,苏州有不少寺庙、住宅、庭园经他规划修建,代表作品有木渎严家花园、苏州怡园藕香榭、木渎灵岩寺大雄宝殿、光福香雪海梅花亭等。姚承祖曾任教于苏州工业专科学校建筑工程系,晚年担任鲁班会会长。姚承祖曾在玄妙观创办梓义小学,在家乡创办墅峰小学。姚承祖所著《营造法原》,是记述江南地区代表性传统建筑的重要著作。其墓原葬吴县法华山南麓,墓碑、祭台、石栏、树木等都是生前自行设计。1971年3月,曾遭破坏。1982年,由其孙迁葬墅里村阴山麓。1986年,姚承祖墓被列为吴县文物保护单位。1996年,又迁至香山街道渔帆村蒯祥墓西侧,现墓坐北面南,朝向太湖,高0.65米,直径1.9米,花岗石围护。墓道长4.8米,墓前立"姚承祖之墓"石碑。

墅里村依山傍水,风景秀丽,渔洋帆影为太湖胜景之一。村内有董其昌墓、昙花庵等苏州市文物保护单位。在抗日战争时期,墅里村是新四军太湖游击队活动的重要地区之一,在渔洋山区建立和发展党组织,领导人民开展革命斗争。

723. 梅益村 Méiyì Cūn

位于今吴中区金庭镇中西部、林屋山西麓。为原梅益村村民委员会所在地名称,因原为梅益大队而得名。1949年5月,称梅园村,属吴县西山区大夏镇。 1950年4月,属太湖区行政办事处西山区秉汇乡。1952年7月,属太湖办事处第二区,村、乡隶属不变。1953年5月,属震泽县西山区,村、乡隶属不变。1956年3月,属震泽县石公乡,称梅园高级农业生产合作社。1958年10月,东河、石公、建设3乡合并为金庭人民公社,改称梅益大队。1963年4月,析金庭人民公社分建东河、石公、建设3个人民公社,梅益大队属石公人民公

毛公坛旧址

社。1983年7月，改为石公乡梅益村。2000年，梅益村撤销，并入秉常村，梅益村地名消亡。

原梅益村为西山青梅主产地，所辖梅园里自然村，即因广植梅树而得名。西山植梅始于唐代，盛于明清。其中，青梅果形大、产量高，种植最广，是西山梅子的主要品种。青梅果呈青色或青黄色，味酸，不宜生食，主要用于腌制蜜饯或泡制青梅酒。随着梅林的不断增多，在梅益、秉常及林屋一带梅林连绵不断，形成"林屋梅海"一大胜景。从1997年起，每年都要在梅益村东、林屋山下的梅园举办"西山梅花节"。

梅益村西有毛公坞，坞上为毛公山，海拔311.9米，相传此处为毛公得道处，故名。毛公，即刘根。据东晋葛洪《神仙传》载："刘根，字君安，西汉成帝时人，入嵩山学道，有弟子七十二人。冬夏不穿衣，身上生绿毛，故号毛公。"山上有毛公坛，被唐杜光庭《洞天福地记》列为道教七十二福地中的第四十二福地，"毛公坛，在苏州长洲县，属庄仙人修道之所"。唐元和十三年（818），时任华州刺史的令狐楚作《送周先生住山记》一篇，记贞元十九年（803）冬周隐遥在毛公坛"得异石一方，上有虫篆，验之，即毛公镇地符也"。历代诗人对毛公坛吟咏甚多。唐白居易《毛公坛》诗云："毛公坛上片云闲，得道何年去不还？千载鹤翎归碧落，五湖空镇万重山。"宋陈舜俞有《毛公坛》诗："古坛叠乱石，草木何参差。黄衣宇其傍，陈迹刊丰碑。日初刘真人，齿发不可警。但见绀绿毛，被体鬒鬒垂。云耕一日去，空山留庭坛。弟子散岩谷，荆榛蔽荒基。晚有周息元，探访亲斩披。白鹿忽跪前，灵符见葳蕤。地胜人既偶，凝严起宝祠。束帛下幽聘，良马维素丝。前朝揖高风，有美皮陆诗。迨今三百年，事去物亦隳。乔松委樵苏，野蔓号狐狸。惟有炼丹井，甘冽无等夷。一酌匪消渴，钦慕尚神禧。"旧时，"毛公积雪"为西山胜景之一。坛旁有炼丹井、毛公泉、仙坛观（又称洞真宫），后坛、观均废于清末，今尚存毛公泉及坛址。

毛公坞南、双塔头内有包山坞，坞内有包山寺，始建于南朝梁。原寺前有双塔，双塔头自然村由此得名。

724. 南浜村 Nánbāng Cūn

位于吴中区木渎镇东北部。为原南浜村村民委员会所在地名称，因在金山南、村委会驻南浜自然村而得名。1950年3月，属吴县木渎区金山乡。1956年，为和平高级农业生产合作社。1958年，为和平大队，属金山人民公社。1980年11月，更名为南浜大队。1983年7月，改为金山乡南浜村。时南浜村东接新升村（今属虎丘区狮山街道），南依新华村，西连天平村、天灵村，北靠金山村，辖有南浜、三仙桥、旺家、西安、北沿、上岸、田塘岸等7个自然村。1985年，南浜村随金山乡并入木渎镇。1996年，南浜村下设15个村民小组，人口530户、1 659人；有耕地1 158亩，其中集体1 029亩、自营129亩，实现农业总产值331万元；有吴县市南浜花岗石料厂、吴县市木渎医疗用品厂、吴县市木渎镇南浜预制构件厂、吴县市木渎南浜石料工艺厂4家村办企业，实现工业总产值1 359万元。据1996年统计，南浜村原有南浜、张泾浜、五号生产河、西安村河、仙人塘五条村级河道和毕家池一处池塘，其中，南浜长1 008米，张泾浜长850米，五号生产河长1 150米，西安村河长682米，仙人塘河长280米；毕家池水域面积为3 500平方米，今已填没。

2003年11月，南浜村撤销，并入金山村，南浜村地名消亡。2013年起，原南浜村各自然村、村办企业陆续动迁，现代化的商住区、影视城、商业中心随之拔地而起。

另，吴江区原莘塔镇亦有南浜村。

725. 前珠村 Qiánzhū Cūn

位于今吴中区越溪街道东部、东太湖西岸。为原前珠村村民委员会所在地地名。古时因朱姓村民移居于此形成村落，称"朱村"，又以村内河港为界，港南称前朱、港北称后朱。明朝就有朱村（前朱、后朱）的记载，清同治《苏州府志》有"朱村""后朱村"之名。20世纪80年代，因此地养蚌育珠小有名气，以谐音改"朱"为"珠"。也有传说，古代有钱、朱两姓村民因避地震移居于此，故名"钱朱村"，后谐音读成"前珠"了。

明清时，前珠村属吴江县范隅乡一都付七图。民国时，属吴江县越西乡第五保。1950年1月，越西乡更名为湖西乡；9月，吴江县湖西乡划归吴县枫桥区，改称越溪乡，前珠村随属。1956年，建金星高级农业生产合作社。1958年9月，为越溪人民公社第三大队。1980年11月，改称为新珠大队。1982年9月，新珠大队一分为二，以珠村港为界，南为前珠大队，北为后珠大队。1983年，前珠大队改设为前珠村，属越溪乡。时前珠村东止莫家塘，南止杨庄嘴，西止小溪江，北止珠村港，是越溪镇沿东太湖最南端的村，下辖前珠1个自然村。1994年9月，越溪撤乡建镇，前珠村随属。至2000年末，前珠村下设8个村民小组，人口215户、732人，其中，女379人，总劳力485个；有耕地面积778.8亩；有村办工业企业1家，产值270万元；人均年收入5 942多元。2001年8月，撤销越溪镇，并入长桥镇，前珠村随属。2003年9月，前珠村与后珠村、杨庄村合并为珠村村，前珠村地名消亡。2003年11月，撤销珠村村，建珠村社区，社区居民委员会办公地点在前珠路8号。2004年2月，撤销长桥镇，设立越溪街道、长桥街道，珠村社区属越溪街道。

旧时，前珠村前太湖茫茫，村民以种田捕鱼为生。民国期间，有湖南等地农民前来围垦太湖种植水稻。1954年，前珠村在莫家塘外经营菱草，直至1969年初新大圩围垦结束。1987年3月，在前珠村出土的春秋时期的青铜锯齿镰和战国、汉唐的铁镰，纹路均匀，做工精细，均与近代镰刀相似。清末，朱村人李顺福，有采莼奉母孝行。近代郭则沄（1882—1946）所著《十朝诗乘》卷十二载："笃行每见于贫贱后来。有李顺福者，吴县朱村人，逾冠，父卒。春采莼，秋斫芦，冬夏佣舂以养母。娶妻，不顺其姑至欲逐之。妻亡，不复娶。佣工则离母，故不恒为，益窘，乞得饭，先以奉母。冬寒，母席藁卧，辄身翼之。居小舟且漏，所携仅一釜。时就潘西圃先生山居卖莼，西圃为作传，附诗云：'喜尔扁舟到，依然载母来。饥寒增老大，啼笑是婴孩。鹤发惊无恙，鹑衣信可哀。莼香新可煮，谁与洗瓶罍。'厥后，顺福母卒，顺福为合窆父冢。为西圃述其事，貌有余戚。既而久不至，询之，则以痛母疾卒矣。故西圃《题采莼图》有云：'蓬颗已闻亲合窆，荻花谁与赋《招魂》。'伤其毁卒也。是可入《孝友传》矣。"民国《吴县志》也有相关记载："李顺福，太湖滨朱村人，家贫无屋，幼随父操舟。父殇，独与母居，时拏小舟于湖上卖莼为业。尝娶妻，为不顺于姑，斥去之，乡人嘉其孝。同治间，母年八十余，顺福亦老，犹春采莼、秋斫芦，以养母。冬夏为人舂，不足，则为乞儿，得食先奉母，而己尝其余。极寒时，母终日席稿而坐，顺福以身翼之。尝曰：'母生我者也，我逆之，天将击我。'呐呐然，始终惟知为此言。郡绅潘遵祁见而异之，先为作《母子莼歌》，后再见，复赠以钱十缗及襦袴、蚊帱、布衾等物。"

726. 碛砂村 Qìshā Cūn

位于吴中区甪直镇澄湖北。为原碛砂村村民委员会所在地名称，因所辖自然村碛砂村内有碛砂寺而得名。宋末，碛砂寺在寺北设刻经工坊雕版刻印佛经，工匠及其家属迁居于寺庙周边，加之制作香烛和外来人口游徙于此，逐渐形成村落，遂名"碛砂"。民国元年，属吴县吴宫乡宝座里中二十都。1950年3月，分设吴县甪直区湖北乡南新村、北新村。1954年，为湖北乡新倡初级社。1955年，为湖北乡新倡高级社。1956年3月，属吴县唯亭区张林乡。1957年9月，属吴县淞南乡。1958年，初为淞南人民公社第五营七连、八连；10月，为第五大队。1959年，调整为十一大队。1961年，改称碛砂大队。1980年7月，淞南人民公社更名为甪直人民公社，碛砂大队随属。1983年7月，改为甪直乡碛砂村，时碛砂村东邻西庄村、北连清港村、西接陶巷村、南滨澄湖，辖碛砂、唐家浜、湾溇里、陶家场、长腰浜、孙墓等6个自然村。1985年，甪直乡撤乡建镇，碛砂村属甪直镇。2003年，因S58沪常高速建设，陶家场、孙墓自然村整体拆迁至湾溇里南、清小港西岸，建孙陶湾新村；碛砂自然村部分村民动迁至唐家浜自然村东侧、清小港西岸，建碛砂新村；11月，撤销碛砂村、陶巷村，合其地设澄北村，以在澄湖北岸而得名，村民委员会驻地湖滨路666号、金澄明珠别墅小区北门对面。碛砂村地名消亡。2013年，因G1521常嘉高速建设，碛砂自然村全部拆迁至碛砂新村。

碛砂延圣院（民国）

　　碛砂寺，又名延圣禅院、碛砂延圣寺，始建于宋乾道八年（1172）。明隆庆《长洲县志》载："碛砂寺，陈湖北，二十六都，宋建。"清乾隆年间《元和县志》载："碛砂禅寺，旧名延圣禅院，在二十六都陈湖之北。宋乾道间，僧道原建。诗僧天纪尝注周伯弼所选三体诗，名《碛砂唐诗》。中有大藏经版，明永乐十五年僧智端重修建。"清顾震涛《吴门表隐》载："陈湖碛砂寺藏经坊，鸟雀不敢宿，亦不暂止，或云凤凰曾集之故。"民国时期叶恭绰《碛砂延圣寺小志》："初承湖中费氏施地，曰碛砂洲，遂建庵其上，远近翕然信仰，穹殿涌堂，日有增拓。"昔时碛砂寺处澄湖畔，附近常有水难发生，遇到有落水者，寺僧会前去营救，溺亡者有亲属认领的施以棺木，无亲认领者则安葬在寺西墓地，因而寺院在当地的威望很高。自宋末至明初，碛砂寺一直在刻印大藏经，鼎盛时期仅雕工就有580人。所刻大藏经，因寺名而被世称《碛砂藏》，历宋元明凡106年，共6 362卷，是我国开雕时间最早、雕刻质量最好、保存最完整的宋元版大藏经，影响深远。历史上，碛砂寺曾多次损毁和重建。南宋宝祐六年（1258），碛砂寺为火所毁，仅存藏经阁和供奉寂堂禅师舍利子的寂堂塔。咸淳初，住持可枢募资修复，后任住持惟吉修建完成，并作《碛砂禅寺记略》："寺建有天王殿、白衣观音殿、大雄宝殿、观涌堂、藏经楼等百余间，大雄宝殿雄视千顷碧波，壮观嵯峨。吴中寺院无能有与殿比隆者，蔚然是一大丛林，与云岩寺、保圣寺、灵岩寺并称吴中四大禅刹。"至元代，碛砂寺住持圆至撰有《平江府陈湖碛砂延圣院记》："姑胥以水为国，民庐皆岸沟港滨泖泾而居。畎亩之间，有浍洫，无涂径，虽东阡越西陌，非舟不通。荒村下聚，菰苇鱼鸟之乡，陂湖浸淫，涂卤渗溢。至于水之不及，人乃以为桑、为田，犹必堤其外，以备水之争。环州四疆，其东为海，北、西、南为具区。娄松之江贯其内。土耕民与食于水者，户相半。猾商游贩，出疆入境之舟，岸牵港刺，夜歌昼行。大抵一州之间，民里往来，以水为径，不独资之以生而已。然其险不测，非如蹈土驾陆之安。故远涉者必恃中流有避患之地，乃敢无恐而济。陈湖在长洲东四十里，当华亭、吴江之间。两界民舟之东西行者，鱼衔而蚁接。然其水混江际海，以云为涯，旦而放舟，日昃而后至岸。其浪波潮汐之壮，足以败舟帆而宿奸宄。宋乾道八年，寂堂禅师来自华亭，得湖中费氏之洲，曰碛砂。乃庵其上，为中流之镇。民利其留而惜其势之犹小也，更为大招提宫室居之。于是穹殿涌堂，屹流崛兴，据津瞰泲，碇泊凑附。既成，因所请，故额曰'延圣院'，而定其传为甲乙之居。寂堂没，其子孙立浮图以祀其舍利，又刻三藏之经而栖其板于院北之坊。其后，碛砂四面沙益延而水日却，东北皆为田，属于岸。延圣子孙益蕃衍富盛，其才贤者争以学术自缘饰，时节众会，文物布述粲然矣。

宝祐六年，延圣大火，独忏殿与寂堂之塔不火。咸淳初，住山可枢按火所毁，募其徒分而构之，益为壮靡，以加旧观。迨今吉公之世，延圣院复成。吉为六世之勤，未能有记，以留不朽，使其老清懋买石以请于余。盖自宋之季年，郡国兵饥，大姓贫而施予之家少。名山大川，化佛灵僧，鼓钟香火之宫，福民寿国之祀，其栋宇不幸而坏废，则无以劝豪杰之财力而复于成。能自植立于丘烬之中，以存其旧者少矣。独延圣益有余力，以增钜丽为崇侈，其勃兴决起之势，非独不挠于时之难，而屋室之盛、赀聚之赢，方且擅强于今而加富于昔。虽其嗣继材智，能争翔竞奋，以大其门，亦寂堂养培积种以遗其后者丰，坚根硕叶之荫茂也。呜呼，盛哉! 寂堂祝氏，讳师元，华亭人，尝学于水庵一公、密庵杰公，有名。孝宗时，多灵德异迹。既老，又为白莲寺于弁山之下，而归终于碛砂。其言有录而行有铭，故不繁载于记。"明永乐十五年 (1417)，志端和尚再次重修碛砂寺。嘉靖初期，大雄宝殿、藏经阁及附近的僧寮等再次被烧毁，只有天王殿的屋架子幸存。至崇祯中期，碛砂寺完全坍塌。清康熙六年 (1667)，僧人狮侣在旧址重建碛砂寺。康熙末，又经僧人祖圆修缮。至清晚期，碛砂寺日渐衰败。1925年，碛砂寺又经火毁。后碛砂村民在碛砂寺原址修造寺屋，供奉菩萨，每逢初一、月半到寺内烧香礼佛。20世纪六七十年代，寺屋被改建为碛砂小学。当时，尚遗存有围墙、门楼、石狮、古井等。20世纪80年代末，农村小学合并，碛砂小学被拆除，仅留下土墩，庙后荒地成为碛砂村民的自留地。2006年9月，动工重建碛砂延圣院，2007年2月竣工开放。2016年12月，在常嘉高速东侧、碛砂寺原址东北，启动碛砂寺移建工程，2018年竣工开放。

碛砂寺历经久远，多有名人诗咏。明代沈周有《过碛砂寺》诗云:"双幢落日倚渔汀，北下孤舟此暂停。野客偶惊云外火，老僧随掩石边经。沙洲古寺藤萝紫，石殿遗基荠麦青。今夜试留湖上枕，疏钟高浪不堪听。"明归有光有诗:"望见石柱立，知是招提址。莲宇已燹荡，土墙何迤逦。淡淡远天色，梅花带寒雨。溪回竹树交，风吹鸟雀起。日暮湖波深，苍茫白云里。"

另，元代中叶，碛砂村上还有福严寺。郑元祐《送初上人游方序》说:"吴以水为国，汇其腹者具区，区别派而湖者曰陈湖。湖当淞江之南，大浸几四十里，涛波荡天，而其北烟林苍翠，出州渚之上者，碛砂也。砂有积蓝曰福严，创始于国朝至大间，飞楼杰阁，视城甲刹，略不少让。其徒居之，既研精于其教法，又复购吾儒书数万卷，自六艺经传子史百家之言，每延儒之老于文学者，日讲肄之，俾其徒知仁义道德，元与其学不相悖戾，所以开明其心焉。"

727. 西跨塘 Xīkuàtáng

位于今吴中区木渎镇东部、西跨塘村南部、胥江北岸。因位于原西跨塘桥西北侧而得名，俗称大桥头。西跨塘地处胥江运河与通往横山(今七子山)的陆路交汇处，舟来人往，明清时形成自然集镇。明嘉靖《吴邑志》载:"胥门石灰桥西九里为横塘，又九里为跨塘，又九里为木渎镇，又九里为胥口。"清后期曾设西跨塘镇，后衰落。民国时期，镇上有杂货店及茶馆等。1950年底，属吴县木渎区七子乡。一度为东风高级农业生产合作社(后称三星大队、谢巷村)驻地。20世纪50年代，小镇街路长100余米，有居(村)民20多户，街上尚有小商店、作坊和医疗室、小学等，后逐渐与马庄村戈塔浜自然村融为一体。20世纪80年代，集镇附近建有吴县钢管厂、吴县木渎墙地砖厂、金猫水泥厂、吴县民房构件厂等工业企业。随着城乡一体化发展，至20世纪90年代中期起，原有店铺、企业也逐步迁走、关停。现已全部动迁，集镇、村落皆无。

西跨塘桥，位于原集镇西南、跨胥江，为清代建石拱桥，20世纪60年代改建成水泥公路桥，改名喜庆桥(约今桂芬路北端位置，已不存)。此处曾有"兰舟渡"，相传唐陆龟蒙自太湖赴郡守木兰堂宴会赋诗，曾系舟于此渡口，因而得名。其时张抟为苏州刺史，堂前大植木兰花，当花盛开时，宴郡中诗客。龟蒙后至，张联酌浮之已醉，龟蒙强执笔题两句云："洞庭波浪渺无津，日日征帆送远人。"随即颓然醉倒。张抟刺史乃请他客续之，但莫详其意，故难以续得。龟蒙稍醒，乃援毫卒其章曰："几度木兰舟上望，不知原是此花身。"遂为一时绝唱。清末邹福保留有"跨塘桥外兰舟渡，一片春波似泪流"的诗句，其祖茔在西跨塘荡头村（今属七子村）。兰舟渡南、七子山北，原有叶公祠，为清初叶燮隐居横山（今七子山）之地，奉叶燮父、明工部虞衡司主事叶绍袁，叶燮配祀。叶燮（1627—1703），族名世倌，字星期，号己畦。原籍吴江分湖，叶绍袁

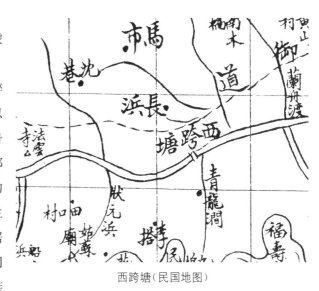

西跨塘（民国地图）

第六子，避乱世隐居吴县横山，罢官后在此设馆授徒，故世称"横山先生"。园中有"二弃草堂""二取亭""己畦""独立苍茫处"诸胜，皆自为之记。"独立苍茫处"，为叶燮于五十初度被迫辞官后，以杜甫"独立苍茫自咏诗"诗意垒石而成（《独立苍茫室记》），可见他对杜甫的崇敬之意。著有《己畦诗集》10卷，《残余》1卷，《己畦文集》22卷，《原诗》4卷，《汪文摘谬》1卷等。其中，《原诗》被认为是继《文心雕龙》之后中国文艺理论史上最具逻辑性和系统性的一部理论专著。

在西跨塘桥侧，原有明隐士徐政故宅。清《吴门表隐》卷六："凝翠楼，在横山西跨塘桥侧，明隐士徐政与文徵明、王宠辈结吟社于此。后改玺园，陈敦复新之。"乾隆初，为提举贝绍溥得而重修，易名"澹园"，中有十八景，其子模有诗纪胜。

728. 石城里 Shíchénglǐ

大致位于今吴中区木渎镇东北、虎丘区狮山街道西南区域，为明清时胥台乡（石城里）所在地。明嘉靖《吴邑志》列有"胥台乡石城里在县西，管都二，离城二十里"。石城里，因春秋时期吴王在此一带修筑石城而得名。1950年3月，设吴县木渎区石城乡。1958年12月，设金山人民公社石城大队。1983年7月，改为金山乡石城村。1985年，随金山乡并归木渎镇。1994年，划归苏州新区。2001年，设狮山街道。2002年，并入虎丘区、苏州高新区。

石城里（民国）

今灵岩山，相传吴王曾在山上筑有石头城，故又名石城山。东汉赵晔《吴越春秋》载："（阖闾）自治宫室，立射台于安里，华池在平昌，南城宫在长乐。阖闾出入游卧，秋冬治于城中，春夏治于城外，治姑苏之台，旦食鳝山，昼游苏台，射于鸥陂，驰于游台，兴乐石城，走犬长洲。"下有注曰："在吴县东北，吴之离宫，越王献西子于此。"东汉袁康《越绝书》载："石城者，吴王阖闾所置美人离城也。"清滕家祥《石城》有诗云："离宫结构

倚崔嵬，当日游观亦壮哉。岂料石城高百丈，不能卸得越兵来。"民国张郁文《石城》诗云："半由天造半人成，垒石为墉险莫惊。忽地苏台麋鹿走，鱼城酒郭一般倾。"

729. 田沟村 Tiángōu Cūn

位于吴中区木渎镇东部、原姑苏村北，胥江南岸。又名田头村。今村落已整体拆迁，留有地名。

在田沟村南、姑苏山麓原有夫差庙，后改称姑苏庙，今废。南宋范成大《吴郡志》载："吴王夫差庙，今村落间有之，旧庙无考。鉴诚录云：'世传此庙拆姑苏台木创成。唐陈羽秀才尝题夫差庙，时人谓之题破此庙。'陈羽：'姑苏台畔千年木，刻作夫差庙里神。幡盖寂寥尘土满，不知箫鼓乐何人。'张咏：'由来邪正是安危，不信忠良任伯嚭。自古家家有容冶，何须亡国殢西施。'"唐陆广微《吴地记》载："姑苏台，经营九年而成，其台高三百丈，广八十四丈，望见三百里外，作九曲路以登之。"《太平广记》引南朝祖冲之《述异记》云："吴王夫差筑姑苏台，三年乃成，周环诘屈，横亘五里，崇饰土木，殚耗人力，宫妓千人。又别立春宵宫，为长夜饮，造千石酒钟，又作大池，池中造青龙舟，陈妓乐，日与西施为水戏。又于宫中作灵馆、馆娃阁，铜铺玉槛，宫之栏楯，皆珠玉饰之。"宋崔鶠《姑苏台赋》云姑苏台"受邻越之贡，竭全吴之力，千夫吟山，万人道泣。"

姑苏庙

姑苏庙旁原有"小赤壁"景观。南宋时名练墟村，范成大有《跨马过练墟喜晴》诗："稻穗初乾怕雨时，晚来蒸暖欲霏微。西风若肯吹云尽，不惜飘飘侧帽归。"明王鏊正德《姑苏志》载有"练墟"村名。清顺治十四年（1657），吕毖于此建女贞观，以居女冠。木渎女子许霞（原籍金坛人）、吴静婉等十余人居此。知府张学曾题额，周陈俶记。吕毖，明末清初吴县人，明亡后为道士，隐居灵岩山。灵岩山下小桃源有吕毖墓。著有《事物初略》三十四卷、《明宫史》等，其中《事物初略》被称为"杂记事物俚俗语言之所自始"。后改为尼庵，汪琬、尤侗皆有诗述之。民国时期，高僧茗山之妹文秀奉养双亲于该村女贞庵，茗山曾多次来此探望，其在《茗山自传》中有"苏州探亲"一节云："我于1946年夏由湘返苏，其中有一个原因是想探望父母双亲，因为十多年与他们不见面了，常常想念他们。他们都住在苏州木渎镇田沟村女贞庵中，我胞妹文秀，法名心澈，住持该庵，由她侍奉父母。因此我曾几次到苏州女贞庵探亲。父亲不幸病殁于1946年农历九月十三日，享年69岁，安葬于附近公墓，我仅去坟地凭吊几次而已。每每思及父恩未报，内心惄然，无限遗憾。"茗山法师（1914—2001），江苏省盐城县西乡人氏（今属江苏建湖）人，本姓钱，名延龄，自幼和妹妹文秀随母亲张氏（法名善纯）信佛，放学回家母亲即命在家坐香念佛，十余岁时常随母亲外出参加佛事活动。19岁在家乡位于收成庄的罗汉院剃度出家，20岁到镇江焦山定慧寺受具足戒，1933考入佛学院第一届肄业。抗战期间，茗山在湖南南岳、衡阳等地，办理佛教会会务，创办佛学讲习所，及出任过衡阳、来阳、宁乡一带的寺院住持。抗战胜利后返回定慧寺任监院兼佛学院教务主任。1947年出席中国佛教会代表大会，当选为中国佛教会理事。中华人民共和国成立后，相继担任定慧寺、栖霞寺方丈、中国佛教协会常务理事、副会长等职。茗山佛学造诣高深，精诗文、擅书法，著有《茗山文集》行世，此外尚有《华严经普贤行愿品讲义》《弥勒上生经讲义》等流通。2001年6月1日圆寂。

730. 范家场 Fànjiāchǎng

位于今吴中区木渎镇天平村灵天路东侧、天平山景区南。为天平村村民委员会所辖自然村，北宋时称三让里，后因是范氏家族义庄、义田所在而名。

范家场现为木渎镇保留村庄，该村占地21亩，现有住户33户，共计138人。2016年，启动美丽乡村创建工作，在保护原始村庄风貌的基础上，推进道路硬化、雨污分流、强弱电入地、天然气入户、停车场扩建等实事项目。村内现建有"文正驿站"，占地面积约200平方米，内设休闲庭院区、志愿服务区、谈心谈话区、图书角等多个功能区域，面向村民提供民生、文娱、教育等多项服务，将范仲淹"先忧后乐精神"与三级枢纽阵地建设相融合，重点打造"家门口"的开放式、服务性、日常化的红色前沿阵地，打通服务群众"最后一千米"。

北宋时期，范仲淹曾被宋廷追封其上三代（曾祖、祖父和生父）为国公，祀于天平山忠烈祖祠，晚年范仲淹又曾在苏州城内范庄前购地二百亩，在天平山南二里的三让里（即今范家场）购地一千亩作为义田赡抚族人。南宋末年，潜说友任浙西提举兼知平江府后，用官费在范氏义庄东购地造屋共六十间作为官祀之所。潜说友还上奏朝廷，请求划拨公田，以租米作为公祠日常的祭祀开销。当局特设"主奉"官职，负责公祠的日常管理。1274年，范仲淹祠堂正式落成。1276年，范士贵任义庄提管，重修范氏祖祠，并于天平山南千亩义田处营建房屋三十间，设义塾其中。1314年，范士贵病逝于此。1317年，范氏族人将范士贵配祀范仲淹公祠。

2017年3月，来自世界各地的范氏宗亲代表三百多人齐聚范家场，举行范氏宗亲座谈会。2019年11月，纪念范仲淹诞辰1030周年庆典活动在范仲淹实验小学举行，苏州范仲淹研究会与天平村现场签订共建文明乡村协议。作为苏州先贤范仲淹义田、义学与祖茔所在地的天平村、范家场，秉承范仲淹"求民疾于一方，分国忧于千里"的责任担当，组织开发范仲淹纪念馆读书会、未成年人校外辅导站、老年大学、市民学校、道德讲堂、培养文明礼仪教育等义学课程，广泛开展"善行义举榜""五一表彰""中学生表彰大会"等道德评优活动，有力推动天平村的乡风文明建设。

731. 钱家场 Qiánjiāchǎng

位于吴中区木渎镇西部、马岗山北，为善人桥村村民委员会所辖自然村。因钱氏定居于此而名。

钱家场，为从事砚雕业的传统村落。灵岩山西麓有嵝村，世代以灵岩山出产的澄泥石刻砚为业，其砚史称"嵝村砚"，也称澄泥石砚，堪与端、歙齐名。相传，三国吴主孙权在灵岩山为其母营造陵墓，封禁采石，"自久被大吏封禁，而善人桥西乡亦开砚瓦山宕"，刻砚艺人遂移至今善人桥西的马岗山一带重操其业，代代相传至今。钱家场附近从事砚雕业，还有牛场郎、汤巷郎、油车弄、羊家场、张家郎、蒋家场、陈家岭、官山坞、茅坞里等十多个自然村。昔时，藏书乡善人桥一带出漱石，唐宋时即有开采，以漱石所制砚称为"漱石砚"或"漱砚"。

钱家场（民国地图）

另,木渎镇南部、宝带西路南侧、木东公路东侧位置,亦有"钱家场",为尧峰村村民委员会所辖自然村。1950年初,属吴县木渎区姑苏乡五星村。1954年,属胜利初级社。1956年,属姑苏乡第四高级社。1958年12月,属金山人民公社凤凰大队。1959年底,属金山人民公社五星大队。1980年,五星大队更名为孙庄大队。1983年7月,孙庄大队改为孙庄村,属金山乡。1985年,金山乡并入木渎镇,"钱家场"随属。

732. 渔洋里 Yúyánglǐ

位于吴中区香山街道西部,渔洋山北麓谢家岭、渔洋坞内。原为胥口林场所属居民点。因渔洋山景区建设,现居民点已拆迁、消亡。

民国《吴县志》载:"董文敏公墓在渔洋山湾。"董文敏公,即董其昌(1555—1636),字玄宰,号思白、香光居士,明松江华亭(今上海松江)人。万历十七年(1589)进士,授编修,曾任太常寺卿兼侍读学士、吏部侍郎、南京礼部尚书等。卒赠太子太傅,谥文敏。董其昌的书画对明末清初以来书坛画苑影响很大,著述有《万历事实纂要》《南京翰林志》《画禅室随笔》《容台集》《容台别集》等数百卷。墓现占地约1 200平方米。墓冢面南,封土高2米,底径2.5米。

渔洋里所在的渔洋坞中,原还有吴王妃郑旦墓,又有昙花庵(参见099"渔洋坞"条)。

渔洋里古石刻

733. 樊店村 Fándiàn Cūn

位于相城区北桥街道北部,原为樊店村村民委员会所在地名称,今属灵峰村。因所辖葛家浜自然村有樊店寺而得名。

民国时期,樊店村属樊店乡。1950年底,为吴县黄埭区樊店乡的一部分。1954年,建五星初级社。1956年3月,樊店乡并入北桥乡,设樊店村。1957年,为北桥乡迈进第二十三高级社。1958年,分属北桥人民公社第八营(葛浜一半、外浜)、九营(葛浜一半、吴家角),后并为第五大队。1961年,第五大队改名为樊店大队。1983年,改为北桥乡樊店村,时樊店村东至九曲河、南至十字港、西接姚浜村、北邻灵峰村,辖毛家

樊店寺

桥、西吴家角、东吴家角、外浜、周埂上、太平桥、五渔头、南庄8个自然村，下设15个村民小组。全村人口384户，1 274人，其中女626人。至2000年底，尚有耕地1 488.4亩、鱼蟹养殖255亩。有村办企业7家，工业总产值1 161万元。村人均收入4 780元。2003年，撤销樊店村，并入灵峰村，樊店村地名消亡。

据当代《北桥镇志》记载："樊店寺，寺址在葛家浜，明代建筑。"樊店寺最初似源于苏常一带的陈武烈帝民间信仰。据陈氏家族史料记载："忠祐武烈大帝，姓陈，讳杲仁（后亦写作'果仁'），字芷威，常州晋陵人也。圣祖嵩，仕陈为羽林郎，父季明，拜给事中。帝于梁太清二年己巳三月望日午时诞生，英姿照人，有鼎角匿犀之异，众皆奇之。八岁能属文，十三遍读诸史。陈太帝天康元年举进士第，对策玉阶，年甫十有八，授监察御史，迁江西道巡察大使。帝智勇绝人，精深韬略，仕陈二十有五载，以孝以忠德惠万民，威名满天下。入隋不仕，炀帝南游江都，群盗并起，帝闻其名诏令讨盗。俾除民害，义不可辞，奉命而起。大业五年授秉义尉，平长白叛寇，进朝请大夫，平江宁乐伯通叛徒十万，授银青光禄大夫，平东阳娄世干贼众二十万，召入拜大司徒。大业末，沈法兴起兵吴兴，谋据常郡，包藏祸心。阳为依附。时贼帅李子通集众数万屯江北，与法兴阴为应援，惧帝威勇不敢渡。至唐高祖武德二年庚辰五月十八日，法兴诈称疾，亟走告于帝。不得已往问疾，饮酒中毒，驰归时有高僧凛禅师以医名，亟召之治疗。其法当于阒寂无人处水涤肠去毒，帝室沈氏至池上潜窥而触之，帝知不可为，遂嘱咐凛禅师及轸张二妃，俾施所居第并南帑为精舍，东第为崇释观。言讫而薨，享年七十有二。法兴闻之，自谓得志，岂知帝英爽如在忠节愈励，一日黑云蔽空风雨晦冥，忽见形威发一神矢射薨法兴，寇众四清。其护国威灵有如此者，唐天子封忠烈公碑封福顺武烈王，后周加以帝号，宋宣和四年赐庙额曰福顺。武烈显灵昭德大帝。武烈沈后。轸后赞幽张夫人。神父启灵侯。神母懿德段夫人。神继母嘉德伊夫人。神子赞惠济美侯。次子协应济顺侯。神孙处士。佐神紫大尉，名克宏，封翊灵将军。"至明代，传樊店寺为纪念为民请命的陈氏三兄弟之陈大力的拜祭场所。相传，元末明初，江南由于长期战火导致田地荒废，各地瘟疫流行，在江南任职的陈大成三弟兄将实情面奏朝廷，要求免征赋税,却遭遇朝内奸臣作对,认为他们谎报灾情,为验明真伪,朝廷备下三杯鹤顶红焗酒,如若有灾,饮下毒酒,若无灾,赋税照收,免饮毒酒。陈氏三弟兄为了江南百姓从容就义。朱元璋为表彰其忠烈,加封陈大成为武力大帝、瘟部大堂,另兄弟二人另有封赠,故江南百姓建庙三座:一座在毛家村葛家浜,即陈大成的庙宇,为大老爷,即樊店寺院;老二寺院建在甘露镇,为甘露寺,人称二老爷;老三寺院建在北桥镇,为觉林寺,人称三老爷。樊店寺内一直有高僧管理,在江南一带享有盛名,历来有出会、庙会、开光等各种宗教活动,四季香火不断。当地民间传说,陈大成的外婆在常熟市姚家桥,故每逢牡丹花开,樊店大老爷陈大成都要出会,先将陈大成神像抬至姚家坐斋,结束后,进行唱戏、划龙船等各种活动,历时三天,届时人山人海,日夜不停,盛况空前。民国《吴县志》记载:樊店寺"寺房有十八间,占地一亩半,有贵重物件十四件,住持和尚法号明秀。原有正殿、观音殿、雷神殿等。正殿上坐隋朝清官陈大成塑像"。1966—1976年间遭毁坏。1990年,樊店村投资35万元修理正殿,建附房18间,增建荷花池,恢复前后二进房,设东西山门,有如来佛殿、观音殿、地藏殿、弥勒佛殿等建筑。恢复重建的樊店寺坐北朝南,占地近4 000平方米,山门飞檐翘角,设三门,中间门上方有"樊店寺院"四字,内门联为:"慈悲喜舍广度樊笼迷津,住解行证共入华藏玄门。"进山门为约600平方米的院子,中轴线上有一长方形香炉。绕过香炉,中为宝鼎,高3.8米,东、西两边为观音菩萨、地藏王菩萨立像,高4.8米。绕过宝鼎为大殿,面阔三间,80平方米。院子东西两边为厢房。院内有古井一口,银杏两株,高3.4米。分前后二进,第一进有九间,设山门二扇,东山门内设关帝韦驮神像,旁设猛将神像,西山门设行牌执事十八般兵器,旁有马夫间,东厢房为同禅道院,西厢房为雷祖殿,内设风、雨、雷、电四神像。第二进与东山门相对的三间大殿为观音殿,设观音像、地藏王菩萨像及三官像;与西山门相对的三间大殿为武烈大帝瘟部大堂殿,内设陈家三弟兄神像,旁设刀斧手、捆绑手,前有木栏,设鼓一面,西房内有一铁钟,有一人高,重达数吨。

734. 堰头村 Yàntóu Cūn

位于相城区望亭镇东南部,原为堰头村村民委员会所在地名称。因辖有堰头自然村而得名。清属彭华乡五都九图、十图、十六图捍村。1950年,为吴县浒关区新华乡堰头村。1956年,为保丰二十六高级农业生产合作社。1957年3月,属望亭乡。1958年,属望亭人民公社十大队。1959年,改名新村大队。1962年,新村大队分出一部分至华东大队。1966年7月,改称新华大队。1980年11月,改称堰头大队。1983年7月,改为望亭乡堰头村。时堰头村东濒京杭大运河,南与浒关镇金鸡村、西与华阳村、北与泥图湾村相邻,辖羊小桥、计家角、蔡家桥、花泾角、唐家里、矮家浜、陈埂上、堰头、东浜、周家桥、岳家浜、陈店桥、蚕种四场、吕家村、华家村、蚕安桥(善庵桥)、大河港东、三项浜、童家桥、柳家村、塔(塌)基上、陈家角、姚凤桥、南下浜等24个自然村,下设18个村民小组。2000年底,全村人口442户、1 661人。全村有耕地2 478亩,其中,集体耕地2 135亩,自营地343亩。农副业总产值750万元,人均收入4 976元。2003年4月,华阳村并入堰头村。2006年,堰头村与泥图湾村合并设华阳村,堰头村地名消亡。

堰头村村办企业起步于1975年,当年开办新华塑料厂。1976年,开办了新华服装厂、新华砖瓦厂。1981年,开办新华五金厂、水泥预制品厂等。至2000年,有村办企业4家,工业总产值510万元。

1952年,堰头村曾有两所小学。1968年,合并为新华小学。1980年,更名为堰头小学。1999年,堰头小学撤并至望南小学。

1959年,堰头村创办新村农业中学,至1965年停。1965年,创办新华初中,至1990年撤并到望亭中学。

735. 琳桥村 Línqiáo Cūn

位于相城区黄埭镇区西北部。原为琳桥村村民委员会所在地名称，因辖有琳桥自然村而得名。1950年，琳桥村为吴县黄埭区琳桥乡所辖。1954年，建初级社。1956年，建高级社。1957年9月，为吴县黄埭乡向前第九社。1958年9月，属黄埭人民公社第四大队；同年10月，第一、第二两个小队划给无锡县荡东乡（今无锡市锡山区后宅镇）。1960年初，分拆四大队设琳桥大队。1983年7月，改为黄埭乡琳桥村。时琳桥村东接下堡村，南傍斜桥、上浜村，西连东桥乡董巷村，北濒望虞河，辖琳桥、浦巷上、洋桥头、姚湾里、朱其浜、杨家里、横泾上等7个自然村，村民委员会驻姚湾里。1992

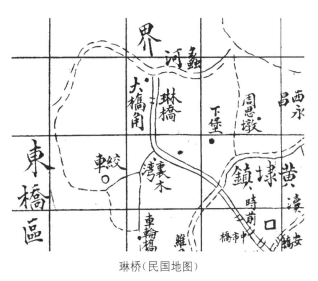

琳桥（民国地图）

年7月，黄埭乡撤乡建镇，属黄埭镇。至2010年，下设20个村民小组，总人口431户、1 402人；有集体耕地1 757亩，均为水田。

琳桥村位于望虞河南岸，是望虞河入漕湖泄洪主要地区，为望虞河水利工程建设重点地段。1992 年3月，望虞河水利工程在琳桥村北共筑防洪石坝870米。1993 年，望虞河大桥角公路大桥竣工，加强了无锡、苏州两市望虞河两侧的联系，彻底改善了琳桥村的陆路交通面貌。1995年，琳桥村投资建琳桥加油站（占地1 033平方米），是黄埭镇第一个村级加油站。琳桥村村办工业起步较早，1967年即创办了琳桥村印刷厂。至2000年，全村有工业企业6家，工业总产值1 366万元。村人均年收入5 520元。

旧时，在每年四月，黄埭地区要举办为期三天的"城隍会"，因城隍神的塑身是用琳桥村的一棵香樟木雕成，故琳桥村算是城隍神的娘家。"城隍会"第一天称"演会"，第二天称"正会"，第三天称"末会"。"末会"这天，人们就抬着城隍神的塑身到琳桥去探望外婆家。

历史上，琳桥村民多数为江阴、无锡等地的移民，流传下来一种"土灶浴缸洗浴"的生活习惯，成为当地民俗中的一大特色。土灶浴缸为大圆铁锅，口径1.2—1.5米，灶下烧柴木加热便可入浴，水温以手指入水为宜。这种浴习在人民公社化时期为盛，队队户户均有土灶浴缸，至2000年全村还留存20多只土灶浴缸。

1992年8月，在琳桥村浦巷上的滩河中出土了清代洋炮炮筒，炮筒后座铸有英国皇冠图案及英文字母，车轮及炮座未见。经专家鉴定，炮筒确为英国制造。炮筒交时吴县文物管理部门收藏，现藏于吴中博物馆（吴文化博物馆）。

736. 堰里村 Yànlǐ Cūn

位于相城区黄埭镇区东南部。原为堰里村村民委员会所在地名称，因辖有堰里自然村而得名。1950年，属吴县黄埭区堰里乡。1954年，建初级社。1956年，建高级社。1957年9月，为黄埭乡向前第十八社。1958年9月，属黄埭人民公社第七大队。1960年，析七大队分设堰里大队、鹤泾大队。1983年7月，改为黄埭乡堰里村、鹤泾村。时堰里村，东与蠡口镇秦埂村交界，南邻鹤泾村，西接青龙村、倪新村，北靠汤浜村，辖桑园里、堰里、南角头、袁墙巷、西河北、廉家里、娄底上等7个自然村，下设21个村民小组，人口501户、

1602人。有耕地面积1 362亩，其中水田1 160亩，旱地202亩。另有鱼池面积699亩。1992年8月，黄埭撤乡建镇，堰里村随属黄埭镇。2003年，撤销堰里村，并入鹤泾村，堰里村地名消亡。

历史上，堰里村地势低洼，常遭水灾。1958年，先后围建村北"双漕圩"、村东"莫北圩"、村东南的"旺家角圩"，圩堤总长2 680米，耗用上万吨石料，消除隐患地段12处，在历年防洪抗灾中发挥了重要作用。1998年，黄埭镇政府改造堰里港水利基础设施，确保了堰里地区的水情稳定。旧时，堰里村是黄埭镇主要的产鱼村，养鱼收入约占农户家庭总收入的40％。民国《黄埭志·物产》载："按池鱼鲭为上，鲷为次，鲢为下，在十一都二、三、五、十等图几有，无家不以养鱼为业，以鱼池之多少论贫富，池大者常至数十亩不等。"中华人民共和国成立后，堰里村及周边的鹤泾、陆严、汤浜等村每年出产的鲜鱼多达数百吨。

737. 项路村 Xiànglù Cūn

位于相城区望亭镇南部。为项路村村民委员会所在地名称，以所辖项路自然村而得名。今管辖范围为东接华阳村，南连通安镇同心村，西、北均邻迎湖村。至2023年底，区域面积7.2平方千米，人口5 360人。村民委员会驻姚家浜。

1958年9月，属望亭人民公社八、九大队。1959年4月，八大队析出新董大队、合作大队，九大队析出团结大队。1962年4月，新董大队分为董巷大队、新董大队，合作大队分为合作大队、联合大队。1966年7月，董巷大队、新董大队合并为红光大队，合作大队、联合大队合并为向阳大队。1980年11月，红光大队改为吴泗泾大队，向阳大队改为巨庄大队，团结大队改为项路大队。1983年7月，望亭人民公社改为望亭乡，吴泗泾大队改为吴泗泾村，巨庄大队改为巨庄村，项路大队改为项路村。1985年7月，望亭撤乡建镇。2003年4月，项路、巨庄、吴泗泾三村合并为项路村。

2023年底，尚有耕地412公顷，各类企业193家，个体工商户164户，集体经济总收入2 811万元，农民人均纯收入33 680元。

738. 唐家社区 Tángjiā Shèqū

位于相城区元和街道。为原唐家社区居民委员会所在地名称，因2004年由原唐家村、安元社区合并而来，故名。唐家村，以所辖唐家角自然村名命名。唐家角，因唐氏于此定居而得名。唐家社区原范围为：东至相城大道，南至庆元路，西至元和塘，北至广登路（含原蠡西村苏虞张公路以东部分），区域面积2.7平方千米。至2023年底，社区居委会下设居民小组30个，管理居民2 836户，常住人口9 112人，其中户籍人口3 797人。

739. 胡巷 Húxiàng

位于今相城区北河泾街道中部，原蠡口镇东北隅。为原胡巷村村民委员会所辖自然集镇，因镇上有清代同治年间（1862—1874）胡姓所建大院而得名。1950年3月，胡巷属吴县陆墓区胡巷乡。1957年3月，胡巷乡并入蠡口乡，胡巷随属。1958年，属蠡口人民公社第十三大队。后析第十三大队（1980年11月改称太平大队）增设胡巷大队，属胡巷大队。1983年7月，蠡口人民公社改为蠡口乡，胡巷大队改为胡巷村，胡巷随属。1993年，蠡口撤乡建镇，胡巷随属。2002年2月，陆墓镇、蠡口镇合并为元和镇，胡巷随属。2003年12月，元和镇撤销，分设元和街道，胡巷随属。此后，因苏州高铁新城建设需要，胡巷村、胡巷集镇陆续拆迁，集镇消失。2009年12月，撤销胡巷村，建胡巷社区，胡巷村地名也随之消亡。2014年5月，析北桥街道、元和街道部分区域，设北河泾街道，胡巷社区随属。

胡巷兴盛时,有居民商户150多人,镇上有一条东西走向、长100多米、宽不足3米的街坊,上下街设有店铺,有肉店、米行、菜铺、书场、茶馆、国药店以及饮食行业等。20世纪50年代初期,曾为胡巷乡政府驻地。1957年,胡巷乡撤销并入了蠡口乡后,便有不少居民向蠡口镇区迁移,胡巷镇的商业活动开始衰落。1964年,胡巷镇上办过农业中学,1966年更名为"五七学校"。1970年,单独开办胡巷初中(1989年并入蠡口中学)。

胡巷曾是蠡口家具业较为发达的地区之一。早在民国时期至中华人民共和国成立初期,蠡口、胡巷两镇上有金记、谈记、董记、殷记等几家圆作店,从事脚盆、脸盆、马桶、提桶(水桶)、浴桶等家具制作。当地居民、农户逢有嫁囡送女一类喜事,便去店里定制,或请工匠上门打造。1976年,苏州地区干部陈天顺到蠡西村(时称三大队)蹲点,帮助蠡西村办沙发厂,先是派人到上海一家沙发厂学习,回来后组织生产。蠡西村沙发厂的生产和销售影响了周边几个村,不到半年时间,家庭作坊式的沙发生产在蠡西村、蠡口村、蠡东村、胡巷村、太平村等地发展起来。他们生产的沙发,有的用扁担挑到街上叫卖,有的用船载至较远的乡镇去兜售。由于成本低、价格便宜、式样又新型别致,销售效益很好,越来越多的农户在家里开起了沙发作坊。至2001年底,蠡口镇登记注册的家具生产厂家达350多家,其中投入资金在300万元以上的就有胡巷沙发厂。

镇上原有胡姓大院,为清代同治年间(1862—1874)建筑。民国时,胡宅曾办有国民小学,中华人民共和国成立后改为胡巷小学。今已不存。

另,吴中区横泾街道东北部、今尧南社区旧有同名"胡巷"的自然村(今名胡家村,已动迁消亡)。胡巷村在尧峰山南麓,清初汪琬于此建尧峰山庄,并在此著书、讲学,人称尧峰先生。尧峰山庄中原有"御书阁""锄云堂""梨花书屋""墨香廊""羡鱼池""瞻云阁""东轩""梅径""竹坞""菜畦"等景,汪琬曾自为记。胡巷村南原有"南垞草堂",医士吴士缙曾屡访汪琬,乐其居,亦买宅其旁,筑小园,以"南垞草堂"名之。堂前原有乔柯数株,文石参列,飞泉从山巅来,穴垣而入。堂东为"漱石廊",又东为"赟云阁",又东北为"容安轩"。汪琬有记,言"尧峰胜景,未有逾此草堂者。"康熙年间,园归贡士金拱辰,益加修整,时与名流觞咏其中。尧峰山庄、南垞草堂与胡家村,今皆不存。

740. 娄子头 Lóuzitóu

位于今相城区渭塘镇东南部,东永昌泾北岸。原为骑河村村民委员会所辖自然集镇,今已动迁消亡。

清道光年间(1821—1850),娄子头为徐族聚居地,相传最盛时有房1 048间。同治元年(1862),集镇毁于战火。清末民初,沿东永昌泾北岸形成一条不满百米长的市街,街前河边有两座船舫,专供前来赶集的顾客停靠船只。街上有南北货店、肉摊、鱼摊、点心店、茶馆店、理发店、中药铺、铁匠铺共10多家。1956年后,逐渐衰落。20世纪70年代,渭塘合作商店在集镇上开设有双代店。1980年后,居民陆续建房、迁出,老街无存。

741. 羊簖头 Yángduàntóu

位于相城区渭塘镇东北部,南雪泾北岸。原为凤阳村村民委员会所辖自然集镇,今已动迁消亡。又名洋端头,或因位于通向主干河道端口处而得名。1950年3月,属吴县阳城区秧河乡。1957年3月,属渭塘乡洋端村,为洋端村村民委员会驻地。

1949年前,羊簖头镇上约有居民80人,集镇街道东西向,南沿南雪泾,长约80米,开设有南货店、理发店、茶馆店及米行、肉店、中药铺、点心店、铁匠店各1家,鱼摊共21家,附近中南、中北、新民、圩东等村村民习惯来此赶集。旧时镇上设有轮船码头,无锡梅村开往上海的"新伟丰"(新聚丰)客轮途经停靠。1956年,公私合营后,部分商店迁至渭泾塘。20世纪60年代末,渭塘合作商业在此开设双代店。改革开放后,镇上村民陆续建房、迁出,老街无存。

742. 包兴镇 Bāoxīng Zhèn

位于今相城区望亭镇东部。原为新埂村所辖自然集镇,因清代镇上包姓为大族而得名。民国时期,为包兴镇镇公所驻地。1950—1957年,先后为望东乡政府和华兴村委所在地。1957年后,逐年衰落。改革开放后,集镇逐步动迁、消亡,其地纳入"望亭国际物流园"(今华兴路南段一带)。

旧时,包兴镇上有戏院、书场、饭店、茶馆、百货店、邮电代办处等,较知名的有许义昌糖果店、朱小福茶馆、乐苑、协苑、庄记茶馆、五聚兴酱油店、公兴米行、永新南货店、仁昌草席兼肉店等。建有观音堂和何村庙。今皆不存。

743. 南窑村 Nányáo Cūn

位于今相城区元和街道南部。原为南窑村村民委员会所在地名称,以辖有南窑上自然村而得名。

清代,南窑村属长洲县金鹅乡金杯里十五都中四图。民国时期,属吴县陆墓区管辖。1950年3月,属吴县陆墓区善济乡。1956年,属善济乡第七高级农业生产合作社。1957年,改属陆墓乡新民第十六高级农业生产合作社。1958年9月,改为陆墓人民公社南窑大队。1983年7月,改为陆墓乡南窑村。时南窑村辖旺埂上、南窑上、黄泾浜、香炉浜、小桥浜、小庄桥、桃园里、牛场头、北弄、野猫弄、塔莲桥、窑湾里和金家角13个自然村,下设7个村民小组。2003年5月,南窑、御窑、花南3村与韩村、文陵、张花3村的部分自然村合并为御窑村,南窑村地名消亡。2007年,撤御窑村,设御窑社区。

据《陆墓镇志》载,1999年时,南窑村全村人口304户、1 004人。土地面积517亩,其中粮田面积 215亩,鱼塘40亩,实现农业总产值19.5万元。有村办企业7家,实现工业总产值2 000万元,以吴县姑苏毛纺厂

御窑址

为最大。村人均收入5 500元。

旧时，有小河泾浜横贯南窑村东西，将村域分为南、北两部分：其北下塘称陆墓街，又名金窑街，以烧制金砖和石灰为主；其南称南窑街，以烧砖瓦为主，也以烧制蟋蟀盆而闻名。村内原有小河泾庙和陆宣公墓址，今已不存。

744. 荻扁 Díbiǎn

位于今相城区太平街道旺巷村。荻扁，为今旺巷村村民委员会所辖旺巷自然村的古名。荻扁形成于宋代后期，史载为南宋柱国太傅、殿帅府太尉王皋隐逸之地。民国《相城小志》载："宋王皋故第在王巷中，有楠木厅、黄杨树千年古迹。"明隆庆《长洲县志》载有王巷村、荻扁村，均在长洲县十七都，并引《鹖冠子》："四里曰扁。"荻，为生在水边的多年生草本植物，似芦苇，秋天开紫花，符合阳澄湖水网地区的植被特征；扁，古代行政单位名称，《鹖冠子·王鈇》："五家为伍，伍为之长；十伍为里，里置有司；四里为扁，扁为之长。"荻扁之名，或由此而来。

王皋（1081—1156），字子高，北宋名臣、魏国公王旦曾孙，祖籍大名府莘县（今山东省聊城市莘县）。南宋建炎三年（1129）三月，王皋以太尉扈高宗南渡明州（宁波）、驻跸平江府，抵达长洲县益地乡荻扁时，见此地水陆交通发达，土地肥沃，环境优美，是少有的风水宝地，于是将家室安置在了荻扁，随后又继续护送高宗南行。绍兴三年（1133），宋高宗迁都临安，苟安东南一隅，王皋见大势已去，无力回天，慨然长叹"西湖一洼水，何足济天下事乎，吾亦从此逝矣"，于是弃官归隐荻扁，与过去的同僚、属下、朋友一概断绝交往，披蓑戴笠，往来于吴山越水之间，与乡村樵夫渔父相交往，很少有人知道他是隐居的高官。高宗念其立过大功，多次召令他重新回朝做官，他均以病推辞。范成大盛赞其曰："遁世而无闷，有功而不伐。"绍兴二十六年（1156）九月，王皋卒于荻扁家中，终年76岁，葬于长洲县益地乡下十七都三图床字圩东（今相城区太平街道旺巷村里河潭兴隆桥西）。其三个儿子（王易、王铎、王胤）卒后，也均葬于此。范

王皋墓

成大《太傅公传》记王皋墓,言:"葬苏之益地乡十七都东",规模宏大。据民国《相城小志》载,"墓地三亩五分",墓坐西面东。清嘉庆二十五年(1820)立有墓碑。1956年的文物普查记录云:"墓穴完整,前有一河,南首一木桥。保护等级二。"一度被列为省级文物保护单位,后撤销。20世纪80年代初,墓穴被平,墓坑未掘,地面覆为农田。后在墓地北侧水沟里发现界石一块,上有"王墓界"三字。现在原址对墓穴进行了修复,墓前竖碑书"南渡太尉公墓",现列为相城区文物控制保护单位。

自王皋定居荻扁后,成为村中巨姓,遂称荻扁为"王巷""王家巷",后作"旺巷"。在今太平街道花园浜南弄西150米处,有"王皋故居"。王皋后代世居于此,子孙繁衍,逐渐向济民塘太平桥处移居,王巷村逐步扩大,至明清时期成为集镇,即今太平镇。故民间流传有"先有王巷村,后有太平镇"之说。

据民国《相城小志》载,村内有凤凰桥、兴隆桥、顾王桥、荻水桥、长桥5座石桥,为太平地区石桥最多的村。其中,旺巷港(古名荻溪)上的凤凰桥,主要构件多为褐红色武康石,石梁上镌刻铭文,西面书"太原王氏近溪策立",东面曰"末岁建凤凰桥",相传为王皋归隐时建造,已有八百多年的历史。1986年3月,凤凰桥被列为吴县文物保护单位,1995年,被列为苏州市级文物保护单位。

荻扁王氏后裔中,可谓人才辈出,多有建树,尤其是陆续建造了一批园林建筑,虽昔现俱废,但为百园之城的苏州增添了不少人文佳话。如,元代的王智,建了天香亭;明代的王城,开辟了槐庆堂、奉萱堂等"荻溪十景";王吴建造了全德堂、永思堂;王庭礼、王廷用兄弟分别建了阳澄草堂、可竹斋等。特别是王廷用之子王锜,更是建起了颇具盛名的万卷堂、燕翼堂和寓圃,其中寓圃尤具园林之胜。当时,苏州籍的名士吴宽、沈周、祝允明、唐寅、王宠等都曾过访他家,并有诗章留下。譬如,吴宽的《过荻扁留题王苇庵宅》、沈周的《寄苇庵先生》、唐寅的《和王涞诗》,又譬如祝允明的《题王元禹松关》《过荻渚王茗翁庐》《题王浚之画茅山图》《和石田题王浚之画图》等,"要与芝兰同气味,肯随桃李竞芳菲",这些诗词既吟咏了王氏园圃的宜人风光,又是对王氏过人风范与才华的由衷赞扬。明隆庆《长洲县志》载:"王锜,字元禹,号苇庵,吴人因其所居称荻扁王氏。锜好学,尤熟于史,善谈辨,性尤刚直。平生有所见闻,即笔之为《寓圃杂记》。晚益韬晦不出,遂隐终身。六岁丧父,其母守节,锜孝养四十年,未尝去左右。"又载,明朱存理曾于荻扁王氏任塾师:"朱性甫,字存理,居葑城之隅,颇攻诗,有隐操。尝为荻扁王氏塾师,与主人夜酌罢,适月上得句,云'万事不如杯在手,一年几见月当头'喜极发狂大叫,叩扉呼主人起,主人亦大加激赏。旦日,遍请吴中善诗者赏之,前辈风流,固宛然照人也。"

745. 范村 Fàncūn

位于今姑苏区吴门桥街道新郭社区。原为新郭村村民委员会所辖自然村,今已动迁消亡,兴建有"和茂苑"等住宅区。因南宋名臣范成大居于此并撰有《范村记》而得名。明洪武《苏州府志》载:"范参政府,在西河上,有寿栎堂,文穆公成大所居。其南有范村,以唐胡六子涉海所遇为名。"清姚承绪《吴趋访古录》有"范村"条:"在越城桥东。以唐胡六子涉海所遇为名。范文穆公有《范村记》。"

明《永乐大典》卷三千五百七十九引宋《石湖大全集》录范成大撰《范村记》:"范村者,杜光庭《神仙感遇传》云:唐乾符中,吴民胡六子与其徒泛海,迷失道,漂流数日,至一山下,即登岸,谋食居,人皆以礼相接,甚有情义。问此何许?则曰范村也,当见山长。引行至山顶,可十里所。花木夹道,风景清穆,宫室宏丽,侍者森列。一叟坐堂上,命客升阶,与语曰:'吾,越相也,得道长生,居此。岁久,山下皆吾子孙,相承已数十世。念汝远来,当以回飙相送。'比下,居人馈以粮糗。解维,风便,俄顷达西岸。时高骈镇淮南,闻之,招六子补六合镇将,始以所见为人言之。光庭之《传》云尔。惟吾家陶朱公用人之国,勋业盖世。越之君臣，方将社而稷之，乃不俟终日，擢扁舟而去。迹其行事，天壤一人而已。世无神仙可也，有之，非公谁宜仙者?《列仙传》又谓：公常卖药兰陵，彼人累代见之。范村岂其所定居耶?某奉祠还乡，家西河之上，距海财百里。追怀祖武，想像仙山。月生潮来，悠然东望。烟云晻霭，去人不远。会舍南小圃适成，辄以范村名之。圃中作重奎之堂，敬奉至尊寿皇圣帝、皇帝所赐神翰，勒之琬琰，藏焉。四傍各以数椽为便坐，梅曰陵寒，海棠曰花仙，酴醾洞中曰方壶，众芳杂植曰云露，其后庵庐曰山长。盖瓦不足，参以蓬茅，虽不能如昔村之华，于云来家事，不啻侈矣。噫!陶朱公渡兵江淮，震曜中国，分地以赐诸侯，功大名显，贵隆富盛，备福之极，度世而仙。昔村所有如此，今无一焉，独不愧斯名乎?虽然，公所成就固烈矣，而心危虑深，未及饮至舍爵，半途腾逝，变姓扫迹，以二十年之成谋而莫之一朝居焉。某不肖，生值圣世，饕窃名禄，无以报塞万分，上恩天载，扶持全安之老而归休，犹得宿卫两朝，赐书于家林之下，婆娑日涉，常在云汉昭回中。荣光所被，燕及猿鹤。此则昔村所无而今之所有。侨立斯名，亦尚无愧。按周元王五年，越人吴，陶朱公于是去国。后千三百五十年，当唐乾符六年，范村之名，始闻于世。又三百二十年，实皇宋绍熙初元，岁在庚戌，某遂以范村名其圃。上下垂千七百年，其传远矣。杜元凯谓范氏世为兴家，斯言犹信。后之人傥能长保此居，则村名之传，又不知其几世几年乎?书之壁以示同姓。是岁二月望日记。"

范成大又广收梅、菊品种，植于所居之范村，著《范村梅谱》《范村菊谱》各一卷。明莫震、莫旦《石湖志》载："范村，卢氏曰：文穆公成大所居，其南有范村，以唐胡六子涉海所遇为名，中有重奎堂，奉孝宗御笔，旁有便坐，梅曰凌寒，海棠曰花仙，茶蘼洞中曰方壶，众芳杂植曰云露，其后庵庐曰山长，具见公所撰《范村记》。《梅谱序》云：余于石湖至雪坡有梅数百本，比年又于舍南买王氏僦舍七十楹，尽拆除之，治为范村。《菊谱序》云：淳熙丙午，范村所植止得三十六种。按此，则其地当在新郭，御书两碑立于堂□，观其梅菊二谱，则奇花异木极天下之珍异，无不有焉。可以想见当时之盛。今三百年举为陈迹，而子孙亦无存者，公在当时苟能如文正公之置义田义宅，则其子孙未必至于无闻，惜哉!"清钱载曾有《望石湖》诗云："治平寺南湖翠昏，柳枝茭叶见滩痕。楞伽不管无情雨，一夜吹花满范村。"

746. 南夏泾村 Nánxiàjīng Cūn

大致位于今苏州工业园区金鸡湖街道东北部、胜浦街道西北部，白塘至东沙湖之间、现代大道两侧。原为南夏泾村村民委员会所在地名称，因村由南村村、夏家村、横泾村合并设立，故于原村名中各取一字组合命名。

1950年3月，南夏泾村时分属吴县唯亭区塘北乡龙南、夏家、横泾3村。1956年1月，塘北乡并入斜塘乡，龙南、夏家、横泾3村随属，分设金星四十四社、五十二社、五十四社。1958年10月，分属斜塘人民公社六营、七营。1959年9月，分属斜塘人民公社十五大队、十六大队。1961年10月，十五大队改称庄前大队，十六大队分设为夏家大队、横泾大队。1966年，庄前大队改名向阳大队。1980年11月，向阳大队改名南村大队。1983年8月，分属斜塘乡南村、夏家、横泾3村。1994年2月，斜塘乡撤乡建镇，三村随属;4月，斜塘镇划归苏州工业园区代管，三村随属。2001年8月，撤销南村村、夏家村、横泾村，合并设立南夏泾村。2002年2月，斜塘镇撤销，并入娄葑镇，南夏泾村随属娄葑镇，直至动迁。2004年12月，南夏泾村被撤销，南夏泾村地名消亡。2012年11月，撤销娄葑镇，设立娄葑、斜塘两个街道，原南夏泾村区域属斜塘街道。2021年10月，苏州工业园区调整街道行政区划，原南夏泾村区域以钟南街为界，分属金鸡湖街道、胜浦街道。

南村村，曾名龙南村，位于原南夏泾村北部，为原南村村村民委员会所在地名称。原辖有庄前、南村、后村、塘埂4个自然村,曾下设14个村民小组。其中,南村自然村东临东港河,南望李家角,西至娄斜港,北靠庄前,是庄前的卫星村,因位于庄前南部而得名。原南村村宅沿东西向的南村浜两岸排列,河上架有一座老石桥,名护龙桥,又名南村桥。

夏家村,位于原南夏泾村西南部,为原夏家村村民委员会所在地名称。原辖有夏家村、北娄里、南娄里、上场、大娄里5个自然村,曾下设9个村民小组。相传,苏州城内有夏姓人家在此置地,租与佃户耕种,有老人故世后葬此,附近村民俗称之为夏家坟,村落也因此得名夏家村。

横泾村,位于原南夏泾村东南部,为原横泾村村民委员会所在地名称。原辖有前横泾、后横泾、李家角、樊家潭4个自然村,曾下设14个村民小组。其中,前横泾自然村,其名由来流传有两种说法:一说,有条小泾横流于村前,故称前横泾;另一说,谓村虽小但姓氏却不少,当地有一顺口溜"顾、陆、金、童、邱、钱、盛、宋",因姓氏较全而得名"全横泾","全"吴音同"前",故谐音称为前横泾。后横泾自然村,因位于前横泾北而得名(地名以南为前、北为后)。樊家潭,因绝大多数村民姓樊,且村西北角又有一面积约30平方米的天然积水潭,故名。

747. 索路村 Suǒlù Cūn

位于今苏州工业园区胜浦街道西部,中新大道东与星龙街交会处一带。原为1949年11月至1958年9月前建制村名称,1958年9月改为胜浦人民公社第六营,索路村地名消亡。1983年7月后,索路自然村属方前村村民委员会所辖,又名"宿路"。旧时,胜浦只有此处有路可通斜塘,因村中大庙的和尚屡向过路行人索要香火钱后才会放行,故村被恶称为"索路"。

1949年11月,索路自然村时属吴县淞北区淞北乡。1950年3月,属唯亭区淞北乡索路村。1956年3月,属吴淞乡索路村,设决心初级农业生产合作社。1957年9月,属胜浦乡索路村,设新华十九高级农业生产合作社。1958年9月,属胜浦人民公社第六营。1959年9月,编属胜浦人民公社第十九大队。1980年11月,第十九大队更名为方前大队,索路随属。1983年7月,胜浦人民公社方前大队改为胜浦乡方前村。时方前村东连宋巷村、西接南盛村、南依西港村、北靠三家村,辖有方前、索路两个自然村,下设11个村民小组。1994年2月,胜浦乡撤乡建镇;4月,胜浦镇划归苏州工业园区代管,方前村、索路随属。1996年后,因园区开发建设需要,索路整体拆迁,村民安置于吴淞新村内,今属园东社区。2001年8月,方前村、西港村撤销,并入南盛村。2004年11月,南盛村撤销,改建为吴淞新村居委会。

原索路自然村,以东江(今胜港河东支流,已填没)分为江东和江西两部分。江东部分沿东索路河南北向布局,东索路河上原有清道光二十八年(1848)重建的索路桥,村北刘家村河西口建有草庵桥;江西部分沿安浜东西向布局,浜上建有安浜桥。在江东、江西之间,建有青龙桥以利通行。原村内建有大庵庙、土地庙和草庵庙等庙宇,其中大庵庙内原有一棵1 500多年的银杏树。现桥、庙、树等均不存。

今苏州工业园区方洲路,因东段位于原胜浦镇方前村,西段经原斜塘镇南洲村,以方前、南洲各取一字组合命名为方洲路;港田路,东段位于原胜浦镇西港村,西段经原斜塘镇田巷村,因此以西港、田巷各取一字组合命名港田路。

748. 旺坊村 Wàngfāng Cūn

位于今苏州工业园区胜浦街道中部,金胜路以北、沽浦河两侧。为原旺坊村村民委员会所在地名称,因辖有旺坊自然村而得名。

1950年3月,旺坊村时为吴县唯亭区胜浦乡南洲村。1956年3月,设新联初级农业生产合作社。1957年6

月，为新华第八高级农业生产合作社。1958年9月，属胜浦人民公社第四营。1959年9月，编为胜浦人民公社第十一大队。1980年11月，因斜塘公社已设有"南洲大队"，第十一大队以所辖旺坊自然村改称旺坊大队。1983年7月，旺坊大队改为旺坊村，属胜浦乡。时旺坊村东临新浦河、西濒青秋浦、南依胜浦镇区、北靠南巷村，辖有旺坊、南洲、北洲3个自然村，下设10个村民小组。1994年2月，胜浦乡撤乡建镇；4月，胜浦镇划归苏州工业园区代管，旺坊村随属。1997年，因"金光纸业"项目启动，在村南动工修建金胜路，旺坊村分批拆迁工作由此开始。村民被分别安置于今金苑、吴淞、新盛等社区。2001年8月，赵巷村、南巷村撤销，并入旺坊村。2010年1月，旺坊村撤销，旺坊村地名随之消亡。

旺坊自然村，原作"王方"，位于旺坊村西部、南洲自然村西，被东西流向的荷花漊河和南北流向的沽浦河包围，村内河浜入沽浦河，可北通唯亭、南至吴淞江。村中原建有青龙庵，今不存。

749. 南盛村 Nánshèng Cūn

位于今苏州工业园区胜浦街道西部，大致在星龙街西、凤里街东、方洲路南、苏州大道东以北区域。为原南盛村村民委员会所在地名称，因辖有南盛自然村而得名。

1949年11月，南盛村时属吴县淞北区淞北乡。1950年，为吴县唯亭区淞北乡南盛村。1956年3月，为吴县唯亭区吴淞乡南盛村，建新丰初级社。1957年9月，为吴县胜浦乡南盛村，建新华十八高级社。1958年9月，属吴县胜浦人民公社第五营、后为第五大队。1959年9月，析五大队设十六大队，南盛村属十六大队。1960年冬，析十六大队设二十二大队，南盛村为二十二大队。1980年11月，二十二大队更名为南盛大队。1983年7月，南盛大队改为南盛村，属胜浦乡。时南盛村东邻三家村，西接斜塘镇凤里村，南至方前村、斜塘镇田巷村，北靠龙潭村，辖有南盛、堰里两个自然村，下设7个村民小组。1994年2月，胜浦撤乡建镇；4月，胜浦镇划归苏州工业园区代管，南盛村随属。1999年，时南盛村有村民222户、851人，有耕地1 334亩，以纺石棉、编织草包（柴包）为副业，农村经济总收入591万元，人均纯收入7 200元。2001年8月，方前村、西港村撤销，并入南盛村。此时，因园区开发建设需要，南盛村开始实施动迁，村民被安置在吴淞新村。2004年11月，南盛村撤销，改建为吴淞新村居委会，今为吴淞社区。

所辖南盛自然村，村落沿南盛外河港两岸南北向布局。村内原有成姓人家住宅，俗称"大屋里"，为三进大户院落，有石库门、东西厢房、西圆堂，门前河浜有石驳岸、船舫等，门厚后有竹园，村南有成氏祖坟。据成家人回忆，祖上曾从事咽喉诊疗、蒲篓、换粮等行业。大屋为祖传老宅，建设年代不详，中华人民共和国成立后，曾在西圆堂设农民夜校，南盛村村委会也设在西圆堂。后因建设大会堂，成家人搬离老宅，"大屋里"被拆除。

750. 邓巷村 Dèngxiàng Cūn

位于今苏州工业园区胜浦街道南部，大致在沽浦路东、吴胜路南至吴淞江位置。为原邓巷村村民委员会所在地名称，因邓巷为其所辖唯一自然村而得名。

1949年11月，邓巷村时属吴县淞北区胜浦乡。1950年冬，为吴县唯亭区胜浦乡邓巷村。1956年3月，建初级农业生产合作社，为红星二社。1957年6月，建高级农业生产合作社，为新华五社；9月，吴县撤区并乡，邓巷村仍属胜浦乡。1958年9月，属胜浦人民公社第二营，后为二大队。1959年9月，大队改设，属九大队。1980年11月，九大队更名为邓巷大队。1983年7月，邓巷大队改为邓巷村，属胜浦乡。时邓巷村东连吴巷村，西临沽浦河，南滨吴淞江，北靠褚巷村，仅辖邓巷一个自然村，下设8个村民小组。1994年2月，胜浦撤乡建镇；4月，胜浦镇划归苏州工业园区代管，邓巷村随属。2001年8月，邓巷村、查巷村撤销，并入吴巷村，邓巷村地名消亡。2010年1月，吴巷村也予撤销。

所辖邓巷自然村，明正德《姑苏志》中称为"滕巷"，后因有邓氏居此而改名邓巷。清《元和唯亭志》载，邓巷位于南十九都三十图。2001—2003年，因园区和胜浦镇开发建设需要，邓巷自然村整体拆迁，村民被安置在新盛花园、浪花苑等小区，今属浪花苑社区。

邓巷村民以蒋姓居多。其中，明代成化戊戌年有进士蒋廷贵（1442—1482），字原用，邓巷人，为宋礼部尚书蒋堂之后，《甫里志》《元和唯亭志》均有传。《元和唯亭志》载："廷贵少时业博士，有敏思。人都尝为诸姬所拥，惶遽绝袂去，人称为介。成化戊戌成进士，仕乐亭县。方视事，岁大饥，民剥树皮食。廷贵亟具疏，奏免其赋六七，民恃以不转徙。师出建州，道经永平，廷贵承部牒总山海诸关驿，凡车马刍食，于师无缺，于民不扰。乐亭地故僻，前令治率苟且。廷贵举废治阙，越二年，境内大治。县治后故有门，吏出入通馈谒无忌，廷贵塞之。会病作，不便者撼以阴阳吉凶之说。曰：'人孰无死？即死，命也，门何预焉？'治事益力。病大作，又撼之，终不动，乃殁。郡守以下皆哭之。廷贵从同榜沈元授《易》，与元俱称笃厚君子。并未显而卒，时论惜之。"

751. 许望村 Xǔwàng Cūn

位于今苏州工业园区胜浦街道东北部，大致在九江路东、金江路西、银胜路南、金盛路北区域。为原许望村村民委员会所在地名称。

1949年11月，属吴县松北区胜浦乡。1950年冬，属吴县唯亭区胜浦乡赵巷村。1956年3月，建胜利初级农业生产合作社。1957年6月，建高级农业生产合作社新华九社；9月，吴县撤区并乡，仍属胜浦乡赵巷村。1958年9月，属胜浦人民公社第四营，后为四大队。1959年9月，大队改设，属十二大队。1962年春，析十二大队、以许墓自然村增设二十四大队。1980年11月，二十四大队更名为许望大队。1983年7月，许望大队改为许望村，属胜浦乡。时许望村东连北里村，西接赵巷村，南望前戴村，北靠金家村，仅辖有许墓一个自然村，下设5个村民小组。1994年2月，胜浦撤乡建镇；4月，胜浦镇划归苏州工业园区代管，许望村随属。2001年8月，许望村、江圩村、北里村撤销，合并设立金东村（因位金光纸业东北，故名），许望村地名消亡。2010年1月，金东村也予撤销。

所辖许望自然村，原名许墓，1980年后随许望村名改称许望。村南首原有座状元桥，始建于明天启二年（1622），桥长7米，宽1.2米，为花岗石石级平板桥，桥梁西侧刻有"重建状元桥"字样。1949年后，桥墩破损，用砖头填补。2008年，状元桥被拆除。在状元桥南面，村民曾探得一口古井，古井用砖头砌成，旁边是井石，井石上有榫头，井内被淤泥填满。2003年起，许望自然村分批拆迁，村民被安置在吴淞新村、新盛花园、浪花苑、滨江苑等小区，现属滨江苑社区。

752. 姚东村 Yáodōng Cūn

位于今苏州工业园区金鸡湖街道东南部、胜浦街道西南部，大概在今奥体中心及以西、以北区域。为原姚东村村民委员会所在地名称，因由姚墓村与东长村合并设立，故名。

1950年3月，姚东村时分属吴县唯亭区塘北乡姚墓村、东长村。1956年1月，塘北乡并入斜塘乡，姚墓、东长二村随属，设金星四十五社、五十四社。1958年10月，属斜塘人民公社八营。1959年9月，分属斜塘人民公社十八大队。1961年10月，十八大队分设为姚墓大队、东长大队。1983年8月，姚墓大队、东长大队复为姚墓村、东长村，属斜塘乡。1994年2月，斜塘乡撤乡建镇，二村随属；4月，斜塘镇划归苏州工业园区代管，二村随属。2001年8月，撤销姚墓村、东长村，合并设立姚东村。2002年2月，斜塘镇撤销，并入娄葑

镇，姚东村随属娄葑镇，开始陆续动迁，村民主要被安置到莲花新村五区（今属星涛社区）。2004年12月，姚东村被撤销，姚东村地名消亡。2012年11月，撤销娄葑镇，设立娄葑、斜塘两个街道，原姚东村区域属斜塘街道。2021年10月，苏州工业园区调整街道行政区划，原姚东村区域以钟南街为界，分属金鸡湖街道、胜浦街道。

姚墓村，为原姚墓村村民委员会所在地名称，位于姚东村西南部。原辖有姚墓、戴家场、堰头、陈家台4个自然村，曾下设12个村民小组。其中，姚墓自然村，是姚墓村较大的自然村之一，旧称姚马、摇网村、姚网，东临戴家场、南望斜塘河、西北接龚巷村。村内原有"二周先生祠"，始建于明代崇祯年间，是祭祀宋代周敦颐及其后裔周良卿的乡贤名祠。清代重建，彭启丰撰有《重建二周先生合祠碑记》，后损毁。

东长村，位于姚东村东北部，为原东长村村民委员会所在地名称，以所辖"东南浜""长浜"自然村各区一字组合命名。原辖有长浜、东南浜、赵家浜3个自然村，曾下设12个村民小组。其中，长浜自然村与东侧南洲村短浜自然村相对而名；东南浜自然村，因位于长浜自然村东南，故名。

753. 泾巷村 Jīngxiàng Cūn

位于今苏州工业园区唯亭街道中部偏东，大致在沪宁铁路北、夷亭路西、阳澄湖南、木沉港东区域。为原泾巷村村民委员会所在地名称，因由泾上、戈巷两村合并而成，故各取一字组合命名。

1950年3月，泾巷村时属吴县唯亭区湖南乡，为泾上村、戈巷村。1956年3月，湖南乡并入夷陵乡，泾上、戈巷二村随属。始办初级社，后属先进高级社。1957年9月，夷陵乡并入唯亭乡，泾上、戈巷二村随属。1958年9月，属唯亭人民公社六大队。1964年11月，析六大队分设泾上大队、戈巷大队。1983年7月，泾上大队、戈巷大队分别改为泾上村、戈巷村，属唯亭乡。1985年9月，唯亭撤乡建镇，泾上、戈巷二村随属。1994年4月，唯亭镇成建制划归苏州工业园区代管，泾上、戈巷二村随属。2001年5月，泾上、戈巷二村撤销，合并组建泾巷村。2010年，泾巷村撤销，泾巷村地名消亡。

泾上村，为原泾上村村民委员会所在地名称，位于泾巷村东部，东邻青灯村，西接戈巷村，南依原唯亭镇区，北靠陵北村。辖有泾上（因村庄坐落在小泾港旁，故名）1个自然村，原下设9个村民小组。截至2009年动迁前，泾上村有村民289户、851人；有耕地1 034亩，以种植水稻、小麦等农作物为主，家庭副业为种植果树和制作烫伤药。2009年，所辖泾上自然村因园区开发建设征地动迁，村民被安置在青苑社区一区、四区、五区和六区，少部分村民被安置在畅苑、亭苑、悬珠和东亭社区，今属青苑社区，自然村消失。

泾上自然村落由南向北沿西港河分别分为前浜、中浜和后浜3个部分。村内原有1座古石板桥——济安桥，修建于清代，贯通南北，1985年废。石桥向西30米，在村东南角有积善庵，修建于清代，1968年拆除。历史上，泾上村民以打猎、制作烫伤药出名。村民除擅长制造打猎用的鸟铳与火药外，还因火药制作过程中易出现意外事故，造成皮肉烧伤、烫伤，故经过长期摸索，研制出专治烫伤的药物。1912年后，全村有百余户人家靠外出打猎与烧煮、出售野味为生。2007年以后，按照规定鸟铳全部上缴，而烫伤药制作方法流传至今。

戈巷村，为原戈巷村村民委员会所在地名称，位于泾巷村西部，东邻泾上村，南靠沪宁铁路，西临木沉港，北滨阳澄湖。辖有戈巷、戎巷、旺祥浜、汤家浜、北库头、北张巷6个自然村，原下设14个村民小组。截至2008年动迁前，戈巷村有村民131户、488人；有耕地1 865亩。2008年起，因园区开发建设，戈巷村所辖各自然村征地动迁，村民被安置在畅苑四区、亭苑一区和亭苑二区等，今属新镇社区，各自然村消亡。

戈巷自然村，《元和唯亭志》称"顾巷"。明成化时，顾升由铜坑移此定居，他力行善事，筑造堤坝，以防水患。当地人感恩顾升，遂称此村为"顾巷"。因"戈""顾"音近，后人便将"顾巷"称为"戈巷"。历史上，戈巷村民以种植水稻、小麦等农作物为主，家庭副业主要为开办丝织手工作坊，所织丝织品远近闻名。清初，戈巷手工丝绸作坊已成规模，丝绸织机达300多台，织出的高档丝织品进贡朝廷，一般丝织品用于外销。20世纪70年代，戈巷村有近20户村民家庭办有铁业手工作坊，生产小型农具、铁钉、钩钉、橹叶等。20世纪90年代，因经济结构改变，产品销售受制约，小作坊停业。戈巷4个生产队和汤家浜第五生产队合办有丝绵厂，有厂房和仓库六楼六底，还有平房大车间，工人40余人，以手工剥茧做成丝绵，供苏州外贸公司出口，年收入10万余元。

754. 斜庄村 Xiézhuāng Cūn

位于今苏州工业园区金鸡湖街道中北部、金鸡湖西北，今苏州国际博览中心、苏州时代广场及新未来花园一带。为原斜庄村村民委员会所在地名称，因原村委会驻北斜庄自然村而得名。

1950年3月，斜庄村时属吴县唯亭区娄东乡。1951年初，娄东乡更名为跨南乡，隶属不变。1955年，建人民初级社、塘新1—3社。1956年3月，撤区并乡，跨南乡并入跨塘乡，斜庄村随属。1957年春，建人民高级社；6月，更名为全心二社；10月，又更名为新建十社。1958年，属跨塘人民公社第九营。1959年4月，改为十七大队。1960年3月，大队以村名，十七大队改称斜庄大队。1961年4月，随跨塘人民公社划属苏州市郊区。1963年12月，复属吴县。1969年8月，大队复以数字编号，斜庄大队改称十大队。1980年11月，十大队复称斜庄大队。1983年8月，斜庄大队改为斜庄村，属跨塘乡。时斜庄村北、东北连跨南村，东南接斜塘乡建国村，西南濒金鸡湖、西靠共和村，辖有北斜庄、南斜庄、西古、陶家浜、官开泾、翁家庄、蠡塘村7个自然村，原下设13个村民小组。1993年7月，跨塘撤乡建镇，斜庄村随属。1994年4月，跨塘镇划归苏州工业园区代管，斜庄村随属。2002年，所属各自然村开始动迁。2005年3月，斜庄村撤销，村民归并入新设立的高浜、古娄二村等社区；5月，跨塘镇并入唯亭镇，原斜庄村区域随属唯亭镇。2012年11月，撤销唯亭镇，设立唯亭街道，原斜庄村区域属唯亭街道。2021年10月，苏州工业园区调整街道行政区划，原斜庄村区域属金鸡湖街道。

原辖北斜庄自然村，为原斜庄村村民委员会驻地，位于斜庄村西部，今苏州国际博览中心区域为其原址。北斜庄，因紧靠村内最长河道斜港而建，且位于南斜庄北，故名。斜港全长1 600米，南通金鸡湖，北达娄江，大致为今华池街西侧河道。村内原有座小金山庙，占地1亩，庙舍6间1厢房，旧时每年农历三月二十八日举行庙会，1958年拆除。北斜庄有古坟长墩坟，占地1.6亩。截至2002年动迁前，北斜庄有村民110户，440人；有耕地300亩。

原辖南斜庄自然村，位于斜庄村南部、北斜庄南，今苏州时代广场区域为其原址。因地处斜港南端、与北斜庄相对而得名。截至2002年动迁前，南斜庄有村民120户、450人；有耕地400亩。

755. 高垫 Gāodiàn

位于今苏州工业园区斜塘街道淞潭社区西部，镀底潭西北岸。原为吴县车坊镇金园村所辖自然集镇，形成于明代，原名高家店，后衍传为高垫。清乾隆《元和县志》载："镀底潭，一名蛟龙潭，一名车坊漾。其北口为高家店，过江田村东南为大姚，出口为陈湖，折为摇城湖。"

1950年3月，时高垫集镇属吴县车坊区横港乡。1956年3月，横港乡并入车坊乡，属车坊乡金星五十八初级社。1957年，属跃进三十二高级社。1958年9月，属车坊人民公社八营。1959年9月，属车坊人民公社十九大队。1962年，十九大队改称金园大队，高垫随属。1969年2月，金园大队改称建新大队，高垫随属。1980

高垫

年11月，建新大队复名金园大队。1983年8月，车坊人民公社金园大队改为车坊乡金园村，高垫随属。1994年1月，车坊乡撤乡建镇，高垫随属车坊镇金园村。2004年2月，车坊镇撤销，并入甪直镇，高垫随属甪直镇金园村；9月，金园村划归苏州工业园区娄葑镇，高垫随属娄葑镇。2010年1月，金园村撤销，高垫集镇也随之消亡，其地设淞潭社区。2012年11月，娄葑镇撤销，改设娄葑、斜塘两个街道，淞潭社区属斜塘街道。

在原高垫集镇南、镶底潭畔，有始建于明代崇祯年间的高垫庙，又称崧泽道院，主祀江海随粮王。明王鏊正德《姑苏志》载："神，汴人，姓金，初有二十相公名和，随驾南渡，侨于吴，殁而为神。其子曰细，第八为太尉者。理宗朝，尝著灵异，遂封灵祐侯。灵祐之子名昌，第十四初封总管。总管之子曰元七总管，元至正间，能阴翊海运，初皆封为总管。再进封昌洪济侯，元七为利济侯。"清嘉庆十一年（1806），又著灵异，晋封安乐王。2011年12月27日，高垫庙举行重建落成典礼暨神像开光庆典。重建后的高垫庙，占地6 000平方米，建筑面积3 700平方米，一路三进，由山门、随粮王殿、玉皇殿和东西配殿组成。

在高垫庙北，建有肖特纪念碑、馆。据苏州工业园区档案管理中心资料，罗伯特·肖特是美国飞行员，1932年2月22日，单独驾机飞过苏州上空时与日军机群遭遇，在击落敌机1架后，座机中弹坠落在高垫镇浮漕港口，肖特英勇牺牲。1932年7月，吴县各界人士集资在肖特坠机牺牲的浮漕港河畔树立花岗岩方尖碑一柱，以志纪念。碑柱高3米，碑正面中间刻"美飞行家萧特义士殉难处"11字，左下方刻"中华民国二十一年七月立，吴县吴曾善谨书"一行小字，碑右侧刻"苏州桃坞朱林记石铺承造"，左侧刻"吴县建设局打样"。该碑后因长年经受河水冲击，碑座毁废，仅剩碑柱。1966年，碑柱又遭到破坏，被人一凿为四，移作他用（受损碑柱现存放于肖特纪念馆）。1985年，时吴县人民政府和政协在当年肖特殉难处附近的高垫村粮王庙里，建起100多平方米的木结构纪念馆和5米高的纪念碑。纪念碑按原式重新制作，碑上重镌"美飞行家肖特义士殉难处"11个大字，碑文为昔日爱国名士张一麐所撰，由当代著名吴门书法家吴进贤所书，被列为苏州市文物保护单位。1999年，原吴县市车坊镇政府于纪念碑旁建造了肖特的大型雕像。2004年9月，高垫村划归苏州工业园区娄葑镇后，碑、馆由娄葑镇车坊办事处管理。2009年10月，移建至今址，现为苏州市爱国主义教育基地。

756. 查巷 Cháxiàng

位于今苏州工业园区胜浦街道东南部、吴淞江北岸。为原查巷村村民委员会所辖的唯一自然村。相传，查巷原为吴淞江边的无主荒滩，从南方过来的渔船停靠在这里，渔民逐渐定居下来并靠捕捉鱼虾、设摊贩卖为生，村中形成了一条鱼虾交易的巷子。当地官府得知后，就常去巷子里查看、收税，于是巷子乃至村子就被叫作"查巷"了。

1949年11月，查巷为吴县淞北区胜浦乡所辖自然村。1950年底，以查巷设村，属吴县唯亭区胜浦乡。1956年3月，建联明初级社。1957年3月，吴县撤区并乡，查巷属吴县胜浦乡查巷村；6月，建新华高级三社。1958年9月，属胜浦人民公社第二营（后改为二大队）。1959年9月，大队改设，查巷属七大队。1980年11月，七大队改称查巷大队，查巷随属。1983年7月，胜浦人民公社查巷大队改为胜浦乡查巷村，查巷随属。1994年2月，胜浦撤乡建镇；4月，胜浦镇划归苏州工业园区代管，查巷随属。1997年起，查巷自然村陆续拆迁，先后安置于金苑新村、园东新村，今属园东社区。2001年8月，查巷村、邓巷村撤销，并入吴巷村，查巷村地名消亡。2002年，查巷自然村动迁完毕，查巷地名消亡。

757. 前戴 Qiándài

位于今苏州工业园区胜浦街道中东部，大致在迎浦路西、秋浦路东、振胜路南区域。为原前戴村村民委员会所辖自然村，位于前戴村西部，又名前戴墟、前戴区。相传，旧时有戴姓两兄弟，成年后分家居于两地，兄长在南称前戴，弟弟在北称后戴（原属唯亭街道，2021年10月，划属胜浦街道。）

1949年11月，前戴时为吴县淞北区嘉浦乡所辖自然村。1950年3月，属吴县唯亭区嘉浦乡中心村。1956年3月，嘉浦乡并入胜浦乡，前戴随中心村属胜浦乡，建新华初级社。1957年3月，吴县撤区并乡，前戴随属吴县胜浦乡中心村；6月，建新华高级一社。1958年9月，属胜浦人民公社第二营（后改为二大队）。1959年9月，大队改设，前戴属五大队。1980年11月，五大队改称前戴大队，前戴随属。1983年7月，胜浦人民公社前戴大队改为胜浦乡前戴村，前戴随属。1994年2月，胜浦撤乡建镇；4月，胜浦镇划归苏州工业园区代管，前戴随属。1997年3月，因建金光纸业，前戴整体拆迁，自然村地名消亡，村民被安置于金苑新村，今属金苑社区。2001年8月，撤销前戴村、刁巷村，合并建立金苑新村居委会，前戴村地名消亡。

前戴自然村，曾是嘉浦乡、胜浦乡政府驻地。村内河道呈十字形，水陆交通方便，形成小集市。在村中心地段、太平桥附近有长约100米的侧砖小街，民国期间就开有杂货店、理发店、点心店、肉店、铁匠店，摆有水果摊、皮匠担等，还设有发往唯亭、甪直的航船。1949年后，唯亭供销社在村中设立供销站，嗣后又开设粮站、医院等，设有中小学校。公社化时，供销站、粮站、医院、初中陆续迁至陆巷村，集市趋于衰弱。1983年建村后，集市稍有复兴，直至动迁消亡。

758. 大荡里 Dàdànglǐ

位于今苏州工业园区娄葑街道南部。原为群力村村民委员会所辖自然村，又名大荡村，因村落原坐落于黄天荡中孤岛上而有此名。曾是苏州郊区人口最多的自然村落之一。1999年建设苏嘉杭高速时开始动迁，至2008年动迁结束，大荡里实体及地名消亡，动迁村民分别安置在今群星苑住宅区内。

大荡里原四面环水，为黄天荡中孤岛。村内按地理方位划分为8个区域，即：东脚一区、东脚二区、东脚三区、东脚四区、西脚一区、西脚二区、南脚、北脚。1953年，在此建农业生产合作社新光一社、新光二社及群力社。1958年，三社合并建娄葑人民公社群力大队，大荡里是群力大队下辖的唯一自然村。

大荡里（民国地图）

历史上，大荡里盛产茭白、莲藕、水芹、芡实、慈姑、荸荠、莼菜、红菱等水生作物，俗称"水八仙"。其中，尤以芡实最为有名，称"南荡鸡头"。清沈朝初《忆江南》三十首，其七"芡实"云："苏州好，葑水种鸡头。莹润每疑珠十斛，柔香偏爱乳盈瓯，细剥小庭幽。"民国《苏州游览指南》有"大荡芡实"条："芡实俗名鸡头，或谓雁头、乌头，能疗饥饿，补脾胃，茎有刺，三月生叶浮水面，大于荷叶，叶面有皱纹，肉软，累累如珠玑，大荡乡产者最有名，若东山南湖之不种自生其名鸡豆者，与芡实不同，外行人购买，恐一时莫辨，游客最宜注意。"20世纪60年代"围垦黄天荡"，又让大荡里多出上千亩水田，至20世纪八九十年代，水生作物年产量平均超过4千吨，成为苏州地区著名的水生作物专业村。

大荡里村内原有陈公祠，位于原东浜庙桥西南（今廷琛路与文潭路路口东南），村民俗称陈太爷庙。陈公，即陈鹏年（1662—1723），清康熙四十七年（1708）任苏州知府。陈鹏年任内在今群力村一带施药救人，救活500余家，百姓感念而为他立祠，祠中有药签济世。陈公祠最盛时占地9亩多，有大小房屋40余间。1958年，陈公祠主房、附房被用作娄葑供销社（据查，娄葑供销社1958年成立）群力分社店面、仓库及群力小学一至三年级教室，后不慎被火烧毁。1994年，村民募资在原址重建，有房屋9间，庙中有红木轿板、清光绪二十五年（1899）石碑等旧物。每逢农历三月二十七陈鹏年生日，前来拜祭的人络绎不绝。原祠中有清《陈恪勤公祠堂碑记》，立于光绪二十五年。据云祠中原有两块石碑，解放后祠宇失火坍毁，其中一块石碑被拿去用作洗衣板多年，重建陈公祠时运回祠中，嵌于壁内，但碑已碎裂，字迹漫漶，无法看清作者及具体内容；另一块石碑不知下落。原有养老爷堂，在群力村东脚四区，20世纪50年代初毁。

原群力村东脚四区192号民居之西侧，有钟灵佛堂弥勒大殿，原为章三福家小屋。相传，章三福吃素修行，死后葬荷花缸，三年后尸体不烂，其子章全心为其塑肉身菩萨，各地香客前来烧香参拜。潘世恩后裔诵锟之妻程氏在此求治风湿病，为表谢意，于民国五年（1916）花2 700银元捐建弥勒大殿及披屋、厨房；吴廷琛府某太太亦曾在此求治，捐檀香木30、石塑1尊弥勒佛；其余香客送来十八罗汉、天神天将、地藏王菩萨等雕塑。1949年后，雕塑毁，肉身菩萨移送天池山寂鉴寺，大殿则收归村有。弥勒大殿高大轩敞，高度可与新建两层楼房相抵，殿中有碑刻数块及新铸内殿铜钟1只，其中，有民国时期潘诵锟暨妻程氏《钟灵佛堂弥勒殿记》，上有盖、下有底座，碑文为："吾郡葑门外东行三里□地居大荡里，旧元境之二十九都三十图则字圩，有钟灵佛堂者，小屋数椽，诸道友讲经期间，嗜道若渴，久而弥笃，虽居不蔽风雨，弗顾也。我佛慈悲，受其诚感，历有年。所由是里人求佛法庇护者，踵相接而无不应焉。甲寅春间，室人程氏风湿，病将不起，良医不能施其技，药石无以奏其效矣，余家眷属知斯疾之非可以医药奏效也，咸往祈祷乃语。祷后不数日，而病转轻；又越数日，而病霍然若失。我佛之广大灵感为何如哉！惟念慈光所照，何由报答于万一？爰于丙辰，独力捐建弥勒殿三楹，靠殿西首厨房并披屋三间，以为永久香花供养之所。是役也，计用经费洋贰仟柒佰元，非敢谓报功也。至于殿之基地，则由众道友永护而得者，并附志之，以示不敢掠美之意云尔，是为记。吴县潘诵锟、程氏敬立，中华民国五年四月吉日汝南周云厂书、子梅谷刻。"

759. 江田里 Jiāngtiánlǐ

位于今苏州工业园区胜浦街道东部，大致在江浦路东、金胜路南、界浦路西、江田里路北区域。为原江圩村村民委员会所辖自然村，因村落兴于吴淞江边田地里，故名。

1949年11月，江田里时属吴县淞北区嘉浦乡。1950年3月，属吴县唯亭区嘉浦乡新江村。1956年3月，嘉浦乡并入胜浦乡，江田里随新江村属胜浦乡，建新胜初级社。1957年3月，吴县撤区并乡，江田里随属吴县胜浦乡新江村；6月，建新华高级十三社。1958年9月，江田里属胜浦人民公社第一营（后改为一大队）。1959年9月，大队改设，江田里属二大队。1980年11月，二大队改称江圩大队，江田里随属。1983年7月，胜浦人民公社江圩大队改为胜浦乡江圩村，江田里随属。1994年2月，胜浦撤乡建镇；4月，胜浦镇划归苏州工业园区代管，江田里随属。2001年8月，江圩村与北里村、许望村合并设立金东村，江田里随属。2006年，因胜浦地区开发建设，江田里整体拆迁，自然村及地名消亡，村民被安置于吴淞新村、浪花苑等小区。2010年8月，金东村撤销，今属吴淞社区。

旧时，江田里及其周边村落村民以织夏布为主要副业，村民利用零星杂边地种植苎麻，秋后收割剥皮晒干，手工劈成丝，纺成苎纱（称绩綜），用土机织成粗布，用于夏天做衣或者做蚊帐，古称"夏布"。用夏布做成的上衣，凉爽透气，纤维较硬，故出汗不贴肉、蚊虫叮咬不到身；做成的蚊帐，牢固而透风，深受当地人喜爱。20世纪70年代，因新材料应用，夏布逐渐淘汰废弃。

江田里村北，原建有施月庙、施月桥，今不存。

760. 二百亩 Èrbǎimǔ

二百亩位于今苏州工业园区胜浦街道东部，大致在界浦以西、尖浦以东、同胜路南北两侧区域。为原南港村村民委员会所辖自然村，清道光《元和唯亭志》卷一作"倪伯墓"，因村旁有倪伯墓而得名。后以谐音作"二百亩"。

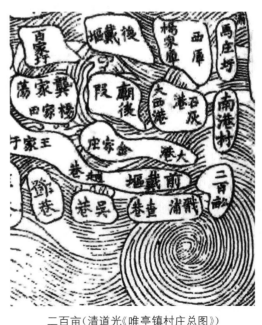

二百亩（清道光《唯亭镇村庄总图》）

1949年11月，二百亩时属吴县淞北区嘉浦乡。1950年3月，属吴县唯亭区嘉浦乡新合村。1956年3月，嘉浦乡并入胜浦乡，二百亩随新合村属胜浦乡，建红星初级一社。1957年3月，吴县撤区并乡，江田里随属吴县胜浦乡新合村；6月，建新华高级十二社。1958年9月，二百亩属胜浦人民公社第一营（后改为一大队）。1959年9月，大队改设，二百亩仍属一大队。1980年11月，一大队改称南港大队。1983年7月，胜浦人民公社南港大队改为胜浦乡南港村，二百亩随属，为南港村村民委员会驻地。1994年2月，胜浦撤乡建镇；4月，胜浦镇划归苏州工业园区代管，二百亩随属。2001年8月，南港村与金家村、大港村合并设立金港村，二百亩随属。2003年，因胜浦地区开发建设，二百亩整体拆迁，自然村及地名消亡，村民被安置于浪花苑、吴淞新村等小区。2010年8月，金港村撤销，今属浪花苑社区。

二百亩村东，原有古庙1座，名东岳庙。每逢农历三月二十八日、八月初一日祀东岳大帝。《元和唯亭志》云："里人迎神赛会，醵钱演妙剧，远近舟楫云集。"今已废。

761. 金家庄 Jīnjiāzhuāng

位于今苏州工业园区胜浦街道东部，大致在胜浦路东、强胜路南、尖浦西、银胜路北区域。为原金家村村民委员会所辖自然村，因金氏聚居于此而得名。

1949年11月，金家庄时为吴县淞北区嘉浦乡所属自然村。1950年3月，属吴县唯亭区嘉浦乡金家庄村。1956年3月，嘉浦乡并入胜浦乡，金家庄随金家庄村属胜浦乡，建协丰初级社。1957年3月，吴县撤区并乡，金家庄随属吴县胜浦乡金家庄村；6月，建新华高级十社。1958年9月，金家庄属胜浦人民公社第三营（后改为三大队）。1959年9月，大队改设，金家庄仍属三大队。1980年11月，三大队改称金家大队。1983年7月，胜浦人民公社金家大队改为胜浦乡金家村，金家庄随属，为金家村村民委员会驻地。1994年2月，胜浦撤乡建镇；4月，胜浦镇划归苏州工业园区代管，金家庄随属。2001年8月，金家村与南港村、大港村合并设立金港村，金家庄随属。2003年起，因胜浦地区开发建设，金家庄陆续拆迁，村民被安置于新盛花园、浪花苑、吴淞新村、闻涛苑等小区，自然村及地名消亡。2010年8月，金港村撤销，今属闻涛苑社区。

金家庄村中心，原有一坐"通安桥"，又名大店桥，建于明正统八年（1443）。清顺治十年（1653）重建，乾隆二十八年（1763）又由村民顾长源、顾公达、范裕昆、江仁兴等募资再建。1986年改建为石质混凝土平梁桥，长9米，宽1.8米，跨径4米。2003年拆除。

1980年起，胜浦地区曾出现手工整理油漆桶（俗称汰铁桶）的个体经营户，金家庄村民也相继效仿，一时成为村中主要副业。汰铁桶，就是将一些废旧油漆桶回收后，用碱水清洗干净，修补破漏，整平凹凸，重新刷上新漆，使旧桶翻新，推销到油漆厂或涂料厂等单位去重复利用。

三、道路桥梁名

762. 顺平里 Shùnpíng Lǐ

原位于今姑苏区养育巷东侧，大八良士巷南侧，西至养育巷，长80米，宽0.8—2.5米，砖路面，为养育巷中段东侧里弄，原有住户20余家。20世纪六七十年代标有里弄名，1993年并入干将西路。

763. 光裕里 Guāngyù Lǐ

原位于今姑苏区，东起东城脚，西出盘门大街，南濒外城河，北靠城墙，东西走向，长540米，宽2.5米，弹石路面。旧时，盘门外东大街至虹桥桥堍有人行小路，后桥断路废，逐渐荒落。1925年春，兴起于光绪二十一年（1895）洋务运动时的苏纶纱厂和苏经丝厂处于停业状态，苏州严裕棠、吴昆生等组织洽记公司，以5万银元承租苏纶纱厂。民国十六年（1927），严家便以30.05万银元独资购进苏纶纱厂和苏经丝厂，成立"光裕公司"。严庆祥以光裕公司的名义，在盘门外成立光裕第三义务小学；又在盘门外东城脚择地建二层楼房150间，租给该厂职工居住，将此地取名为"光裕里"，俗称"缫丝工房"。1999年，因盘门景区拓建而拆，名遂废。

"光裕公司"，曾是上海大隆机器厂和苏州苏纶纱厂的总管理机构，严裕棠任总经理，严庆祥任副总经理，开始实施严氏家族"棉铁联营"。苏纶纱厂由严氏独资经营后，进行了大规模的设备更新和产量翻番，将原有的2万纱锭扩大到4万纱锭，织布厂从原有的320台织机添加到720台织机，将原有的蒸汽动力改为电机动力。在设备更新过程中，除一

光裕里旧貌

部分机器为进口外,大部分是光裕公司上海大隆机器厂的产品,苏纶厂的扩建促进了大隆的发展,大隆的机器推动了苏纶厂的增产。至民国十九年(1930),苏纶厂已拥有纺织工人3 000余人,年产棉纱3万余件(包)。苏纶厂出品的天宫牌棉纱以其质地优良,成为上海交易所做期货的筹码,苏纶厂带给严氏的纯利,每年平均达到40万元之多。

764. 五福里 Wǔfú Lǐ

原位于今姑苏区,北至留园路,长55.9米,宽1.8—2米,弹石及砖路。五福,《尚书·洪范》:"一曰寿,二曰富,三曰康宁,四曰攸好德,五曰考终命。"五福里内居宅于1957年建成。早先,留园路亦名五福路。

765. 久福里 Jiǔfú Lǐ

原位于今姑苏区古城西角墙北端,东起长鎏村,向西折北至前同仁街。长212米,宽3.6—3.8米,原为弹石路面,1995年改建为六角道板路面。为民国时期西式建筑里弄,有明远堂赵宅及会所。今中街路242号有久福里小区。

久福里一角

766. 墩和里 Dūnhé Lǐ

原位于今姑苏区石路附近,西接南浩(濠)街,长8.5米,宽2.6米,砖路。

767. 仁寿里 Rénshòu Lǐ

原位于今姑苏区石路一带,西接闾胥路,长51米,宽1.8米,砖石路面。《吴县图》标仁寿里。另宋仙洲巷内今亦有仁寿里。

768. 良记里 Liángjì Lǐ

原位于今姑苏区石路附近,东至南浩街,西接闾胥路,长49米,宽1.2米,砖路。该地名1952年设立,1999年废止。

769. 太原里 Tàiyuán Lǐ

原位于今姑苏区，东至南浩街，西至阊胥路，长124米，宽2.2—2.3米，弹石路面。民国初年，太原王氏建宅于此，太原为王氏郡望，故名太原里。《吴县图》标太原里。1999年地名废止。

770. 灵芝坊 Língzhī Fāng

原位于今姑苏区侍其巷一带。南宋范成大《吴郡志》所列六十五坊之一，云在"侍其巷"。又载："灵芝坊，初名难老坊，蒋堂谢事所居。"明嘉靖《吴邑志》列于"在城四乡"中"西南隅二乡"之"丽娃乡南宫里"。宋枢密院直学士蒋堂居此巷内，因所居隐圃有芝草生于溪馆，时人以为祥瑞，知州李仲偃集宾僚赋诗为集，故改称"灵芝坊"。据蒋堂《平江军新修大厅记》及《因芝草生谢兵部》诗，坊因蒋氏有芝草之瑞而改名。《吴郡志》云："蒋堂，字希鲁，本宜兴人，徙于苏，大中祥符五年（1012）进士，任侍御史"，后"出为淮南发运使，荐部吏二百员。累迁枢密直学士，历知应天、河中府、洪、杭、益、苏州。后十二年，再守苏，遂谢事，以礼部侍郎致仕。"他所居之"隐圃"，有"岩扃""烟萝亭""凤篁亭""香岩峰""古井"等诸景。又有池，结庵池上，名"水月庵"。圃南有小溪，溪水碧绿，游鱼可见。水中有假山，

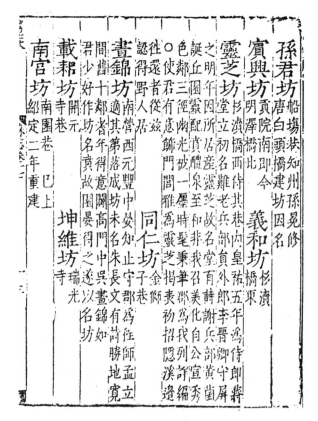

灵芝坊（明正德《姑苏志》）

筑"南湖台"，还有水榭，又植桃树一百棵，桂树若干。自赋《隐圃十二咏》，多赞美之词，抒悠闲之意。著有《吴门集》二十卷。

又，北宋名臣范仲淹祖居在苏州灵芝坊，南宋范成大《吴郡志》载"范文正公义宅。在雍熙寺后。"又引《义宅记》称："吴门范氏，自唐柱国丽水府君居于灵芝坊，今在雍熙佛寺之后。"范仲淹（989—1052），字希文。祖籍邠州，其高祖范隋在唐懿宗时逢中原兵乱，遂定居苏州吴县。范仲淹二十六岁进士及第。宋仁宗时，范仲淹武官曾任枢密副使，文官曾任参知政事，是一位出将入相、文武兼备的人才，北宋初年著名的思想家、政治家、军事家、文学家。皇祐元年（1049），六十岁的范仲淹以其历年所得俸禄"置负郭常稔之田千亩"，作为族人公产，号曰义田。千亩义庄田"所得租米，自远祖而下诸房宗族，计其口数，供给衣食及婚嫁丧葬之用"。同时，他又在苏州灵芝坊祖宅建造占地二百亩，三面环流、环境优美的义宅，创立了苏州也是中国历史上第一个义庄——范氏义庄。义庄内又设有"义学"，"立塾以教其人"。范氏义学在教化族众、安定社会、优化风尚上取得了巨大成功，开启了中国古代基础教育阶段免费教育的新风尚。范仲淹至晚年"田园未立"，居无定所，却用所有积蓄兴办义庄救济族中的穷人，"此其一事已足为百世师矣"。

771. 豸冠坊 Zhìguàn Fāng

原位于今姑苏区顾家桥一带。唐《吴地记》、宋祥符《图经》古坊中均著录。北宋朱长文《吴郡图经续记》载："《图经》坊市之名各三十，盖传之远矣。如曳练坊者，或传孔子登泰山，东望吴门而叹曰：'吴门有白马如练。'因是立名。黄鹂市之名，见白公诗，所谓'黄鹂巷口莺欲语，乌鹊桥头冰未销'是也。其余皆有义训，不能悉知其由。其巷名见于载籍者，如弹铗、渴乌一二种皆莫知其处。乃知事物不著于文字之间，则艰于传远，故方志之说，不可废

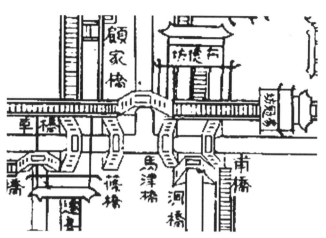

豸冠坊(宋《平江图》)

也。近者坊市之名，多失标榜，民不复称。或有因事以立名者，如灵芝坊，因枢密直学士蒋公堂；豸冠坊，因侍御史范公师道；德庆坊，因今太子宾客卢公革，各以其所居得名。盖古者以德名乡之义也。苟择其旧号，益以新称，分其邑里，因以彰善旌淑，不亦美哉！"南宋范成大《吴郡志》载：豸冠坊在"仁王寺前，直龙图阁范师道所居，以其出入台谏有声，故名。"明洪武卢熊《苏州府志》载："范公之前已有豸冠市，盖仿古也。"民国王謇《宋平江城坊考》卷首谓"豸冠坊，因侍御史范公师道。"

772. 德庆坊 Déqìng Fāng

原位于今姑苏区因果巷一带。北宋朱长文《吴郡图经续记》载："德庆坊，因今太子宾客卢公革，各以其所居得名，盖古者以德名乡之久也。"南宋范成大《吴郡志》："禅兴寺西"。梁天监二年始创妙严寺，后梁贞明二年（916）改名禅兴寺，1956年为东吴丝织厂征用。南宋叶梦得《避暑录话》载："吴下全盛时，衣冠所聚，士风笃厚，尊事耆老。来为守者，多前辈名人，亦能因其习俗，以成美意。旧通衢皆立表，揭为坊名。凡士大夫名德在人者，所居往往因之以著。元参政厚之居名衮绣坊；富秘监严居名德寿坊；蒋密学堂居尝产芝草，名灵芝坊；范侍御师道居名豸冠坊；卢龙图秉居奉其亲八十余，名德庆坊；朱光禄居有园池，号乐圃，名乐圃坊。"南宋龚明之《中吴纪闻》载："著作王先生，程门高第……子孙世守德庆坊故居云。"明卢熊洪武《苏州府志》："祥符禅兴寺西，直龙图阁卢秉奉其亲，年八十余，故以表坊，绍定二年立"。明钱谷《续吴都文粹》载："王仲举宅，在德庆坊"。坊内原有开家巷。

卢革（1004—1085），湖州德清（今属浙江）人。宋天禧三年（1019）进士，为卢秉父。少举童子，知杭州马亮见所为诗，嗟异之。秋，贡士，密戒主司勿遗革。革闻，语人曰："以私得荐，吾耻之。"

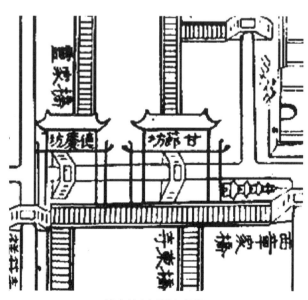

德庆坊(宋《平江图》)

去弗就。后二年,遂首选;至登第,年才十六。庆历中,知龚州。蛮入寇,桂管骚动,革经画军须,先事而集。后知婺、泉二州,提点广东刑狱、福建、湖南转运使。复请外,神宗谓宰相曰:"革廉退如是,宜与嘉郡。"遂于宣州。以光禄卿致仕。用子秉恩转通议大夫,退居于吴十五年。秉为发运使,得请岁一归觐。后帅渭,乞解官终养。帝数赐诏慰勉,时以为荣。

773. 乐圃坊 Lèpǔ Fāng

原位于今姑苏区景德路一带。南宋范成大《吴郡志》云在:"三太尉桥北"。又云:"乐圃,朱长文伯原所居,在雍熙寺之西,号乐圃坊,中有高冈清池,乔松寿桧。"明洪武《苏州府志》:"吴越时金谷园也。知州章岵以表朱长文所居"。又云:"刘舍人震孙宅,在乐圃坊西南"。明正德《姑苏志》云在"清嘉坊南。"明嘉靖《吴邑志》列于"在城四乡"中"西北隅二乡"之"大云乡庆云里";卷九《人物传三》中,又有"朱长文,吴人。父公绰,光禄卿。长文尤邃《春秋》,年十九擢乙科进士,授秘书省校书郎守许州司户参军。丁忧家居,筑室故钱氏金谷园,名动京师。元祐中,起为本州教授,历五考,召为太学博士,著《释问》以见意。绍圣间,除秘书省正字兼枢院编修文字,卒,所著有《春秋通志》《琴史》《苏州续图经》《乐圃文集》等书。"又载:"宋宣教郎朱长文乐圃,在邑西北一里。故广陵王时,诸子别建金谷园也。钱氏去国,易为民居,更数姓矣。庆历中,长文父光禄卿公绰始构得之,厥后稍广西墙以益其地,凡逾三十亩。熙宁末,长文筑

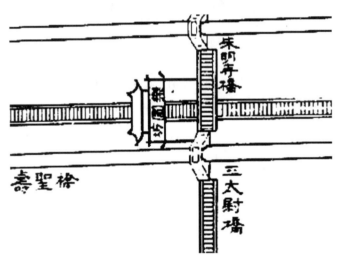

乐圃坊(宋《平江图》)

垣结宇而居焉,名之曰乐圃。长文自记云:'此地景趣质野,若在岩谷。圃中有堂及两庑,以宅眷聚。其南又为堂,命曰邃经。邃经之东有米廪、蒙斋。其西北隅有见山冈,冈上有琴台。台之西隅有咏斋,予尝拊琴赋诗于此。冈上有池,池中有亭曰墨池,展玩古今妙迹处也。池水在前萦纡为溪,溪旁有钓渚,钓渚与邃经堂相直焉。循冈北走度水为西涧,至于西圃,圃有草堂,草堂之后有华严庵。草堂西南有土而高者西丘,其木则松桧梧柏、黄杨冬青、椅桐桱柳之类,参云合抱,亦不可以殚书也。其花卉则珍藤幽萌,高下相映,兰菊兼葭,药录所收,不为不多。又有桑柘麻纻、果蔬梅李瓜瓠,此其所有也。予于此圃,朝则诵《易》《春秋》《诗》《书》,夕则泛览群史,历观百氏,当其暇也,陟高临深,种木灌园,虽三事之位不足以易吾乐也。元丰三年十二月朔旦。'于时,知州章岵表为乐圃坊,元绛、程师孟、卢革三大老俱有诗。"

774. 通阛坊 Tōnghuán Fāng

原位于今姑苏区通关坊西口。《吴郡志》所列六十五坊之一,与明隆庆《长洲县志》皆云在"金母桥西"。阛为环市之墙,通阛为通向集市之义。另《吴地记》所列六十坊有"通关坊",或云即此。2006年版《沧浪区志》第五卷"街巷河桥"中有"通关坊"条:"通关坊,西口在人民路,与大石头巷相望;东出锦帆路,与皇废基相望。唐宋时有通阛坊立于西口,意谓通阛阓(商市)之坊(其西古为闹市区)。后衍作通关坊。"通关坊巷长120米,宽3.1米。1984年改弹石路面为水泥六角道板路面。1993年改为干将东路西端回车道,拓宽至10米,沥青路面。7号系控制保护古建筑。

通关坊

775. 绣锦坊 Xiùjǐn Fāng

原位于今姑苏区饮马桥北一带。南宋范成大《吴郡志》："绣锦坊，大市"。明洪武《苏州府志》："绣锦坊大市，饮马桥北"。明隆庆《长洲县志》："饮马桥北，今因以名巷"。民国《宋平江城坊考》有按语为："疑为刺绣织锦市集"。

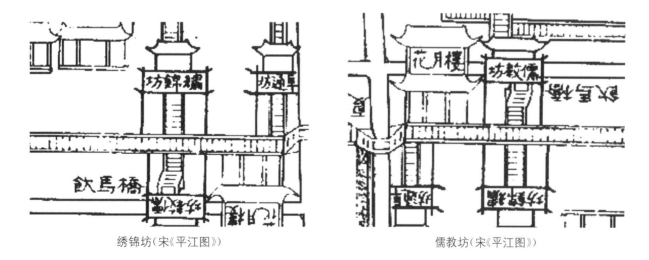

绣锦坊（宋《平江图》）　　　　　　　　　　　儒教坊（宋《平江图》）

776. 儒教坊 Rújiào Fāng

原位于今姑苏区饮马桥南一带。南宋范成大《吴郡志》、明隆庆《长洲县志》皆作："饮马桥南"。明洪武《苏州府志》作饮马桥北，恐有误。

777. 通波坊 Tōngbō Fāng

原位于今姑苏区道前街一带。唐《吴地记》、宋祥符《图经》古坊中均著录。范成大《吴郡志》:"吉利桥南"。现代范广宪《吴门坊巷待辅吟》有吟《通波坊》诗:"桥南树色映官河,临市人家傍水多。古馆成尘春寂寞,谁来坊曲叹通波"诗后有记:"在织里桥南,旧有通波馆,想即其地。"

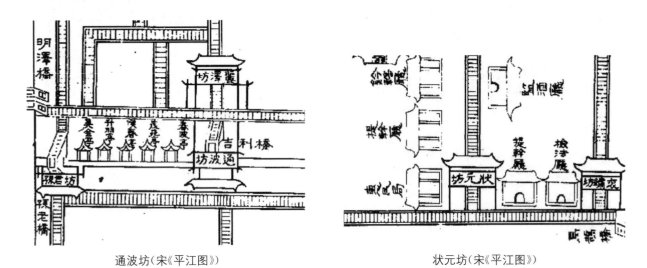

通波坊(宋《平江图》)　　　　　　　　状元坊(宋《平江图》)

778. 状元坊 Zhuàngyuán Fāng

原位于今姑苏区醋库巷。《吴郡志》载:"醋库巷,黄魁所居,淳熙八年,黄由魁天下,郡守韩彦质以表其闾。"明隆庆《长洲县志》载:"状元坊二:一在醋库巷口,淳熙间,郡守韩彦质为黄由立;一在南星桥西,咸淳中,郡守陈均为阮登炳立,留梦炎书。"黄由(1150—1225),宋代大臣。字子由,号盘野居士,平江长洲(今江苏苏州)人。黄由自幼好学,年方十二三岁便教授群童读书,二十岁时考入太学。淳熙八年(1181)三月辛丑科状元及第。吴地自开科以来,从黄由开始才多出状元和名士,人们以他为荣,孝宗淳熙七年起任平江府知府的韩彦质为他立下状元坊,坊所在的巷也就称状元坊,状元坊是当时官宦、绅士与文人的聚居区。北宋时在此设监酒厅、筑醋库,因此巷又名醋库巷。今醋库巷东起凤凰街,西至五卅路,全长501米,宽3米。中状元后,黄由授南安军签判,任满后历任绍兴府通判、嘉王府赞读、礼部尚书兼吏部,成都、绍兴知府,正奉大夫、秘书郎、著作郎。在任绍兴府通判时,绍兴大旱,黄由组织赈灾,处置得当,百姓生活没受到影响,受到朝廷嘉奖。绍熙五年(1194),黄由因帮助宁宗即位有功,由天章阁侍制学士擢吏部侍郎。黄由为人正直,处事严谨周密,深得宁宗赏识,权礼部尚书兼吏部尚书,后又因上疏忤怒宁宗,被弹劾贬职。嘉定元年(1208)黄由任绍兴府知府、浙东安抚使,他改籴米为发米,赈济灾民五万石米。昔日嵊县有虎患,人们以讹传讹,传说老虎有神通,变化莫测,行踪不定,人心惶惶。黄由先祭祀神灵,然后用厚赏募人捕虎,从此再也没有虎患,人心安定。嘉定三年(1210)四月十六日,黄由任刑部尚书兼直学士院,官至正奉大夫。卒后赠少师,墓在邓尉山。黄由擅长诗文,其《还吴江》诗描绘了恬淡的田园生活,他还曾以《盘墅》为题写了十多首田园诗,开头第一句均为"才到松陵便是家",表达了他的赤诚桑梓之情。黄由夫人胡氏,号惠斋,是平江胡元功(长洲人,进士)之女。胡元功曾任尚书,家世显贵。黄夫人胡氏以礼自持,琴棋书画样样精通,擅长笔札,善诗文,当时的人把她比作李清照。据传,胡氏曾因为桌上有积尘戏画梅一支,在上面题写了《百字令》一首,格调别致清幽。传世的画有折枝梅花图两幅、折枝风竹图两幅、寒梅雪意图一幅、石竹水仙图两幅、墨竹图五幅。南宋庆元元年（1195），苏州于此创设官办的太平惠民药局（又名太平惠民和剂药局），制合各种类型的饮片丸散，为国内最早的官办药局。元延祐五年（1318）重建，明成化元年（1465）再重建，今不存。

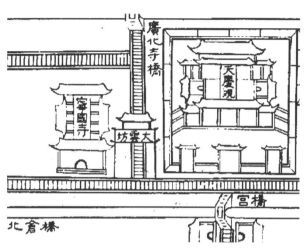

大云坊（宋《平江图》）

779. 大云坊 Dàyún Fāng

原位于今姑苏区玄妙观一带。宋祥符《图经》中著录。范成大《吴郡志》载："天庆观西，林处所居，处自号大云翁。"明洪武《苏州府志》载："贤行斋，在大云坊，林处所居，朱伯原记。处字德祖，号大云翁。"隆庆《长洲县志》载："玄妙观西，林处所居，虚号大云翁，今因以名巷。"

780. 清嘉坊 Qīngjiā Fāng

原位于今姑苏区中街路南段，亦指该段道路1982年并入中街路。南宋《吴郡志》云在："朱明寺桥北"。明洪武《苏州府志》载"陆士衡诗云土风清且嘉，绍定二年重立"。明正德《姑苏志》载："朱明寺西"。明嘉靖《吴邑志》列于"在城四乡"中"西北隅二乡"之"凤凰乡集祥里"。清同治《苏州府志》载"杜东原琼宅，在清嘉坊。构如意堂以奉母，徐有贞有记。"清宣统《吴县志稿》载"石梅孙渠故宅，在清嘉坊，渠有《怀清嘉坊故宅》诗"。清姚承绪《吴趋访古录》载乐圃："在清嘉坊，北宋朱长文所居。此地在钱氏为金谷园，其父光禄卿始得之，有邃经堂、华严庵等二十景。元末属张适为乐圃林馆。明杜琼得其东隅地，名东原。后申文定居此，有赐闲堂尚存。"民国陆璇卿《旅苏必读》载："清嘉坊，北珠明寺桥，南水泼粉桥。"

清嘉坊石宅

781. 至德坊 Zhìdé Fāng

位于姑苏区金阊街道，至德桥北、泰伯庙前。因泰伯庙又名至德庙，坊以庙名，故名。

参见"686. 至德坊"。

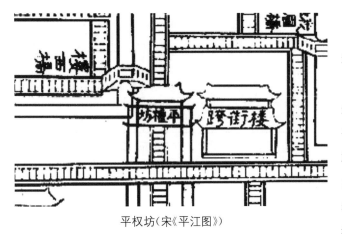

平权坊(宋《平江图》)

782. 平权坊 Píngquán Fāng

原位于今姑苏区乐桥东南。唐《吴地记》、宋祥符《图经》古坊中均著录。南宋范成大《吴郡志》："平权坊，跨街楼南。"明洪武《苏州府志》著录有平权坊巷，正德《姑苏志》作平权巷，亦载："大石头巷，通平权坊。"明嘉靖《吴邑志》列于"在城四乡"中"西南隅二乡"之"丽娃乡南宫里"。民国《宋平江城坊考》有按语云："立平权坊于乐桥大市，疑为同律度量衡之义，所谓谨权量、审法度者也。"该处宋时有花月楼。现代范广宪《吴门坊巷待辀吟》有吟《平权坊》诗："年来文字换准禅，又有三生未了缘。安用坊名谈掌故，犁然世界到平权。"又有吟《平权坊巷》诗："平权古巷占闲坊，踥蹀谁来觅句忙。偌大石头今不见，旧人难免说荒唐。"诗后有记："一作平权巷，今作大石头巷，亦作大石巷，在马禅寺桥东。相传孙吴时自空中坠下巨石，正方如八仙桌，质类粗沙石，见《红兰逸乘》。"

783. 坤维坊 Kūnwéi Fāng

原位于今姑苏区盘门景区一带。唐时，有牌坊在巷西口，唐《吴地记》、宋祥符《图经》古坊中均著录。范成大《吴郡志》："瑞光寺东"。洪武《苏州府志》云："绍定二年重立"。

宋代，巷名称为庙湾巷。后历经战乱，成为废墟，辟为菜地农田，称盘门城根。中华人民共和国成立后，人民政府在此建工人住宅，名瑞光新村。1997年，建设盘门景区时，瑞光新村全部拆迁。

盘门内(民国)

784. 阖闾坊 Hélǘ Fāng

原位于今姑苏区苏州公园一带。唐《吴地记》所列六十古坊之一，时在吴县境内。因春秋时期吴王阖闾而得名。据东汉袁康《越绝书》，苏城中原有阖闾宫，在高平里，阖闾坊名或因于此。1953年，顾颉刚先生应邀苏州工专讲学时曾言及："现在的苏州公园，从前是吴王的宫，古代叫高平里，我小时从言桥至皇废基，还要上高坡，后来才耙平了。"

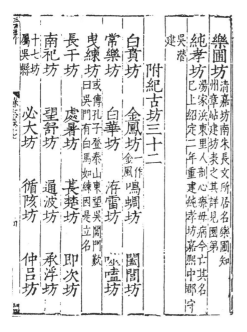

阊阖坊（明正德《姑苏志》）

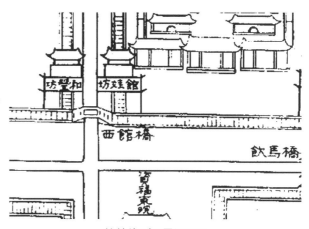

馆娃坊（宋《平江图》）

785. 馆娃坊 Guǎnwá Fāng

原位于今姑苏区东美巷一带，为古城古坊之一。唐《吴地记》、宋祥符《图经》古坊中均著录。南宋范成大《吴郡志》："馆娃坊，果子行"。明洪武《苏州府志》："馆娃坊，果子行西巷口"。明正德《姑苏志》："馆娃坊，西馆桥东侧"。明嘉靖《吴邑志》列于"在城四乡"中"西南隅二乡"之"丽娃乡南宫里"。清宣统《吴县志稿》："荒荒斋，在馆娃里，汤卿谋传楹所居，自为记。"

汤传楹（1620—1644），明吴县（今江苏苏州）人。字子辅，更字卿谋。汤本沛子，徐元文岳父。诸生。居馆娃里，室名荒荒斋。赋性高洁。与汪琬、宋实颖友。与陆寿名、陆寿国及同学尤侗情同兄弟，结四子社。工词曲，古今文纵横排宕，诗奇奥，喜作惊人句，与尤侗齐名并称尤汤。崇祯十七年（1644）甲申国变，悲愤病卒。著有《湘中草》《闲余笔话》《宾病秋笈》等。

786. 金风坊 Jīnfēng Fāng

原位于今姑苏区，唐《吴地记》所列六十古坊之一，时在吴县境内。金风，为秋风之别称，五行中金属西方，据此，该坊应在苏城西部。

787. 盍簪坊 Hézān Fāng

原位于今姑苏区双林巷北。唐《吴地记》、宋祥符《图经》古坊中均著录。南宋范成大《吴郡志》："张马步桥北"。明洪武《苏州府志》云在："张马步桥"。明嘉靖《吴邑志》列于"在城四乡"中"西南隅二乡"之"永定乡安仁里"。清同治《苏州府志》载："王吏部谷祥宅，在盍簪坊"。

金风坊（清同治《苏州府志》）

宋代又称艾家巷，后以盍簪坊谐音传为阎村坊巷。巷东起人民路，西至河沿下塘。1997年，街坊改造，巷北侧民居被拆除重建。

清初名士吴绮曾寓居于此，名其住处为"看弈轩"。顾苓为其作《看弈轩记》，云："吴园次倦游而归吴，卜居盍簪坊巷，取杜子美'清簟疏帘看弈棋'之句，名其轩曰'看弈'。"

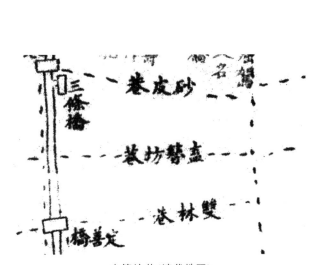

盍簪坊巷(清代地图)

长干坊(明正德《姑苏志》)

望馆坊(清同治《苏州府志》)

788. 长干坊 Chánggān Fāng

原位于今姑苏区。为唐《吴地记》所列六十古坊之一，时在吴县境内。坊名源于左思《吴都赋》"横塘查下，邑屋隆夸，长干延属，飞甍舛互，其居则有高门鼎贵，魁岸豪杰，虞魏之昆，顾陆之裔。"原赋中横塘、查下、长干，均为南京古地名，苏州城中的长干坊名，应为借用而来。

789. 望馆坊 Wàngguǎn Fāng

原位于今姑苏区阊门一带。唐《吴地记》载："孔子登山，望东吴阊门，叹曰：'吴门有白气如练'，今置曳练坊及望馆(一作'舒')坊，因此。"据此，坊似或在阊门附近。

790. 绣衣坊 Xiùyī Fāng

原位于今姑苏区史家巷。唐《吴地记》、宋祥符《图经》古坊中均著录。南宋范成大《吴郡志》："仓桥北。"明隆庆《长洲县志》作"南仓桥北"。唐代三位做过苏州刺史的大诗人韦应物、白居易、刘禹锡先后居于此。

至明代，因史鉴居此而改称史家巷。史鉴(1434—1496)，字明古，号西村，明代苏州府人，世居吴江黄家溪。

平生好读书和收藏，其家所藏古书甚多，尤熟于史学、地志、游记，亦留心经世之学，著有《吴江运河志》。巡抚王恕闻其名，数次拜访他，专门向他咨询时政见解，他陈述世病数条，皆能切中时弊。家居水竹幽茂，亭馆相通。好著古衣冠，曳履挥尘，居西村，人称西村先生。其收藏处所名有"日鉴堂"。有《西村集》八卷存世。

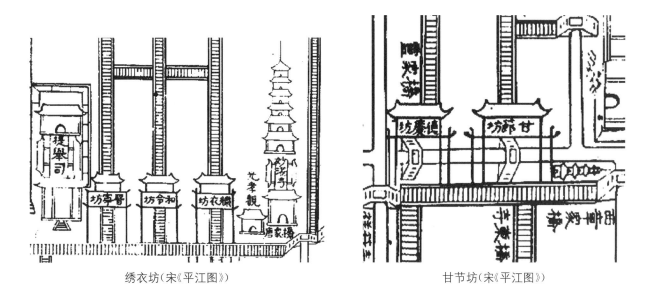

绣衣坊（宋《平江图》）　　　　　　　　　　甘节坊（宋《平江图》）

791. 甘节坊 Gānjié Fāng

原位于今姑苏区东中市东端。唐《吴地记》、宋祥符《图经》古坊中均著录。南宋范成大《吴郡志》："承天寺东。"《烬余录》载："建炎庚戌，兀术南寇，雏妓朱素素碎碗自刎于甘节坊。"洪武《苏州府志》："绍定二年重立。"明嘉靖《吴邑志》列于"在城四乡"中"西北隅二乡"之"凤凰乡集祥里"。同治《苏州府志》载："陈金事柞宅，在甘节坊。"明嘉靖《吴邑志》载："陈柞，永锡，在城甘节坊人。治《春秋》，素工书翰。永乐九年，以府学生进士擢第。明年，有制亲除河南参议，坐与宪司许奏，谪太和山佃户十年。宣德元年，使者群试其文第一，擢御史。坐上书得罪，阊门系锦衣狱。又五年，正统初，赦复旧官，出巡湖广，又坐条奏宗藩事论死，再免，改南台。屡更危险，志气不挠。终福建金事，所至称廉，卒。"清张廷玉称之："柞天资严毅，虽子弟罕接其言笑，独重里人邢量。量博学士，隐于卜，敝屋数椽，或竟日不举火。柞数挟册就质疑，往往至暮。"

792. 立义坊 Lìyì Fāng

原位于今姑苏区北寺塔一带。唐《吴地记》、宋祥符《图经》古坊中均著录，在长洲县境。南宋范成大《吴郡志》："北寺西"。明洪武《苏州府志》："绍定二年重立。"王鏊正德《姑苏志》："卧佛寺西。"

793. 迎春坊 Yíngchūn Fāng

原位于今姑苏区东北街西段，为苏州古城古坊之一。唐陆广微《吴地记》有著录。宋《平江图》

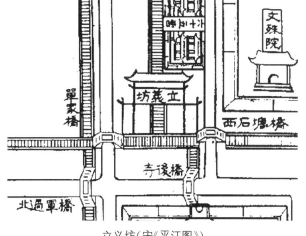

立义坊（宋《平江图》）

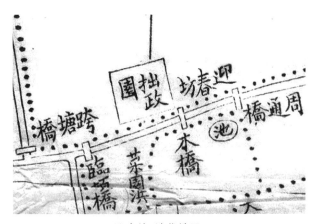

迎春坊（清代地图）

标在华阳桥西，范《志》又注"（在）百口桥"。《平江图》上，华阳桥北，又有迎春桥，坊以桥名。明洪武《苏州府志》作迎春坊巷，以坊名巷。明隆庆《长洲县志》载："百口桥西，岁以立春前一日自娄东门迎春至郡，故名。"清康熙《苏州府志》："迎仙巷即迎春坊巷。"民国《吴县志》并注："坊在百口桥，今名东北街。《苏州城厢图》等均标作迎春坊。"民国陆璇卿《旅苏必读》载："迎春坊，东楚胜桥，西跨塘桥。"

迎春，或曰行春。旧时，苏州迎春活动在娄门，故娄门北街有迎春坊，袁学澜《吴郡岁华纪丽》卷一"行春"条叙之甚详。历来多有吟咏娄门迎春活动的诗词，著名的有明代袁宏道的《迎春歌》、金渐皋的《迎春歌》、袁学澜的《行春词》、蔡云的《吴歈百绝》等。

明崇祯四年（1631），吴县王心一侍郎弃官归田后于娄门内迎春坊建"归田园居"，四年后落成。至清嘉庆年间"王氏子孙尚居其中"，后废。今拙政园东园即其故址。

794. 丽泽坊 Lìzé Fāng

原位于今姑苏区司前街一带。唐《吴地记》、宋祥符《图经》古坊中均著录，在长洲境内。《吴郡志》："吉利桥北。"洪武《苏州府志》："织里桥北，今讹为吉利桥。"明嘉靖《吴邑志》列于"在城四乡"中"西南隅二乡"之"永定乡安仁里"。现代范广宪《吴门坊巷待辀吟》有吟《丽泽坊》诗："丽泽坊前策杖行，斑斑草色雨余晴。眼明耳闹缘何事，认得吴姬压酒声。"

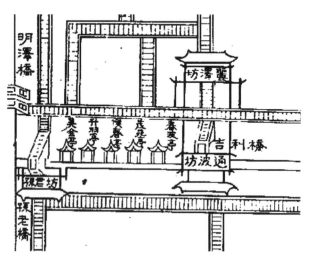

丽泽坊（宋《平江图》）

795. 布德坊 Bùdé Fāng

原位于今姑苏区干将东路凤凰街西段，为宋前六十古坊之一。南宋范成大《吴郡志》载："布德坊，顾家桥。"明洪武《苏州府志》及隆庆《长洲县志》载在"顾家桥东"，又载"叶少蕴旧宅在凤池乡，前有鱼城桥。政和中寓布德坊。"叶少蕴，即叶梦得（1077—1148），字少蕴，苏州人。宋绍圣四年（1097）登进士第，历任翰林学士、户部尚书、江东安抚大使等官职。晚年隐居湖州弁山玲珑山石林，故号石林居士，所著诗文多以"石林"为

布德坊（宋《平江图》）

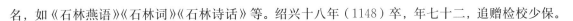

名，如《石林燕语》《石林词》《石林诗话》等。绍兴十八年（1148）卒，年七十二，追赠检校少保。

宋以后，布德坊又名资寿寺巷。后又因纪念宋代理学家周敦颐（别号濂溪老人），明天顺五年

（1461），建濂溪祠，并建牌坊，资寿寺巷遂更名
为濂溪坊。民国《吴县志》载："资寿寺巷，今名濂
溪坊。"1980年后，陆续将狮子口、新学前、濂溪
坊、松鹤板场、干将坊合并连接而成干将路（1994
年11月，更名为干将东路）。为保存历史地名，将
其北侧财神弄（民国《吴县志》作财神弄，并注
"丁家巷东"）更名为濂溪坊。今濂溪坊，南起干
将东路，北至大郎桥巷。长80米，南段拓宽至6
米，北段宽3米，为小长方形砖石路面。

796. 迁善坊 Qiānshàn Fāng

原位于今姑苏区草桥一带。南宋范成大《吴郡
志》云在"草桥"。洪武《苏州府志》云为："草桥
头。"明隆庆《长洲县志》作："草桥下。"

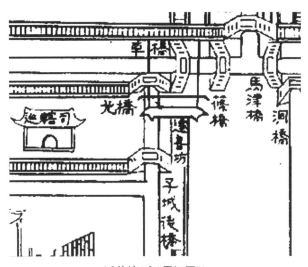

迁善坊（宋《平江图》）

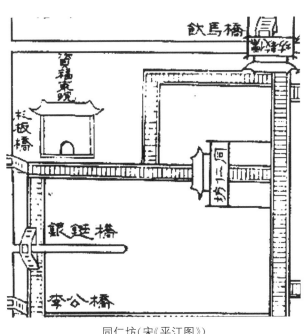

同仁坊（宋《平江图》）

797. 同仁坊 Tóngrén Fāng

原位于今姑苏区金狮巷一带，唐《吴地记》、
宋祥符《图经》均著录，南宋《平江图》上，在金
狮巷口标注有同仁坊名。南宋范成大《吴郡志》：
"同仁坊，金狮巷。"明正德《姑苏志》载：金狮子
巷在同仁坊。

798. 天宫坊 Tiāngōng Fāng

原位于今姑苏区菉葭巷一带。唐《吴地记》、
宋祥符《图经》古坊中均著录，属长洲县境。南宋
范成大《吴郡志》云在"迎春巷"。明正德《姑苏
志》载在"天宫寺西南。"明隆庆《长洲县志》
载："迎春巷口、天宫寺西南，盖以寺名。"《续吴
都文粹》载："西夏邹密公听雪斋，在天宫里，陈基
有记。" 巷内原有天宫寺，故名。据《吴县志》等
记载：天宫寺初名武平院。创自晋末，于解放后散

为民居。唐景福二年（893），由光禄大夫许台舍宅，僧了然（一作淡然）再建。据《吴门表隐》载：寺南口
有天宫坊。"寺前桥底有古井，覆以古石，俗呼鱼王石，下有鱼穴，岁有群鱼朝寺之异""寺后桥，昔名九蛮
泾，风波最险。"山门有脱沙圣帝、裸裎周将军、骑牛金刚等雕像。明正统年间（1436—1449），僧弘演掘地
得铁像两尊，供在大殿之内。景泰年间，重建天宫寺大殿，申时行为撰"天宫古刹"碑铭。万历十四年
（1586），僧人通泉又重建大殿，供奉十二药叉像，在寺东北建万寿善财院。明陆容有《留天宫寺》诗：
"闲游三日滞天宫，窣步西斋雨又风。睡起床头书帙乱，兴来墙角酒瓶空。"清康熙年间（1662—1721），僧人

天宫寺

豫侧又重修天宫寺。咸丰十年（1860），大殿遭到战乱破坏，同治十年（1871）再次重修。今天宫寺是市控制保护建筑，现存的天宫寺第一进为大殿，歇山顶，四周立抹角方石柱；第二进是佛堂，堂后有一碑，天宫寺弄1号墙壁内嵌有一方"天宫禅寺"碑刻；第三进金刚殿已毁。当时曾由吴县知事公署警察厅备案保存的古迹"天宫古刹"碑依然存在，还保存有紫砂夹石、竹叶宝塔等珍贵文物，清代《重修天宫寺记》碑也被露置在后院。目前天宫寺虽已列入苏州市控制保护建筑名录，但尚未修复开放。南口有天宫坊，寺前桥底有一口古井。《红兰逸乘》云：淡泉，在天宫寺善财房，泉水清寒甘洌，汲以烹茶，可与天平山泉水比美。

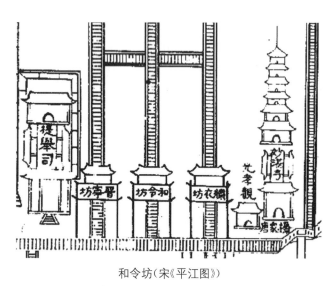

和令坊（宋《平江图》）

799. 和令坊 Hélìng Fāng

原位于今姑苏区槐树巷一带。南宋范成大《吴郡志》云在"杨郡王府前"。南宋初，皇甫信从北方徙居和令坊，始种槐树，后渐增植成林，大者至合抱，遂称槐树巷。元陆友仁《吴中旧事》载："郡治之东有和令坊，今名槐树巷，或以为杨和王存中所居而然，非也。按《图经》，唐季已有此名。绍兴初，杨始籍为园，垂三十年，杨方建封和国，事虽偶合，亦先兆也。"明洪武《苏州府志》："槐树巷，杨和王府前。按：杨存中追封和王，谥武毅。或云因此名坊，非也。"明隆庆《长洲县志》："槐树巷。唐末旧有名。绍兴初，杨存中居此，追封和王，亦先兆也。"

800. 太平坊 Tàipíng Fāng

原位于姑苏区古城西北隅太平桥。明正德《姑苏志》载："有太平坊，皇祐五年建。"明嘉靖《吴邑志》列于"在城四乡"中"西北隅二乡"之"凤凰乡集祥里"。又载："杜琼，用嘉，太平坊人。生宣德正统间，事母至孝，以授徒为养，兼治蔬圃，称东原生。每求贤诏下，有司以琼应，辄辞不就。弹琴读书茅堂之下，有德有言，里巷化之。卒年七十九，会葬千人，私谥渊孝先生。有《东原集》《纪善录》《耕余杂录》等书。"清宣统《吴县志稿》载"缪参政国维宅，在府治西北太平桥南，其子孙世居之。清康熙间，参政孙侍讲彤于宅旁构志圃以奉亲"。

今太平坊为巷名，位于阊胥路北段西侧，东起阊胥路，西至石路，长240米，宽2.3—3.5米，原为弹石路面，现为六角道板路面。民国二十九年《吴县图》中已标有此地名。太平坊29号为清真寺，民国十三年（1924）由阊门外穆斯林发起筹建，民国十五年（1926）建成，于1940年在寺中开办回民子弟班，故清真寺又名"清真义学"。

太平坊清真寺

801. 南宫坊 Nángōng Fāng

原位于今姑苏区书院巷一带，为吴中古坊之一。唐《吴地记》著录，宋祥符《图经》作"南观"。南宋范成大《吴郡志》："南宫坊，南园巷。"明嘉靖《吴邑志》列于"在城四乡"中"西南隅二乡"之"丽娃乡南宫里"。原坊中有魏文靖公祠，祀宋参知政事魏了翁。

至清代，南宫坊移名至十全街南，原中段向东与慧珠弄相交，南口折东为杨家园。该巷北面十全街西段，原称大太平巷，故南宫坊又曾称小太平巷。原南宫坊巷长47米，宽3.5米，弹石路面。1974年，原二六七厂扩建时划入厂区，南宫坊巷不通，名废。

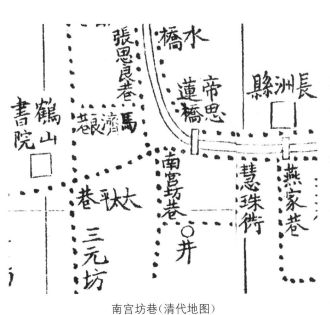

南宫坊巷（清代地图）

802. 武状元坊 Wǔzhuàngyuán Fāng

原位于今姑苏区景德路城隍庙一带。《吴郡志》载："庆元二年，周虎为廷魁，亦以名坊，在雍熙寺之

武状元坊（宋《平江图》）

803. 三元弄 Sānyuán Lòng

原位于今姑苏区阊门附近，以取"连中三元"之意而得名。东至万人码头，西至南浩街，长53.3米，宽1.4米，弹石路面。民国《吴县志》作三元弄。《苏州城厢图》标三元弄。民国陆璇卿《旅苏必读》载："三元弄，东河沿，西南濠。"1999年，因南浩街地区改造，三元弄拆迁，该地名废止。

804. 窑基弄 Yáojī Lòng

原位于今姑苏区，南起蔡汇河头，北至碧凤坊，长57米，宽2.9米，南端约20米，北端约6米，为弹石路面，中间为砖砌路面，因曾为古窑所在而得名。旧有瓶场，有桥遂因此名

东。"洪武《苏州府志》："武状元坊周将军巷，吴周瑜故宅，雍熙寺东，今周虎所居。庆元二年立，绍定二年重立。"明嘉靖《吴邑志》列于"在城四乡"中"西南隅二乡"之"丽娃乡南宫里"。又于卷九《人物传三》中载："周虎，叔子，平江吴人。庆元二年，武举进士第一，官至武功大夫、和州防御使，卒谥忠惠。"

另民国《宋平江城坊考》载："《吴郡志》：乐桥南纸廊巷。林嶷所居。嶷为廷魁，郡守谢师稷以表其闾。"明洪武年间称纸廊巷，为制纸坊；清乾隆时称紫廊巷；1927年称紫兰巷。现代范广宪《吴门坊巷待辀吟》有咏《武状元巷》诗："谢公有意饰门闾，独占鳌头揭表初。多少往还由衍客，从兹认得姓林居。"

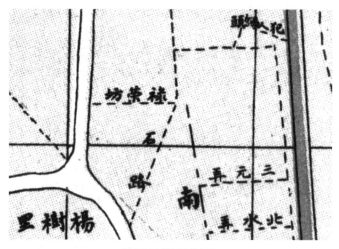

三元弄（民国地图）

瓶场桥。在2001年观前街地区综合改造时，已拆除。民国《吴县志》作窑基弄，并注："（在）碧凤坊巷中。按《平江图》，坊南有瓶场桥，此地相传古时窑基。宣统中，距此半巷许，里人凿井得砂瓶数十事，凿者云土中所埋尚多，其物如世所传韩瓶状，则窑基一说足证十口相传之确。"《苏州城厢图》标作野鸡弄，《吴县图》标作窑基弄。民间有宋代宰相吕蒙正（一说为朱买臣）未遇时常卧窑基因而得弄名之说。清张紫琳《红兰逸乘》载："《地志》云：吕蒙正噎瓜亭，在洛阳府城南，盖微时拾遗瓜于此，建亭示不忘也。其父龟图多内宠，与其母刘氏不睦，并蒙正出之。窘乏与温仲舒读书洛阳之利涉院土室中，及登第，乃迎二亲及其妻宋氏。传奇以母姓为妻姓，土室为破窑，由此附会也。今吴城碧凤坊，有吕蒙正读书台。予问里人，皆云：坊有窑基弄，即破窑址也。醋坊桥南有落瓜桥，蒙正微时，逢卖瓜者，乞得一瓜，方食，失手堕水，自叹命穷，大哭而去，后乃建桥于此，更附会之附会矣。又王梦樵云：吕文穆公祠，在醋坊桥，为居民所占，幼时犹见遗像，今无从考矣。碧凤坊有读书台，前垣外有古井，风雨之日，每每夜见灯光如连珠，从空入井。相传吕公金丝灯，久入井中成精。又乾隆时，有仙乐从天而降，八音咸备，入井中，梦樵目击其事。予谓祠属

落瓜桥

东莱，则台与井，想必东莱遗迹。"民国陆璇卿《旅苏必读》有"饭后钟"条载："窑基弄，在碧凤坊中。昔吕梦正未遇时，日居破窑中读书，贫不举火。寺僧放斋，必先鸣钟。梦正每闻钟而往就食。僧人移钟于饭后，是为饭后钟。其寺在大儒巷，旧名招庆寺，今为县立二高学校，即其故址也。今之蔡汇河头，前清名柴河头，即传奇中吕梦正拾柴泼粥处也。时有人与以瓜数枚，聊以充饥，至河头洗濯，瓜沉落河底，仍不得食。自此而生计日益促。每至青龙桥东堍南首酒店（此基现开盆桶作），日往就食，每多赊欠。店主优待之，不与计较。店后屋靠河，每深夜，恒有舟挤声。店主推窗观之，舟中都饷银，问往何处，答为吕梦正解饷。店主戏问曰：'既为梦正物，能否借用？'答云：'只须有梦正亲笔据，无不可。'明日，梦正来，店主戏问渠借银，并告知其事。梦正不信，即书借券三千予之。至夜，又闻声，店主以券予之船上人，即以三钉包置岸而去。后梦正大魁，旋至拜相，掘得藏银，昔日借券在也，合之适符整数。后筑桥于柴河头曰落瓜桥，此即梦正拾柴落瓜故事也。此桥在醋坊桥西堍望南转湾，有石三条，即此是也。"

805. 恤孤局弄 Xùgūjú Lòng

原位于今姑苏区，东起石塔横街，西至景德路，长98米，宽1.9—4.5米，原为弹石路面，后为六角道板路面。原名恤孤局前，清同治五年（1866）曾在此开办抚育孤儿的恤孤局（1982年曾发现恤孤局石碑一块），故名。民国《吴县志》作恤孤局弄，并注"（在）石塔头南"，《苏州城厢图》标葫芦弄，西段房屋标志有"恤孤局"字样；《吴县图》等均标恤孤局前。2002年，恤孤局弄拆迁，名称废用。

恤孤局弄旧貌

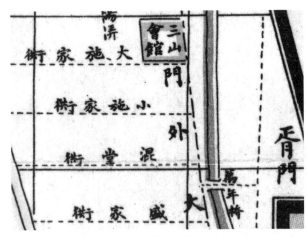

大施家弄（民国地图）

806. 大施家弄 Dàshījiā Lòng

原位于今姑苏区万年桥西侧，东起万年桥大街，西至阊胥路，南有小施家弄。民国陆璇卿《旅苏必读》载："大施家弄，东胥门大街，西马路。"1997年拆迁。

807. 鲇鱼墩 Niányúdūn

原位于今姑苏区阊门吊桥西南堍，东至万人码头，西至阊胥路，长63.2米，宽4.4—5.9米，弹石、砖路面。鲇鱼即"鲶鱼"，因该地原高墩位于水道由窄变宽，形似鲶鱼双须处，故名。民国《吴县志》作鲇鱼墩，《吴县图》标鲇鱼坊。1967年8月，因发生武斗，鲇鱼墩一带房屋全毁于大火。今误用作"占鱼墩"，建有占鱼墩公园，原名废。

旧时，苏州城内桃花坞另有一处鲇鱼墩，1980年改为大营弄。

鲇鱼墩（今误作"占鱼墩"）

四、城门、建筑名

808. 新闾门 Xīnchāng Mén

原位于今姑苏区金门以南。1921年，在阊
门以南筑南新桥。1924年4月，开辟金门；6月
底，竣工通行。8月发生了军阀的江浙战争，士
绅们认为开了金门引来战祸而关闭。1925年1
月，再次开启，并有提议改名为安门；10月，
发生浙奉战争，祸及苏州而再次关闭金门。
1926年2月，另在其南60米处开辟新闾门，并按
周易学者沈飚民的说法，将城门的方向偏西
南。后来，景德路拓宽，新闾门成了古城内外
出入之孔道。但从新闾门出城后还得拐个弯再
上南新桥，有所不便，故于1929年决议新建仿
欧洲古罗马式样的金门。1931年元旦，在新闾
小学举行新金门落成典礼，上午十一时，由时
任吴县县长黄蕴深的夫人吴品仙启开金门，同
时新闾门关闭。

新闾门使用仅5年，即被尘封。城门洞现归
属两家使用，城门东口封闭，西口用于堆杂
物，整体格局完好。

新闾门

新胥门（民国）

809. 新胥门 Xīnxū Mén

原位于今姑苏区胥门之北约100米处，正对万年桥。抗战时期，日军将胥门闭塞。此后，为繁荣城西商市，恢复城内外的交通，多方动议开辟新城门。1940年7月10日，城门工程竣工，历时七个多月，耗费四万元。1940年9月9日上午9点50分，启门仪式由时任伪江苏建设厅厅长兼省会建设工程处处长季圣一的两个女儿季莲（11岁）、季丽兰（10岁）剪彩，新胥门正式启用。

新胥门系砖石混砌，辟有两座拱门。城门外侧的双拱中间，嵌有《新胥门辟城记》碑云："胥门为春秋时吴伍员所建，门外有万年桥，民国廿六年改作工竣，议移门稍北，与桥正对，以利行人，经始而阻于军事。越两年，江苏省省长陈公则民，命完成之，加辟水门于门右，水陆交通称便，始工于己卯年十月，迄工于庚辰二月，费币四万元，勒石汜之。江苏建设厅厅长潘子义、省会建设工程处长丁南洲、副处长程平若，实承共事。技工：沈同庚、魏祖摩。督造：阮逸民、陈竹楼。吴县黄慰萱刻。"立碑时所刻时间与实际施工时间有异，原因是新胥门的建设经历了潘子义、丁南洲、季圣一这三任省会建设工程处处长督办，开工、竣工和启门的时间也是一拖再拖，而且当年筹划加辟胥门水城门之事，最终也是不了了之。

1953年，新胥门因拓宽道路而被拆除，存世仅13年。

810. 弥罗宝阁 Míluó Bǎogé

原位于今姑苏区平江街道观前街的玄妙观北。始建于明正统三年（1438），由巡抚周忱、知府况钟捐俸所建。明万历三十年（1602），宝阁圮。清康熙十二年（1673），布政司慕天颜请道士施道渊主持重建弥罗宝阁。咸丰十年（1860），太平军入城，宝阁又毁。光绪年间……浙江商人胡雪岩出资重建弥罗宝阁。建成后，阁高三层，阔九间，飞檐翘角，高耸云天，十分壮观。所供神像，上层是玉皇，左右配祀二十八星宿；中层是斗姆；底层是地祇，左右配祀六十花甲星宿。露台石刻尤称珍贵，转角处嵌有画像石，一刻爵禄来同像，一刻挂印封侯像，另一面刻有八蛮进宝图。露台扶栏亦有精美石雕，古气磅礴，与山东武梁祠、郭巨墓

弥罗宝阁（清代）

汉画石刻神态逼肖，当为晋宁道院或唐开元宫之旧物。弥罗宝阁下楼梯左旁的壁画，绘洛神、刘海蟾像，高一丈有余，笔意灵动如生，为清代钱塘人杨芝所绘。1912年8月28日，宝阁毁于纵火，满堂华彩付之一炬。叶昌炽《缘督庐日记》曾记述当晚失火情形："晚餐正陈，徒闻楼上惊呼声，一举首则宵半有光煜然，墙壁窗牖皆如倒影反射，再视则红光烛天矣。亟登楼视之，白烟蓬蓬而起，火星飞爆，如万弩之齐发……自夜七点半焚至八点半始渐熄。"叶圣陶日记中亦曾记："入夜，红光烛天，人声喧沓，开门而望之，在余家西北面，继而锣声四应矣。后知烧去者为观里弥罗宝阁。此阁年代极古，工程至巨且精。偌大建筑物付之一炬，殊可惜。"1931年，各界募得资金3.5万余元，在弥罗宝阁废墟建中山堂。中山堂由王信记设计，沈兴记营造厂施工，于1933年4月4日建成，成为当时吴县社会活动的主要场所。中华人民共和国成立后，中山堂先后作为工人俱乐部、苏州地区电影公司、观前电影院等。2005年修缮后，由苏州喜剧院（原苏州市滑稽剧团）使用。

附　录

六浮

位于今吴中区光福一带外侧太湖中的一组岛礁名。明万历年间，李流芳来光福看梅，因爱查山风景，起意于此建六浮阁。六浮，即由此可望见湖中六个洲渚矶浮，即茅浮、长浮、箭浮、苎浮、白浮、箸浮。然久而未成。李流芳有诗题云："余买一小丘于铁山下，登陟不数十武，而尽揽湖山之胜，尤于看梅为宜，盖踞花之上，千村万落，一望而收之。久欲作一小阁，名为六浮，六浮之名遂满人耳。而阁竟不就。友人邹孟阳见余叹息，每欲代为经营。今日始引孟阳至其地，亦复叫绝不能已。余因为作《六浮阁图》，兼题一诗，冀孟阳无忘此盟。时丁巳八月十八日也。"又有诗题云："西碛看花，宿六浮阁上，走笔示闲孟，兼呈同游诸子。"还在《徐思旷制义序》末署"己酉花朝前二日，书于西碛之六浮阁"。李流芳卒后七十年，有长洲人张文萃号松园买山营生圹，始建此阁，缘檀园雅意，仍题六浮之名。文萃没后，其子士俊又补葺之。士俊字籥三，又字景尧，号六浮阁主人，著有《必观亭集》等。清康熙四十年（1701）春，朱彝尊来游查山，登六浮阁看梅，士俊请记，朱彝尊《六浮阁记》云："长洲张翁买此山，始为建阁，且治生圹。背阜面湖，周树石楠、栝柏以为藩。阁峙其南，当春梅放，拓西窗俯视，繁花百万若密雪之被原隰，游人诧胜绝焉。未几翁没，翁子士俊从而补葺之，有径有堂，有庖有湢，于是四方名士牵拂相招来会。岁在辛巳二月己未朔，予登是阁，睹渔帆出没，浦树清疏，山鸟拂帘鸣旦暮，爱之不忍去，遂留信宿。"汪份《查山六浮阁考》中载："其阁背阜面湖，缭以默林，凡数千本，土人所树杂梅又十倍焉。当花开时，四顾茫茫，村落皆白。朱先生所谓'梅花几百万，乱插如菁簪'是也。"释元祚作有《探梅查山集张籥三六浮阁同朱竹垞宋文森徐虹亭徐大临张日容顾侠君高樘客诸先生分韵得宋字》诗。至清道光十年（1830），程恩泽《游香雪海记》载有"遂登六浮阁，复赴蟠螭山"语。清姚承绪《吴趋访古录》载六浮阁"在查山之阳。具区浸其石，六浮者，七十二峰有长浮、白浮、蒻浮、苎浮、茅浮、箭浮之名。明李长蘅爱其胜，欲建六浮阁不果。国朝张松园暨子籥三买山建阁，仍以六浮名之，尽揽湖山之胜，于看梅尤宜。"清顾麟士《读书随笔》有"六浮阁"条记曰："嘉定李流芳长蘅，买一丘于吴郡铁山之下，尽览太湖之胜，思以十千钱构一草阁，名之曰'六浮'，踞梅林之上，写图兼题长句，而终不果。'六浮'者，长浮、白浮、箸浮、苎浮、茅浮、箭浮，皆湖中山也。其崇卑大小形殊，或断或续，迤逦隈隩之间。康熙末，长洲张氏始建阁，即以'六浮'为名，遂为游人登览之胜。"

太湖七十二峰

太湖的山，历来以"湖中山"和"滨湖山"分列。太湖自然形态的美，既在湖，也在山，湖山相依，有如佳偶，湖抱山为岛，山环湖为滨，湖光山色，气象万千。湖中山，即指太湖中的岛屿，人们还习惯将其合在一起（有时也会指向一部分滨湖山）统称为"太湖七十二峰"，自古以来为人们向往的风景名胜之地。唐皮日休《初入太湖》即有"疏岑七十二"的诗句，元杨维桢亦有诗曰"七十二朵青莲开"。明洪武《苏州府志》载："太湖中有山七十二。"但以上记载只有数字，并无具体山名。到了明代中期，被唐伯虎称之为"山中宰相"的王鏊，写了一篇《七十二峰记》，就将山名一一列举了出来，包括"马迹山、西洞庭山、东洞庭山、津里山、夫椒山、渡渚山、鼋山、横山、阴山、叶余、长沙、冲山、漫山、武山、余山、三山、厥山、泽山、钱堆山、大帆山、小帆山、独山、东鸭山、西鸭山、三峰山、大隋山、小隋山、小椒山、杜圻山、大贡山、小贡山、五石浮、茆浮、思夫山、南乌山、北乌山、大雷山、小雷山、干山、绍山、瞳浮、东狱山、西狱山、粥山、琴山、杵山、大竹山、小竹山、长浮、癞头浮、殿前浮、龟山、谢姑山、玉柱山、峻山、历耳山、笔格山、石蛇山、石公山、鼍山、小鼍山、青浮、惊篮山、箭浮山、王舍浮、苧浮、白浮、蒻帽山、猫鼠山、石牌山。"清王维德《林屋民风》有《洞庭七十二峰》记云:"太湖三万六千顷,中有峰七十二。洞庭周八十里,其为峰亦如之,然前人之记述缺焉。予生长兹土,又性有山水之癖,则洞庭七十二峰,非我其谁志之?峰之最高者曰缥缈,群山环拱,俨若植璧秉圭,践其巅,三万六千顷之胜可以俯而有也。缥缈之南紫云峰、万羊岗,入圻村为大龙、小龙。龙山之阳有石,广二十余步,七十二峰具焉,曰小洞庭。紫云峰折而东五里为飞仙、五峰、上方、下方、罗汉诸山,其南接壤于缲车、白茆、庙山以入南湖,与大龙、小龙二山相峙,会脉于消夏湾焉。缥缈之北,有扶舆磅礴独当西湖一面者,西湖山也。其巅有池,溶漾纡余不过数武,而大涝不溢,大旱不涸,湖之波浪欲兴,池先为之兆,故谓之曰小西湖。其山与东湖山对峙,而两山之间有曰涵峰。南去则秘心山、凌云峰而至蛇头山,东去则东湾山、南阳山而至夹墩界,接迹于天王山、贝锦峰、凤凰、苦竹、七贤、张家、金铎、棹塘诸峰,重山叠嶂,缭绕盘旋于东村,不可具状。缥缈之西有塔头山、冯王山,又西至绮里,有扇子山、木壁峰蜿蜒而至慈里湾,陡起高峰曰霄峰。峰之北为华山,萦青缭白,忽断忽续,又有形如牛者曰牛场山。牛场之西为甪头、雷头、龟头、龙舌、西昂、寿山、小步诸山,皆由华山发脉,迤逦至大步山而止。缥缈之东,有重岗回抱者曰包山,钻云峰、父子山峙其前,北望而至峰里,椒山、中腰山、栖贤山在其东,东石、西石峙其北。峰里东去五里为渡渚、老鹳渚、鸿鹤、黄渡、唐介、乌峰,再东禹期、闽山诸峰直至鼋山焉。鼋山又与石公南北离立。石公之北更有淀紫山、屏风山,石公之西更有梭山、黄家山。而包山之东南即石公之西北为大萧、小萧、一博、鸡笼、天帝坛诸山焉,其环绕于前为众山之宗者曰洞山。洞名林屋,铭曰隔凡,中有金庭玉柱之胜,所谓洞天福地者也。因金庭而名,则人兼其称曰洞庭山云。夫由其巨而言,则洞庭不过七十二峰之一,由其小而言,则洞庭亦有七十二峰焉。余童习于兹,平生尚有未历处,矧名人胜流登兹山者,不过一览而去,而记述之士又弗深考,此洞庭七十二峰之名所以不传也。若夫龙山一石亦具七十二峰,则天作地生之奇,殆有微意存焉?然不可解矣,因备列之以缥缈始。"清《百城烟水》有"七十二山"条,称太湖西北有山十四以马迹山为大、往东有山四十一以西山为大,再往东有山十七以东山为大,合为七十二,依据的就是王鏊的说法。但清东山吴巷人吴庄却说:"太湖中七十二山之名,不知始于何时,缘道书有七十二福地之语,强为指目以合其数,其实不止于七十二也。"清代吴县人金友理曾跑遍太湖的山山水水,每一地都经实地探访,最终编纂成《太湖通考》这部古代中国关于太湖的集大成之著。他也深有感触地说:"七十二山之名著于天下,其实可以名山者数不及半。若并洲渚矶浮而目之曰山,则又不止七十二。"清乡人叶承桂《太湖竹枝词》自序曰:"惟是湖中有山七十二,两洞庭及马迹居民咸万余家,其间民物繁昌,风俗醇茂,兼以奥区名迹之神异,遗闻轶事之瑰奇,皆可证诸简编,传为谣诵。"

太湖十八港

清顾祖禹《读史方舆纪要》载:"湖中有一十八港,皆枢纽湖心,朝夕吞吐,利害最大。其西之田,日蚀于湖者,谓之'坍湖';其东之沙,日涨于田者,谓之'新涨'。"亦有以吴江境内太湖进口东流,北起瓜泾港、南至大浦港间的港道为十八港。

三十六溇

位于吴江与湖州之间太湖南岸地区,以七都吴溇为界,东港西溇,其中三十六溇为:"尚沙港、宿渎、

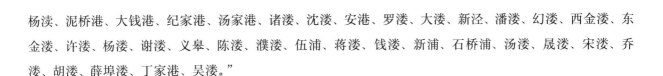

杨渎、泥桥港、大钱港、纪家港、汤家港、诸溇、沈溇、安港、罗溇、大溇、新泾、潘溇、幻溇、西金溇、东金溇、许溇、杨溇、谢溇、义皋、陈溇、濮溇、伍浦、蒋溇、钱溇、新浦、石桥浦、汤溇、晟溇、宋溇、乔溇、胡溇、薛埠溇、丁家港、吴溇。"

吴江十八港　震泽七十二溇港

明嘉靖四十三年《吴江水考》载有"吴江十八港"及"震泽七十二溇港"名，沿东太湖的溇港分布于松陵、菀坪、横扇、庙港、七都诸乡镇，其中吴江十八港是指北起瓜泾港、南至大浦港间的18条直通太湖河道，震泽七十二溇港是指北起大浦港、西南至胡溇的72条直通太湖河道。清康熙年间围垦太湖，原有溇港或向太湖延伸，或不再直通太湖。清乾隆《震泽县志》载"十八港"，自北向南依次为石里后港、粪船港（以上属石里村）、庙港、梅里港、五方港（以上属梅里村）、湖墓（即今吴模村）港、西港（以上属湖墓村）、吴家港、中溆港、南溆港、沈家港、庞家港、陆家港、小清港、马家浜、唐家港、南舍（即今南库）港、南仁港（以上属简村，在今南库附近），都在今松陵镇境内。至清末，虽然溇港之名仍在，但溇港数量已大为减少。菀坪以西太浦河以南是入湖河道，其余已为泄水河道。1977—1983年，建造太湖大堤，大部分溇港被封堵成联圩内河道，直通太湖的溇港尚存20条，其中15条建闸控制。

五湖之汀　六泽之冲

为世人对甪直作为淞南水乡形胜的一个独特概括，并广为流传，其中"五湖"是指澄湖、万千湖、金鸡湖、独墅湖、阳澄湖，又作"五湖之汀"。"六泽"是指吴淞江、清水港（今清小港）、南塘港、界浦港、东塘港、大直港。因甪直处六泽的要冲之处，约在明初，该地称"六直"，后以形改称"甪直"。

九庄十八舍

昔时对位于横泾、浦庄、渡村一带临近太湖岸的主要村舍的概括性总称，并成为俗语。明初兵卒屯垦水东之西滩，随之中原大批移民南渡，始成"横山之南，九庄十八舍"。包括徐庄（即今溆庄）、南庄、前庄、上庄、马庄、浦庄、张庄、石庄、费庄，以及吴舍、柳舍、顾舍、陆舍、马舍等。近世柳商贤《横金志》"舍"均作"社"。

西山七村八巷　九里十三湾

昔时对位于西山金庭镇的主要人居聚落的概括性总称，并成为俗语。其中七村为东村、涵村、劳村、马村、鹿村、金村和圻村；八巷为仇巷、煦巷、梧巷、金巷、蔡巷、杨巷、徐巷和陈巷；九里指植里、堂里、瞳里、衙里、甪里、绮里、慈里、湾里和崦里；十三湾是指可盘湾、明月湾、南湾、消夏湾、居山湾、岭东湾、辛湾、前湾、沉思湾、白塔湾、张家湾、东湾和西湾。在这些村落中，明月湾、东村、甪里、东蔡、植里、后埠、堂里于2012—2016年先后被评为中国传统村落。在2020年2月江苏省公布的第一批107个传统村落中，苏州全市有25个，其中金庭8个，占全市的32%，分别为明月湾、东村、植里、甪里、东蔡、堂里、后埠和西蔡。

另西山又有"三断六绝"之说。明《震泽编》载："西山有三断：练渎、寿乡、甪头"，三断是指古代有两条南北贯穿西山的河港郑泾港、金泽河，将西山岛分为互不相连的三部分。清代《太湖备考》载西山：

"玄阳洞不连崦边,渡渚不连后埠,圻村不连石路,柯家岭不连甪湾"。六绝是指古代西山有六处地方走不通,必须摆渡,为鹿村、渡渚、圻村、石公山、居山、冯王山。除"七村八巷、九里十三湾"外,还有"两蔡三场、四头五堡"之说。

西山三庵十八寺

昔时西山历史上最负盛名的寺院十八处,简称"法际文双王,东西上下方,花罗包水石,资福报忠长",即法华寺、实际寺、文化寺、天王寺、候王寺、东湖寺、西湖寺、上方寺、下方寺、花山寺、罗汉寺、包山寺、水月寺、石佛寺、资庆寺、福源寺、报忠寺、长寿寺。三庵为甪庵、草庵、柴庵。

东山九寺十三庵

昔时对位于东山镇的主要寺观的概括性总称,并成为俗语。亦有"九寺十八庵"的说法。东山历史上寺庵众多,并不止九寺十三庵。清金友理《太湖备考》列东山寺院十一座,即法海寺、兴福寺、保安寺、能仁寺、弥勒寺、荷盘寺、灵源寺、翠峰寺、金茎寺、华严寺、高峰寺(即卧佛寺),并于"荷盘寺"下明确注为"九寺之一",则所称"九寺"应就在该范围内。又列佛庵恰好十三座,包括北奇庵、真胜庵、武山庵、广济庵、雨花庵、紫金庵、法华庵、大悲庵、古雪庵、翠微庵、慈云庵、寿宁庵、三茅峰庵。

三关六城门

清代即有此说,三关指"青龙关(即浒墅关)、铁铃关、白虎关(在普安桥堍)";六门指元至正十一年重修时的城门,即"阊门、胥门、盘门、葑门、娄门、齐门"。一作"六门三关五鼓楼",其中"五鼓楼"一说为元代拆除城墙后剩下的五座城门楼(阊门、盘门、葑门、娄门、齐门),一说为更楼。清顾震涛《吴门表隐》载当时六门题字均为顾嗣立所书,其中阊门题为"气通阊阖"、胥门题为"姑胥拥翠"、盘门题为"龙蟠水陆"、葑门题为"溪流清映"、娄门题为"江海扬华"、齐门题为"臣心拱北",亦提及"三关":"娄、阊、葑门皆有之,在城门洞下,古石黄润,高二尺许,形如象鼻,惟娄门尚在。"民国许云樵《姑胥》则称三关为"浒墅、铁令、白虎",并云:"浒墅关,原名青龙关,在浒墅镇上;白虎关,和青龙关遥遥相对,在普安桥堍;铁令关,在枫桥堍下,与寒山寺相近;本来,都有关官驻守的,现在久已废掉了。"

另,过去苏州还曾有"三关六码头"之说,其中"六码头"是指阊门一带的水陆码头,包括万人码头、南码头、北码头、盛泽码头、丹阳码头、太子码头等。

三横四直

苏州城区内城主要河道水系,自唐宋以来保持主体格局,代有变迁。唐陆广微《吴地记》载:"其城南北长十二里,东西九里。城中有大河,三横四直。苏州名标十望,地号六雄,七县八门,皆通水陆。郡郭三百余巷,吴、长二县古坊六十,虹桥三百有余。地广人繁,民多殷富,古踪灵迹,实异事。"明张国维《吴中水利全书》中有《苏州府城内水道图说》载:"城内河流,三横四直之外,如经如纬者尚以百计,皆自西趋东,自南趋北,历唐、宋、元不湮。入我明,屡经疏浚。嘉靖以前,仕宦烜赫,居民丰裕,盖吴壤以水据胜,水行则气运亨利,更随巷陌舟楫通驶,凡载运薪粟,无担负之烦,殷殷富庶有以哉。隆、万后,水政废弛,两崖植木甃石,渐多侵占,及投瓦砾秽积,河形大非其故。"自晚明以降,城内河道逐渐湮塞。据清嘉

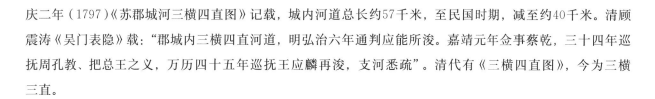

庆二年（1797）《苏郡城河三横四直图》记载，城内河道总长约57千米，至民国时期，减至约40千米。清顾震涛《吴门表隐》载："郡城内三横四直河道，明弘治六年通判应能所浚。嘉靖元年金事蔡乾，三十四年巡抚周孔教、把总王之义，万历四十五年巡抚王应麟再浚，支河悉疏"。清代有《三横四直图》，今为三横三直。

三宫九观廿四坊

近代对苏州城内一组古建筑的统称，也作"三宫六观十八坊"，其中三宫指万寿宫、学宫、天后宫；九观指元妙观、白鹤观、清真观、修正观、卫道观、澄虚观、回真观、福济观、三茅观。廿四坊是指三元坊、南宫坊、滚绣坊、采真坊、濂溪坊、井义坊、通关坊、孝义坊、干将坊、富仁坊、嘉余坊、庆元坊、仁德坊、桂和坊、通和坊、黄鹂坊、清嘉坊、吴趋坊、盉簪坊、迎春坊、闾邱坊、大成坊、碧凤坊和天官坊。坊和里一样，是中国古代城市用地的划分单位，汉长安城有166个闾里，汉魏时洛阳城有326个里，唐长安城有108个坊。坊由城市干道划分而成，大小不尽相同，四周筑坊墙，开有坊门，定时启闭。坊内主要为民居，也有寺院和官僚府第。宋东京城、元大都城也有里坊制，但已不设坊门坊墙，仅是一种行政管理单位。里坊的划分对中国古代城市用地布局和方格道路系统的形成有很大影响，至今在一些城市仍有里坊制的痕迹，苏州即为典型的例证。唐代白居易即有"七堰八门六十坊"的诗句，在唐陆广微所著《吴地记》中，列出古坊60所。南宋范成大在《吴郡志·坊市》中列有60坊中的大多数坊名。宋代郡守李寿朋也曾排定过65坊，在宋《平江图》标注的坊名有：西南隅是武状元坊、吴歈坊、平权坊、馆娃坊、和丰坊、好礼坊、丽泽坊、通波坊、绣锦坊、儒教坊、同仁坊、南宫坊、义和坊、灵芝坊、载耜坊、坤维坊、昼锦坊、孙君坊、宾兴坊；西北隅是西市坊、嘉鱼坊、流化坊、周武状元坊、文正范公之坊、盉簪坊、德庆坊、甘节坊、立义坊、清嘉坊、仁风坊、乐圃坊、太平坊、吴趋坊、至德坊；东南隅是孝义坊、阜通坊、孝友坊、旌义坊、玉渊坊、儒学坊、孔圣坊、绣衣坊、和令坊、晋宁坊、迁善坊、积善坊、吴会坊、衮绣坊、状元坊；东北隅是干将坊、建善坊、富仁坊、真庆坊、碧凤坊、闻德坊、大云坊、崇义坊、乘鲤坊、闾邱坊、迎春坊、布德坊、豸冠坊、庆源坊、天宫坊。1986年，苏州对古城区域内14.2平方千米进行划分，将古城划分为大小不等的54个块区，称为"五十四街坊"。

七塔八幢九馒头

为旧时苏城一组较高建筑的民间统称，后成为俗语广为流传。俗传为明刘伯温按风水术为苏州所设置。清钱思元《吴门补乘》："初郡城有七塔八幢九馒头，今幢存者无二三。"清顾震涛《吴门表隐》载城中七塔："第一在临顿路白塔子桥东堍，名白塔；第二在孟子堂东；第三在朱长巷（按：亦作朱张巷，在萧家巷东）东口塔弄，名虹塔，乾隆二年冬，自摇动数日而圮；第四在司狱司署内，塔中有北宋熙宁己酉（1069）葛蕃记碑；第五在宫巷南口，名雄塔，北宋嘉祐五年（1060）九月，沈文罕同男宥从建；第六在濂溪坊，上有仰盂，名雌塔，北宋靖康初，里人翁氏建；第七在望汛桥西，北宋开宝间建，南宋建炎兵毁，故地名七塔寺前巷。"又载："城中七塔之外，更有二塔：一在平江路张家桥北首，宋初顾氏建，康熙三十年圮；一在石塘桥巷底，康熙二十九年群儿戏筑而成，时有'南塔倾，北塔成'之谣。"又据1982年苏州市文物调查资料汇编载孟子堂东砖塔："坐落在今相门内市桥头甲辰巷南首，平面八角，青砖体。20世纪六七十年代，塔顶被毁，塔身遂掩砌于沿巷一民宅内，高丈余，尚存四层，每层有腰檐出挑，门窗方位交错，造型古朴，有宋代风格。"八幢指的是佛教经幢，今只略知七幢位置：一座在西美巷的况公祠内大殿天井中，一座在石幢弄的宝藏寺内；一座在莲溪坊；一座在松鹤板场民家；一座在思婆巷内；一座在恤孤局前；一座在相门内甲辰巷底市桥头，现仅存此塔。清顾震涛《吴门表隐》载："城中八幢，形方如塔，层层供佛，非石幢也。一在孔副使巷中，亦名方塔；一在装驾桥南堍，向有宝幢寺，久废；一在洙泗巷南口；一在石塘桥北小桥头；一在桃花坞石幢弄底；一在因果巷陈氏清畬堂西南隅。余未详。"九馒头为城内九座混堂（浴室），因屋顶形如馒头故名，至清仍存四座，分别在大卫弄、过驾桥、天后宫和桑叶巷。清顾震涛《吴门表隐》又载："九馒头混堂，或云六城门左近各一。此外一在饮马桥石家湾，一在府治东首，一在北寺前，一在天库前，竟有十余处。今皆改去无存。"旧时苏城街巷间遍布公共浴室，以"混堂"命名的街巷就有十二条之多，如桃花坞的东混堂弄、东南起焦言浜，西至临顿路的前后混堂弄、东接仓街，西至平江路的旧长庆里、朱进士巷4—15号、新生弄1—4号、伍子胥6—7号、朱家庄大街内、泰伯庙西旧称的西混堂弄、五峰园弄、山塘街元福里、万年桥大街上新生一弄到四弄、渡僧桥弄等。相传馒头混堂里有窑神，民间俗称"混堂公公"。

七堰八门六十坊

其说源于唐白居易诗句"半酣凭槛起四顾，七堰八门六十坊"。所称"七堰八门"，是因当时苏州城八门中七门均有水陆城门，而唯胥门无水城门而有此说。八门即阊门、胥门、盘门、蛇门、娄门、匠门、齐门、平门。唐陆广微《吴地记》载："阖闾城，周敬王六年伍子胥筑。大城周回四十二里三十步，小城八里二百六十步。陆门八，以象天之八风；水门八，以象地之八卦。《吴都赋》云'通门二八，水道六衢'是也。""西阊、胥二门，南盘、蛇二门，东娄、匠二门，北齐、平二门。不开东门者，为绝越之故也。"《吴地记》又载古坊六十所，三十所在吴县境，三十所在长洲县境，并具列坊名。唐陆广微《吴地记》中列出古坊六十所，其中吴县三十坊名是通波、三让、水浮、阖闾、坤维、馆娃、调啁、平权、金凤、南宫、通关、盍簪、吴越、白贲、南记、长干、望馆、曳练、苁楚、处暑、常县、白华、即次、甘节、吴渝、淊雷、义和、噬嗑、嘉鱼、陋烛。长洲县三十名坊是迁善、旌孝、儒教、绣衣、太玄、黄鹂、玉铉、布德、立义、孙君、青阳、建善、从义、迎春、载耜、开水、丽泽、释菜、和令、夷则、南政、仲吕、必大、豸冠、八貂、同仁、天宫、布农、富春、循陔。南宋范成大《吴郡志》载："《长庆集》云六十坊者，旧经所籍如之，后颇随事而有创有易。……右六十五坊，绍定二年春，郡守李寿朋并新作之，壮观视昔有加。"

参考文献

［汉］司马迁撰，［南朝宋］裴骃集解，［唐］司马贞索隐，［唐］张守节正义：《史记》，中华书局，1959年。

［汉］赵晔：《吴越春秋》，江苏古籍出版社，1992年。

［唐］魏徵等：《隋书》，中华书局，1973年。

［唐］陆广微：《吴地记》，江苏古籍出版社，1999年。

［宋］朱长文：《吴郡图经续记》，江苏古籍出版社，1999年。

［宋］范成大撰，陆振岳校点：《吴郡志》，江苏古籍出版社，1988年。

［宋］范成大著，富寿荪标校：《范石湖集》，上海古籍出版社，2006年。

［宋］龚明之：《中吴纪闻》，清光绪年间行素堂刊本。

［元］高德基：《平江记事》，商务印书馆《丛书集成初编》本，1935年。

［元］陆友仁：《吴中旧事》，商务印书馆《丛书集成初编》本，1935年。

［明］卢熊辑：《洪武苏州府志》，成文出版社，1983年。

［明］莫旦：《弘治吴江志》，学生书局，1987年。

［明］蔡昇辑，王鏊修：《震泽编》，古吴轩出版社，2014年。

［明］吴宽撰，王海男点校：《匏翁家藏集》，天津古籍出版社，2023年。

［明］王鏊、王禹声：《震泽纪闻 续震泽纪闻》，上海古籍出版社《续修四库全书》本，2002年。

［明］林世远修，王鏊等纂：《正德姑苏志》，商务印书馆《文津阁四库全书》影印本，2008年。

［明］张昶：《吴中人物志》，上海古籍出版社《续修四库全书》本，2002年。

［明］高启著，［清］金檀辑注，徐澄宇、沈北宗校点：《高青丘集》，上海古籍出版社，1985年。

［明］姚广孝著，詹绪左校点：《姚广孝全集》，安徽师范大学出版社，2019年。

［明］王鏊著，吴建华点校：《王鏊集》，上海古籍出版社，2013年。

［明］徐有贞撰，孙宝点校：《徐有贞集》，浙江人民出版社，2015年。

［明］文徵明著，周道振辑校：《文徵明集》，上海古籍出版社，1987年。

［明］唐寅著，周道振、张月尊辑校：《唐寅集》，上海古籍出版社，2013年。

［明］徐祯卿著，范志新编年校注：《徐祯卿全集编年校注》，人民文学出版社，2009年。

［明］祝允明著，薛维源点校：《祝允明集》，上海古籍出版社，2016年。

［明］顾鼎臣、杨循吉著，蔡斌点校：《顾鼎臣集 杨循吉集》，上海古籍出版社，2013年。

［明］沈周著，张修龄、韩星婴点校：《沈周集》，上海古籍出版社，2013年。

［明］徐师曾等纂：《嘉靖吴江县志》，学生书局，1987年。

［明］郑若庸：《江南经略》，明嘉靖四十五年（1566）序刊本。

［明］刘凤：《刘子威集》，明万历刊本。

［明］沈德符：《万历野获编》，中华书局，1989年。

［明］归有光：《三吴水利录》，商务印书馆《丛书集成初编》本，1935年。

［明］归有光撰，严佐之、谭帆、彭国忠主编：《归有光全集》，上海人民出版社，2015年。

［明］张国维编著，蔡一平点校：《吴中水利全书》，浙江古籍出版社，2014年。

［明］杨循吉、皇甫汸等纂修：《吴邑志 长洲县志》，广陵书社，2006年。

［明］陈仁锡：《尧峰山志》，明文书局，1980年。

［明］张大复撰，［清］方惟一辑：《吴郡人物志》，明文书局，1991年。

［明］徐鸣时：《横溪录》，江苏古籍出版社，1992年。

［明］周永年：《吴都法乘》，广陵刻书社，1992年。

［明］周永年：《邓尉圣恩寺志》，海南出版社，2001年。

［清］吴伟业等纂：《穹窿山志》，清康熙刊本。

［清］徐崧、张大纯纂辑：《百城烟水》，江苏古籍出版社，1999年。

［清］翁澍：《具区志》，海南出版社，2001年。

［清］王维德等撰，侯鹏点校：《林屋民风》，上海古籍出版社，2018年。

［清］潘柽章：《松陵文献》，上海古籍出版社《续修四库全书》本，2002年。

［清］徐枋：《居易堂集》，华东师范大学出版社，2009年。

［清］钱谦益著，［清］钱曾笺注，钱仲联标校：《钱牧斋全集》，上海古籍出版社，2003年。

［清］吴伟业著，李学颖集评标校：《吴梅村全集》，上海古籍出版社，1990年。

［清］顾炎武：《顾炎武全集》，上海古籍出版社，2011年。

［清］王时敏：《王时敏集》，浙江人民美术出版社，2019年。

［清］尤侗著，杨旭辉点校：《尤侗集》，上海古籍出版社，2015年。

［清］沈德潜著，潘务正、李言校点：《沈德潜诗文集》，人民文学出版社，2011年。

［清］郭麐著，姚蓉、鹿苗苗、孙欣婷点校：《郭麐诗集》，人民文学出版社，2016年。

［清］毕沅著，杨焄点校：《毕沅诗集》，人民文学出版社，2015年。

［清］石韫玉著，董粉和点校：《独学庐文稿》，上海古籍出版社，2020年。

［清］褚人获：《坚瓠集》，上海古籍出版社，2007年。

［清］顾湄：《重修虎丘山志》，海南出版社，2001年。

［清］顾诒禄：《虎丘山志》，文海出版社，1971—1983年。

［清］释殊致辑：《灵岩记略》，明文书局，1980年。

［清］王镐辑：《灵岩志略》，明文书局，1980年。

［清］金友理撰，薛正兴校点：《太湖备考》，江苏古籍出版社，1998年。

[清]《乾隆府厅州县图志》，清光绪五年（1879）授经堂重刊本。

[清] 李光祚修，顾诒禄等纂：《乾隆长洲县志》，江苏古籍出版社，1991年。

[清] 许治修，沈德潜、顾诒禄纂：《元和县志》，江苏古籍出版社，1991年。

[清] 倪师孟、沈彤等纂辑：《乾隆吴江县志》，江苏古籍出版社，1991年。

[清] 倪师孟、沈彤等纂辑：《震泽县志》，江苏古籍出版社，1991年。

[清] 齐召南：《水道提纲》，清乾隆四十一年（1776）传经书屋刊本。

[清]《震泽县志续》，江苏古籍出版社，1991年。

[清] 费善庆：《垂虹识小录》，江苏古籍出版社，1992年。

[清] 顾禄撰，来新夏、王稼句点校：《清嘉录 桐桥倚棹录》，中华书局，2008年。

[清] 吴定璋辑：《七十二峰足徵集》，齐鲁书社《四库全书存目丛书补编》本，2001年。

[清] 吴楚奇绘撰：《吴越游览图咏》，清康熙年间萃雅堂刊本。

[清] 凌寿琪编纂：《道光浒墅关志》，江苏古籍出版社，1992年。

[清] 沈藻采编撰，徐维新点校，唯亭镇志编纂委员会整理：《元和唯亭志》，方志出版社，2001年。

[清] 彭方周修，顾时鸿纂：《吴郡甫里志》，江苏古籍出版社，1992年。

[清] 袁景澜撰，甘兰经、吴琴校点：《吴郡岁华纪丽》，江苏古籍出版社，1998年。

[清] 顾震涛：《吴门表隐》，江苏古籍出版社，1998年。

[清] 顾沅辑：《吴郡文编》，上海古籍出版社，2011年。

[清] 姚承绪：《吴趋访古录》，江苏古籍出版社，1999年。

[清] 冯桂芬总纂：《同治苏州府志》，江苏古籍出版社，1991年。

[清] 徐傅编、王金庸补辑：《光福志》，成文出版社，1983年。

[清] 柳商贤编：《横金志》，江苏古籍出版社，1992年。

[民国] 李根源：《吴郡西山访古记》，曲石精庐刊本，1926年。

[民国] 张郁文：《木渎小志》，江苏古籍出版社，1992年。

[民国] 陶惟坻总纂：《相城小志》，江苏古籍出版社，1992年。

[民国] 徐傋先：《香山小志》，江苏古籍出版社，1992年。

[民国] 李楚石纂：《齐溪小志》，江苏古籍出版社，1992年。

[民国] 叶承庆：《乡志类稿》，江苏古籍出版社，1992年。

[民国] 朱福熙总纂：《黄埭志》，振新书社，1922年。

[民国] 陆璇卿：《旅苏必读》，吴县市乡公报社，1922年。

[民国] 许云樵：《姑胥》，文怡书局，1929年。

[民国] 江苏省立苏州图书馆编纂委员会编：《吴中文献小丛书》，广陵书社，2018年。

[民国] 曹允源、李根源纂：《民国吴县志》，江苏古籍出版社，1991年。

[民国] 陈去病著，张夷主编：《陈去病全集》，上海古籍出版社，2009年。

[民国] 金天羽著，周录祥校点：《天放楼诗文集》，上海古籍出版社，2007年。

同济大学建筑工程系建筑研究室编：《苏州旧住宅参考图录》，同济大学建筑工程系建筑研究室，1958年。

朱偰编:《中国运河史料选辑》,中华书局,1962年。

包天笑:《钏影楼回忆录》,大华出版社,1971年。

苏州博物馆、江苏师范学院历史系、南京大学明清史研究室合编:《明清苏州工商业碑刻集》,江苏人民出版社,1981年。

董蔡时:《太平天国在苏州》,江苏人民出版社,1981年。

张墀山、叶万忠、廖志豪:《苏州风物志》,江苏人民出版社,1982年。

《柳亚子文集》编辑委员会主编:《柳亚子文集:磨剑室诗词集》,上海人民出版社,1985年。

谭其骧主编:《清人文集地理类汇编》,浙江人民出版社,1986年。

顾颉刚著,王煦华辑:《苏州史志笔记》,江苏古籍出版社,1987年。

吴趋:《姑苏野史》,江苏文艺出版社,1990年。

徐民苏、詹永伟、梁支厦等编:《苏州民居》,中国建筑工业出版社,1991年。

吴县政协文史资料委员会编:《吴县民间习俗》,1991年。

盛泽镇地方志办公室编:《盛泽镇志》,1991年。

薛利华主编:《洞庭东山志》,上海人民出版社,1991年。

吴县地方志编纂委员会编:《吴县志》,1994年。

吴县政协文史资料委员会编,潘力行、邹志一主编:《吴地文化一万年》,中华书局,1994年。

苏州市地方志编纂委员会编:《苏州市志》,江苏人民出版社,1995年。

吴江县水利史志编纂委员会编:《吴江县水利志》,河海大学出版社,1996年。

苏州市水利史志编纂委员会编:《苏州水利志》,上海社会科学院出版社,1997年。

王国平、唐力行主编:《明清以来苏州社会史碑刻集》,苏州大学出版社,1998年。

王謇:《宋平江城坊考》,江苏古籍出版社,1999年。

《木渎镇志》编纂委员会编:《木渎镇志》,上海社会科学院出版社,1999年。

陆文夫:《老苏州:水巷寻梦》,江苏美术出版社,2000年。

张晓旭:《苏州碑刻》,苏州大学出版社,2000年。

苏州市吴中区西山镇志编纂委员会编:《西山镇志》,苏州大学出版社,2001年。

江苏省苏州市吴中区东山镇志编纂委员会编:《东山镇志》,东南大学出版社,2002年。

苏州市文化局编:《姑苏竹枝词》,百家出版社,2002年。

徐刚毅:《再读苏州》,广陵书社,2003年。

柯继承、杨学良编著:《苏州穹窿山》,古吴轩出版社,2003年。

张英霖主编:《苏州古城地图集》,古吴轩出版社,2004年。

史福民编著:《真山真水园中城 镇湖》,百家出版社,2004年。

俞涌编著:《真山真水园中城·东渚》,百家出版社,2004年。

叶圣陶著,叶志善、叶志美、叶志诚编:《叶圣陶集》,江苏教育出版社,2004年。

《藏书镇志》编纂委员会编:《藏书镇志》,古吴轩出版社,2004年。

袁以新主编:《苏州古城:平江历史街区》,上海三联书店,2004年。

《金阊区志》编纂委员会编:《苏州市地方志:金阊区志》,东南大学出版社,2005年。

《光福镇志》编纂委员会编:《光福镇志》,苏州大学出版社,2005年。

《沧浪区志》编纂委员会编:《苏州市地方志:沧浪区志》,上海社会科学院出版社,2006年。

苏州市平江区地方志编纂委员会编:《苏州市地方志:平江区志》,上海社会科学院出版社,2006年。

潘君明:《苏州街巷文化》,古吴轩出版社,2007年。

通安镇志编纂委员会编:《通安镇志》,上海辞书出版社,2007年。

江苏省浒墅关经济开发区编:《阳山文萃》,古吴轩出版社,2007年。

吴江汾湖经济开发区、吴江市档案局编:《分湖三志》,广陵书社,2008年。

震泽镇、吴江市档案局编:《震泽镇志续编》,广陵书社,2009年。

吴江市七都镇人民政府、吴江市档案局编:《儒林六都志》,广陵书社,2010年。

许振华主编:《文化胥口》,江苏人民出版社,2011年。

吴江市平望镇人民政府、吴江市档案局编:《平望志(三种)》,广陵书社,2011年。

黎里古镇保护开发委员会、吴江市档案局编:《黎里志(两种)》,广陵书社,2011年。

顾颉刚:《顾颉刚全集》,中华书局,2010年。

徐叔鹰、雷秋生、朱剑刚主编:《苏州地理》,古吴轩出版社,2010年。

《黄埭镇志》编纂委员会编:《黄埭镇志》,上海辞书出版社,2010年。

苏州市地方志办公室编,张振雄著:《苏州山水志》,广陵书社,2010年。

吴锜:《沧海桑田话姑苏》,古吴轩出版社,2010年。

柯继承等编纂,苏州市地方志办公室编:《苏州老街志》,广陵书社,2011年。

周瘦鹃著,范伯群主编:《周瘦鹃文集》,文汇出版社,2011年。

同里镇人民政府、吴江市档案局编:《同里志(两种)》,广陵书社,2011年。

盛泽镇人民政府、吴江市档案局编:《盛湖志(四种)》,广陵书社,2011年。

沈庆年主编:《古村遗韵:苏州市控制保护古村落寻踪》,文汇出版社,2012年。

吴恩培主编:《苏州城墙》,古吴轩出版社,2012年。

何大明:《姑苏街巷》,香港天马出版社,2012年。

吴江市地方志编纂委员会:《吴江市志:1986—2005》,上海社会科学院出版社,2013年。

苏州市地方志办公室编,林锡旦等编纂:《苏州老桥志》,广陵书社,2013年。

李步嘉校释:《越绝书校释》,中华书局,2013年。

黄锡之:《洞庭相望分东西:东山》,中国林业出版社,2013年。

杨宗兴:《湖山佳处足徜徉:同里》,中国林业出版社,2013年。

苏州市地方志编纂委员会编:《苏州市志:1986—2005》,江苏凤凰科学技术出版社,2014年。

苏州市相城区地方志编纂委员会:《苏州市相城区志》,江苏人民出版社,2014年。

吴江市水利志编纂委员会编:《吴江市水利志》,广陵书社,2014年。

《吴中文库》,凤凰出版社,2014年。

政协苏州市虎丘区委员会编,朱浴宇著:《山水之韵》,古吴轩出版社,2015年。

施晓平:《苏州城门城墙那些事》,古吴轩出版社,2015年。

《胥口镇志》编纂委员会编:《胥口镇志》,古吴轩出版社,2015年。

徐静主编:《苏州水城》,古吴轩出版社,2016年。

东桥镇地方志编纂委员会编:《东桥镇志》,九州出版社,2016年。

苏州市吴中区文物管理委员会办公室编:《吴中文物:古镇、古村、古建筑》,上海科学技术出版社,2017年。

江苏省苏州市吴中区东山镇志编纂委员会:《东山镇志》,方志出版社,2017年。

查文荣:《黎里旧事》,团结出版社,2017年。

水利部太湖流域管理局、《太湖志》编纂委员会编:《太湖志》,中国水利水电出版社,2018年。

王国平主编:《苏州通史》,苏州大学出版社,2019年。

俞前:《平望史话》,江苏凤凰文艺出版社,2019年。

韩淑芳主编:《老苏州》,中国文史出版社,2019年。

《苏州运河史》编纂委员会编,王国平主编:《苏州运河史》,古吴轩出版社,2020年。

朱剑刚:《苏州水乡图鉴》,苏州大学出版社,2020年。

《苏州工业园区自然村变迁志图志》系列丛书编纂委员会编:《苏州工业园区自然村变迁志图志:娄葑街道卷》,中国水利水电出版社,2020年。

《苏州工业园区自然村变迁志图志》系列丛书编纂委员会编:《苏州工业园区自然村变迁志图志:斜塘街道卷》,中国水利水电出版社,2020年。

《苏州工业园区自然村变迁志图志》系列丛书编纂委员会编:《苏州工业园区自然村变迁志图志:唯亭街道卷》,中国水利水电出版社,2020年。

《苏州工业园区自然村变迁志图志》系列丛书编纂委员会编:《苏州工业园区自然村变迁志图志:胜浦街道卷》,中国水利水电出版社,2020年。

沈莹宝编著:《盛泽旧事》,江苏凤凰出版社,2020年。

陈其弟编著:《相城方域》,凤凰出版社,2021年。

徐苏君编著:《相城文物》,凤凰出版社,2021年。

陈璇主编:《苏州运河十景》,古吴轩出版社,2021年。

黄埭文化志编委会编:《黄埭文化志》,古吴轩出版社,2021年。

江苏省苏州市吴中区《金庭传统村落合志》编纂委员会编:《金庭传统村落合志》,广陵书社,2021年。

苏州市住房和城乡建设局编:《今月邀我问古月:苏州传统村落守望录》,文汇出版社,2022年。

朱剑刚:《苏州山林图鉴》,苏州大学出版社,2022年。

《苏州市标准地名图集》,苏州市民政局,2022年。

徐维新:《金阊道上》,上海文艺出版社,2022年。

《平江路志》编纂委员会编:《平江路志》,古吴轩出版社,2023年。

潘君明:《苏州街巷史话》,古吴轩出版社,2023年。

吴江区档案馆、吴江区地方志办公室编:《吴江人物水利合志》,广陵书社,2023年。

苏州名城保护集团《道前风雅》编纂委员会编著:《道前风雅》,古吴轩出版社,2023年。

刘惟亚:《甪里诗葩》,中国科学文化出版社,2023年。

后 记

　　地名是自然变迁和社会生活的"活化石"。其中"地"为地貌形态，是物质存在的部分；而"名"则是生活在这里的人们所给予命名的，为人文化育的部分。《荀子·正名》上说："名无固宜，约之以命，约定俗成谓之宜。"中华文明源远流长，吴地文化璀璨夺目，可征之于史、求之于地的历代地名承续有自、繁多复杂。吴文化地名以一种实存活态和记忆活态共生的方式，体现着极其丰富的历史信息和文化内涵。地域空间有范围，而对其文化内蕴的考察探究则无终点，值得一代代人继承发扬、接力有为。

　　感谢苏州市民政局对苏州市职业大学石湖智库（以下简称"智库"）的信任，2022年，与智库签署战略合作协议，同时通过政府购买服务的方式将这样一项有意义的工作交给智库牵头来进行。

　　自2018年4月正式在民政局登记注册以来，智库秉承学校长期以来吴文化研究的优良传统，以"政府政策咨询、产业发展研究、江南文化传承"为发展理念，立足地方政府需求、产业特点和优秀传统文化底蕴，不断挖掘内生发展动力，在拓展提升学校服务区域经济社会发展的能力和美誉度上取得了一些成绩。

　　其实，在与民政局签约之前，苏州市职业大学吴文化研究院原院长吴恩培教授找过我，希望我作为吴文化研究的中青年学者，主动承担起编纂《苏州市吴文化地名保护名录（市区卷续二）》这一光荣而艰巨的任务。

　　我很是犹豫。一方面，前两批名录，即《苏州市吴文化地名保护名录（市区卷）》以及《苏州市吴文化地名保护名录（市区卷续编）》分别由苏州市地方志学会林锡旦主任和苏州大学文学院马亚中教授担纲主编，编写组的老师们均是苏州市吴文化研究以及方志研究领域的佼佼者，有很多位老师都是我成长途中的领路人。以我的学识素养和知识能力无法与这些老师们比肩。另一方面，我亦深知，前两批名录的编纂工作，已经对苏州市区有特色、有辨识度、有资料可找的吴文化地名进行了翔实的搜罗，这就意味着苏州市第三批吴文化地名保护名录的编写工作会有相当的难度。感谢我的前任领导，现任江苏苏州干部学院院长张健先生，是他不厌其烦的劝说打动了我，给了我承担这一项目的勇气和力量。

　　在苏州市民政局的直接领导和指导之下，《苏州市吴文化地名保护名录（市区卷续二）》的编纂，充分听取和吸纳了前两批吴文化地名保护名录编纂的宝贵经验，既保持了编纂体例上的一致性，又力求兼顾古今地名的文化延展，在尊重地名传统的同时酌情考虑体现地名使用的时代特点，以翔实有据的历史文献结合可资采信的照片图像，提供给读者更多层次的文化理解。

　　在具体条目的遴选阶段，课题组通过对地方相关文献的系统追索和对名录所涉及的苏州大市范围内六个行政区（姑苏区、工业园区、虎丘区、吴中区、吴江区、相城区）的实地调研，又多次组织专家论证和征求各区板块相关部门的意见，从初选的1 400多个条目中，经过不断调整、增减，最终确定810个条目纳入本次编纂范围，并经苏州市民政局上报苏州市市政府审核，正式公示。在条目的编写阶段，苏州市民政局严把质量关，相关部门与单位通力协助，课题组分工合作，群策群力，不断提升认知、深化内容，经专家会议认证评审、提供改进方向和意见，最终定稿。

由于编纂时间及团队的能力等所限，且城市发展日新月异，部分地名实际情况也有待规范，本次编纂仍留有一些遗憾。比如原先课题组计划将城区河道名做一整体梳理，但由于目前实际使用的河道名古名、今名相杂，多方口径不一，难以措手，这一面向的地名保护工作只能期以来日。有少许地名在遴选阶段，由于课题组的认知尚不够深入，在列序归类时也不尽妥当，后在具体撰写时已在正文中加以澄清辨明。

我的博士生导师张宏生教授和博士后流动站的合作导师陈书禄教授常教导我"世事洞察皆学问"。从2022年通过招标中标这个项目以来，在进程中遇到了许许多多困难。比如地名资料的缺失，有些地名只存在于群众的口耳相传中，找不到任何资料，编写组常因为一条名录，花费上一天甚至数天的时间；再比如随着城市建设的开展，很多地名变化了，甚至消失了，这些都需要编写组保持高度的学术敏锐度和严谨的学术态度。

在项目进程中，项目团队的组建和合作也尤其重要。衷心感谢苏州市民政局地名处给予项目极大的支持，每每在遇到困难的时候，地名处的领导都全力做好服务，第一时间帮助我们解决困难。另外，在与地名处的合作过程中，我们碰撞出了很多火花。2023年，智库承担了第十八届挑战杯全国大学生课外学术科技作品竞赛"红色专项赛"的比赛任务。最终，智库以"红色地名见证城市百年芳华"为题，带领苏州市职业大学的同学们获得了江苏赛区特等奖、全国赛区三等奖的好成绩。其中，无论是比赛报告的撰写、地名现场的实地调研还是最终作品的提交，都受到本项目很大的启发以及地名处的大力支持。

同时，还要感谢本项目编写团队始终与我并肩在一起的同志们。一个项目的成功，是经年累月的努力和相互包容体谅、合作共赢的结果。尤其要感谢蔡斌老师。蔡老师常挂在嘴边的一句话就是"知音者芳心自同"。他学识渊博、为人厚道，我有的时候甚至常嗔怪他太过"老好人"。可是，在内心深处，我特别敬佩他的学识和为人，也很感激他。二十年来，每当我提出要做一个项目的时候，他总是很坚定地站在我身边，表示支持。此外，这个项目能呈现出目前的面貌，一定要感谢一位前辈。那就是苏州市民政局原地名处处长、现信息化处处长莫俊洪先生。我们因这个项目而结缘。在项目的进程中，因为工作关系的变动，莫处不再承担地名处的工作。地名的编纂是门交叉学科，涉及领域方方面面，如果没有了专家的指导，怕项目很难高效地推进下去。当我跟莫处说明我的顾虑时，莫处告诉我，有难解决的问题随时可以找他。书稿初成，810条词条，莫处逐条审定，提出修改意见。项目进行至今，经历了酷暑和严冬，每次研讨都长达三到五个小时。为了不影响正常工作，研讨基本在周末或者夜里进行，莫处从未缺席过。他是我有信心做好这一项目的坚强后盾。

要感谢的人还有很多。感谢苏州市民政局严强副局长对智库的信任；感谢上海交通大学刘士林教授，苏州大学文学院马亚中教授，苏州知名文化学者潘君明老师、柯继承老师、余嘉老师，苏州市职业大学吴文化研究院原院长吴恩培教授、徐静老师，苏州市图书馆古籍部孙中旺主任，苏州地名专家蔡佞老师等多位老师为本项目提供的学术支撑；另外，感谢杜祯彬老师，除了参与本书撰写外，还为本书作了配图；感谢为本书的顺利编纂付出心血的苏州石湖智库和苏州城市学院太湖研究院的小伙伴们。

吴文化地名保护工作，是一项长期、艰巨而极有意义的文化事业，我们期待社会各界的批评指正，同时也期待着更多有识之士关注并投身到吴文化地名文化保护的行列中来。我们一起向未来，一起更高质量地把这项事业做好。

陈璇于姑苏籀斋

甲辰冬日

图书在版编目(CIP)数据

苏州市吴文化地名保护名录. 市区卷. 续二 / 《苏州市吴文化地名保护名录（市区卷续二）》编委会编；陈璇主编. -- 南京：南京大学出版社，2024.11.
ISBN 978-7-305-28538-7

Ⅰ. K925.33

中国国家版本馆 CIP 数据核字第 2024KR2911 号

出版发行　南京大学出版社
社　　址　南京市汉口路 22 号　　　　邮　编 210093

SUZHOUSHI WUWENHUA DIMING BAOHU MINGLU(SHIQUJUAN XUER)
书　　名　苏州市吴文化地名保护名录（市区卷续二）
编　　者　《苏州市吴文化地名保护名录（市区卷续二）》编委会
主　　编　陈　璇
责任编辑　李晨远　谭　天　张靖爽

照　　排　南京紫藤制版印务中心
印　　刷　南京新世纪联盟印务有限公司
开　　本　890 mm×1240 mm　1/16　印张 36.25　字数 1002 千
版　　次　2024 年 11 月第 1 版　2024 年 11 月第 1 次印刷
ISBN 978-7-305-28538-7
定　　价　168.00 元

网　　址：http://www.njupco.com
官方微博：http://weibo.com/njupco
官方微信：njupress
销售咨询热线：(025)83594756